泰州文獻

第四輯

夾山奕葉集
燕禧堂五種
老子通義
列子通義
莊子通義

鳳凰出版社

ISBN 978-7-5506-2235-7

圖書在版編目（CIP）數據

夾山奕葉集、燕禧堂五種、老子通義等 / 釋震華等撰. -- 南京 : 鳳凰出版社, 2015.10
（泰州文獻）
ISBN 978-7-5506-2235-7

Ⅰ. ①夾… Ⅱ. ①釋… Ⅲ. ①古籍－彙編－泰州市 Ⅳ. ①Z422

中國版本圖書館CIP數據核字(2015)第248048號

責任編輯	王愛榮
裝幀設計	姜　嵩
出版發行	鳳凰出版傳媒股份有限公司
	鳳凰出版社(原江蘇古籍出版社)
	發行部電話 025－83223462
出版社地址	南京市中央路165號　郵編:210009
出版社網址	http://www.fhcbs.com
印　刷	揚州文津閣古籍印務有限公司
	揚州市開發區鴻揚路22-2號(6幢)　郵編:225009
開　本	889毫米×1194毫米　1/16
印　張	42
版　次	2015年10月第1版　2015年10月第1次印刷
標準書號	ISBN 978-7-5506-2235-7
定　價	600.00圓

（本書凡印裝錯誤可向承印廠調换,電話:0514－87969255）

《泰州文獻》工作委員會

主　任
藍紹敏　陸志鵬

常務副主任
盧佩民

副主任
戴勝利　王學鋒　張培成　佘江涛

委　員（按姓氏筆畫为序）
丁少華　方標軍　成愛君　季春芳　周興安
查學斌　姜小青　奚愛國　陳士宏　黄林華
曹茂良　曹學賦　許大才　張國祥　萬永良
程榮穩　鄒祥龍　費振鐘　劉　玲　劉仁前
劉宏鳴　潘時常　薛金林　顧維中

《泰州文獻》編纂委員會

主　編

盧佩民

副主編

黄林華　姜小青

執行主編

成愛君　費振鐘

編　委（按姓氏筆畫为序）

王　飛　王　劍　王正奎　卞惠興　朱長順　全　勤
李文華　李明官　吴　迪　吴小晴　吴雙林　汪　政
沈　俊　林世田　莫其康　倪培翔　徐一清　徐同華
高　峰　陳　立　黄　靖　曹學林　常　康　張　定
張永龍　劉仁前　劉春龍　潘浩泉　薛　飛　謝冬榮
竇立成　顧寄南

《泰州文獻》學術指導委員會

（按姓氏筆畫为序）

江慶柏　金良年　茅家琦　華學誠　徐　雁　畢飛宇

程章燦　楊九俊　魯國堯　劉玉才　顧　農

總序

泰州古稱海陵，漢初（公元前一一七年）置縣，晋末（公元四一一年）設郡，南唐（公元九三七年）建州，始稱泰州。

泰州濱江近海，物阜民豐。漢唐以來，糧鹽並舉，商貿繁榮，爲溝通南北的重要港口城市。

泰州素爲文教昌明之邦。唐初立州學，北宋建貢院，明清開學政試院，産出大批科舉優秀人才。

泰州自古人文薈萃。走進泰州的，從范仲淹、富弼、陸佃，到孔尚任、吴讓之、蔣春霖，都留下深遠影響。走出泰州的，從張懷瓘、胡瑗、施耐庵、王艮，到李清、吴嘉紀、柳敬亭、黄龍士、李鱓、鄭燮、劉熙載、李詳、梅蘭芳、高二適，都在各自領域爲中國文化作出巨大貢獻。

泰州遺存的文獻也很豐富。僅據《江蘇藝文志》所載，便有二千七百餘種，涵蓋經、史、子、集的方方面面。其中，尤以明清時期爲夥，占到百分之九十九以上。這當中不排除由於種種原因，致使元以前的一些著述湮没無聞，但明清兩代，確是泰州文化的繁盛期。在這些文獻中，如《書斷》（張懷瓘）、《水滸傳》（施耐庵）、《王心齋先生遺集》（王艮）、《宗子相集》（宗臣）、《陋軒詩集》（吴嘉紀）、《板橋全集》（鄭燮）、《藝概》（劉熙載）、《李審言文集》（李詳）、《黄龍士先生棋譜》等，在中國文化史上都有重要地位和深遠影響。

與此同時，對鄉邦文獻進行整理的也代不乏人。自宋至清，周氏（周麟之等）、宫氏（宫偉鏐等）、陳氏（陳應芳等）、徐氏（徐鳴柯等）等都曾致力其事，爲泰州留下了許多寶貴的文化財富。清嘉道間，鄉人夏荃編輯《海陵文徵》二十卷、附録十二卷，《海陵詩徵》十卷。民國初年，曾任江蘇省省長的鄉人韓國鈞歷經十餘年編成《海陵叢刻》計二十三種六十六册。

二〇一一年九月召開的中共泰州市第四次代表大會，提出了建設文化名城的任務。爲此，中共泰州市委、泰州市人民政府决定編纂《泰州文獻》。這是泰州有史以來對本土文獻最大規模的整理和彙編。它對於保存、利用、研究和開發泰州的歷史文化，尋繹泰州獨特的地方文化價值，爲泰州文化建設提供歷史人文資源，意義重大。

爲了保證編纂工作的順利進行，市委、市政府專門成立了工作委員會、編纂委員會和學術指導委員會。工作委員會由市委、市政府領導和相關部門負責同志組成，負責對編纂工作的領導和協調。編纂委員會由相關專家、學者組成，具體負責《泰州文獻》的編纂出版工作。學術指導委員會由江慶柏、魯國堯、程章燦、茅家琦、華學誠、徐雁、金良年等國内知名文史專家組成，負責對編纂工作的指導和把關。

編纂工作按如下幾個步驟進行：（一）進行文獻調查，建立文獻檔案；（二）精選有代表性、有學術價值的作品影印出版，選目由編纂委員會和學術指導委員會共同審議確定；（三）編輯出版《泰州文獻總目》。

《泰州文獻》分爲四輯：

第一輯『官修舊志』，收録泰州地區現存所有官修地方志。

第二輯『地方史料文獻』，收録泰州地區歷代重要的筆記和史料。按内容又可分爲史地類：收録有關泰州歷史地理方面的著作，包括小志、專志、雜志等；政情類：收録有關泰州政治、經濟等方面的著作；文教類：收録有關文化、教育、圖書館等方面的著作。

第三輯『家族文獻』，收録泰州地區重要的家譜、家傳、家集與名人年譜。按内容又可分爲家乘傳記類：擇要收録泰州家族譜牒中的譜序、家規、家訓、箴言、族約、族記、祠田記、塋田記、雜記、著述等資料；家族總集類：以家族姓氏筆畫爲序。

第四輯『泰州文存』，收録泰州地區作者的詩文著作及其他代表性著作。按内容又可分爲學術論著類：收録泰州作者的經史雜著；文集類：收録泰州作者的詩文集；地方總集類：收録泰州作者的詩文合集。

考慮到《水滸傳》、《封神演義》（《辭海》云『一説陸西星作』）、《檮杌閑評》（學界多謂李清所作）等小説流傳甚廣，版本豐富，故不再收録。其他如堪輿、術數類著作，泰州人撰泰州地區以外的地方志、地理志類著作，一般性的彙編、摘鈔類著作，亦不予收録。

《泰州文獻》原則上收録現轄區内的作家作品。但從尊重歷史出發，泰州學派創派人物、明代思想家、哲學家王艮，平民詩人吴嘉紀等人，歷史上均屬於泰州地區，對泰州地區具有深遠的文化影響，他們的作品亦予收録。

前人給我們留下了豐厚的文化遺産，我們既要加以珍視和傳承，更要在前人的基礎上，創造出無愧於今天這個偉大時代的新篇章。這是我們更重要的使命，讓我們爲之努力。

《泰州文獻》編纂委員會

二〇一三年十月十八日

凡例

一、《泰州文獻》（以下簡稱《文獻》）分爲《官修舊志》、《地方史料文獻》、《家族文獻》和《泰州文存》四輯。

二、《文獻》收録範圍原則上爲現行政轄區内作者的著述和與泰州有關的重要著述，但考慮到歷史上曾屬於泰州地區的人物，如泰州學派的代表人物王艮、平民詩人吴嘉紀等對泰州文化深具影響，對他們的作品亦予收録。

三、所收著作成書年代限於一九四九年以前。

四、《文獻》所收著作，以學術價值、使用價值較高爲原則，適當兼顧版本價值。

五、《文獻》以影印方式出版。如有蠹損、殘缺、漫漶不清處，原則上以相同版本予以補配，以保證完整、清晰。

六、《文獻》對所收每種著作均撰寫提要，置於該著作前面，以方便讀者瞭解作者生平、主要内容、學術價值等。

七、《文獻》除保留所收著作原有頁碼外，均新編頁碼，每册頁碼自爲起訖。

八、《文獻》最後一册編有書名索引和作者索引，以方便讀者使用。

目録

夾山奕葉集

釋震華 撰

《夾山奕葉集》三卷，釋震華撰，據上海圖書館藏民國三十年（一九四一）鎮江竹林寺刻本影印。

震華（一九〇九—一九四七），民國興化人。俗姓唐。曾任鎮江竹林寺方丈兼竹林佛學院院長、上海玉佛寺方丈兼上海佛學院院長。編纂有《中國佛教人名大辭典》。

夾山位於鎮江南郊，夾山禪院創於東晋，法安禪師爲開山之祖，唐代善會禪師式廓門庭，其後衰落，明代林皋禪師重建山林，後名竹林寺，此後又迭有廢興，至民國又遭受日寇戰亂，損毁嚴重，民國三十年前後，竹林寺住持震華主持恢復，并有意編纂《夾山叢書》，《夾山奕葉集》爲其一。此書有震華序，善會、林皋像，宗系表，卷末有窺諦跋。正文三卷，記載自善會至震華歷代嗣祖沙門二十九人。體例爲首列小傳，其次爲法語，其次爲詩文著述等，内容多與宗教相關，具有重要的佛教史料價值，如震華的個人著述：《中國人名大辭典之片面觀》《續比丘尼傳序》《夾山宗譜序》《昭陽圓通庵志序》《夾山歷史沿革歌》《閱福建通志喜得怡山如然禪師傳記》。禪宗不太重視文獻傳承，『輒斥名句知解爲障，視語言爲糟粕』（窺諦跋）。《夾山奕葉集》之類的書籍頗爲難得，對中國佛教研究具有重要價值。

（周　忠）

培孫老居士　惠存
編者　持贈

夾山奕葉集

卷一之三

夾山奕葉集序

夫人廁於天地萬物之間卓然
而稱靈矣若不克自振奮
求符其實甘墮塵網任從
其生之世建樹固已棄草負皆由
藏之軀以無為萬物所喙食乎

吾鄉學說以薙髮染衣為蹤
佛氏日勇於有為之學識一歸心
攝意反觀內照以明悟為寶而標
之悚古人出家之後先求自脫一
旦出了已明更不惜眉毛拖地於
當街頭打鬨布袋跟在所歡處

而之其慈心法物可以傳矣我夾
山自東晉法安禪師傳夢開山至唐
善會禪師始得成廓門庭歷宗及
元興庵旡退明季林皋禪師佩
藏山祖印南來重建叢林大振宗
風禪師渡江而南以君聲爽山席

恥同行箸屢禪師学遠命繼席
猶下承嗣多傑衲子浩歸從雍繩
子鎮指視承法居士證曰財庵樹禪
而昕法生其盛可以想見自憐往
聯芳繼法之葉凡數十祖多為法
門英俊不少淑世之作惜經洪楊之亂

遺著散失殆盡藏書亦多燬於兵
火歎按編目意以羅異書寶殊為不
易許多祖宗之成範罔若刹於明
書之積向來藏經佛藏之原書當
蒙鄉信撫録書未及掇筆而息
遺之之爲爰日人之炬竟與泰山志稿

筆者同仁應編及圖書補室閣於
雜誌與經山中文獻而案頭尋之片紙無
存不禁為之慨然於久之今先適值
雷猶之老人壽臻五秩在歇堃浩吾祝
嶺達微恍　老人遂止之曰現在中樞語
多要人目覩夾山破碎雖僅稀餘南

避物議而藏身北斗，況我出家兒時之
痛念生死不遑寧以袱為衾懔
先言不敢後遺乃思繼其弘法文
字梓為壽集用申紀念　老人復
此之曰敢以常住之盡物力維艱為累
思減大半轉費而遂個己之私志
毋出此集澂神而思某去年時宜計
畢為所命刻殺長之道安莊印書
金山廣覽藏典以附刻牘諸方恩
借此藏向上諸歷同宗祖庭摩拓碑
碣摘拾遺言凡遇閱於本山諸祖遺
并不拘文字體例一一筆之歷數月之

力容能成集擬以　老人之低順序附
列印行奕葉名之仍寓祝壽之意
老人欣然許曰是足堪稱山門盛事慧
命忽開實啟前人所未發用意良嘉
爰又伺能再辭乃緘寄文稿數篇
囑登諸冊余因之益增興奮遂一意
以畢其事旁檢閱諸祖傳記多見語
錄傳世今者搜獲殆盡考其及其生平事遺
紀在言傳論遺漏而出何限就中僅一
璐祖之源派偶得於金陵寺之荒墟
恆慧及祖之慶慈塔銘及祖陵以祖之
法語得於金山師所　霜老人之稿

修行智珠遂祖之示刻以於焦山定慧庵
之業紀傳踏希世奇珍忽爾發現不但
中心狂快亦應合掌恭敬感謝祖之
慈光默佑也其餘從有搜輯因附局
未請暫難編訪只得從正於此將來續
有所得仍可排為補編并於壽期之
前趕付剞劂並自忘譾劣猥以
已作為殿以有道君子稱而正之並見之
也直笑田白圭之誚也
民國三十年八月二十日
夾山震華撰於碧巖文室

夾山奕葉集目錄

卷一

卷二

卷三

唐善會禪師　　明林皋禪師

夾山奕葉集像　一

夾山宗系表 本集所收皆用黑圈未住本山者用空圈雖住本山因採訪未及概不用圈

天隱圓修—林皋本豫—蘧夫元一—辨海成言

匡野佛鑑

乾彰佛縉

玉林通琇—汝汾行恆

箬庵通問

隱明行綸—僧一智瑤

千仞行岡—無絃超琴

子山行如

天笠行珍

允則超欽

果林超因

瀚如超學

涵中明汧—大本實珍

中庵明權

徹明實照

心融實會—熏聞際性

宗禪際登

光度實宏

牧純超訓

應山超恆—岸先明進

夢庵超格—調梅明鼎

法南實勝

鐵舟行海—法乳超樂—月潭明達

大曉實徹—衲川際海—淨德了月

廣參達明—雪谷悟慧—旭雯眞暉

夾山奕葉集宗系表　一

恆贊達如
竹堂悟宗
定安清然
空川悟光
芝山悟仁
智珠顯德
西蓮密經
圓明印覺
鶴亭大觀
法舟密持
妙智印心
厚寬大宇
守之乘眞
震華乘實
窺諦乘德

夾山奕葉集卷一

夾山嗣祖沙門震華編輯

唐

善會

廣州廖氏子。幼歲出家。依年受戒。聽習經論。該練三學。初於潤州夾山結茅曰一佛居。尋住竹林說法。有道吾禪師者。勸其宗眼未明。勸往華亭見船子。忽然機契。大悟玄旨。歸寺敷揚宗風。諸方莫不景仰。懿宗咸通十一年庚寅。又創新院於澧州。亦以夾山立名。闡發玄樞。迨于一紀。僖宗中和元年十一月七日示寂。塔建本山。謚傳明大師。

法語

上堂。有祖以來。時人錯會。相承至今。以佛祖言句。爲人師範。若或如此。却成狂人無智人去。他祇指示汝無法本是道。道無一法。無佛可成。無道可得。無法可取。無法可捨。所以老僧道。目前無法。意在目前。他不是目前法。若向佛祖邊學。此人未具眼在。何故。皆屬所依。不得自在。本祇爲生死茫茫。識性無自由分。千里萬里求善知識。須具正眼。求脫虛謬之見。定取目前生死。爲復實有。爲復實無。若有人定得。許汝出頭。上根之人。言下明道。中下根器。波波浪走。何不向生死中定當。取何處更疑佛疑祖。替汝生死。有智人笑汝。汝若不會。更聽一頌。勞持生死法。唯向佛邊求。目前迷正理。撥火覓浮漚。僧問。從上立祖意教意。和尚爲甚麽却言無。師曰。三年不喫飯。目前無饑人。曰。既是無饑人。某甲爲甚麽不悟。師曰。祇爲悟迷却闍黎。復示偈曰。明明無悟法。悟法却迷人。

長舒兩脚睡。無僞亦無眞。問十二分教及祖意和尚爲甚麼不許人問。師曰。是老僧坐具。曰和尚以何法示人。師曰。虛空無挂針之路。子虛徒撚線之功。又曰。會麼。曰不會。師曰。金粟之苗裔。舍利之眞身。罔象之玄談。是野狐之窟宅。

上堂。不知天曉。悟不由師。龍門躍鱗。不墮漁人之手。但意不寄私緣。舌不親玄旨。正好知音。此名俱生話。若向玄旨疑去。賺殺闍黎。困魚止濼。鈍鳥棲蘆。雲水非闍黎。闍黎非雲水。老僧於雲水而得自在。闍黎又作麼生。○西川座主罷講。徧參到襄州華嚴和尚處。問曰。祖意教意是同是別。嚴曰。如車二輪。如鳥二翼。主曰。將謂禪門

別有長處。元來無。遂歸蜀。後聞師道播諸方。令小師持此語問。師曰。雕砂無鏤玉之談。結草乖道人之意。主聞舉。遂禮曰。元來禪門中別有長處。

上堂。問中生解。意下丹青。目前即美。久蘊成病。青山與白雲從來不相到。機絲不挂梭頭事。文彩縱橫意自殊。嘉祥一路。智者知疏。瑞草無根。賢者不貴。○問如何是道。師曰。太陽溢目。萬里不挂片雲。曰不會。師曰。清清之水。游魚自迷。問如何是本。師曰。飲水不迷源。問古人布髮掩泥。當爲何事。師曰。九烏射盡。一翳猶存。一箭墮地。天下黯黑。問祖意教意是同是別。師曰。風吹荷葉滿地青。十里行人較一程。問撥塵見佛時如何。師曰。直須揮劍。若不揮劍。漁父棲巢。僧後問石霜。撥塵見佛時如何。霜曰。渠無國土。甚處逢渠。僧回舉似師。師上堂舉了。乃曰。門庭施設。不如老僧。入理深談。猶較石霜百步。問兩鏡相照時如何。師曰。蚌呈無價寶。龍吐腹中珠。問如何是寂默中事。師曰。寢殿無人。○師喫茶了。自烹一椀過與侍者。者擬接。師乃縮手曰。是甚麼。者無對。○座主問。若是教意某甲即不疑。秖如禪門中事如何。師曰。老僧秖解變生爲熟。問如何是實際之理。師曰。石上無根樹。山含不動雲。問如何是出窟師子。師曰。虛空無影像。足下野雲生。○師在潙山作典座。潙問今日喫甚茶。師曰。二年同一春。潙曰。好好修事著。師曰。龍宿鳳巢。○問如

何識得家中寶。師曰。忙中爭得作閑人。問如何是相似句。師曰。荷葉團團團似鏡。菱角尖尖尖似錐。復曰。會麼。曰不會。師曰。風吹柳絮毛毬走。雨打梨花蛺蝶飛。問如何是一老一不老。師曰。青山元不動。澗水鎮長流。手執夜明符。幾箇知天曉。

上堂。金烏玉兔。交互爭輝。坐卻日頭。天下黯黑。上膊與下膊。從來不相識。明明向君道。莫令眼顧著。何也。日月未足爲明。天地未足爲大。空中不運斤。巧匠不遺蹤。見性不留佛。悟道不存師。尋常老僧道。目視瞿曇。猶如黃葉。一大藏教。是老僧坐具。祖師玄旨。是破草鞋。寧可赤脚不著最好。○僧問如何是佛。師曰。此問無賓主。曰尋

常與甚麼人對談。師曰文殊與吾攜水去普賢猶未折花來。

上堂我二十年住此山未曾舉著宗門中事。有僧問承和尚有言二十年住此山未曾舉著宗門中事是否。師曰是。僧便掀倒禪牀。師休去。至明日普請掘一坑。令侍者請昨日僧至。曰老僧二十年說無義語今日請上座打殺老僧埋向坑裏便請便請若不打殺老僧上座自著打殺埋在坑中始得其僧歸堂束裝潛去。

上堂百草頭薦取老僧鬧市裏識取天子。虎頭上座參。師問甚處來。曰湖南來。師曰曾到石霜麼。曰要路經過。爭得不到。師曰聞石霜有毬子話是否。曰和尚也須急著眼始得。師曰作麼生是毬子。曰跳不出。師曰作麼生是毬杖。曰沒手足。師曰且去老僧未與闍黎相見明日陞座。師曰昨日新到在麼。頭出應諾。師曰目前無法意在目前不是目前法非耳目之所到。頭曰今日雖問要且不是。師曰片月難明非關天地。頭曰莫屎沸便作掀禪牀勢。師曰且緩緩。虧著上座甚麼處。頭竪起拳曰目前還著得這箇麼。師曰作家作家。頭又作掀禪牀勢。師曰大眾看這一員戰將若是門庭布列山僧不如他若據人理之談也較山僧一級地。

上堂眼不挂戶意不停玄。直得靈草不生猶是五天之位。珠光月魄不是出頭時此間無老僧五路頭無闍黎。

○問如何是夾山境。師曰猿抱子歸青嶂裏鳥銜花落碧巖前。○師問僧甚處來。曰洞山來。師曰洞山有何言句示徒。曰尋常教學人三路學。師曰何者三路。曰玄路鳥道展手。師曰實有此語否。曰實有。師曰軌持千里鈔林下道人悲。（載五燈會元卷五）

明

香海（字巨川。普巖滿嗣。住持竹林。學士陳玉秀嘗問萬松滿勒菩薩爲甚麼不修禪定。不斷煩惱。又問香山大潤。潤曰禪心已定。不須更修。斷盡煩惱。不須更斷。後持以問師。師曰本無禪定煩惱。公曰。爲此爲快耳。）

風鈴頌

銅脣鐵舌太尖新樓閣懸來不計春言外百千三昧法因風說與箇中人。（載五燈全書卷六十一）

本豫（字林臯。晚號晦夫。崑山陳氏子。丱歲禮堯峯湛川老宿出家。受具後徧歷諸方。得法於宜興磬山天隱修。祖初住金陵鍾山石湫寺。又主武林寶嚴寺。後因中大司馬之請歸主堯峯。山是道重人欽。聲光日著。至崇禎十一年戊寅受鎭江紳士之請重興竹林古寺。迄九載規模備具。至清順治三年丙戌十一月十二日示寂。壽五十有五。著有林臯禪師語錄及宗門成範。）

法語

上堂若論此事心不可求。智不可學。提斷百匝千重。於中下機一時颺卻。突出孤危方教峻峭。都盧收拾將來。非心非色非如非異。要用卽用要舍卽舍要行卽行要藏卽藏擬思一毫地便落生死關頭到者裏作麼生相救得復曰五蘊山頭自在身了然物物應天眞頓教直

下無思議玄要全分見本人。卓拄杖一喝。載宗統編年卷三十二
晚參。放去收來收來放去。收放自由。竿頭有餌。以挑子作釣勢曰。還有透網金鱗上鈎也無。良久曰。寒潭空有垂綸意。風送漁舟載月歸。遂作舞棹勢歸方丈載五燈全書卷六十四
示衆。十五日以前汝諸人放出山水。十五日以後汝諸人坐斷柴頭。正當十五日。山僧看破汝諸人一著。要出出不得。要入入不得。出不得入不得。火裏眉毛烏歷歷。自家鼻孔急須參。碧眼胡僧恆面壁。載續指月錄卷十九
僧問。天不蓋地不載。甚處安身立命。師打出方丈。次日又問。某甲昨日喫棒。今日和尚痛否。師復打出。載正源略集卷

二

甘露寺修鼓鐘樓記

夫龍蛇蟄於寒。沍氣將融。則有雷鼓之㕩。黎封於蔓。安形將開。則以鐘動之。蓋節宣八風。順暢六氣。闔闢旦。興息行旅。亦王政之要務也。而又發沉潛。策荒憒。裂堅迷。通迅悟。則鐘之用。其利溥矣。甘露寺巨鐘鑄自元盛時。斤踰五千。韋函數庹。形㱊踞而若奮。裂圓洞而孔紋。金繩緪以蟠虬。鐵杵擊而鯨吼。殷殷山動。闐闐震驚。蓋掩諸剎之鳴。獨應府譙之漏。此其雄也。而其樓乃剎損於星霜。飄搖乎風雨。非所以奠安重器。光顯斯山。太守陳公峋。於崇禎十一年來守潤州。豫黍從公遊。樗材自媿。未遑修舉。徒切軫懷。一日公率幕賓凭軒覽眺。顧謂豫曰。爾其修之。然吾則欲撤其縱脊。出以鋭頂。表剎孤衝。盤輪複壘。亦增寺之勝矣。是役也。工須子來。成當不日。奈水旱薦臻。兵戈搶攘。二時寢圜。匹攝不遑。於是卽遺化人。謁諸名族。以承公之命焉。惟冀聞者見者悅心生地。喜動眉宇。挹彼檀波。注茲福海。遂使美蓋前休。城郭中鬱添氣象。光生華構。虛空際忽湧浮圖。承露屹以中擎。嘲風紛其四踞。上干霄而聳漢。旁縈日而環星。斯乃陳公因象寓教之深意也。若夫憑陵諸天。敲扑萬象。樓固非境。鐘亦非聲。激信種而慧花頓開。撼因株而障緣隨拔。卽於俗耳。或證普門圓通。亦有現身。遂徹性空

三昧。斯又希有奇特之法。得之於鏗鈎之頭也已。豈但幽途苦趣。息熾然之爐炭。摧經劫之刀林而已哉。樓既成。公命豫記之。豫不敢辭。遂記公之深意如此。載北固山志卷二十

題先開山像開山指湛川

曾拈莖草作金身。六十年來面目真。千古影堂空寂寂。更留殘局待何人。載澆峯近錄

喜箬庵和尚應劉郡伯請出住靈峯

高提祖印壓諸方。覿面相承孰可當。七尺烏藤揮抹處。放囘木馬驟春芳。載理安寺志卷八

清

通問字箬庵。荊溪俞氏子。少游藝林，究心理學。偶過山寺。閱楞嚴經有所觸發。走謁磬山天隱修。修示以父母未生前話。後因婚事苦逼。遂脊道至武林。投南澗法雨大師落髮。旋歸磬山。得受記莂。歷主武林南澗、鎮江夾山、金山、宜興磬山、嘉興澉澤。順治十二年乙未九月二十七日寂於吳江應天寺。壽五十二。有五會語錄十二卷。續燈存稿二十卷。

法語

師在杭州理安。順治三年冬。受請來住竹林。入院陞座拈香。者一瓣香。瞞天下人不得。全身奉重。一眾合知。奉為前住磬山後住報恩。上天下隱先師大和尚。未是酬恩報德。貴圖親見親聞。且道聞底是甚麼事。見底是甚麼事。若也見聞不異。便請前來互相激揚。問答不錄。乃云。千佛出興。不為別事。祖師直指。貴徹心源。心源若明。不越彈指頃洞見佛祖骨髓。山僧離理安已到竹林。既到竹林。不曾動著一步。明頭合處。暗裏全眞。眼見耳聞。毫髮不爽。提三玄戈甲。握照用權衡。收放開遮。縱奪自在。也只是尋常行履。不自外求。匪從人得。到者裏。觑得透。說心說性也得。說佛說祖也得。說玄說妙也得。超宗越格。人境雙施。抹過野狐禪。撥開凡聖路。所以道至道無難。惟嫌揀擇。只此無揀擇法。多少人眼麻瞇。口吃吃。地誰肯當頭勸著。正恁麼時。忽有箇漢出來。一拶百雜碎。掃蕩人天規則。滅卻正法眼藏。橫行湖海。轅轢古今。不妨慶快。一時拈拄杖。布漫天網。打衝浪鯨鯢。展萬里程。縱摩霄俊鶻。即今眾中還有恁麼人麼。浪江千疊青如玉。會合風雲正是時。卓拄杖。載箬祖語錄卷二

夾山爽葉集卷一　八

與陳白菴太守

老居士宿秉願力。為佛法城塹。昨挹光儀。恍如昔契。松燈夜話。從前榮寵憂辱。不翅如夢。究竟只一念未了。祿祿營營。初亦未嘗有所謂榮寵憂辱也。趁此時林下安居。便當了卻此念。此念一了。立地頓消。此念不了。便是三途累劫苦因。老居士晨夕諷誦金剛經。經中道過去心不可得。現在心不可得。未來心不可得。三心既不可得。畢竟二六時中。向何處安身立命。向者裏著得隻眼。何但從前榮寵憂辱如夢。即今日用現行。或喜或怒。或暗或明。乃至盡未來際。割不斷底業因。當下瓦解冰消。須知安樂窩中容易放過。誦一卷經。念幾聲佛。雖是淨因。生死岸頭不濟事耳。載箬祖語錄卷九

夾山爽葉集卷一　九

答夾山晦夫和尚

坐斷三吳百越州。高提祖印碧巖秋。超他夾嶺當年話。解我先師此日愁。竹院打開開示畫。江雲環繞浪千頭。慚余澗壑孤行者。總有揮天句未酬。

題竹林晦夫和尚像

一莖兩莖斜。三莖四莖曲。竹林箇凍儂有甚麼面目。若道者是。渠合笑不合哭。分付祈禪人收起歸江北。上二載箬祖語錄卷十

訪鹿長居士

快論猶能勝昔年，句香筆底走雲煙。攬青直上城頭路。
蕣晚同攜郭外船，掠盡一溪風色好，豁開空界月輪圓。
山僧白笑波瀾窄，瀹茗頻添落澗泉。

病後喜山臣居士至卽韻奉答

住山豐儉過年年，播弄晴霞晚嶂煙。不受世情當面吐。
慣撑湖海逆風船。一番病骨安閒在，三到荒林語笑圓。
莫怪待君空索索，得來新茗試新泉。

船居

錦艮荷翻又一年，湖光十里織秋煙。人方病後清如鵠。
山在晴時活似船，語話未闌思正遠，月華生魄想初圓。
山居道者承余意，趁曉新攜石厂泉。

休居謝眾是何年，卧老西泠一水煙。畫出好山秋夜雨。
占全湖面晚開船，枯柴骨格生來懶，活脫機關悟到圓。
得似道人安養法，請看徹底不流泉。

答稱含居士

長夏渾如太古年，論深無語對爐煙。風光不異威音畔。
願力須乘般若船，一種狐疑猶未決，千岐差別豈能圓。
金鱗莫戀鈎頭餌，躍起清流古澗泉。

喜周生稱含兩居士盟賦贈

論交有道想當年，眼見塵囂滿面煙。指出鏡湖秋際月。
打成刹海願深船，雖潛山澤神猶王，驥老風雲夢未圓。
今日病僧無一語，證明曾許九溪泉。（六首並載理安寺志卷八）

行恆字汝訪，亦字六拜，江陰劉氏子。弱冠受業於邑之乾明寺雅心老宿，初參磬山修祖，修寂，主武康報恩，侍大覺玉林國師，舉西江水話不契。值疫，錢塘江忽大悟，順治十八年秋開法夾山，一住九載，次住天目西方丈，又主雲陽嘉山寺，後退靜江陰十方庵，康熙十六年十月十八日寂於潤州八公洞漢隱庵，壽六十五。有語錄行世。

法語

上堂，舉僧問雲門：「如何是佛？」門曰：「乾矢橛。」師曰：「千山鳥飛絕，萬徑人蹤滅。孤舟簑笠翁，獨釣寒江雪。」

上堂：「官不容鍼，私通車馬。今日索性打開庫藏，展兩手曰：『異寶奇珍，一任取足。』」

上堂：「萬里無雲青天，喫棒。覓心了不可得，只道得一半。」（上三並載五燈全書卷八十）

上堂：「大地草木叢林，皆是恆沙劫千佛，數刺你眼睛。無處回互，東山水上行，西河火裏坐。」驀卓拄杖，下座。

僧問：「如何是不動尊？」師云：「驢自去，馬自來。」問：「如何是一體三寶？」師云：「一粥兩飯。」問：「一口氣不來，向何處去？」師云：「不是河南，便是河北。」

示眾，舉世尊臨入涅槃時，因文殊請再轉法輪，世尊召文殊曰：「吾四十九年住世，未曾說一字。你請我再轉法輪，吾曾轉法輪耶？」師云：「文殊被世尊推倒了也。山僧若在當時，待世尊恁麼道，便白椎云：『諦觀法王法，法王法如是。』」（上三並載正源略集卷四）

頌一口吸盡西江水

西江一口直吞乾。蝦蟹魚龍命已亥。大丈夫兒全意氣。始從今日肚皮寬。載西天目山志

元一字遷夫。宜章李氏子。年十八。投萬松出家。參慈山於曹溪。斎蔣法歸一話。三年不得入。又參天童密雲。棒下省發。後上夾山謁林皐長老。遂膺付囑。乃命上金陵石城。三載出住楚之九峰。後夾山虛席。鶴林牧雲禪師舉師繼之。順治十七年庚子秋八月。師示疾。呼侍者盡焚語錄偈頌。諸門人哀懇流傳。師咄曰。一大藏教。何如故紙。誰看在言。訖斂目而逝。塔建澧陽大同寺。

法語

示眾。山上鯉魚海底蓬塵。舌頭無骨眼裏有筋。驀竪竹篦曰。國一欽禪師來也。眼裏有筋的請出相見。良久曰。本欲期君重話會。誰知覿面不相親。載正源略集卷四

成言字辨海。中州浙川李氏子。先事戒行。因遇五臺僧指點。棄官薙染。依遷夫一座下。親承心印。出

住澧州大同。因上夾山掃塔。汝弼和尚自思年邁。請主法席。有語錄刊行。

法語

同祿上堂。昨朝勝熱婆羅門。顯大威光。逞大神力。以虛空作爐韝。大地山河作煤炭。將四聖六凡情與無情。一爐鎔化了也。大眾急著精彩。遂震威一喝曰。但覺皇風成一片。不知何處是封疆。

上堂。知之為知之。三十棒不較少。不知為不知。三十棒不較多。是知也。三十棒恰恰。如何故。知之一字。眾禍之門。

示眾。金佛不度爐。鎔成一片。木佛不度火。甚生彩。歛泥佛不渡水。通身打失。真佛內裏坐。三十棒趕出。何故。大

海不宿死屍。

上堂。我愛山中夏日長。松陰滿徑足清涼。寒泉徹鑑鬚如鬢。何必多般對鏡粧。

上堂。盡大地無纖毫過患。撮十方如粟米許。因甚熙甯八年崩倒華山四十里。壓倒八十村人家。卓拄杖曰。汝等諸人。逢人切忌錯舉。上五並載五燈全書卷百十

師住大同。僧問。如何是大同境。師云。風暖鳥聲碎。日高花影重。僧云。大好一聯詩。師云。作詩會那。僧云。某甲祇作詩會。和尚作麼生會。師云。甜瓜徹蒂甜。苦瓜連根苦。僧近前云。和尚道甚麼。師云。風流不在著衣多。僧便拜。師便打。載正源略集卷十

行珍字天笠。上海徐氏子。幼禮無海學公薙染。年十八參箬菴於杭之南澗。二十圓具。於姑蘇瑞光念大事未明。憤鬱致疾。後受箬菴記莂。往靜新州大潛。順治十五年戊辰冬出世菩提寺。越三載遷德清。康熙六年丁未與繼南澗祖席。旋從湖州之道場。宜興之龍池。鎮江之夾金二山。金壇東禪。康熙二十八年己巳。聖祖南巡。重幸竹林。問答稱旨。命左右錄其法派字行。前後四住南澗。凡九坐道場。說法十二會。康熙三十三年五月示寂。年七十二。有全會語錄及楚萍集。

法語

康熙二十八年。聖駕重幸竹林。問曰。如何是庭前柏樹子。天笠對曰。谷應三呼。後庭同萬國春。上大悅。問宗派字行。諭左右識之。載竹林寺志

上堂。號風落木。雁語寒空。冰枯月冷之時。鼓寂鐘沉之候。別浦舟橫。擲絲綸而歸去。深淵魚伏。擬浪以飛騰。所

以玄沙道寒潭月影靜夜鐘聲隨扣擊以無虧觸波瀾而不散猶是生死岸頭事雲門又曰直得盡大地無纖毫過患猶是轉身不見一色始是半提更須知有全提時節秖如全提一句作麼生道卓拄杖曰瞻前忽在後面南看北斗

上堂半月患牙疼有口堪挂壁龍象入門來低頭秖一揖啞摩詰特地周遮笑迦文徒勞掩室若于此外更求元三面狸奴尾垂七

上堂中途折御聖箭卓以此話大行一向目視雲霄何妨鬧市垂手雲既從龍風亦從虎直得法雨巖前滔天浪涌何須著力攙鍬大人峰項白晝雷轟灼然面目現

前秖如巖頭道雪峰與我同條生不與我同條死要識末後句只這是且道末後句是個甚麼召眾曰少問仰冀國清和尚不吝慈悲為眾指破

佛誕上堂趙州不度火丹霞兩度燒雲門要打殺藥嶠驀頭澆者隊漢盡謂流通正眼慶讚佛生何異離波求水緣木求魚要與瞿曇把杓未得在

上堂兩個五月半難為粥飯罐夜短苦日長尿牀讒語漢周金剛纔舉棒時小廝兒打個呵欠盡謂大機之用大用之機何異亂世英雄太平奸黨龍池束之高閣還有為人處麼良久曰黃鐘毀棄瓦缶雷鳴（五則並載五燈全書卷八十）

上堂抱鉏斧居山聞名不如見面著草鞋住院見面不若聞名事到如斯抑不獲已颺下鉏斧子脫卻破草鞋展開驢腳伸出佛手菩提路上扶起剎竿廣濟道中重開飯店不蓄一粒米不栽一莖菜令一箇箇飽齁齁地拈卻衣脂帽卸卻鶻臭衫作赤灑灑淨躶躶漢若是具頂門眼懸肘後符呼喚不回顧羅籠不肯住望剎竿而走見鞭影而行山僧不妨瞻之仰之即今還有恁麼人麼驀卓拄杖云設有勘過了打

上堂大通智勝佛稽首乾矢橛十劫坐道場猴子繫枯椿佛法不現前心肝樹上懸不得成佛道泥神撫掌笑此四句中一句殺人刀一句活人劍一句殺活同時一

句殺活不同時若檢得出古佛在你腳底

晚參大人峰項無根樹卻被賊子偷了去幾多癡漢守枯樁業識茫茫無本據以拄杖一齊趁退（三則並載正源略集卷四）

楚萍集自序

凡物之生於天地間也靡不應於時而繫乎命若鳥之處空魚之樂水命也葵之傾日蕉之聞雷時也向使葵蕉不待雷日而展則違其時矣魚鳥互以空水為居則失其命矣故知萬物以天地為逆旅天地以萬物為芻狗皆莫能逃其時命而出其樊籠矣至若萍之生也異於是棄柳絮飄搖而不弱於空點澄波宛轉而不滯於水浮乎長江大海而不盈覆處乎幽壑深淵而不欲臨

順流隨流，放浪忘返，庸知萍之爲命歟，爲時歟。抑知萍之爲萍歟，非萍歟。天地萍也，萬物萍也。余之集楚萍也，亦猶是而已矣。

顯正說序

法道下衰，莫甚於今。諸方鬭諍，堅固涯岸，各封。欲抑濟源之盛，謬云先斷必先續，濫收無統系之徒，直列之於前，擬尊洞派之高。僞稱先覺，卽後覺擯棄有名位之祖，反置之於後。其間矯亂傳燈，疑誤正統，難以枚舉。不有具大眼目，痛傷佛祖慧命者，聿起而輔正之，則後學從冥入冥，滔滔趨下，莫之返，良可歎也。余生不辰，忝厠法門，自五領祖席以來，無補於世，惟朝夕與十方衲子眉

毛撕結，必期徹證己躬下事，圖報佛祖萬一而已。至於諸方是非非是，不願見聞。乙卯秋，訪濟水法兄於花塢，挑燈夜話，間出製作千餘言，文簡意深，理直氣順，句句摧訛顯正，揀異辨邪，讀之不忍釋手。蓋爲洞下位中符公出釋誤篇之誤而反正之。嗟乎。吾濟兄謝事南潤數載，韜光巖谷，諸方咸稱古佛，安有古佛動念發此不平之鳴，則知符公誤已誤人，誤祖宗之極矣。釋誤種種之誤，余無暇置喙，獨以先老人論笑祖聯芳序云：不肯上承迦葉六十三世之元祖，指天奇之元祖，下繼曹溪三十一葉之眞孫，指父無聞爲眞孫，玩承繼二字可見。若云六十四世，豈得稱父爲元祖。若云三十二葉，豈得自稱爲眞孫。此千古不易之論。而符公強以元祖指迦葉言，自笑祖溯數至迦葉爲六十三世，故曰上承。既指迦葉，何不竟稱始祖。今天下叢林，皆稱迦葉爲西天第一祖，達摩爲東土初祖。夫元者，長嫡之謂也。元孫元祖，上下通稱。迦葉斷無稱元之理焉。有從己溯至迦葉，自稱爲元祖乎。稱元者，確指天奇上承六十三世之嫡祖也。又強指眞孫爲大鑒，言自迦葉順數至四祖道信爲三十一葉，五祖爲子，六祖爲孫，故曰下繼。既指大鑒爲眞孫，何不竟稱下繼大鑒三十三葉，而又先稱四祖五祖爲曹溪，豈不自誤矛盾乎。先師直揭天奇爲元祖，無聞爲眞孫，如靑天白日，尚自昏瞶，反扭捏五祖爲子，六祖

爲孫。此眞何說。那能顚倒我衣裳耶。復妄引悖逆狂禪，欺祖蔑宗不經之臆說，爲釋誤張本。輕侮光明碩大繼往開來之導師，益見符公之攝心乖戾，釋誤之誤，已誤人。將謂天下竟無其人焉。符公復不見續略南嶽二十八世南京覺華禪師之上堂乎。迦葉微笑，二祖覓心，不得處，紹如來之傳燈，續祖庭之正脈。聯二十八世之英華，接三十四代之骨髓。華初參翼善海舟，慈有省，後至太平賓月潭印證。潭與楚山琦同嗣東林悟，爲南嶽下二十七世。華與海舟爲嫡堂昆弟，豈不同接初祖之骨髓，爲三十四代，並聯南嶽之英華，爲二十八世。則海舟爲楚山猶子，深切著明矣。符公何謬證楚山寄玉峰之

詭僞沈貫銘海舟之僞文妄欲截去南嶽正傳寶藏東明二世奈何覽華之法語在續燈中世代班班可考符公何不先爲剗去而出釋誤誤人可也。今而後吾知符公通身舌劍徧地筆刀不能僞辨順非矣。是以濟兄惜祖道之淩夷後學之失據不得不摧而顯正之豈好辯哉亦不得已也。余特揭其大誤之尤者弁其首云。

曉庵禪師語錄序

黃面老子七處九會不曾說一字。末上拈起一花獨金色頭陀冷地覷破別傳正法眼藏嗣後四七二三東西密付。馬駒踏殺天下瞎驢滅卻正宗。至我南澗先師爲臨濟直下三十一世焉。先師五闡名藍座下象龍雲涌。

惟曉庵法兄分座最久爲室中長子。乙未夏繼席澗南安厝後事。既而一錫湖湘三十載并汾絕信於茲矣。迨庚申秋余再領院事忽專使賫香掃塔兼示黃曇諸會全橐命刪定作序。余愧忝同門嘗聞先師告衆曰昰首座悟處不異高峰斷崖出語不帶枝葉雖乏文彩流動直如煅過精金具眼者誰肯昧渠隻字。嗚呼。先師言猶在耳珍譎劣不文謬承推許何敢復贅一辭。古亦有言諸方說法非不美麗要知如趙昌畫花花雖逼真非真花也。余謂今之要見真花者向黃曇未拈起時裂破正法眼藏便見黃曇錄中句句字字不從人得皆真香發現觸著奪命返魂豈是而今彩繪無根所能企及者哉。

智瑤字僧一。桐城俞氏子。得法於南京金陵寺隱明。請來主法席。康熙二十八年己巳受天竺珍公之返金陵。寂後塔建該寺。有滇派偈石刻今存。

法語

示衆。意不在言虎踞關前孤危峭絕。來機亦赴龍江城下帶水拖泥同行不同步。火爐頭有個無賓主話直至如今無人舉著。豎拂子曰舉著也。且道在虎踞關前在龍江城下。擲拂子曰兩手捉來安舊處化爲一片紫金霜。

示衆。論禪論道兄弟家各各口似血盆。乃鳴指一下曰。到者裏爲甚一個個眼搭眨地盡爲未曾經過一番寒熱。何謂寒。放在萬仞峰頭一任風吹雪打。何謂熱。抛向

洪爐大冶從教百煉千錘。然者話謂曰經寒熱者說是他見得慣一切尋常。若未經者聞得將謂合有與麼事。且道是甚麼事。拍禪床曰可知禮也。

示衆。諸仁者長空無路鳥道高懸。秋水無波煙光奪目。絕纖毫於空劫過患猶存。投水乳於中天家鄉何在。直得主賓同用縱奪臨時劈面呈機猶爲鈍漢。

示衆。拄杖橫也十方世界一時橫。拄杖豎也十方世界一時豎。似恁麼還稱得衲僧性燥也未。好女不著嫁時衣。作者要求無病藥。

示衆。事出急家索性拈出也。更擬撐眸頭顱破作七分。有一棒到你你死裏逃生。無一棒到你時要進進不得。

要退退不得要觸觸不得要背背不得。因眉毛火發也。

拙婦已炊無米飯。巧郎請洗土中泥。（載五燈全書卷百一）

再覲堂頭笠翁師叔賦此呈電將圖久侍座下

雙眉如舊不干懷歲月空增滿面堆。長髮土音師莫哂。芒鞋布衲我重來。禹門雖攫滔天浪湖上殊驚動地雷。一榻肯容橫座右從今懶更出山隈。（載理安寺志卷八）

演派偈

行智威師範宗傳濟上燈。一心圓慧照大法永昌明。（金陵寺石刻）

超琴 字無絃。應城陸氏子。依千例岡公受法。道眼明白。俯視諸方。康熙三十一年主夾山。辛勤二載。北還楚地。續住黄梅五祖。後事未詳。

法語

上堂。東山沒計較。不會元與妙。有問信口酬那顧言精造。釋迦不能說信口便說到。彌勒不能行信脚便行到。行說俱到未能夢見向上竅。饒你口似秤。難免燈籠絶倒。

上堂。東山立處人難立東山到處人難到。非是有心異物情大抵行藏無作造。德山臨濟尚茫然法眼雲門空計較。其餘圓理殊難仰悵悲東山沒頭腦。拄杖忍俊不禁爲伊點破一竅。無口人喫飯。無肚人知飽江西湖南歸去好。（二則並載五燈全書卷百一）

陞座。先聖道。一切智通無障礙。因甚夜來山僧三昧枕子不知枕子三昧。繩牀不知繩牀三昧。地爐不知地爐三昧。青州布衫不知布衫三昧。雲門胡餅不知胡餅三昧。不知你等還知麽。若不知山僧開方便門去也。乃云。堂前種鐵樹鐵樹爍銀花。銀花結蓮蓬蓮蓬長木瓜。木瓜纔剖出。一枚烏芝蔴。遂呵呵大笑。

陞座。諸仁者還會麽。須參了句。莫參未了句。直饒透到前無釋迦後無彌勒。是未了句。博通大藏小藏頓漸偏圓是未了句。洞徹向上向下全提半提是未了句。而今有般膝榧我會也。竪剎竿回去。脚根已喫痛棒是了句。眨上眉毛。此事尚云錯過是了句。龐公參馬祖一口吸盡西江是了句。呵呵。你若恁麽商量到驢年亦未了在。

卓拄杖便下座。

小參。欲知過量事。須是過量人。不是過量人。安知過量事。昔日神秀大師有株菩提樹子被嶺南個無佛性漢折倒了也。自後無人出手扶起今日琴上座借路經過。扶起菩提樹花開一枝兩枝。懸出明鏡臺光。耀千古萬古。俾盡大地人。於鏡光中植菩提樹花。見之眼根清淨聞之耳根清淨嗅之鼻根清淨味之舌根清淨思之意根清淨觸之身根清淨。所以見聞覺知無障礙色香味觸常三昧。且墜腰石子還甘座顧左右便下座。

喚參。露柱懷胎混沌證明。確嘴花開墜石證明。無賓主話火爐證明。枕子落地方磚證明。涅槃堂禪孤燈證明啞者得夢有何證明。以手搥胸云。苦苦。誰肯黃金如糞土。

小參。古德云。釋迦彌勒猶是他奴。且道他是阿誰。山僧二十年前聞此語仰羨他。二十年後聞此語瞋嫌他。何故。見面不如聞名。復頌云。金榜題名外。莫知玉梭忙織狀元衣。胡爲誤會張騫面。割斷天孫錦上機。

陞座。東山有柄無星秤。華嶽稱來沒半觔。崑崙兒暗生嗔。背說東山不公平。慣將巨秤稱官物。世出世間求遂心。刮回佛面金千兩。削去針頭鐵萬鈞。窮坑究竟何年滿。大千有理也難伸。大眾。惻隱之心。人皆有之。不必如前較重輕。任伊天下樂忻忻。六則並載正源略集卷九

夾山奕葉集卷一終

夾山奕葉集卷二

夾山嗣祖沙門震華編輯

行如字子山。號囊庵。蘇州黃氏子。幼喪母。年十七。因街坊演劇。見目犍連故事。卽慨然曰。吾欲報母。何讀佛祖道。棄聘室。至堯峯禮西脉老宿落髮。受戒於杭州徑山。契機於鎮江夾山。得法於武林南澗。乾爲宗門巨擘。住洞庭之華嚴。金澤之頤浩。繼席南澗堯峯夾山諸刹庭。凡五坐道場。像令森嚴。鉗鎚猛烈。學者望風而退。惟眞參實究者依焉。既歸老於郡之畫眉泉。門人集五會語錄。吳江潘耒序之。年七十七示寂。塔建畫眉泉。徐枋爲之銘。

法語

示眾。舉趙州勘婆子話畢。乃謂眾曰。前也與麽問答。後也與麽問答。且道那里是他勘破處。驀拈拄杖曰。趙州來也。汝等諸人還見麽。一時趁下曰。覓甚麽碗。載五燈全書卷十八

晚參。天寒人寒。事無兩般。滴水滴凍。死蛇活弄。空寥寥。實嘿嘿。無位眞人難躲縮。嘉州大象忽懷胎。陜府鐵牛夜脫殼。漫承當。休卜度。令人常想老巖頭。鈯斧拈來撒壁角。喝一喝。載正源略集卷四

超因字果林。餘杭人。依天笠珍公得法。繼夾山席。塔建東門萬壽寺後山。

法語

上堂。拈拄杖曰。拈起也天回地轉。放下也海晏河清。祇如不拈不放。又作麽生。團圝無縫罅。佛祖覷無門。

示眾。一二三四五六七。七六五四三二一。針鋒尖上翻觔斗。萬仞岩前獨足立。

示眾舉趙州訪二庵主曰趙州眼光爍破四天下被二庵主一時換卻

晚參脫卻貼肉衫透過祖師關未明三八九依舊被人瞞且道作麽生是三八九以拄杖畫一畫曰東西十萬南北八千過去已過去未來猶未來百草頭邊諸聖眼三十三人入虎穴四則並載五燈全書卷百一

超學字瀚如都昌汪氏子年二十二投蘄州廣教寺天章和尚薙染秉戒於靈機和尚看乾矢橛話誤蹋長蟲驚跌有省猶以未了爲念又參禹門天笠禪師二十年未離左右承印出世始住金陵吉祥歷遷鎮江鶴林金壇東禪丹陽萬善武林理安二住鎮江夾山相國素存張公將軍乾庵馬公協力護持續座參徒常餘三千指三覲聖駕數賜匾聯晚年北上皇十四子迎住內花園淨名寺康熙五十六年丁酉十二月二十五日示寂壽六十六有六會語錄塔建本山左麓

法語

上堂古釋迦不先新彌勒不後直饒偶儻分明未免無繩自縛大眾要見新海會麽喝一喝曰吹毛不犯當頭令好看滹沱正脈通載五燈全書卷百一

頌百丈野狐

人人盡說野狐別我說野狐事也同兩箇半千元一貫轉轉不錯謾流通

頌牛過牕櫺

四蹄蹋地角撐天多少男兒盡錯傳若向尾巴尖上會流沙已過路三千二首並載五燈全書卷百一

病中辭謝王十四子

國大無依本寂寥承王恩德奈何消祇將一句無爲法仰祝遐齡海嶽高

辭世偈

清風明月兩依依照徹碧天星象稀無位真人曾地了藏身北斗太平基二首並載竹林寺志瀚祖塔銘

明汧字涵中金陵人依瀚如學公得法工詩詞康熙五十六年丁酉住潤州鶴林六十年辛丑住京都報恩雍正二年甲辰住潤州竹林時寺工未竣亟於次年重加修理又念寺志未修殊爲遺憾爰創稿本迄十一年癸丑恭逢憲皇帝敕建竹林有旨欽師入覲師以工未畢辭冬復奉詔不得已於十三年乙卯春赴闕而上欲留京開法師以老病乞歸既返即請法南禪師來住而自退於先儒寺乾隆元年丙辰五月十八日示寂壽六十六凡六坐道場有語錄並借借吟詩集塔建本山

法語

雍正十一年二月初五日少司農海公望臨山十九日宗伯留公保督理淮關關政年公希堯前後三位大人臨山奉旨修建謝恩上堂拈香云靈根永茂聖地發生祝延今上皇帝聖壽萬歲萬歲萬萬歲伏願海宇昇平邊疆寧謐文武官僚現前宰輔奉旨大人恆榮景福爵位崢嶸白椎云法筵龍象眾當觀第一義師乃豎拂子云聖德無私恩被嚴竅選佛場宏開面目正法眼光耀人天雲嵐秀靄花雨芳菲柏子庭前增瑞色先春草木盡生香起座云恭值皇上恩建竹林奉敕大人臨山臣僧明汧統率眾僧遙瞻北闕仰祝皇仁敬謝聖恩結椎云諦觀法王法法王法如是下座統眾詣大殿三呼九

叩首歸方丈。○七月十三日。奠土開工上堂。拈香云。今古全超化。渻聖諦。祝延今上皇帝萬歲萬歲萬萬歲。伏願拈花重現於皇宮。正眼大興乎聖教。復拈香云。奉上欽命大人。洞明心印。在座宰官居士。均鑒眞如。南遇西堂出問。風清萬壑。瑞靄九重。祝延聖德。正請舉揚。師云。無疆歌盛世。問云。欽命大人營齋和尚登座說法。意旨如何。師云。戴謝天庥。問。卽今敕建開工一句。且作麼生。師云。頂門薦取第一義。乃云。者一片地。者幾間屋。鏨鏨磢磢。撐撐拄拄。千五百年。費盡人天神護。今日恭遇金輪御世。心佛一如的大聖人。用無私力。將破沙盆。徹底掀翻。金聲玉戛。不二門當陽建立。耀古騰今。祇如奠土

開工。甫承至化。作麼生施展。豎起拂子云。瓦礫堆頭開正眼。棟梁玉選謝皇恩。○九月初六日上梁。值大雨。至梁前云。普天花雨呈祥瑞。匝地恩波大慶時。梁擁飛龍雷震起。風雲際會謝無私。以拄杖擊三下云。高陞。年大人是日設齋請上堂。拈香祝聖畢。乃豎起拂子云。向上一著。千聖頂戴。萬靈瞻仰。亘古亘今。輝天鑑地。當陽提起。脫體風光。盡覆將來。縱橫協妙。擁瑞色於林端。布祥雲於霄漢。全提一句。欽頌聖恩。因齋慶讚。又如何道。增輝佛日從新化。鞏固皇圖祝萬年。○主佛開光。無盡藏眼本自圓成。無盡光明。悉皆具足。要使一切衆生瞻之仰之。直須當陽指示。向空畫云。圓陀陀的光爍爍慈悲

喜捨法界觀。○雍正十二年夏日落成。謝恩上堂。統衆僧詣大雄寶殿。三呼九叩首已。至法堂指座云。這寶華王座。不從天降。亦非地湧。向我佛心天子至化無爲中現出。知恩報恩。向上舉揚。便陞。拈香云。妙明聖智本自圓成。祝延今上皇帝萬歲萬歲萬萬歲。伏願海宇生民。渻徹性天。復拈香云。諷御功成。福源彌極。奉爲欽命大人。在位宰輔。伏願面覲聖顏。開佛知見。併兼奉委監督。生緣饒益。信入佛緣。乃云。一塵一剎。一佛一土。塵剎無盡。佛土無盡。於無盡佛土中。全彰聖化。至德常明。夫此夾山。林巒池沼。悉沾潤澤。亭臺殿閣。咸始維新。法界莊嚴。人天瞻仰。臣僧明汧。蒙照於聖淨光中。登斯臺耶。

坐斯座耶。策勵悚惕。心眼豁開。仰祝皇齡。欽謝聖恩。起座合掌云。九天雨露周沙界。佛國深沾法道新。夾嶺嵩呼無限量。阿僧祇劫頌金輪。

晚參。昔年善會禪師因僧問。如何是夾山境。會云。猿抱子歸靑嶂裏。鳥銜花落碧巖前。若是新夾山則不然。設有人問如何是夾山境。卽回他道。縈環揚子長江水。座擁迴龍萬朶山。（六則並載竹林寺志）

鶴林古蹟八詠

逢僧處　院開黃鶴山環抱。李涉曾經入翠巒。獨恨我來投杖晚。數椽敗屋老霜竿。

香花橋　門外一溪流水隔。小橋亂石兩三層。莫嫌寂

寂無花雨渡盡歸來帶月僧

寄奴泉　殿角甃泉從帝子津津甘味比中泠漫云劉氏空餘井酷旱潛龍禱雨靈

杜鵑台　梵僧金鉢盛來種漏泄殷仙九日開千古傳聞歸閬苑令人惆悵白雲台

濂溪祠　理溯淵源承孔孟祠鄰竹院壽涯菴一池碧水蓮花愛心學而今孰爲傳

米顛墓　先生自擇平原地高枕黃山北固朝任重鶴林爲土主荒祠半畝得雲饒

馬祖塔　無棲泊處生前語死後南山還北山夢內一言煩太守千秋松月擁禪關

太傅松　十三松樹虬龍似歲歉僧家已鬻人輸價贖回揚太傅松兮人也共振振鶴林寺石刻

實勝字法南長沙益陽鄧氏子十歲出家二十四受具歷參石塘呪天南嶽曉堂龍鬚陶谷諸老宿末至杭州理安依調梅鼎公得法康熙六十一年隨侍進京雍正七年十一月開法瑞徵住持三載蒙恩召見命主杭州理安入院之日食堂萬餘指人有方之宋大慧者十二年甲寅三月住常熟齊仁乾隆元年丙辰三月蘇州織造海公奏補鎮江竹林七年壬戌主宜興磬山十二年丁卯回里省親十五年庚午秋在杭患疾十七年壬申二月十七日示寂壽六十三凡五坐道場有語錄刊行塔建理安調梅之右

法語

乾隆元年丙辰三月初六日師受夾山請入院是日丹徒縣邑侯顏公設齋師上堂指法臺云高而無上大而

無外今朝既已到來且作麽生登蹋震威一喝便陞拈香云者一瓣香根盤威音王前秀發迦文佛後應時現瑞與物爲春虔炳寶燭端爲祝延當今佛心天子皇帝萬歲萬歲萬萬歲伏願明同日月德並唐虞億萬斯年帝基永固者一瓣香夙承佛記示現王臣奉爲今辰請主欽命織造海公大人監督此寺年公大人京口掛印將軍王公大人暨闔省文武當道宰官齋主大護法伏願佐明君爲上國之棟梁衛釋氏作法門之牆塹者一瓣香拈起也珠迴玉轉放下也草偃風行爇向爐中供養開山伯太祖林老和尚暨我高祖若老和尚曾祖天老和尚及各位老凍儂前住涵翁法叔現前諸位老和尚伏願爲照世明燈作迷津寶筏懷中拈出香云者一瓣香昔年十八礀中遭一滴毒水南北兩次三番只是吐之不盡今對人天衆前第四回拈出供養前住京都柏林堂上調梅鼎老和尚用酬法乳之恩斂衣就座南遇和尚白椎畢師垂語云登高須到頂若不到頂焉知宇宙之寬廣大衆頂既到已莫有共觀春色者麽請出激揚看僧問云春霧迷天甘露灑地和尚四坐道場兩沾聖澤未審將何報答師云願皇聖壽與天齊進云刹號竹林因甚一竿不見師云點即不到進云林岡遠矚因甚不插蓮花師云且喜污泥不染進云恁麽則水鳴南北澗花落碧巖前去也師云被汝兩處看破後問不

錄乃云。翠竹靑靑香嚴一擊忘所知桃花燦燦靈雲一見更無疑所以此事不可以有心求不可以無心得只一味平懷虛豁豁地直須言語道斷心行處滅坐斷凡聖路頭踍翻向上一路發一機能超佛祖行一令頓越古今。折旋俯仰無非大事因緣語默動靜盡是當人妙用具如是力方可法隨法行法幢隨處建立。猿抱子歸之地。一佛一刹深荷皇恩鳥銜花落之場。一瓦一椽無非帝力。直得夾山起舞。黃鶴飛騰草木瓦礫悉放寶光出一人之高厚識千載之奇逢承各憲之命應長者之呼。雖抱匪材敢忘勇往。到者裏只得拔起三玄戈甲括出五位旗鎗攪昏揚子江救點魚龍興變化折翻祖父

田頓教野老盡謳歌楊歧犁九峰耙運出當陽不辭辛拽。金剛圈栗棘蓬。抱向寰中要人吞跳。堪報不報之恩用祝無爲之化即今寶坊新落祝聖云。過。畢竟如何道箇酬恩報德的句子。遂豎拂子起身云將此身心奉塵刹。是則名爲報國恩。復舉昔日寶壽開堂。三聖推出一僧。壽便打聖云。恁麼爲人。瞎卻鎮州一城人眼去在。壽擲拄杖便歸方丈。師云。三聖雖則扶豎臨濟綱宗太煞傷鋒犯手。新夾山今日爲國開堂。設有推出者。拄杖子總不動著。何故。相逢不用展戈矛。自有淸風動天地。復結椎下座。載竹林寺志

四月八上堂。求離兜率降皇宮。公案何曾有兩重。千古毘藍今日事。一枝杓柄活如龍。釋迦老子生也。一花現瑞千葉流芳。雲門大師來也。一棒揮空十方通暢。佛佛祖祖全提斯旨。七十二傳未嘗稍易。良久云開口不在舌頭上。

白沙河抄化回示衆。破施主慳貪磨自己種性須是過量大人遇著血性漢。不然易說難行。山僧昨日將杳兩步工夫親歷一番。向九曲黃河邊往來兩月麥麵粥糕子飯滋味徧嘗。看他三回四回只云不在。要彼一文兩文。如割身肉。非關古井淵深自愧汲長綆短。只得撩起便行。且把馳求心歇歇者般鼓笛莫輕敲。甘守門庭三尺雪。以上二則並載正源略集卷十四

辭世偈

南北支離三十年。七花八裂得人嫌。今朝自唱還鄉曲。珍重時人莫浪傳。載理安寺志卷五

了月字淨德晚號虛奇。陽湖趙氏子。因染疾幾殆發願投潤州五峯山納川禪師披薙苦行潛修遂成名宿嘗與同參朝南海途經嘉禾見叢林無安單之處因興復精嚴寺以接十方雲衲乾隆五十一年丙午常州天甯祖席失守受諸護法請主持法席慘淡經營不十年法道大盛嘉慶四年己未以垂暮之年復主鎮江竹林闢犁山場栽培竹木成中興之象嘉慶十七年壬申七月十五日示寂壽八十二有語錄四卷。

法語

嘉慶己未年六月十六日受鎮江王夢樓太守茅耕亭內翰暨闔郡紳耆護法請住夾山進院法語山門八字

打開無扇無壁。空空洞洞。一超直入彌勒。灰頭土面。口吸北風。緊揑布袋。等甚臭銅。韋馱擁護佛法。誓願洪深。竹林這裏。全仗威神。伽藍鐵膽銅肝。鬚黃面赤。守護伽藍。尤爲出力。祖師。冷坐閑談。一字不識。說甚傳燈。證通成隨佛殿天甯寺裏。日日不離相見。你無我不立。我無你不行。今日竹林寺裏。也是不得放過。遂展坐具三拜。○據室。這是我林祖箬祖當日揀魔辨異。鍛凡煉聖的所在。今日不肖遠孫到這裏。豈敢別資一路。祇得仍舊貫而已。且如何是我二大老人的爲人處。齎。遂震威一喝。卓杖便起。○上堂。拈香祝聖人事畢。復拈懷香云。此香根盤劫外。葉覆人天。遇貴則貴。遇賤則賤。第二回拈

出供養天寧堂上上納下川先師老和尚。用酬法乳之恩。斂衣就座。乃云。法不孤起。仗境方生。道不虛行。遇緣即應。本無心于彼此。何有象于去來。山僧三十年前曾到這裏。所見翠竹參差。蒼松茂密。猿歸青嶂。花落碧巖。儼然如古佛道場。如今三十年後。承夢樓大居士。高旻如長老等。招山僧到這裏。所見又是一塵不立。萬象皆空。適與從前境界各別。諸上座。且道山僧從前所見底是。即今所見底是。若道從前底是。則未免孤負自己。若道即今底是。又是孤負前人。若是離此二途。而更別有。則又孤負山僧拄杖子。諸上座。於此切須仔細。切莫草草怱怱。認影迷頭。埋沒己靈。虛延歲月。山僧到這裏。非

爲別事。卻緣儒釋諸大宗師輿情。一時難卻。無故推到這裏。實爲無法可奈。祇得隨心放曠。遇緣即應。波波挈挈。隨緣度日。與大眾同甘冷落。撕結眉毛。了我林祖箬祖中興之殊恩。共樂有虞陶唐之盛化。然雖如是。且人天法窟。高提祖印一句。又作麼生道。萬古秦潭空底月。再三撈漉始應知。卓杖下座。○當晚小參。昔隨浮玉來青嶂。今日重臨作主人。獅子象王齊著力。大家扶起破沙盆。（載淨祖語錄卷二）

示恆贊如記錄

大庾嶺頭。一鋪功德成全也。未若是成全。三世諸佛。歷代祖師。一一皆從這裏流出。子是嶺南人。親從那裏過

來。想亦一見便了。省卻多少氣力。老僧三二十年未見一箇半箇於此事諦當不疑者。甚爲稀少。子既體信。則予不在多言矣。聽吾偈曰。大道本來。無頭無尾。一念勿生。當下便是。智者過之。愚者不及。默契心通。斯已而已。

示廣參明監院

博學之。審問之。慎思之。明辨之。篤行之。此儒者之真參也。捨離塔廟。南向百城。火燄刀山。無不徧歷。此我教之真參也。雖然。此猶是癡狂外邊走。未是真實到家消息。必也不勉而中。不思而得。從容中道。方能頓入如來大圓覺海。不歷化城。親歸寶所。領受如來法王家業。了經入室已久。親領法雲家業多時。當思利濟眾生。普化羣

品。是則名爲報佛恩者。蓋如來出世。本無別事。不過欲令一切衆生頓入佛之知見而已。切囑切囑。上二並載前書卷三

達如字恆贊號雉庵廣州南海何氏子。生有異稟年十四偶讀文昌陰隲文舉步常看蟲蟻句大爲感動即持不殺戒年十八投光孝寺慧鏡老宿出家二十歲依鼎湖如鑑老宿圓戒期滿回羊城結茅恢復景泰古寺自念生死事大往住海幢禪堂。頗有省發疑情未盡出嶺至蘇時淨德主常之天寧。一見相契付以大法嘉慶八年癸亥住竹林十六年辛未住天寧南坐道場六傳律學精研經義。兼通文翰道光二十年庚子正月初十日示寂壽七十九編有佛祖心髓九卷著和寒山詩一卷學庸寱言一卷。語錄十卷。

竹堂禪師語錄序

達摩一宗。直指單提。不立文字。言前薦得。早失周遮。句後承當。反成鈍漢。故二祖印心。出位三拜。謂之得骨得髓。遞代相承。至我磬山南澗諸祖。以心印心。皆是不立文字。只貴默契心通。點頭自肯。從不假借於人。虛疾門面。徒弄業識精魂而已也。竹堂宗子侍予多年。密契心印。住夾山開法寶。一會法語。彙集呈政。山僧不惜眉毛。刪虛存實。俾壽諸世。雖不能比擬前人。然而我之師徒。遠隔長江。其語一堂。亦庶幾可作一場佳話也。故書數語以歸之。載竹祖語錄之首

金山住持廣慈濟公塔銘

達摩西來。單傳直指之道。臨濟而下。歷代相承。至三十世。逮我磬山天隱修祖。南澗箬庵問祖。鐵舟海祖。別傳剎竿。徧布南天。鐵祖之下。第九葉至我廣公和尚。爻爲一興。起焉。師諱眞濟。號廣慈。江南江寧府江寧縣人也。俗姓周氏。父尚華公。母陳氏。一生好善。凡僧道臨門。無不爲飯之者。一夕夢一僧投宿。而師生焉。師在襁褓時。聞鐘鼓梵唄之音。莫不動容生敬。幼時喜遊庵觀寺院。凡見佛必禮。逢僧便喜。一日本村庵中有老僧誦經。師往叩之。請問何經。僧曰。華嚴經。師即叩問經意。老僧爲師講誦一章。師隨即應時照舊而誦出之。老僧驚訝爲之歎曰。汝乃再來人也。若果出家。將來必成大器。師聞言隨發出塵之志。遂不茹葷羶。父母送師上學。師不願隨即棄之。父母痛責之甚。師曰。我要出家讀他何用。情願讀佛經書。學出世法。爲人天師。作將來眼。可以超生脫死。永出輪迴。不受後有之累。何須讀治世語言。學世間文字爲也。父雖惱恨。卻喜有此大志。母好善心重。隨云。汝果有此心。將來可學目連尊者。渡我出離苦海。超脫生死。縱然絕嗣。亦不爲恨。於是從師之志。遂不爲師婚配焉。丙辰歲。師朝南海。陟天台。過石梁橋。忽聞水聲浩浩。不覺情境兩忘。身心灑脫。如夢初覺。即時往詣清涼寺方丈。請益開導。和尚示以禪關策進。使令參究。於是始知有宗門中事。參禪悟道。能了生死一著。及後回家。父母相繼而歿。悲哀痛哭。苦惱難言。欲報深恩。昊天罔極。於以卜其宅兆而安措之。祭葬畢。一意離塵。遂投本邑準提菴濯江老宿披剃。聞金山不空老和尚開堂

傳戒郎備三衣鉢具登山乞戒求法四處觀覽宛如舊
境焉戒期已畢送入禪堂和尚示以父母未生前話師
決志立參過夏經冬脇不至席誓期了悟大徹方休忽
於七中經行之際身心擺脫人法雙忘豁然心開徹見
山河粉碎大地平沉恰似熱病得汗大夢忽醒了了明
明迥超塵外從此機鋒敏捷當仁不讓續復參常州天
寧維揚高旻諸大老宿皆深契許乙丑歲志學老和尚
繼席金山師歸親炙命充維那之職是時沙洲訟累常
住流離顛沛大衆無隔宿之糧師盡心竭力東彌西縫
安撫禪侶三四年間毫無退縮正俗所謂貧窮出孝子
離亂見忠臣者也當常住患難之時誰能肯捨身盡命

一力維持保護大衆使其各安禪寂一心坐香保全佛
祖慧命一綫不斷者皆師忠肝義膽報佛深恩之力也
戊辰冬以案既定正一老和尚繼主院事師仍盡力匡
扶贊襄法化密授心印數年以來山門增色百廢具興
大江南北皆以金山爲所歸投焉壬申六月二十三日
正老和尚西逝闔山大衆兩序耆舊請師主錫說法開
堂師勉而應之自是遠方衲子聞師道望無不水赴雲
奔競來參請戊寅春本山傳戒四衆緇素人等約至五
百餘人山中宿望咸言具有滄祖老和尚之遺風太守
梁公親臨登山問道光揚法化維揚護法宋公大任夫
婦入山禮座發願皈依玄扶常住山中舊有藏經乾隆

甲辰之年因被回祿宋公夫婦發心助資速師上京印
請蒙聖恩頒賜龍藏回山師將法堂改建藏經五楹香
花供奉崇安內典表敬謹也道光乙酉大殿失去墨金
藏佛遂爾成訟蒙各大憲會議刊示勒石山門截斷挾
嫌免生事端以爲永遠遵守師因案事於丁亥臘月將
院事交付耀等退居本邑東鄉之五峰山純心養靜以
樂天年己丑三月忽生微恙耀等於十二日迎師回山
靜心調養至二十二日巳時正身端坐跏趺而逝師生
乾隆二十八年癸未十二月十二日卯時寂於道光九
年己丑三月二十二日巳時春秋六十七戒臘三十夏
法臘十有八耀等謹遵遺命於是年十一月初十奉全

身於五峰山祖塔之側而建塔幢焉師住持金山大徹
堂十有八載爲法爲人一無少懈凡事悉修古道不愛
繁華而無喜色語無世諦祖堂領衆午夜維勤受化僧
俗莫知其數室中舉古驗今直截根源並無剩語凡上
堂陞座示衆法語不留存稿弟子堅留師皆不允但曰
種種言說句句朝宗言言見諦後學初機略不覷覽況
吾區區杜田話柄者乎故於片詞隻字俱無存稿蓋師
之爲人一生平率任眞不容虛僞全以道力堅强解行
相應鞠躬盡瘁以荷斯道而已矣此師之大略也今其
上首弟子本山住持樂亭耀公等錄師行狀徵予爲塔
上之銘予愧學淺才疎無德無行不能讚頌溢美之言

光顯師之法化。忝居法屬誼不容辭。謹摘其狀之切實行由俾末學初機者得以瞻承遺範云。銘曰。

鍾山毓秀鷲嶺降靈。花開蓮萼誕育奇英。石梁觀瀑心境兩忘。如夢忽覺頓獲清涼。石磬清音金鰲肇起。砥柱中流長江萬里。學徒川奔海衆雲集。萬類皈依均沾雨澤。巍巍絕堵屹立五峰。玲瓏八面克紹隆。明珠朗潤水月清華。真燈照世徧布天涯。金山收藏原稿

學庸窺言

大學乃聖人垂教立法講道明德修身齊家治國平天下第一要緊之書。如幼時雖嘗課讀然未蒙先生大人講說指示實蠢蠢無知懵然一癡頑物耳。及至長成則

又奔走未暇。今垂老矣茫無所聞。因思古人今生不學來世窒塞之句。翻然驚愕。若更錯過此之餘光。則世世生生未知作何蟲豸矣。於是重將大學本文細心翫味。至於格物致知一章心有所疑不得過去。由此參叩西也大師求其指決。而大師又不肯吾告。故復請益於心齋居士。而居士又爲虛譽過分并以中庸首章爲問。更爲慚惶無地。然以中庸一書乃聖門大道。二一全具於中。我是何人安敢妄爲竊擬。勉强厚顏不揣固陋妄爲窺言。然語多支離不成音韻。眞如夢中占夢究竟終不得其眞知實際所在。因名學庸窺言云。載佛祖心燈卷九

宿金山

禪板初開後危樓獨倚欄。星辰沈海底亭塔湧雲端。漁火瓜洲斷更聲鐵甕殘。一峯常兀立萬古抵狂瀾。

題應地山先生澹雅山堂宴集圖

架屋幽巖裏離塵遠俗喧。白雲迷竹塢流水隔桃源。高宴書千卷忘懷酒一罇。沈沈明月夜肯許我敲門。

竹林夜月

空山寒月上萬籟闃無聲。得意忘言說微吟信步行。松窗清影動竹逕古碑橫。幽景誰能會無眠到五更。

米南宮墓

七百年前客精靈著鶴林。廢祠童牧守荒地老農侵。松栝千秋跡文章萬古心。高風今尚在能不使人欽。

過招隱寺

隔壁前朝寺傳聞隱戴公。竹邊斜有路松徑一門通。清磬蹋紅葉疎鐘趁曉風。鹿泉尋未徧身已隱虛空。五首並載恆祖語錄卷九

悟宗　字竹堂。如皋人。出家邑之護國寺。參學名刹。見闊廣裕。司職常之天寧潤之夾山爲經貲長老所器。遂授法焉。嘉慶二十二年丁丑二月初二日主錫本山。道光四年甲申閏七月十二日遷主通州白蒲法寶。善詩工畫蘭竹。示寂年月不詳。著有語錄二卷詩集若干卷。

月印秦潭

竹林好明月今古誰能識。每夜上窗紗秦潭影不缺。

行脚

穿破芒鞋爲主翁擔簦負笈任西東。三心未了難消供

一鉢隨方繼祖風。笠戴湖天霜雪重。杖挑海月橐囊空。行行直往山頭去。豈肯甘休半路中。

樂道歌

非怪我癡莫笑我顛。安心求道得失隨緣。一朝風月塵事早蠲。利名拋卻。灑落無邊。逍遙自在號佛號仙。閒雲野鶴清嘯遥天。奮志萬里。翱翔遠煙。九夷八蠻名山大川。徧訪名師相識高賢。從頭問起。次第名篇。獨披破衲。芒鞵筋穿。車持未離。瓢囊横肩。煙霞爲侶。鳥談玄三。條椽下七尺單前。饑來喫飯。困則打眠。西來大意半偈不傳。殘書幾架。敗屋數椽。破硯枯毫。薛濤錦箋。廬山瀑布。慧日高懸。詩朋竹石。朱履三千。心外傳經何必安禪。念佛成佛。孰後孰先。生極樂國。乘般若船。彼岸直到。永離市廛。西方咫尺。花開成蓮。巍巍不動。腦後光圓。度已度人。億萬斯年。

威儀四則

林中行。山深青樾現幽情。經過此地無窮趣。潮落沙隄夕照明。

林中住。衲衣赤足隨緣度。平生澹泊竟如斯。免惹愁緒左右顧。

林中坐。浮雲掃盡牢關鎖。一燈一鶴遺詩魔。竹屋蒲團無夢破。

林中臥。身心放下無功過。蓮花十二漏聲殘。又聽晨鐘催曉課。

示海悟堂主

海上參禪夙有因。安心悟徹過來人。從今會得曹溪旨。纔得金剛不壞身。

示朗月監院

全機大用自家珍。天朗氣清月比鄰。輔佐維摩解妙諦。當今供養素心大。

示福智西堂

福無涯岸智無邊。心月孤圓一味禪。者裏豈容說道理。承當箇事絕言詮。

續派偈

悟眞空如性法寶普濟林。永遠長廣脈清淨復興隆。十上

一首並載竹祖語錄卷下

悟慧 字雪谷。丹徒宋氏子。體貌奇偉。具福德相。出家後參濟洞諸老。領會玄旨。最後見廣參明公於天寧。受印出世。繼席京口夾山。增購虹橋租產。以贍大衆食糧。時適洪楊兵亂。避居海陵塘頭興善菴。痛常住遭劫。蒼生歷難。遂示疾而寂。師生於乾隆五十四年己酉十月十九日。歿於咸豐十年五月初三日。壽七十三。

廣參法師行略

師諱達明。字廣參。別號惺菴。俗姓朱氏。江南金陵人也。師生而穎異。自小便有離塵出俗之意。父母不許。迨至二十三歲。奔投晉陵毗盧院慈舟老宿薙染爲沙彌。始遂出塵之志。實乾隆五十六年辛亥歲也。又明年復返

江寧。秉持犯於西天寺澄泉老和尚。披僧伽棃預大僧數。於以精究毘尼。細探律藏。因思律學乃入道之初基。若不究明禪宗旨要。生死大事。如何能了脫乎。由是下金陵。往返高旻天寧兩爐鞴間。眞參力究。默契眞乘。遂蒙天寧師翁印可。因授記莂。領監院務。十數年間。鞠躬盡瘁。天寧常住輪奐輝煌。皆師之力爲多。嘉慶十二年。師翁年邁。以師功行見地俱優。遂一肩卸之。至十四年。獅蟲作祟。師横擔拄杖。天台南海九峯牛首。徧攬名勝。十六年。岧菴法伯由夾山遷天寧。謂竹林非師不可。約監齋都統暨潤城紳士。請師繼之。由是一住十年。日夜維勤。以道自任。山門生色。遠邇欽崇。正當法門倚仗以

爲垣墻之時。不意一旦遽棄小子而常逝耶。嗚呼。何其佛法之不幸也。師生於乾隆三十四年。歲次己酉十一月初二日。圓寂於道光元年正月二十八日。世壽五十有三。僧臘三十又二。塔於大山門外東首。慧等以愚魯未嘗問學。不能發揚師之道德高深。甚愧人後。謹記大略。不至泯沒。俾世世子孫。知所景仰向慕焉耳。廣祖塔陰

眞嘩字旭雯。泰州虞氏子。出家邑鄉純塽興善菴。依竹林雪谷禪師受法。嗣席未久。遇遭金山事變。全部房屋悉葬火窟。師侍雪谷老人暫居海陵。咸豐丁巳回山。覩祖席荒涼。啟願恢復。仍做舊制。次第構造百楹。十年庚申又被亂軍燒燬。師傷感萬分。再往海陵小住。同治四年乙丑復還山建茅。光緒八年壬午三月初三日示寂。壽七十一。

法語

金山觀心老和尚封龕。師拈封條云。風停浪息。潤海澄滿。空月色觀分明。月本無心映海底。水亦無心留月形。恭維傳臨濟正宗第四十一世。金山江天堂上觀心慧公老和尚。幼懷貞敏。早悟三空。長契神情。先苞四忍。作法門之領袖。爲當代之宗師。有時哮吼。有時遊行。拄杖子擊碎虛空。草鞋底踢翻世界。鉗錘鍛鍊。棒喝交馳。感荷宰官擁護。古刹重新。又得輔弼存賴。重光祖印。正所謂隨心自在。行滿功圓。詎意預知時至。合掌化去。愚聞訃時。親詣靈前。爲封龕一句。又作麼生。貼封條云。昨夜雞鳴打五更。帝釋已生兜率宮。

金山道華老和尚起龕。師執如意云。萬行圓融效古賢。

江天卓錫幾多年。如今撒手歸西去。刹刹塵塵總現前。恭維傳臨濟正宗第四十一世。金山江天堂上道華登老和尚。道德高超。慈風遠被。清淨圓通。了悟無生。戒珠顆顆。獻瑞世壽。已越古稀。主席於金山名勝。儒釋均仰。豎拂於大徹堂中。學者欽崇。歷塵劫而不退菩提。斯願盡圓成而依然。永闡宗風。正談無生之曲。忽聞波傾萬頃。以此奉詔歸西。留隻履後。昆相繼得高賢。今日乃我同參起龕之辰。特來相送一句。又作麼生。良久云。五峯山頂。卽是妙境蓮邦。大徹堂開。不敢久留。覩座起。

與月溪禪師書

頃有人自浮玉來。述及山中概況。據稱爲院務問題致

累法駕將欲飛錫遠隱以後門庭施設不復寄諸懷抱云嘩忝居法屬之末益以知交有素下風遜聽何能不進一言特遣管城子代替拙步親詣座前屈請一勞禪趾於日內先來竹院小住所有餘情晤對時再罄不復一一

清然 字定安泰州宋氏子生於道光十三年二月十五日出家邑之某菴咸豐元年金山春戒髮逆之亂竹林被燬旭雯禪師奉雪谷禪師避兵江北師往參謁一見機契隨授記莂咸豐庚申雪祖滅度同治乙丑師侍旭祖奉靈骨入山建塔時竹林片瓦無存荆榛滿目暫結數椽以蔽風雨旣任主席日事建立後得嗣子智珠爲繼常住規模遂得重新光緒三十三年丁未八月初九日示寂壽七十五

光緒乙巳春期同戒錄序

蓋選佛名場不藉高賢碩德宗風難以振起我潤州竹林寺由東晉大興間法安禪師首剏初名竹院一名竹林精舍唐咸通間有善會禪師駐錫此山衆徒說法偶經道吾一笑遂懷慚而去往參船子得證點頭掩耳之旨後之其道大振我夾山竹林之名因斯而著焉歷宋元明迨至國朝維持佛法代不乏人咸豐間髮逆擾攘使千年道場盡付劫灰先法師旭老人其時奉法祖雪老和尚避寇鄉里余特參禮一見欣然器重許爲入室弟子隨授以記莂庚申雪祖滅度同治乙丑侍老人奉靈骨入山建塔時竹林片瓦無存荆榛滿目於是共襄結茅以蔽風雨暇則鋤土掘地栽植松篁培補山園居無何又遭祝融之災老人則强打精神猶以接待往來爲心建立從事勉構數椽禪侶藉可棲遲光緒庚辰老人告衆辭世慨乎大樹傾頹慧燈息滅自知獨力難支幸得法徒智珠頗能經理壬午遂一肩卸之廿餘年來得以藏修養拙智珠接住孜孜以興廢爲己任整飭綱紀鳩工庀材殿堂樓閣漸成舊觀乙未年法孫西蓮繼席閱二載告退法舟任之於癸卯入都恭請龍藏幸蒙

皇上頒賜敬謹奉載回山光耀林泉銳志丕振今春開壇傳戒並建水陸道場上報國恩下濟羣品請余登壇說戒余自慚涼薄然又於義不獲辭噫我雪祖擔荷從上佛祖慧命劫歷紅羊恢復之志竟化烏有先師老人

珍重祖印業業兢兢慈孝不倦於蒿萊恭謹承乏乎灰燼法徒智珠暨諸孫輩廿餘年間竭盡辛勤始有今日況皇恩浩蕩檀德瀰涯以及乎裹革邊疆塗肝外域省思至此豈容以衰耄而廢茲上酬下濟之應分事耶惟夾山爲禪宗門庭專提向上雖單刀直入猶嫌遲疑又何必捨頓趣漸也須知戒乃佛身教乃佛口禪乃佛心不外乎攝律儀攝善法攝衆生之說是戒定慧者名三無漏學也世尊初倡雞園終於鶴林七七年中闡揚法化惟諄諄以尸羅波羅蜜叮嚀告誡無非欲令衆生攝心爲戒因戒生定因定發慧直期復本還源返妄歸眞離生死之苦海證涅槃之樂趣而已故於涅槃會上特

告以波羅提木叉為師。梵網經云。金剛光明寶戒是一切佛本源。一切菩薩本源。眾生佛性種子。楞嚴云。其執身也。身得自在。其執心也。心得通達。倘能身心一致。自然持犯雙忘。三聚無著。則情與無情同歸正覺。又何生死涅槃苦樂之有哉。倘心境不能相當。妙戒終難授受。汝等先須洗滌身心。懺除罪垢。必期清淨光明。戒珠自然現前。所謂道行千里。動步在初。故初授以沙彌十支戒相。中進以比邱具足戒法。後圓成菩薩三聚戒體。必得三師七證。清淨和合。白四羯磨。如法成就。方能感發斯體。為增上緣。汝等發殊勝心。獲清淨戒。十方聚會。共育聖胎。同戒同師。水乳契合。亦必夙緣有自。非屬偶然。

從此參叩諸方。貫通三學。他日遞揚法化。而靈樹交蔭。香熏法界。儼然靈山一會。迄今猶未散也。諸子其勉之哉。是為序。

題德字智珠。泰州陳氏子。十三歲出家邑之慈雲菴。同治四年乙丑春依焦山大須和尚座下圓戒。久住毘陵天寧。歷任要職。光緒八年壬午受定安老人付囑。繼夾山席。時經兵燹之後。事事艱困不易維持。師願力宏深。勇猛無畏。誓復雍乾之盛。光緒十五年己丑重建大殿。二十七年辛丑重建藏經樓。其餘寮舍羣房亦次第修舉。崇構傑築。金碧交輝。遂為南山諸剎之冠。師生於道光二十六年丙午九月初七日。寂於光緒三十三年丁未十一月初九日。世壽六十二。僧臘四十九。法臘二十五。

募建竹林寺殿樓小引

竊維佛光普照。慈祥周法界之中。梵宇宏開。瞻拜愜眾生之願。自來名勝。不少叢林。是以金焦北顯。雄鎮江流。鐵甕南來。徑通幽處。惜乎盛衰互異。興廢各殊。昔之覽勝登臨者。今則望塵卻步。豈地運之使然。實人事之未盡也。潤之夾山竹林寺。去城南五里。創於晉。修於明。峯迴路轉。竹石交清。所謂崇山峻嶺。茂林修竹者。殆無以過之。康熙三十八年。恭逢聖祖仁皇帝南巡。嘗臨幸其地。欽賜寺額。御賦題碑。宸翰輝煌。照耀千古。雍正十一年。復蒙世宗憲皇帝敕命改建。於是殿閣崔嵬。金容壯麗。緇徒雲集。大振宗風。而竹林寺遂為京口南山首刹矣。迨咸豐癸丑。髮逆東竄。此寺倏成灰燼。時我雪祖老和尚。瞰逆既走。叩募鎮營貴官及各大檀越。歡喜襄助。鳩工於倉卒之中。圖成於艱難之日。雖未盡復舊制。而

已綽然可觀。豈工甫告竣。逆忽復來。仍前蹂躪。瓦礫盈堆。幾同海市蜃樓。須臾變幻。誠有不堪回首者。所幸王師一至。逆黨紛逃。漸次肅清。得安樂土。惟念竹林向稱古刹。兼荷殊恩。使坐使此廢而不修。甚非所以仰達聖朝眷念之至意。衲師祖旭老人。暨師定老人。率衲等勉力經營。數年以來。僅將寺之廂屋廊房次第興復。惟大雄殿。韋馱殿。藏經樓。至今闕如耳。伏思韋馱乃護法之門。大殿經樓乃供佛藏經之所。莊嚴宏廠。需材孔多。非若僧舍禪房。易於經始。前者兵燹甫平。未能猝辦。今既寺基粗立。使此三者久懸不舉。固非所以奉佛。亦復成何叢林。況昔能興修於擾攘之秋。今不能繼立於平成

之日。負佛恩而忘先志。不且虛生實甚耶。但以工程浩大。徒手難成。於是叩募貴官長者信善仁人。解囊相助。沙漸積於恆河。指囷同捐。義益深於法海。此日布金福地。與佛有緣。他年煨芋香廚。延禧無量矣。是爲引。

復如光師書

古人出家學道。痛念生死事大。時時心有所繫。如芒刺在背。惴惴不能自安。一笠一鉢。徧走天涯。遇有善知識處。即息肩參請。虛其心。靜其氣。只要有法可求。任何苦境。總能耐得。心不在飲食。聽他供養淡薄。行不犯乖張。聽他鉗鎚毒辣。即使痛棒相加。猶須作醍醐想。逆言相刺。猶須作甘露想。豈可因小不如意。就挑起擔子便行。

聞汝在天寧一向甚好。昨得易地來書。圖其辭。余殊不解其中奧妙。不知果爲何事而輕易去離。須知光陰有限。好景不常。既稱佛子。當行佛事。若一舉一動。自家作不得主宰。仍以世情爲轉移。則又何貴著此袈裟爲哉。思之思之。

自感

余本粥飯僧。言之甚輕賤。粗鄙不能文。遑論操筆硯。佛書讀幾行。禪工全未鍊。似此箇愚夫。那配住竹院。惟知習苦行。曉夜忘疲倦。太惜洪楊軍。無端興惡戰。毁我藏經樓。燒我大雄殿。餘屋無半間。慧命只一綫。賴我祖我師。並爲法門彥。雙運二願輪。治材重葺繕。中途卸仔肩。命我獨當面。任重荷難勝。常虞負恩眷。廿載至於茲。所謀幸實現。原是檀那功。豈敢自誇衒。老病漸相侵。古鏡容顏變。百年更幾時。光陰掣如電。日課密加虔。蓮池心竊羨。萬事盡隨緣。人生復何戀。

夾山奕葉集卷二終

夾山奕葉集卷三

夾山嗣祖沙門震華編輯

民國

密經 字西蓮鎮江孫氏子。幼依大覺寺問源上人出家。光緒二年丙子春金山大定禪師座下圓具。參學海內叢林住天寧尤久。與同參普靜最善。禪餘話道。乃互發願將來如得一袈裟地。定與十方禪和共之。後普靜住焦山大開法席。師則因緣稍晚。獨攜瓶鉢朝禮諸聖道場。末後息影海陵孤村。鏟彩埋光涵養聖胎。光緒二十一年乙未受智珠老人之囑主錫竹林。與普公僅一江之隔。息霞前言符關禪室。鉗鎚密緻衲子爭趨。時竹林儉於恆產齋廚難繼。師自歎緣慳。住未三年。即引退寒巖。遁跡天目。民國元年壬子正月十九日寂。壽五十四。

與赤山法忍禪師書

別來數載想念為勞。近日山中容幾多衲子。往來禪客盛傳海內銅頭鐵額之輩盡被攝納於門下。終日眉毛廝結敲唱自在聞之令人羨煞。夾山自唐善會禪師舉揚宗旨而後世為禪門。詳史雖不可徵。前明崇禎間有林皐豫祖斬草開堂大振石磬家聲。繼席者為同門箬菴問祖。承嗣多傑。至今江浙名剎。餘香馥郁莫不從此幹之所流出。故本山清代二百年來。前後據座諸老皆係一脈相承。未嘗中斷。然語云。物極必反。盛極必衰。慨自洪楊發難。寺及山林。房廊屋舍盡付劫灰。事定。法會祖老人回山再興。工程從事修造。嗣有法祖法師二老人繼之。耗心血垂四十年。始稍復舊觀。然安單接眾之事猶未暇顧及也。經念祖席長此荒涼。於山門大有減色。夫所謂叢林非一人所得而私。苦酸甘辛。宜與大眾共之。竊不敏。接位之始即屬意於此。起板行香舉古制而復之。祇恨自家工夫未穩。不能搔著他人癢處。今冬結七更擬一振精彩。思之再四。非得長老飛錫遙臨首眾一堂。不足以開來學而光法道。不知能肯為眾出山否。非常馳念。先泐數行。以為之容。他日當登山展禮叩請也。

密持 字法舟。一字元齋。泰州柏氏子。出家邑鄉坂塢圓具。參學金山。司職多年。自慮耳目未廣。乃北禮五台。搜訪聖蹟。時值寒冬。有一童子持鉢孟來。內有青蓮花一朵。鮮妍可愛。將欲啟問。童子抽身忽去。呼之不應。心疑為聖。同經紅螺資福寺。中猶行徹悟宗風。住眾甚多。師遂韜光入室。深其所造。時印光法師亦在相處極契。歷數年南旋夾山。自西公去後。席虛無人。智公長老特延師為繼。應命入院整理墜緒。於二十九年癸卯入都。恭請龍藏還山。修建華嚴法會。用誌盛況。忽有白鶴飛立樓脊。戛然長鳴。三十一年乙巳春期傳戒。三十二年丙午夏期講經。法事皆稱繁盛。民國六年丁巳正月初八日示寂。壽五十三。

法語

光緒二十五年己亥二月十五日。師主夾山法席。拈香云。此一瓣香。乃聖乃神。乃文乃武。端為祝延聖躬萬歲萬歲萬萬歲。伏願堯風永扇。湯德彌新。此一瓣香。為夔為龍。為稷為契。奉為滿朝文武。合國公卿。及本山護法檀那。伏願六軍常清。萬姓永泰。此一瓣香。有權有實。有照有用。奉為西天東土歷代祖師。及兩序耆舊。伏願宏規四眾。模範人天。此一瓣香。無相無作。無住無念。不覺

懷中拈來供養本師老和尚用酬法乳之恩斂衣就座
秉如意云夫第一義諦明如杲日寬若太虛萬象森然
纖毫不立明今舉古無非節外生枝立主立賓何異虛
空釘橛若向這裏會得木童謳歌石女起舞所以祖師
門下非凡境界若論我宻持自愧德薄道涼何敢仰望
先哲今奉本師老和尚暨諸山尊宿無忝慈命難違則
得勉力承任更冀諸上座同出隻手共扶砂盆惟願皇
風浩蕩祖道昌隆與三世佛一齊成道共十類生同入
涅槃雖然如是正恁麼時又作麼生世出世間希有事
顯發須憑過量人只將補袞調羹手撥轉如來正法輪

民國甲寅春期同戒錄序

我山處潤州鐵甕城之南距郭數里許重巒疊翠曲徑
修篁蔚然與金焦北顧三山之名勝相鼎埒焉東晉安
祖首剏竹院繼名竹林精舍自唐咸通間有善會祖上
堂說法而道吾隱晒遂訪船子獲傳心印之公案因而
夾山之宗風名震宇內歷宋元明代有哲人乘時興替
前清洪楊發難蹂躪所至廛市為墟及兵燹後山林既
成灰燼梵刹悉湮荆榛賴吾祖定公奉師還山誅茅結
椽辛苦備嘗略具觀瞻復遭失慎於是先曾祖為法盡
瘁無何即示涅槃吾祖積勞成疾選賢思養幸得先法
師智老人接位以紹隆為務弘法為心力任經營歷三
十餘載殫精竭思辛勤締構得以殿堂樓閣次第鼎新
百廢俱舉悉還舊觀厥功顧不偉哉顧余海陵貧子未
冠服緇雖曾聞教紅螺研心黃檗無如才愧空疎學慚
實踐乃謬承先師重囑繼兄住持惟謹秉慈模隨順眾
緣循分擔除莫鳴寸進是年癸卯適以經樓落成法典
猶闕慨念佛滅度後以一大藏教為昏衢之明燭慧海
之濟航菩提了義惟是為最遂潛身入都默矢得請則
返否則以一肩榔栗直入雲山深處不更回首矣乃荷
能仁冥被如願以償獲頒大部龍藏奉旨回山從茲舍
利身光永耀山林泉石二一慈嘉慰三德臚歡懿歟休哉
適年乙巳為先師智公周甲之辰爰率序白師請祖老
人臨壇說戒兼揚水陸齋事以報佛恩檀德藉申祝嘏

之忱以是宏開壽域敷演毗尼華雨繽紛香雲稠渥律
獻南山之頌經翻北藏之文緇素雲歸遐邇欽仰洵稱
千秋之盛事也迨及事蒇先師迺召余曰俟梵篋裝潢
畢功約時當在壬子願以續傳戒香為法供養詎意厥
後數年中星移物換人世滄桑事變之來有非凡情所
能逆臆者今日追惟雖言猶在耳事竟願違蓋吾祖與
師遽爾相繼示寂倘法幢之驟摧慧燈於焉乍暗閒寂
禪居空留宴坐之處清涼竹院無復經行之蹤哀悔未
已又逢國變武漢革命軍興海內響應惟寧城攻戰累
月始克光復以我郡適當長江要衝水陸舟車轉械輸
餉聯營紮屯咸集於斯因此道場借為戍所旛幢易以

旆旌梵鐘輟響晝角興悲幸民軍紀律洵爲文明清淨。山林秋毫無損。惟預籌壬子傳戒之舉未果行矣。茲者民國慶成已經三載。五族共和。十方同愉。所願崇德報功之舉。時節因緣。一時會湊。爰啟道場。用酬先志。於是法雲溥現。慧日麗昝。重浴尸羅於法海。續傳梵網之香光。雖然。我夾山素以禪宗名世。爲勿單提向上。克紹家聲。闡明法眼。挽頹世之狂禪。指證點頭。杜魔門之異說。胡乃亟亟以請經傳戒爲務。豈所謂逆本逐末。捨邇趨遠乎。殊不知如來出世。爲一大事因緣者。以覺行圓滿。自覺覺他。普度含生。同歸正覺也。故四十九年。三百餘會。所說十法界四諦十二因緣三十七道品等無量法

門。究竟未嘗說著一字。緣眾生皆以無始無明。妄覺立所。遂啟能執。習染分別。背一眞性。造諸幻疾。繫三惑四大之毒身。而塵劫不肯捨離。以是淪溺於煩惱苦海。循業流轉。窮劫莫追。故如來悲憫。出世爲大醫王。所說諸法。譬如百藥。各以病而受治。但使眾生。自覺本來性體。元是妙明清淨。解脫諸疾已耳。初何嘗有宗教禁持之判耶。況諸佛滅後。以戒爲師。如說修行。最後明誨。故行菩薩道者。六度爲先。卽布施持戒忍辱精進與禪定智慧是也。大乘起信論云。若出家者。爲折伏煩惱故。亦應遠離憒閙。常處寂靜。修習少欲知足頭陀等行。乃至小罪。心生怖畏。慚愧改悔。不得輕於如來所制禁戒。善哉

重護戒心。有如是彰明懇摯者。所謂乃至小罪。心生怖畏慚愧改悔。而於淫殺等巨業。尙肯犯乎。又云。如大摩尼寶。而有鑛穢之垢。不以種種方便磨治。終無清淨。如是我人雖具法性寶體。而有無始結習。無量煩惱。不以種種方便善攝薰修。亦無得淨也。諸仁者既已解脫世網。形服沙門。爰發勝心。來山乞戒。當秉羯磨法。誓勤守護。須知因戒生定。乃禪觀之初基。由定發慧。爲教宗之道範。務使永杜因循之心。速持匡濟之願。制茲末世魔軍。斯保法輪常運。是所朂望。臨歧珍重。

印覺字圓明。號指月。泰縣范氏子。幼孤。隨兄果明出家泰興接引菴。年十五。依十華聖性律師受具。學律歷數年。下山鑽研教乘。竹林法舟長老默識其器。民國三年甲寅。付以衣鉢。命主法席。師善治

世方便。應用裕如。在職殆十年。凡兩傳戒法。一度弘經。檀施所得。悉以滋潤常住。性篤孝友。迎母住山菴。日供甘旨。孤侄無依。撫之至於成立。竹林舊有山志。失之簡略。特延邑人繆潛初重葺之。脩成稽延未刊。後燬於中日戰爭。惜哉。師於經禪之暇。寄情吟咏。又得焦山默之上人之傳。染諸琴理。然皆發於性靈。初未嘗有意求工。而自成韻調。民國十二年癸亥。戒期中退席。未久染疾。卽於九月十八日示寂。壽四十一。

民國戊午春期同戒錄序

經云。眾生受佛戒。卽入諸佛位。眾生與佛。清淨本然。了無差別。現前一心。離過絕非。了此一心。卽同諸佛。是故佛無位也。戒卽其位。眾生能受佛戒者。斯可與言自心是佛矣。蓋坐菩提座。成等正覺。總不離此一心而得成就。故曰汝是當成佛。我是已成佛。常作如是信。戒品已

具足。信哉。是謂受戒。吾竹林寺夾山古剎。京口名藍。捌自東晉更迭至今。千有餘載。其間興廢不知幾數矣。前淸同治初。當兵燹之後。片瓦無存。賴吾曾祖定公侍師還山。披荊種竹。斬棘誅茅。辛苦備嘗。規模粗具。而得智祖繼住。矢志重興。經營締構。歷卅餘年。始克還復舊觀。但巨功垂成。而精力殫矣。於是吾先法師秉承法席。擔荷艱鉅。願以宏法為先務。擬訪京師紅螺山古規。宗說並行。應接海內。蓋吾師早歲行腳。曾駐錫紅螺。深受其益。後歷參金山。赤山。以及諸方。皆為證其所心得也。癸卯藏經樓落成。念法典尚缺。遂振衣託缽。冒暑衝寒。孑身入都。請經大府。獲頒龍藏。輸運回山。洵謂心虔願達。

實至名歸矣。次年乙巳。為智祖甲周之辰。啟請傳戒。藉申慶祝。而智祖尊推定祖老人主壇說法。咸稱盛事焉。豈知勝會難再。厥後數年間。二老人相繼示寂。又值光復軍興。革新國體。慨法幢摧頹。滄桑變易。兢兢業業。守護常住。而未嘗一日息也。迨民國三年。南北統一。共和慶成。而吾師適逢五旬法臘。遂續傳戒香。崇薦功德。用報法乳之恩。並建水陸道場。冥陽普濟。宏開壽域。闡演毘尼。花雨繽紛。檀雲畢集。正所謂光叢林於千載。符嘉會於一時矣。圓戒後。師擬展拓舊址。重構禪堂。即以退居一室。專力工程。遂命余主攝院事。自慚德薄。何堪膺此重任。乃命之既堅。不敢固違。並念侍師有年。雖嘗耳

提面命。示誨諄諄。惟愧性根魯鈍。心地未通。倘藉此難遭之緣。勉力常住。使格外楗椎。於闕振子稍獲相應。亦不負吾師之親炙耳。兩歲以來。禪堂巨工。幸始告竣。而其餘寮舍。亦皆煥然一新。不意吾師驟遭病患。勞頓幾年。藥石罔效。於去春正月八日。自知涅槃時至。從容詔余曰。世相無常。事緣已畢。吾將歸矣。惟來年當行傳授戒法。以竟吾願。又累囑曰。務以常住為重。毋怠厥志。於是推枕以起。跏趺而逝。悃哉。吾師住山廿餘載。為法為人。提挈後學。至誠實語。皆從胸中自然流溢。方期垂範緇林。功利末世。胡乃明星遽殞。竟棄眾生於長夜耶。嗚呼。今閱解脫世蛻已一週矣。追維遺訓。烏能忘之。爰白

兩序碩德。商之諸山耆宿。以遵遺命傳戒。開堂。然自撫渺躬。道涼資淺。何敢妄踞獅座。而作無畏之吼。故懇請毘陵天甯琢公。以德重齒尊。讚成先志。並承慈惠。資糧允臨主法。為汝等作說戒和尚。諸緣具足。勝事圓成。幸無隕越。堪慰吾先師於常寂光矣。惟拈花妙旨。首重明心。制律上乘。嚴持淨體。所以發上品心者。能得上品戒。苟非心真志切。則不能盡三有諸結。而歸三德祕藏也。蓋戒心瑩淨。則定水湛然。定水湛然。則心華自茁。究竟圓成。薩婆若果。皆由斯尊重波羅提木叉之所發起也。冀汝等具戒之後。當依戒法為師。莫生輕忽。戒光耀於日月。戒體潔於冰霜。為法海之津梁。作人天之眼目。方

不負今日乞戒之深心焉是爲序。

民國癸亥春期同戒錄序

粵自初祖東來不立語言文字單提向上直指人心見性成佛識自本心見自本性直下承當與諸佛無異傳燈錄云智性具足此心卽佛是最上乘禪然非小機所能領會而衆生昏蒙者多迷眞逐妄欲除塵縛捨戒無從而昔我釋迦如來在四禪摩醯首羅天中說蓮華藏心地戒品言此金剛寶戒是諸佛之本源過現未來菩薩所應學也然則戒定慧三學固不可偏廢且因戒生定由定發慧而八萬四千法門都從戒品來也故我山不輕傳戒而又未嘗廢戒余於甲寅春承先師法老人

命忝膺主席十稔於茲每念前人言夾山門戶千金擔業業兢兢深思有誤常住是以謹持物產增葺堂寮而不敢稍耽安逸願乃以菲材僭位雖年齡正富而願力不充未免過戾滋多而法弟妙智又積勞歲久堪任肩承因思戒爲佛門法事卽於期中讓能以退而我夾山由戊午傳戒迄今已閱六載而西公先老人嘗以宏法爲心願未遂志告終乃與兩序大衆集議兼商之諸山尊宿同聲贊許爰於今春開傳戒法並建普利水陸道場第自顧涼薄倘漫無忌憚而妄登法座以學獅乳竊恐有如道吾禪師者難逃其一笑矣毘陵天甯琢老法長德重齒尊遂敦請臨壇爲爾等說戒和尙惟戒旣爲成佛之基必堅持戒律永不破戒久久制止乃眞佛子。勿謂易犯也而稍縱之勿謂可懺也而蓋覆之苟不心眞念切斷難感發誠意誠意不發則亦受如不受耳又何能斷煩除惑了妄卽眞頓離有漏之因直證無爲之果耶今夫菩提本無樹明鏡亦非臺無樹無臺塵埃何著誠能外緣不拒內因不興妙覺同歸一徹大徹如是說者無說而說聞者亦不聞而聞無說之說此爲眞說不聞之聞此爲眞聞則戒卽禪宗而融洽一貫一而二二而一也所以華嚴經云戒爲無上菩提本也爾等其謹守斯義無作無持而精益求精密益加密將無不立地成佛我佛教庶蒸蒸而日上矣此則余之所厚望也。

印心　字妙智如皋彭氏子父早逝出家東台增福庵依師彌高上人具戒後參學常州天寧歷知客等職竹林法舟和尙謝事之際選充監院司理寺務民國癸亥春繼主法席在職四年功績頗著成立林警保護樹木繞石垣以壯山門開石路以利遊旅又於林公泉上建挹江亭大雄殿旁造功德樓師一生勤愼恬靜寡言丁卯春退院至庚午五月初九日示寂壽四十有四。

山居偶筆

佛爲比丘尼制八敬法條令森嚴後世鮮有行之者時至今日法道不昌比尼隱晦更無人講論及此比丘尼大都我慢熾然橫恣無忌往往著便服入叢林見大僧不爲禮習久成慣到處如是安得有大心之士出而一矯正之。

四恩之中恩恩皆重遺一不報者非出家兒也。今人出家之後，一得名位，便忙享受，奔走儼同俗漢，終其生爲塵勞之所驅使，將已躬大事，打失淨盡，尚有何恩可報之足云。

大觀字靄亭，生泰縣吳氏，年十九決志出家，投曲塘宏開寺禮文心、智光二師披剃。民國二年癸丑圓戒寶華，即入邑中儒釋學校，品學爲同堂冠。三年甲寅親近月霞法師，學賢首教，凡歷上海哈同花園、杭州海潮、九華東崖、宜興磬山諸處。八年己未學禪於天寧。九年庚申聽楞嚴於焦山，是年受竹林監院職，任事勤謹。十六年辛酉主持法席，十七年壬戌首創毘尼學院，造就住持佛教人才，所收多青年優秀，甫及三年，成績斐然。二十一年壬申，香港何東爵士及其夫人張蓮覺居士擬設佛化女學，飛函來聘，辭不獲已，遂卸院務應之。既至，辦寶覺佛學社於青山，後遷山光道，易名東蓮覺苑，並增設圖書館，發行人海燈雜誌，華南人士信種由是重發。向法不絕，禮請開講法華、維摩諸部，法緣普勝，一時稱最。苑中畢業生徒，品學萃美，分化港澳各地，陸續興辦九龍之法雲義學、望角之植信義學、澳門之寶覺義學，生機勃勃，方興未艾。老人現住青山海雲蘭若，今年壽臻五秩，所著詩文雜稿，編爲文集凡數卷。

祭月霞法師文 己未

維年月日，弟子某謹以香積之供，致祭於月霞老人之靈而弔之以文曰：嗚呼，大教不振乎，老人何以生；大教果振乎，老人何以死。惟老人之死生，關係佛教之興衰至密切也。老人一身肩天下佛門之重，聲譽揚五洲，足跡徧中外，隨方施化，到處宏經，以是知老人乘悲願來濁世，爲度羣蒙者也。老人深悲法門式微，宗風衰落，談禪者多滯空寂，講教者專尚口頭，他如竊食佛門，稗販如來者無論矣，遂致天下騷擾，滿地干戈，人心嗜殺，血染沙場，曾無寢息之期。因思宗教并講，禪觀雙修，鑄育人材，以拯救之，首樹幟於滬上，時方數月，而障難競起，繼立幢於杭垣，年甫二稔，而魔軍摧殘，老人之策未能盡展，良以曲高和寡，獨力奚支。天下方沈醉於開堂傳戒、禮懺誦經，以鶩虛名，以博金錢，而忽語以教育之振興，經義之講求，有如方柄周施於圓鑿之中，固宜其齟齬而鮮當矣。今年秋，老人由磬山法華演畢，主席虞山，余辭老人參學天寧，見報單高掛，明春大啟華嚴並講楞嚴全部，天下學子舉欣欣然，謂向學有方，皈依得所，何意慈燈忽暗，慧日西沈，遽捨我而長逝耶，嗚呼痛哉。弟子侍座下亦有年矣，由甲寅以迄於今，屈指四載，未嘗稍疏法席，視老人體質堅强，音聲洪亮，海潮演華嚴二載，曾未一朝缺席，今離座下纔幾日耳，竟驚傳噩耗，入滅杭垣，遂不禁衷懷瞀亂，雙目淚淋矣。嗚呼痛哉，吾雖知老人乘悲願受生，視死生如遊戲，棄軀殼若糞土，曾何用悲，然念此後大教誰荷，衆生誰化，扶衰救弊，振起何人，則感傷又烏容已乎。上月虞山人來，詢知老人身染重病，食且不能下嚥，近養病杭州。余曰：去歲吾侍老人于九華東崖時，老人亦患斯症，殆將兩月，於中方日講楞嚴，吾甚以爲憂，勸老人暫停休養，老人正色曰：吾此幻軀，曾何足惜，顧爾等不畏辛苦，千里馳驅，從我於千丈寒岩冰雪之中者，爲法耳，因吾故荒爾等之學業吾忍乎。強慰吾等曰此疾吾向遊南洋時曾有之。此不過因初至之地水土不服耳。其後一臨滬濱。斯病立愈。爾等力學勿憂。既而楞嚴演畢。赴湖北歸元楞嚴法會。未達該寺。中途即食飲如故。今既養病杭州。當不難痊愈。未足以爲憂也。嗚呼。竟以此疾殞生乎。抑別起疾以至於斯乎。早知如此。吾何惜千里之奔馳。一覲慈容。以聆最後之遺囑。而今已矣。思奔喪杭垣。撫屍以盡其哀。無如禪規絆人。私心不遂。翹首天涯。空增悲泣。雖老人常寂光中。能鑒此微衷。然弟子將何以爲心乎。老人生性最剛直。待弟子極仁慈。每當中夏酷暑之際。溫習之餘。明月當空。涼風颯至。老人端坐庭中。諸學子環繞

座右。揮麈縱談往古佛教之盛衰。諸祖之公案。生平經過之歷史。或問答經義。或加以誨言。無不痛切淋漓。悲懷慷慨。吾時聞之。不禁俯首服膺。回憶前景。昭然心目。而今則巋然孤冢。黃土一坏。思之徒深悽愴耳。嗚呼哀哉。尚饗。

與仁山法師商辦毘尼學院書 戊辰

前在滬濱得領教言。無任感佩。照現在佛教情形而觀。以言大規模振作。尚非其時。唯有各就箇人力量。切實做去。或可收效於萬一也。亭自任事以來。值時局多故。雖振作有心。而學淺力微。且欲覓一相當同志相助。又不易得。春間令徒覺庵師來此。談及破山辦學之戒塵慈舟二法師。因事退休靈巖。此二師本舊同學。頗重道行。當即具書恭請。奈戒師已閉關。慈師云有病。未能如願。前此在滬。得承懇切訓言。心中頗多感觸。同來即與家法師法弟商設興學之事。幸得同意。因即赴靈巖切實勸請。已蒙允許。屆期出關同來。伊等主張以戒學爲主幹。一本叢林規章。參以精神。使生徒得根本培養。庶可免囂風俗惡我慢自高。可謂與座下在會場之演說。不謀而合矣。茲定七月招考。擬就簡章一紙呈政。懇祈量與增減。大加斧削。并請椽筆作一序文。以冠簡端。藉資提倡。想座下以培植人材爲心。諒蒙慈允也。望做就即寄來。以便付印分散諸方。所勞煩處容當禮謝。再國

文一科。難覓相當人員教授。煩介紹相知不拘僧俗至薪資均請酌量。如令徒覺庵師尚覺合格。不知能否允使其相助否。耑此煩瀆。

重印釋教文範序

實際理地。不受一塵。建化門頭。不捨一法。固應理事并運。空有兼賅。不宜有所偏廢也。趨空之徒。每多執理以廢事。詆毀現實。昧於世情。一以不立文字爲口頭。致使眞理泯滅。大教消沈。流弊所至。啞羊徧布。著相之流。率皆執事以昧理。崇拜物質。嗜欲薰心。迷不知返。俗步亦步。模仿惟恐不眞。纏綿世諦。墮入文字障中。而莫由超脫。上之二者。皆各走極端。未能相容。所謂過猶不及。其

失乃均。夫文字觀照實相三般若本有相用之妙。由文字而起觀照由觀照以證實相。要在不即不離。神奇臭腐醍醐毒藥是在當人善以運用之耳。近數年來僧教育日形發達。所授國文均沿用世諦文字。而思想言論方面不免有偏激之流弊。一旦印入青年純潔腦海中。殊難洗滌。則釋教文範之選編。文烏容已乎。斯編乃日本明治三十四年龜谷行所編。取材之書都十餘種。均歷代緇素大德關於佛門之佳構。選評精確。已成孤本。曩於焦岩抄錄。久藏篋笥。今以時世所需。亟謀付梓。以公同好。通一法師力任標點讎校。蓮覺居士等以經濟助成之。因緣會合成就有時。故喜而記其緣起。並冀僧

青年讀者。去其偏執而端其趨向焉。

東遊雜記 丁丑

自海禁大開。輪帆交通之利便。則五洲若戶庭。況帶水盈盈東鄰同洲同種同文同教之日本。能置之不遊乎。徒以語言隔膜。問津無從。最近十數年來。我僧界前往留學參觀考察者。先後大約不過十數人而已。而彼國佛教徒到我國遊歷考察者。絡繹於途。連翩不絕。對於各處名山勝蹟。古佛道場。新舊教育機關。其間統系派別。主角要人。內容情形。莫不有詳細調查。精密考察。洞若觀火。歷歷如數家珍。瞭然之處有勝於吾徒者。徵之彼邦雜誌所載。亦可信吾言之不謬。即就此點而觀其文化程度之高下。可概見矣。

吾國人富於守舊性。而我僧界爲尤甚。是以數十年來。仍故步自封。精神形色皆無長足之進步。國人對我僧徒每存一種蔑視眼光。鄙夷觀念。蹂躪僧侶。覬覦廟產之風。依舊繼長增高。十年一日。曾無絲毫變動。如是種種。皆因自身不能振作。木腐虫生。理有固然。誠無足怪。日本維新以前。國內佛教情形亦與吾國佛教現狀相等。教育不興。僧伽窳敗。維新之後。僧教育蓬勃。人材輩出。蜚聲國內。一掃從前頹墮萎靡之暮氣。隨國運以俱隆。朝野人士相率皈向。上下一致。至今成爲風尚。無或稍異。除普通佛教大學外。各宗皆有大學。而中學小學

以千數百計。吾一至東京。即先參觀佛教大正大學。時適暑假期間。各教室門悉皆關鎖。向司閽人告知來意。彼即歡然導引。啟各室門。指示解說。不憚煩勞。中間廣場一面。四週洋樓數十幢。現有學生千數百人。有留宿者。有走讀者。公眾講演廳能坐千餘人。與舞臺形勢絕類。寬敞明淨。供古銅佛像三尊。相好無倫。端嚴畢備。其餘教室十數所。分授各科。能容數十人百餘人不等。課程除各宗佛學外。各種學科以及外國巴利文。梵文。中文。英文。德文等。無不畢具。設備之周。不減普通大學。夫如是。又何怪彼邦僧侶人才之盛。地位之高。爲國人之尊崇敬仰也哉。

回視我國僧教育亦胡可憐之甚合力創辦者多因經濟無繼不兩年而倒閉矣所餘幾所皆獨力創辦因陋就簡設備不周不過容數十人而已兩相較量相去奚啻天淵夫一教之興衰罔不視人材有無為轉移從未有無人材而教興有人材而教衰者語曰人能宏道非道宏人人材關係教之興衰既如是之重吾人宜如何設法培養以盡教徒宏法利生之天職一轉國人蔑視鄙夷之心理蹂躪覬覦之惡習變而為尊崇敬仰之美意擁護維持之高風則又視吾徒能否努力以為斷也

日本交通極其利便關於各名勝所在尤為注重電車汽車火車人力車無不應有盡有價值低廉一至車站

即見到有關係遊該名勝之指南與各種風景片之出售一寺有一寺之概史與建築物之影片此種宣傳力量至為偉大此吾國內名勝所宜取法者也內部陳設美備清淨非常如入內遊覽者必先至知客處說明事由然後始得脫履而進由知客僧領導參觀各處彬彬有禮即本地香客遊客亦必遵此規律無任意隨便者門外有人專司客履編排齊整亦無紊亂錯著者倘居留常久有公共履箱安置即大規模之寺院室內以至長廊亦皆清無一塵此乃習慣使然無足怪異許多寺院內中均有古物美術古字畫之陳列任何人皆須購票展覽已成風氣絕無硬行强入滋擾情事廟貌崇閎

偉大不讓吾國而國人崇拜信仰者則遠過之如淺草之觀音與鎌倉之十一面觀音其地皆成極熱鬧之市場特別繁盛朝夕禮敬者絡繹不絕過歲如此形形色色各界人士無所不有燃香秉燭煙雲繚繞擲香資若干於筒內拍手低頭敬默片時若有所禱然後禮拜鞠躬而退朕至茶謹寺中聯額皆中文書寫不過讀音不同耳佛殿建築多仿我國之宮殿式僧人儀表均甚整齊出門咸著禮服清潔端莊國人對之頗為禮敬全國人士多崇佛教其他耶回諸教殊難發展於此可見教徒傳教努力之精神大乘佛化蓋已普徧民間矣關於佛教書報雜誌之宣傳無類數十百種且有英文雜誌

專向歐美宣傳推行不遺餘力駸駸夫有普徧全球之勢吁可謂盛矣

鎌倉有坐像大銅佛高可數丈金容端敬妙好無比供於清淨園林中朝拜禮敬者六時不絕內有照像館可隨照隨取有小茶店數所司其事者皆屬女人在國內女人營業服務者已普徧化上自公司職員下至汽車售票員及單獨營業者觸目皆是縱觀國內無一人吃閒飯遊蕩不做事者亦無一人不讀書識字者區區三島小國其大不過類吾國之一省所以能雄視一世者其要素亦不外乎此佛像旁有設攤專售與大佛模形相似之各種小佛像法物等大佛像中可以進去參觀

例收二毫。有梯可緣而上。由窗可以眺遠。其吸取金錢之方法。眞無微不至矣。

日本憑島立國。四面環海。海浴之風甚行。意在鍛鍊身體。每當夏日夕陽西下之時。無論老少男女。莫不羣趨海濱沐浴游泳。熙來攘往。充滿於途。而秩序條然。去來之者分左右行。有自然之規律。而浴堂沐浴價極低廉。每人只收五分。無擦背茶煙等之消費。手巾肥皂皆爲自備。設備簡潔。內部只用二人照料與收費而已。池小而水深。去衣置竹籃內。先入其中浸濕其身。然後出而洗滌。有冷熱水隨便取用。池用白石砌成。外鋪白磁磚。瑩晶光澤。垢穢洗在池外。池水始終盈滿澄清。洗畢穿衣遝去。無可留連消費。既少。而復經濟時間。吾國人宜取法也。

東京古物陳列所。偉大而壯麗。上下數層。四通八達。分類陳列各項古物。古銅佛像之類。竟佔數室。諸佛菩薩以及密部金剛神像。種類極夥。端莊秀麗。手術精巧。古色古香。令人敬愛不置。其他玉器磁器及古字畫等等。率多吾國珍品。今則流落外邦。遣歸無日。令人不忍卒覩。愴然傷懷。不勝禾黍離離故國山邱之感矣。

動物園水族館。其中各動物多生平未經見者。如獅象虎豹熊猿鹿獐狸鼠之屬。與夫海牛海馬巨蛇怪魚白鶴孔雀珍禽異鳥之類。莫不分類陳列。標其名目及出產之處。多有搜羅自各國者。色色形形。令人目不暇給。飼養各有專司。食品居處各各分別研究。順其習性。地方不時灑掃清潔。可稱絕少臭氣。是以獅虎熊猿均能繁殖生產。亦見豢養之得法矣。

國內道路縱橫平廣。國省縣道四通八達。汽車租價極廉。每點鐘不過一元上下。環遊頗形便利。中下旅館連食兩元一日便大可居住。因爲清潔已成日本人習慣。不論大小人家屋內。每朝例須洗滌。進去均脫履而行。一塵不染。而對於飲食頗爲簡單。即款嘉賓亦不過三數盒而已。品物極清淡。對於勤儉兩字。類能切實履行。有獨到之處。此即强國之重要成因。語曰憂勞興國。逸豫亡身。覩此而益信矣。

關於交通方面。使我最驚奇者。莫如地下火車。究竟不知如何開闢。費去多少人工。而成此驚人之世業。各車站皆設在地下屋宇高廣。幽暗之中。不見天日。電火照耀。恍如白晝。車到站時。汽笛長鳴。只見乘客往來紛然上下。幾不知其身之在地下也。內部寬曠。空氣流暢。不覺鬱悶。陶潛理想中之桃花源。亦不及此。僅試乘一站莫能測其長短。抵站出洞。再見天日。回想先前所經。恍然另是一世界矣。此種地下火車。聞英國亦有。淺見如余。眞少見多怪矣。

高野山爲日本著名密宗之大本山。由大阪乘電車歷三四小時可抵山麓換乘上山火車十數分鐘再乘公共汽車二三十分鐘可到黃包車可環遊全山殊形便利山上極廣大平坦周圍可數里大小寺廟十數家密宗大學在焉一入其境即見巍峩梵塔亢立空際莊嚴而美麗名山得此點綴增加不少色彩頂方而下圓弘法大師依據密乘南天鐵塔而建築經過幾番成毀此乃昭和七年始落成者高十六丈建築費一百萬圓工程亦可謂鉅矣山中除寺院而外有小市廛出售佛門物品密壇法具以及應用之件紛然雜陳五光十色鮮妍奪目○靈寶館居山之中部內中陳列古銅佛像及菩薩金剛等像與珍貴畫像極多有弘法大師遺墨參

觀者亦照例購票此屋接構精嚴與其他寺宇迥別此乃專爲陳設法物而建者曲折回旋布置有序佛像極端嚴奇古光色絢爛洵國寶也○全山樹木森列數圍古松所在多是而尤以金剛峯寺附近爲最星羅棋布蔽野摩天蒼翠天矯宛似遊龍弘法大師塔院在焉四方朝禮者朝夕不絕香火之盛無與倫比殿前廣場數十畝塔基紛然羅列大小參差種類繁夥間有古銅佛像卓立其中與公園之偉人銅像相似足資觀感爲人植福不淺造者有深意存焉○殿內燃有明燈爲數至多大約專爲信士祈福而設且有向僧人購木片插於山中上書密呪及先亡名氏以資冥福者亦有似吾國

上供讚誦如念佛者亦敲木梆持誦或席地而坐或經行旋繞口喃喃作聲則不知所念何物也超薦方式雖因國情風俗之殊異而慎終追遠孝思不匱固人同此心無間夫中外也○澗水淙淙從後山流出注於寺前小溪澄潔可鑑毛髮架橋梁以通出入山色水光相映成趣掬而嘗之甘芳可口涼沁心脾熱惱全消不啻醍醐之灌頂方知名山勝境風光迥出尋常實至名歸夫豈偶然徘徊瞻仰不忍遽去迫於歸車時限勉與山靈作別乘原車回大阪

高野山距大阪可數百里幽僻而險峻峭拔而深藏電車所經多緣山麓市廛絕少山脈綿延峯巒起伏蔚然

深秀林木蓊翳山花怒放蒼蒼鬱鬱氣象萬千令人有心曠神怡瀟然塵外之想此路專爲高野山而闢其繁盛情形亦可想見吾國似此類名山亦復不少但以地勢偏僻道路不修交通阻塞遊人裹足空仰嘉名不能欣賞遂使大好勝地湮沒不彰於世徒供樵夫牧豎之流連玩弄可慨也夫

富士乃日本著名之高山巋然聳峙高插雲霄離地不知其幾千丈矣頂有大湖汪洋千頃有汽車由桑根歷四時可達旅邸鱗次山頂山腰各幽勝處觸目皆是儼若市廛涼風颯颯六月猶秋避暑者羣集各國人士俱有猶之吾國廬山也上有溫泉可供洗浴起初本想一

度嘗試。而各家住客充滿齊聲謝絕廢然而返。當其未登山時赤日炎炎火傘高張。汗流浹背酷熱非常。扇不停揮衣衫盡濕。及至登舟。和風撲面。徧體清涼。車馳綠樹陰中。驕陽虐不能肆。盤旋往復。如昇太空。平原漠漠。一視千里。賞心悅目炎暑爲攘。如入清涼世界。羽化登仙非復人間世矣。及登絕頂。四望無垠天風浩蕩樹柯傾欹。則又衣嫌單薄。不勝其寒。下視湖光如鏡瑩晶空明莫測深淺。惜無畫舫輕舟供人搖蕩耳。到此如履平原人行岸上影落湖中。幾忘其身已在千丈高山之頂矣。

自九一八之後留日華工被迫歸國者至夥。華人入境檢查極嚴。誠恐久留不去而吸取其金錢也。然對於留學生及遊客來消費者。則極意歡迎。輪將進口。必先經政府檢查員醫生檢驗後。始許泊岸登陸。各國人士皆呈驗護照。而吾國人。則無須經此手續。然亦必按表填寫名氏里居年齡職業。及來此目的。居留幾時。有何熟人。手續完備。始準登陸。如無熟人。必須視以所提資斧。據云非有數百元不克登陸。檢查行李。尤爲嚴厲。違禁物品固在禁絕之例。而其隨身帶食之金山橙。亦被其沒收而去。其排外貨之嚴。亦可想見。吾與同伴之林君。下榻於橫濱安樂園。警察不時來電話詢問行蹤。官吏服務之精神。警察稽查之嚴密。於此亦可見矣。

留日先後不過十日。雖未能普徧遊覽。然已得其大概矣。因交通之利便。所經途程不下數千里。如東京西京橫濱大阪神戶各著名勝地。率多涉獵。現已經過兩年。幻影模糊。不復記憶。茲篇所述。不過擇其殊勝者略言之耳。

大宇　字厚寬。生與化朱氏。爲姚江學派正統光信公之後。幼依草埝義阡寺乾明上人得度。民國元年壬子。于華法淨律師座下春戒。參學京口焦山。習書學爭座位。轉入靈飛經。平貼工整。善傳漁山梵唄。音韻悠揚。每有戒事。皆居導引。九年庚申。受法夾山。十年辛酉。安禪高旻。十一年壬戌。回山服務。辛勤十載。頗多勞績。廿一年壬申。主席本山。在職六年。志切整理。二十四年乙亥秋期。宏傳戒法。修理八公巖。二十五年丙子。髹漆殿堂。莊嚴大佛羅漢。并於山前建凝翠亭。二十六年丁丑退院。後受地方士紳之請。住持義阡祖庭。時適事變之餘。政局混亂。軍紀蕩然。有某上級官。將欲利用寺產。惱亂僧衆。經聞老人之道。遂不敢犯。且面申禮敬。願充護衛。老人律範謹嚴。威儀肅穆。見學者言動浮躁。必直言訓誡。無稍假借。以是遂不偶於俗云。

法語

東台福慧寺廣開老和尚起龕　師執拄杖云。破臘梅花新放。遍兵戈滿地。誰堪覩。知機惟有羨吾公。皂跨泥牛歸淨土。恭維傳臨濟正宗第四十三世。福慧堂上第九代。廣開老和尚。中歲離塵。卓錫斯寺。繼遺公之芳規。闡淨土之法門。律已精嚴。修持無懈。使檀那繞座歸信。常住日漸光昌。德被於後。紹繼多賢。迄今分化諸方。光耀門庭。茲念吾公示寂已歷十年。供奉克盡其道。若不請歸無縫塔裏。終爲未了公案。雖然。如是。即今出門一

句。又作麼生。卓拄杖云。大千經卷一微塵指出分明在
當面講。○安塔師立塔前云。此身假安立。住處無方所。
識了此身者。於中無所著。昔日迦葉尊者入定雞峯。今
日福慧長老入定何埠。皆是隨方示現應緣生滅。於一
微塵中而入三昧定成就一切微塵定。而此微塵亦
不增。惟願吾公住此三昧威神力。一切方中普現身。今
從此方入正定。而於他方從定出。如是一切徧十方。是
名菩薩三昧力。今問吾公如何是百千三昧法門。良久
云。如如不動徧十方。一切國土任逍遙安。

草埝玉眞觀慧德大師封棺　師持封條云。世亂災興
正此時。人居火宅實堪悲。蓮花國裏風光好。底是娑婆

不肯離。萘維傳臨濟正宗第四十八世。玉眞堂上第十
五代。慧德大師壯歲脫塵。晚主斯觀。精進道業。不退初
心。前以病魔來擾。不能排遣。余爲正言警發。勸念六字
洪名。愈則作阿伽陀藥。危則作西方公據。豈知話別未
久。竟成永世。古德云。了卽業障本來空。未了仍須還宿
債。慧公能向這裏會得。管取生滅滅已。寂滅爲樂。不然
則又拖泥帶水去也。雖然如是。卽今封棺一句又作麼
生。良久云。十方無壁落。四面亦無門。封則儘管封。滄海
一明月。封。○起棺。師執拄杖云。立夏未久。端陽將臨。寶
所非遙。莫滯化城。且道如何是寶所。慧公切莫遲疑。果
能當下薦取了。惟心之淨土。見自性之彌陀。則此界他

方。隨緣安住。雖然如是。如何是出門一句。卓拄杖云。翻
身跳出虛空外。不落人間半點塵。起。

題泰縣北山寺文心長老小影

這箇老漢。儂願力不可量。髫齡了俗緣。宗旨明向上。一
錫卓北山。廿年負重望。王屋雖云遙。綠蘋猶蕩漾。

乘眞（字守之。泰縣武氏子。七歲投裏溪福慶庵清澄大師出家。入儒釋學校讀書。民國十一年壬戌。受戒於揚州重寧寺。十五年丙寅。參學焦山。聽智光法師講五教章。十六年丁卯。入鹽城兜率賢首學院。十八年戊辰。入上海清涼學院親近應慈法師。二十年辛未。隨南亭法師來竹院授課。二十一年壬申。付法專司院務。二十六年丁丑五月主席。適值中日事變。大部建築被燬。亂後有志恢復。忽染病而寂。時二十七年戊寅八月一日也。世壽方三十三。）

復胡小广先生書

十六日寄來華翰。昨始奉讀。此因超岸竹林之間轉遞
之遲誤也。月初因事過海陵。乃與繩武先生晉謁尊齋。
得聆高論。殊深欽佩。且不以林下輇材見棄。一見傾心。
如同舊識。此中殆非偶然。或亦宿緣也。頃悉貴恙日愈。
遙以爲慰。至在泰消夏。藉以休養。俟健康恢復再作
他行。此亦上策。日前之助。乃患難中應有之事。不過涓
滴之餘。何足掛齒。近來山居無事。除看經念佛而外。或
清除瓦礫。或步履田園。勉順環境而已。

乘寶（字震華。興化唐氏子。年十一。投圓通庵懷蓮上人出家。師翁金山霜亭老人。遂命從師問字。復招至鎭江超岸。依守培老人習教。并學寫蘭竹。前後攻讀九載。年已二十一矣。民國十八年己巳春期圓具寶華。解居同鎭入竹林學院。次春任教授。二十一年辛未。兼理院事。仍以教育爲主。課餘檢）

閱續藏探研史籍九一八之役著僧伽護國史綸正時論僧徒消極之說二十二年癸丑開始編輯中國佛教人名大辭典近搜遠借致力頗勤間亦附編其他諸書二十六年丁丑事變除在各佛刊發表之護生原理佛塔考略異類法緣記外大部積稿損失殆盡祇辭典預先寄出得以無恙二十七年戊寅十月主席維持殘局整理積稿仍不廢著述刻印者有奕葉集及續比丘尼傳在稿者有夾山宗譜夾山志邁龍山志圓通庵志與化佛教通志泰縣佛教通志比丘尼軼事叢考比丘尼創著集比丘尼表彰集清代佛教年鑑清代佛教綱要碧巖吟稿等二十九年庚申春考察日本佛教著有東渡弘化高僧傳入華求法高僧傳秋後恢復學院因見光緒間仁和優婆夷善一取龍藏文第錄出世尊爲女衆所說法要七十二種刊而行之曰摩尼燭坤集以書名不顯致流通不廣欲再益二十八種易名佛教女衆叢書云。

中國人名大辭典之片面觀

民國二十二年一月余發起編輯中國佛教人名大辭典先購商務出版之中國人名大辭典參考體例此書至本年七月已出第三版編纂者二十餘人歷時六載方克蕆事內容羅致宏富考正綦嚴始自上古迄於清季凡經史志乘以至金石文字所載君侯將相文人逸士以及方外婦女莫不博採旁搜誠爲萬姓統譜尚友錄等所望塵不及也然以其範圍廣大疏脫訛略之弊究難盡免茲就方外一門論之縱觀所列約有六七百人所涉之書當亦至爲淵博惟間有略其所不應略詳其非所當詳之罅隙如紹隆宗珏福裕等則失之太簡而伽佛陀金地藏德山法海蕅益等則爲歷史上有名之高僧且爲一般人所傳論者皆漏落未列殊爲缺憾

其爲已被攔入而御係訛誤者今略爲正之。

唐少康蓮宗五祖也辭典誤作山康蓋依大清一統志印板模糊少字下一撇不清遂類山字編者無識貿然以之立傳見二二頁

明紫柏名眞可辭典倒作可眞於可字條立傳見一七二頁

宋元需僧也辭典誤元爲姓用點號別之宋字下又不置僧字顯係認爲俗人見三三頁

隋智仙神尼也辭典誤作智山見一一六〇頁

元祖柏字子庭時避其諱稱柏子庭辭典誤作兩條以柏子庭爲俗見六六五頁以祖柏爲僧見八二三頁

按天童寺志卷三如淨傳云師諱如淨嗣法於雪竇顯同書宗珏傳云師嗣眞歇了了嗣丹霞淳其法嗣雪竇鑑珏嗣止此一人辭典謂如淨嗣宗珏誤見補遺五頁

按南宋元明高僧傳卷二續釋氏稽古略卷三俱謂建文遜國後爲僧名應文辭典祇著雲門僧之號似嫌疏略見一二一四頁

續比丘尼傳序

原夫法性平等本無男女差別良以一切衆生從無始來昧失本因起惑造業循名著相橫生計執遂致形成依正假名不出根塵妄習非唯著我就人益復重男輕女抑之不足至謂無才是德卑之不足至謂慰情勝無積習相傳古今共轍暨乎斬絕情塵歸心釋氏喻如四

河入海同一鹹味既無高下之分何有軒輊之見法華會上龍女居然成佛維摩室中天女竟爾易形猗歟休哉佛法博大精深圓融極致觀於是不尤信乎雖然深引出離經論不無呵色之說捐除染著菩薩常作避坑之觀所以然者實緣於諸衰中女衰最重是眾苦本是繫縛本具三隔五礙修行障重比二乘根缺淨土緣疏是以姨母出家猶嚴乎八敬尼眾戒條遞增乎五百此非固為已甚要亦意有所在也職是之故愛道雖有傳人難登竹帛高僧獨多長史盡著簡篇幸賴寶唱一呼僅存六十五傳何竟步塵無繼寥落千百餘年夏樹芳為眾名公立言彭尺木為善女人著錄彼皆各擅其美

光曜不磨此何獨付缺如機緣有待華才實愧於贊寧志竊希於司馬感潛德之不彰悲斯文之若喪於是振襟而起寧計學殖之疏舊筆直書渾忘言詞之拙歷時幾及三年集稿垂成數帙不意所託非人頓遭遺亡之慘前功盡棄徒勞剔抉之勤兵火無情善緣多阻患之誠堪痛惜也劫後殘軀捷在幸為漏網之魚故業重尋自是識途之馬祇以圖書盡行燬失參考無從記憶能有幾何編修匪易惟憑鄰架借觀登門如同受教郵筒問訊折簡不知謂何所幸先難後獲尚不唐捐有志竟成信乎不謬爰賦一律紀其事曰

閱歲幾千載高尼豈乏人言行能軌物簡冊獨遺珍感此耕余目擷詞著彼仁寧惟箴史闕（寶唱原傳有望箴闕之語）亦可範同倫

夾山宗譜序

佛教史學之在中國極不發達晚近學者激於社會學潮趨勢漸漸留心於此或徧稽故紙或搜剔殘碑綜覈研幾思欲求得千餘年來佛教演變之真相孤懷凜凜戛然獨造誠可佩也間嘗考諸往籍亦時發現不少珍貴史料為前人苦心熱血之所凝結如禪宗燈錄譜帖等書自趙宋以迄有清遞續而起者不下數十餘種雖眼光不無稍偏要足以保存一家之言用意良深殆未可以厚非佛教各宗自受會昌打擊之後皆已一蹶不

振惟禪宗儀式簡單獨能橫步天下頭角嶄然瓜瓞既繁宗史之特別發達固其所宜逮窮流而極濟洞兩宗俱各獨自為書激揚清芬冀綿宗緒於不墜南嶽單傳記洞上祖憲錄其尤著也餘如三峯燈史黔南會燈錄則又細入毫芒無微不至矣余前日以事上金山師翁霜亭老人出示金山宗譜抄本一冊受而讀之備有三峯黔南遺音惜未付諸剞劂遂不為世所知箬菴禪師出磬山之門數遷大刹曾由夾山移金山故書中敘列傳承始終密切相依互為聯絡至咸豐亂後兩山皆罹重變枝葉始稍陵夷通閱此書雖曰金山宗譜實亦夾山宗譜也夾山祇有山志而無專譜今得此代為統攝

亦云幸矣。歆慕之餘，仰獲慈命，許可攜歸，即抄錄副本。珍重保存。詎又繼續芳規，重編夾山宗譜，使本寺法脈。瞭如指掌，不致有數典忘祖之誚。余猶憾原書只錄世系，而不贅事蹟。不能令人目擊道存，悠然神往。果即依此世數，纂以列祖參方機緣語句，以及得法開堂種種瑰意琦行，不尤足以昭示祖德幽光，啟發後學心志耶。余竊不敏，將博採旁搜，捃摭美籟，以從事於此。謹先爲之序，藉促其速成云。

昭陽圓通庵志序

古德謂出家乃大丈夫事，非將相之所能爲。彼衣緇履黃，輪禮足接，不過儀止稍似，奚足以語於出家之眞義哉。必也絕欲離塵，識心達本，悟人我以俱空，等自他而共濟。其庶幾於此耳。嘗觀通都大邑，僻野荒村，莫不精藍林立，刹竿高標。桑門濟濟，徧於其內，求其無忝於六和五德者，戛戛乎其難矣。吾爲是懼，閒閱燈史僧傳名山志乘，見古人超格作略，錚錚佼佼，未嘗不掩卷三歎。不覺愧汗之交頤也。圓通庵僻處城南，地幽人靜。自中正門闢以來，山門如市，漸成繁區。遠溯雲祖中興，奕葉相承，代有行德，出乎其間。祗惜譜帖未立，諸祖嘉言懿行，無由垂範。子孫雖欲想像，不可得焉。華不敏，弱齡薙髮於此。深荷師翁霜老人暨師懷老人栽培訓導，得窺佛祖機緣，行歷蹊徑，猶恨戒德有虧，大事未明，致使

世出世恩俱未能報於萬一也。今將所聞於二老人者，摭拾成篇，間附己意，名曰圓通庵志。文鄙辭拙，未足以登著作之林，不過藉以綿延祖德，示子孫以規誡云爾。復思闔邑諸刹，祗侍邑乘著寥寥數語，傳其髣髴，別無紀年之簿，總事之志，專詳其興廢得失之由。因此縱歷三唐兩宋之盛，以其文獻無徵，遂爾失傳。其責當誰任之。余庵去中興甫百餘年，有史不長，而演其事已足成書，則其他諸刹之古且遠者，安可不汲汲於此焉。

夾山歷史沿革歌

六朝夾嶺氣森藏，茂林修竹古蒼蒼。法安結茅道力強，約束猛虎如驅羊。居民戴德不能忘，爲建梵宇保安康。慧炎道詢參翱翔，夾山竹林名已揚。善公崛起益隆昌，碧巖公案永流芳。五代之間氣微茫，鶴林刹杆獨標香。竹院鶴林先後彰，一寺分合難參詳。德菴（元僧）復古詠徑荒，頹垣破屋席撤霜。郡守程公（明崇禎間程尙）感且傷，力挽林公（林皐）興法場。林公道德符眾望，欣然飛錫卓禪房。身先眾役不辭忙，利生說法作津梁。斯須平地現寶坊，衲子雲興來四方。大冶洪開烈火颺，還丹一粒起膏肓。吳門居士樂輸將，供奉大藏耀山岡。聖祖世宗崇覺皇，賜額勅建倍輝光。淨德中興有茅王（茅耕亭王文治請毘陵淨德禪師來住），陰霾消散無遮障。悲酸劫又歷洪楊，殷墟禾黍動淒涼。三世（旭雯定安智珠三祖）踵興費心腸，砂盆扶起振頹綱。大厦將傾

需扶匡學院民國戊辰靄亭和尚辦學儲材日月長十年化雨徧江湘。方外桃李滿門牆。倏忽狂風起東洋。丁丑中日事變兵强器銳勇難當。城市陷落衆驚惶。經樓廣厦罹災殃。吁嗟寺運又滄桑。何以纔興復遭創。山河千古幾興亡。可信吾佛說無常。惟新中日各安良。天下和平慶吉祥。本寺重建碧巖堂。夾山家業永無疆。

閱福建通志喜得怡山如然禪師傳記

傳燈遺未錄道蹟晦難尋。誦句驚文妙思齊發願深。疏家勞想像。書玉興慈二師皆有怡山文解不知師之出處學輩慕清音。把卷得人境。宋開慶己未住福州怡山長慶寺 低回喜不勝。

夾山奕葉集卷三終

夾山之名凡治教外宗史者無不熟聞之。夾山有二。在澧州者著於唐。光大於宋。自此以後漸不可聞。在潤州者崛起於明。嗣續於清。至近八十年。有洪楊焚蕩於前。烏夷蹂躪於後。中間兩經浩劫。損失不貲。猶得綿延宗緒。維持弗墜。謂非諸佛龍天不可思議之力得乎。法兄震華和尚。亂後主持法席。掃除瓦礫。整頓頹綱。以其餘編輯山中文獻。擬成夾山叢書。茲於 靄公老人五十壽誕之前。先刊出奕葉集一種。藉作先聲。是書體製本諸世俗家乘。依世次先後敘列。每人繫以雙行小傳。考吾宗各派祖庭。尚罕其前例。蓋原禪門先德。輒斥名句知解爲障。視語言爲糟粕。不准學者棲泊翫弄。虛消歲月。忘失本分大事。非謂到家以後。利人接物。亦並不設此蹊徑也。乃昧者不察。只知偷拾古人牙慧。競標不立文字之幟。終日坐在無事甲裏。養懶成拙。叩以列祖行事。類皆瞠目無對。若進而論及載道之言。酬世之作。更是口挂壁上。甚或恬不知耻。猶將以多事見責。出語嬌人。噫。佛法末流。一至此乎。乘德樂觀斯集之成。豈惟足增夾嶺餘光。亦將一掃諸方之積弊也。

民國三十年桂月同門窺諦乘德謹跋

版存鎮江竹林寺

燕禧堂五種

（清）任大椿 撰

《燕禧堂五種》，清任大椿撰，據上海圖書館藏清乾隆間刻本影印。

任大椿（一七三八—一七八九），字幼植，一字子田，江蘇興化人，陳晉孫。乾隆二十七年（一七六二）舉人。三十四年二甲第一名進士，授禮部主事。三十八年充《四庫全書》纂修官，旋遷任員外郎、郎中。五十四年擢陝西道監察御史，未蒞任而病，六月卒。著有《深衣釋例》《小學鈎沉》《子田詩集》等，《清史列傳》卷六十八有傳。

叢書乃任氏自刻於燕禧堂，故稱《燕禧堂五種》。《列子釋文》係唐殷敬順撰，宋陳景元補遺，爲任氏於乾隆四十三年（一七七八）撿拾淮瀆廟道藏殘帙所得。是書仿唐陸德明《經典釋文》體例，分上下兩卷，徵引前代佚書爲《列子》釋音，并將著書時流傳舊本所見異文附於正文之下。任氏見當時《列子》所載釋文『闕佚甚多，省汰音釋』，『訛文錯簡彌復不少』，故仿照道藏本《列子釋文》撰《列子釋文考異》一卷，對古、今本《列子釋文》進行考證、辨異。《深衣釋例》共三卷，上考諸經，旁及史志、《説文》、《方言》等書，專述深衣的用例、形制以及與深衣實同名異的相關服飾，甚爲詳備。《釋繒》一書對我國古代絲織物的品種、名稱等進行了分析、整理、總結和考證，指出了中國古代絲織物劃分定名的三種依據，兼及錦的變遷、緞的起源、綺、綾與緞的關係等絲綢發展史方面的若干問題。書中提及絲織物達數十種，反復臚舉，不厭其詳，辨異者所以異，同者所以同，證據確鑿，創見頗多。《字林考逸》一書乃考輯晋吕忱所著《字林》之字書。唐以後，《字林》漸亡佚。任氏蒐羅散佚，參集群籍，兼及釋道二藏、諸家之説，得一千五百字，依《説文》編次而成書。雖僅存原書十之一二，然原書體例仍可得以管窺。故程瑶田認爲，其拾沈求亡之功，不僅有甚於初作之時，而且『更在於足以訂正《説文》《玉篇》轉寫之訛』。

（李猛元）

序

通考載列子釋文一卷唐當塗縣丞殷敬順撰其書引荀子楊倞注則憲宗以後人也余於乾隆戊戌教學淮陰嘗過淮瀆廟見有道藏殘帙數架遂檢得此本書分上下二卷與通志同體例仿陸氏經典釋文凡所徵引多爲前代逸書又於正文之下附載異文率皆當時流傳舊本夫藏書之家得一宋元佳刻已若球璧況此書所載一作又作之本更在唐以前耶道家諸子莊列並稱竒詞隱義最尚音釋莊子釋文刋諸經典之末遂克盛

行列子釋文祕在道藏故見之者希考今本列子目錄之前雖並標張湛注及敬順釋文而每卷篇首乃獨標湛注更不辨何者爲釋文矣試以道藏本證之則注自爲注釋文自爲釋文不待研索而知也又今本列子所載釋文闕佚甚多其于湛注加音釋者咸省汰焉訛文錯簡彌復不少皆不及道藏本之完善是書與莊子釋文後先輝映允宜並行于時余故仿照道藏原本別爲專刻使之流布藝林又取古今本之異同標其崖畧附一卷于書後至于以晝爲進以賢爲形析疑辨誤如劉向所云者則未之幾及也乾隆五十二年十月興化任大椿書

列子釋文卷上

唐 殷敬順 撰

宋 陳景元 補遺

列子新書目錄姓列名禦寇或名圄寇先莊子故莊子稱之天寶初奉㫖冊爲沖虛眞人其書改題曰沖虛眞經名寇八篇之首此是劉向取二十篇除合而成都名新書焉大宋景德四年勅加至德二字號曰沖虛至德眞經護左都水使者臣向姓劉名向字子正漢楚元王交元孫校定此書也校音教謹敟音與經中與字多如此作臣參七南切劉向管子新書目錄云臣參書四十一篇

列子釋文 卷上 一

校讎音酬校謂兩木相對覆校也讎謂如仇讎報也除復扶又切以盡子忍切極也下同及在新書有棧音剪謂蟲蠹斷滅也畧作剗又作[illegible]皆與剪字同周禮有剪氏掌除蟲魚蠹書殺青謂汗簡刮去青皮也鄭繆公音穆與魯哀公同時迂音于誕徒旱切迂誕遠之大言也恢口回切詭孔委切恢詭大怪異之言也推分符問切乖背音佩孝景漢帝諱啓亦頗普可切偶言音遇劉向別錄云偶言者作人姓名使相與語史記讀爲寓列傳列傳經之類皆音去聲昧死上時掌切永始漢成帝年號湛聞之張湛字處度東晉光祿勳注此眞經劉正輿音余晉揚州刺史名陶傳穎根名敷北地人晉丞相從事中郎並少詩照切始周姓王張湛祖之舅從兄從疾用切正宗王宏字正宗高平人晉尚書輔嗣王弼字輔嗣山陽人魏尚書郎皆好呼報切先悉薦切下同並卑正切仲宣王粲字仲宣山陽人魏侍中幾將音祈近也總角詩云總角丱兮謂童子結髮之時也及長丁丈切避難乃但切各稱尺證切冠虜音魯盡全子忍切料倘音聊理也量也唯賁音躋祖元父咸子集傳元字休奕北地人著子書一百二十篇有集五十卷咸字長威有集二十卷父子俱爲晉司隷校尉鶉觚侯僅有音覲少也比亂必利切復

列子釋文 卷上 二

在扶又切著物直畧切自喪息浪切生覺音教肆任而鴆切此例稍多後以意取之往往與佛經相參猶云佛經往往與列子相參此爲文者辭語互陳也屬辭音燭莊子名周字子休宋人也爲梁漆園吏著書五十二篇郭象合爲三十三篇以注之天寶初冊爲南華眞人其書曰南華眞經經中往往有沖虛眞人之語愼到趙人也先申韓申韓稱之著書四十二篇其學本師黃老韓非韓之諸公子使秦李斯害而殺之著書五十五篇其學本師黃老尸子名佼音絞魯人秦相商君師之鞅死後逃入蜀著書二十篇淮南子劉安漢武孫淮南厲王長子也招致賓客作內書二十一篇多眞經之語又外書三十三篇論

新語元示道家有王迺貽中元示經四十卷又陳留韓祉作元示八篇演解五千文
指歸漢嚴遵字君平作指歸十四篇演解五千文

天瑞第一

夫音符是發語之端後更不音舛錯昌兗切之分符問切下同子
列子冠子氏上者著其爲師也鄭圃音補圃田鄭之藪澤也今在滎陽中牟縣
所謁謁請也人无或作亡同音無眡古視字也行无下孟切壺
邱子林司馬彪注南華眞經云名林鄭人也嘗語一本作詔詔告也伯
昬瞀人莫侯切後伯昬无人者亦音謀告女音汝塊然口對切而

復扶又切往復依字音服後不音者皆是入聲不殆音待黃帝書
黃帝姓公孫名軒轅得長生之道在位一百年按漢書藝文志有黃帝書四篇黃帝君臣
一篇黃帝銘六篇與道經相類元牝毗忍切无景音影緜緜武延切
存邪以遮切下同向秀音餉字子期晉常侍注南華眞經二十八篇自
知音智下同贍羣時豔切不匱音饋竭也大易音太下同未見
賢遍切注同之稱尺證切下同易繫胡計切混成胡本切渾
音魂淪音論下同相離力智切去也或作平聲讀近日離遠日別後以意求之也
別明彼列切離散先汗切卷內同循之音句易无形埒淮南

子作形埒謂兆朕也乾鑿度作形畤今從乎者轉謂誤也易變而爲一自
經九大衍之數惚音忽怳況往切以數色主切迺復古乃字上
爲時掌切所倚於綺切天地所否蒲鄙切塞也造餘七到
切則閡音礙所屬音燭素分符問切下名分形分同燾育音蹈
覆也貞粹音遂係於音計嘗呈示見也能羶式連切道論
盧困切恃厄音市詺之弥正切與詔同響許兩切光景音影食
於道徒司馬彪云徒道旁也一本或作從髑髏音獨婁攓音蹇蓬
音雖蒿也拔也皮八切過養古臥切實當丁浪切種章勇切

有幾居豈切若鼃戶瓜切蝦蟇也爲鶉音淳事見賢遍切墨
子墨子曰夫物或有久或无入始當无久化若鼃爲鶉也得水爲㡭音計
司馬彪云萬物雖有兆朕得水潤之氣乃相繼而生也鼃蠙步田切司馬彪云物
根在水土際布在水中就水上視之不見鈔之可得如張綿在水中矣楚人謂之蠙之
衣陵屯音豚阜也結處昌據切下同陵舄音昔一名澤舄隨燥濕之變也
鬱栖糞壤也烏足草名也蠐螬郭注爾雅云在木中今雖通名爲蝎
所在異胡蝶音牒卽蛺蝶也蛺音頰胥也師說云胥少也謂少去時也，
生竈下得熱氣生若脫他括切郭注爾雅云脫謂剝皮也鴝音衢掇

丁括切掇蟲名鴝乾餘胥之沫音末南華眞經作骨李頤云沫口中汁也
斯彌蟲名食醯許兮切苦酒上蠛蠓也亦曰醯雞下同頤輅上怡下路
黃軦音況頤輅黃軦皆蟲也九猷李云九當作久久老也猷蟲名瞀茂謀
二音芮音蚋小蟲也喜去亂飛腐音輔蠸音權一音歡謂瓜中黃甲蟲也地
阜音高顧允漢書集解云如淤泥轉鄰說文作粦又作燐皆鬼火也淮南子云血
爲燐也音吝鷂音曜之爲鸇音旃鸇之爲布穀本又作穀陸機
毛詩鳥獸疏云鸇似鷂黃毛鷂頭蒼身皆相似其飛急疾取鳩鴿燕雀食之布穀鳲鳩也
一名尸鳩一名擊穀一名乘鳩仲春雀鴿鷹鶻之化爲鵴也音掬燕之爲蛤

音閭家語云冬則燕雀入海化爲蛤燕或作雀周書云雀入大水化爲蛤田鼠之
爲鶉音淳與竃化同說文云鶉鶴也大戴禮三月田鼠化爲鴽周書云化鴽郭注爾
雅云鴽亦鵪也鵪音諳鴽音如朽瓜音朽老韭舉有切爲莞音官似蒲
而圓今之爲蕭是也楊承慶字統音開一作莧侯蛙切轉寫誤也老羭音俞牝羊
也又黑羊也爲猨音猿魚卵來短切亶爰上蟬下袁如狸力之
切而有髦音毛垂髮也牝毗忍切牡音某鶂五歷切三蒼云鶂鶂
也司馬彪云鳥子也眸子音謀名稚古稚字也蜂音豐司馬彪云稚蜂細腰
者取桑蟲祝之使似己之子也而孕以證切好而呼報切后稷長

丁丈切注同也臼水音舅有莘踈臻切嬰兒或作纓非湯相息亮
切厥昭曾子云孤藜一名厥昭恒翔繞其木不能離之師說云孤藜蜻蛉蟲也蜻
蛉音青零生乎濕失入切因蒸音證醯雞蠛蠓也羊奚比
音毗乎不筍音笋久竹生青寧南華眞經從羊奚至青寧連爲一句
司馬彪云羊奚草名根似蕪菁與久竹比合皆生非類青寧蟲名也生程尸子云程
中國謂之豹越人謂之貘按爾雅熊虎醜其子豹豹熊虎之子也山海經云南山多貘豹
郭注云貘是豹之白者豹即虎生非類也據程是貘之別名也按貘似熊毛又黃而黑有
光澤者貘音陌馬生人搜神記云秦孝公時有馬生人劉向以爲馬禍生響

許兩切後同響應於證切不復扶又切之稱尺證切偕終
音皆料音聊終進音盡下同虛漠音莫故迭音姪不久音有不
生者先有悉薦切下同而復扶又切畫其胡麥切計策也一本
作盡於義不長精神者天之久音有下同本作篆文與久字相類按漢書
楊王孫曰精神者天之有骨骸者地之有王孫常讀此經今國子監本作分本較
音角少壯詩照切下同老耄莫報切氣飄音漂德殷正也一本
作故與爭音諍間古莧切隔也大山音泰乎郕音成魯之邑名帶
索先各切爲樂音洛下同之別彼列切定分扶問切故復

扶又切縱石兩切保本或作襁褓博物志云織縷為之廣八寸長尺二以約小
兒於背上林類音淚或本作穎者誤認底春都禮切被裘音備遺
穗音遂故畦音攜捃之居運切並歌蒲浪切下同謂旁畦而行彼
叟西口切有試往訊之音信一本無有字之壠力踵切曾
不音屑不輟丁劣切止也叩之邱侯切而應於證切少不
詩照切勤行下孟切下同長不丁丈切下同何樂音洛能壽
音受惡烏路切不愈音與以告古沃切下章同卒然倉沒切造
極七到切去彼邱呂切許處昌據切於厭於豔切其壙

列子釋文　卷上　七

音曠墓穴也荀卿在此篇皐如音臯宰如言如家宰也墳如如墳冢也
鬲如音歷形如鼎又音隔伏焉荀卿作休焉樂天音洛下同去邱呂
切離力智切昧然音妹之僨蒲界切疲也之佚音逸晏子
齊大夫晏嬰樂生音洛惡死烏路切慎行下孟切無厭一鹽
切之徼音叫人才音哉下同種賢世音重形生名譽余據切
跨張戶花切知已音以所去邱呂切注同為寤音悟去彼
邱呂切破碼音毀焉喪息浪切粥熊音育周文王師封於楚著子書
二十二篇亡已音無以操七刀切隨世音生下同省上聲進音盡

所矚音燭一本作瞻自世音生杞音起國系本云殷湯封夏後于杞周又
封之今在陳留雍邱縣武德年曾置杞州地是也崩墜音墜星宿音秀下同
勝音升中傷丁仲切塊口對切充塞蘇則切躇音除步跐
音徒到切四字此皆踐踏之貌人舍音釋下同長廬子史記云楚有長
廬子漢書云長盧子著書九篇屬道家流虹蜺音紅倪之最子外切大
遠音柰偕全音皆之見賢徧切何處昌據切舜問乎烝
謂輔弼疑丞之官一本作烝有夫音符重杜用切下同蛻音稅復扶又
切向氏音嚮大壤如掌切又作穰施及以智切延也亡不音無

列子釋文　卷上　八

下同以贓音臧先居悉薦切曰嘻音熙哀痛之聲吾盜天地
之時利句絕之滂普郎切築音竹吾垣音袁植時職切鼈
并列切施尸智切罔文兩切過東郭音戈一作遇字離力智切
仞而音刃稱尺證切復扶又切為吾于僞切藏才浪切大
盧音柰吝良刃切所厝音措

黃帝第二

養正音性燋然音焦肌色一作顏色皯古旱切黣音每諸書無此
字埤蒼作黴同音每謂木傷雨而生黑斑點也皯黣亦然也不治直吏切下致治

同進治音盡讃曰音歎過淫音深舍宮音捨去直邱吕切
鐘縣音元閒居音閑齊心音齋下同弇州音奄幾千居豈切
无帥所類切或作師長丁丈切師長首主也嗜欲常二切親已音紀
卸背音佩斫撻音酌撻打也指擿音倜擿也无痟音消癢餘兩
切痟癢謂疼癢也周禮春時有痟首疾夏時有癢疥疾鄭元云痟酸削也說文云瘦疼痛
也見周賢遍切不硋五蓋切雷霆音廷不滑音骨不躓
音致怡然與之切大音泰山稽音雞漢書云大山稽黃帝師也帝相
息亮切疲而睡句絶二十有八年一本作三十有八年大治

列子釋文 卷上 九

直吏切幾若音祈假音遐號之戶刀切列姑射音夜山在
海河洲中山海經曰姑射國在海中西南環之從國南水行百里曰姑射之山
又西南行三百八十里曰姑射山郭云河水所經海上也言遙望諸姑射山行列在海河
之間也按西域傳黃河東注蒲昌海潛行地下入中國蒲昌海一名鹽澤在交河郡見
山賢遍切上有神人此章與山海經畧同吸風許及切豈復
扶又切淵泉上字讀爲深字自粹音邃不偎烏恢切愛也不愛
不偎不愛謂或隱或見山海經曰北海之隅其人水居偎愛隱偎也字林云偎仿佛見不
審也愿音願慤口角切无慾本又作奮去音切常鈞音均札傷

側八切鄭衆注周禮云越人名死爲札左傳曰人不夭札疵才移切病也厲音例
鄭衆注周禮云厲風氣不和之疾也靈嚮音響進音盡下同泠然音零冠
稱尺證切數色主切下同不省息井切因閒音閑蘄音祈懟
音墜怨也又不與命一本無與字女音汝曩章載乃朗切章載字
載則一本作章戴有憾胡紺切脫然土活切此乎本又作于姬
音居女音汝眄音麪斜眎從心音縱下同庚音更居行切益也下同於
匿一本作已道契苦計切橫去聲下同縱放也未造七到切所
倚於綺切幹音乾㲉口角切眘未音曆浹時子協切可幾

列子釋文 卷上 十

音冀甚作音胙屏息屏氣鼻不息也復言扶又切關尹關令尹喜
字公度著書九篇潛行或作漸亦音潛不空一本作窒塞也爲閡音礙
不慄音栗列音例姬音居魚音吾語魚據切女音汝相遠于萬
切之造音作臧祚切注同者焉於虔切深音淫見賢遍切養
其氣一本作眞其氣造七到切至也无郤音綌閒也之隊音墜乘
亦食陵切遻物音忤遇也一本作還心不欲見而見曰遻於義頗迂莊子亦作
遻不慴之涉切不闚去隨切爲伯于僞切无人莫侯切下
並同鏑鏑音的措杯必回切肘竹九切擿矢音的本作鏑復

扶又切沓音踏寓音遇敏捷疾葉切象人木偶人形曰象人逡
七旬切二分垂謂足二分懸垂在外至踵音腫揮斥音尺許象云揮
斥猶放縱也又曰揮斥奮迅也怵丑律切有恂目音荀何承天纂文吳人呼
瞬目為恂目中也丁仲切殆矣夫一本作始矣夫偏肥皮美切按
說文字林並作圮又作圮皆毀也字從其省侔音謀齊也於朝音潮相夌
一本作相擊介意音界副也稱也垌外古螢切田叟西口切先
悉薦切窘奇隕切困也荷胡可切畚音本蕢籠也闊視苦括切遠
也廣也聑之奴革切方言揚越之間凡人相輕侮以為無知謂聑聑耳目不相信

列子釋文　卷上　十一

也欺詒音待方言相欺本作紿攩胡廣切方言今江東人亦名推為攩又音
晃提打也㧙蒲結切方言凡相推搏曰㧙又扶畢切推擊也挨烏駭切推也抌
丁感切方言擊背也一本作抗違拒也亡所音無慍容於問切技渠奇
切單音丹盡也憊於蒲界切疲也俱升一本作俱乘乘登也漫言
莫汗切散也償百音賞飛鳥一本作飛梟揚餘亮切猶颺物從風也
骫骨音肬按骫是古委字說文云骨曲直也於義頗迂无[illegible]音毀偶然
五口切求巨大也一本作詎因復扶又切之淫音深隈烏恢切水
曲也一本作隅泳音詠潛行水中也水底都禮切衆昉分兩切或作放

難色乃汗切埃不漫為句埃一本作埃吾亡音無近去聲譽
音餘唯恐誠之之不至至之之不行行之之不
及一本無至之之不行一句怛然丁達切驚也危險音噞識之音志
周宣王名靖厲王子也牧正養禽獸之長也梁鴦音央委於僞切
食音嗣下食虎同雕鶚音彤鍔無不柔馴者松倫切順也一本無
馴字孶音茲又音字尾孶尾牝牡相生也乳化曰孶交接曰尾搏噬音博
逝毛邱園牲毛名邱園也一本作圉魚呂切傳受之一本無受字
為其于僞切下同碎之一本作決之其儕助皆切廣澤本又

列子釋文　卷上　十二

作曠操七刀切下同能游浮水曰游數能色據切術也注同櫂舟
直孝切一本作櫂悉字誤而謏所六切莊子作便能鶩音木鴨也一本作矜
字誤曰譩音衣與譩同歎聲也玩其五貫切習也道與音余且為
于僞切惡往音烏閒音閑死摳摳探也以手藏物探而取之曰摳亦曰藏
彄風土記云臘日飲祭之後叟嫗兒童為彄之戲辛氏三秦記漢鉤弋夫人手拳時人傚
之因名為藏鉤也摳口候切莊子作摳鉤銀銅為之憚待汗切殙音昏方言
曰迷殙也所要於遙切愈重音庾益也拱本作拙呂梁在今彭城
郡爾雅曰石絕水曰梁竝流音傍史記漢書傍海傍河皆作竝而承音拯

方言出溺爲承諸家直作拯又作撜棠行音搪下同道之音導下道之同郭璞
注穆天子傳云道從也承子音拯曰亡音无本無此亡字齊司馬云齊
洄水如磨齊也汨古忽切涌波也郭象云回伏而涌出者汨也痀於禹切僂
音縷痀僂背曲疾也承蜩音條一本作蜩蟬也掇都括切拾取也絫古累字
垸音丸司馬云謂累丸於竿頭也錙銖音淄殊蜩音調吾處身也
一本作無身也厥株駒厥本或作橛同其月切說文作橛木本也李頤云厥豎也
株駒亦枯樹本也駒音俱崔譔音佺清河人也晉議郎注南華眞經內外二十七篇
槁木空好切曰女音汝逢衣禮記儒行篇曰丘少居魯衣逢掖之衣長

列子釋文　卷上　十三

居宋冠章甫之冠鄭元注云逢猶大也謂大掖之衣向秀曰儒服寬而長大者有好
呼報切漚音鷗鳥水鴞也今江湖畔形色似白鷗而羣飛者是也百住音數
汝取來一本作可取來去言邱呂切齊在詣切忤音悟駭諧楷
切下同趙襄子名无恤簡子之子也率徒所律切畋音田藉在夜
切芿而振切在下曰藉草不剪曰芿燔音煩燒也燼疾刃切上下時掌
切留之力救切謂宿留而視之也竅尸弔切嚮音向刳音枯去邱呂
切有暇本又作假亦音暇字大說音悅強其兩切著直畧切挂
音卦礙本作硋顚都年切隊也偏音篇神巫男曰覡女曰巫顏師古曰

巫覡亦通稱季咸姓季名咸鄭人也避一本作棄喜許記切壺子
列子師也又適音戈无其文諸家本作旣於義不長道與音余奚
卵來短切司馬云汝受訓未熟故未成若衆雌無雄者則無卵也和胡卧切抗
口浪切或作亢音同相悉亮切眂之音視向吾一本作庸吾下同譆
音熙濕灰司馬云氣如濕灰罪本作萌誫音震不止崔譔云不誫不
止如動不動也量音亮灰本作全功見賢遍切機發於踵許愼
注淮南子云機發不旋踵齊側皆切下同大音泰朕直引切兆也鯢音兒
桓胡官切盤桓也一本作旋謂盤旋也之潘音盤本作蟠水之瀊洄之瀊今作蟠

列子釋文　卷上　十四

恐寫之誤爲淵鯢大魚也桓盤桓也蟠洄流也此言大魚盤桓其水蟠洄而成深泉
南華眞經作審梁簡文云蟠聚也濫水咸上聲爾雅云水涌出也沃水烏僕
切水泉從上溜下也氿水音軌水泉從傍出也雍水音擁河水決出復還入也
汧水音牽水不流行也肥水水所出異爲肥也洄音回易以豉切
舍之音捨澹徒濫切泊音魄自失而走喪失精神而走猗於危
切移委移至順之貌汎芳劍切茅莊子作茅音頽靡崔譔云遜伏也爲
其于僞切爨七玩切食音嗣下同狶虛豈切楚人呼猪作狶適音的
雕瑑持兗切本作琢份然音紛而封哉一本作戎音哉惡乎音烏

饋求位切餉也驚巳音紀謂驚其自失也下處巳同音不解音蟹向秀
曰未能懸解諜音牒便辟婢亦切尊長丁丈切而鼈子西切
食羹音嗣无多餘之羸音盈一本無无字而知音智保汝
保附也屨九遇切關西呼屨謂之屨敦杖音頓蹙之子六切乎頤
音怡有間少時也賓本作儐導也必忍切提屨音蹄屨本作屐一徒
跣先典切暨其器切至也當丁浪切背音佩焉於虔切先悉薦
切搖而本身一本作搖而才本性易以豉切覺音教楊朱解在
第七篇之沛音貝邀於於宵切抄也遮也中道道中仰天本作

列子釋文卷上　十五

卬亦音仰以女音汝能去丘呂切矜夸口瓜切進涫音管莊子
作盥漱音瘦巾櫛壯乙切脫屨本作屨鄉音向不閒音閑下同
睢睢許唯切盱盱音吁說文云盱仰目也蒼頡篇云盱張目貌高誘注淮南
子云睢盱視聽貌蹩子六切煬音楊司馬云對火曰煬淮南子云富人衣纂錦
貧人煬竈口不惡烏路切過宋音戈而去丘呂切之行下孟
切亦本作易以豉切亡音無鬻本作粥余六切倚於綺切趣音趨傳
翼音附庖音匏犧許宜切女媧音瓜庖犧女媧皆古天子臆行音億
曼音萬頞烏葛切鼻上也頷胡感切相息亮切鵠步音鶴鳶肩

音緣鷹喙許穢切幾音兾阪蒲板切泉在上谷帥音率熊羆
音碑貙丑俱切鵰鶡音彫曷一本作鶡旗幟音熾自熊羆皆猛獸勇鬬
者也而人不知接之之道一本無人字行則戶剛切大
古音泰介氏音界數數音朔六畜朽又切解音蟹注同之長
張丈切蜎許緣切蠕而兗切蟵丑知切魅音媚蟲蛾爾雅云有
足曰蟲無足曰蛾一本作蟲蟻狙公七余切養狙公也好養呼報切解
音蟹馴音脣芧音序橡子也能鄙相籠一本作智鄙相籠名實
未虧一本作若實未虧也紀消子姓紀名消或作消所景切爲于僞切

列子釋文卷上　十六

影響音響李頤云應響鳴頤影行迅峻信二音一本作速惠盎阿浪切
見賢遍切蹀足音牒謦口頂切欬音慨所說音悅下同刺之
七亦切弗中丁仲切下同驩然音歡墨翟音逖宋大夫也在孔子後
著書七十一篇崇孝尊鬼强本節用亦救世之難有攻守之術爲長張丈切竟
音境說如字又音稅服寡人也一本作曉寡人也

周穆王第三一曰化本

俛仰音免之覺音教覛瞚音舜怳況往切惚音忽周穆王
名滿昭王子也化幻胡辦切貫音官穿也隧音墜不硋音礙腥音星

螻音樓而不可饗音享周禮天官內饔腥不可食者馬黑脊而般臂郭元云般臂毛自有文也螻蛄臭今讀者宜依周禮饔食按隋秘書王邵讀書記云螻蛄古本多作女旁者方言亦同饔音邑般音班膻惡音壇廼古乃字為之于僞切赭音者赤色堊音惡白土也五府周禮太府掌九貢九職之貨賄王府掌金玉玩好內府主良貨賄外府主泉藏賭府主四時食物者也終南山名在京兆娥媌音茅好而輕者謂之娥自關而東河齊之間謂之媌或謂之妖靡曼音萬正娥音俄弁音雜珥音餌瑱也冕上垂玉以塞耳也瑱他見切衣於既切細縠音斛曳音裔齊紈范子云白紈素出齊魯幾居豈切謁

列子釋文 卷上 七

請也袪音墟上時掌切暨見器切廣樂音岳注同秦繆音穆甚樂音洛累塊口對切積蘇樵人人復扶又切之處昌據切眩音縣黛音代芷音止瑩烏定切又音莹九招本作韶市昭切以樂音樂不舍音釋亡音無悖其季切喪息浪切隕音隕落也嚮音向咈扶貴切方言咈乾物也又音沸三月而復為句一本作不復在覺音教曩乃朗切王閒音閑恒有謂習其常存也一本無有字摸音謨不恤思律切治亂直吏切駿音俊乘實證切下同驊音華騮音留綠耳皆八駿名驂七南切赤驥音冀白犧音義史記曰造父為

穆王得驊騮綠耳赤驥白犧之馬御以遊巡往見西王母樂而忘歸與穆天子傳略同郭璞注云皆毛色以為名也後有渠黃踰輸盜驪山子為八駿也造七到切父音甫為御史記云周穆王乘驊騮綠耳使造父為御日行千里𣳾音泰篆作兪商音丙石經作凮字林云隱作商本作商商音上齊下合於義無取焉為右淮南子云鉗且泰丙之御也除轡銜棄鞭策高誘云皆古之得道善御也鉗其炎切且子余切盜驪力移切盜驪即荀子之纖離者也柏夭於表切郭璞云柏夭人姓名巨蒐音渠搜西戎國名以飲於禁切之湩竹用切以洗先禮切二乘實證切崑崙音昆論之阿赤水之陽山海經云流沙

列子釋文 卷上 六

之濱赤水之後黑水之前有大山名崑崙之邱有人穴處名曰西王母也之丘古邱字黃帝之宮陸賈新語云黃帝巡遊四海登崑崙山起宮望於其上以詒音怡傳也遂賓于西王母河圖玉版云西王母居崑崙山紀年云穆王十七年西征見西王母賓于昭宮為于僞切王和胡卧切弇音奄萬行讀行為里於于音鳴呼又作乎追數色句切責也王幾音豈之樂音洛假音遐考成子一本作老成子著書十八篇室屏必郢切老聃吐[illegible]切憒薄房吻切而復扶又切淫思音深憣音翻校音教顧野王讀作翻交四時蒸爍音鑠水澒音洪不著陟慮切

而已音以為之于僞切覺有音教義見賢遍切曰喪息浪
切曰樂音洛曰蘁音愕曰寤音悟所怛丁達切雖譎音決
則濡音儒燔音煩焫如悅切抗則或作亢藉帶慈夜切造
極七到切幾虛音豈南嵎與隅同古莽莫朗切亡辯音無
下同跨河苦化切之分符問切阜落音婦常燠音郁相藉
音陵大治音持趣役音趨下同呻呼音申吟下同昬憊蒲介切
昔昔夜夜也遊燕音宴觀古亂切其樂音洛覺音教下同㖥
吾南切囈音詣㖥囈呻吟並寐語也惡焉烏路切思慮音四少間

列子釋文卷上　九

病差也相吟音誇御而音訝迎也斃之音幣諸隍音黃無水池也
以蕉與樵切不勝音升不厭音懨又於艷切士師掌五禁之法者
伮人一本作認曰嘻音熙將復扶又切國相息亮切邪直
似遮切或作邪真今亡音無且恂音荀信也華子壺化切病忘
音望不記事也闔室壺臘切毒之毒苦也蓍龜音尸情匿昵力
切洎爾音魄鑒音鑑自拯蒸上聲本作極行无下孟切狂辟
音僻疚音救痾音阿府藏才浪切脉診止忍切其瘳丑鳩切
然吾之方窮為句從之音縱絕思音四操戈七刀切往

數色主切哀樂音洛好呼報切惡烏路切可復扶又切妙
當丁浪切一本作賞逢氏音龎子少詩照切迷罔文兩切過
陳音戈鄉使音向哀樂音洛之郵音尤焉能於虔切遄歸
市緣切辯爭音諍長於張丈切過晉音戈誑之九況切愀
然七小切喟然邱愧切涓然音泫壺犬壺絹二切自禁音金啞
然烏陌切紿若音待欺也更徵少也作徹者誤

仲尼第四一曰極智

去情邱呂切一本作忘仲尼魯國曲阜縣人顏氏禱尼邱山生因名字仲尼

列子釋文卷上　十

周靈王二十一年庚戌歲生閒居音閑子貢端木賜衛人字子貢利口巧辭
顏回魯人字子淵援琴音袁獨樂音洛之分符問切下同愀
然七小切有間愀然變色少時意夾音狹一本作失亡變音忘一本
作止曩吾乃朗切禮樂音岳下同遺來唯季切既治直吏切下
同治亂不舍音捨無閡音礙將為于僞切欲捐音緣聘曾
匹正切髣髴芳味切之量音亮其稱尺證切下同洎然音魄
下同亢倉子音庚桑名楚史記作亢倉子賈逵姓氏英覽云吳郡有庚桑姓稱為
士族傳之丈專切唯然唯癸切眉睫音接唯豁火活切有

分扶問切六藏徂浪切心肺肝脾腎謂之五藏今六藏者爲腎有兩藏其左爲
腎右爲命門命門者謂神之所舍也男子以藏精女子以繫胞其炁與腎通故言藏有六
也商大音太宰商宋國也宋都商邱故二名焉大宰官名示見賢徧切
簡朴片角切不治直吏切下治之同彊其兩切爲于僞切得
徧與遍同崇嵋兼勿切浩茫音茫嘿然音墨吾語魚據切
訥奴忽切一行下孟切不貳貳疑也同要一遥切脊人
莫侯切乃居一本作反居日數色主切料簡音聊无惕他歷切
切閲音悅欺魄片各切字書作欺頓人面醜也頓片各切形喪息浪切

列子釋文 圭

思慮音四未行戶郎切衎衎口汗切在雄一本作存雄駴
與駭同進知音晝能離力智切之稱尺證切一眄音麪斜視
也從心音縱横心去聲外進音盡以重柱用切好遊呼報
切下同之樂音洛榮悴疾醉切者鮮息淺切不知務內
觀一本作不如觀古亂切下同諦眎也口窊烏瓜切温蒸音證自匿
尼力切者難乃旦切故重柱用切所眎音視文摯音至文摯
六國時人嘗醫齊威王或云春秋時宋國良醫也嘗治齊文王使文王怒而病愈所
聽平聲凡此衆疾一本作衆庶非是哀樂音洛背明音佩文

摯後向明而望之一本文摯下加從及自字者皆非也之分符問
切由死而生不幸也本多無不字觀上下文於理有闕故特添之
失中丁仲切將眇亡少切先睹音覩聞蚋而銳切淄音緇
澠音乘淄水出魯郡萊蕪縣澠水西自北海郡千乘縣界流至壽光縣二水相合說符
篇曰淄澠之合易牙嘗之難別彼列切下同將僵音姜先亟去吏切方
言亟受也犇佚音奔逸仆也音赴可渝音俞亢與抗同要造
七到切後還音旋鄭之圃澤圃田也在中牟縣有治直吏切
行過音戈鄧析音錫爲若于僞切相嘲張交切調徒弔切

列子釋文 卷上 圭

所願知也知一本作如養養上余亮切下如字長幼張丈切
牢藉本作籍側戟切牢牲牢也圈也藉謂以竹木圍繞又刺也周禮鼈人以時籍魚
鼈蜄也又國語云羅籍魚也莊子云以臨牢柵李頤云牢豕室也柵木欄也文字雖異其
意同也籍音柵庖廚音鮑從者才用切无相息亮切而知音智
下以意求之並爲于僞切下以意求之无好呼報切无惡烏路切
荀粲七汗切傅嘏音賈志局衢足切公儀伯堂谿公
公儀堂谿氏也皆周賢士懦夫乃玩切女之音汝能折之舌切春
螽音終一曰蝗也之股音古能裂或作分字犀兕徐子切曳音裔

猶㤿戶暗切 不窺去隨切 所易以豉切下同 與薪音余 撞
鐘宅紅切 雷霆音亭 一家一本作一道於義不長 子牟莫侯切
好與呼報切 不恤雖律切 子輿音余 行无下孟切 不中
丁仲切 漫音曼衍以戰切 韓檀不安切 肆之戈二切肆習也 桓
闘大端切 之圍音又 之詒音待欺也下同 後鏃作木切 中丁仲
切下及注同 相屬音燭注同 矢造七到切 著直略切下同 堋音朋
復扶又切下同 所湊七豆切 逢蒙薄江切 烏號戶糕切 綦
衛音其史記云綦國之竹晉灼曰衛之苑多竹篠 射食弋切 矢末一本作來

列子釋文　卷上　卅三

𢈔子莫侯切 而𨈆音匡 不𧺝本作䀹目瞬也下同䀹丑冶切 矢隧
音隆 強弩其兩切 能撤一本作穿 曾縞古老切 與音余 人擲
直炙切 之分符問切 差跌音蹉絰 諸張魚據切 焉得於虔
切 故借子亦切 見在賢徧切 孤犢音獨 勝言音升 可解
音蟹下同 公孫龍平原君之客字子秉趙人 之鳴一本作公孫龍於馬并注
无異於鳴亦作无異於馬云馬者白馬論之義也云鳴者但鳴而无理趣取爲義則長矣
餘竅口弔切穢穴也 餘日人質切 堯治天下爲句 欲治直吏
切治歟治名治道同 道治本作合 外朝音朝 禪時戰切 禹古嚋字直

留切誰也 汎然芳劍切 无係音計 其應音應 道亡音無 遺物
一本作道不遺物 亡情本作忘 發无知一本作廢无知下作廢无能

列子釋文　卷上　卅四

列子釋文卷下

唐　殷敬順　撰

宋　陳景元補遺

湯問第五

齊所才細切殷湯殷湯姓子名履字天乙夏革音棘夏棘字子棘爲
湯大夫混茫音忙今惡音烏下同必復扶又切下同故重柱用
切下同畫然音獲一本作盡齊州爾雅云距齊以南戴日爲丹穴北戴斗極
爲空桐距去也齊中也東行至營今之柳城古之營州東行至海是也義

列子釋文　卷下　一

見賢遍切大虛音泰下同籠罩陟孝切亦焉於虔切下同知
及一本作反恐字誤豁覕呼括切无垠音銀下同一本作限皆拘
音俱桎梏音質音谷自解音蟹刳斫音枯夸大口花切聃他甘
切老子名周莊子名女媧氏音瓜古天子風姓斷鼇音短遨具後釋
共音恭工氏古帝王顓頊音專旭虙音伏羲許宜切水潦
音老渤澥今樂安郡大壑山海經云東海之外有大壑歸墟或作歸塘
八紘音宏岱輿音余員嶠巨驕切山銳而高也方壺一曰方丈瀛
洲音盈蓬萊史記曰方丈瀛洲蓬萊此三神山在渤海中蓋嘗有至者諸仙人及

不死之藥皆在焉未至望之如雲欲到卽引而去終莫能至周犯一本作範閭字
一本作周旋字純音淳縞古老切珠玕音干可數色主切注同連
著直畧切波上時掌切暫峙直里切仙聖毒之毒病也
禺彊與隅同神仙傳北方之神名禺強號曰元冥子山海經曰大荒之中有神人面
鳥身名曰禺强簡文云北海神也巨鼇列仙傳云巨鼇戴蓬萊山而抃滄海之中
元中記云卽巨龜也三番音翻更代也盈數色主切步一本作千步
鈞一本作均而趣音趨灼其音酌以數所據切算計也又鑽祖官
切鯤鵬音昆朋蚊蚋音文芮蚤蝨音早瑟帝憑音憤浸

列子釋文　卷下　二

減子禁切一本作侵使阨烏賣切僬僥國音譙堯短人國名也史記
云僬僥氏三尺短之至也韋昭曰僬僥西南蠻之別名也案括地志在大秦國西北至
伏羲神農時有國人猶數千丈一本作數十丈事見
賢偏切下同諍人音爭山海經曰東海之外有小人名曰諍人冥靈木名
也生江南以葉生爲春葉落爲秋大椿丑倫切木名也一名擈菌芝其陰
切崔譔云糞上生芝也朝生暮死簡文云欻生芝蠓莫孔切蚋音芮謂蠛蠓蚊
蚋也二者小飛蟲也終髮之北一本作終北之北溟海十洲記云水黑
色謂溟海廣袤上古曠切下色主切長稱尺證切下同爲鯤鯨魚也

鵬步登切雖語魚據切名之彌正切與銘同志之記也之麽
蟲亡果切字書云麽小也焦螟音名蚊睫音接拭音式眥在詣切目
際也觽除倚切俞師曠皆古之聰耳人也擿耳音惕俛首音免
空桐史記云黃帝至于河登空桐之山今在澧泉郡砰然普耕切雷霆
音廷爲櫾音柚山海經曰荊山多橘柚柚似橘而大皮厚味酸已憤房吻切
厥之疾氣疾也渡淮而北而化爲枳周禮曰橘渡淮北而
化爲枳鸜鵒音瞿浴不踰濟子禮切貉音鶴似狐善睡獸也踰
汶武巾切則死矣酈元水經曰濟水出王屋山爲兖音兖水東經溫爲濟水

下入黃河十餘里南渡河爲滎澤又經濟陰
等九郡而入海周禮云鸜鵒不踰濟貉踰汶
則死此地氣使然也鄭元云汶水在魯城北
先儒相因以爲魯之汶水皆大誤也案史記
汶與嶓同武巾切謂汶江也非音問之汶案
山海經大江出汶山郭云東南逕蜀郡東北
逕巴東江夏至廣陵入海韓詩外傳云昔者
江出於汶山其始也足以濫觴是也又楚詞
云隱汶山之清江固可明矣且列子與周禮
通言水土性異則遷移有傷故舉四瀆以言
之案今魯之汶水闊不踰數十步源不過二
百里揭厲皆渡斯須往還豈狐貉暫遊生死
頓隔矣說文云貉狐類也若生長邱陵旱地
今江邊人云狐不渡江是明踰人水則傷本
性遂致死者也性鈞已皆至已字爲句一本云情性鈞已

大形音泰行注同東垣音袁懲山韓詩外傳云懲苦也之迂音于
下同雜然七合切下同猶僉七廉切致難乃旦切曾不音層
下同魁父淮南子作魁阜謂小山如堆阜且焉於虔切荷胡可切擔
丁甘切叩石擊也墾壤苦恨切起土也箕畚音本籠也之孀音霜
始齔初刃切韓詩外傳云男女七歲或毀齒謂之齔跳往音調躍也或作眺誤
也可徹丑列切何若一本作苦操蛇七刀切高峯墜爲
幽谷一本作高岸遂爲幽谷廢舍音捨砥礪音旨例夸蛾氏
一本作夸蟻氏夸口花切一厝音措壠斷力踵切與蔆音狸以哂

式忍切嗤一赤之切蔡與音余夸父口花切父音甫大荒經云有人
珥兩黃蛇把兩黃蛇名曰夸父所浸子禁切要之一遙切大歲音泰
其分符問切繒似陵切纊音曠舟車音居齊限子細切喬
陟爾雅云喬高曲也又云三山襲陟郭璞云重隴也甔丁甘切甀直爲切甔
甀謂瓨缾也神瀵甫問切郭璞云今河東汾陰有水中如車輪許大濆沸涌出其
深无底名曰瀵濆汾上聲蘭椒音焦醪醴音勞醴囷埒音劣亡不
音無下同札側八切厲札厲疫死也性婉音苑長幼張丈切儕
居士皆切不娉音聘孳息也阜盛也偕好呼報切迭音姪謠

音遣惓音倦惝昌兩切數色主切月迺古乃字幾剋其旣切
隰朋音習君舍音捨肆音叱咤陟嫁切徒卒子忽切祝搗
音指揮仲父音甫之耄莫報切偉于鬼切臣恐去聲奚戀
力卷切之也之適也祝髮之六切孔安國注尚書云祝者斷截其髮也漢
書云越人斷髮文身以避蛟龍之害一本作被恐誤而祼乎瓦切謂不以衣蔽形也
鞨巾音末方言俗人幍頭是也幍頭幧頭也幍又作轕又作帓幍亡八切幧七消切
茨防疾移切貊音陌越之東有輒休之國輒說文作
耴猪涉切耳垂也休美也蓋儋耳之類是也諸家本作秝沐者誤耳長子丁丈切

列子釋文〈卷下　五

生則鮮而食之杜預注左傳云人不以壽死曰鮮謂少也啖人談去
聲本作炎𣦸其本作冎音寡剐肉也又音朽迺成古乃字儀渠音遽
祡音柴說文燒柴焚燎以祭天神或通作柴積子智切聚也燻則音勳煙
上時掌切辯鬭都豆切愴愴初良切又本作滄周書曰天地之間有愴
熱善用道者終無竭孔鼂注云愴寒也桓譚新論亦述此事作愴涼鼂音潮涼涼
字林云涼微寒也不爲于僞切下同連屬音燭下同微脆七歲切
均處昌據切詹何音占獨繭古典切芒鍼音亡箴荊篠
本作條字剖片口切粒音立汩流古物切疾也不橈乃孝切曲木也

芳餌仍耳切挂徽音卦施舍音捨頡頏上胡結切下戶郎切蒲
且子余切纖繳音灼雙鶬音倉放而分兩切聚沫音末魯
公扈音戶扁蒲典切鵲史記曰扁鵲渤海郡人姓秦氏名越人善醫能視病
盡見五藏之疾汝曩乃朗切府藏徂浪切下同偕長張丈切今
爲于僞切於斷丁貫切下同遂飲於禁切剖胷片口切華
戶化切他音陁刳腸音枯湔則前切洗先禮切思議音宜臆
斷音憶瓠巴音護柱指一本作住鈞音均舍琴音捨不應於證
切後和胡卧切无幾居豈切何復扶又切而叩口候切

列子釋文〈卷下　六

涼風忽至一本作總至誤也以激音擊夾鍾古洽切叩羽
王遇切暴薄報切沍胡古切徵陟里切蕤賓儒隹切熾烈
尺志切澧泉音禮爲晉于僞切鄒側尤切衍以戰切齊人爲燕昭
王師居稷下號談天衍著書四十九篇又有終始五十六篇亡以音無將挾
音協學謳音歐之技渠綺切響遏烏葛切糧過音戈雍門
音邑地名杜預曰齊城門也鬻歌音育梁欐音麗屋棟也曼聲引聲
也一里一本作十里垂涕音體目汁也復爲扶又切躍抃
音汴自禁音金放娥分兩切哦哦音娥卒逢村入聲淋雨

音林之操七到切乃舍音捨夫志音符弇音奄山日入之所王薦廣雅音進下同越日一本作翼日謁見賢遍切下同能倡音昌俳優步皆切趣音趨巧夫音符顉驅音切曲頤也又五感切顉猶搖頭也其頤音夷瞚音舜大懾而涉切皆傳音附諦都計切料力弔切肝音干膽丁感切心肺芳吠切脾音毗腎上聲筋音巾會復扶又切又如字而歎一本作姑歎幾乎音祈雲梯他兮切墨翟音狄飛鳶音緣禽滑釐音骨狸墨翟弟子也敢數音朔甘蠅余陵切彀弓音搆張弓也更古行切羸音盈牽挺徒鼎切

列子釋文　卷下　七

機躡女輒切錐末音隹倒都導切眥在詣切亞學烏嫁切次也一本作必學非也以氂音毛懸蝨所乙切浸大子禁切物稱尺證切燕角音煙之弧音孤之幹音幹射之食亦切以强其兩切拊膺音撫膺矢鋒音峯而墜一本作隊扞之音汗剋臂淮南子云中國翌血越人契臂其一也許慎云剋臂出血也翌所甲切造七到切父音甫所易以豉切吾趣音趨下同六轡音祕僅音覲蹏概音冀稠也无跌音凸捷乎疾葉切齊輯音集說文云輯車輿也乎轡銜之際此言造父善御得車輿之齊整在於轡銜之際喻人君得民心

則國失矣脣吻武粉切胷臆音億中規丁仲切下同目眂音視本又作眎識之音志以暱尼質切丘邴部詠切能稱尺證切體羸力為切悍志音旱鋩鍔音亡咢痕戶恩切撻他達切鶵助俱切鷇音寇生而須哺曰鷇自食曰鶵申佗音陀或音拖一本作抱之易以豉切為我于偽切僮子音同泯然亡忍切淡淡音艷騞呼麥切破聲傳之文專切柙而與匣同至要於宵切下同趍而音趍三招一本作拈奴兼切指取物也又音黏我嗌音益喉上也茭强其兩切其厭於染切本又作壓烏狎切錕鋙之劍昆吾

列子釋文　卷下　八

龍劍也河圖曰瀛洲多積石名昆吾可為劍尸子云昆吾之劍可切玉火浣音緩之布異物志云新調國有火州有火及鼠取其皮毛為布名曰火浣有咫音止八寸曰咫練鋼音剛皜然音縞又作皓胡老切章斷大貫切

力命第六

之分符問切壽夭於兆切係音計之行下孟切季札吳太伯之後賢而讓位棄其室而耕後封於延陵故號曰延陵季子愛惡烏路切亂適音的以殉本作徇求也被醢音海叩其音寇並行下孟切裋音豎褐音曷方言裋褕褕也許慎注淮南子云楚人謂袍為裋說文云粗衣也又

褐布襦也又云襜褕短者曰裋褕有作短褐者謂荀子作豎褐揚倞注云僮豎之褐於義亦曲粢即夷切糲令楚切粢稻餅也聲類粃米不碎史記曰陳平食糠粃孟康云麥糠中不破者是也蓋謂粗舂粟麥爲粢餌食之連欐音麗屋棟熙然音怡字林云歡笑也在朝音潮謣然音鄂敖朕音敫偊偊邱羽切本或作踽字林云踈行貌將舍音捨言行下孟切子語魚據切識夫音符復言扶又切衣其於既切狐貉音壺鶴字茙菽音戎叔爾雅云茙菽謂之荏菽即大豆也管子云齊桓公北之岱山禾得冬葱及戎菽布之天下鄭元云即大豆也庇其必利切蓽音必輅音路左傳云柴車也逌然音由

列子釋文　卷下　九

自得貌後楊朱篇音同以桀古代切能寤音悟易以豉切怛當割切或作帶者非管夷吾鮑叔牙並頼上人也鮑牙齊大夫冢在嬴州公子糾規酉切嫡庶音的齊僖公許其切或作釐召忽本作邵奔莒音舉絀无音黜又式忽切秩服音帙遂殺音試射食亦切中丁仲切擠曾又作脅治國直吏切能爲于僞切霸王于况切必舍音釋堂阜音婦賈逵曰堂阜魯之北境杜預曰齊地東莞而見賢遍切身下遐嫁切仲父音甫叔賈音古嘗爲于僞切復諱扶又切惡乎音烏厲國音燭欲歟音余絜廉音結槩

瑕音遐隰朋音習賢下遐嫁切不替音古故僅音覲鄧析音錫鄧析著書二篇鄭人也與子產並時列子及孫卿並云子產殺鄧析據左傳昭公二十年子產卒定公九年駟歂殺鄧析而用其竹刑則非子產所殺也操七刀切數音朔難乃旦切戮之音六或作劉駟歂音船產卒子律切之行下孟切而重杜用切无分符問切注同鬼媚或作魅遺喪息浪切不爲于僞切弗蘖魚列切不解音蟹矯氏居夭切診其之忍切候脉也女寒音汝下同亟音棘屏之上聲除也乳湩竹用切乳汁也且食音嗣之分符問切重睍音況自瘳音惆

列子釋文　卷下　十

鬻音育熊語魚據切下同算之先玩切所亡音無聃他甘切所惡烏路切揣利初委切料倚音聊有人於此年兄弟也訾即移切當作貲財字一本作言識之音志昧昧音晦亡壽天音无下同愨矣口角切奚樂音洛動若械戶界切本又作戒不爲于僞切注同硋之音礙墨㞙音眉癡方言墨㞙江淮之間謂之无賴廣雅云墨音目㞙作欺自此二十人智巧才行兩兩相背而能相與和同終年者各任其眞性故也單音戰至戰激之至嘽昌然切又他丹切咺音喧又呼遠切鄭元注禮記云咺寬綽貌說文云愃寬閑心腹貌憋片滅切怤音敷方言憋怤

音字急性也胥相居切如胥相也如隨也謂各從其志巧佞巧言邪佞
愚直如愚質直婩言上聲斫音酌婩斫容止峭嶮也字林云婩齊也久不解
語貌便房連切辟婢亦切便僻恭敬太過也不解音蟹相語魚據切
獿口交切忤口家切阮孝緒云恐忤伏態貌恐口交切情露无所隱蔽謇
音蹇㥛音棘字林云㥛吃也方言謇吃㥛急也謂語急而吃又訥澁貌又云疾也又急
性相背也或作㥛極皆非是凌誶句入聲凌誶謂好陵辱責罵人也說文云誶責
讓也字林音聚律切訥奴忽切澀所立切眂眠上聲娗音珍方言眂娗
欺慢之語也郭璞云謂以言相輕蚩弄也又不開通貌誣之睡切諉口恚切又

如僞切鈍滯也爾雅云誣諉累去也郭璞云謂以事相屬累以誣諉也又煩重也勇
敢勇猛果敢怯疑怯愼持疑不相讁知革切發讁謂責其過也發讁
攻其惡也以行下孟切无戾无違戾也多偶謂多與人相和諧也廣雅
云偶諧也自專謂自專擅不與衆同也乘權謂乘用權勢也隻立獨孤
自立聤音契衆態他愛切佹佹姑危切幾欲之貌俏與肖字同有
幾音祈下同俏之際昧然爲句不駭與駭字同其卒村入聲
揜目音奄背城一本作取不隊音墜仆也音赴貧窮自時
也一本作富貴自時也夭折之舌反料虛音聊度人徒落切下同

亦中陟冲切半也下同或作陟仲反非也全而亡音无喪息浪切下同
知全音智下知喪同非行下孟切牛山今北海郡臨淄縣是鬱鬱
芊芊音千廣雅云芊芊茂盛貌若泂滴滴或作滂滂並音普郎切流蕩貌
艾孔五蓋切一本作史孔跪一作跡食音嗣韓詩外傳今有此章云疏食惡
肉可得食蔬食菜食駑馬音奴稜車稜當作棧晏子春秋及諸書皆作棧車謂
編木爲之棧上限切晏嬰萊之夷維人也寡人今日之遊悲爲句
數君色主切被蓑先和切行假音暇句其迭音姪獨爲
于僞切下文同諂諛音臾其相息亮切與鄉音向商趣音趨遇

否蒲鄙切

楊朱第七一曰達生

楊朱或云字子居戰國時人後於墨子楊朱與禽滑釐辯論其說在愛己不拔一毛
以利天下與墨子相反陸德明云楊戎字子居恐子居非楊朱也而好呼報切
惡勞烏路切而復扶又切關鍵音件爲矜音今枯槁口老
切爲富爲貴爲死奚爲爲焉爲爲子孫並于僞切无猒
鹽切燋其音椒此難乃旦切相齊息亮切下同君斂收聚
也已施始豉切實亡音无其省思井切齊得去聲限也千

亡 音无 幾居 音祈下同 所弭 綿婢切 晝覺 音教 亡 音无下同 介
音界微也 奚樂 音洛 爲美 于偽切 厚復 扶又切下同 常厭 一鹽
切本或作饜音同 偶偶 邱羽切 愼耳 一本作順耳 囚纍 音累 梏
[illegible]沃切手也 何以异 古異字 大古 音泰 卒然 七忽切 從心
[illegible] 所好 呼報切下同 所去 邱呂切 勸 一本作觀 不近 去聲
下同 不爲刑所及 刑害也 臭腐 音輔 伯夷非亡 音无 欲
爲句 矜清之郵 音尤爾雅云尤過也 以放餓死 公羊傳曰放死不立
劉兆注曰放至也 寡宗 少宗系也 原憲窶 其羽切 殖累 去聲 焉

在 於皮切 相損 音捐 不含 音喊 勿壅 音擁 勿閼 安葛切與遏同
相齊 息亮切 復 扶又切 得嗅 許救切 閼顫 與擅字同須延切
廢虐 毀殘也 去廢 邱呂切 熙熙 許其切縱情欲也 拘此 音俱
不舍 音捨 痤之 於例切 衣薪 於既切 衮文 古本切 儉嗇
音色一本作省 之分 符問切 二人進 音盡 子產 鄭大夫公孫僑也鑄
刑書於鼎事在昭六年 相鄭 息亮切 以治 直吏切下治矣必治之治同
公孫朝 如字 朝好 呼報切 積麴 本又作麹 望門 音亡 醩漿
音遭本又作糟 有亡 音无 哀樂 音洛 比房 頻密切 婑 烏果切 媠

奴坐切 耽於 本又作嫪丁南切 屏 上聲 親昵 尼質切 足夜 卽且
切益也 末愜 口蝶切 娥 音俄 姣 音絞廣雅云好也 必賄 呼猥切
挑之 他堯切蒼頡篇云挑謂招呼也說文作誂相誘也誂大了切 寄遠 本作
造七到切 析 音錫 因閒 音閑 事行 下孟切 所好 呼報切 侯易
一本作僕 易及 以豉切下同 跨人 口花切下同一本作夸 暫樂 音洛
下同 力憊 皮界切 說辭 一本作僞辭 別之 彼列切注同 茫然
音忙 逕廷 音聽 抑抗 苦浪切 欲去 邱呂切 之累 去聲 先貲
音髭 所好 呼報切下同 猶蕃 甫袁切 岨 與阻同 嶮 與險同 行

咫 音紙 百住 色主切或作往 胞廚 蒲交切本又作庖 堂廡 音武 庫
藏 徂浪切 妾媵 以證切 不爲 于僞切 之施 始豉切下同 禽
屈釐 音骨狸墨子弟子也 德過 音戈 以蘄 音祈 好惡 並去聲注同
苦樂 音洛下同 亂治 直吏切 既更 音庚 則重 柱用切 所復
扶又切 踐鋒 音烽踐一本作蹈 舍國 有捨 不以一身自利
一本作以一身利物 治矣 直吏切 去子 邱呂切 大過 音泰 出語
魚據切 有斷 音短 省矣 息井切 言當 丁浪切 墨翟 音狄 舜
耕於河陽陶於雷澤 案史記曰舜耕於歷山陶於河濱今濮陽雷澤

縣不告古沃切告上曰告發下曰誥已長張丈切商鈞音均鮌
古本切禹父名本又作骸禹纂音纘過門音戈跰步千切跜丁泥切
禪音善薇音弊音畢紱冕音弗冕僅免音覲與株音誅塊口對
切從欲音縱下同盡驕子忍切无厭一鹽切始惬口帖切
樂以音洛若覺音教不識如字又音志下同要死一遙切人
俏音笑本或作肖自扞音汗禦魚舉切不去邱呂切趣走音趨
是橫去聲下同其唯聖人乎從此句下其唯至人矣連爲一段爲
四事于僞切下同謂遁音鈍不要一遙切周諺音彥曰田

父音甫下同啜川劣切菽茹去聲藿音霍肉麤倉胡切筋節
音斤腃急音眷筋節急也或作臞䐁上音權下區位切腃臞筋急貌綈幕音啼
莫心痟一鈆切侔地莫侯切可卒村入聲常衣於既切
緼一問切黂房未切緼黂謂分弊麻絮衣也韓詩外傳云異色之衣也又音汾
曁春音洎自曝蒲木切隩室音奧狐貉音鶴之喧音萱戎
菽已解力命篇甘枲胥里切葸枲胡枲也蒼頡篇云葸耳也一名蒼耳枲
[illegible]音此薺思上聲蓱子爾雅云萍蓱也又苹藾蕭也郭注今藾蒿也初生亦可食也
也蜇音哲於口憯千感切於腹憯蜇痛也衆哂式忍切妓

色音殺无饜一鹽切之蠱音姤累其去聲去名丘呂切下同
者亡音无下同逸樂音洛下同惡烏路切夫音符而累去聲

說符第八

與爭音諍爲解音蟹不復扶又切有和胡卧切一作知爾行
下孟切注同見乎賢遍切度在身依字讀人惡烏路切王
于放切從徑一本作衛一本作衘而復扶又切度諸徒落切量也
爲富于僞切汝語魚據切強食靡文彼切角韓詩外傳云靡
共[illegible]氏春秋云角試力也此言人重利而輕[illegible][illegible]而已亦有禽獸飽食而相其角力

以[illegible]勝也中[illegible]仲切下同語遒魚據切語道失爲句一本作矣
兕誤其梓息兗切爲已于僞切下同國易以豉切有爲于僞
切楮[illegible]敕呂切鋒殺所拜切豪芒音亡可別彼列切以
贍[illegible]鄂不好呼報切官遺唯季切下同佚樂音逸樂字君
遲本作過[illegible]作適作難乃旦切一作亂一好呼報切下同說之
[illegible]而窘渠殞切從請一本作謂恐誤力爭音諍刖之音月叩
冐口侯切投隙音郄抵時當洗切屬乎音燭智苟不足
不字本無爲徒於皮切舍然音捨无愠一問切公子鋤

士魚切 公寤音悟 有郄去逆切 雍音邕 貌一本作眼 眉睫音接
盜爲于僞切 而戕音牆注同一本作殘 大駴與駭同 智料去聲
以擿陟革切 圜流與圓同 厲之涉水也 並蒲浪切 涯音崖
錯意七故切 子識音志 不復扶又切 費无極房未切 勝
詩證切白公名 報令郎定切 淄側其切 澠音乘 復爲扶又切 所
別彼列切 者趣音趨 非樂音洛 去言邱呂切 淺知音智 解
鮮息淺切 於難乃旦切 新穉穆子穆子晉大夫新穉狗也 攻
翟音狄 勝之爲句 遽人音巨 遽傳去聲 飄風符宵切 德行

列子釋文 卷下 十七

下孟切 卒然子律切 之勁居盛切 能拓一本作招李善注文
選吳都賦曰招與翹同淮南子作杓許慎云杓引也古者縣門下從上杓引之者難也
公輸般音班 有好呼報切 不懈古賣切 又復扶又切 先
迕音誤 圍其城許慎注淮南子云楚莊王時圍宋九月一本作國非是 析
骸音錫 大半音泰 蘭子史記注云無符傳出入爲闌應劭曰闌妄也此所謂
闌子者是以技妄遊者也疑蘭字與闌同 以妓渠綺切 使見賢遍切 長
倍依字 屬音燭 其蹬音脛 之復扶又切下同 僑人音喬寄也 妓
无庸爲句 拘而擬戮之一本漏擬字 豫要一遙切 年長

張丈切 善相息亮切下同 筋骨音斤 髣髴上音昉下芳未切

列子釋文 卷下 十八

列子釋文考異

興化　任大椿

列子新書目錄　天寶初奉旨冊爲冲虛眞人其書改題曰冲虛眞人大宋景德二年勅加至德二字號曰冲虛至德眞經○案此稱大宋景德四年則非唐殷敬順釋文可知當是陳景元補遺

護左都水使者臣向○案今本作護都水使者光祿大夫臣向

偶言　音遇劉向別錄云偶言者作人姓名使相與語史記讀爲寓○案今本偶言作寓言考史記孟嘗君傳見木偶人土偶人相語索隱曰偶音遇天官書氣相遇者卑勝高索隱曰遇音偶蓋偶本從人禺聲故偶音遇遇亦音偶今本偶之作寓亦以古音通讀也史記夏本紀爲偶人索隱曰偶音寓又漢武紀云而以木耦馬代駒焉孟康曰寓寄龍形於木又姚氏曰寓假也郅都傳匈奴至爲偶人象郅都索隱曰漢書作寓人是偶寓通又考史記封禪書木禺龍欒車一駟封禪書之木禺即漢書郊祀志之木寓也後漢

書劉表傳猶木禺之於人也禺即寓也則是偶與寓通寓又與禺通

指歸○案今本指作旨考說文恉意也恉通作旨又通作指漢書嚴助傳助乃斬一司馬諭意指師古曰以天子意指曉告之趙廣漢傳廣漢心知微指孔光傳希指苟合貢禹傳若其阿意順指指皆與旨通荀子大畧篇物其指矣楊倞注指與旨同亦指旨通而義各異

天瑞第一

人无　或作亾同音無○案今本无作無

眂　古視字也○案今本眂作眎

徃復　依字音服後不音者皆是入聲○案今本作音服後不音者倣此倣此二字疑爲後人所易

混成○案今本混作渾考山海經渾敦無面目莊子混沌爲儵忽所鑿渾敦即混沌漢書劉向傳賢不肖渾淆渾讀同混則混渾通

易無形畤　淮南子作形埒謂兆也乾鑿度作形垺今從乎者轉謂誤也○案今本畤作埒考淮南子本

經訓合氣化物以成埒類高誘注埒形也要畧訓形埒之兆穆稱訓道之有篇章形埒者兵畧訓夫有形埒者天下公見之凡形埒字皆作埒說文玉篇廣韻有埒字無畤字類篇有畤字云耕田起土也與王耕一墢之墢同意埒畤異義埒之作畤蓋假借字又敬順釋文云今從乎者轉謂誤也考淮南子要畧訓巖埒有無之情類篇埒埒也即敬順所謂今從乎者也埒之義同乎埒則從乎義自可通而敬順云轉謂誤也未詳其說

恃死[illegible]○案今本注云有之爲有待無以生恃作待

列子釋文考異　三

食於道徒　司馬彪云道旁也一本作從○案今本徒作從

攩逢　音蓬蒿也○案今本逄作蓬考九嘆登逄龍而下隕兮注本作蓬飄風蓬龍注一作逢則逄蓬通

就水上視之不見○案今本注云就水土視之不見上作土誤

如張緜在水中矣○案今本緜作縣誤

乾餘胥之沫　音末南華經作骨○案今本胥作骨

食醯　許兮切苦酒上蠛蠓也亦曰醯鷄下同○[illegible]

案今本注苦作若

轉鄰　說文作粦又作燐皆鬼火也淮南子云血燐也○案今本作轉燐

歹丂瓜　音朽○案今本歹丂作朽

老韭爲莞　音官似蒲而圓今之爲蓆是也楊承慶字統音關一作莧俟辨切轉寫誤也○案今本莞作莧考李氏易傳莧陸夬夬虞翻曰莧說也莧讀夫子莧爾而笑之莧易夬釋文莧三家音胡練反一本作莞論語釋文莧爾華版反今作莞楚詞漁父莞爾一

列子釋文考異　四

作莧爾故莞莧通管子地員篇葉下於鬱即鬱也鬱下於莧莧下於蒲山國軌篇有莞蒲之壤大戴禮勸學篇莞蒲生焉然則莧與莞皆近於蒲故老韭爲莞莞一作莧也

亶爰如貍而有髦　音毛垂髮也○案今本注引山海經云亶爰之山有獸其狀如貍而有髮髦作髮考山海經郭注云髦或作髮然則今本髦作髮即郭注所云或作本也

臼水　音舅○案今本注云伊尹母居伊水之上既孕

蔓有神告之曰日水出而東走無顧明日視日出水
告其鄰東走前云日水出後云日出水義不可通蓋
日水出乃曰水出之訛日出水乃曰出水之訛
羊奚比生乎不筍○案今本筍作荀
精神者天之久　音有下同本作有篆文與久字相
類按漢書楊王孫曰精神者天之有骨骸者地之有
王孫常讀此經今國子監本作分○案今本有作分
即釋文所云國子監本也考淮南子精神訓是故精
神者天之有也而骨骸者地之有也又壺子持以天

壤高誘注精神天之有也形骸地之有也與楊王孫
所云皆本列子此文然則漢人所見之本並作有不
作分敬順釋文謂久應作有於古本猶可考見
本較○案今本大化有四注云蓋舉其大較而言者
也本較作大較
德殷　正也一本作故○案今本德故衰焉殷作故
繈保　本或作襁褓○案今本繈保作襁褓考漢書
司馬相如傳是以業隆於繈保而崇冠乎二后後漢
書應劭傳昔成王幼小越在襁保敬順釋文作繈保

猶存古本繈保正字襁褓俗字然漢隸字源載魏受
禪碑已作襁褓則襁褓從衣由來久矣史記齊世家
成王少在強葆之中索隱曰強葆即襁褓古字可假
借用則繈又借作強保又借作葆
有試往訊之　音信一本無有字○案今本無有字
不輟○案一本輟訛輒
人才　音哉○案今本遊於四方而不歸者何人哉
人才作人哉
種賢世　音重形生○案今本種作鍾下云鍾賢世

宜言重形生考荀子議兵篇按角鹿埵隴種東籠而
退耳楊倞注或曰即龍鍾新序作龍鍾今本種之作
鍾蓋通用字
所矚音燭　一本作瞻○案今本不覺其矚注云固非耳
目所瞻察矚作瞻
崩隧　音墜○案今本隧作墜考楚詞九歌矢交墜
兮墜一作隧荀子儒效篇至共頭而山隧楊倞注隧讀
爲墜淮南子說林訓縣垂之類有時而隧注云隧墜
也漢書王莽傳不隧如髮敘傳厥宗不隧不隧即不

墬隸釋西狹頌横海將軍吕君碑賈隧郎賈墬樊安碑失隧郎失墬敬順釋文猶存古字

長盧子　史記云楚有長盧子漢書云長盧子著書九篇屬道家流○案今本盧作廬考荀子富國篇君盧屋妾𨶏倞注訓盧屋作廬屋莊子讓王篇廬水釋文音閭司馬本作盧水淮南子說林訓陶者用鉄盆匠人處狹盧盧即廬也國語晉語侏儒扶盧韋昭註盧矛戟之柲考工記秦無廬註矛戟柄竹欑柲也則盧廬一也吳越春秋吳子柯盧史記盧作廬左傳桓十三年釋文廬戎如字本或作盧音同又左傳成十三年釋文伯廬力吳反本一作盧則盧廬通與釋文廬之作盧可以互証又考史記慎到傳楚有尸子長盧索隱曰長盧未詳葢未考列子此文耳

舜問乎丞　謂輔弼疑丞之官一本作烝○案今本丞作烝考漢書王子侯表承陽侯景師古曰承音烝字或作丞翟方進傳太保後丞丞陽侯甄邯師古曰丞音烝又丞陽侯後漢書郡國志作烝陽侯葢承丞皆有烝音故通作烝敬順釋文丞之作烝猶存古讀

伮而　音奴○案今本認而有之伮作認音伮考漢書儒林孟喜傳趙賓死莫能持其說孟喜因不肯伮伮即認舍利弗阿毗曇論音義認取論文作伮取則伮認通與釋文認之作伮可以互証論語釋文仁者其言也訒訒字或作伮則認伮訒並通

黄帝第二

舍宫　音捨○案今本舍官寢宫作官據文云舍官寢去直侍則官字當爲宫字之誤

痠　說文云痠疼痛也○案說文有痟字相邀切云酸痟頭痛从疒肖聲而無痠字敬順釋文引說文作痠云疼痛今說文亦無此語考玉篇痠先丸切疼痛敬順乃誤引玉篇爲說文耳

大山稽　音泰○案路史前紀大塡爲黄帝師大山稽爲黄帝司徒唐渤海姓大大山稽世音爲泰誤考廣韻十四泰大字下列復姓曰大狐氏曰黄邑大夫大心子成曰秦將軍大羅洪曰大羅氏曰大庭氏曰大叔氏信如路史所云則廣韻大字下不列大山稽於複姓之前是有遺也姓氏急就篇大氏唐渤海大

祚榮又大門藝宋有大周仁焉與路史所云渤海姓
大可以互証而不及大稽山
怡然　與之切○案今本云悟然自得怡作悟
常鈞　音均○案今本風雨常均鈞作均考詩大雅
四鍭既鈞書泰誓厥罪維鈞左傳昭公二十六年年
鈞以德德鈞以卜國語周語細鈞有鐘無鎛大鈞有
鎛無鐘戰國秦策鈞吾悔也注鈞即均則鈞均通
靈響　音響○案今本鬼無靈響焉響作嚮考荀子
勸學篇君子如嚮矣楊倞註嚮與響同如響應聲則

靈嚮猶靈響也
於匿　一本作巳○案今本始一解顏而笑注云不
猶於踰於巳而不顯哉匿作巳
摘矢　音的本作鏑○案今本摘作鏑
田叟　西口切○案今本宿於田更叟作更考文王
世子三老五更注更當爲叟文王世子釋文更工衡
反注同蔡作叟音素口反田更之作田叟與五更之
作五叟同
俱升　一本作俱乘乘登也○案今本遂與商邱俱

乘高臺升作乘考漢書張湯傳廼遣山乘鄣師古曰
乘登也陳湯傳乘城呼師古曰乘登也貢禹傳乘北
邊亭塞候望師古曰乘登也與敬順乘訓登同又考
釋名乘升也荀子大畧篇亟其乘屋楊倞注乘亦訓
升故升高臺升又作乘
骫骨　音肒按骫是古委字說文云骨曲直也於義
頗迂○案骫即委廣雅骫委曲也史記司馬相如傳
崔錯發音校骫骩案骫音委漢書揚雄傳從者仿佛骫
屬而還師古注骫古委字也文選舞賦漫末世之骫

曲李善注即委曲骫無肒音玉篇肒渠留切熟肉醬
也與骫音義不同骫不得音肒也玉篇又有骪字胡
玩切引說文云擐生創也又有骫字扶蠸切姺骫皆
與骫音義不同未知釋文骫之音肒肒字究爲何字
之誤至今本骫作骫音肒之肒亦作肌則又釋文骫
肒二字傳寫之誤
末巨　大也一本作詎也○案今本末詎怪也巨作
詎考漢書高帝紀沛公不先破關中公巨能入乎師
古訓巨爲詎莊子齊物論釋文庸詎徐本詎作巨則

詎巨通與敬順釋文詎之作巨可以互証
隈　烏恢切水曲也一本作隅○案今本指河曲之
深音隈隈一本偶偶字當爲隅字之誤考隸釋劉熊
碑猗歟明哲秉道之樞養缺之福惟德之偶漢隸字
源云惟德之偶義作隅則偶與隅通今本所云一本
作偶或無誤也
孳尾　孳尾牝牡相生也乳化曰孳交接曰尾○案
今本於孳字下云乳化曰孳交接曰尾尾字下云孳
尾牝牡相生也證以道藏本釋文則交接曰尾四字

今本繫於孳字之下乃錯簡也
毛邱園　姓毛名邱園也一本作圉魚呂切○案今
本於毛邱園下云一本作圉魚呂反姓毛名邱園證
以道藏本釋文則姓毛名邱園句今本屬在一本作
圉魚呂反句之下乃錯簡也
傳受之　一本無受字○案今本無受字
廣澤　本又作曠○案今本廣作曠考左氏莊二十
八年傳廣莫注云曠莫之地荀子解蔽篇則廣焉能
克之楊倞注廣讀爲曠王霸篇胡不廣焉楊倞注云

或曰讀爲曠漢書武五子傳橫術何廣廣兮蘇林曰
廣音曠則廣曠通故廣今本作曠
櫂舟　直孝切一本作懼恐字誤○案今本乃若沒
人則未嘗見舟而謖操之者也櫂舟作見舟
尨搵　搵探也以手藏物探而取之曰搵亦曰藏搵
○案今本探而取之句下無曰搵二字證以此本當
屬脫誤
齊　司馬云齊洄水如磨齊也　汨　古忽切涌波也
郭象云洄伏而湧出者汨也○案今本與齎俱入與

汨偕出齊作齎考注曰齎汨洄入涌出之貌洄入卽
司馬所云齊洄水如磨齊者也說文齎肶齎玉篇臍
又作齎今本齎字當爲齎字之誤又考洄水洄伏莊
子達生篇釋文作回水回伏蓄回轉也洄逆流也說
文王篇廣韻類篇訓此二字皆分二義故荀子志士
篇水深則回楊倞注回流旋水深不湍峻則多旋流
也淮南子本經訓旋流回波又云曲拂邅回以象湡
浯凡水之回旋皆作回若溯洄之洄則作洄文選吳
都賦泝洄順流江賦泝洄沿流李善注引毛傳逆流

而上謂之洄水經注楊儀居上洄楊顒居下洄水以洄名而分上下則亦有逆流而上之意後漢書任延傳十里立一水門令更相洄注李賢引爾雅逆流而上爲洄故洄與回義各異也但考爾雅釋文回戶恢反又作洄文選七發直使人洄闇悽愴焉李善注洄與回同則回洄又爲通借之字故莊子釋文作回列子釋文又作洄也

承鼂　音條一本作蜩蟬也○案今本鼂作蜩下云一本作蜩夫正本旣作蜩又云一本作蜩於義未順

蓋釋文所據之本作鼂故云一本作蜩今本旣作蜩而後人又引釋文一本作蜩之語於其下遂不可通也又敬順釋文云鼂音條考廣韻鼂直遙切又陟遙切條徒聊切鼂無條音楚詞天問胡惟嗜不周而快鼂飽注鼂一作晁一作朝補曰鼂晁並音朝暮之朝天問又曰會鼂爭盟一作會晁詩云會朝淸明史記秦紀厤長鼂正義曰鼂竹遙反劉伯莊音潮鼂錯傳鼂音朝謂子鼂之後漢書鼂采琬琰師古曰鼂古朝光也據此諸證則鼂惟得與晁朝潮通讀敬順釋文謂鼂音條未詳所出莊子作承蜩此作承鼂則鼂亦蜩也但不必改讀耳考說文云鼂匽鼂也讀若朝揚雄說匽鼂蟲名又考夏小正五月唐蜩鳴盧辯注唐蜩者匽也陸璣草木蟲魚疏螗蟬之大而黑者一名蝘埤雅云螗一名蝘夏小正曰螗蜩者蝘是也然則說文之匽鼂卽夏小正一名匽者也匽卽蝘也蓋黽之屬銳頭大腹蟬亦銳頭大腹故匽鼂之鼂從黽也與蠅鼅鼄從黽同意是承鼂卽承蜩不必改讀也

痀僂　音縷背曲瘠也○案今本正文僂字及音縷

之縷皆作僂考說文僂或言背僂通俗文曲脊謂之傴僂淮南子精神訓子求行年五十有四而病傴僂楊倞注僂脊也地形訓其人面末僂楊倞注末脊也凡訓曲脊者皆作僂玉篇僂謹敬也不輕也下情也無曲脊之義今本僂作僂誤

吾處身也　一本無身字○案今本無身字

厥株駒　厥本或作橛同其月切說文作橜木本也李頤云橜豎也株駒亦枯樹也駒音俱○案今本厥作橜考厥橜通荀子大畧篇和之璧井里之厥也新

校本讀厥爲橜言璧賊如橜也與敬順釋文橜之作厥可以互証又考呂覽本生篇佁蹷之機注蹷機門內之位也詩云不遠伊爾薄送我畿此不過蹷之謂是佁蹷之蹷即門闑之橜橜與厥通又與蹷通也又株駒莊子達生篇作株拘釋文引李云厥豎也豎若株拘考易林蒙生株瞿棘掛我鬚云蒙生云棘則亦林木之類株駒株拘株瞿皆一音相轉也又考山海經下有九枸注根盤錯也淮南子曰大木則根欋音劬則駒拘瞿枸欋皆有木本盤錯之義

鯢桓　壺官切盤桓也一本作旋謂盤旋也○案今本桓作旋下載一條云旋音桓盤桓也一本作旋謂盤旋也夫正文既作旋不得云一本作旋葢敬順釋文本作桓故云一本作旋今本既作旋而後人仍載釋文一本作旋云云於其下故不可通又釋文作桓云壺官切後人因今本作旋又改釋文之壺官切爲旋音桓三字此類皆當以道藏本正之凡山水以桓名皆有盤桓之義水經注云桓是隴阪名其道盤桓旋曲而上故名曰桓阪以桓名與水以桓名皆以盤桓爲義與釋文旋之作桓可以互証而盤桓二字古多訓爲旋易屯釋文馬融云盤桓旋也故列子盤桓之桓又作旋又考莊子應帝王釋文鯢桓司馬云二魚名也簡文云鯢鯨魚也桓盤桓也崔本作鯢拒云魚所處之方穴也又云拒或作桓然則鯢桓之桓一作旋見列子釋文一作拒又見莊子釋文也

之潘　音盤本作蟠水之瀊洄之瀊今本作蟠恐寫之誤○案敬順釋文既云本作蟠水之瀊洄之瀊則是以蟠爲正字又云今本作蟠恐寫之誤於義頗未

順其云今本作蟠之蟠恐是潘之譌然考莊子應帝王釋文鯢桓之審司馬云審當爲蟠聚也崔本作潘云回流所鍾之域管子五輔篇導水潦利陂溝決潘渚注云潘溢也渚潘溢者疏決之令通潘音藩補註謂水之溢洄爲潘廣雅潘孚袁瀾也然則作蟠作潘義各有據皆不誤也未知敬順釋文所云今本作蟠之蟠究爲何字之誤又考敬順釋文水之瀊洄之瀊今本作盤考玉篇瀊洄也敬順釋文瀊洄二字乃本於此管子小問篇云君乘駿馬而洀桓注云洀古盤字

瀯淵二字皆從水而淵又盤之省也

忦然而封哉　一本作戎音哉○案今本哉作戎云戎或作哉

提屨　音蹄屨一本作屐○案今本列子提屐徒跣而走屨作屐

鬻　本作粥余六切○案今本鬻子作粥子音余六反考禮記曲禮釋文請鬻本又作粥之六反左傳隱十一年釋文鬻本又作粥之六反又與六反夏小正鷄桴粥盧辨注或曰粥養也淮南子天文訓行桴鬻高誘注桴鬻粥也文選潘岳閒居賦灌園粥蔬李善注粥與鬻同則鬻粥通

而人不知接之之道　一本無人字○案今本無人字

紀消子　姓紀名消或作消所景切○案今本消作消莊子達生篇釋文云紀消人姓名也一本作消今本作消與莊子同說文消減也長箋云消減消字通作省非但考鄉飲酒義及合省矣康成注曰小減曰省則消之通省未可以爲非也

穆王篇第三

覞瞚　音舜○案今本目錄注瞚作瞬

九招　本作韶市昭切○案今本招作韶考離騷經奏九歌而舞韶兮補注山海經夏后開始歌九招開卽啟也竹書云夏后啟舞九韶招韶古多通

恒有　謂習其常存也一本無有字○案今本無有字其下載一條云一本無有字於義未順蓋敬順釋文所據之本作恒有故云一本無有字今本正文旣無有字而後人仍以釋文一本無有字之語附注於其下故不可通

翩騊○案今本翩作翿穆天子傳右服翩騊注云疑騹騊字翩字與翿字形相近可以互証

白儀○案今本儀作義云古儀字考穆天子傳右驂赤驥古驥字而左白儀古義字則儀作義又作儀也

齊　音泰篆作兪　商音丙　石經作風字林云隱作西本作商殷乙齊下合於義無取焉○案今本云齊音泰篆作兪云商音丙石經作風字林云隱作西上齊下合此古字未審爲右齊作商考宋陳景元序云商商乃泰丙二字則景元所見本作商不作齊與今本同獨釋文作齊猶存古字與

任臣云石林燕語唐王起不識磿𠷎二字今考列子
𠷎音丙磿字未見所出又王世貞作磿𠷎二字似誤
吳仁臣知𠷎字之出列子而謂磿字未見所出則以
任臣但見今本列子未見敬順釋文耳攷通雅引唐
緯真序曰唐辨商磿止存王起王元美胡名瑞作磿
即磿字之訛 𠷎即𠷎字𠷎之訛 然則王起所見者商𠷎猶作磿𠷎
故云不識磿𠷎二字証之敬順釋文亦作磿𠷎可見
唐時舊本商多作磿王元美胡名瑞作磿𠷎雖爲磿
𠷎二字傳寫之訛而釋文舊本之作磿𠷎轉可藉以

攷鏡惟是釋文於𠷎字之下又云本作商𠷎宜齊下
合於義無取蓋敬順謂磿爲 作商𠷎上商音齊
下𠷎音合是不特磿𠷎異文 商𠷎之讀齊合與磿
亦異 五音集韻商徂奚切與齊同紐
𠷎壺臘切與盍同紐此即一本作商音齊作𠷎音今
之明証但淮南子作太丙而此音齊合於義亡
故定本作磿音秦作𠷎音丙不從別本耳又
子傳𠷎𠷎爲右𠷎與商相近𠷎與𠷎相近故傳寫訛
誤

於于 音嗚乎又作乎○案今本于作乎
考成子 一本作老成子著書十八篇○案今本■
考作老考姓氏急就篇老成氏世本宋有大夫老成
方列子老成學幻於尹文藝文志有老成子然則伯
厚所見列子本作老成子與今本同
淊思 音深○案今本淊作深攷楚詞九懷汎淊兮
無根注云一作沉淊沉淊猶深淊也 戰國燕策其智深而慮沉注云
沉猶深 史記樂書聲淊及商王肅曰聲深淊貪商此淊
訓爲深之證也又此書淊深二字多相通黄帝篇彼

將處乎不深之度注云深當作淊淊讀爲深深又讀
爲淊義相通也淊又訓爲過爾雅曰淊過也孔安國
尚書注曰淊過也文選子虛賦劉淊注曰過也又訓
爲久離騷經曰康娛以淊遊五臣注及洪興祖補注
淊並訓久漢書禮樂志淊淥澤洼然歸師古曰淊久
也又訓爲進管子內業篇則淊然而自至注淊進貌
也又訓爲延呂覽任地篇子能使藿夷毋淊乎注淊
延也又訓爲大爾雅淊大也大戴禮曾子立事篇盧
辨注淊大也蓋深也過也久也進也延也大也皆一

義相注也
南嵎　與隅同○案今本嵎作隅考爾雅釋水釋文云隅又作嵎堣同音魚吁反說文嵎封嵎之山在吳楚之閒汪芒之國从山从禺徐按國語防風氏守封嵎之山者也今魯語云汪芒氏之君也守封隅之山者也韋昭注封封山隅隅山則嵎隅通又史記夏本紀索隱曰今文尚書及帝命驗並作禺鐵禺卽嵎也則嵎隅禺並通
趣役　音趍下同○案史記張儀傳方將約車趨行

正義趨音趣司馬遷傳趣舍異路趣舍卽趨舍也漢書賈誼傳趣中肆夏趣卽趨故敬順釋文云趣音趨也趣又與掫通史記陪臣爭趣左傳作陪臣干掫又與取通漢書趙禹傳取爲小治姧益不勝晉灼曰取音趣又與促通史記天官書促兵索隱趣音促趍又與取通漢書地理志取慮注曰取音趍又與聚通史記天官書趍舍而前曰贏索隱曰趍音聚又與促通樂記衛音趨數煩志注趨數讀爲促速趍掫取聚趣促四聲通轉也又道藏本釋文趣音趍今本作音走

考戰國楚策秦王聞而走之注走去音疾趨也漢書揚雄傳云走乎彼蒼梧師古云走趨也李廣傳中貴人走廣師古曰走趣也走與趣趨訓義旣同音讀亦通史記蒙恬傳北走琅邪索隱曰走音奏猶向也鄒氏音趨故趨趣或通作走大戴禮保傅篇趨行不得盧辨注趨或爲走史記季布傳方提趣湯徐廣曰趣一作走敬順釋文趨音趣而今本作趨音走以趨走本通也又攷走音奏或通作奏漢書金日磾傳日磾奏廁心動師古曰奏向也又通作輳尚書大傳文王

胥附奔輳先後禦侮謂之四友詩及離騷奔輳作奔走見王逸離騷注　輳又通作湊漢書揚雄傳湊汾陰師古曰湊趣也此皆古音相轉義並同也
相咵　音誇○案今本注王未足相誇也咵誤作跨
以蕉　與樵同○案今本與樵同作與燋同考莊子人閒世釋文澤若蕉崔云其澤如見芟夷言野無靑草義與淮南子天下敖然若焦同則蕉與焦同呂覽不屈篇豎子操蕉火而鉅新婦曰蕉火太鉅說文燋所以然持火也則蕉與燋同後漢書應劭傳註引左

傳雖有姬姜無棄蕉萃則蕉與憔同今本作蕉與憔
同吳任臣謂蕉讀作樵是蕉樵通可證與樵切之誤
似人　一本作認○案今本似作認
自拯　蒸上聲一本作極○案今本注云莫不因茲
以自極拯作極
妙當　丁浪切一本作賞○案今本注云欲寄妙賞
於大賢耳當作賞

仲尼第四

去倩　邱呂切一本作忘○案今本目錄注去作忘

意㚉　音狹一本作失○案今本㚉作失考㚉音狹
故與狹通據文義葢謂汝之意狹而未廣也管子覇
言篇夫上㚉而下苴注云上既狹則下爲所包周禮
司市釋文廣㚉即廣狹又廣雅㚉䀎古次遒廹促近也
㚉與廹促同訓則㚉即狹也後漢書駒驪傳東西㚉
南北長李賢注㚉音狹然則意㚉即意狹釋文猶存
古字
亢倉子　音庚桑名楚史記作亢倉子賈逵姓氏英
覽吳郡有庚桑姓稱爲士族○案今本士族作七族
七字當爲士字之誤
欺䫏　片各切字書作𩕾頭人面醜也頭片各切○
案欺䫏之欺以䫏爲本字說文䫏醜也从頁其聲今
逐疫有䫏頭玉篇廣韻同又作魌周禮方相氏注云
如今魌頭也又作倛荀子非相篇仲尼面如蒙倛楊
倞注方相也又作倛玉篇云倛同䫏音皆同欺故此
文又作欺至敬順釋文云䫏頭人面醜也今本作大
面醜考淮南子精神訓覶王嬙西施猶䫏欺醜也注
云方相氏黃金四目衣[illegible]希世之䫏貌非生人也但

其像耳目䫏醜言極醜也誘此注以方相氏非生人
而像人敬順釋文所云人面醜亦以其像人面也本
文云南郭子貌似欺魄[illegible][illegible]張湛注曰欺魄土人蓋以
土爲人而飾以人面即所謂䫏頭也今本作大面醜
大字疑爲人字之訛
駴　與駭同○案今本子列子之徒駭之駴作駭
文摯後向明而望之　一本文摯下加從及自字者
皆非也○案今本云文摯自後向明而望之後字上
加自字

由死而生不幸也　本多無不字觀上下文於理有闕故特添之○案今本生字下無不字考生字上當有不字此節詞義皆兩兩相對此文由死而生不幸也與上由生而亡不幸也相對謂彼由生之道而死爲不幸則此由死之道而生亦爲不幸也敬順釋文謂生字上當有不字與此節義例極爲脗合當爲定本

牢藉　本作簎側戟切牢圈也○案今本圈誤作同

桓團　大端切○案今本注莊子云桓國公孫龍考

莊子天下篇作桓團今本團作國誤

之囿　音又○案今本注云辨者之囿囿字乃圄字之訛

矢末　一本作來○案今本云矢來注眸子末作來

不睫　本作睞目瞬也下同○案類篇睫睞並失涉切曰動貌故睫一本又作睞史記扁鵲傳忽忽承睞索隱曰睞卽睫也此睫睞相通之証也又釋文訓睫爲目瞬考類篇目開合數動搖曰瞬韓非子喻老篇惠子見鄒君曰今有人見君則睞其一目奚如君曰我必殺之惠子曰瞽兩目睞君奚爲不殺曰不能勿睞此睞字之義可與睞之訓瞬相証

矢隧　音墜○案今本隧皆作墜惟此一處尚存其舊

能撤　一本作穿○案今本注云所謂強弩之末不能穿魯縞撤作穿

道治本作合○案今本注云夫道治於物者則治名滅矣道治二字文義不明治字乃洽字之訛

𠷎　古疇字直留切誰也○案今本此篇無𠷎字考

此節堯問曰誰教爲此言然則誰教二字敬順釋文本作𠷎教

湯問第五

周犯　一本作範圍字一本作周旋字○案今本周旋三萬里周犯作周旋今攷戴記范金合土荀子彊國篇刑范法正太元經國家之矩范也隸釋楊著碑喪茲師范司空殘碑納我鎔范則範多通作范通俗文規模曰范則范當作範又逢盛碑制中圖桄亦模範字範又通作桄惟範之通作犯則不多見陳編修昌齊曰莊子大

宗師篇云今一犯人之形而曰人耳人耳夫造化者必以爲不祥之人犯人之形卽範人之形也此範犯相通之一証也

禺強　與隅同神仙傳北方之神名禺強號曰元冥子山海經曰大荒之中有神人面鳥身名曰禺強簡文曰北海神也○案淮南子地形訓隅強不周風之所生也高誘注隅強天神也水經注曰縣名番禺儻謂番山之禺也番山之禺猶言番山之隅山海經桂林八樹在番隅東郭璞注番隅今番禺縣則禺隅通

浸減　子禁切一本作侵○案今本浸作侵考史記孝武紀侵尋於太山矣索隱曰侵尋卽浸潯也淮南子詮言訓陰陽之始皆調適相似日長其類以侵相遠謂始則相似以漸而遠也釋名目生膚入眸子曰浸浸侵也亦言浸淫轉大也則侵浸通又考文選海賦小水滲淫李善注滲音侵則侵又與滲通史記司馬相如傳浸潯衍溢索隱浸潯猶漸浸又云媮浸潯而高縱兮紛鴻涌而上厲則尋又通作潯史記司馬相如傳云浸潭促節浸潭漢書作浸淫然則侵尋浸尋浸潯浸淫滲淫浸潭並通

僬僥國　音譙堯短人國也史記云僬僥氏三尺短之至也韋昭曰僬僥西南蠻之别名也按括地志在大秦國西北○案今本在大秦國西西字下脫北字

伏羲神農時有國人猶數千丈　一本作數十丈○案今本數十丈作數十丈

菌芝　其隕切崔譔云糞上生芝也朝生暮死簡文曰欻生芝○案糞上生芝今本作糞土生芝攷莊子逍遥遊釋文朝菌司馬云大芝也天陰生糞上崔云糞上芝今本土字乃上字之誤

終髮之北　一本作終北之北○案今本作終髮北之北

擿耳　音惕○案今本擿耳作夜音惕耳

跳往　音調躍也或作跳誤也○案今一本作跳考漢書高帝紀漢王跳晉灼曰跳獨出意也卽下文獨與滕公出成皐玉門是也列子此節述愚公移山無與爲助而遺男獨往助之故云跳往助之也跳往之跳與晉灼之訓可以互証釋文謂跳音調躍也考廣雅躍跳也又國策韓策探前蹶後鮑註蹶跳也廣雅

亦訓蹶為跳搕蹶然躍起曰跳也其一本作跳者誤

何若　一本作苦○案今本若作苦

高岸墜為幽谷　一本作高岸遂為幽谷○案今本注云高岸遂為幽谷

夸父　口花切父音甫大荒經云有人珥兩黃蛇把兩黃蛇名曰夸父○案今本把兩黃蛇作踐兩黃蛇考大荒北經云大荒之中有山名曰成都載天有人珥兩黃蛇把兩黃蛇名曰夸父今本把作踐誤

越之東有輒休之國　輒說文作耴豬涉切耳垂也休美也蓋儋耳之類是也諸家本作輙沐者誤耳○案今本作越之東有輒木之國休作木木為休之誤

啖人　談去聲本作炎○案今本啖人作炎人下云去聲本作談談為啖之誤

祟、　音柴說文祡燓燎以祭天神或通作柴○案今本祡作柴攷詩時邁釋文柴望說文字林作祡禮記王制釋文岱宗柴依字作祡爾雅釋天釋文柴說文作祡史記五帝紀岱宗祡漢隸字原樊毅修華岳碑祡作祡祡可與釋文互証

愴愴　初良切又本作滄周書曰天地之間有滄熱善用道者貞無遏孔鼂注云滄寒也桓譚新論亦述此事作滄凉鼂音潮○案今本愴愴皆作滄滄攷說文廣雅滄寒也荀子正名篇疾養滄熱楊倞注滄寒也是訓寒者字作滄列子云滄滄凉凉以凉凉之義求之則愴愴當作滄滄今本逸周書太子晉解天地之間有滄熱孔晁註滄寒也亦作滄不作愴與今本列子同惟釋文引逸周書作愴熱豈敬順所見舊本作愴不作滄耶滄滄之作愴愴乃假借字

越日　一本作翼日○案今本越作翼

押而　與匣同○案今本柙作匣

力命第六

偊偊　丘羽切本或作踽字林云疏行貌○案今本正文作偊下云本或作偊夫正文既作偊不得又云本或作偊偊字當為踽字之誤卽道藏本所云或作踽也又攷說文踽疏行貌偊亦行貌漢書東方朔傳行步偊旅是踽偊通也

菽菽　音戎菽爾雅云戎菽謂之荏菽卽豆也管子

云齊桓公北之岱山采得冬葱及戎菽布之天下鄭元云卽大豆也○案今本載此條引管子云齊桓公北伐得冬葱及戎菽布之天下葢本管子及齊世家與釋文此條齊桓公北之岱山異

揩脅　又作脅○案今本協作脅

鄧析　析音錫鄧析著書二篇鄭人也與子產並時列子及孫卿並云子產殺鄧析據左傳昭二十年子產卒定九年駟顓殺鄧析而用其竹刑則非子產所殺也○案敬順釋文謂列子及孫卿並云子產殺鄧

析考子產殺鄧析事見諸子不特荀列也呂覽離謂篇子產治鄭鄧析務難之而民之有獄者約大獄一衣小獄襦袴民之獻衣襦袴而學訟者不可勝數以非爲是以是爲非是非無度而可與不可日變所欲勝因勝所欲罪因罪鄭國大亂民口讙譁子產患之於是殺鄧析而戮之民乃大服淮南子詮言訓鄧析巧辨而亂法高誘注鄧析教鄭人以訟訟不俱厄子產殺之也又楊倞荀子正論篇注引新序曰子產決獄鄧析教民難之約大獄衣袍小獄襦袴民之獻袍衣襦袴者不可勝數以非爲是以是爲非鄭國大亂民口讙譁子產患之於是討鄧析而僇之民乃服是非乃定是其類也其辨鄧析非子產所殺則始於列子張湛注此篇俄而誅之句下張湛注云子產誅鄧析左傳云駟顓殺鄧析而用其竹刑子產卒後二十年而鄧析死也敬順於此句卒字音子律切可証其爲湛注敬順釋文遂推原注意謂昭二十年子產卒定九年駟顓殺鄧析是鄧析之死在子產卒後二十年也至荀子不苟篇注曰左傳鄭駟顓殺鄧析而用其竹刑而云子產戮

之恐誤倞此注與敬順釋文皆本於張湛注

鬼媚或作魅○案今本媚作魅

訾　卽移切當作貲財字一本作言○案今本訾作言

咺、　鄭元注禮記云咺寬綽貌說文云愃寬閒心腹貌○案今本愃作咺考玉篇咺呼遠切兒泣不止曰咺愃許遠切寬心也廣韻咺愃並況晚切訓與玉篇同二字異義而同音故愃又借作咺

婞　音上聲研　音酊婞研容止峭巇也字林云婞齊

也久不解語貌○案今本引此條字句全同惟脫久不解語貌一句攷此節張湛注婩斫不解悟之貌不解悟之解釋文音蟹解字不見正文其爲湛注可知敬順釋文約舉注義故云久不解悟道藏本語字乃悟字之譌

謇㥛　音棘字林云㥛吃也方言謇吃㥛急也謂語急而吃又訥澁貌又云疾也又性急相背也或作殛極皆非○案今本語急而吃下脫又訥澁貌四字急性二字上脫又字或作殛極句殛極誤作極極又攷荀子賦篇出入甚極注極讀爲亟急也又云反覆甚極注極讀爲亟急也然則㥛亦通作極

凌誶　訊入聲凌誶謂好陵辱責罵人也說文曰誶責讓也字林音聚律切○案今本脫訊入聲句字林音聚律切句之下又有誶音碎比背反誶訥澁辯給之貌數句攷此數句當爲張湛注敬順釋文於凌誶一條之後別列一條云訥奴急切澁所立切訥澁二字不見此篇正文若非湛注釋文安得有此音切又誶字釋文旣云訊入聲不得複加誶音碎比背反二語其爲湛注而非釋文可知今本乃以湛注混入釋

文誤矣

眂、眂上聲　娗　音殄方言眂娗欺慢之語也郭璞云謂以言相輕嗤笑也又不開通貌○案今本眂作眠攷方言眂娗莫典反今本作眠是也敬順釋文本眠作眂攷玉篇眂古視字眂上支切視也均與眠娗之眠異義眂字當即眠字唐人諱民字故從氏耳釋文云眂上聲此眂字乃衍文也

隻立　獨孤自立○案今本獨孤作孤獨

背城　一本作坂○案今本背城作背阪

若河滴滴　或作滂滂並音普郎切流蕩貌○案正文作若河滴滴釋文云或作滂滂並音普郎反夫滂滂一字但言普郎反已明不必云並音也蓋謂正文之滴與或作之滂並音普郎反但滴無普郎反攷荀子賦國篇汸汸如海楊倞注汸讀爲滂水多貌也則滴字疑汸字之誤

艾孔　五蓋切一本作史孔○案今本艾作史

跪　當作疏○案今本云疏食跪作疏

駑馬　音奴○案今本駑作怒誤

楊朱第七

楊朱　或云子居戰國時人後於墨子楊朱與禽滑釐辨論其說在愛已不拔一毛以利天下與墨子相反陸德明云楊戎字子居恐子居非楊朱也○案今本脩載此條脫陸德明以下四句

愼耳　一本作順耳○案荀子修身篇順墨楊倞訓爲愼墨君子篇忠者惇愼此者也楊倞注愼讀如順莊子列禦寇篇釋文愼於兵愼或作順有順懁而達者順一作愼大戴禮保傅篇以其所爲愼於人也盧辨注皆得民心也愼卽順也曾子大孝篇父母旣沒愼行其身愼一作順愼德篇以愼天法注天道不可成順之而已則愼卽順文王官人篇無辨而自愼愼讀爲順順耳作愼耳猶存古字

闕顫　與顫字同須延切○案今本須延切之下又有臭逼曰顫顫音舒延反二句蓋顫作須延反者與顫同作舒延反者則臭逼曰顫也異音異義道藏本釋文祇載顫之一音當屬脫佚又攷說文顫頭不正也之膳切玉篇顫之扇切頭不正也又顫動也廣韻

二十三線顫讀同戰云四支寒動旣無舒延反之音亦不著臭逼之訓惟莊子外物篇目徹爲明耳徹爲聰鼻徹爲顫口徹爲甘心徹爲知知徹爲德陸氏釋文顫舒延反敬順釋文鼻逼曰顫義本莊子其作舒延反與陸氏釋文同類篇云顫尸連切臭徹爲顫謂審於氣臭則又並本莊列釋文也

儉嗇　一本作省○案今本注云自以儉省治身嗇作省

醴漿　音遭本又作糟○案今本醴作糟

耽於　本又作妧丁南切○案玉篇類篇無妧字有妉字爲媅字重文云樂也釋文本又作妧之妧乃妉字之訛今本耽又訛作聃

窖速　本作造七到切○案今本速作造下云本作造七到反考今本正文旣作造不得又云一本作造蓋道藏本正文作速故釋文云一本作造今本旣作造而後人乃以一本作造之語附注於其下故不可通

跨人　口花切下同一本作夸○案今本跨作夸

猶蕃　甫袁切○案今本蕃作藩攷周禮大司徒注云杜子春讀蕃樂爲藩樂詩折柳樊圃釋文樊藩也本又作蕃韓奕釋文同左傳昭二十八年釋文以藩亦作蕃楚語爲之闗籥蕃籬韋昭注蕃籬壁落也蕃籬卽藩籬也則蕃藩通

岨　與阻同　嶮　與險同○案今本山川岨嶮作阻險攷水經注阻險多作岨嶮與釋文同

胞厨　蒲交切本又作庖○案今本胞作庖攷祭統胞者肉吏之賤者也注胞音庖莊子庚桑楚篇是故湯以胞厨籠伊尹漢書東方朔傳胞人臣偃師古曰胞與庖同義故庖胞通也

禽屈釐　音骨狸墨子弟子也○案莊子天下篇墨翟禽滑釐聞其風而說之呂覽常染篇禽滑釐學於墨子許犯學於禽滑釐又呂覽尊師篇盧參東方之鉅狡也學於禽滑黎高誘注禽滑黎墨子弟子雖釐之作釐作黎各異而其作滑則同今本列子又作禽骨釐骨乃滑字之誤列子力命篇亦作禽滑釐惟楊朱篇則作禽屈釐屈與滑通莊子釋文滑音骨故列子釋文屈亦音骨也漢書人物表作禽屈釐師古曰卽禽滑釐屈音其勿反又音郎勿反蓋本列子楊朱篇也考屈骨音相通說文掘搰也楚詞遠遊無滑而寬兮注滑一作淈補注淈滑並音骨漢書司馬相如傳潏潏淈淈注淈音骨滑从骨淈从屈皆有骨音是屈骨通讀

蔽　音敝音卑○案今本卑宫室蔽作卑攷卑蔽音相通故蔽既音敝又音卑攷工記釋文輪人輪箄一音薄計反史記淮陰侯傳從間道萆山而望如淳曰萆音蔽依山自覆蔽箄萆从卑聲而皆讀爲蔽故蔽有敝音又有卑音卑宫室之作蔽宫室以卑蔽音相近而通耳

入俏　音肖本或作肖○案今本入肖天地之類俏作肖攷淮南子浸想宵類高誘注宵物似也漢書刑法志凡人宵天地之貌師古以宵爲肖然則肖俏宵並通

腃急　音喟筋節急也或作臛胣上音權下區位切腃醜筋急貌○案今本臛胣作臛腃考胣無區位切之音道藏本胣當爲腃之誤又筋急貌三字下今本

又有曰𦝫音區位切六字道藏本脫去此六字非也
葢列子别本或作臛𦝫釋文因分釋臛𦝫二字其云
脎醜釋臛字之義玉篇廣雅廣韻皆云臛脎醜貌故
以脎醜釋臛字其云筋急貌曰𦝫音區位切欲明𦝫
之與臛音義之不同也今道藏本脫去曰𦝫以下六
字則竟似以筋急貌釋脎醜矣脎醜無筋急之訓也

說符第八

宋有蘭子者　史記云無符傳今本符傳誤爲淳慱出入爲闌
應劭曰蘭妄也此所謂蘭子者是以技妄遊者也疑

列子釋文考異　卅九

蘭字與闌同○案今本與闌同句下較道藏本又多
凡人物不知生出者謂之蘭也一句生出生字疑妄
字之譌攷史記汲黯傳愚民安知市買長安中物而
文吏繩以爲闌出財物於邊關乎應劭曰闌妄也瓚
曰無符傳出入爲闌其云凡人物不知妄出者謂之
闌卽史記愚民不知妄出長安中物之意也然則生
字必爲妄字之誤敬順釋文旣引史記瓚注無符傳
出入爲闌又引應劭云闌妄也則闌字之義已明旣
云蘭與闌同則闌之通蘭語義已結而又云凡人物

不知妄出者謂之闌不已複乎以道藏本證之凡人
物不知妄出者謂之闌也句原非釋文所有則其爲
湛注可知今本以湛注混入釋文遂失倫次又敬順
謂蘭字疑與闌同攷蘭闌古多通用漢書息夫躬傳
涕泣流兮萑蘭臣瓚曰芫蘭泣涕闌干也則蘭與闌
同王莽傳與牛馬同蘭師古云蘭謂遮蘭卽牛馬蘭
圈玉篇廣韻闌字下訓云遮也牢也卽王莽傳注遮
蘭蘭圈之謂也後漢書公孫述傳又造十層赤樓帛
蘭船注云以帛飾其闌檻則闌卽蘭也管子中匡篇

列子釋文考異　四十

蘭盾鞈革注蘭卽所謂蘭錡兵架也水經注縣有蜀
王兵蘭華陽國志蜀有兵闌蘭盾蘭錡卽兵闌也葢
闌多借爲蘭列子此文闌之作蘭與諸書訓義雖異
而通假則同

釋繒一卷

興化任大椿撰

繒帛也

說文繒帛也帛繒也大宗伯孤執皮帛註帛如今璧色繒也聘禮受束帛加璧註帛今之璧色繒也漢書匈奴傳師古註繒帛之總名急就篇綈絡縑練素帛蟬師古註帛總言諸繒也文選雪賦堁壤垂繒李善註引字林曰繒帛總名也

案演繁露曰繒厚帛也蔡邕女誡曰繒貴厚而色尚深爲其堅韌也此卽厚帛乃始名繒其著色深也今考字林及匈奴傳急就篇諸註皆云繒爲帛之總名帛厚薄不一則繒不得獨爲厚帛矣女誡云繒貴厚乃謂繒非一類以厚者爲貴耳非謂繒專爲厚帛也

又案聘禮束帛加璧疏云帛今之璧色繒者宗伯云以蒼璧禮天下云牲幣各放其器之色禮天之璧用蒼色則幣帛之色亦蒼色是璧色繒于漢時云璧色繒者亦因周法則此束幣亦與璧同以上賈疏據賈此疏以璧色爲蒼色而鄭註以帛爲璧色繒或漢時帛色在蒼白之間亦猶釋名謂綈色緅淮南子謂縑性黃其實帛綈縑本質皆白而當時染色各別故各舉其習見者言之耳急就篇綈絡縑練素帛蟬帛與綈絡縑練素蟬六種繒名並列則明以帛爲繒之一類鄭謂帛爲璧色繒似帛在諸繒內以璧色獨稱異也又急就篇註縑巳練者呼爲素帛則師古又以帛爲熟縑矣

熟帛曰練

天官染人凡染春暴練註暴練練其素而暴之玉藻士練帶正義士用熟帛練爲帶說文練湅帛也釋名練爛也煮使委爛也論衡湅染布帛名之曰采無練染之治名曰縠麤急就篇綈絡縑練素帛蟬師古註練者煮縑而熟之也玉篇練煮漚也

案考工記㡛氏湅帛以欄爲灰又曰是爲水湅則練以湅得名也論衡率性篇白紗入緇不練自黑言不須煮湅而自黑則練湅義同也

文案練爲熟帛言其功也質則未詳考廣雅云
縞練也顔師古急就篇註練者煮縑而熟之然
則練爲縑縞之熟者耳小爾雅素之精者曰縞
釋名縑絲細緻則練亦帛之細者也廣雅又云
阿練也然則阿亦熟帛而練爲細繒尤可互証
後漢書以馬皇后服大練裙爲儉既云大練則
爲練之粗厚者故服之以崇儉也
生帛曰縞
王制縞衣而養老正義白色生絹曰縞玉藻弟子

縞帶正義以生縞爲帶縞冠素紕正義縞是生絹
、而近吉
案廣雅縞練也文選雪賦眄隰則萬頃同縞註
亦引廣雅縞練也考練爲熟帛縞爲生帛生熟
異治而質則畧同故廣雅又以練訓縞也
曰素
雜記純以素註素生帛也玉篇綀生帛也
曰綃
說文綃生絲也玉篇綃生絲也後漢書向栩傳被

髮著絳綃頭註說文綃生絲也廣韻綃生絲繒也
案左思吳都賦泉寶潛織而卷綃註鮫人從水
中出曾寄食人家積日賣綃綃者竹孚俞也竹
孚俞薄而脆亦名曰綃綃爲生絲其脆薄亦與
卷綃之綃同
曰縑
急就篇綈絡縑練素帛蟬師古註練者煮縑而熟
之也一曰縑已練者呼爲素帛若今言白練者也
案縑必待練而後熟則縑猶爲生繒矣

曰絹
急就篇烝栗絹紺縉紅燃註絹生白繒玉篇絹生
繒也
案縳爲絹之本字類篇縳楄絹切雙縳緻繒也
紡熟絲爲之盍即唐地理志所云雙紃也雙紃
自爲熟絲繒紃之作縳與此生白繒之縳音訓
偎別
又案宋書輿服志諸受朝服中衣絹五丈領袖
綀一疋絹七尺五寸是絹與練異孔禮疏以練

爲熟帛玉篇以絹爲生帛又絹練精粗異質故
所用不同也

繒之細者曰縞

詩縞衣綦巾正義縞細繒也戰國策强弩之餘不能穿魯縞註然則縞是薄繒不染故色白也楚詞招魂纂組綺縞補註縞一曰細繒淮南子兵畧訓雖有薄縞之襜註縞細繒也漢書食貨志履絲曳縞師古註縞皓素也繒之精白者也後漢書順帝紀茂陵園寢災皆縞素註繒之精白者曰縞小爾

雅繒之精者曰縞廣雅縞細繒也文選子虛賦揄紵縞司馬彪曰縞細繒也曹植雜詩綺縞何繽紛註引小爾雅曰繒之精者曰縞

案國策强弩之餘不能穿魯縞新序善謀篇强弩之末力不能入魯縞論衡效力篇篠簳之箭機不能動發魯縞不能穿蓋縞本細薄魯縞則尤細薄言弩之餘力箭之失機雖至細薄者不能穿故特以魯縞言之也淮南子說山訓砥利劍者非以斬縞衣將以斷犀兕新論愼隙篇魯縞質薄疊之折軸皆言乎縞之薄也今之生絲薄絹其近于縞歟在古則已爲細繒矣

曰素

說文素白緻繒也從糸從𠂹取其澤也玉篇素白緻繒也廣韻素帛也說文作𦃃白緻繒也

曰纖

禹貢厥篚元纖縞傳元黑繒縞白繒纖細也纖在中明二物皆當細漢書地理志註曰纖細繒也方言繒帛之細者謂之纖

案胡朏明云縞薄于纖何以知之按毛公詩傳縞薄繒不染故色白黃氏韻會縞繒之潔白者曲阜之俗善作尤爲精細又喪服之變除以布帛之疏密爲次故祥縞而禫纖縞薄于纖明矣纖用絲多密而厚縞用絲少踈而薄纖蓋今之所謂細縞則今之所謂絹也以上禹貢錐指考急就篇顏師古註抽引粗緒紡而織之曰紬玉篇紬大絲作既云大絲又云粗緒則與纖不同招魂被文服纖王逸註纖謂羅縠也羅縠細絲故名纖

然則元纖縞之纖或不得以紬當之乎
又案間傳禫而纖註黑經白緯曰纖註蓋承用戴德變除禮必非無據是禫而纖之纖與元纖縞之纖別類朏明不得引以為證漢書地理志厥棐元纖縞師古曰元黑也纖細繒也言獻黑細繒又為一說
又案漢書文帝紀纖七日釋服註纖細布衣然則布帛之細者並曰纖纖統名也方言東齊以布帛之細者曰綾布得通名綾與布得通名纖

同也

曰阿

淮南子脩務訓衣阿錫曳齊紈註阿細縠漢書郊祀歌曳阿錫註阿細繒司馬相如傳被阿錫張揖曰阿細繒也文選子虛賦註張揖曰阿細繒也玉篇絅細繒廣韻絅繒之細者
案史記司馬相如傳被阿錫正義曰東阿出繒水經注曰東阿出佳繒縑故史記云秦昭王服太阿之劒阿縞之衣文選李斯上書阿縞之衣徐廣曰齊之東阿縣繒帛所出者也則阿以地名也廣雅玉篇廣韻阿別作絅

曰織

史記夏本紀其篚織貝集解孔傳織細繒也
案孔傳云織細紵考禮士不衣織謂織繒也史記集解引孔傳紵明作繒誤本作紵疏亦襲誤

曰菿

急就篇鬱金半見緗白菿師古註白菿謂白素之精者其光菿菿然也

曰綾

方言東齊言布帛之細者曰綾說文東齊謂布帛之細曰綾
案綾凌也如冰凌理則綾以紋得名也布之細紋亦似綾唐六典山南道貢闌干布華陽國志謂闌干文如綾錦是布與綾皆以多文得通名也

曰縑

說文縑并絲繒也釋名縑兼也其絲細緻數兼乎

布絹也染縑爲五色細且緻不漏水也急就篇綈
絡縑練素帛蟬師古註縑之言兼也并絲而織甚
細密也

案說文總一曰兩麻一絲布也則總以麻而兼
絲釋名謂縑數兼乎布絹豈以絲而兼麻歟考
縑并絲而織似布紡麻而織故云數兼布絹

又案太平御覽引釋名曰數兼於絹絹字上無
布字葢縑爲并絲比之絹質之踈則兼之矣較
今本釋名數兼乎絹布義亦並通

又案唐地理志蜀州貢單絲羅徐州貢雙絲綾
是絲有單雙雙絲即并絲也單則踈故羅比紗
爲尤踈并則密故縑不漏水管子山國軌春縑
衣夏單衣縑質密密宜于春故夏別用單衣也
急就篇補註引張說曰輕縑素練則縑之爲質
密而輕故于春温時尤宜也今絹名縑絲者近
之

又案晉書辰韓傳俗饒蠶桑又作縑布布亦名
縑葢繒則并絲織之布則并縷織之義皆取乎
兼也

曰綮

說文綮緻繒也玉篇綮緻繒也

大絲者曰紬

說文紬大絲繒也急就篇絳緹絓紬絲絮綿師古
註抽引麤繭緒紡而織之曰紬玉篇紬大絲作廣
韻紬大絲繒六書故紬抽取純緒也今人織大絲
爲繒亦謂之紬

案北魏書王元感傳詔送白紬袴褶一具與元

感釋服北史樂良王傳王好衣服遂著紅羅襦
繡作領碧紬袴錦爲緣紬雖大絲而後世以爲
賜服且以爲飾服或六朝時紬加細緻乎又考
北魏書蠕蠕傳賜五色錦被二領黃紬被褥三
十具私府繡袍一領高車傳遣使賜赤紬十匹
雜綵六十匹葢紬雖大絲織而蠕蠕高車亦以
之爲重故與錦繡雜綵並賜也

又案唐六典織染署凡織紝之作有十一曰布
二曰絹三曰絁四曰紗五曰綾六曰羅七曰錦

八曰綺九曰綢十曰褐紬線之作有四一曰紬二曰線三曰紘四曰綱別紬于織絍之作而紬線自爲作紬與線爲類未識當時制作之意考急就篇註紡而織之曰紬又考急就篇纍繘繩索絞紡纑註紡謂紡切麻絲之屬爲纑縷也紬既先紡而後織則是先爲縷而後織質近于線故唐制紬與線同作今時有線紬或其遺制歟

曰絓

釋名紬又謂之絓絓挂也挂于帳端振舉之也廣雅絓紬也說文絓繭滓絓頭也急就篇註紬之尤麤曰絓繭滓所抽也

案說文以絓爲繭滓頭急就篇以絓爲紬之尤粗者繭滓所抽則近于今之繭紬矣廣韻訓絓一爲惡絲一爲絲結蓋此紬質不滑易故名之耳

曰紨

說文紨布也一曰粗紬廣雅紨紬也玉篇紨粗紬也類篇大絲曰紨

曰纑

說文纑粗緒也徐鉉曰今俗別作絁非是

案玉篇纑經緯粗細不同者繝絁同廣韻云繝繒似布蓋言其絲大而粗也新唐書輿服志五品以上冕以羅爲之六品以下爵弁以絹爲之文官之巾則以紫黑絁爲之徐鉉以絁爲繝之俗字絁質粗大次于羅絹故以之作巾次于冕弁也又考唐志五品以上服小科綾羅六品以上服絲布交梭雙紃綾奴婢則服紬絹絁布次絁布于紬絹則絁爲尤粗即廣雅所云似布者故奴婢得服之也

又案隋志晉制丁男調布絹後周制麻土調布絹桑土調絹絁桑土以絁代布蓋即廣韻所謂絁似布也

曰絡

急就篇綈絡縑練素帛蟬師古註絡即今之生繝也一曰今之綿紬

案絡與綿相近考說文絡絮也廣韻精曰綿粗

曰絮則絡亦綿類也綿紬之名絡蓋以綿絡爲之也北史周高祖本紀初令庶人以上非朝祭之服惟得衣綢綿綢絲布圓綾紗絹綃葛布九種（綢並當作紬綢爲紬之俗字）綿紬爲九種之一然則六朝時已有綿紬矣在漢則名曰絡又考通典魏州貢白綿紬忠州通州巴州蓬州璧州簡州皆貢綿紬則唐時綿紬以產楚蜀者爲最良

又案紬爲大絲繒就其中又有粗細之別廣雅綐紬也玉篇綐紬細也䋮細紬也是絓紨䌑絡之類爲粗紬而綐䋮爲細紬管子立政篇刑餘戮民不敢服綐綐爲細紬故管子言刑餘戮民不敢服也聶崇義三禮圖載衣服令凡冕制羅爲之其服以紬據此則冕服以紬其必以綐䋮之類歟今紬之最上者其細密不下于段古以紬爲大絲繒又曰粗繭緒然則古之紬粗今之紬精也

曰絹

釋名絹絙也其絲絙厚而踈也

案管子季絹三十二則當一鎰房註三等其下者爲季國策註鎰四十四兩下絹三十三直金四十四兩則每絹直一兩有奇也晉書石勒傳乃出公絹市錢限中絹匹一千二百下絹八百然百姓私買中絹四千下絹二千據此晉時公價尚與管子合私價則過半矣宋書沈懷文傳云期限嚴峻民間買絹一匹至二三千此言絹直之最貴者也若常值卽不及二三千矣較晉時私價爲賤北魏書任城王傳絹一匹輸塼二百所直亦微北史房謨傳魏朝以河南數州鄉俗絹濫退絹一匹徵錢三百乃表請錢絹兩受任人所樂然則北魏時絹賤無過河南唐地理志隨地皆貢絹絁以其非貴繒故所在皆有之古今價直貴賤亦畧相埒也

厚者曰綈

說文綈厚繒也管子輕重訓曾梁之民善爲綈註繒之厚者謂之綈急就篇綈絡縑練素帛蟬註綈厚繒之滑澤者也重三斤五兩今謂之平紬史記

范雎傳綈袍索隱綈厚繒漢書文帝紀身衣弋綈註綈厚繒貢禹傳孝文帝衣綈履革註綈厚繒王嘉傳乘輿席緣綈繒而已註綈厚繒也外戚傳盛綠綈方底註綈厚繒也揚雄傳綈衣不敝註綈厚繒張安世傳安世尊爲公侯身衣弋綈註綈厚繒佞幸董賢傳柱檻衣以綈錦註綈厚繒也匈奴傳赤綈綠繒各六十匹註綈厚繒也後漢書王符傳昔孝文皇帝躬衣弋綈註綈厚繒也西都賦木衣綈錦魏都賦土無綈錦李善註引說文曰綈厚繒

也廣韻綈厚繒也

案史記范雎傳註以綈爲絁考絁卽繒說文繒粗緒也然則綈厚而且粗師古急就篇註以綈爲平紬考唐地理志懷州土貢平紗平紬魏州土貢花紬錦紬平紬博州土貢綾平紬通典洛州貢平紬唐平紬出懷魏博洛四州蓋綌體平厚出非其地則弗能爲良也

又案釋名綈似蛦蟲之色綠而澤與漢書外戚傳所載綠綈相合然匈奴傳又載赤綈鄴中記又載靑綈白綈黃綈則綈似蛦蟲之色非綈之本色也釋名以爲綠而澤豈當時綈色多綠特取其習見者以爲訓歟

又案鄴中記云錦或靑綈或白綈或黃綈或綠綈或蜀綈蓋錦織五色而皆以綈爲地禮記雜記素錦以爲屋喪大記素錦褚爾雅曰素錦綢杠郭注曰以白地錦韜旗之竿也其云白地錦當卽所謂白綈錦也三國魏志倭人傳有絳地交文錦紺地句文錦裴松之謂地應爲綈引漢

文帝著皂衣弋綈蓋錦多以綈爲地故松之破地爲綈耳綈爲厚繒錦施功多故以厚繒爲質

又案後漢書宦者傳序土木被緹繡注緹厚繒也洛陽伽藍記亦云金銀緹繡然則綈又通作緹緹繡猶云綈錦也

曰大練

後漢書馬皇后傳常衣大練裙不加緣北史鄭善果傳善果母常服大練

曰大帛

左傳閔二年傳大帛厚繒也後漢書馬皇后傳注大練大帛也

繒之有文者

春秋左氏昭二十五年傳爲九文六采五章以奉五色漢書貨殖傳文采千匹師古注文文繒也帛之有色者曰采春秋繁露度制篇古者天子衣文諸侯不以燕大夫以縁亦不以燕說苑反質篇當此之時文采之帛將安所施鹽鐵論刺議篇文表無裏

案文與采有別急就篇云錦繡縵紝離雲爵乘風懸鐘華洞樂豹首落莫兔雙鶴春草鷄翹鳧翁濯師古言織刺此象以成錦繡繒帛之文也淮南子本經訓冠無觚嬴之理注謂若馬目籠相連干也理即文也潛夫論浮侈篇小民刻削綺縠寸竊八采以成榆葉無窮水波之文皆所謂文也急就篇云鬱金半見緗白䋮縹綟綠紈皁紫硟烝栗絹紺縉紅燃三國魏志賜倭人蒨絳五十匹紺青五十匹所謂采也後漢書哀牢傳稱染采文繡華陽國志稱采帛文繡采爲一文爲一繡爲一此采與文各異也有文而不采者織素爲文曰綺是也有采而不文者爾雅練旒九注練絳練說苑衣練紫之衣狐白之裘蓋練雖無文而得染絳紫也有文采兼者如南齊書上報扶南國以絳紫地黃碧綠紋綾之類是也後世以文別貴賤如唐志三品以上服鶻雁及孔雀四品五品服地黃交枝亦以采別貴賤如後漢志列侯以上錦繒采十二色六百石以

上重練采九色禁丹紫紺三百石以上五采青絳黃紅綠二百石以上四采青黃紅綠賈人緗縹而已此采與文之異重也

又案錦繡文之最盛者也然文繒爲類甚多不止錦繡六書故曰織素爲文曰綺織采爲文曰錦然則文兼采素二種錦繡則文中之有采者是言文可以統錦繡言錦繡不可以盡文也禹貢厥篚織文傳織文錦綺之屬疏云織是繒之有文者即綾錦之别名蓋繒必織而後有文綺

則織素爲之錦則織釆爲之孔傳以錦綺二者釋織文可知文繒之兼釆與素矣

又案北魏書高允傳詔給絹一千匹錦五十匹雜釆百匹別綵於絹以絹非釆也給絹十倍於錦給釆倍於錦於以見釆之貴十倍於絹矣

又案繒之織刺者爲文畫繢者亦曰文月令文繡有恒註文謂畫也祭服之制畫衣而繡裳正義以文與繡相對祭服裳繡而衣畫故以文爲畫也春秋左氏桓二年傳火龍黼黻（火畫火也龍畫龍也）昭其文也此以畫爲文可以證畫繒之亦爲文繒矣

曰織

禹貢厥篚織貝傳凡爲織者先染其絲乃織之則成文矣厥篚織文正義織是繒之有文者詩織文鳥章箋鳥章鳥隼之文章周禮玉府文織良貨賄之物注文織畫及錦繡禮記玉藻士不衣織注染絲織之士衣染繒也鹽鐵論刺議篇文繒薄織不鬻於市玉篇織文錦綺之屬

案六書故織素爲文曰綺織釆爲文曰錦是綺與錦雖同爲織而錦則染絲織之綺則織之以素是又不同也

又案玉府文織注畫及錦繡鄭破文爲畫織爲錦繡也其實錦織而繡刺鄭蓋以大通言之也

曰錦

禹貢厥篚織文傳織錦綺之屬正義織是繒之有文者是綾錦之別名故云錦綺之屬皆是織而有文者也詩碩人衣錦褧衣傳錦文衣也正義王制

云錦文珠玉書傳云衣文錦故知錦文衣也終南錦衣狐裘傳錦衣釆衣也巷伯成是貝錦傳貝錦錦文也箋錦文者文如餘泉餘蚳之貝文也正義餘蚳黃爲質以白爲文餘泉白爲質黃爲文儀禮聘禮士介四人皆奉玉錦束請覿注玉錦錦之文織縟者也說文錦襄色織文（案色當作邑）

案禹貢厥篚織文胡朏明曰吳氏揚州注云染其絲五色織之曰織貝不染五色而織之成文者曰織文故吳氏以織文爲綾羅之屬而不言

錦蓋錦必染絲以織也其義較長以上見禹貢錐指今考織文之文明兼錦綺孔傳得之吳氏謂文內不得有錦弗之考也詩碩人衣錦褧衣毛傳錦文衣也聘禮玉錦注玉錦錦之文纖縟者也淮南子錦繡登廟貴文也說文云錦襄邑織文是明以錦爲織文又考水經注云陳留風俗傳曰縣南邑謂襄有渙水故傳曰雎渙之間出文章天子郊廟御服出焉尚書所謂織文者也據此云雎渙之間出文章卽漢志所云襄邑出錦也而

明引尚書織文釋之荀子禮論篇黼黻文織注染絲織爲文章蓋卽錦也故玉篇亦云織文錦綺之屬孰謂織錦不得稱織文哉蓋文有釆有素以素織者綾綺是也以釆織者錦是也故織文兼包錦綺孔傳最精織貝則止爲錦耳詩巷伯成是貝錦傳貝錦錦文也禹貢厥篚織貝傳凡織者先染其絲乃織之則成文矣是織貝亦以文言豈織文內不統言綺與錦耶朏明謂織文正義言漢襄邑出錦是兖州綾錦美襄邑屬豫州不當以兖篚爲証不知禹時兖州自貢錦綺原不必以漢之襄邑爲証也況襄邑近兖漢時襄俗世織錦安知其非學製於兖耶

又案禮士不衣織則古者士不得衣錦聘禮上介受饔之禮儐之兩馬束錦上介大夫也儐之始用錦士介止用幣帛則士不得衣錦之証也晉令曰第六品已下不得服今縝綾錦有私織者錄付尚方六品已下古之士也士不衣織雖魏晉猶然釋名曰錦金也作之用功重其價如

金故惟尊者得服之詩錦衣狐裘雖大夫以下猶不得用爲裼衣也其有不限尊卑者享君以璧與帛享后以琮與錦錦貴於帛乃不以享君而以享后則以后服尚文故爾左氏閔二年傳歸夫人魚軒重錦三十兩是也外此則錦絲錦紳錦束髮亦以優童子故冠禮疏云童子之錦皆朱錦也不特用錦而且以朱爲質童子可盡飾也

又案後世多稱蜀錦其實漢以前蜀錦猶未著

丹陽記曰歷代尚未有錦而成都獨稱妙蓋漢以後之言也考范子計然曰錦大文出陳留太平御覽引陳留風俗傳亦曰襄邑有黼黻藻錦漢書地理志襄邑有服官師古曰自出文繡非三服官禹貢正義漢陳留襄邑縣置服官使制作衣服是兖州綾錦美也論衡程材篇齊部世刺繡襄邑俗織錦魏都賦錦繡襄邑南齊輿服志袞衣漢世陳留所織然則漢時錦繡以出襄邑者爲最良亦爲最盛漢書匈奴傳賜錦繡綺

縠雜帛八千匹錦帛九千匹當時用錦如此之繁而服官止置於襄邑則襄邑所出之錦徧天下矣惟考華陽國志蜀志曰其寶則有錦繡罽氂蜀都賦云貝錦美成濯色江波此皆盛稱蜀錦諸葛亮集曰今民貧國虛決敵之資惟仰錦耳卽此可徵蜀中出錦之富而在漢時終不及襄邑爲甚著則以蜀境僻遠又通中國未久故也至三國時蜀錦乃盛行環氏吳記蜀遣使與齎重錦千端魏志文帝謂羣臣曰前後所得蜀

錦殊不相似蓋自先主帝蜀朝聘酬報多以蜀錦爲重故吳魏遂盛行蜀產矣唐地理志於泗州濠州皆云貢錦於揚州云貢蕃客袍錦被錦半臂錦於成都府及蜀州並云土貢錦通典於趙郡云貢錦而兖襄邑絕無聞焉郡邑所產古今異轍類如此

又案繒帛古以有文者爲貴無文者爲賤至唐則於文繒中又分爲數等以別貴賤錦在文繒中爲最貴至宋則又分錦爲數等以別貴賤宋

輿服志列錦爲七一曰天下樂暈錦二曰盤鵰細錦三曰黃師子大錦四曰翠毛細錦五曰紅錦六曰宜男雲雁錦七曰師子練鵲寶照大錦其賜百官錦袍以七等爲尊卑之差儀禮聘禮賓及上介覿用束錦士介四人奉玉錦注云玉錦爲文之織縟者也禮有以少爲貴者考經文玉錦與束錦對舉玉錦文多則束錦文少可知賓上介用束錦故云禮有以少爲貴似錦又不貴多文矣或聘禮因賓上介旣用束錦士介以

下不敢與賓上介同反用玉錦以變於賓上介耳此變禮之禮非謂錦不貴多文也宋制錦列七等以文之最盛者爲上與鄭注禮以少爲貴義各有屬

又案急就篇錦繡縵紕離雲爵豹首落莫兎雙鶴春草雞翹鳧翁濯師古注謂春草雞翹或言其采蓋以五色爲采也南史載波斯國女婿迎婦著金線錦袍師子錦袴織錦以金線此又錦文之變也至今尚傳其制

又案左傳重錦三十兩注重錦錦之熟細者吳張溫表云劉禪送臣熟錦五端晉書石季龍女騎皆著熟錦袴據此則錦有生熟矣潛夫論愼微篇攻玉以石治金以鹽濯錦以魚浣布以灰所謂濯錦以魚亦猶練之熟湅歟

又案錦織文也又別有織成後漢輿服志虎賁武騎皆鶡冠虎文單衣襄邑歲獻織成虎文考襄邑出錦所獻織成虎文似卽錦也然北史吐谷渾傳云衣織成裙被錦大袍波斯國傳云衣錦袍織成被南史東昏侯紀帝著織成袴褶又云具錦繡諸帽織成與錦對舉則織成與錦不同故南史陳高宗紀又云上織成羅紋錦被各二云各二者織成被二羅紋錦被二也是古者錦與織成異矣急就篇履舄鞜裒絨緞紃註絨織緣爲之一名車馬飾註云卽今之織成也漢書賈誼傳今民賣僮僕者爲之繡衣絲履偏諸緣註偏諸若今之織成以爲腰襻及褾領者也古謂之車馬裙其上爲乘車及騎從之象也晉

書載記石季龍傳季龍常以女騎一千爲鹵簿著五文織成鞾五文卽五采文也蓋織成織采爲之亦近於錦惟是古之錦必有地於素地織采則爲素錦於朱地織采則爲朱錦若織成則全以采絲織爲文章非必若錦之有素地朱地也不假他物爲質自然織就故曰織成南史梁宗室正德傳董暹金帖織成戰襖直七百萬中天竺國傳土産金縷織成金罽細靡白疊然則織成又或以金矣織成之以金與織錦之以金

制相近而不同也
又案近世之錦不復以綈爲地惟以綵絲織就
近于古之織成矣宋史輿服志有織成龍鱗錦
其爲無地之錦歟然則古之錦與今之錦名同
而制有别矣
曰繡
益稷藻火粉米黼黻刺繡傳五色備曰繡正義凡
畫者爲繪刺者爲繡周禮典絲喪紀共其絲纊組
文之物註青與赤謂之文疏繡之屬亦用絲故連

言之也考工記青與赤謂之文赤與白謂之章白
與黑謂之黼黑與青謂之黻五采備謂之繡正義
衣在上陽陽主輕浮故畫之裳在下陰陰主沉重
故刺之也史記貨殖傳刺繡文不如倚市門漢書
賈誼傳美者黼繡師古註繡者刺爲衆文急就
篇錦繡縵紆離雲爵師古註繡刺采爲文也離雲
言爲雲氣離合之狀也爵孔雀也言織刺此象以
成錦繡繒帛之文也淮南子繆稱訓錦繡貴文也
論衡繡之未刺錦之未織絲帛何以異哉加五色

之巧施鍼縷之飾則文章炫耀也釋名繡修也文
修修然
案冕服古惟刺繡於裳而後世或刺繡于衣南
齊書衮衣宋末用繡及織成是也北史高車傳
賜繡袴褶各一具則袴褶且以繡其文采詭麗
不在衣服之令矣惟是冕服繡裳不特有一定
之章且有一定之采玉海載元豐元年十一月
詳定禮文所言繡于裳者藻粉米五采圓文藉
之黼用藍黻用碧黃不協乎古于此證冕服刺

繡章與采一有不合卽非繡制其非冕服則章
采無定式急就篇錦繡縵紆離雲爵乘風懸鐘
華洞樂之類皆繡文也與考工記所謂五色備
謂之繡亦畧相合
又案宋時以錦衣賜百官錦分七等唐時以繡
衣賜武校繡亦分七等唐會要載元宗時詔殿
中侍御史糾察諸衛大將軍中郎將以下給袍
皆易其繡文千牛衛以瑞牛左右衛以瑞馬驍
衛以虎武衛以鷹威衛以豹領軍衛以白澤金

吾衞以辟邪凡七等考詩織文鳥章鄭箋以爲鳥章鳥隼之文章將帥以下衣皆著焉然則將帥尚威武故章服必盛其文唐給諸衞繡袍以虎豹鷹隼爲章卽織文鳥章之遺象也

又案晏子諫下篇公衣黼黻之衣素繡之裳一衣而五采具焉夫旣云素矣安得具五采蓋繡以素爲地素上加繡故亦得云具五采素繡猶云綈錦也詩揚之水正義云於此綃上刺爲繡文然則繡以綃素爲地也初學記載晉東宮故

事太子納妃有絳杯羅繡被一南史鄧郁傳從少嫗三十並着絳紫羅繡桂襹張率賦總五色而極思藉羅紈而發想然則繡又以羅紈爲地也

又案史記匈奴傳云繡袷綺衣繡袷長襦錦袷袍各一以遺單于索隱云以繡爲表以綺爲裏夫綺爲文繒繒之最貴繡以綺爲裏則繡之貴可知又匈奴傳以繡十匹錦三十匹遺單于錦至貴矣遺三十匹而繡止十匹似當時尤以繡爲珍重賈誼新書匈奴篇匈奴之來者家長以上固必衣繡少者必衣文錦長衣繡而少衣錦似重繡尤甚於重錦也

又案後漢書晉書西域傳並云大秦國刺金縷繡北史李先傳賜金縷繡命服一襲今時章服有繡金者卽金縷刺繡之遺制也

又案禮記文繡有恒黼黻文繡之美晏子衣以文繡孫卿子重文繡加之以珠玉也韓非子短褐不完不待文繡鹽鐵論羅紈文繡者人君后

妃之服也淮南子文繡狐白春秋元命苞齊能成文繡應天道凡文與繡對舉者未必專謂刺繡之文說苑修文篇天子文繡衣各一襲云各一襲乃文衣一襲繡衣一襲也凡綾綺通謂之文則言文繡或並舉文與繡耳其連稱文錦者例亦同

又案績書繡刺而績亦通名繡漢書食貨志緣以績爲皮幣師古曰績繡也繪五采爲之要爲稱名之亂也

曰綺

楚詞招魂纂組綺縞補注綺文繒也又曰被文服纖註文謂綺繡也戰國齊策曳綺縠鮑注綺文繒說文綺文繒也釋名綺欹也其文欹邪不順經緯之縱橫也有杯文形似杯也有長命其綵色相間皆橫終幅此之謂也言長命者服之使人長命本造意之意也有棋文者方文如棋也漢書高帝紀賈人無得衣錦繡綺縠紵罽注綺文繒也地理志織作冰紈綺繡純麗之物師古注綺文繒也後漢

書王符傳錦繡綺紈注綺文繒也班固傳綺組繽紛注綺文繒也文選西都賦綺組繽紛李善註引說文曰綺文繒也玉篇綺有文繒廣韻綺文繒六書故織素爲文曰綺

案六書故謂織素爲文曰綺考師古地理志註謂綺即今之所謂細綾釋名謂綾凌也其文望之如冰凌理也據此綾如冰凌則素潔可知北史衛操傳涼州緋色天下之最又送白綾二千匹令染梁庭肩吾答餉綾書曰潔同雪霜是素爲綾之本色綺即細綾非所謂織素爲文者歟漢書敘傳在于綺襦紈袴之間晉灼曰白綺之襦冰紈之袴云白綺則織素之明證也樂府陌上桑云緗綺爲下裳紫綺爲上襦似綺亦不必盡素綦織采織素言織之始皆據其本質耳綺質本素而染之以緗與紫則又名緗綺紫綺矣又案楚詞網戶朱綴刻方連些王逸注曰網綺文鏤也網戶以綺文爲鏤可知綺之多文矣水經注曰皜曜建素赭白綺分謂赭與白交錯如

綺文也西都賦曰隄封五萬疆埸綺分溝塍刻鏤原隰龍鱗又云周廬千列徼道綺錯然則古之綺文多爲交錯之狀矣此即釋名所云不順經緯者也又考東宮舊事太子納妃有七綵杯文綺被一絳石杯文綺被一七綵杯文絳袴一長命杯文綺袴一與釋名所云杯文綺長命綺亦可互證晉令曰第三品以下得服雜杯之綺第六品以下得服七綵綺然則漢晉綺文又以杯文爲重矣

曰綾

釋名綾淩也其文望之如氷淩理也玉篇綾文繒案玉篇於紋字下云綾紋夫繒帛之有文者多矣而必以綾紋釋紋字則以繒帛之中惟綾爲最多文也後漢書哀牢傳及華陽國志稱闌干細布織成文如綾錦闌干之文以綾與錦並喻可知綾之文亞於錦矣晉書盧志傳帝賜志絹二百匹綿百斤衣一襲鶴綾袍一領北齊書祖珽傳諸人嘗就珽宿出山東大紋綾并連珠

孔雀羅等百餘匹令諸姬樗蒱賭之北史畢衆敬傳衆敬臨還獻眞珠璫四具銀裝劍一口刺彪矛一枚仙人紋綾一百匹在當時已以紋綾爲重又考唐地理志及唐六典土貢河南府文綾仙滑二州方文綾蔡州棊子四窠雲化皀甲雙距溪鷘等綾青州僊紋綾兖州鏡花綾雙距定州細綾瑞綾兩窠綾二包綾熟線綾江陵府方文綾潤州水綾方紋魚口繡葉花紋等綾湖州烏眼綾越州白編交梭十樣花紋等綾明州交梭綾綿州雙紃綾据此則綾爲文繒中之多文者故唐制以綾爲貴唐輿服志親王常服及三品二王後服大科綾羅五品以上服小科綾羅六品以上服交梭雙紃綾袍襖之制三品以上服綾以鶻銜瑞草雁銜綬帶及雙孔雀四品五品服綾以地黃交枝演繁露云白樂天闘白行簡服緋有詩云榮傳錦帳花聯萼彩動綾袍雁趁行注云緋多似雁啣瑞莎爲之則知唐章服以綾且用織花者又考唐輿服志六品以下

小窠無文然則綾亦間有無文者斯爲綾之下者矣

又案釋名綾如氷淩理則綾色白素可知考後漢書西域傳大秦國有雜色綾荀勗爲晉文王與皓書向令餉雜色綾千端則綾亦具五色乃織後復染以采耳

又案繒帛之制莫詳於唐唐六典於織染署載其目一曰布二曰絹三曰絁四曰紗五曰綾六曰羅七曰錦八曰綺九曰繝十曰褐獨不列縠

之名說文有緞字急就篇履舄鞜裒絨緞紃並訓云履跟帖從段不從叚集韻呼加切與緞字音訓皆別而唐六典於戶部又載羅錦綾段紗縠
絁紬之屬唐地理志亦載彭州貢段羅交梭漢
州貢紵布彩段綾則唐時已有段明矣樊綽蠻
書驃國彌臣諾悉皆披羅段則唐時蠻國亦服
段也又考宋書范蔚宗傳法靜還義康餉熙先
銅匕銅鑷袍段棊奩等物然則晉宋之間已有
段唐織絍署乃不著於目者豈當時所出止有
彭漢二州猶未盛著或織染署附在綾綺之屬

不復別著科歟考說文玉篇類篇無緞字宋史
輿服志詔禁錦背繡背遍地密花繡背采段元
史食貨志載太祖長子术赤大王位歲賜段一
千匹太宗子合丹大王歲賜段五十匹之類緞
猶作段明食貨志云天順四年蘇松杭嘉湖五
府增造采緞則段皆作緞卽緞之盛行亦從五
府增造始也大抵唐宋以前緞不甚著其貴綾
也如今之貴緞豈古之所謂綾其施功之細無
減於今之緞歟宋史輿服志建臨三年制丞郎

給舍大監卿以上不給錦袍者加以黃綾繡袍
肚太平興國以後文官知制誥武官上將軍內
職諸司使以上皆賜錦朝官供奉官以上皆賜
紫地皁花欹正京官殿直以下皆賜紫大綾在
外禁軍將校亦賜窄錦袍次賜紫綾色絹據此
不賜錦者必賜綾則宋人貴綾乃亞於錦也今
繒帛中惟緞爲亞於錦則今之緞其當古之綾
歟

又案南齊書元魏傳婢使千餘人織綾錦販賣

北史楊元威傳賜綾錦五百段綾與錦多並稱
北齊書王紘傳賜帛七百段綾錦五十匹夫賜
帛至七百段而綾止五十匹則幾與錦並貴中
華古今注載北齊書貴臣多著黃紋綾袍於此
見文綾之重莫逾六朝至唐極盛故土貢類載
細花紋綾以當時習尚然也今則綾非甚貴豈
以采段增造加功愈緻遂以此而掩彼歟

曰縵

類篇縵文繒

無文者曰縵

説文縵繒無文也又曰漢律賜衣者縵表白裏管子霸形篇君何不廢虎豹之皮文錦以使諸侯以縵帛鹿皮報晏子春秋問上篇縵密不能麗直韓非子十過篇縵帛爲茵春秋繁露制度篇庶人衣縵太元經袷襀何縵文在裏也急就篇錦繡縵紑離雲爵注縵無文之帛也

案漢書王莽傳太后宜且衣繒練註謂帛無文者然則練無紋矣字林玉篇絣無文綺也夫綺文繒也絣既無文安得名綺或以絣無文而其質之精細則近於綺歟無紋綺近於無紋綾矣

又案説苑修文篇天子束帛五匹元三纁二諸侯元三纁二大夫元一纁二元士元一纁一下士采縵各一匹庶人布帛各一匹據此則下士縵而不文然不文者亦得采故云采縵各一匹於此見古人貴文更甚於貴采也於下士始云縵則元士可以不縵矣

又案古以文繒爲貴無文者爲賤管子霸形篇文錦與縵帛對舉則文即文繒也以文繒聘以縵帛報謂厚往而薄來也春秋繁露謂庶人衣縵則士以上始得衣文也後世繒帛織花紋者即古所謂文繒其素質無文即古所謂縵帛也古人本貴文繒至唐遂以花紋定貴賤野客叢書載唐袍服花綾白樂天謝裴常侍賜鶻銜瑞草緋袍魚袋詩曰魚綴白金隨步躍鶻銜瑞草繞腰飛弟行簡賜章服詩曰榮傳錦帳花聯萼彩動綾袍雁趁行註緋多以雁銜瑞莎爲之嘉

劉蘇州賜金紫詩曰魚佩葺鱗光照地鶻銜瑞草勢冲天方鎮詩曰通犀排帶胯瑞草勒袍花白詩多言此唐會要載德宗詔節度使宜以鶻銜綬帶取其武毅以靖封內觀察使宜以雁銜威儀取其行列有序牧人有威儀也威儀委瑞草也新唐書輿服志列三品以上爲一等四品以下爲一等六品以下爲一等用文用縵秩然不混六品以下服綾小科無文則唐之官品服且有近縵者矣不特嚴於庶人也

又案春官巾車卿乘夏繌註五采畫無瑑疏言
繌者亦如繌卩無文章左氏成五年傳降服乘
繌注車無文漢書食貨志一歲之收常過繌田
註繌田謂不甽者也莊子武士之纓亦以繌名
註謂纓無文凡此言繌者與繒無文者名繌訓
義同楊子法言重黎篇聖人曼云註曼無也則
繌之無文亦與曼義相通也
其通名者縞一曰素
楚詞招魂纂組綺縞補註縞素也漢書高帝紀兵
皆縞素註縞曰素也張良傳宜縞素爲資師古註
縞白素也韓安國傳强努之末力不能入魯縞師
古註縞素也
案玉藻大夫以上素帶士練帶素練質雖相近
而素生練熟士帶用練變於大夫以上也又考
小爾雅曰繒之精者曰縞縞之粗者曰素縞細
於素大夫以上帶用素弟子反用縞者考童子
錦紳錦至文細童子紳得用錦猶弟子帶得用
縞也葢弟子未能遠別不與大夫較精粗也玉

釋繒 一卷 卅九

藻縞冠素紕正義云當祥祭之時縞冠以其漸
吉若既祥之後微申孝子哀情故加以素紕以
素重於縞以上正義凡喪服以粗者爲重細者爲輕
孔正義謂素重於縞爲申哀情可以證小爾雅
縞之粗者爲素矣
一曰鮮支
漢書地理志師古註縞鮮支也卽今所謂素也史
記司馬相如傳正義顔云縞鮮支也文選子虛賦
註縞鮮支今所謂素

釋繒 一卷 卌

案說文縞鮮色也以史記司馬相如傳正義及
漢書地理志文選子虛賦註證之則鮮色或卽
鮮支歟
一曰𦂴
說文白𦂴縞也急就篇鬱金半見緗白𦂴黃氏曰
𦂴白縞也類篇白𦂴縞也
一曰縑
類篇縞白縑也
素一曰絹

詩庶見素冠兮正義經傳之言素者皆謂一曰絹
急就篇綈絡縑練素帛蟬師古註素謂絹之素白
者即所用寫書之素也漢書元帝紀師古註紈素
今之絹也

一曰紈

列子周穆王篇齊紈設敵䯶釋文引范子云白紈
素出齊魯淮南子齊俗訓弱緆羅紈註紈素也修
務訓曳齊紈註紈素齊所出藉田賦綃紈綷繚註
引淮南子許慎註紈素也雪賦紈袖慙冶註引說

文紈素也范子紈素出齊戰國齊策下宮揉羅紈
註紈素也漢書地理志故其俗彌侈織作冰紈綺
繡純麗之物師古註紈素也敘傳在於綺襦紈袴
之間師古註紈素也後漢書章帝紀詔齊相省冰
紈註紈素也急就篇縹綟綠紈皁紫硟補註紈即
素之軒細者說文紈素也廣雅紈素也

案釋名紈渙也細澤有光渙渙然也又考釋名
素朴素也已織則供用不復加巧飾也說文素
從糸從𠂹取其澤然則素質白而澤與紈質渙
渙有光同故釋者通以紈為素也漢書地理志
臣瓚註冰紈紈細密堅如冰也後漢書宦者傳
云冰紈霧縠之積潛夫論浮侈篇亦云綺縠冰
紈紈以冰名猶綾紋如冰凌理然則紈質或近
於綾矣故廣韻云綾紈也綾之訓紈紈之訓素
皆以其素潔相似也

又案淮南子說林訓有榮華者必有憔悴有羅
紈者必有麻蒯麻蒯舉其賤者則羅紈舉其貴
者蜀都賦蕉葛升越弱於羅紈高唐賦其盛飾

也則羅紈綺繢盛文章羅為貴繒紈與羅並舉
亦以其細澤可貫也漢書賈誼傳白縠之表薄
紈之裏云薄紈則輕弱之質近於羅矣

又案漢書地理志織作冰紈綺繡之物晉灼曰
紈白熟也既云白熟則紈為熟絲繒矣與素細
澤相似而生熟或不同

一曰綷

說文綷素屬廣雅綷素也類篇綷素屬

練一曰絅

廣雅絅練也

一曰縞

廣雅縞練也玉篇縞練也

一曰緻

廣雅緻練也

案方言襜褕其敝者謂之緻註云緻縫納故名之然則襜褕雖敝以其細縫故名緻又曰褸謂之緻註襤褸綴結也亦言綴結之細也細練之名緻與襜褕襤褸之名緻義亦通

一曰約

廣雅約練也

案絅縞緻約皆曰練則練爲繒之最細者布亦曰練晉書王導傳時帑藏空虛庫中惟有練數千端鬻之不售導與朝賢俱制練布單衣于是士人競服之練遂踊貴練爲細布衣故士人競相仿效也繒布皆名練其並以湅熟得名歟

絹一曰縞

曾子問縞總正義縞白絹也

一曰紗

內司服素沙註縛也聲類縛今作絹字廣韻紗絹屬集韻紗絹屬

案太元經云蠕紗紗縣于九州註紗細微貌蓋紗爲絹之疏細者紗之命名或亦取義于紗紗也

又案漢書元帝紀齊三服官李斐曰三服之官春獻冠幘縰爲首服絹素冬服輕綃夏服師古註以輕綃爲輕紗則是夏服始用紗也六朝以後自冕服外凡朝服公服不論冬夏無不以紗

晉書輿服志乘輿釋奠先聖皂紗袍朝服絳紗袍其雜服有五色紗袍宋書輿服志乘輿藉田青紗袍南郊祠廟還服絳紗袍聽政朱紗袍隋書載梁制乘輿元正賀畢絳紗袍釋奠先聖皂紗袍陳制乘輿朝服與梁同皇太子諸王朝服朱衣絳紗袍開國公侯伯子男朝服並紗朱衣魏制乘輿釋奠元紗袍朝日青紗朝服夕月白紗朝服合朔及纂嚴升殿服絳紗袍百官朝服

絳紗單衣白紗中單公服紗單衣深衣同制隋制朔日受朝元會及冬令諸祭還服絳紗袍白紗內單拜陵服白紗單衣皇太子謁廟還宮元日朔日入朝釋奠服絳紗袍白紗內單公服絳紗單衣餘官朝服公服無不以紗雖嚴寒之時裏服以裘而表衣則皆用紗唐宋輿服志所載並同於此見古人於繒帛中特以紗爲禮服北史北魏游雅傳載雅年踰七十表求致仕賜靑紗單衣委貌冠委貌爲朝服冠則靑紗單衣爲

朝服矣是當時特賜禮服亦必以紗也鄭註周禮內司服六服皆以素紗爲裏考隋志鞠衣以黃羅爲之靑衣以靑羅爲之朱衣以緋羅爲之則內司服所掌者魏晉以後亦多用紗羅爲表矣推之絳紗蔽膝白紗方心領之類凡附乎朝服公服亦無不以紗也周秦以前制雖莫考而儀禮聘禮贈用束紡據疏以紡爲紗則賓主贈遺之禮古亦以紗爲重矣演繁露引白詩彩動綾袍雁趁行謂唐章服以綾考唐輿服志百官

朝服絳紗單衣白紗中單即具服五品以上陪祭朝饗拜表大事之服也公服絳紗單衣白裙襦即從省服五品以上公事朔望朝謁見東宮之服然則唐代常時章服雖用綾而陪祭朝饗朔望朝謁之禮服則惟用紗演繁露謂唐章服以綾特言其一端耳癸辛雜志載近見客章服有花紗綾絹或素紗者舊聞證誤云今宗室外戚之新貴者或賜花羅公服宣和間又有紗公服然則此亦不異也以上癸辛雜志據此則宋人章服亦有用花紗及素紗者矣

又案太平御覽載蔡克別傳云高平劉整儁才白衣居家車服奢麗謂人曰紗縠吾之常服耳遇蔡子在坐而竟日不自安然則漢晉時猶以常服紗縠爲踰分可知當時非禮服不恒用紗也

一曰縏

廣雅縏絹也玉篇縏縛也類篇引廣雅縏繐絹也

一曰鮮支

急就篇烝栗絹紺縉紅燃註絹一名鮮支廣雅鮮

文絹也

案說文曰縳白鮮色以廣雅及急就篇註證之則鮮色亦即鮮支歟（說文絹縳異字）

一曰縠

說文縠細絹也廣雅縠絹也

案釋名縠粟也其形足足而踧視之如粟也又謂沙縠亦取踧踧如沙也漢書江充傳註曰輕者曰紗縐者曰縠釋名所云如沙如粟皆縐之狀蓋縠即今之縐紗也說文絹繒如麥稩以麥稩爲喻謂不滑易也若縠則如粟如沙又非麥稩可喻矣史記司馬相如傳雜纖羅垂霧縠襞積褰縐紆徐委曲鬱撓谿谷註謂縐中文理茀鬱迴曲有似於谿谷也此文爲能盡縠之狀

釋繒　卷一　四十五

一曰總

廣雅繱絹也魏都賦房子縑總註引廣雅曰總絹也廣韻繱青文細絹集韻繱或作總帛青色一曰輕絹

案周禮巾車朱總註總青黑色以繒爲之總即廣雅所謂絹也說文繱帛青色玉篇以爲青白或以其色似葱而名之歟青白爲總之本色朱總則又染之以朱耳急就篇青綺綾縠靡潤纖師古註青青色也補註爾雅青謂之葱然則總又名青矣

一曰紡

儀禮聘禮賄用束紡註紡絲爲之今之絹也

一曰綃

廣雅綃謂之絹

釋繒　卷一　四十六

一曰縑

後漢外戚傳作縑單衣註即今之絹廣雅縑絹也絹縑也

案後漢書外戚傳註以縑爲絹又考晉令其趙郡中山常山國輸縑當絹者縑一疋當絹六丈絹每疋凡長四十尺以四十尺之縑當六十尺之絹則是縑重而絹輕矣急就篇烝栗絹紺縉紅燃師古註生白繒似縑而疏者也然則縑密而絹疏蓋絹之別不一而縑爲細新論崇學

篇夫絹繭繰以爲絲織爲縑紈績以䌷散則王侯服之據此則絹以縑爲貴然絹之類不獨縑也廣韻云絹縑也似絹止縑之一類矣於制未析

又案宋輿服志云諸受朝服中衣絹五丈領袖緣一丈一尺絹七尺五寸袷袴縑一丈四尺縑二丈單衣及褠袷帶縑各一段絹與縑並賜可知紈同縑得稱絹細別則縑絹異也

又案野客叢書載晉時賞賜絹布絹百匹在所

不論阮瞻千匹溫嶠庾亮荀崧楊珧等皆至五千匹周復唐彬瑯琊王伷等皆六千匹王渾杜預等皆八千匹賈充前後至九千匹王濬何攀等至萬匹王導前後近二萬匹桓溫前後近三十萬匹可驗布帛之多（以上野客叢書）考縑細于絹晉宋以後賜贈貴幸又多以縑如隋書張衡傳賜金帶縑綵六百段長孫平傳賜縑三百匹楊异傳賜縑三百匹梁毗傳贈縑三百匹田德懋傳賜縑二百匹衛元傳賜縑二千匹楊素傳賜縑三千段樊子蓋傳賜縑三千匹竇榮定傳賜縑四千匹其賜贈之數雖無累萬之多而縑貴絹賤縑之少可以當絹之多矣前代多賜絹而後代多賜縑亦可知織絍之細今勝于古亦今繁于古矣又考北史劉芳傳常爲諸生傭寫經論筆迹稱善卷直一縑高熲傳詔獻書一卷賚縑一匹寫經獻書皆酬以縑是當時翰墨之地又雅尚縑也

又案古樂府新人工織縑故人工織素織縑日

一匹織素五丈餘以縑持比素新人不如故考鹽鐵論刺議篇謂織素之價倍縑則是縑雖細緍猶不及紈素矣東觀漢記曰鄭據守正盡節賜據素六十匹由是顯名藝文類聚載班固與弟超書曰今賚白素三匹欲以市月氏馬蘇合香闒登然則漢時重素如此新人僅工織縑已不若故人之能織素乃織素日僅一匹匹計四丈而織素五丈有餘是多少又不若矣故曰新人不如故也又考范子計然曰白素出三輔疋

八百織素之價倍縑則縑直不及八百矣故風
俗通曰縑直數百錢何足紛紛于此見古繒帛
之賤也
又案淮南子齊俗訓縑之性黃染之以丹則赤
考東觀漢記曰楚王英奉黃縑三十五疋白紈
五疋于蜀白紈紈之本色也則黃縑亦性本黃
乎或當時染縑多近於黃東觀漢記可與淮南
子互證

縑一曰繰

廣雅繰謂之縑
案說文繰帛如紺色或曰深繒類篇於帛如紺
色者音七小切於繰謂之縑音子皓切然則說
文廣雅同作繰而音訓異也

紗一曰縠

釋名縠紗也漢書江充傳註輕者爲紗縐者爲縠
後漢書明帝紀詔齊相省氷紈方空縠註引釋名
縠紗也方空者紗薄如空也或曰空孔也即今之
方目紗也文選宋玉神女賦動霧縠以徐步註縠
今之輕紗玉篇縠紗縠
案雜記內子以鞠衣褒衣素沙註素沙若今之
紗縠之帛也夫人稅衣揄翟翟稅素沙註云翟
稅素沙言皆以白紗縠爲裏疏云皆用素紗白
縠爲裏故輕者爲紗縐者爲縠雜記經文但言
紗而註疏皆兼言縠則以縠亦統名紗也
又案子虛賦垂霧縠註霧縠言細好如霧抱朴子
曰勁弩之餘力不能動霧縠亦極言縠質之輕
細也宋玉神女賦動霧縠以徐步兮拂墀聲之

珊珊註縠今之輕紗薄如霧也然則紗已輕而
縠又加輕古以紗爲禮服又以縠爲飾服蓋縠
既極細復爲縐文故姱麗服者多服之漢書江
充傳充衣紗縠單衣董巴輿服志羽林左右監
左右虎賁皆冠鶡紗縠單衣三禮圖五綵方山
冠以綵縠爲之此皆飾服用縠之證也

一曰紡

聘禮賄用束紡疏鄭周禮內司服亦云素沙者今
之白縳也則此束紡者素紗

案釋名紡麤絲織爲之曰疏疏寥寥然也曰疏
疏曰寥寥謂其質薄近於紗矣故賈疏以紡爲
紗也又考急就篇註巳紡而成謂之紗漢書江
充傳衣紗縠襌衣師古曰紗縠紡絲而織之也
賈疏以紗爲紡顏註以紗縠同爲紡絲織二家
之說可以互證
又案急就篇註巳紡而成謂之紗江充傳註謂
紗縠紡絲而織之考後漢書輿服志及古今註
並云合單紡爲一系紡與單相對則紡非單絲
可知呂氏春秋昔吾所亡者紡緇也今子之衣
單緇也以襌緇當紡緇子豈有不得哉考襌緇
卽單緇也方言襌襦或呼單襦故襌衣多作單衣單緇與紡緇對
則紡不單矣潛夫論刺議篇或紡綵絲而縻斷
截以繞臂謂紡合多絲成縷以繞臂也又考左
氏昭十九年傳託於紀鄣紡焉疏紡謂紡切麻
縷急就篇纍繘繩索絞紡纑紡與纍繘繩索絞
纑六種並稱則紡卽纑類明矣師古註云紡謂
紡切麻絲之屬爲纑縷謂紡麻作纑紡絲作縷

也將爲纑縷非雙股絞合不能成蓋紗旣疎目其
就織也若不先紡切成縷則絲單而質不密疎
弱巳甚未可以製服也類篇紗一曰紡纑謂紗
必紡絲爲縷而後織之與師古急就篇註及漢
書註相合賈疏以紗爲紡亦此義也增韻又謂
紡而織之爲縠紗縠一也凡先紡後織者一曰
紬一曰紗一曰縠古今織紝之制各從其宜也
一曰纚
漢書地理志三服官獻冠幘縰註今方目紗江充
傳冠襌纚步搖註纚織絲爲之爲今方目紗也
案儀禮士冠禮緇纚廣終幅長六尺註今之幘
梁也漢之幘梁纚之遺象隋唐之白紗帽烏紗
帽及紗巾帢又幘梁之遺象其並用紗則猶本
於纚耳釋名纚簁也麤可以簁物也令辟經絲
其杼中一間並一間疏疏者苓苓然并者歷辟
者而密此可以喻纚之狀顏註以爲方目紗謂
其目之疎也
絞一曰羅

淮南子齊俗訓有詭文繁繡弱緆羅紈註羅縠
案燕丹子曰羅縠單衣可裂而絕羅縠同類故
齊俗訓註以縠訓羅也
羅縠一曰纖
招魂被文服纖王逸註纖謂羅縠也
案玉篇云縐纖也師古漢書江充傳註云輕者
爲紗縐者爲縠玉篇以縐爲纖亦猶王逸註以
羅縠爲纖歟又考詩蒙彼縐絺傳絺之靡者爲
縐正義絺者以葛爲之其精尤細靡者縐也言

細而縷縐蓋凡爲縐者其絲縷必極細然後能
聚衆文也故縠紗之縐者也王逸釋之曰纖葛
絺之靡者也毛氏釋之曰縐縐與纖相須而成
者也故玉篇亦曰縐纖也
又案拾遺記因祇國獻女工一人被纖羅新繡
之衣又曰孫權夫人織纖羅縠累月而成凡羅
縠皆名曰纖與王逸招魂註可以相證
綃一曰縑
檀弓繆幕魯也註繆縑也繆讀如綃疏云以刺繡
于綃黼
案詩揚之水素衣朱綃正義綃是繒名魯詩以
綃爲綺屬儀禮士昏禮姆纚笄宵註宵讀如詩
素衣朱綃之綃綺屬也特牲禮主婦纚笄宵衣
註宵綺屬也疏謂此綃衣是綾綺之屬禮祀郊
郊特牲繡黼丹朱中衣註謂繡讀爲綃繒名也
正義綃綺屬玉藻元綃衣以裼之註綃綺屬也
文選藉田賦註綃紈綷縩註引鄭氏禮註綃綺
屬也據此皆以綃爲綺屬綺之異于他繒以其

有文也綃爲綺屬則亦有文可知綃又爲縑則
絲細密矣綃又爲生絲則質堅脆矣此綃之本
質也又輕綃一曰輕紫紫薄而疎與縑之緻密
不同故特別之曰輕綃也
又案綃之本質當緻密檀弓繆幕魯也繆即綃
既以綃爲幕其質必密緻乃可以承塵若輕綃
如輕紫則疎漏不能障塵又豈得以之爲幕耶
考後漢書向栩傳栩著絳綃頭綃頭纚幘之遺
狀纚方曰紗也綃頭亦或以輕綃爲之耶檀弓

註以綃爲縑舉其類也急就篇註以綃似縑而疏則又從同類中細别之耳其尤疏者則爲輕綃矣

一曰素

玉篇綃素也

案綃旣爲素則白緻繒也禮有元綃朱綃葢以素質染采耳

一曰䋞

廣雅䋞綃也

一曰絡

廣雅絡綃也

案說文絡粗緒顔師古以絡爲今之綿紬卽說文所云粗緒也廣雅以綃爲䋞絡則綃非細繒而士昏禮及玉藻鄭註皆以綃爲綺屬檀弓註以綃爲縑玉篇以綃爲素則綃爲細繒明矣如廣雅之說絡亦爲綃是今之綿紬亦可通名綃矣於制未詳

一曰綮

漢書元帝紀師古註輕綃今之輕綮也

案洛神賦曰踐遠遊之文履曳霧綃之輕裾註綃輕縠也考綃與輕綃微有别綃之最輕者乃似輕縠也故師古註輕綃云輕紗也洛神賦註引神女賦動霧縠以徐步以霧縠證霧綃謂輕細如霧則霧綃乃卽輕綃也

綺一曰綾

禹貢厥篚織文傳織文錦綺之屬疏織是繒之有文者是綾錦之别名故云錦綺之屬漢書高帝

紀賈人毋得衣錦繡綺縠絺紵罽師古註綺文繒也今之細綾也地理志考其俗彌侈織作氷紈綺繡純麗之物師古註綺文繒卽今之所謂細綾也叙傳在綺襦紈袴之閒師古註綺今細綾也後漢書邊讓傳組綺繽紛註綺綾也

案綺與繡竝稱淮南子齊俗訓綺繡絛組之用吳志華覈傳云但禁綺繡無益之飾是也綺與錦竝稱北魏書韓顯宗傳土木被錦綺北史隋裴矩傳衣錦綺珥金翠者以十萬數勿吉國傳

賜以錦綺是也綺與錦繡並稱匈奴傳錦繡綺縠雜帛八十匹是也選詩餘霞散成綺則綺亦文而采者故近於錦繡也蓋綺爲細綾本質自素而雜染五色則在錦繡之間矣

又案西京雜記載霍光妻遺淳于衍蒲桃錦二十四匹散花綾十五匹綾出鉅鹿陳寶光妻傳其法機用一百二十鑷六十日成一匹匹直萬錢考初學記載繡細文出齊上匹二萬中萬五千散花綾至直萬錢幾與繡文埒然則漢代細文綾特重於諸繒帛故與錦綺爲類

又案師古地理志註綺今之細綾考新唐書輿服志云袴褶之制五品以上細綾及羅爲之六品以下小綾爲之考唐制有大科細綾小科細綾于六品以下言小綾其爲小科細綾乎于五品以上言細綾其爲大科細綾乎師古以綺爲今之細綾則綺爲綾之貴者可知釋名云綺欹也其文欹邪不順經緯之縱橫也綾凌也其文望之如水凌之理也據此則綾綺同類而文理

或稍異唐六典織染署凡織紝之作有十五曰綾八曰綺則綺與綾織作似又不同

一曰羅

招魂羅幬張些王逸註羅綺屬也漢書外戚傳感帷裳兮發紅羅註羅綺也廣韻羅綺也

案西都賦始徐進而羸形似不任乎羅綺蓋極形羸弱雖輕如羅綺尚不能勝七啟振輕綺之飄飄然則綺之輕亦近於羅矣文選長門賦張羅綺之帷幄兮垂楚組之連綱別賦珠與玉兮豔莫秋羅與綺兮嬌上春北史韓麒麟傳士毅

綺羅綺與羅往往並稱亦可知綺質之輕矣

又案文字集畧幌以帛明窻也既以明窻必用薄繒考西京賦交綺豁以疏寮七命曰彫堂綺櫳又曰交綺幌謝朓直中書省詩玲瓏結綺錢皆謂以綺飾窻也飾窻取其明則綺非厚繒可知王逸楚詞註以羅爲綺屬師古外戚傳註以綺爲羅則知綺櫳綺幌乃以紗羅飾櫳幌也足證綺與羅爲類矣

又案師古註綺今之細綾謂綺之厚者也又云羅綺也謂綺之薄者也厚薄皆名曰綺以其文相似也

錦一曰綺

玉篇錦綺也

案錦與綺織文本同不過有先染采後染采之分綺之既染若所謂緗綺紫綺者卽與錦相似矣故玉篇通以錦爲綺也後漢書董卓傳錦綺繢縠紈素積若邱山錦綺往往並稱以其類也此其名義可推者也

深衣釋例序

余曩著經典弁服釋例凡十卷曰爵弁服曰韋弁服曰皮弁服曰朝服曰元端卽禮經所謂善衣也又以深衣爲善衣之次因續著深衣釋例三卷首推原其所用次詳其制度次載[illegible]異者若長衣中衣之類是也方言謂襌衣古之深衣秦漢以後襌衣名義日廣要皆深衣之流別故亦附考焉乾隆四十八年十月二十日興化任大椿書

深衣釋例卷一

興化任大椿撰

深衣爲古養老及燕羣臣之服

王制有虞氏深衣而養老註凡養老之服皆其時與羣臣燕之服有虞氏質深衣而已正義深衣白布衣

案註又云夏而改之尚黑而黑衣裳殷尚白而縞衣裳周則兼用之元衣素裳葢有虞氏最質燕及養老之服不殊衣裳夏殷時衣裳雖殊矣而黑衣者黑裳縞衣者縞裳色自同也至周不特殊衣裳而元衣素裳色又各異於以見文質之變必以漸也又考有虞氏深衣則衣裳並用布殷縞衣裳則衣裳並用絹（正義縞白色生絹）周人朝服則衣布而裳絹惟夏之黑衣裳其用布用絹經註無明文考註云周則兼用之文承黑衣裳縞衣裳之下則周之朝服緇衣用夏之黑也周之朝服素裳用殷之縞也周之朝服衣以緇布卽知夏之黑衣裳亦以布矣葢夏后氏改白布

深衣爲黑衣裳比之深衣則易素而采矣而其用布自同也殷之縞衣裳比之深衣則易布而絹矣而其用白則同也是有虞氏之深衣夏殷亦兼用之也于此見文質之變亦各有所自焉

又案註云諸侯以天子之燕服爲朝服有虞氏燕服以深衣然則有虞氏諸侯朝服亦以深衣歟

又案尚書大傳天子衣服其文華蟲作繪宗彝璪火山龍諸侯作繪宗彝璪火山龍子男宗彝璪火山龍大夫璪火山龍士山龍是大夫與士猶具璪火山龍足見衣服章采至有虞氏爲極盛而其燕羣臣及養老則但以白布深衣抑何質也考明堂位有虞氏服韍註舜始作之以尊祭服葢三代以前惟祭服璪火山龍餘事止服深衣路史後紀有虞氏紀云冕翌紱絑緇衣纁裳卽益稷所云十二章也又云養國老于上庠養庶老于下庠深衣燕禮脫屨升堂卽此經所云深衣養老也又云深衣縕袍以視朝則有虞

氏不特以深衣養老及燕羣臣卽視朝之服亦止以深衣矣周制天子視朝皮弁燕則朝服有虞氏質故朝燕養老皆用深衣也考禮宗云黄帝深究物情始垂衣裳以化天下當是時素風尚近惟白布深衣齊則緇之（禮宗見路史）路史後紀黄帝紀亦云法乾坤以正衣裳制衮冕設斧黻深衣大帶屝屨赤舄元衣纁裳蓋黄帝之世自祭服外惟有深衣大帶而已有虞去黄帝未遠未嘗于深衣之外更增餘服故養老朝燕非服

深衣亦無餘服可服自不得以深衣爲褻也淮南子精神訓文繡狐白人之所好也而堯布衣揜形鹿裘御冬有虞氏之深衣亦猶是堯之布衣也路史後紀云夏禹衣裳細布牟追元冕衣裳皆用細布蓋承有虞氏深衣之質孟子舜爲天子被袗衣鼓琴于華子舜游于巖廊之上被袗衣而鼓五絃之琴趙岐孟子註袗畫也黼黻絺繡也夫鼓琴宴居時也舜于養老朝燕倖服白布深衣而燕居則服黼黻絺繡非所以明質

故袗衣當非畫衣也史記堯乃賜舜絺衣與琴與舜被袗衣鼓琴事適相會然則袗衣或卽絺衣歟賜予止用絺葛布衣可知當時之質故白布深衣在有虞時與周之皮弁朝服同重也

又案有虞氏禮服服深衣未知用何冠正義引前儒之說謂卽用皇冠今考郊特牲太古冠布齊則緇之註唐虞以上爲太古正義太古之時其冠惟用白布常所冠也若其齊戒則染之爲緇據此則唐虞之世非齊則皆用白布冠也有虞旣用白布衣則冠亦用白布冠若皇冠祭冠

也祭冠不施于他服也

又爲諸侯之夕服

詩蜉蝣麻衣如雪箋麻衣深衣諸侯之朝朝服夕則深衣也

士冠禮疏案玉藻云君朝服以日視朝於內朝夕深衣祭牢肉是君朝朝服夕深衣矣

玉藻夕深衣祭牢肉註天子言日中諸侯言夕天子言餕諸侯言祭牢肉互相挾

案陸農師謂天子夕服亦深衣其說初若可信覆思之則未合玉藻於天子但云元端而居於諸侯則云夕深衣可知天子夕服不服深衣矣玉藻元端而居註云天子服元端燕居也鄭但言燕居不言夕蓋言燕則通於夕矣易君子以嚮晦入宴息鄭註云晦宴也猶人君既夕之後入燕寢而止息是燕時卽夕時也夏官道僕掌馭象路以朝夕燕出入是燕兼朝夕而言鄭以元端爲燕居服卽以元端爲夕時服也蓋燕實

統夫夕也玉藻夕深衣祭牢肉註云天子言日中諸侯言夕天子言餕諸侯言祭牢肉互相挾謂天子日中而餕諸侯亦日中而餕諸侯夕祭牢肉天子亦夕祭牢肉故云互相挾如天子夕服深衣註何不云天子言元端諸侯言深衣亦互相挾耶陳氏禮書謂詩三事大夫莫肯夙夜邦君諸侯莫肯朝夕夙先于朝夜後于夕于此見天子日有萬機凡在朝者不特夕以繼朝且夜以繼夕焉天子夕服元端蓋勤政之心雖夕無懈故聽治之服雖夕不釋也左傳成十三年傳百官承事朝而不夕註云不夕言無事也此爲諸侯言之也（上文云諸侯閒于天子之事則相朝也）諸侯事簡于天子故云不夕（左氏昭二十二年傳右尹子革夕註云夕莫見哀十四年傳子我夕疏云夕見君晉語叔向聞之夕註云夕至于朝此所云夕非常典也）事從簡則服從便夕服深衣不敢同於天子之元端也尚書大傳古者后夫人將侍於君前息燭後舉燭至于房中釋朝服襲燕服註燕服褖衣夫云前息燭後舉燭則夕時也褖衣則夕服天子不

與諸侯夕服同深衣而天子之后乃與諸侯夫人夕服同褖衣者蓋夫人於君有尊卑之義以夕接見必服禮服其服褖衣與后同所謂禮窮則同也天子燕息並服元端諸侯燕服元端夕服深衣大夫士私朝燕夕並深衣此其差也又案晏子諫下篇景公爲巨冠長衣以聽朝日晏不罷晏子曰日晏矣君不若脫服就燕夫日晏就燕而必云脫服可知諸侯別有夕服矣既云夕服或可惟意所適左氏昭十二年傳楚子

次于乾谿以爲之援雨雪王皮冠秦復陶翠被
豹舄執鞭以出右尹子革夕王見之去冠被舍
鞭註云敬大臣夫楚子于夕時見子革去冠被
而不去復陶則以復陶爲夕服未始非將敬矣
復陶卽罽襢褕之屬近于深衣而異其質耳玉
藻云夕深衣言其常也若因事異服則非禮經
所及載矣

又爲遊燕之服

詩羔裘逍遙正義遊燕之服于禮無文不過用元

端用深衣而已必不得用朝服

案隋志天子宴私著白高帽又云白紗高屋帽
其服練裙襦烏皮履宴接賓客則服之唐六典
進德冠九璂加金飾其常服及白練裙襦通著
之唐書車服志亦云常服則有白裙襦其云宴
私及常服及宴見賓客卽孔正義所云游宴也
白練裙襦近于古之深衣于此見隋唐制度雖
于游燕冠服亦有定式晏子諫下篇景公爲西
曲潢公衣黼黻之衣素繡之裳一衣而五采具
焉帶球玉而冠南面而立晏子諫以矜衣服之
麗夫立當西曲潢則所謂游燕時也而服黼黻
之衣乖制已甚比檜君之以朝服燕殆有甚焉
孔正義謂服元端或深衣益酌時制不失經義
也

又案六朝之制不特天子游燕服制倣古之深
衣卽侍游宴者亦同南史齊豫章文獻王嶷傳
宋元嘉制諸王入齋閤得白服裙帽見人主惟
太極四廂乃備朝衣自此以來此事一斷上與

嶷同生相友睦宮內曲宴許依元嘉嶷固辭不
奉敕惟駕幸第乃白服烏紗帽以侍宴焉考白
服卽白布深衣之遺制也宮內曲宴許依元嘉
故事則君臣皆白服裙帽卽詩羔裘逍遙正義
所謂遊燕之服得服深衣也嶷固辭者以大夫
士夕于君旣服朝服元端則侍遊燕亦不敢不
以禮服也然駕幸第則又白服以至尊臨臣家
而服私朝夕服以侍宴于禮恐反未安爾

又爲大夫士私朝夕服及家居之服

士冠禮疏玉藻云朝元端夕深衣朝時不朝服與君不同故鄭註云謂大夫士也則彼朝元端夕深衣是大夫士家私朝也

玉藻朝元端夕深衣註謂大夫士也正義朝元端夕深衣者謂大夫士早朝在私朝服元端夕深衣在私朝及家也上文云君朝服日出而視朝夕服深衣祭牢肉此云朝元端與君不同故知是大夫士也以視私朝故服元端若朝君之時則朝服也若大夫莫夕蓋亦朝服其士則用元端故士冠禮

註曰元端士莫夕于朝之服也其私朝及家大夫士夕皆深衣也

案玉藻疏夕深衣在私朝及家也考私朝亦以家名魯語合家事于內朝韋昭註家大夫也內朝家朝也玉藻鄭註私朝自大夫家之朝也然則私朝亦統于家孔正義乃分私朝與家為二沓考國語魯語公父文伯之母如季氏康子在其朝與之言弗應從之及寢門弗應而入註云入康子之家是旣過私朝而後及寢門依韋昭註乃明以寢門外為朝寢門內為家也孔疏于夕深衣別私朝與家謂夕居寢門外或居寢門內皆服深衣也其在寢門內惟早朝父母不服深衣內則子事父母雞初鳴咸盥漱櫛縰笄總拂髦冠緌纓端韠紳搢笏註云端元端士服也是在燕寢亦服元端矣蓋于父母異其禮也內則于子事父母不著夕服以其早服元端則夕服深衣可知矣後漢書趙孝傳孝為郎每告歸常白衣步擔告歸白衣則大夫士家居深衣之

遺制也

附考私朝

案大夫士私朝當即在大夫士之寢門外天子及諸侯之朝既在路門外則大夫士之私朝亦宜其在寢門外矣玉藻云將適公所宿齊戒居外寢下云乃出揖私朝則私朝在外寢之門外可知魯語公父文伯之母如季氏過私朝乃繼云及寢門亦一證也

又為道路之服

聘禮歸使衆介先衰而從之註吉時道路深衣
又爲庶人之吉服
大司徒六曰同衣服註民雖有富者衣服不得獨
異疏士以上衣服皆有采章庶人皆同深衣而已
故曰民雖有富者衣服不得獨異竝皆齊等也
內則端韠紳註端元端士服也庶人深衣也正義
以深衣是服之最下者庶人是人之最賤者故知
服深衣也
深衣目錄正義庶人吉服亦深衣皆著之在表者

也
深衣善衣之次也註善衣朝祭之服也自士以上
深衣爲之次庶人吉服深衣而已正義自深衣以
後更無餘服故知是庶人之吉服
案雜記註麻衣白布深衣深衣註庶人吉服深
衣考馬縞古今註及唐書輿服志竝云侍中馬
周取深衣之造加襴衫爲庶人之衣盖本鄭註
庶人深衣之義但考管子立政篇刑餘戮民不
敢服絲然則非刑餘戮民可以服絲矣又春秋

繁露服制篇散民不敢服采刑餘戮民不敢服
絲然則散民不敢服采耳絲得服也又繁露度
制篇古者庶人衣縵縵無文帛也又尚書大傳
命民得乘飾車駢馬衣文錦未有命者不得
衣不得乘乘衣有罰庶人墨車單馬衣布帛然
則命民亦得衣文矣不命之民亦得衣帛與鄭
註庶人白布深衣異說今考士婚禮註士而乘
墨車攝盛盖士庶人往往有攝盛之事鄭註深
衣爲庶人之服言其常服皆布也若行盛禮或

當攝盛則衣絲也（唐六典庶人婚假以絳公服云絳公服即絳紗单衣也云假即攝盛也此庶人攝盛之證也）若刑餘戮民竝不得攝盛矣
管子春秋繁露尚書大傳謂庶人衣絲非常制
也周禮閭師凡庶民不蠶者不帛疏引孟子曰
五十可以衣帛以不蠶故身不得衣帛然則不
蠶雖五十不得衣帛蠶而未五十亦不得衣帛
則庶人布深衣其常也博物志曰古者男子皆
絲有故乃素服直以不衣絲爲有故則誤矣考
深衣爲白布衣故庶人或曰布衣或曰白衣鹽

鐵論古者庶人耄老而後衣絲其餘則麻枲而已故命曰布衣孔叢子儒服篇子高衣長裾振褎袖方屐麄翣見平原君君曰吾子亦儒服乎子高曰此布衣之服非儒服也管子立政篇白徒三十人奉車兩輕重戊篇君其率白徒之卒呂氏春秋決勝篇雖厮輿白徒方數百里皆來會戰高誘註厮役輿衆白衣之徒漢書龔勝傳聞之白衣戒君勿言也師古曰白衣給官府趨走賤人若今諸司亭長掌固之屬凡此或云布

衣或云白衣皆庶人白布深衣之證後漢書趙岐傳岐死命子爲布單白衣葬之蓋岐雖通顯而特欲以庶人之服終也三國魏志管寧傳寧在遼東所有白布單衣親薦饌饋蓋寧隱居不仕雖四時祠祭猶著庶人之服也南齊書魚服侯子響傳子響乃白服降蓋欲自降于庶人故白服也隋書輿服志庶人衣白通考太平興國七年李昉奏唐天成三年令後庶人工商只著白衣並與庶人白布深衣之制相合隋書輿服

志又載五品以上通著紫六品以下兼用緋綠胥吏以青庶人以白屠商以皂士卒以黃是白尊于皂然則白服在六朝尚非至賤之服也

又案宋書輿服志今國子太學生服單衣以爲朝服新唐書車服志國子太學四門生俊士參見服白紗單衣（宋書輿服志云單衣古之深衣也）凡此既非在位又異庶人其服亦與深衣相近隋書輿服志隱居道素之士被召入謁見者白單衣是雖奉特召猶不敢同于已仕者之服也新唐書車服

志又云中書令馬周上議禮無服衫之文三代之制有深衣請加襴袖褾襈爲士人上服開胯者名曰缺胯庶人服之是同一深衣而有襴者與缺胯者復異蓋欲于未仕之中區別貴賤也其云缺胯當卽古今註所謂開爲兩胯者也此又深衣之變制矣

又案深衣尊卑共服吉凶通用故冠無定式惟是鄭註既以深衣爲庶人之服今亦以庶人之制推之詩彼都人士臺笠緇撮正義以爲庶人

冠緇布冠或元冠考儀禮喪服記朋友麻註曰庶人不冠爵弁則冠素委貌夫委貌卽元冠也素委貌則易元而素耳庶人弔服深衣而素冠則吉服深衣而元冠可知矣而呂覽上農篇云庶人不冠弁釋名謂士冠庶人巾則是庶人不冠矣或者爲後世之制歟其不冠者或以幘蔡邕獨斷幘者古之卑賤執事不冠者之所服也或以巾宋書輿服志居士野人皆服巾焉後漢書蔡義傳郤事逼切不得已解巾之郡註巾幅巾也既服冠冕故解幅巾郭太傳註引周遷輿服雜事曰巾以葛爲之形如帢本居士野人所服韓康傳及見康柴車幅巾以爲田叟也或以帞隋書輿服志云帞古野人之服凡此皆所謂庶人不冠弁也隋志又謂庶士冠元冠註云庶士庶人在冠者是庶人戴巾幘庶士冠元冠同一服單衣卽深衣制而冠與不冠復異又考魏晉以後不仕者之服或以皮弁三國志魏文帝紀裴松之註引魏書云楊彪著布單衣皮弁以見單衣卽深衣也彪衣深衣而冠皮弁欲同于不仕者之服也葢深衣無常冠故冠弁與巾幘或同

施焉

又案深衣之帶亦不見于經今竝以庶人之制推之玉藻居士錦帶弟子縞帶居士弟子服深衣則深衣似當用縉帶矣故家禮謂深衣帶用縉然考淮南子脩務訓布衣韋帶之人過者莫不左右俾倪而掩鼻說苑大王常聞布衣韋帶之士乎漢書賈山傳布衣韋帶之士師古曰韋帶以革韋爲帶無飾也後漢書周槃傳嘗誦詩至汝墳之卒章慨然而嘆乃解韋帶就孝廉之舉註以韋皮爲帶未仕之服也求仕則不服革帶故解之阮嗣宗詣蔣公奏記夫布衣窮居韋帶之士馬縞古今注古革帶自三代以來降至秦漢皆庶人服之是庶人之帶類以革韋也宋書輿服志云今單衣裁制與深衣同惟絹帶爲異然則深衣之帶在當時不用絹明矣葢帶有二曰紳帶曰革帶庶人服深衣或不能備二帶歟

又爲親始死之服

既夕禮主人啼兄弟哭註于是始去冠而笄纚服
深衣檀弓羔裘元冠者易之而已
檀弓羔裘元冠者易之而已正義始死則易去朝
服著深衣故云易之
喪服小記正義凡親始死將三年而皆去冠笄纚
如故十五升白布深衣其婦人則去纚衣與男子
同不扱衽曾子問云女改服布深衣縞總以趨喪
鄭註云婦人始喪未成服之服
問喪扱上衽註上衽深衣之裳前正義言親始死

朝服易之故如著深衣
案士喪禮男女改服註云爲賓客來問病亦朝
服庶人深衣蓋庶人于賓客問疾時本服深衣
于親始死時亦服深衣無所易也檀弓羔裘元
冠者易之而已爲士以上言之也經文特云羔
裘元冠者所以別于不羔裘元冠者也此士與
庶人之異也
又案戴德喪服變除載始有喪自小功以上皆
服布深衣十五升然則白布深衣不特爲親始

死之服也今畧舉變除禮大端如云斬衰三年
者始有父之喪齊衰三年者父卒始有母之喪
齊衰杖周者父在始有母之喪于既襲皆服白
布深衣扱上衽齊衰不杖周者始有祖父母之
喪齊衰三月者始有曾祖父母之喪大功親長
中殤七月無受者始有昆弟長殤之喪小功五
月無受者始有叔父下殤之喪于既襲並服白
布深衣不扱衽惟服緦麻三月者族祖父母始
死朝服不深衣考唐開元禮云內外皆素服註

云素服謂有服者白布十五升無服者不服列
采則常所服素衣據此則緦麻三月有服者也
即當服白布深衣矣與變除禮微異似當以開
元禮爲正
又案變除禮始有喪服白布深衣不特男子也
即婦人亦同如斬衰三年妻爲夫妾爲君既襲
服白布深衣扱上衽齊衰三年者女子子在室
父卒爲母深衣不扱衽蓋男子于不杖周以上
深衣皆扱衽女子于齊衰三年深衣已不扱衽

矣此男子婦人之差也唐開元禮宋政和五禮新儀明會典男子于始喪仍白布深衣之制婦人則易白布衣爲青縑衣于制未合

又爲奔喪未成服之服

奔喪括髮袒註括髮袒者去飾也未成服者素委貌深衣已成服者固自喪服

案開元禮政和五禮載奔喪禮初聞喪皆服布深衣青儀云服白布衫白布衫卽深衣也

又案雜記大夫士將與祭于公旣視濯而父母

死則猶是與祭也次於異宮旣祭釋服出公門外哭而歸其他如奔喪之禮又云如諸父昆弟諸姑姊妹之喪則旣宿則與祭卒事出公門釋服而後歸其他如奔喪之禮以吉時論之在廟祭服釋祭服則服朝服此旣聞喪則釋服當服深衣也經明云其他如奔喪之禮謂釋服以後皆如奔喪之禮也奔喪註旣云未成服者素委貌深衣則此釋服後服亦當布深衣可知儀禮聘禮聘使有私喪歸而反命出公門釋服鄭注以爲釋服服深衣曾子問婚親迎在塗聞齊衰大功之喪男女皆改服正義謂服深衣然則當祭聞親喪釋服服深衣尤可例推此雖不見於經註而註旣云如奔喪之禮故亦于奔喪條下附證之

又案聘禮赴者未至則哭於巷衰於館又云若有私喪則哭於館衰而居謂聘使聞本國之喪及親喪也初聞喪不服深衣而服衰則當已成服之後可知

又爲親殯時之服

曾子問共殯服註此謂君已大斂殯服謂布深衣苴絰散帶垂殯時主人所服共之以待其來也正義按士喪禮云小斂苴絰大鬲散帶垂又禮親始死布深衣至成服以來其服不改故知殯服布深衣苴絰散帶垂

又爲殯後君弔反未殯之服

喪大記君弔則復殯服註復反也反其未成服之服新君事也謂臣喪旣殯後君乃始來弔也正義

其服則免布深衣也

案上文云大夫上既殯而君往焉與此節既殯君始來弔正同上註云大夫殯卽成服成服則君亦成服錫衰而往弔之似君因大夫已服衰絰而始服錫衰者此文云復殯服謂既殯君雖服錫衰而弔而主人自反服深衣則上註所云大夫殯卽成服乃指殯後爲成服之節耳非謂君于其時來弔主人卽服衰絰也故上註必以此文證之其義乃備

又爲既祥之服

閒傳又期而大祥素縞麻衣註麻衣十五升布深衣也謂之麻者純用布無釆飾也

喪服小記正義既祥乃服十五升布深衣領緣皆以布

案魏書禮志高祖服文明皇后期而祥祭服縞冠皁朝服既祭進縞冠素紕白布深衣麻繩履云縞冠皁朝服卽所謂縞冠朝服也云縞冠素紕白布深衣卽所謂既祥素縞麻衣也雖易期而祥未能盡從三年之禮而素縞麻衣則猶是祥服之遺制也

又爲除喪受弔之服

檀弓將軍文子之喪既除喪而後越人來弔主人深衣練冠待于廟垂涕洟註深衣練冠凶服變也

正義深衣是既祥之麻衣練冠謂未祥之練冠

案雜記云凡喪服未畢有弔則爲位而哭拜踊正義謂喪服將終猶有餘日未滿此受弔于除喪之前既著哭拜踊之節而不著受弔之服者考喪服自練至祥

服大功之衰若于祥前來弔自服功衰無取變服不變服故不申言所服也若然檀弓云既除喪則是在祥後祥後受弔服深衣亦非變服經文乃申言之者蓋除喪二字兼包祥禫及卽吉之後若卽吉之後則不復服深衣縞冠矣或者越人來弔已在卽吉之後主人已服吉服而還服深衣則爲變服經故並與練冠特著之耳此又當與雜記對參也

又案雜記既祥雖不當縞者必縞然後反服註

謂有以喪服贈賵來者雖不及時猶變服服祥祭之服以受之重其禮也其於此時始弔者則衞將軍文子之喪爲之是矣反服反素縞麻衣正義云始弔者雖除喪猶練冠而受弔則衞將軍文子之子是也此乃重至故主人著縞冠輕於練冠今考雜記正義謂縞冠輕於練冠是也然註又云反服服素縞麻衣是主人于其時已服深衣矣主人卽冠縞冠以示輕又何至並釋其祥服之深衣而服全吉之朝服哉卽以爲輕

當不至如是之甚也註明以縞冠朝服爲祥後受贈賵之服練冠深衣爲除喪受始弔之服則以贈賵與弔有殊也少儀賵馬入廟門註云以其主於死者荀子曰贈襚所以送死也是贈賵皆施於死者也因其施於死者故旣祥受以祥祭之服所以通於神明之道也雜記云主人之史請讀賵謂讀於殯前也今贈賵者雖至自祥祭之後而主人受之若不啻其讀于殯焉故服祭死之服卽註所云重其禮也若弔則異是曲禮曰知生者弔又曰知生而不知死弔而不傷是弔施於生者也檀弓衞將軍文子之喪旣除喪而越人始弔禮主弔生故但受以生者未除之服深衣而加練冠亦云重矣葢二者皆受禮于服除之後故特變其服惟欲變其服亦各視其事以命服焉贈賵與弔事異服殊不分輕重也

又爲公子爲其母與妻之服

喪服記公子爲其母練冠麻麻衣縓緣爲其妻縓

冠葛絰帶縓緣皆旣葬除之註此麻衣者如小功布深衣爲不制衰裳變也詩云麻衣如雪疏知此麻衣如小功布深衣者案士之妾子父在爲母期大夫之妾子父在爲母大功則諸侯妾子父在小功爲不制衰裳變也者以其爲深衣不與喪服同也詩云麻衣如雪者彼麻衣十五升布深衣與此小功布深衣異引之者證麻衣之名同取升數則異也

案疏謂士之妾子父在爲母期大夫之妾子父

在爲母大功則諸侯妾子父在爲母小功此例之旁推者也今仍自公子之身推之喪服大功章公之庶昆弟爲母傳曰先君餘尊之所厭不得過大功是公子父卒則爲母大功然則父在當爲母小功明矣不爲制小功衰裳而服小功深衣分彌尊厭彌深也

又案宋書禮志南平王鑠所生母吳淑儀薨依禮無服麻衣練冠既葬而除有司奏古者與尊者爲體不得服其私親而比世諸侯咸用士禮

五服之內悉皆成服于其所生反不得遂于是皇子皆申母服此則後世通變之制也晉書禮志晉孝武帝淑媛陳氏卒皇太子所生也徐邈議王公妾子服其所生母練冠麻衣既葬而除非五服之常則謂之無服從之據此則晉宋以後制各不同也

又爲親迎女在塗聞婿父母死趨喪之服

曾子問親迎女在塗而婿之父母死如之何孔子曰女改服布深衣縞總以趨喪註布深衣縞總婦人始喪未成服之服

又爲女在塗聞其父母死趨喪之服

曾子問女在塗而女之父母死則女反服正義于時女亦改服布深衣縞總反而奔喪

又爲女未至遭婿衰功之喪男女易吉之服

曾子問如婿親迎女未至而有齊衰大功之喪則如之何孔子曰男不入改服于外次女入改服于內次然後卽位而哭正義女既未至聞婿家有齊衰大功之喪則廢其昏禮男女變服就位哭男謂

婿也不入大門改其親迎之服服深衣于門外之次女謂婦也入大門改其嫁服亦服深衣于門內之次男女俱改服畢然後就喪位而哭謂于婿家爲位也

又爲聘使聞私喪既反命之服

聘禮若有私喪則哭于館衰而居不饗食歸使衆介先衰而從之疏既以朝服反命出門去朝服還服吉時深衣三日成服乃去之

案宋書載晉令曰乘傳出使遭喪以上卽自表

問聽得白服乘驛車到副使擇事所謂白服即深衣也聘禮使者于反命之後始服深衣晋令使者白服不著所服之時或不待反命後歟

又爲庶人之弔服

喪服朋友麻註庶人不爵弁則其弔服素冠委貌疏云庶人不爵弁者則其冠素委貌不言其服則白布深衣庶人之常服又尊卑始死未成服以前服之故庶人得爲弔服也

檀弓正義其庶人鄭註喪服云庶人不爵弁則其

弔服素冠委貌鄭註不顯所著之服文承疑衰素裳之下則庶人亦用疑衰或者庶人布深衣當服布深衣冠素委貌也

案周禮王爲三公六卿錫衰爲諸侯緦衰爲大大夫士疑衰譙周曰諸侯弔卿大夫錫衰弔士疑衰卿大夫弔服以錫衰士弔服以疑衰儀禮賈疏庶人以白布深衣爲弔服蓋弔服以疏密爲重輕之殺錫衰緦衰皆七升半布縷疏于服爲重疑衰十四升布縷密于服爲輕至深衣十五升布則彌輕矣大夫以上尊弔服服錫衰緦衰情彌伸也士庶人卑弔服服疑衰深衣不得伸其情也故弔服以錫衰爲至重深衣爲至輕而服之者亦于以別貴賤焉魏晋以後自天子至庶人弔服一用深衣晋書輿服志曰天子素服白帢單衣宋書禮志曰古者君弔服皮弁疑衰案此語誤禮有錫衰緦衰疑衰今以單衣白帢爲弔服單衣古之深衣也隋書禮志梁制單衣白帢以代古之疑衰皮弁爲弔服此皆以深衣爲弔服與古

之庶人弔服同此古今之變也

又案隋志既云皇帝臨臣之喪三品以上服錫衰五等諸侯緦衰四品以下疑衰又云白帢白紗單衣爲羣臣舉哀則服之讀禮通考謂隋制備列三等之衰復言白帢單衣舉哀者蓋以白帢單衣代古之疑衰此義未當隋志既云爲四品以下服疑衰矣又何爲別以單衣代疑衰乎蓋古者有弔服有哭服親見尸柩弔臨之服也周禮所云錫衰緦衰疑衰是也不見尸柩弟爲

舉哀之服則檀弓所云天子哭諸侯爵弁絰衣是也隋志前列三衰謂弔服也後列白帢單衣謂哭服也白帢單衣所以代爵弁絰衣非以代疑衰也白帢單衣卽深衣也弔用衰而哭用深衣哭服輕于弔服也隋制在六朝最爲近古此其一端

又爲童子趨喪之服

玉藻童子無緦服聽事不麻註雖不服緦猶免深衣無麻往給事也

案戴德喪服變除童子當室謂十五至十九爲父後持宗廟之重者其服深衣不裳其餘與成人禮同禮不爲未成人制服者爲用心不能一也其能服者亦不禁衰絰據此說則童子不特無緦服並不爲五服制服但深衣耳然喪大記子幼則以衰抱之是童子服衰斬矣儀禮喪服爲姑姊長殤在大功則是童子有大功服矣爲昆弟下殤在小功則童子有小功服矣當室緦則是童子亦問服緦服矣而戴氏概謂服深衣于經義未合況爲昆弟下殤有服則服昆弟者
（少）必下殤之年于下殤之年已制功衰而戴氏謂自十五至十九猶以深衣代喪服非也晉劉智謂八歲制服其說頗允喪服爲昆弟下殤小功謂與下殤之昆年雖相當而月日稍後耳非謂年亦次于下殤也若年次下殤則僅六七歲安能服殤耶吳射慈云六七歲其姊死止著布深衣此其差也葢童子自八歲以上止服齊斬自八歲以下五服通制服惟不服緦然雖不服

緦猶服深衣也又考宋崔凱云童子始有親喪去首飾（首飾卷幘緇頭之類也）服十五升白布深衣以至成服然則童子未成服與成人亦同服深衣可知童子于當制服者其成服未成服並與成人同也

附通說

案深衣不在禮服之內故用于吉事者少而深衣實以通衰服之窮故用于凶事者多子朱子及文信國皆有吉凶通服之說玆故取經註所

載備列爲綱而其不見于經註者尚多如風俗通義載平原相封子衡葬母故侍御史胡母季獨還相候求欲作衰謂君不爲子衡作吏何制服焉因爲裁縞冠幘袍單衣（單衣即深衣下稱單衣者並同）續漢書禮儀志送喪禮百官皆衣白單衣白幘不冠王美人傳公卿皆白衣會不成喪晉書禮志文帝之喪武帝亦遵漢魏之典既葬除喪然猶深衣素冠南史司馬筠傳安成太妃陳氏薨江州刺史安成王秀荊州刺史始興王憺並以慈

母表解職不許周捨議二王諸子宜以成服日單衣一日受弔隋書禮志梁天監三年祠部郎司馬褧牒貴嬪母車亡宜準公子爲母麻衣之制既葬而除帝從之通典載漢德曰總衰七月之服諸侯之大夫始聞喪白布深衣十五升哭射慈曰始聞喪去吉冠著素弁十五升布深衣又載魏時禮官議服除始哭陵自可服深衣白帢又載東晉時江啓表墳墓毀發不得奔赴及已修復沓惟心喪縞素深衣白帢王褘擬元儒

林傳謂朱子之喪門人用細麻深衣而布緣孔門喪夫子若喪父而無服則以喪父服除之服（謂大祥除服之後服素縞麻衣即深衣也）爲若喪父無服之服其純用素可也凡此皆所謂無服之服爲經註所不及詳姑撮其畧于此亦可知深衣通衰服之窮不一其類矣

深衣釋例卷二

興化任大椿撰

深衣用布十五升

詩蜉蝣麻衣如雪正義雜記朝服十五升然則深衣之布亦十五升矣

深衣注深衣者用十五升布鍜濯灰治

間傳註麻衣十五升布深衣也

案喪服記公子爲其母麻衣註麻衣小功布深衣考小功布十升十一升十二升此凶服之深

衣也晏子雜下篇晏子相齊衣十升之布吉服而衣小功之布近于凶服非禮也蜀都賦布則蜘蛛作絲不可見風筩中黃潤一端數金常服而衣用數金之布近于冶服非度也故深衣用十五升布所以制過不及也

又案麻必六升以下始成布故間傳云斬衰三升既虞卒哭受以成布六升冠七升爲母疏衰四升受以成布七升冠八升是六升以下始成布也而布必十五升始成吉布疑衰十四升猶以疑名則未成爲吉也檀弓子游爲之麻衰正義麻衰乃吉服十五升蓋雖以衰名而用十五升布則必別之曰麻衰麻衣如雪即吉服深衣是也獨斷冕用三十升布當即所謂秭歸貢布織至數十升者細密已甚非冕弁尊服不敢用士冠禮曰太古冠布謂冠白布冠也深衣用白布乃與太古冠布同皆以尚質也質故僅用十五升布謂其始成吉布則亦可以爲吉服矣路史後紀黃帝服深衣大帶是未有皮弁朝服先

有深衣故皮弁朝服之升數一以深衣爲度

又案布升數不同而縷數則無異縷數雖無異而縷之疏細又或不同雜記註士爲父麤衰斬謂縷如三升半而三升爲母五升縷而四升爲兄弟六升縷而五升據此則縷數雖同而麤細各異也深衣布十五升升八十縷其縷之麤細無明文考雜記朝服十五升去其半而緦註緦精粗與朝服同又鄭喪服註云去其半而緦如絲也然則緦之縷如絲朝服之精粗與緦同則

其縷亦如絲矣詩蜉蝣正義謂朝服十五升深衣亦十五升是深衣與朝服同然則深衣之縷亦當如絲也蓋升愈多則縷愈細故雜記註謂三升半之縷細于三升五升之縷細于四升六升之縷細于五升也十五升之布爲一千二百縷幅止二尺二寸非縷細如絲不能容也故吉布之縷近于緦矣

又案深衣註云深衣用十五升布鍛濯灰治考㡛氏湅帛以欄爲灰渥淳其帛王昭禹謂燒欄

木爲灰煮而孰之使泊厚然則布之煆濯灰治當與帛同蓋以水和灰渥之淳厚因而煮之使孰也函人曰凡甲鍛不摯則不堅已敝則橈深衣註鍛濯之鍛與鍛甲之鍛同謂既濯之而又鍛之也喪服傳澡麻註云澡者治去莩垢正義云使之滑易然則布既濯之以灰而鍛之其莩垢又兼治之惟事吉布乃備此四者之功喪服記曰斬衰冠鍛而勿灰正義云加以水濯勿用灰然則六升布以上雖鍛濯而勿灰鹽鐵論浣布以灰浣即濯也蓋吉布濯必兼灰也喪服記又曰無事其縷有事其布曰錫註曰錫者不治其縷緦者不治其布惟吉布乃兼治縷與布也

衣與袂各二幅皆二尺二寸袪尺二寸

詩羔裘豹袪傳袪袂也本末不同釋文袂末也袂與袪別此以袪袂爲一者袂是袖之大名袪是袖頭之小稱

深衣袼之高下可以運肘註肘不能不出入袼衣袂當掖之縫也正義袼謂當臂之處袂中高下宜

稍寬可以運動其肘袂二尺二寸肘尺二寸是云運肘也

袂之長短反詘之及肘注袂屬幅於衣詘而至肘當臂中爲節臂骨上下各尺二寸則袂肘以前尺二寸正義袂長二尺二寸并緣寸半爲二尺三寸半餘去其縫之所殺各一寸餘有二尺一寸在從肩至手二尺四寸今二尺一寸之袂得反屈及肘者以袂屬於衣幅濶二尺二寸身尺至肩各尺一寸也從肩覆臂又尺一寸是衣幅之畔覆臂將盡

今屬袂於衣又二尺一寸半故反屈其袂得及于
肘也以上二條在玉藻之後
玉藻袂可以回肘注二尺二寸之節
袪尺二寸注袂口也正義謂口之外畔上下尺二
寸也
案喪服衣二尺有二寸注此謂袂中也言衣者
明與身參齊二尺二寸其袖足以容中人之肱
也疏袂所以連衣爲之衣即身也兩旁與袂中
央身總三事下兩畔皆等故變袂言衣欲見袂

與衣齊也攷深衣袂二尺二寸袪尺二寸既皆
與喪衰合則衣亦二尺二寸與袂參齊並同喪
服可知說文云褍衣正幅蓋通朝祭喪服及深
衣言之不特元端也
又案註袼衣袂當掖之縫也攷玉篇袼掖下縫
也蓋本鄭註又廣雅胳謂之腋在身則謂之胳
在衣則謂之袼胳既謂之腋則袼爲當掖之縫
審矣衣二幅各二尺二寸據孔疏從身至肩一
尺一寸從肩至臂亦一尺一寸兩相共四尺四

寸則衣幅盡處當兩臂袂幅與衣幅相接處亦
當兩臂也臂內廉正當掖下註以袼爲當掖正
義以袼爲當臂當臂即當掖故說文曰臂掖下
也又文選盧湛詩註引埤蒼腋在肘後則肘亦
在腋下矣文殊師地問菩薩署經音義引埤蒼又曰腋下肘後也是肘在掖下也
說文謂臂在掖下埤蒼謂肘在掖下肘臂一也
衣與袂幅兩相連屬處必有縫其縫即名曰袼
此袼在掖下當肘臂也袂本爲袼袂末爲袪袼
二尺二寸以肘之出入必由于當肘之袼故宜

寬也袪尺二寸以袪近手取其便于奉持故宜
狹也
又案衣幅袂幅雖不同而衣與袂又通稱喪服
記衣二尺二寸註以爲文在袂屬幅之下則袂
也而通言衣矣
又案正義衣幅闊二尺二寸身尺至肩各尺一
寸也從肩覆臂又尺一寸是衣幅之畔覆臂將
盡今屬袂于衣又二尺一寸半故反屈其袂得
及於肘攷臂下至手一尺二寸則臂下二尺一

寸半之袂覆過于手者約一尺有奇無事則垂之有事則反屈之其反屈約以及臂爲度故管子弟子職曰凡拚之道實水於盤攘臂袂及肘注云恐濕其袂且不便于事也云攘臂袂卽反屈袂也云攘臂袂及肘卽反屈袂及肘也攘臂袂及肘句原本袂作袪攷說文玉篇類篇並無袂字當爲袂字之訛本注明云恐其濕袂可知本文袪之爲袂也淮南子人閒訓以戈推之攘袪薄掖考掖下肘後也攘袪薄掖卽反屈袂及肘也以是知反屈袂皆以及肘爲節也

又案正義謂袂幅各二尺一寸半者蓋袂幅本全二尺二寸兩旁各殺一寸止餘二尺更加緣一寸半爲二尺一寸半據此則深衣之袂削幅矣但考深衣云袂之長短反屈之及肘註明云袂屬幅于衣是深衣之袂本屬幅也凡屬幅者其邊幅不旁殺儀禮喪服記云袂屬幅註云屬猶連也連幅謂不削賈疏云凡用布爲衣物及射侯皆去邊幅一寸爲縫殺今此屬連其幅則不削去其邊幅取整幅爲袂士喪禮記云明衣裳袂屬幅註屬幅不削幅也賈疏用布皆削去邊幅旁一寸惟此不削幅據此皆以不削幅爲屬幅深衣注既云袂屬幅則袂全二尺二寸加緣寸半爲二尺三寸半也孔云二尺一寸半蓋未會註中屬幅二字爾又考袂幅接衣幅處正當肘註謂肘前一尺二寸袂長二尺三寸半從袂幅一尺二寸反屈之餘袂止有一尺一寸半經云反屈之及肘乃僅及肘前耳如正義所云削幅則袂止二尺一寸半反屈之必不及肘矣

又案正義謂衣幅覆臂將盡考說苑正冠則纓絕衽襟則肘見納屨則踵決襟衣前幅也衽襟而肘見可知衣襟卻當肘卽知衣幅覆盡肘也衽襟與正冠納屨對則衽襟猶云正襟也

又案敖繼公謂裳旣六幅衣亦當六幅衣身二幅兩袂各二幅考說文伸臂一尋八尺故深衣衣二幅屬袂二幅凡八尺八寸正與伸臂八尺相準也若衣身二幅兩袂各二幅則長一丈二尺二寸與伸臂八尺不相當矣

又案萬斯大謂袪上下本二尺二寸袪口上半不縫者一尺二寸下半縫者一尺經文袪尺二寸據上半不縫者也今考詩唐風羔裘傳袪袂末馬融亦曰袪袂末也詩遵大路正義袂爲袪之本袪爲袂之末則袂末統名袪也如以袂末不縫之一尺二寸爲袪則縫合之一尺遂不得爲袪乎况經文曰袂圜以應規正以袪止一尺二寸由袪而上及袼漸廣至二尺二寸末銳而本豐則腋下必成斜裁之勢斜裁則圓矣如袪

與袂皆廣二尺二寸則全袂正方安得云袂圜應規乎玉藻曰深衣三袪註三袪者謂要中之數也袪尺二寸圍之二尺四寸三之七尺二寸是袪合兩面得二尺四寸則一面止一尺二寸萬氏謂一面二尺二寸圍之當四尺四寸矣經云要廣三袪豈要廣一丈三尺二寸乎或謂三袪據袪一面二尺二寸之數耳不據圍也然鄭必據袪圍以度要圍者以要廣七尺二寸據要圍也則經文要廣三袪亦必據袪圍也元端端

衰袪皆一尺二寸周禮註曰謂之端取其正也正者士之衣袂皆二尺二寸其袪尺二寸大夫以上侈之侈之者蓋半而益一則其袂三尺三寸袪尺八寸續漢書輿服志註引此以釋元端素裳猶明註義蓋雖侈袂之袪且止半于袂况深衣乎萬氏不明袂圜之故由於本末有豐殺故不信鄭註耳

又案深衣之袂二尺二寸常制也乃亦有侈袂者儒行魯哀公問於孔子曰夫子之服其儒服

與孔子對曰丘少居魯衣逢掖之衣長居宋冠章甫之冠丘聞之也君子之學也博其服也鄉不知儒服鄭註云哀公館孔子見其服與士大夫異又與庶人不同逢大也大掖之衣大袂禪衣也庶人禪衣袂二尺二寸袪尺二寸正義大夫以上其服侈袂夫子著禪衣與庶人同其袂大與庶人異故問之逢掖大袂深衣也據此則夫子所服深衣乃侈袂深衣也夫子謂君子之學也博其服也鄉夫無禮無此服而自我特創

者可知深衣之有侈袂必本于古哀公不習見故以爲異耳孔子對以其服也鄉謂周禮在曾是服亦猶是鄉服也非敢服奇也鄭註庶人禪衣袂二尺二寸則士大夫禪衣袂不止二尺二寸矣凡大夫士庶人所服之服雖或同而以袂之侈不侈別等次周禮司服有元端素端註云變素服言素端明異制大夫以上侈之明士不侈故稱端又考雜記凡弁絰其衰侈袂鄭註其衰錫也緦也疑也袂之小者二尺二寸大者半而

益之則侈袂三尺三寸正義若士則其衰不侈也深衣在吉凶之閒以吉服推之元端有二尺二寸之袂又有侈袂以凶服推之衰服有二尺二寸之袂又有侈袂然則深衣有二尺二寸之袂其亦必有侈袂可知矣深衣惟士大夫侈袂庶人不侈袂亦猶端衰惟大夫以上侈袂士不侈袂也然則孔子逢掖之衣乃服士大夫之深衣爾孔叢子儒服篇云子高衣長裾振褎袖方屐麤翣見平原君又云此布衣之服布衣長

裾振褎袖卽大袂深衣也此所謂逢掖之衣也

子高蓋法祖服也

曲袷屬于內外襟兩襟交則袷交而形自方

深衣曲袷如矩以應方註袷交領也古者方領如今小兒衣領正義鄭以漢時領皆向下交垂方領似今擁咽故云若今小兒衣領但方折也

案經云曲袷如矩以應方註云交領也則鄭明以方領爲交領下卽接云古者方領猶云古者交領也（朱子謂兩襟交會處其方如矩本鄭義也）既云古者方領似

漢時不盡方領矣考方言袒飾謂之直衿註謂婦人初嫁所著上衣直衿漢書廣川王傳晉灼註今之婦人直領釋名直領斜直而交下亦如丈夫服袍方然則直領爲婦人之服而漢世男子亦遂有直領者故釋名以婦人直領擬諸丈夫袍也鹽鐵論云及其後絲表枲裏直領無褘卽知漢時多用直領矣領既直則不相交會不相交會安能方如矩乎鄭見當時直領失如矩之制因爲推原古者深衣之領交會如矩與直

而不交者異而當時小兒衣領或反襲交領之
制與深衣方領同小兒衣領爲人人所習見故
鄭特舉以示人也若正義所云擁咽領則方領
而非交領也鄭所云方領乃交領也鄭既欲喻
交領又何所取于擁咽領乎交領之制以外右
襟交內左襟以內左襟交外右襟交處象矩故
曰方領句曲頸下故曰曲袷曲袷古多稱交領
曲禮天子視不上于袷註袷交領也玉藻視帶
以及袷註袷交領也蓋古者衣皆交領爾雅衣

眥謂之襟孫炎曰襟交領也文選魏都賦不以
邊陲爲衿也註引聲類曰衿衣交領也左氏昭
十一年傳衣有禬註云禬領會蓋會即交也袷
屬于襟即與襟同體襟交則袷交故袷謂之交
領與襟謂之交領一也說文曰襟交衽也戰國
齊策輙以頸血濺足下之衿註衿交衽也方言
襟謂之交據此則知襟無不交者矣襟無不交
則袷無不交故鄭註云古者方領即知古者皆
交領也蓋交則必方也若云似小兒擁咽領則

即服虔廣川王傳註所云頸下施衿領正方直者
也豈鄭註所云交領乎後漢書儒林傳習方領
能矩步蓋言服儒服者習於深衣方領之制即
註所云交領也李賢註以爲直領夫直領其形
長直不得云方也馬援傳朱勃衣方領能矩步
方領當即深衣之交領也註乃以頸下施衿解
之後代之衣釋以後代之制容或可通而孔正
義乃以之釋深衣誤矣書儀推廣孔義而終不以爲可據
又案方領一名耳而或曰直領或曰頸下施衿

皆非鄭註交領之義即所謂曲領者又往往名
同而實異荀子哀公篇古之王者有務而拘領
者矣註拘與句同曲領也尚書大傳古之人衣
上有目而句領者鄭註句領繞領也墨子諫下
篇且古者常有紩衣攣領而王天下者彼所謂
曲領蓋攣繞頸下近於括領矣乃上古之制也
又考急就篇袍襦表裏曲領帬師古註曰曲領
者所以禁中衣之領恐其上擁頸也其狀濶大
而曲因篇名焉釋名曲領在內以中襟領上橫

壅頸其狀曲也蓋曲領在中衣之外乃能禁中衣之領隋書輿服志有方心曲領卽其遺制隋書輿服志又謂曲領梁陳以來始戴之則是別施一衿矣與今朝衣之領相似鄭注深衣曲袷曰曲領又曰交領則非別施一衿矣故同一曲領之名而制各異孔正義謂深衣曲領似小兒擁咽卽近于方心曲領豈鄭義乎

又案訓詁諸書多以襟言領亦以領統於襟遂名曰襟玉篇袷衣領也詩青青子衿傳青衿青領也正義云衿領一物深衣曲裾通名交領領屬于襟襟若不交領又安得交乎襟既交則必有內外襟考士喪禮乃襲三稱註疏並謂襟向左此謂祭服朝服也若但爲對襟又安得有旁向之襟也喪服記衰長六寸博四寸疏謂綴於外襟之上夫既有外襟必有內襟矣若但爲對衿又安得有外襟之名也然則朝祭喪服必有內外襟左右交掩深衣既爲交領其與朝祭喪服同制可知王廷相黃宗羲論衰制謂別用布

二尺五寸交斜裁之爲二級頭向上廣頭向下在左者爲外衽在右者爲內衽內外交相掩以著衰此以掩裳之衽爲衣衽雖與註異而謂衣衽當有內外則無誤也竊以深衣於衣幅之外必兼具二衽方言衽謂之交說文衽交袵也謂外衽與內衽交相左右也江氏深衣刊誤著別裁外襟法其制但有鄉右之外襟無鄉左之內襟一邊相覆與交袵字義似有未合且襟以承領若但有鄉右之外襟則領亦但鄉一邊而已偏而不交與交領之義亦似未合故知深衣當並有內外襟也

裳要縫七尺二寸縫齊一丈四尺四寸

深衣要縫半下注三分要中減一以益下宜寬也正義謂要中之縫半下畔之濶下畔一丈四尺四寸則要縫半之七尺二寸此條在玉藻之後玉藻深衣三袪縫齊倍要注三袪者謂要中之數也袪尺二寸圍之二尺四寸三之七尺二寸縫紩也紩下齊倍要中齊丈四尺四寸正義袪謂袂末

言深衣之廣三倍於袂末齊謂裳之下畔要謂裳之上畔言縫下畔之廣倍於要中之廣謂齊廣一丈四尺四寸要廣七尺二寸又曰云三之七尺二寸者案深衣云幅十有二以幅廣二尺二寸計之一幅破爲二四邊各去一寸餘有一尺八寸每幅交解之闊頭廣尺二寸狹頭廣六寸此寬頭嚮下狹頭嚮上要中十二幅廣各六寸故爲七尺二寸下齊十二幅各廣尺二寸故爲一丈四尺四寸

案喪服傳齊者何緝也喪服記若齊衣內衰外據此喪服衰與裳下際緝處通曰齊則吉服衣與裳下際亦通曰齊也至于深衣惟裳之下際須緝衣之下際即縫著裳不須更緝其邊故惟裳得齊名也說苑子路曰由也請攝齊以事先生矣漢書朱雲傳有薦雲者召入攝齊升堂師古註齊要下之裳蜀都賦蓋端委之所臨劉淵林注袖長而裳齊委至地皆謂裳之下際也又考玉藻縫齊裳下際也深衣要縫裳上際也縫齊乃展裳之下際反屈內向仍縫著裳即喪

服所云裳內也要縫則以裳之上際縫著衣之下際裳上際更不須自緝其邊故裳下際名曰縫齊裳上際但得名要縫而已士喪禮云襚者左執領右執要詩葛屨要之襋之好人服之傳要褸也襋領也箋褸也領也在上二者于衣于裳各在其上是裳之上際但得曰要曰要縫而已

裳十二幅前後各六幅在旁者名衽

玉藻衽當旁注衽謂裳幅所交裂也凡衽者或殺而下或殺而上是以小要取名焉衽屬衣則垂而放之屬裳則縫之以合前後上下相變正義衽謂裳幅所交裂也者裳幅下廣尺二寸上濶六寸狹頭嚮上交裂一幅而爲之云凡衽者或殺而下或殺而上者皇氏云言凡衽非一之辭非獨深衣也或殺而下謂喪服之衽廣頭在上狹頭在下或殺而上謂深衣之衽寬頭在下狹頭在上云是以小要取名焉者謂深衣與喪服相對爲小要兩旁皆有此衽熊氏大意與皇氏同或殺而下謂朝祭之

服耳云袵屬衣則垂而放之者謂喪服及熊氏朝祭之袵云上下相變者上體是陽陽體舒散故垂而下下體是陰陰主收斂故縫而合之今刪定深衣之上獨得袵名不應假他餘衣相對爲袵何以知之深衣下屬幅而上相對爲袵鄭注鉤邊今之曲裾則宜兩邊而有也但此等無文言之止從先儒之業

附江氏永深衣刊誤二則

深衣者聖賢之法服衣用正幅故裳之中幅亦以

正裁惟袵在裳旁始用斜裁古者布幅闊二尺二寸深衣裳用布六幅裁爲十二幅其當裳之前後正處者以布四幅正裁爲八幅上下皆廣一尺一寸各邊去一寸爲縫一幅上下皆正得九寸八幅七尺二寸其在上者既足要中之數矣下齊當倍于要又以布二幅斜裁爲四幅狹頭二寸寬頭二尺各去一寸爲縫狹頭成角寬頭得一尺八寸皆以成角者向上以廣一尺八寸者向下則四幅下廣亦得七尺二寸合於齊得一丈四尺四寸此四幅連屬于裳之兩旁別名爲袵下文袵當旁是也深衣裳裁縫之法本如此玩下文鄭註可見

袵者斜殺以掩裳際之名深衣裳前後當中者不名袵唯當旁而斜殺者名袵故經云袵當旁明其不當中也當中則前襟而後裾是也鄭云袵謂裳幅所交裂也玩所之一字明其惟裳旁而名袵者交裂其餘幅不交裂也交裂者以布二幅交解爲四幅狹頭二寸去邊縫成角寬頭二尺去邊縫一尺八寸也

案江氏體會注中一所字謂交裂者惟裳幅之在旁者耳與經文袵當旁三字確合推釋盡制故特附載其說于右復考朝祭喪服之袵屬于衣雖異深衣而朝祭喪服之袵既旁屬于衣則深衣之袵亦必旁屬于裳可知也方言曰褸謂之袵註或曰裳際也云裳際則裳之旁也左氏成十七年傳公使淸沸魋助之抽戈結袵而僞訟者杜注袵裳際也亦以袵爲裳旁際也離騷跪敷袵以陳辭兮耿吾既得此中正洪興祖

補注引爾雅疏衽裳際蓋跪則膝加裳幅兩際旁出膝外故須斂布之使整理也漢書江充傳曲裾後垂交輸如淳曰交輸割正幅使一頭狹若燕尾垂之兩旁見于後是禮深衣續衽鉤邊交輸在裳之兩旁如深衣之衽可知深衣裳衽本在旁也凡衣裳在旁者多名曰衽釋名衽襜也在旁襜襜然也戰國齊策連衽成幃舉袂成幕注云幃帳屬在旁者蓋衽本在旁連衽故象在旁之幃也說苑敬慎篇是以衣成則缺衽宮

成則缺隅隅在旁則衽亦在旁明矣說文衽交衽也蓋左旁之衽交右右旁之衽交左以交于兩旁故亦名衽也不特此也卽凡物在旁者亦曰衽檀弓棺束縮二衡三衽每束一疏謂衽在邊及兩頭會際者釋名曰旁際曰小要又謂之衽據此諸證乃知經文衽當旁三字實指裳之在旁者也服問扱上衽注上衽深衣之裳前蓋裳兩旁之衽有前後扱上衽則扱其在前者也公羊昭二十五年傳再拜稽首以衽受注衣下裳當前者昭公受襖之器持扱裳旁兩衽以受之卽爾雅所云扱衽謂之襭也

又案玉藻正義謂鄭注曲裾宜兩邊而有考深衣正義一旁則連之相著一旁則有曲裾掩之是明以曲裾止在一旁非兩邊皆有也玉藻正義又復自相齟齬知非穎達一手所爲也

續衽鉤邊

深衣續衽鉤邊注續猶屬也衽在裳旁者也屬連之不殊裳前後也鉤邊如鳥喙必鉤之鉤鉤邊若今曲裾也正義今深衣裳一旁則連之相著一旁則有曲裾掩之與相連無異故云屬連之不殊裳前後也鄭以後漢時裳有曲裾故以續衽鉤邊似漢時曲裾是今朝服之曲裾也

晉儀按漢書江充傳充衣紗縠襌衣曲裾後垂交輸如淳曰交輸割正幅使一頭狹若燕尾垂之兩旁見于後是禮深衣續衽鉤邊賈逵謂之衣圭蘇

林曰交輸如今新婦袍上挂全幅角割名曰交輸裁也釋名曰婦人上衣曰袿其下垂者上廣下狹如刀圭也然則別有鉤邊不在裳十二幅亦斜割使一頭濶一耑狹以濶者在上狹者在下交垂映之如燕尾有鉤邊曲裁其旁邊綴於裳之右旁以掩不相連之處

家禮曲裾用布一幅如裳之長交解裁之如裳之制但以廣頭向上布邊向外左掩其右如燕尾狀又稍裁其內旁太半之下令漸如魚腹而末爲鳥

喙右向綴于裳之右旁禮記深衣續衽鉤邊鄭注鉤邊若今曲裾

案在旁曰衽在旁之衽前後屬連曰續衽說苑正諫死者不可生也斷者不可屬也故屬續通右旁之衽不能屬連前後兩開必露裏衣恐近於褻故別以一幅布裁爲曲裾而屬于右後衽反屈之向前如鳥喙之句曲以掩蓋裏衣而右前衽即交乎其上於覆體更爲完密其名鉤邊者蓋此幅屬于右後衽之邊句向左前衽之邊耳註之解續衽也曰不殊

裳前後解鉤邊也曰如今之曲裾疏謂今深衣裳一旁則連之相著謂續衽也一旁則有曲裾掩之謂鉤邊也此說甚合書儀及家禮皆謂鉤邊別綴一幅布于裳之右旁以掩不相連之處蓋本鄭注曲裾之訓今以曲裾之制考鉤邊知鉤邊必別綴布一幅于裳之外漢書江充傳充衣紗縠襌衣曲裾後垂交輸張晏曰曲裾如今婦人衣也如淳曰交輸割正幅使一頭狹若燕尾垂之兩旁見於後是禮深衣續衽鉤邊曲裾只似

鉤邊如淳因深衣續衽鉤邊之文故連言續衽耳曲裾在旁續衽亦在旁故連言之而曲裾別垂一幅繒則獨與鉤邊相似耳賈逵謂之衣圭蘇林曰如今新婦袍上挂全幅繒角割名交輸裁也招魂曰衽若交竿撫案下些王逸注竿竹竿也言舞者迴旋衣衽掉搖回轉狀若交竹竿此所云衽即如淳所云後垂交輸賈逵所謂衣圭也攷曲裾曰衣圭一曰袿衣釋名婦人上服曰袿其下垂者上廣下狹如刀圭方言襜謂之裾注衣後裾也云後裾則如淳所云曲裾垂之兩旁見於後者

也文選傳毅舞賦珠翠的皪而炤燿兮華袿飛
髾而雜纖羅注引劉熙釋名婦人上服謂之袿
袿衣又曰飛纖又曰雜裾上林賦曰飛纖垂髾
司馬彪曰纖袿飾也髾燕尾也衣上假飾司馬
相如傳師古注襳袿衣之長帶旇乘七發雜裾
垂髾注引司馬彪子虛賦注曰髾燕尾也衣裳
幅幅相屬其邪安得如髾惟別割繒一幅爲燕
尾其揚如飛故云飛髾如尾之垂故曰垂髾雖
綴於衣裾之上要非裾之正幅故七發特別之

深衣釋例〈卷二　三五

曰雜裾七發之雜裾垂髾卽江充傳之曲裾垂
交輸也故知袿衣之制而後知曲裾之制知袿
衣曲裾皆別裁繒幅以綴於衣旁卽知鄭注以
鉤邊爲曲裾亦必別裁布幅以綴于裳旁書
儀及家禮之僢鄭注也義蓋如此

衣裳皆有緣

深衣具父母大父母衣純以績具父母衣純以青
如孤子衣純以素純袂緣袂邊廣寸半注尊者存
以多飾爲孝績畫文也三十以下無父稱孤純謂
緣之也緣袂謂其口也緣緆也緣邊衣裳之側廣
各寸半則表裏共三寸矣惟袷廣二寸正義深衣
外衿之邊有緣裳雖前後相連然外邊曲裾掩處
其側有緣

案曲禮孤子當室冠衣不純采注當室適子也
正義深衣云孤子衣純以素則適庶悉然今云
當室則似庶子不同所以爾者通者有二云凡
子皆然豈惟當室但嫡子內理烝嘗外交宗族
代親既備嫌或不同故特明之所以鄭引深衣

深衣釋例〈卷二　三六

爲注證凡孤子悉同也崔靈恩云指謂當室不
當室則純采所以然者當室之孤內理烝嘗外
交宗族所履之事莫不傷心故特純素示哀也
深衣不云當室者文畧耳以上曲禮正義今攷上文明
云爲人子者父母存冠衣不純素則父母不存
冠衣不純采矣爲人子者四字顯統當室不當
室言之此云孤子當室冠衣不純采凡爲孤子
者衣冠皆不純采經文矣此重加當室二字者恐
當室者或異耳故特言之正義前一說最是

又案方言無緣之衣謂之襤又曰以布而無緣敝而紩之謂之褸蓋惟敝衣乃不施緣後漢書明德馬皇后傳常衣大練裙不加緣特崇儉也荀子正論篇殺赭衣而不純注純緣也殺之以異於常人之服故服以緣爲正制不緣其變也鹽鐵論刺議篇以袍合不緣爲非古則古人之服無有不緣者矣間傳曰大祥素縞麻衣注純用布無采色喪服記公子爲其母麻衣縓緣檀弓練衣黃裏縓緣雜記注長衣深衣之純以

素也據此凶服皆緣他可知矣玉藻童子之節也緇布衣錦緣冠禮將冠者采衣采衣卽錦緣然則童子之衣猶致飾焉爾雅純謂之緣故注曰純緣也又儀禮注飾衣領袂曰純裳邊側曰綼下曰緆其統名則曰純緣韓非子外儲說管仲善制割賓胥無善削縫隰朋善純緣說苑管仲善制割隰朋善削縫賓胥無善純緣凡緣無不兼綼緆者而祇言善純緣是純緣統綼與緆而言之也詩靑靑子衿傳靑衿靑領也箋禮父母

在衣純以靑詩素衣朱襮傳領也箋中衣以綃黼爲領丹朱爲純也賈誼新書后以緣其領後漢書禮儀志絳領袖緣輿服志絳緣領袖又輿服志太皇太后皇后隱領袖緣以絛此領與袖均有緣之證也吳越春秋越王服犢鼻著樵頭夫人衣無緣之裳明裳本有緣無緣所以自抑也釋名緣裙裙施緣也此裳有緣之證也凡吉服緣均以繒書儀家禮深衣緣黑繒攷戰國策下宮糅羅紈曳綺縠而士不得衣緣明士本得

以緣也羅紈綺縠則繒也春秋繁露服制古者天子衣文諸侯不以燕大夫以緣亦不以燕云文文繒也是知緣皆以繒也漢書賈誼傳白縠之表薄紈之裏緁以偏諸美者黼繡是古者天子之服也師古曰偏諸若今之織成以爲腰襻及褾領者也古謂之車馬帬其上爲乘車及騎從之象也晉灼以偏諸緁著衣也師古曰以偏諸緶著之也蓋尊者之緣可以盡飾故天子緣織成諸侯緣丹朱大夫緣文士庶可以緣繢與

青此其差也注衣裳之側緣廣寸半表裏三寸袷緣二寸深衣攷證謂袷緣止當寸半若亦二寸則徒有此二寸之袷不知衣裳之側緣廣寸半注云表裏廣三寸注于袷言廣二寸不言表裏則袷止緣表而已其裏不緣則袷亦以裏見矣

裳之長及踝

深衣短毋見膚長毋被土

案經云負繩及踝則裳之長以踝爲節春秋昭元年傳吾與子弁冕端委以治民臨諸侯注端委禮衣疏服虔云文德之衣尚褒長故曰委深衣制短不見膚長不被上然則朝祭之服當曳地服言是也據此則經云長毋被土蓋謂深衣不當如朝祭之服也漢書朱博傳又勅功曹官屬褒衣大袑不中節度自今掾史衣皆令去地三寸蓋寬饒傳初拜爲司馬未出殿門斷其襌衣令短離地其云去地三寸云令短離地皆近于深衣及踝之制考甲乙經外踝距京骨三寸京

骨距地一寸經云負繩及踝則深衣之裳蓋去地四寸比之去地三寸爲彌短矣然尚可及踝則下覆脛衣是短不見膚矣

帶當脅下

深衣帶下毋厭髀上毋厭脅當無骨者注當骨緩急難爲中也正義此深衣帶下于朝祭服之帶也朝祭服之帶則近上故玉藻云三分帶下紳居二焉是自帶以下四尺五寸

案經云當無骨者謂脅骨盡處也故曰毋厭脅攷廣雅脅幹謂之肋通俗文腋下謂之脅脅骨之短而在下者曰橛肋橛肋最下曰季脅當無骨者其當季脅之下歟

凡服殊衣裳深衣不殊衣裳

深衣目錄深衣連衣裳

案儀禮喪服曰布總箭笄髽衰三年注曰凡服上曰衰下曰裳此但言衰不言裳婦人不殊裳衰如男子衰下如深衣深衣則衰無帶下又無衽攷喪服記衣帶下尺注衣帶下尺者要也廣

尺足以掩裳上際也疏若無要則衣與裳之交際之間露見表衣有要則不露見故云掩裳上際也據此喪服有帶下以衣裳不相連也朝服祭服與喪服並同春秋昭二十一傳廚人濮以裳裹首而荷以走曰得華登矣又定四年傳句卑布裳而裹之裳裹首而荷于肩則裳有時可以去衣云布裳則必離裳于衣而後可布之也于此見軍服皆殊衣裳其不殊者惟深衣耳

又案古以殊衣裳者爲禮服祭服及朝朔之服是也不殊衣裳者爲燕服深衣是也後世自冕服外以不殊衣裳者爲禮服以殊衣裳者爲燕服此古今之異制也續漢志云若冠通天冠服衣深衣制有袍隨五時色梁劉昭注曰今下至賤吏小史皆通制袍禪衣皁緣領袖爲朝服云蓋古者天子以白布衣素裳爲朝服諸侯以緇布衣素裳爲朝服皆衣裳殊後漢始以袍爲朝服不殊衣裳故司馬彪謂袍爲古之深衣晉宋以後以絳紗袍皁紗袍五色紗袍紗朱衣絳單衣

絳皁褠衣爲朝服具服從省服隋志亦云制本深衣然則不殊衣裳古以爲便服漢晉以爲禮服矣隋志乘輿鹿皮弁服緋大襦白羅裙在宮聽政則服之又云今復制白紗高屋帽其服練裙襦宴接賓客則服之北史柳世隆傳令王著白紗高頂帽儐從皆裙襦袴褶長孫儉傳曰晚著裙襦紗帽引客宴于別齋上襦而下裙卽殊衣裳之遺制也然則六朝時轉以殊衣裳者爲便服矣

又案婦人以深衣之制爲禮服不殊衣裳故內司服註婦人尚專一德無所兼連衣裳不異其色則周禮王后六服制度皆本深衣通典載宋制太后皇后入廟服袿襡大衣謂之褘衣公特進列侯夫人卿校世婦二千石命婦年長者入廟佐祭皁絹上下助蠶則青絹上下自皇后至命婦二千石皆以蠶衣爲朝服齊梁以後並同卽續漢志所云深衣制徐廣所云單衣也其不殊衣裳古今無異然古樂府陌上桑曰緗綺爲

深衣釋例 卷二 圭

下裳紫綺爲上襦襦與裳不相連者也繁欽定情詩曰何以合歡欣紈素三條裙西河記西河無蠶桑婦女著碧纈裙加細布裳東觀記鮑宣之妻悉歸侍御更著短布裳又云王良爲司徒妻布裙徒跣此皆別言裙裳可知衣裳之殊矣然則漢時婦人朝祭之服制同深衣燕閒之服衣裳自殊亦猶丈夫以袍單衣爲禮服而其便服雅尚裙襦通典載後周命婦服制云諸命秩之服曰公服蓋卽制本深衣不殊衣裳者也又云其餘裳服曰私衣蓋卽衣裙異著者也

深衣釋例卷三

興化任大椿撰

深衣露著而素純長袂者曰長衣

儀禮聘禮遭喪將命于大夫主人長衣練冠以受注主人長衣素純布衣也去衰易冠不必純凶接純吉也吉時在裏爲中衣長衣繼皆揜尺表之曰深衣疏長衣與深衣同布但袖長素純爲異故云長衣素純布也此長衣緣以素爲之故云素純也王制正義又有長衣遭喪權時所服故聘禮云主國之喪主人長衣待賓是也其長衣制與深衣同但緣之以素長衣之袂稍長故玉藻注云長衣中衣繼揜尺

玉藻長中繼揜尺注其爲長衣中衣繼袂揜一尺若今褎矣深衣則緣而已正義裏中著之則曰中衣若露著之則爲長衣

深衣目錄深衣連衣裳而純之以采者素純曰長衣

雜記如筮則史練冠長衣以筮注長衣深衣之純以素也長衣練冠純凶服也

案敖繼公謂聘禮長衣練冠以受惟爲國君其夫人世子輕于君則主人皮弁服以受繼公以皮弁服爲長衣練冠之殺必有所據攷雜記大夫卜宅與葬日有司麻衣布衰占者皮弁註謂麻衣白布衣蓋卽長衣而緣以布者也有司麻衣而占者皮弁則皮弁較麻衣爲吉矣夫人世子之喪既輕於君故主人受命服皮弁亦較長衣爲殺乎不知雜記注云麻衣布衰非純吉亦非純凶皮弁則純吉之尤者也占者尊於有司

卜求吉其服彌吉大夫士朔服皮弁其云純吉之尤者對下占者朝服鄭注云朝服純吉服此注云純吉之尤者謂朝服已爲純吉皮弁較之朝服則尤爲純吉矣尤之一字謂吉服至皮弁而止故以大夫士朔服證之蓋視朔更重於視朝朔服服皮弁可知皮弁爲純吉之尤矣夫人世子之喪大夫受命而服用純吉之尤者於禮安乎麻衣在吉凶之間故服之爲最允也

有表而長袂者曰中衣

詩揚之水素衣朱襮傳襮領也諸侯繡黼丹朱中衣箋繡當爲綃綃黼丹朱中衣中衣以綃黼爲領丹朱爲純也正義中衣者朝祭服之裏衣也其制如深衣

深衣目錄深衣連衣裳而純之以采者以素則謂之中衣其異者中衣之袖稍長耳此條在玉藻之後

王制正義其中衣制如長衣在上服之內

郊特牲繡黼丹朱中衣大夫之僭禮也注繡讀爲綃綃繒名也

玉藻以帛裏布非禮也注中外宜相稱也冕服絲衣也中衣用素皮弁服朝服元端麻衣也中衣用布

中衣在裘及裼衣之內

詩羔裘之革正義若崔靈恩等以天子諸侯朝祭之服先著明衣又加中衣又加裘裘外又加裼衣裼衣之上乃加朝祭之服其二劉等則以玉藻云君衣狐白裘錦衣以裼之又云以帛裏布非禮也鄭注云冕服中衣用素朝服中衣用布若皮弁服

之下即以錦衣爲裼便是以帛裏布故知中衣在裼衣之上明矣

終南君子至止錦衣狐裘傳錦衣采色也正義白狐皮爲裘其上加錦衣以爲裼其上又加皮弁服也玉藻云君衣狐白裘錦衣以裼之注君衣狐白毛之裘則以素錦爲衣覆之使可裼也袒而有衣曰裼必覆之者裘褻也詩云衣錦絅衣裳錦絅裳然則錦衣復有上衣明矣天子狐白之上衣皮弁服與凡裼衣象裘色也是鄭以錦衣之上有皮弁

服也正以錦文大著上有衣衣象裘裘是狐白則上服亦白皮弁服以白布爲之衣衣之白者惟皮弁服耳故言天子狐白之上衣皮弁與明諸侯狐白亦皮弁服以無正文故言與爲疑之詞也玉藻又云錦衣狐裘諸侯之服也此箋云諸侯狐裘錦衣以裼之引玉藻爲說以明爲裘之裼衣非裼上之正服也

羔裘逍遙正義羔裘之上必用緇布衣爲裼裼衣之上正服亦是緇色又與元冠相配明是朝服可知

玉藻正義皇氏又云凡六冕及爵弁無裘先加明衣次加中衣冬則次加袍繭夏則不袍繭用葛也次加祭服若朝服布衣亦先以明衣親身次加中衣冬則次加裘裘上加裼衣裼衣上有朝服

論語鄉黨邢疏凡祭服先加明衣次加中衣冬則次加袍繭夏則不袍繭用葛也次加祭服若朝服布衣亦先以明衣親身次加中衣冬則次加裘裘上加裼衣裼衣之上加朝服夏則中衣之上不用裘而加葛葛上加朝服

秦詩羔裘之革正義謂裼衣在裘上中衣在裼衣上正服在中衣上攷玉藻君衣狐白裘錦衣以裼之注詩云衣錦絅衣裳錦絅裳然則錦衣復有上衣明矣天子狐白之上衣皮弁服與據此則錦衣之上復有上衣即爲皮弁服錦衣裼衣也裼衣之上不得復有中衣明矣又聘禮裼降立注裼者免上衣見裼衣所云免上衣即玉藻注之上衣蓋皮弁正服也若裼衣之上更有

中衣則免上衣始得見中衣免中衣始得見裼
衣注不得謂免上衣卽得見裼衣也賈中衣疏
謂裘在中衣上裼衣在裘上正服在裼衣上與
鄭聘禮玉藻注俱相脗合而詩羔羊之革正義
謂中衣在裼衣上與詩羔裘逍遙正義及玉藻
正義俱云裼衣在中衣之上亦復自相違迕但
玉藻云以帛裏布非禮也又云君衣狐白裘錦
衣以裼之皮弁布服而用錦衣裼狐白裘得無
以帛裏布之嫌或謂錦衣非通身用錦也惟以

錦爲緣耳婦人衣錦尚絅者亦然然則錦衣仍
是素衣但以素錦飾領及袂耳（據江氏鄉黨圖考）今攷
玉藻童子之節也緇布衣錦緣此非通身用錦
者要止名之曰緇布衣而別之曰錦緣不曰錦
衣也況玉藻曰錦衣狐裘以本節推之上云元
綃衣云綅衣云緇衣云黃衣皆舉通體言之也
獨於錦衣則以緣名衣似非本節義例衣錦尚
絅謂亦以錦緣皆晃意度惟通身錦衣故惡其
文太著始以絅襲之若僅以錦爲緣則與童子

之衣等耳何嫌文太著而襲之乎攷玉藻以帛
裏布非禮也注云冕服絲衣中衣用素皮弁服
朝服元端麻衣也中衣用布據註義則經文以
帛裏布乃指中衣不指裼衣詩素衣朱襮傳
箋皆以中衣爲釋正義引深衣目錄云深衣連
衣裳而純之以采者有表則謂之中衣大夫以
上祭服中衣用素詩云素衣朱襮玉藻云以帛
裏布非禮也士祭以朝服明中衣以布矣又郊
特牲繡黼丹朱中衣正義玉藻云以帛裏布非

禮也此素衣是絲當爲冕及爵弁之中衣禮朝
燕之服皆以布爲之據此則以帛裏布句孔氏
亦明言其指中衣非指裼衣也中衣之用布用
絲必視上衣裼衣則不同此例也如必謂錦爲
絲衣不得裼皮弁之布不知論語曰素衣麑裘
素衣則絲衣也又何以裼皮弁之布乎玉藻狐
青裘元端之裘也（據詩羔裘正義及狐裘蒙戎正義賈司裘疏玉藻正義所引皇氏之說）
而以元綃裼之綃亦帛也又何以裼元
端之布乎可知中衣不得以帛裏布裼衣則得

以帛裏布也攷釋名曰中衣在小衣之外大衣
之裏小衣卽爲親身之明衣也裘及裼衣及正
服皆謂大衣中衣在諸服之內爲諸服襯衣蓋
襯衣在裏最近明衣爲便褻之服若以帛裏布
則是褻衣反過於正服矣若裼衣則玉藻云裼
以見美特取其文與襯服在裏不同故往往以
緜衣爲飾解此則錦衣以裼皮弁之裘正不必
釋爲錦緣矣詩庶見素冠兮正義云凡經傳之
言素衣皆謂白絹賈士冠禮亦云素有三義若

以衣裳言素者謂白繒也卽此文之等是也又
云論語注云素用繒者彼上服裼衣用素也故
鄭玉藻注明以中衣用素與中衣用布對舉則
素之非布卽具本注之內而江氏鄉黨圖考指
錦衣以裼爲素衣以裼謂非以帛裏布而不知
素衣亦爲緜衣卽亦是以帛裏布也其失可不
辨自明矣孔羔裘之革正義謂中衣在裼衣之
上亦以皮弁布服不得以錦衣爲裼故進中衣
於裼衣之上不知玉藻以帛裏布非禮也旣專

指中衣則裼衣用帛雖在中衣外正服內又何
以帛裏布爲嫌乎與詩素衣朱襮正義及郊特牲
正義前後所見何不相符也
布緣者曰麻衣
詩蜉蝣麻衣如雪箋麻衣深衣正義言麻衣則此
衣純用布也衣裳卽布而色白如雪者惟深衣爲
然故知麻衣是深衣也
問傳大祥素縞麻衣注麻衣十五升布深衣也純
用布無采色

雜記有司麻衣布衰布帶因喪屨緇布冠不緌注
麻衣白布深衣正義麻衣深衣緣以布
通曰禪衣
玉藻禪爲絅註謂有衣裳而無裏
方言關之東西謂之禪衣古謂之深衣
急就篇禪衣蔽膝布毋縛註禪衣似深衣而褒大
亦以其無裏故呼爲禪衣
案詩碩人其頎衣錦絅衣箋尚之以禪衣婦人
衣服不殊衣裳禪衣亦不殊衣裳故與婦人服

制相合以之綱領衣尤取其上下不殊可以覆冒也

又案禪衣諸書多作單衣後漢書馬援傳公孫述爲馬援制都布單衣註引方言關之東西謂之禪衣說文曰禪衣不重急就篇禪衣蔽膝布毋縛註禪衣似深衣而襃大亦以其無裏故呼曰禪衣云亦以其無裏謂深衣無裏禪衣亦無裏也釋名曰禪衣言無裏也有裏曰複無裏曰單凡言禪衣皆以單爲義方言禪衣古謂深衣

則深衣亦單矣

又案士喪禮浴衣用篋註其制如今通裁正義如今之通裁者以其無殺卽布單衣上下通直不別衣裳故得通裁之名後世單衣與通裁同制若深衣則猶別衣裳特縫合之不使殊耳此布單衣與深衣又大同而小異也

又案漢晉而後以單衣爲不仕者之服後漢書逢萌傳後被徵不得已乃著短布單衣穀皮綃頭待見尙書三國蜀志諸葛亮傳裴松之註引魏畧徐庶棄其刀劍更疏巾布單衣折節學問宋書輿服志今國子太學生服單衣以爲朝服是也六朝官品不得服朝服者止得服單衣宋書輿服志江左公府長史無朝服止單衣幘以單衣次朝服與不仕者之服無以遠別也宋書輿服志又載虎賁中郎將羽林監飾騎郎其在陛列及備鹵簿鶡尾絳紗縠禪衣殿中冗從虎賁殿中虎賁及守陵虎賁給絳科單衣則又以單衣爲武士之服矣

附考禪衣

凡服之不殊衣裳者古曰深衣後世曰禪衣異名而同實也今取諸經註疏及小爾雅方言說文急就篇釋名廣雅所載禪衣畧爲推釋名義以附於深衣之末用見深衣創於上古漢晉以後並傳其制故曰善衣之次也

禪衣之別曰褋

方言禪衣江淮南楚之間謂之褋楚詞曰遺余褋兮澧浦

說文南楚謂禪衣曰褋

廣雅褋襌衣也

案方言襌衣江淮南楚之間謂之褋說文南楚謂襌衣曰褋褋襍通九歌遺余褋兮澧浦卽所謂南楚謂襌衣曰褋也洪興祖曰捐袂遺褋與捐袂遺佩同意玦佩貴之也袂褋親之也考潛夫論文組綵褋驕奢僭上然則褋雖襌衣其盛麗者又加以綵張衡傳曰舒妙婧之纖腰兮揚錯雜之袿徽宋書輿服志云太后皇后入廟服袿𧝝大衣卽所謂深衣制似單衣者也九歌遺

余褋兮澧浦其卽袿𧝝綵褋之類歟薦湘夫人而遺以婦人盛服此其所以為親之也

曰袩衣

方言有袌者趙魏之間謂之袩衣（袌前施袌囊也房報反）

案有袌者趙魏之間謂之佐衣郭註前施袌囊者晉書輿服志八座尚書荷紫為袷囊綴之服加於左肩昔周公負成王制此衣至今以為朝服或云漢世用盛奏事負之以行卽續漢志所云服衣深衣同制有袌者也宋書輿服志朝服肩上有紫生袷囊綴之朝服外俗呼曰紫荷南齊書輿服志其肩上紫袷囊名曰契囊世俗呼為紫荷隋書輿服志朝服綴紫荷錄令左僕射左荷右僕射吏部尚書右荷郭註云前施袌囊卽此制也

曰裎衣

方言無袌者謂之裎衣古謂之深衣（制見禮記）

曰襜褕

方言自關而西謂之襜褕

說文直裾謂之襜褕

急就篇襜褕袷複褶袴褌註襜褕直裾襌衣也

案說文及急就篇註均以襜褕為直裾襌衣考漢書雋不疑傳一男子衣黃襜褕註云直裾襌衣卽說文所云直裾謂之襌衣也葢襌衣與深衣同制衣裳不殊裾幅通直故曰直裾也漢書何並傳迺令奴冠其冠被其襜褕師古註襜褕曲裾襌衣也此所云曲裾卽鄭註所云鉤邊若今曲裾者也葢深衣有鉤邊綴于裳之右旁襜

褕有曲裾亦綴于衣之右旁也直裾曲裾各有
所據也
又按史記武安侯傳衣襜褕入宮不敬註云非
正朝服若婦人服考蔡邕獨斷公卿尚書衣皂
而朝者曰朝臣漢書蕭望之傳備皂衣二十餘
年如淳曰雖有五時服至朝皆著皂續漢書輿
服志執事冠委貌緇衣素裳然則漢時朝服皂
衣猶存緇衣素裳之遺制武安侯入宮不服朝
服而衣襜褕衣裳不殊故註云若婦人服也

又按襜褕一衣各異其質張衡四愁詩美人贈
我貂襜褕東觀漢記耿純與從昆弟宰宗族賓
客二千餘人皆衣縑襜褕絳衣奉迎世祖桓譚
新論余從長安歸道病蒙絮被罽襜褕宿于下
邑亭中曰貂曰縑曰罽與布單衣不同然則襜
褕乃單衣之加飾者也荀子子道篇孔子云由
是裾裾者何註裾裾衣服盛貌說苑裾裾作襜
襜裾裾襜襜同訓皆言其盛也釋名襜褕亦取
義于襜襜然則襜褕爲單衣之褒大者矣

曰𧝓褣
小爾雅襜褕謂之𧝓褣
方言襜褕江淮南楚謂之𧝓褣
廣雅𧝓褣襜褕也
案方言襜褕江淮南楚謂之𧝓褣考詩漸車帷
裳帷裳𧝓褣也正義云其上有蓋四傍垂而下
釋名其貌幢幢然也巾車皆有容蓋註亦云或
曰童容襜褕襜襜寬裕狀如車之幢幨儀禮士
昏禮其輤有裧註裧車裳帷周禮謂之容車考

裧與襜同後漢書劉盆子傳乘軒車大馬乘屏
泥絳襜絡註云車上施帷以屏蔽者司馬相如
長門賦舉帷幄之襜襜爾雅釋器衣蔽前謂之
襜故車之名童容與衣之名童容皆取于襜襜
宏裕也
曰裋褕
方言其短者謂之裋褕
複襦江淮之間謂之𧞤或謂之筩褹註今筩袖之
繻也

說文裋豎使布長襦
廣雅複襦謂之𧞤玉篇𧞤爲裋之重文
按方言襜褕短者謂之裋褕後漢書張衡傳士
或解裋褐而襲黼黻註亦云裋襜褕之短者考說
文裋豎使布長襦漢書貢禹傳妻子糠豆不贍
裋褐不完註云裋豎所著布長襦與方言襜褕
之短者異訓今考急就篇註云襦自膝以上則
襦本甚短裋之長必過于膝故說文云長襦也
釋名謂襜褕襜襜寬裕史記司馬相如傳史獨

繭之褕袘徐廣釋褕曰襜褕索隱引埤蒼曰袘
衣長貌也然則襜褕爲襌衣之長者故以裋比
之襦則爲長比之襜褕則爲短耳故方言以襜
褕之短者爲裋也方言又曰複襦江淮之間謂
之𧞤考列子力命篇朕衣則裋褐張湛註方言
裋複襦也則裋乃襜褕之短而複者也
又案說文謂裋爲襦使布長襦史記秦始皇帝
紀索隱以裋爲勞役之服北史蕭寶夤傳寶夤
具小船于江岸脫本衣服著烏布襦蓋寶夤欲

自脫于危故託于賤者之服以自免也所謂烏
布襦其裋褕之類歟
曰襤褸
小爾雅布褐而紩之謂之襤褸
方言以布而無緣敝而紩之謂之襤褸
裯謂之襤裯祇弊衣亦謂襤褸
楚謂無緣之衣曰襤紩衣謂之褸
曰裗䘨
方言自關而西謂之裗䘨

自關而西秦晉之間無緣之衣謂之裗䘨俗名䘨掖音偏
案後漢書光武紀曰諸將皆冠幘而服婦人衣
諸于繡䘿註云䘿續漢書作䘨並音其物反方
言襜褕其短者自關而西謂之裗䘨郭璞註云
俗名䘨掖據此即知諸于上加繡䘨如今之半
臂也以上光武紀註此註以䘨掖爲半臂則䘨之義
通于闕屈翟闕翟通義並同蓋半臂之制闕兩掖也方言
謂無袂者謂之裲則與半臂相近其亦裗䘨之
類歟玉篇諸衣袍也諸將衣著于繡䘨乃于袍

上加半臂也玉篇又曰䘨䙇襌衣葢䘨䙇雖似
襌衣而又稍變其制也

曰緻

方言其敝者謂之緻（緻縫納敝故名之也）

案上云以布而無緣敝而紩之謂之襤褸此惟云其敝者謂之緻則不兼無緣者言之矣郭註云緻縫納敝葢近于百納衣矣急就篇註納刺謂之紩宋書徐湛之母會稽公主微時有納布衫襖等衣即所謂緻縫納敝者也北史蠕蠕傳

又有緋納襖緋納小口袴褶紫納大口袴褶凡此亦以納名葢當時炫尚新異轉以華盛之衣仿百衲之制六朝盛行此服宋起居注載謝沈常著青絳衲裲襠衫足也

曰褡

方言汗襦江淮南楚之間謂之褡

曰祇裯

方言自關而西或謂之祇裯（祇音止裯丁牢反亦呼爲掩汀也）

說文祇裯短衣也

廣雅祇裯襜褕也

案說文祇裯短衣也後漢書羊續傳其資惟有布衣祇裯註亦以短衣釋之廣雅曰祇裯襜褕也九辨被荷裯之晏晏兮然潢洋而不可帶王逸註云裯祇裯也若襜褕矣祇裯即襜褕而云短衣然則襜褕亦短衣歟考邊讓別傳云讓爲九州衣被則不足（太平御覽作衣被北堂書鈔作之牧）爲單衣襜褕則有餘謂讓尚能如襜褕覆冒一身也急就篇襜褕（袷）複褶袴褌師古註謂之襜褕者取其

襜襜而寬裕也是襜褕非短衣祇裯乃襜褕之短者耳

曰甲襦

方言自關而東亦謂之甲襦

案述異記云乾羅見一神著金銀襦鎧鎧即甲也云襦鎧即方言所謂甲襦也葢甲內衷襦襦制畧同深衣方言之甲襦即深衣所云可以武者也

曰襜襦（襦與襜同）

方言陳魏宋楚之間謂之襜襦
案釋名曰荆州謂襜襦曰布襦亦是襜襦言其襜襜宏裕也雜記子羔之襲也繭衣裳與稅衣纁袡爲一註繭衣裳若今大襦也徐廣衣服雜註曰今皇后謁廟衣袿襴大衣然則釋名謂襜襦即布襦義取衣裳相屬又取襜襜宏裕即鄭註所云大襦徐廣註所云大衣今時俗名直裰者豈其遺制歟蓋此衣爲最寬博矣

曰襌襦與衫同

方言或謂之襌襦今或呼衫爲襌襦
偏襌謂之襌襦即衫也
廣雅襌襦謂之襜裿
案魏志管寧傳寧恒著皂帽布襦布裙隨時單複然則襦有複有襌方言複襦江湘之間謂之䙫或謂之筩襒廣雅複襦謂之䙫此襦之複者也釋名有裏曰複無裏曰單則複襦猶云袷襦也方言或謂之襌襦又云偏襌謂之襌襦此襦之襌者也然古人又以襦爲著絮之衣釋名襦耎也言溫耎也束晳近遊賦䙫明襦以禦冬襦既溫煖禦冬則必著絮釋名又云單襦如襦而無絮也然則襦有絮矣世語云司馬宣王從遼東還有老人寒凍於路乞一襦南史武陵昭王宣照過竟陵王子良宅冬月道逢乞人脫襦與之子良見宣照衣單薦衣於宣照晉書韓伯年數歲至大寒母方爲作襦令伯捉熨斗而謂之曰且著襦尋當作複褌伯曰火在斗中而柄尚熱今既著襦下亦當煖據此皆以襦爲禦寒之

衣則近於今之絮襖矣蓋襦制本有襌複漢晉以後又恒呼著絮之衣爲襦故釋名直以耎釋襦也
又案方言註今或呼衫爲襌襦又云襌襦即衫也然則衫制單而不複故郭璞以衫爲襌襦考南史百濟傳呼襦曰複衫蓋衫制本單襦則爲衫之複者襦制本複衫則爲襦之單者故方言與百濟傳各異也唐書德宗在涼州地熱未給將士春衣上亦御夾服左右請御衫上曰從我

有冬服未易者豈我可獨衣衫乎據此云上御夾服不肯御衫則是衫制單而不夾明矣可與郭註衫爲單襦互証宋史輿服志有凉衫爲四時便服衫以凉名則衫爲單衣可知方言礿襌謂之襌註云今呼爲凉衣亦以礿襌本單故曰凉衣猶衫制本單故曰凉衫也然考廣雅複衫謂之裀車灌晉修復山陵故事曰衣物練單衫五領練複衫五領是衫亦有單複之分然襌爲衫之本制玉篇襳小襦也襌襦也然則衫制小而單玉篇訓義最確襳同衫

又案衫制雖同襌衣而衫袖與他襌衣又異釋名衫芟也末無袖端也考檀弓鹿裘衡長袪註謂袪袖緣口也末練之先狹短無袪正義亦云小祥之前袂無袪疑釋名所云袖端即檀弓註所云袂口也釋名所云衫袂無袖端猶檀弓注所云裘無袪也蓋衫袖短則無袖端即古今註所云便於事奉也潛夫論裙襦文被費繒百縑類篇襦短袂衫也然則衫袂之短其近於襦歟漢書萬石君傳晉灼注曰今世謂反門小袖衫爲侯褕宋書渴盤陀國士人著氈帽小袖衫則知衫袖獨短小矣釋名半袖其袂半襦而施袖也謂袖之狹小止得襦之半衫袖或近於是矣

又案衫制本同深衣兩裾攙掩更不開胯事物紀原云馬周以三代有深衣請於其下著襴及裾名襴衫其開胯者名缺胯衫即今四胯衫也今考四胯謂前後左右俱開胯也此又衫之變制矣

曰褙

方言無袂之衣謂之褙

案石林燕語背子本半臂武士服背子半臂皆無袂之衣也其即褙之遺制歟石林燕語又謂余於大觀間見宰執接堂吏押文書猶冠帽用背子今亦廢矣而背子又引爲長袖與半臂制又不同演繁露謂長背子與裘畧同亦指背子之有袖者也蓋背子本無袖古之褙也至南宋後則又易而爲衫矣

曰袒飾

方言袒飾謂之直衿婦人初嫁所著上衣直衿也

廣雅袒飾長襦也

案襦在上衣之內必袒而後見其飾故曰袒飾儀禮鄉射記大夫纁襦大射禮公袒朱襦葢鄉射大射並服朝服而以纁襦朱襦爲裏衣用纁用朱盡飾也射則必袒故以纁朱爲飾也古人於衣內多襯襦春秋文八年穀梁傳或衣其衣或褎其襦襦在大衣之內故云褎也與左傳皆褎其袒服

同呂氏春秋離謂篇子產治鄭鄧析務難之與民之有獄者約大獄一衣小獄襦袴所謂衣上衣也故大獄酬以衣襦袴裏衣也故小獄酬以襦袴隋書輿服志遠遊冠之制服白紗單衣承以裙襦則裙襦爲單衣之襯服也襦爲襯服在內因袒而始見則近於裼衣矣裼衣見美謂見裘之美也直衿似今之對衿袒飾特爲直衿或取其可以露裘歟漢書韓延壽傳延壽衣黃紈方領晉灼曰以黃色素作直領也後漢書儒林傳習方領能矩步李賢註亦曰直領葢漢晉以後多服直領故註家類以習見者爲釋而郭璞註云婦人初嫁上衣直衿可見當時猶以直衿爲婦人服袒飾在上衣之內便服也領用直衿或不嫌與交領異乎

又案張良傳有老人衣褐至良所師古註云褐制若裘今道士所服者是也裘即如今之道服也斜領交裾與今長背子畧同其異者背子開胯裘則縫合兩腋也然今世道士所服又畧與

裘異裘之兩裾交相擁掩而道士則兩裾直垂也云兩裾直垂則兩衿亦必直垂然則後世道士之服亦即袒飾直衿之遺制歟

曰袍與繭同

詩無衣與子同袍毛傳袍繭也

玉藻纊爲繭縕爲袍

喪大記袍必有表註袍褻衣

爾雅釋言袍襺也

方言褻明謂之袍

說文袍襺也

釋名袍丈夫著下至跗者也袍苞也苞內衣也婦人以絳作衣裳上下連四起施緣亦曰袍義亦然也

廣雅褎明袍長襦也

案儒行孔子在魯衣逢掖之衣正義以爲大袖深衣續漢書禮儀志謂袍近逢掖之衣然則袍爲大袂深衣也釋名袍丈夫著下至跗者也續漢書曰三老五更皆服都紵大袍後漢書明帝

紀云大袍單衣然則袍制大而長故廣雅以褎明袍皆爲長襦也考襦本短衣說文襦短衣也吳越春秋越王夫人施左關之襦無緣之裳襦下有裳則襦爲短衣可知急就篇袍襦表裏曲袷裙師古註長衣曰袍下至足跗短衣曰襦自膝以上蓋襦制本短其或長于襦者則特別之曰長襦漢書匈奴傳曰繡袷綺衣長襦錦袍各一廣雅以袍爲長襦則所云長襦錦袍者乃目錦袍爲長襦耳廣雅袒飾褎明袍襡襌皆爲長襦而袍尤長矣

又案說文襌衣不重袍之不殊衣裳雖與襌衣同而單複則異內司服及雜記註並謂六服皆袍制不襌以素紗裏之如今袿袍襈重繒矣正義謂連衣裳有表裏似袍故云皆袍制不襌然則袍有表裏與襌不同玉藻纊爲繭緼爲袍說文襺袍衣也袍襺也以絮曰襺以緼曰袍然則袍不特有表裏且有著矣又考喪大記袍必有表註袍褻衣必有以表之乃成稱也蓋袍爲深

衣之制特燕居便服耳故云褻衣若無衣以表之則不成稱又士喪禮褖衣疏褖衣連衣裳者以其用之以表袍蓋袍以褖衣爲上服也是袍爲有著之衣古以爲襯衣續漢書輿服志云袍者或曰周公抱成王宴居故施袍據此則周公亦萌以袍爲宴居服也通典載漢明帝永平中議乘輿冠通天冠深衣制有袍自漢以後始以絳紗袍皂紗袍爲朝服矣釋名云袍苞也苞內衣也云苞內衣則爲上服矣蓋據當時之制也

又案玉篇袍襖也諸書往往以襖與袍並舉考
南齊書魚服侯子響傳云令私作錦袍絳襖欲
餉蠻北史蠕蠕傳云賜緋納襖一領緋袍二十
領是知袍與襖同類考宋史輿服志云起二月
給羅衫起十月給紫歆正綿襖夫春給衫衫爲
單衣冬給襖則襖爲燠服也袍有表裏又有著
故與襖畧同也六朝以後將士多用襖北史周
尉遲迥傳云迥別統萬人皆綠巾錦襖號曰黃
龍兵唐制將帥之服多用袍軍士之服多用襖

新唐書輿衛志黃麾仗衛士所服曰黃地雲花
襖冒曰白地雲花襖冒曰青地雲花襖冒曰赤
地四色雲花襖冒曰黑地雲花襖冒其都尉主
帥將軍檢校所服曰豹文袍曰獅子文袍曰繡
袍曰紫䌷連甲緋繡葵花文袍將帥服袍而軍
士服襖是襖次于袍于此見六朝以後多以袍
襖爲武服則袍襖同類新唐書儀衛志又云次
左右衛門各二每門二人執夾皆赤綦襖黃袍
冒是每人皆以黃袍爲表服以赤綦襖爲裏服

亦可以知袍之廣長而襖之短狹矣後魏書高
祖復至鄴見公卿曰朕昨日入城見車上婦人
冠帽而著小襦襖則襖近于襦矣
又案玉藻纊爲繭緼爲袍註纊新綿緼舊絮舊
絮不及新綿之燠左氏傳盛夏重繭不特衣有
著之衣且用新綿極形其惡寒而喜燠也又曰
三軍之士皆如挾纊亦以新綿爲至溫也蓋袍
繭同制而著則異耳

曰襗

詩無衣與子同澤箋襗褻衣近汚垢
廣雅襗長襦也
案馬縞古今註汗衫蓋三代之襯衣也禮曰中
單漢高祖與楚交戰歸帳中汗透改名汗衫
至今亦有中單據此則汗衫卽中衣矣不知汗
衫與中衣不同漢書萬石君傳師古注廁牏近
身之小衫若今汗衫也釋名汗衣也身受汚垢
之衣也詩謂之襗受汗澤也或曰鄙袒或曰羞
袒作之用六尺裁足覆胷背言羞鄙于袒而

衣此耳方言汗襦卽謂此也若中衣則異昪釋
名云中衣在小衣之外大衣之中所謂小衣卽
師古漢書注所云近身之小衫若今汗衫者也
所謂大衣卽朝服裼衣等是也中衣既在小衣
之外卽在汗衫之外馬縞以中衣爲汗衫非也
又案詩箋謂襗褻衣近汗垢卽釋名所云身受
汙垢之衣詩謂之襗者也正義以襗爲袴非箋
義也說文襗袴也箋明以襗爲褻衣則衣而非
袴矣喪大記註以袍爲褻衣此箋以襗爲褻衣

則袍襗同類故周禮春官註巾絮寑衣袍襗之
屬亦以襗與袍並舉也蓋袍爲褖之裏衣襗亦
裏衣也而尤爲親身易濡汗澤故曰近汗垢也
此詩首言同袍次言同澤均以衣言次言同裳
則知襗非袴矣蓋袴不先裳也

曰襡

說文襡短衣也

廣雅襡長襦

案說文襡短衣而廣雅訓云長襦與說文異考

玉篇襡短衣𧞤長襦也連腰衣也是襡𧞤並同
深衣而𧞤長襡短玉篇區畫甚明廣雅既云長
襦則襡似當作𧞤禮記繭衣裳註若今大𧞤釋
名𧞤屬也衣裳上下相連屬也荆州謂襌衣曰
布𧞤亦是襜襦言其襜襜宏裕也𧞤既襜襜宏
裕則爲長襦明矣說文以襡爲短衣又以襦爲
短衣則襡卽襦類不得與長襦混也

曰褐

詩無衣無褐箋褐毛布也

孟子許子衣褐註褐以毳織之若今馬衣也或曰
褐編枲衣也一曰粗布衣

說文褐編枲韤一曰粗衣

急就篇靸鞮卬角褐韤巾註褐毛爲衣或曰麤衣
也

案詩七月箋孟子註急就篇注並以褐爲毛布
孟子註又以褐爲編枲衣又以褐爲粗布衣淮
南子齊俗訓註楚人謂袍爲短褐大布潘岳籍
田賦被褐振裾註褐麤布也然則褐一衣耳而

毛枲布各異說文曰粗衣蓋統毛枲布而言之
也詩七月無衣無褐箋云貴者無衣賤者無褐
則別褐于衣史記劉敬曰臣衣褐衣見衣帛衣帛
見則別褐于帛卽說文所云粗衣也褐爲粗衣
又爲短衣晏子諫上篇百姓■老弱凍寒不得
短褐墨子公輸篇戰國宋策並云舍其文繡鄰
有短褐而欲竊之荀子大略篇衣則豎褐不完
註豎褐童豎之褐亦短褐也淮南子齊俗訓必
有管躧跐蹻短褐不完者覽冥訓霜雪亟集短

褐不完新序無鹽乃拂短褐自請宣王史記秦
始皇帝紀夫寒者利短褐索隱曰謂褐布豎裁
爲勞役之衣短而且狹故謂之短褐亦曰豎褐
凡此言褐者必曰短褐師古貢禹傳註以褐爲
布長襦演繁露又以褐爲裾垂至地豈褐之長
短亦有古今之異歟

曰要襦

釋名要襦形如襦其要上翹下齊要也

案釋名要襦形如襦既云如襦則非襦矣蓋襦
不皆施要其施要者則曰要襦猶衫不皆施襴
其施襴者則曰襴衫耳急就篇註一曰短而施
要者曰襦乃專指要襦也要在襦上故曰上翹
短止及要故曰下齊要也宋書輿服志羽林在
陛列及備鹵簿服絳科單衣上著韋畫腰襦腰
襦短而單衣長故單衣上得著要襦也

曰反閉

釋名反閉襦之小者也卻向著之領向于背後閉
其襟也

案漢書萬石君傳晉灼註今世謂反門小袖衫
爲侯衲所謂反門或卽釋名所云反閉歟釋名
又曰齊人謂如衫而小袖曰侯頭集韻侯衲之
衲徒侯切云短袖襦則侯頭卽侯衲然則侯頭
亦卽反門小袖衫矣

曰縱

廣雅縱襌衣也

曰襌襦

廣雅作襦謂之襌襦

案史記荀卿列傳于是有裨海環之註裨海小海也衛青傳得右賢裨王十餘人索隱小顔曰裨王小王也是裨訓爲小裨襦當即小襦也

曰襦

釋名襦禪衣之無裾者也言袖直形如溝也

案宋書輿服志隋書禮儀志武士之服朝服以下有絳單衣又有絳科單衣又有絳襦衣又有袴褶然則襦衣次于單衣袴褶又次于襦衣南齊書呂安國傳云汝後勿作袴褶驅使單衣猶

恨不稱當爲朱衣官也蓋謂安國他時當大貴單衣猶恨不稱更不必言襦衣矣江表傳呂範釋襦著袴褶執鞭詣闕下啟事蓋襦衣長同單衣尚不若袴褶之服短而便捷宜於武也宋書輿服志諸受朝服革帶一諸受單衣及襦給帶縰各一段蓋單衣襦衣不得服革帶次于朝服故也隋書輿服志云公服冠幘紗單衣流外五品以下九品以上皆著襦衣爲公服蓋流外官公服僅得服襦衣不得服單衣是襦衣次于單衣也唐書車服志云襦衣制如絳公服而狹袖形直如溝不垂裾緋褶大口袴紫附襦去方心曲領假帶然則襦衣得有方心曲領假帶矣以其優于袴褶故也

曰袴褶

玉藻帛爲褶註謂褶有表裏而無著

急就篇襜褕袷複褶袴褌註褶謂重衣之最在上者其形若袍短身而廣袖袴脛衣也

釋名留幕冀州所名大褶下至膝者也留牢也幕

絡也言牢絡在衣表也

案袴褶之制馬端臨曰袴褶魏晉以來以爲車駕親軍中外戒嚴之服晉志雖有其說而不言其制然既曰戒嚴之服必軍服也至隋詔百官從行服袴褶軍旅間不便遂令改服軍裝爲紫緋綠青之服則所謂袴褶又似褒衣長裾非鞍馬征行所使者與戒嚴之說不類唐時以袴褶爲朝見之服開元以來屢勅百官朝參應服袴褶而不服者令御史糾彈治罪蓋以爲六品以

下之通服韻書訓褶爲袴又爲袷也然袴裳也袷衣之交領也則不知所謂袴褶者一物乎唐輿服志羣臣服條內有緋褶大口袴則又是二物然不知所謂緋褶者衣乎裳乎當俟精識考古之士而討之以上通考今攷褶自爲衣與袴各爲一物開元禮注以褶爲複衣袴褶之褶短衣廣袖雖與玉藻褶制不同而以褶爲複則本玉藻則袴褶之制乃上著複衣而下著袴也隋志鹿皮弁服絳羅襦白羅裙在宮聽政則服之平巾幘黑幘紫羅褶南布袴侍從田

狩則服之褶以羅而袴以布則褶袴非一物可知平巾幘之紫羅褶猶鹿皮弁之絳羅襦也平巾幘之白布袴猶鹿皮弁之白羅裙也襦爲衣則褶亦爲衣明矣褶下著袴猶襦下著裙田狩之服不著襦而著袴以其便也新唐書儀衛志平巾幘大口袴衫袴而著衫曰袴衫猶袴而著褶曰袴褶也又考急就篇襜褕袷複褶袴褌師古注褶謂重衣之最上者其形若袍短身而廣袖釋名留幕冀州所名大褶下至膝者也留牢

也幕絡也言牢絡在衣表也云大褶即急就篇所云褶也云下至膝即師古注所云短身也袴而不裳便于武事故戒嚴多服之也至隋以袴褶從行軍旅間不便改服軍裝非以袴褶爲褻衣大袑也考隋志袴褶今纂嚴文武百官咸服之車駕親軍則縛袴不舒散也據此則戒嚴之袴褶袴而不縛從軍之袴褶乃縛袴也故南史東昏侯傳曰急裝束袴宋書沈慶之傳慶之履韎縛袴入又南史宋袁淑傳劭因起賜淑等袴

褶又就主衣取錦裁三尺爲一叚又中分之分斌與淑及左右使以縛袴褶然則軍裝不特縛袴即褶亦縛之隋改袴褶爲軍裝蓋改常時袴褶爲急裝耳以常時袴褶不縛故也宋輿服志又云故令文三品以上紫褶五品以上緋褶六品以上綠褶九品以上碧褶並白大口袴云大口即所謂袴襱也據師古註褶雖短于袍而大袖大口袴不縛略近于裳故開元間又以爲朝祭服也北史蠕蠕傳有緋納小口袴褶紫納大

口袴褶謂小口袴而加褶大口袴而加褶褶自爲衣不得蒙大口小口之名也袴異于褌褌在袴內褻衣也袴在褌外禮服也宋書輿服志朝服一具內有革帶袷袴各一又云諸受朝祭袷袴練一丈四尺縑二丈是言禮服者必及袴可知袴非褻衣蓋卽裳之變此常叅所以服袴褶乎

附考袴制

案續漢書輿服志祭服絳緣爲中衣絳絝袴與中單並著在禮衣唐會要貞觀間令百僚朔

望日服袴褶以朝則袴非親身之褻衣也其親身者褌也三國魏志韓宣傳宣以當受杖預脫袴纏褌及見原褌腰不下乃釋而去蓋古之袴在褌外故宣脫袴而後纏褌也淮南子原道訓短綣不袴以便涉游短綣卽短褌也謂但服短褌而不袴乃便于涉游也隋書地里志其男子但著白布褌衫更無巾袴謂但著裏褌不著覆褌之袴也急就篇補註袴謂脛衣也大者謂之倒頓小者謂之袨衧袴之兩股曰襱合襠謂之

褌最親身者也史記司馬相如著犢鼻褌姚令威云醫書膝上二寸爲犢鼻謂褌之長則至此夫褌止至膝上二寸則下不貫脛不貫脛則無裥方言無裥之袴謂之襣卽謂是也褌親身在內故短而合襠袴包褌在外故長而有裥此急就篇所以名袴爲脛衣也東觀記黃香家貧經冬無袴魏畧賈逵冬常無袴過其妻兄柳孚宿既明著孚袴去列士傳馮驩經冬無袴面有饑色蓋但有短褌而無長袴不足以禦寒也褌猶

衣之汗濡袴猶衣之上服故唐制褶而著袴爲朔旦朝服也事物紀原載實錄褌漢晉名犢鼻北齊則與袴長短相似然則袴褌無別自北齊始也

曰裲襠

釋名裲襠其一當胷其一當背也

廣雅裲襠謂之袹腹

案裲襠甲一名裲襠衫宋書薛安都惟著絳納裲襠衫隋書輿服志正直絳衫從則裲襠衫是

也考宋史輿服志曰大祖建隆四年范質議云開元禮武官陪立大仗加螣蛇裲襠如袖無身以覆其膊胳從肩領覆膊胳共二尺二寸釋文王篇相傳曰其一當胸其一當背謂之兩當請兼存兩說擇而用之以上宋史輿服志今劇演將帥所被金銀甲即所謂其一當胸其一當背者也裲襠甲古既稱裲襠衫安有無身之衫乎劉孝標樂府裲襠雙心共一抹袙腹兩邊作一襊蓋一當胸一當背故曰雙心屬合兩邊以固前後又曰袙腹則廣雅所謂裲襠謂之袙腹也

又案隋書輿服志諸將軍侍從之服一曰紫衫金玳瑁裝裲襠甲一曰紫衫金裝裲襠甲一曰絳衫銀裝裲襠甲蓋外著裲襠甲內衷紫絳衫制短小爲裲襠之襯服尤便捷也南史齊崔景慧傳恭祖禿馬絳衫手刺倒敬則直以衫代裲襠矣古之甲自身至要自要至脛分而爲三以組屬之故曰三屬之甲裲襠不殊上下自肩直垂此深衣之制便于軍旅者也故曰可以武也

曰袿衣

方言袿謂之裾

釋名婦人上服曰袿其下垂者上廣下狹如刀圭

案漢書江充傳充衣紗縠禪衣曲裾後垂交輸如淳曰交輸割正幅使一頭狹若燕尾垂之兩旁見于後是禮深衣續衽鉤邊賈逵謂之衣圭即釋名所云上廣下狹如刀圭也如淳謂交輸垂之兩旁則晉灼所謂衣圭似惟兩旁有之矣考傅毅舞賦華袿飛髾而雜纖羅枚乘七發雜

裾垂髾皆謂袿形如髾錯雜飛動則衣袿宜不獨見于兩旁矣爾雅釋器衣裗謂之梲註衣縷也齊人謂之攣或曰袿衣之飾然則衣圭乃縷縷下垂如旌旂之有旒即所謂雜裾也與曲裾交輸見于兩旁者形制相似而更加華盛耳

曰諸于

說文袳諸袳也

案漢書元后傳是時政君坐近太子又獨衣絳緣諸于師古曰諸于大掖衣即袿衣之類也後

漢書光武紀見諸將皆冠幘而衣婦人衣諸于

繡䮕云婦人衣即師古註所謂袿衣之類也

字林考逸卷一

序

唐六典載書學博士以石經說文字林教士字林之學閱魏晉陳隋至唐極盛故張懷瓘以爲說文之亞今字書傳世者莫古於說文玉篇而字林實承說文之緒開玉篇之先字林不傳則自許氏以後顧氏以前六書相傳之脈中闕弗續夫玉禾琁樹至寶也雲雷之觚丁辛之卣貴器也藏而忽散苟旦旦而購之物物而積之其復也雖未必稱其藏也而繊悉足珍矣余於字林亦同斯志爰是參覈典墳兼及二藏音義鉤沉起滯積累歲年遂成八卷綴集既竣復綜論之昔人謂字林補說文之闕而實亦多襲說文爾雅釋天釋文謂霡字林作霢而不知說文原作霢五經文字謂字林以謚爲笑聲而不知說文原以謚爲笑聲於此見字林本集說文之成非僅補闕而已乃其補闕又非一端有說

文本無而增之者如五經文字所云祧禰逍遙是也有說文本有而文各異體者如說文作蜡字林作褶說文作珌字林作琿是也至說文載古文籀文李燾疑爲呂氏增益後人因而附入豈知叔重原書本合古籀不待增益封演謂呂氏更按羣典搜求異字撰爲字林然則忱所補者書非一體後人未必專取古籀收系許氏此其說未精究者也余爲是編蒐羅散佚忱書體例畧見於茲諸家異說多所考鏡然而載籍極博耳目易窮未克求諸六合之外而先哲跬步之間補遺正誤是又俟諸博識君子矣乾隆四十七年四月十七日興化任大椿書

例

字林亡佚當在宋元之間通考載李燾說謂忱本書不可遽使散落則南宋初已患散落矣宋岳珂九經三傳沿革例詳列小學諸書尚載字林至戴

字林考逸　卷一　二

侗六書故云其傳於今則有說文玉篇類篇諸書不及字林然則元時字林不傳明矣明修永樂大典於每韻每字之首臚列見存小學之書畧無遺漏獨不見字林則永樂時是書亡佚已久焦竑經籍志載之竑志於古書存亡多不核實未足爲據今說郛所存字林與諸書徵引者全殊若所載一字數音條內全用古今韻會部次定非呂忱之書故茲編未敢收入

是書編次皆從說文部分李燾謂字林見存比說文部敍初無移徙故今特據其說

部內諸字爲說文所有者則列於每部之首悉據說文之先後爲先後統標文若干其爲說文所無者則列於每部之末悉據所引書之先後爲先後更於文若干之下小註說文無三字以異之間有叠字如瀺灂之類則姑據第一字以別有無焉

諸書所引字林或同爲一訓而字體異標若廣韻載璥字引字林云玉名而禮記聘義正義引字林

字林考逸　卷一　三

作玶字詩旄卭釋文引字林作坔又作畓爾雅釋
卭釋文引字林作畓又作坔此類並附註于本條
之下

字林諸字或與說文音訓同而偏旁及體畫有異
則亦以說文無別之如字林作珃說文作珌字林
作齸說文作齭字林作䄙說文作蜡字林作謚說
文謚之類皆是也

部內諸字與說文音訓同偏旁體畫並同而上下

左右或相易如木部內槊字說文作榕槁說文作
槀之類仍列入說文所有如重束爲棗並束爲棘日乘干爲旱從干爲旰此類上下左右相易而音義各殊與此異例

隋志載宋揚州督護吳恭字林音義五卷今諸書
所引反切或多爲恭之所加似當次反切於訓詁
之後然若周禮庖人釋文引此書胥先於反蟹醬
也則音在前而義在後其前後既無定例則編排
悉仍原文不敢有所倒置其或一字數條見於各
書者則依上下文勢以類相貫或亦依書之先後
次之

每條字句或諸書徵引全同悉列諸書名目於其
下用表符契之合或字句小異必兩存之各標所
出以備參定

各書所引有祇載原字不及訓詁音讀者若詩時
邁釋文引柴字禮記中庸釋文引鵲字之類今俱
於所註書名下畧摭書中之說庶可悉其端緒

經典釋文多有云一音或音即其條例所云採自
淺近不標名氏者也然一音或音或遊與字林之
文相承則未知其本爲字林所引抑或爲德明所
加界畫未明頗難去取今俱附註於各條之下以
存疑云

經典釋文間有大書一字附註數字下引字林音
義者若爾雅釋畜釋文大書騵字下註云字或作
騮說文字林云赤馬黑毛尾也今考說文本有騮

字無騶字則是以或作之騮爲說文字林之本字矣然究未敢執爲定例字林已亡即以所引說文例之若釋草釋文大書䭆字下云本又作蘳說文云菜也今考說文無蘳字有䭆字是仍以大書䭆字爲說文之本字又若釋虫釋文大書螢字下註云螢亦作蠍說文云垂腴今考說文有螢字無蠍字是仍以大書螢字爲說[redacted]文之本字據此則亦不敢以又作亦作之字决爲字林之本字矣今所

字林考逸 卷一 六

編緝仍從釋文體例大書第一字而以又作亦作字註其下俾閱者可以互考若豸部貆貆至部蟄贄之類

釋文有云呂作某音者若爾雅釋訓釋文烰呂郭並音浮釋蟲釋文蜆呂郭牛結反釋魚釋文蠉呂火全反蝚呂豬秋反釋鳥釋文鴔呂巨立反鶵呂郭丑猾反鴱呂音艾鷩呂郭方世反鴗呂郭音罩凡此俱不知其爲呂忱字林抑爲呂靜韵集故未敢載入各部而畧標於此

通考載李氏陳氏說云是書無善本今李陳所見之本又亡其附見羣書者傳寫必多謬誤仍俟博識君子加是正焉

陸善經新字林於此書多所補益其書亦亡今并附錄於各部之末體例同前

錄

魏書術藝江式傳延昌三年三月式上表曰晉世義陽王典祠令任城呂忱表上字林六卷尋其況

字林考逸 卷一 七

趣附托許慎說文而按偶章句隱別古籀奇惑之字文得正隸不差篆意也

後周書趙文深傳太祖以隸書紕繆命文深與黎景熙沈遐等依說文及字林刊定六體成一萬餘言行於世北史冊府元龜文深傳同

隋書經籍志字林七卷晉弦令呂忱撰

隋書潘徽傳徽爲韵纂序曰三蒼急就之流微存章句說文字林之屬唯別體形

唐六典吏部考工員外郎掌天下貢舉之職凡諸州每歲貢人其類有六五曰書其明書則說文六帖字林四帖

禮部尚書侍郎之職掌天下貢舉之政令凡舉試之制每歲仲冬率與計偕其科有六五曰書凡明書試說文字林取通訓詁兼會雜體此爲通（註說文六帖字林四帖兼口試不限條數）

國子博士掌教文武官三品以上及國公子孫從

二品以上曾孫之爲生者五分其經以爲之業其習經有暇者命習隸書并國語說文字林三蒼爾雅每旬前一日則試其所習業書學博士掌教文武官八品以下及庶人之子爲生者以石經說文字林爲顓業餘字書亦兼習之石經三體書限三年業成字林一年

通典試說文字林凡十帖（說文六帖字林四帖）口試無常限皆通者爲第

唐司馬貞信陵君傳索隱呂姓忱名作字林者

唐孫愐唐韵序曰及案三蒼爾雅字統字林說文玉篇石經聲韵聲譜九經諸子史漢三國志晉宋後魏周隋陳宋兩齊書本草姓苑風俗通古今注賈執姓氏英賢傳王僧孺百家譜周何潔集文選諸集孝子傳輿地志及武德以來創置迄開元三十年並列注中

唐張參五經文字序側後有呂忱又集說文之所

漏畧著字林五篇以補之今制國子監置書學博士立說文石經字林之學舉其反義歲登下之亦古之小學也說文體包古今先得六書之要有不備者求之字林

張懷瓘書斷晉呂忱字伯雍博識文字撰字林五篇萬二千八百餘字字林則說文之流小篆之工亦叔重之亞也

封演聞見記晉有呂忱更按羣典搜求異字復撰

字林七卷亦五百四十部凡一萬二千八百二十
十四字諸部皆依說文說文所無者皆呂忱所益
五百家韓文註凡六官書學者教以石經說文字
林

舊唐書經籍志字林十卷呂忱撰

新唐書藝文志字林七卷呂忱撰

新唐書百官志國子監五分其經以爲業各六十
人暇則集隸書國語說文字林三蒼爾雅書學石

經說文字林爲顓業兼習餘書

蜀林罕小說序惟太尉祭酒許愼取其形類作偏
傍條例十五卷名之曰說文頗有遺漏呂忱又作
字林五卷以補其缺洎三國之後歷晉魏陳隋書
盛行篆書殆將泯滅見墨池篇

崇文總目初秘書丞上言國子監所收史記漢書
謨請行校正詔翰林學士張觀知制誥李敬宋祁
與靖洎直講王洙於崇文院讎對靖等悉取三館
諸本及先儒註解訓傳六經小說字林說文之類
數百家之書以相參校見通考經籍考

冊府元龜呂忱爲弦令撰字林七卷

通志字林七卷晉弦令呂忱撰

宋岳珂九經三傳沿革例今所校本之以許愼說
文呂忱字林張參五經文字唐元度九經字樣顏
魯公干祿字書分毫補註字譜參以毛晃增韵及
其子居正所著六經正誤

宋李燾新編許氏說文解字五音韻譜序晉東萊
縣令呂忱繼作字林五卷以補叔仲所闕遺者于
叔重部敘初無移徙忱書甚簡顧爲他說揉亂且
傳寫訛脫學者鮮通今往往附見說文蓋莫知自
誰氏始古文籀文疑是呂忱增入今或以附見說文或在陽冰以前若說文元自有此則林罕不應謂忱補許氏遺闕也戎字當是增入上字則說文元自有矣

陳振孫書錄解題字林五卷晉弦令呂忱撰太乙
山僧雲勝註按隋唐志皆七卷三朝國史志惟一

卷董氏藏書志三卷其書集說文之漏畧者凡五
篇然採雜錯亂非完書也
修校韵畧五卷祕書省正字莆田劉孟容以說文
字林干祿書五經文字九經字樣佩觿復古篇等
書修校
山堂考索前集唐取士之科有明字科學館諸生
試書書學石經說文字林先口試通乃墨試說文
字二十條通十八爲第

山堂考索後集龍朔二年東西都復置石經說文
字林爲顓業
唐取士之科有明字凡書學先口試通乃墨試說
文字林二十條
容齋隨筆古人八歲入小學教之六書周官保氏
之職實掌斯事厥後浸廢蕭何著法太史試學童
諷書九千字乃得爲吏以六體試之吏人上書字
或不正輒有舉劾劉子政父子校中秘書自史籒

以下凡十家序爲小學次於六藝之末許叔重收
集篆籒古文諸家之學就隸爲訓註謂之說文蔡
伯喈以經義分散傳記交亂訛偽相蒙乃請刊定
五經備體刻石立於太學門外謂之石經後有呂
忱又集說文之所漏畧著字林五篇以補之唐制
國子監置書學博士立說文石經字林之學舉其
文義歲登下之
宋許觀東齋記事本朝眞宗時陳彭年與晁迥戚
綸條貢舉事取字林韻集韻畧字統及三蒼爾雅

爲禮部韵（張淏雲谷雜記同）
宋王亨搜采異聞錄唐六典太學四門律學書學
算學皆入國子之法其習經有暇者令習隸書并
國語說文字林蒼頡爾雅每旬前一日則試所習
業乃知唐世士人多工書蓋在六館時以爲常習
其說文字林蒼雅諸書亦欲責以結字合于古義
不特銓選之時方取楷法遒美者也

宋廉子兼窓間記聞顏子推曰世之學者讀五經
是徐邈而非許慎賦頌信褚詮而忽呂忱史記專
皮鄒而廢篆籀漢書悅應蘇而畧蒼雅不知書其
支業小學其宗系也
通考字林五卷吳縣李氏曰除古文籀文已附見
說文外他字亦多收繫類篇尙有未收繫者
宋魏了翁經外雜抄說文韻譜前序註云古人籀
文疑是呂忱所增入按叔重自序今收篆文合以

古籀所記可以無疑
宋王應麟玉海晉呂忱字林七卷史[illegible]
書目字林五卷或疑非本書三朝[illegible]一卷
宋藝文志呂忱字林五卷
目[illegible]

序例錄目

卷二
示 王 玉 屮 艸 牛
口 吅 走 止 辵 彳
行 齒 足 品 丩 言
誩 異 革 鬲 䰜 爪
又
卷三
支 殳 皮 攴 目 羽

隹 芊 羴 瞿 雔 鳥
幺 歺 骨 肉 刀 耒
角 竹 工 喜 鼓 豆
豐
卷四
虍 虎 虤 皿 去 丹
井 食 久 舛 韋 木
林 稽 囗 貝 邑 日

旦倝㫃冥夕卤
片鼎克禾黍香
米毇瓜宀
卷五
呂穴疒冃网巾
人身衣老毛毳
尾舟見欠㳄頁
面首彡髟卩辟

勹鬼山广厂石
長豕彑豚豸易
卷六
馬鹿麤兔犬鼠
能火炎黑焱炙
赤大夭立心水
卷七
巜谷仌雨魚至

鹽戶門耳手女
戈琴曲瓦弓系
素
卷八
虫䖵蟲風它龜
黽土田黃力金
勺几斤斗矛車
𠂤厽九厹嘼乙

丁巳辡子了酉

字林考逸卷二

興化任大椿學

示部

禠弋尒反 唐顏師古匡謬正俗卷七

禎祥也福也 唐歐陽詢藝文類聚卷九十八

祐者助也 唐沙門元應一切經音義稱讚淨土經音義 大方等大集經卷四下云天之所助也

祇敬也 大菩薩藏卷七音義

齋戒潔也亦齊也 雜阿毗曇心論卷三音義

禋潔祀也音一人反 蕭該漢書揚雄傳音義

祡 唐陸德明詩時邁釋文云祡望字林說文作祡望

祈求福也 瑜珈師地論卷七音義

祲精氣成祥也音字鴆反 宋宋祁漢書匡衡傳校本○案成祥說文作感祥眡祲註亦作成祥 子沁反 唐何超晉書音義帝紀卷六

文九

䄍 禮記月令釋文云蜡字林作䄍 禮運釋文○案䄍說文作蜡玉篇云䄍與蜡同

禨祆祥也居衣切 唐李善文選辨亡論註

祧

禰 唐張參五經文字序云若祧禰逍遙之類說文漏畧今得之於字林○說文新附有禰字

文四 無說文

王部

王三者天地人 宋陳彭年等重修廣韻 宋毛晃增修互註禮部韻畧 一貫三爲王 廣韻 增修互註禮部韻畧 金韓道昭五音集韻 天下所法 廣韻 五音集韻○案說文云天下所往此云所法或即所往之訛

文一

玉部

璵玉也 晉書音義列傳卷五十六 他紾反 晉書音義列傳卷五十六 宋胡三省通鑑秦二世紀音註

璜半璧曰璜 文選思元賦李善註

瓏禱旱玉爲瓏又音龍 宋祁漢書揚雄傳校本

珩佩玉所以飾行 文選思元賦李善註

琫佩刀下飾也天子以玉諸侯以金 藝文類聚卷六十 宋李

昉等太平御覽卷三百四十六。案說文云琫上
飾詩琕琫容刀傳云上曰琫鞞琫有珌傳云琫上
飾詩釋文亦云琫佩刀鞘上飾藝文類聚太平御
覽引字林皆作琫下飾下字當爲上字之誤類篇
作下飾亦誤集韻引說文云琫佩刀下飾今本說
文明作上飾亦猶後人誤引字林作下飾而原書
則自作
上飾也

璏劒鼻謂之璏初學記卷三十二山堂考索前集卷四十六劒鼻也藝文
類聚卷六十　太平御覽卷三百四十。案說文
璏劒鼻玉也藝文類聚引字林璏作瑑與說文不
同考漢書王莽傳卽解其瑑服虔曰瑑音衛蘇林
曰劒鼻也則服蘇亦以劒鼻爲瑑顏師古謂當從
說文作璏作瑑者誤顏說得之玆故據初學記所
引璏字爲正體太平御覽山堂考索又引作璏集

韻以璏爲璏之重文

珌鮮也詩君子偕老釋文

瑕玉小赤唐孔穎達禮記聘義正義

玩弄也妙法蓮華經卷二音義　攝大乘論卷七音義　阿毗達磨順正理論卷四十八音
義

玫瑰火齊珠蕭該漢書揚雄傳音義　玫莫回反瑰瑚魁反大般涅盤經卷一音義　摩訶般若波羅密經卷三十九音義石之美好曰玫圓好
曰瑰大般涅盤經卷一音義　石珠也摩訶般若波羅密經卷三十九音義

璣小珠也大智度論卷三十二音義。案說文云璣珠不圓也與此訓異

玪瑚紺反大般涅盤經卷四音義云字林從玉作玪諸書從口作唅

文十二

琕佩刀上飾也藝文類聚卷六十。案藝文類聚引字林云琕佩刀上飾考說文鞞
刀室鞞卽詩公劉正義云古之言琕猶今之言鞘
廣韻云琕刀室然則琕無上飾之訓考琕琫容刀
傳云上曰琫下曰琕孔正義云鞞者刀鞘之名琫
者鞘之上飾下不言其飾指琕之體故云下曰琕
上則有飾可名故云上曰琫據此則鞞不特非上
飾並不得以飾名也此云琕佩刀上飾殊誤考琕
琫有珌傳珌下飾說文亦云珌下飾釋文玉篇珌
通作琕意此條琕字乃⿰王畢字之誤上飾乃下飾之

誤釋名琕佩刀下飾亦誤⿰王畢爲琕、

瑠璃火齊珠也晉書音義列傳卷十五下云留離二音。案說文珋石之有光璧珋
也玉篇以瑠爲珋之重文廣韻集韻類篇皆以瑠
珋爲二字然則字林瑠璃之瑠與說文珋不相通

琈玉別名禮記聘義正義。案廣韻五音集韻篇海引此琈並作⿰王數

玘本幾字萬意反晉書音義載記卷二十一。說文新附有玘字

⿰王畢佩刀飾也太平御覽卷三百四十六。案⿰王畢說文作珌玉篇以⿰王畢爲珌之重文說文
云珌佩刀下飾此文飾字上當脫去下字

文五

屮部

每莫改反妙法蓮華經卷一音義

文一

艸部

虋糜亡昆反爾雅釋草釋文

荳音豈美菜生雲夢太平御覽卷九百八十

蘆菔力何蒲栢反似菘紫花者謂之蘆菔大般涅盤經卷三十二音義

茝音昌亥反唐司馬貞史記司馬相如列傳索隱下云又音昌里反蘪蕪別名廣韻五音集韻

藎草名也光讚般若經卷一音義

堇草名似冬藍蒸食之酢北魏賈思勰齊民要術卷十宋丁度等集韻宋司馬光等類篇元楊桓書學正韻楊桓六書統溯源

蓩毒草也因以爲地名唐李賢後漢書劉元傳註通鑑漢光武帝紀音註元黃公紹古今韻會。案說文蓩毒草也務卷耳也後漢書引字林毒草之訓乃標作務字與說文異集韻於務字下並載卷耳毒草二訓然則蓩亦通作務矣

莞蔇音緩

藺莞屬也竝爾雅釋草釋文

茈音紫齊民要術卷二

藐小兒笑也文選寡婦賦註。案說文藐茈艸也與此異訓

蔦寄生也爾雅釋木釋文

葰水中野韭唐段公路北戶錄集韻類篇五音集韻。案葰北戶錄誤作荾

藨工兆反爾雅釋草釋文

芰楚人名蔆曰芰爾雅釋草釋文爾雅釋草疏蔆作薐宋宋庠國語補音卷

三可食爾雅釋草疏、

蕈式甚反爾雅釋草釋文下云或云桑萸也

萸木耳也齊民要術卷十

葚時審反桑實也詩泮水釋文式忍反爾雅釋木釋文

莖枝生也亦小枝也維摩詰經卷下音義古今韻會。案說文云莖枝柱此引字林作枝生當爲枝柱之誤

葩于彼反文選琴賦註。戴東原吉士曰琴賦若衆葩敷榮曜春風註古本葩字爲花蘤郭璞曰葩爲古花字舍音于彼切字林音于彼切張衡思元賦曰天地絪緼百草含葩今考葩字當

爲蘤字之訛後漢書張衡傳所載思元賦作百草含蘤注引張揖字詁曰蘤古花字也考花字起于後代古書皆作華陸德明云古讀華如敷此葢本字本音而漢時或讀如韡俗遂通作花蘤之古音讀如韡故字詁謂蘤古花字今文選本作百卉含葩注葩華也則蘤之誤也其註又引說文曰蘤古花字今說文無此語則說文乃字詁之訛而蘤字獨不訛其下又云本誤作蘤音爲詭切此非之用也訛外不可通就字音推求蘤爲詭切葩字必不可讀爲詭切當言本誤作葩音爲詭切此非葩音也今文選既於思元賦蘤訛作葩而琴賦註引思元賦蘤亦作葩則是誤中之誤琴賦註云古本葩字爲花貌當作葩本蘤字蘤花貌其云郭璞曰葩爲古花字含蘤音于彼切當作郭璞曰蘤古花字今讀韋彼切考廣韻蘤韋委切韋委韋彼于彼一音也且是注下引字林于彼切上不得云今讀音于彼切故知音于二字乃一韋字訛成兩字耳

莢草簣也 爾雅釋木釋文

芒禾杪也 大般涅盤經卷二十七音義

蒔更別種上吏切 文選秋興賦註

薀積也 對法論卷一音義

薄叢生也 文選江賦註

苑有垣也 起世經卷一音義 有垣曰苑 佛本行集經卷六音義 起老經卷一音義下云亦禁苑也

蔪才冉反草之相苞裹也 尚書禹貢釋文。案禹貢曰草木漸苞釋文漸如字一本作蔪下引字林考說文作草木蔪苞即釋文所云一本作蔪者也蓋作漸則爲如字作蔪則訓爲草苞裹字林此訓與說文蔪字義同故兹引禹貢釋文不標漸字

苫舒鹽反茅苫也 妙法蓮華經卷二音義

莿刺也 集韻 書學正韻

⿱艹是母即知母草 廣韻 五音集韻。案說文芪字下註云芪母徐氏謂即知母字林以⿱艹是母爲知母考芪⿱艹是二字通漢書地理志云至元孫氏爲莊公師古曰氏與是通韓勅修孔廟後碑云韓君於氏憤憘之思於氏即於是督郵斑碑云要道氏綜氏綜即是綜氏是本通芪从氏⿱艹是从是故芪⿱艹是亦得通也惟是說文以芪爲芪母以⿱艹是爲草顯別二字而字林則訓⿱艹是亦爲知母與說文不同

萎餧也於僞反 爾雅釋草釋文。案說文云萎食牛也與此異訓

芇虛謂反 妙法蓮華經卷二音義

卉總名也 文選王仲宣公讌詩註

文三十四 下頁朮字注移在前行芇字後

蘦音福 宋書謝靈運山居賦自註。案說文有蘦字玉篇蘦蔔也甫鞠切蘦蔔子也字陸切集韻以蘦爲葍之重文

蘴蕪菁苗也。案說文有葑字無蘴字玉篇葑蕪菁也蘴蕪菁苗也則爲二字考方言

訓蘴爲蕪菁陸璣疏訓葑亦爲蕪
菁音訓俱同故集韻蘴葑互通

蘴御溼之菜 並齊民要術卷三○案蘴說文
作蘴集韻以蘴爲蘴之重文

蘄草生水中其花可食 齊民要
術卷十

蘆千古反 爾雅釋
草釋文

芥辛菜也 妙法蓮華經卷五音義
○[illegible]

蔬菜也 阿曇毗婆沙論卷四十二音義 瑜伽
師地論卷三音義○說文新附有蔬字

苓音吟 菜似蒜生水中 北戶錄 太平御
覽卷[redacted]九百八十

蒔辛菜也 太平御覽卷九百八十 宋高似孫緯
畧卷十○案緯畧卷六字林蒔又作蒔

字林考逸 卷二 九

菳音琴 草生水中根可緣器 太平御覽卷
九百八十

蓮草茂貌 廣韻 五音集韻○
說文[illegible]

茬草亦盛也 宋祁漢書尹齊傳校本○案尹齊傳
云東都茬平人師古曰茬音仕疑反

說文作茬平茬仕菑切漢書地理志與說文同茬
以在爲聲茬以仕爲聲故茬茬通後漢郡國志作
茬平茬當
即茬之誤

萏草名 集韻 類篇 六書
正韻 六書統溯原

菝葀瑞草也 集韻 類篇 五音集韻
古今韻會 六書統溯原

文十 二說文
無

牛部

犅牛白脊也 廣韻 五
音集韻

犪牛柔謹也 爾雅釋
畜釋文

犕牛具齒也 唐徐堅初學
記卷二十九

文三

犦方沃反

犩牛畏反黑色而大重三千斤

犤牛名也

字林考逸 卷二 十

犝牛名 並爾雅釋畜釋文○案集韻云犝說
文無角牛也所稱說文乃新附字

犨音就 爾雅釋
畜釋文 牛眼黑眥也 集韻 五音集韻 六書統
書學正韻

溯
原

犓牛鳴也 爾雅釋獸釋文
初學記卷二十九

犍從牛也 正法念經卷四十八音
義○說文新附有犍字

犎野牛也 初學記卷
二十九

文八 說文
無

口部

吻口邊也文選文賦註洞簫賦註

噲咽也新歲經音義

㖃丑加丑亞二反摩訶般若波羅蜜經卷十一音義大智度論卷五十三音義

呱子啼聲文選幽通賦註

唶唶也妙法蓮華經卷二音義

咀齰也妙法蓮華經卷二音義

嚼咀也薩婆多毗尼毗婆沙經卷九音義

噬啗也大方廣佛華嚴經卷六音義

哺咀食也大集日藏分經卷七音義

噫飽出息也乙戒切文選長門賦註

呼外息也正法華經卷二音義

嘳喟息憐也集韻 類篇 五音集韻。案爾雅釋詁釋文云字林以歎爲喟邱塊反

啞笑聲也妙法蓮華經卷二音義瑜伽師地論卷十一音義一句反妙法蓮華經卷二音義

咄丁兀反大般涅槃經卷九音義相謂也四分律卷二音義相呵也阿毗達摩俱舍論卷七音義

啄鳥食也文選射雉賦註

喁衆口上見魚容反晉書音義帝紀卷五。案衆口上見說文作魚口上見衆字當爲魚字之誤以集韻韻會所引噞喁一條證之其爲魚字無疑

文十六

𠷎[illegible]女知反爾雅釋鳥釋文南方雉名集韻 五音集韻 五音篇海。案說文于雉字下云南方曰𠷎此作𠷎與說文異

唵啗也大方便報恩經卷二音義下云謂以掌進食曰唵也百喻集卷四音義

唼蟲食曰唼唼血也大方便報恩經卷二音義唼血也亦蟲食

曰唼也妙法蓮華經卷二音義

嗃大呼也莊子在宥釋文

呀大空貌火家切文選西都賦李善註大空也音火加反後漢書班固傳注。說文新附有呀字

吙唐張參五經文字載吙吙二字云上說文下字林

噥噥語廣韻 五音集韻

啞聲也集韻 類篇 書學正韻

噞喁魚口出水貌集韻 古今韻會。說文新附有噞字

咿呐悲也 五百家韓詩註卷四

文十 說文無

附新字林

吼食物 廣韻 五音集韻 五音篇海

文一 說文無

卩部

咢 爾雅釋樂釋文云咢字林或作咢

文一

字林考逸 卷二 十三

赱部

趙趑也 廣韻 五音集韻

趠赱也 晉書音義列傳卷六十二

趡音才名反 蕭該漢書揚雄傳音義

文三

趚急赱也 廣韻 五音集韻 五音篇海。案此條廣韻標作字林五音集韻篇海標作新字林今姑從廣韻

文一 說文無

止部

疌 女涉切 機下所履 太平御覽卷八百二十五

文一

歧歧飛行貌 文選笙賦註。案說文跂足多指也集韻歧爲跂之重文與此異訓

文一 說文無

辵部

過 蝸古禾反 爾雅釋蟲釋文

邆登也 五音篇海

字林考逸 卷二 十四

選簡擇也 大智度論卷二音義

达滑也 文選洞簫賦註 集韻 類篇 書學正韻 佗戾切 文選洞簫賦註。案說文达爲達之重文行不遇也徒葛切與此音訓俱異

連縷不解也 四分律卷三十九音義

逑斂聚也 爾雅釋訓釋文

逞盡也 文選思元賦李善註

迒兔道也 爾雅釋獸疏

文八

迦丁各反又竹格反山名也 瑜伽師地論卷一音義

逍遙 唐張參五經文字序云若祧禰逍遙之類說文漏畧者今得之於字林說文新附徐鉉云案詩只用消搖此二字字林所加宋張有復古編云別作逍遙字林所加宋王應麟韓詩考云逍遙徐鉉等案只用消搖此二字字林所加古今韻會云消搖猶翺翔貌字林云逍遙

遊園也 集韻 類篇 禮部韻畧釋疑 古今韻會 六書統溯原

迄至也火乞反 宋祁漢書揚雄傳校本

文四 說文無

彳部

復音蝮 國語補音卷一

微隱行也 四分律卷四十三音義

文二

從從走貌也 蕭該漢書揚雄傳音義

彷徉音房又蒲光余章反 四分律卷十六音義

侗大也 莊子庚桑楚釋文

⿰彳卓菜味辛南人食之去冷氣 北戶錄 宋鄭樵通志草木畧○案宋唐慎微續政和本草卷八引此⿰彳卓作⿰彳皁

文四 說文無

行部

衖邑中道曰衖 地持論卷一音義

文一

齒部

齹才可士知二反 春秋左氏傳昭十六年釋文○案說文作𪘔齹𪘔一字

齩午校切 齧嚙也

齨音舅 老人齒如臼也 竝太平御覽卷三百六十八

文三

齡年齒也 瑜伽師地論卷四十二音義○說文新附有齡字

⿰齒可邱加反 阿毗達摩順正理論卷三十一音義下云言以口⿰齒可也大齧也今以手也大

齧也 集韻 類篇 書學正韻 六書統溯原 六書故

齼初舉切 齒傷酢也 案說文有齭字訓云齒傷酢也从齒所聲讀若楚廣韻集韻類篇以齼爲齭之重文

齬齒不相值也 竝太平御覽卷三百六十八

文五 說文無

足部

踦一足意也詩七月釋文 巨綺反爾雅釋蟲釋文下云或居綺反

跪邱委反拜也妙法蓮華經卷六音義

踧踖不進也生經卷四音義下云一日行平易也 對法論卷十音義 文選長笛賦註

踰越也大方廣佛華嚴經卷一音義 唐僧慧苑大方廣華嚴經卷上世主妙嚴品之四音義 大方廣華嚴經卷下法界品之十七音義

跨踞也悲華經卷五音義下云亦躡也 賢愚經卷一音義 四分律卷二十九音義 五分律卷十五音義下云亦躡也

跳躍也大幺反晉書音義列傳卷十二

跇述也戈世反蕭該漢書揚雄傳音義○案戈世似弋世之誤

跌失蹠也陰持入經卷下音義

踞記恕反妙法蓮華經卷二音義 亦蹲也亦跨也大愛道比邱尼經卷上音義

跲僵也莊子外物釋文

跛蹇行不正也大方等大集經卷十五音義 放光般若經卷二十一音義

踩踐也汝九切文選西都賦李善註○案說文蹂爲内之重文在内部今附載足部

文十二

踆古蹲字莊子外物釋文○案踆說文作蹲玉篇與字林同

趾足也大方廣佛華嚴經卷六音義 大菩薩藏卷二十音義 華嚴經卷上淨行品音義

躑躅跓足不進也郁伽長者所問經音義 佛本行集經卷九音義○案躑躅說文作蹢躅云住足也易姤卦羸豕孚蹢躅釋文云一本作躑躅然則蹢躅躑躅通廣韻以蹢爲躑之重文集韻以躑爲蹢之重文

跱踞也後漢書張衡傳註○案說文有峙字云峙䟫行不進也廣韻跱同峙類篇峙或作跱然則跱亦爲峙之重文與此異訓

跼踡行不申也文選赭白馬賦註

文五說文無

附新字林

蹙蹳行皃廣韻 五音集韻 五音篇海○案說文有蹴字云躡也集韻類篇以蹙爲蹴之重文說文新附又別載蹙字云迫也然則蹴蹙雖通而訓義各異廣韻訓蹴爲躡蹴訓蹙爲迫音亦不同

文一說文無

㗊部

囂聲也莊子駢拇篇釋文音火亭反史記司馬相如列傳索隱

文一

丩部

糾兩合繩文選鵩鳥賦註音九史記賈生列傳索隱

文一

言部

言直言曰言廣韻音集韻五

語答難曰語廣韻音集韻五論難曰語禮部韻畧

譔專教也音論蕭該漢書揚雄傳音義專教也音詮宋祁筆記○案說文譔徐氏引唐韻音此全反宋祁筆記引字林云音詮與唐韻合蕭該音義詮誤作論

諏聚謀也子于反蕭該漢書敘傳音義

訂評議晉書音義列傳卷四十五音亭周禮司弓矢釋文晉書音義列傳卷四十五

又音汀晉書音義列傳卷四十五逗遛也廣韻五音集韻古今韻會

詔告也妙法蓮華經卷一音義

詁故言也爾雅釋詁釋文

諗念也集韻類篇五音集韻

詮具也十全反謂具說事理晉書音義列傳卷十五

訢古欣字後漢書盧芳傳註

詷啁欺詷也大般涅盤經卷三十一音義

詷禮記祭統正義云若詷共之詷則言旁作同故古文字林皆訓詷爲共儀禮經傳通解續卷二十五

謍小聲也文選長笛賦註

譺大調曰譺也大般涅盤經卷三十一音義

誹方味反謗也妙法蓮華經卷五音義

謗毀也妙法蓮華經卷五音義

訿不思稱乎上之意爾雅釋訓釋文○案說文訾不思稱意也引詩云翕翕訾訾訾訿一字

詷言多不盡集韻類篇五音集韻

誇大言也文選長楊賦註

謬誤也佛本行集經卷四十三音義

讋失氣也晉書音義載記卷十一

訐面相斥罪也蕭該漢書王商傳音義紀列反論語陽貨章釋文

謫罪過也責也大集月藏分經卷七音義過責也四分律卷十八音義大乘十輪經卷二十音義支厄切文選賈誼弔屈原文註。案史記賈生列傳索隱引此謫作適

誶音聚律反晉張湛列子力命篇註 唐殷敬順列子力命篇釋文 增修互註禮部韻畧 古今韻會亦音萃增修互註禮部韻畧 古今韻會

診止忍反視也大智度論卷五十五音義

謚笑聲音呼益反五經文字

文二十六

詿解也妙法蓮華經卷二音義

讌美言也音黨文選東都賦註 後漢書班固列傳註 宋任淵黃山谷詩前集註卷十六。說文新附有讌字

謚五經文字載謚謚二字俱常利反云上說文下字林字林以謚爲笑聲音呼益反 六書故。案音常利反者說文作謚云行之迹也從言兮皿不作謚也今五經文字以謚音常利反指爲說文誤矣玉篇載謚字云行之迹載謚字云說文謚然則五經文字當刻謚謚二字云上說文下字林不當混謚爲謚也說文別以謚爲笑聲字林因之而五經文字云字林以謚爲笑聲是見後不見前也

謖起也所六反晉書音義帝紀卷三

誃刀支反晉書音義載記卷三下云又直紙反。案誃說文作誃玉篇以誃爲誃之重文廣韻誃或作誃類篇以誃爲誃之省文

詗陰知也廣韻 五音集韻

諹讙也集韻

詎未知詞也集韻 類篇 宋朱子韓文考異卷一 古今韻會 書學正韻。說文新附有詎字

文六說文無

誩部

誩競言也集韻 類篇 五音集韻

文一

異部

戴故國在陳留春秋左氏傳隱十年釋文

文一

革部

鞶帶也文選思元賦李善註

鞮革履也周禮春官序官釋文

靶𩊰草也爾雅釋器釋文爾雅釋器疏
䩜薩婆多毗尼毗婆沙經卷四音義○案說文月部胄兜鍪也司馬法胄从革作𩊚今附載革部

文四

𩎖盛弩矢宋裴駰史記信陵君列傳集解　初學記卷三十二
𩌈者𩊒履也周禮春官序官釋文
鞑音袒馬帶也
鞚馬勒也竝太平御覽卷
𩍄薆𩍄薄也廣韻　集韻　類篇　五音集韻　五音篇海　六書統泝原

字林考逸　卷二　三十三

𩏄被𩏄也集韻　類篇下竝云一曰鼓聲一曰𩌦𩏄草名
鞲𩏄也集韻　類篇　邊人謂之鞲集韻　類篇　六書統泝原
𩍐刺履底也類篇○案類篇角部引此作觳字集韻列𩍐觳觳敲爲重文
文

鞧餘也五音集韻

文九說文無

附新字林

鞊𩋕鞍具廣韻　五音集韻

𩰲部

文一

𩰲大釜也一曰鼎大上小下若甑也般若燈論卷一音義

文一

𩰳上汁集韻　類篇　書學正韻　六書統泝原下竝云一曰以手拭物

文一說文無

𩱧部

𩱙蕭該漢書敘傳音義云字林曰餗鼎食也或作𩱙𩱜○案說文𩱙或从食束聲餗爲𩱙之重文蕭該敘傳音義引字林云餗或作𩱙𩱜𩱝疑即𩱙之誤說文𩱙健也之六切與餗音義全殊

字林考逸　卷二　三十四

爪部

文一

孚方於反大般涅盤經卷三十音義　匹于反妙法蓮華經卷二音義　信也

亦生也普超三昧經卷上音義

文一

𠬪部

𤕰四芮反大般涅盤經卷九音義○案僧祇律卷十一音義引此𤕰作彗

文一

隶五經文字載隸隸肄三字云上說文中字林下隶經典及釋文相承隸省。案五經文字收隶入又部今從之

文一　說文無

字林考逸卷三

興化任大椿學

攴部

攱音紀又音詭也史記梁孝王世家索隱

⿰木攴橫首枝也集韻下云一曰木別生　類篇　書學正韻。案類篇木部引此⿰木攴作枝

文二　說文無

殳部

毃擊頭也春秋左氏傳定二年釋文下云又一曰擊聲也口交反又口卓反。案左傳釋

文云說文作敲云擊頭也字林同訓此敲云橫擿也考說文訓擊頭也从殳字林旣與之同則亦當从殳玉篇云毃擊頭者亦在殳部釋文引字林毃誤作敲

文一

皮部

⿰者皮桑皮也詩鴟鴞釋文　集韻音杜詩鴟鴞釋文。案古今韻會引此⿰者皮作楮云土楮桑皮也

文一　說文無

攴

蓛爾雅釋詁釋文云案說文字林來旁作力是勞來之字束旁作攴是始音丑力反、宋呂祖謙古易音訓云勑字林作蓛　周易會通卷五　六經正誤卷一。案易噬嗑釋文云勑字林作勑則蓛又通作勑　丑力反爾雅釋詁釋文

敲橫檛也春秋左氏傳定二年釋文

斀去陰刑集韻　類篇　五音集韻　書學正韻

𣀔公壞反毀也尚書序釋文　爾雅釋詁釋文　音怪禮記問喪釋文云壞音怪

牧音母尚書牧誓釋文　字林作敄音同

文五

附新字林

敼鼓起也五音集韻　鼓勇起也五音篇海

文一說文無

目部

眩亂也大方廣佛華嚴經卷三十三音義　陀羅尼雜集經卷八音義　瑜珈師地論卷十五音義　顯揚聖教論卷十一音義　攝大聖論卷四音義　惑也瑜珈師地論卷十五音義

眥目崖也音漬蕭該漢書揚雄傳音義。案崖當作厓　目厓也蕭該漢書敘傳音義　爾雅釋畜釋文　才賜反漢書敘傳音義

睅大目也春秋左氏傳宣二年釋文

瞞目眥平貌莊子天地釋文

盼美目也詩碩人釋文　論語八佾章釋文下云又匹簡反又匹莧反　匹間反詩碩人釋文下云又匹莧反

眅匹姦反春秋左氏傳哀四年釋文

眊目少精曰眊梁劉昭續漢書五行志註

矘目無精直視也亦失志貌也大威德陀羅尼經卷一音義

眈視近而忘遠也音大含反蕭該漢書敘傳音義。案忘遠說文作志遠忘字當是志字之誤

盱火孤反又火於反周易豫釋文　古易音訓　周易會通卷四　張目也文選西京賦註　魏都賦註　蕪城賦註　長笛賦註　呂氏讀詩記卷二十一　火於切文選西京賦註　魏都賦註　蕪城賦註　許惟切文選長笛賦註

眕目有所恨也之忍反晉書音義帝紀卷四下云又音瞋

睽音圭周易睽釋文　古易音訓　周易會通卷八

眢井無水春秋左氏傳宣十二年釋文　集韻　五音集韻　一皮反春秋左氏

傳宣十二年釋文。案釋文于瞀字下云鳥九反又引字林作一皮反皮字當卽九字之訛

睢火加反 周易豫釋文 仰目也火佳切 文選西京賦李善註蕪城賦註長笛賦註

瞋張目 晉書音義帝紀卷十

看口甘反 北齊顏之推家訓音辭篇

瞟式征反 春秋左氏傳文二年釋文

眯物入眼爲病也 莊子天運釋文

矇目有眸無珠子 古今韻會

字林考逸 卷三 四

瞭先幺反 詩靈臺釋文 目有眸無珠子也 詩靈臺釋文周禮春官序官釋文禮部韻畧釋疑古今韻會 先久反 周禮春官序官釋文 瞽瞍舜父 禮部韻畧釋疑

睉小目也 大威德陀羅尼經卷一音義

眙驚貌勑吏切 文選西都賦註長笛賦註 驚貌也音丑吏反 後漢書班固傳註

眝長眙也 文選陸士衡祭魏武帝文註

文二十三

䁹 詩駉釋文云有魚如字字書作驗字林作䁹音並同 古今韻會。案釋畜釋文云魚本又作䁹疑居反字林作驗音同與駉釋文所云字書作驗字林作䁹自相齟齬疑釋畜釋文本又作䁹之䁹乃驗之誤字林作驗之驗乃䁹之誤耳玉篇亦云馬二目白魚或作䁹或作卽謂字林也。又案宋毛晃增修互註禮部韻畧於䁹字下云見字林則䁹又通作䁹

瞭力小反 周禮春官序官釋文 明也 周禮春官序官釋文文選神女賦註

瞠直視貌 莊子田子方釋文下云一音杜哽反又敕孟反 文選長笛賦註

眳睛不悅目貌 廣韻五音集韻 眳睜不悅視也 集韻類篇書學正韻。案玉篇亦作眳睛集韻睛睜同文眳睛作眳睜猶崝嶸作崢嶸

字林考逸 卷三 五

文四 說文無

附新字林

䁅睨目疾 集韻五音集韻

文一 說文無

羽部

翠青羽雀 廣韻

翾翾初起也 文選雀賦註

翩疾飛也 文選鸚鵡賦註

翜捷也飛之疾也山立反晉書音義列傳卷四十七下云又耴甲反
𩙮𩙮飛聲也尸外反詩卷阿釋文　增修互註禮部韻畧
鸐鳥白肥澤曰鸐下沃反詩靈臺釋文　鳥白肥澤也禮部韻畧

文六

隹部

雒鶹鵋鳥廣韻　五音集韻　禮部韻畧　禮部韻畧釋疑
雛雞子也匠于反爾雅釋鳥釋文下云又仕俱反鳥子生而能自啄者

⿰酓隹⿰享隹廣韻云⿰酓鳥鶉字林作⿰酓隹⿰享隹　五音集韻　五音篇海
⿰昔隹詩鵲巢釋文云鵲字林作⿰昔隹　廣韻　五音集韻　龍龕手鑑。案說文⿰昔隹字收入鳥部爲舄字重文今附載隹部又考禮記中庸釋文云字林作鵲說文作⿰昔隹與此互異

文四

翟力兮反爾雅釋鳥釋文。案說文䴡黃也集韻以翟爲䴡之重文

文一說文無

羊部

羜五月生羔爾雅釋畜釋文

羝牂羊也爾雅釋畜釋文　大方廣三戒經卷上音義　三歲曰羝大方廣三戒經卷上音義牂也六書故
羒牂羊爾雅釋畜釋文
牂三歲曰牂爾雅釋畜釋文牝羊也四分律卷五十三音義　牡羊僧祇律卷二十八音義。案說文牂牡羊也僧祇律音義引字林作牡羊與說文合四分律音義作牝羊誤
羭羊句反
羖夏羊牝竝爾雅釋畜釋文

羥已閒反　羣羊相積也一曰羊羴羊相厠也太平御覽卷九百二下云一曰羊羼羼羊相厠。案說文云羥羣羊相積玉篇云羥羣羊相積太平御覽引字林與玉篇同考說文⿰羊責捼⿰羊責也⿰羊責通作積

文七

羱野羊大角爾雅釋獸釋文　野羊大角者也爾雅釋獸疏　野羊也其角堪爲鞌月小榼也出西方似吳羊而大角也角重於肉呼爲羱羝大方廣三戒經卷上音義
羷力冉反爾雅釋畜釋文下云又音力驗反　羊角三觠爲羷集韻類

篇古今韻會。案集韻角字上脫羊字今據類篇古今韻會增

⿰羊巽音選 匡謬正俗卷六 未晬羊也 匡謬正俗卷六 五音集韻 集韻 書學正韻 六書統 六書泝源

⿰羊悤音選 似羊無口

⿰羊空口弄切 羊腊也似羊四耳九尾目在背

⿰羊見女奚切 ⿰羊需女溝切 羊也 並太御覽卷九百二

文六 說文無

羴部

羴羊臭也式延切 太平御覽卷九百二

文一

瞿部

瞿矍 大視貌 莊子徐無鬼釋文

文一

雔部

集雧 羣鳥駐木上 廣韻 五音集韻。案說文集爲雧之重文

文一

鳥部

鵬朋黨也古以爲鳳字 莊子逍遙遊釋文

鶻鵃小種鳩也 詩小宛釋文 爾雅釋鳥釋文

鵙工役反 詩七月釋文 禮記月令 爾雅釋鳥釋文

鷚雡 力幼反 爾雅釋鳥釋文

鸒楚烏也一名鸒一名鵯鶋秦云雅烏 爾雅釋鳥釋文 六書故

楚烏 爾雅釋鳥疏。案鸒說文作鷽鸒鷽一字

鷖乙笄反 爾雅釋鳥釋文

鴜澤雀 爾雅釋鳥釋文。案鴜說文作⿰鳥少云鷦⿰鳥少也鷦⿰鳥少桃蟲也與郭注同鴜⿰鳥少一字

鶨句喙鳥 爾雅釋鳥疏 宋鄭樵爾雅釋鳥註 鄭樵通志蟲魚畧

鷯力雕反

鸔方沃反 並爾雅釋鳥釋文

鸕音盧 爾雅釋鳥釋文 鳥名 集韻 類篇 書學正韻

鴛鴦於袁烏艮反 大般涅盤經卷一音義

鴚鵞鳥似雁鴚音柯 宋祁漢書揚雄傳校本

鸕鷀似鷁而黑水鳥也 佛本行集經卷五音義 似鶂而黑 爾雅

釋鳥釋文。案佛本行集經卷二十六音義云䲷說文作鴟二字通似鵙而黑爾雅釋鳥疏。案鵙當爲鴂之誤

鵀英荏反

鴔房立反

鵖方立反竝爾雅釋鳥釋文

鷗水縛也大如鳩出沛佛本行集經卷二十六音義。案鷗說文作驅鷗驅一字又考說文驅水鴞也縛字當是鴞字之訛

鶬七陽反

鳽音肴

鵅鶩鳥

鷲王雎也竝爾雅釋鳥釋文

鸇鸇尸先反詩晨風釋文己仙反春秋左氏傳文十八年釋文　爾雅釋鳥釋文　宋毛居正六經正誤卷三　鸇集韻　宋孫奕示兒編卷　通鑑周赧王紀音註

鴥鶻飛貌爾雅釋鳥釋文

鴨北戶錄云字林鵰作鴨

鷕于水反詩匏有苦葉釋文。案鷕說文作鳴鷕鳴一字

鷇工豆反爾雅釋鳥釋文音卵又公豆反晉書音義列傳卷十三音冦國語補音卷一下云又音確鳥子生哺者晉書音義列傳卷十三　集韻　類篇　古今韻會　五音集韻　古　書學正韻

鳴鳥聲也文選嘯賦註

鴡鵂也大智度論卷十八音義。治禪病祕要法音義。案說文鴡爲雎之重文在隹部今附載鳥部

文二十九

鳺甫於反

鴶音吉

鴝何啄鳥竝爾雅釋鳥釋文。案說文有雊字云春秋傳有公子苦雊類篇雊字下云句啄鳥然則釋鳥釋文引字林鴝何啄鳥與苦雊之雊同字異體廣韻云雊同鴝

鴆鴕鵳也亡萬反爾雅釋鳥釋文

鸅鸆爾雅釋鳥釋文云澤虞字林作鸅鸆。案爾雅作澤虞說文鳸字下亦云澤虞至字林始加鳥

鸍亡支反

鷮工了反

鴢音幼

鴮鷎似伯勞而小竝爾雅釋鳥釋文 爾雅釋鳥疏鷎作鶚

鶬爾雅釋鳥釋文 廣韻云鶬鳥名爾雅曰鶬麋鴰今呼鶬鴰字林作鶬。案五音集韻引此鶬作雎音眉爾雅釋鳥釋文

鶆音來鶆鳩鷹也爾雅釋鳥釋文 集韻 類篇 書學正韻

鵁父佳反爾雅釋鳥釋文

鸋鳺鴂也文選陳孔璋檄吳將校部曲文註。案爾雅作鸋鳺說文有鳺字無鸋字鴂字鳺字下注皆云寧鳺也玉篇與說文同寧與鸋通

字林考逸 卷三 十二

鸜鳩人面鳥身集韻 類篇 五音集韻

鴖鴾鳥名似鶴出縣雍山集韻 類篇 五音集韻 五音篇海 書學正韻 六書統溯原

文十五說文無

幺部

幺小豚爾雅釋獸釋文

文一

攴部

殰胎敗禮記樂記釋文 六書故

殊死也莊子在宥釋文

殟殁鳥踰跳也文選舞賦註

殑腐也禮記月令釋文

殫極盡也幾也爾雅釋木釋文。案極盡說文作殛盡

殬詩雲漢釋文云斁說文字林皆作殬

文六

殉殺生送死也蕭該漢書敘傳音義弋絹反春秋左氏傳文六年釋文

字林考逸 卷三 十三

瘥春秋左氏傳昭十九年釋文云瘥字林作瘥。案瘥說文疒部作瘥集韻以瘥為瘥之重文

𣦶壯列反春秋左氏傳昭十九年釋文夭死也春秋左氏傳昭十九年釋文云札字林作𣦶 通志六書畧。案集韻類篇引此𣦶又作𣦶考𣦶从歺从歺从止集韻𣦶與𣦶同子列切則𣦶从止乃諧聲字左傳釋文作𣦶从止蓋止止體相近故易訛耳集韻類篇引此又別作𣦶処

文三說文無

骨部

髃腢肩前兩乳骨也春秋公羊傳桓四年釋文 六書故五口反春秋公羊傳桓四年釋文

髀方爾反骰骨也儀禮士昏禮釋文○案儀禮釋文引字林云髀骰骨考說文玉篇皆云髀股也骰脛也考工記參分其股圍去一以爲骰圍註人脛近足者細于股謂之骰據此則髀既訓爲股必不得訓爲骰此引字林云髀骰骨骰字當爲股字之誤

髁骪也膂骨也音口亞反四分律卷二十九音義十誦律卷一音義下云今以骪爲髁

骭音下諫反史記鄒陽列傳索隱

髆音丑尼反匡謬正俗卷六

文五

骼腰骨也蕭該漢書揚雄傳音義

骬于小反詩車攻釋文○案詩車攻釋文云髾字書無此字一作骬呂忱于小反據釋文既云字書無髾字則字林之作骬不作髾可知茲故以一作之字爲正字又考春秋公羊桓四年釋文云髾字林于小反故類篇竝載骬髾二字獨無髾字

髎八髎也雜阿毗曇心論卷八音義

文三說文無

肉部

肫之閏反儀禮士昏禮釋文

脢微視美目貌蕭該漢書敘傳音義○案說文脢背肉也从肉每聲易曰咸其脢與此異訓此云微視美目貌則脢當从目不从肉考說文目部有瞴字云瞴婁微視也與此訓同脢疑當作瞴考毛詩周原膴膴膴字讀若媒與飴謀■時茲爲韻猶左氏傳原田每每每字亦與謀爲韻也集韻瞴字一从每作脢猶之膴字一从每作脢也又考集韻有脢字音莫六反云目病也別爲一義■

臑人于反周禮祭僕釋文下云又音羊吳反儀禮鄉飲酒釋文　禮記少儀釋文　六經正誤卷五下云又云羊矣反○案矣當爲吳之誤臂羊豕也儀禮鄉飲酒釋文○案說文臑臂羊矢也徐鍇云骨形象羊矢因名之鄉飲酒釋文羊豕當爲羊矢之譌

脛腳胻也四分律卷四十九音義　阿毗達磨順正理論卷六十音義

腨腓腸也四分律卷十九音義

胄允也大智度論卷三十一音義

膟血祭

膋是牛腸間脂也竝禮記祭義正義

胥先於反蟹醬也周禮庖人釋文

腝儀禮公食大夫禮釋文　爾雅釋器釋文　五經文字竝云臡說文字林竝作腝入兮反儀禮公食大夫禮釋文　禮記郊特牲釋文　爾雅釋器釋文有骨醢也爾雅釋器釋文

胜不孰也論語鄉黨釋文先丁反禮記內則釋文

膮豕羮也禮記內則釋文 集韻火佼反禮記內則釋文

腥先定反禮記內則釋文 儀禮經傳通解卷三

膗火郭反儀禮聘禮釋文 儀禮經傳通解卷二十二。案爾雅釋器釋文引此膗作臛云肉羮也

胏含食所遺也一曰脯也易噬嗑釋文 古易音訓 周易會通卷五

胆千余反大般涅盤經卷十三音義 △出曜論卷十一音義千餘反大莊嚴法門經卷下音義

字林考逸　卷三　十六

肎莊子養生主釋文 爾雅釋言釋文肯或作古肎字字林作肎並同 六書故口乃反莊子養生主釋文 六書故

著骨肉也莊子養生主釋文 六書故 集韻。案爾雅釋言釋文云肯字林作肎考說文有肎肎二字玉篇廣韻有肯肎二字集韻類篇有肎肯同三字並無肎字莊子養生主釋文云說文作肎字林同戴侗六書故亦引字林於肎字之下則肎當爲肎之訛書學正韻引此條標肎字蓋亦同字之誤五音集韻引此文作肯字

肥水出良餘山北魏酈道元水經注卷二十二

文十八

脺音卒周禮小宗伯釋文

䐈膏敗也周禮弓人釋文

湇羮汁也口恰口劫二反儀禮士昏禮釋文。案說文有湇字無湇字五經文字云湇從泣下月大羮也湇從泣下日幽濕也今士昏禮釋文作湇則所云大羮從月者也五經文字干祿字書俱載湇於水部不合從月之義今易于此。陳竹厂曰湇廣雅作脏石鼓文作胡並從肉立聲經典相承作湇蓋从肉泣聲耳

[illegible]肉有汁也戶耕反儀禮士昏禮釋文。案說文作鬻云从鬲从羔詩曰亦有和鬻文作鬻鬻羮

腅肴也音大濫反北戶錄注

字林考逸　卷三　十七

脊腨腸廣韻 五音集韻。說文新附有脊字

[illegible]臭貌廣韻 五音集韻 五音篇海

腉水名集韻 類篇 書學正韻下並云一曰山名

文八說文無一

附新字林

腁豆中小硬者五音集韻。案廣韻引此腁作癖考說文玉篇類篇無疒部腁亦無此字未知所從類篇肉部腁字註云積癖集韻云腁與癖同豆中小硬者有積癖之象故借腁爲字歟

膹子魚子脯廣韻 五音集韻 古今韻會。案廣韻五音集韻標云新字林古今韻會標云字林今從廣韻

文二說文無

刀部

剴鐮也集韻下云一曰摩切 類篇 六書故

剡才冉反儀禮聘禮釋文 文選長笛賦註 銳也周易繫傳釋文 儀禮聘禮釋文 文選長笛賦註 古易音訓 周易會通卷十四 因冉反周易繫傳釋文 禮記玉藻釋文 古易音訓 周易會通卷十三

刌切也宋祁漢書王莽傳校本

劌利傷也禮記聘義釋文

副判也詩生民釋文。案宋祁漢書揚雄傳校本引此副作疈 匹亦反詩生民釋文

劃錐刀曰劃文選遊天台山賦註

剽匹名反春秋左氏傳襄元年釋文 晉書音義載記卷二十一 叉召反襄十四年釋文 結人也晉書音義載記卷二十一。案說文剽劫人也此文結爲劫之誤

刖斷耳也大般涅槃經卷十六音義

劓刖鼻也大般涅槃經卷十六音義。案說文劓刑鼻也刖字當爲刑字之誤 割鼻也瑜珈師地論卷三十二音義

刖剪也莊子馬蹄釋文

劂音邱許隋曹憲廣雅音義 傷也集韻 類篇 五音集韻。案說文金部鈹文作劂从厂剆今從類篇收附刀部

剸杜丸反大智度論卷十八音義云字林剸截之剸作剸 裁也文選長笛賦註 截也文選聖主得賢臣頌註。案說文剸爲斷之重文在首部今附載刀部

文十二

刻顏氏家訓書證篇云張揖呂忱並云支旁作刀劍之刀亦是剞字。案集韻剞居宜切引博雅云剞劂刀也刻紀披切刀取物也別爲二字考說文有剞字玉篇以刻爲剞之重文蓋本于字林

剹音遼國語補音卷一。案說文作戮廣韻剹與戮同左傳成十三年釋文引此剹作戮通鑑周顯王紀音註引此剹作僇

剜削也大般涅槃經卷三十三音義。說文新附有剜字

剋能也阿毗達磨順正理論卷三十二音義

剩細斷也集韻 類篇

剬帀屬集韻 類篇 五音集韻 書學正韻

文六 說文無

耒部

耒耜曲木 周易繫辭釋文 古易音訓 周易會通卷十三 耕曲木 禮記月令釋文 玉海卷百七十八 垂所作 周易繫辭釋文 古易音訓 力佳反 周易繫辭釋文 古易音訓 周易會通卷十三。案易繫辭釋文作耜曲木古易音訓周易會通並同禮記月令釋文作耕曲木玉海同考易釋文引京云耒耜上曲木也則作耜曲木與京氏說合說文云耒手耕曲木也則作耕曲木與許氏說合義得兩通

文一

櫌摩田器也 莊子則陽釋文。案櫌說文作櫌引論語櫌而不輟

文一 說文無

角部

觢 犎 之世反

觭 邱戲江宜二反一角低一角仰 並爾雅釋畜釋文

解廌 廣韻云字林字樣俱作解廌廣雅作貐豸陸作獬豸也 五音集韻 五音篇海 禮部韻畧釋疑 古今韻會

觶 音至 儀禮士冠禮釋文 鄉飲酒禮釋文 儀禮經傳通解卷五 音支 禮記檀弓

釋文 曾子問釋文 鄉飲酒禮釋文 酒器 禮記檀弓釋文

文四

竹部

箭矢竹也 太平御覽卷三百四十九 笴也 古今韻會

筱小竹也

簜 簜 他莽反 並爾雅釋草釋文

篿竹篾也 長阿含經卷七音義 折竹笢也 僧祇律卷四十音義。案說文篿茶折竹笢也與此訓正合長阿含經引作篿僧祇律引作筧筧當是篿之訛字書無筧字

籥書僮笘也 大般涅盤經卷四十音義 妙法蓮華經卷四音義。案大般涅盤經妙法蓮華經音義大書闕字注云或作鑰籥二字下引此條考說文籥書僮竹笘此引字林既云書僮笘則釋籥字可知故不標闕鑰二字

箈大才反 爾雅釋草釋文

箋表也識也 詩周南鄭箋釋文 孔穎達周南鄭箋正義 表識書也 佛大僧大經音義下云一曰表識書曰箋也

筳繀絲管也大丁反 宋祁漢書王莽傳校本

籅漉米籔也音一六反 史記司馬相如列傳索隱 通鑑秦始皇紀音注

瀌米籔宋王應麟急就篇補註卷三

筥箱也飯器受五升秦謂筥也。僧祇律卷二音義。案說文云秦謂
筥為箱僧祇律卷三音義秦謂筥下當脫為箱二
字。又案說文箱字下云飯筥也受五升从竹稍
聲秦謂筥曰箱于箱字下云从竹捎聲一曰飯器
容五升則箱與箱訓義相通說文于筥字下云筥
箱也與此條筥箱
也字異而義同

篘先字反儀禮士冠禮釋文　大射儀釋文 先自反禮記曲禮釋文

笭大笿也

笿杯籠也並善見律卷九音義　婆藪槃豆傳音義

篙刋竹為之盛穀者長阿含經卷十九音義

竿木挺也文選劉越石荅盧諶詩註 竹挺也古寒切文選謝靈運道路憶山中詩註

簗箠也竹瓜切春秋左氏傳文十三年釋文

文十七

筸竹頭有交文齊民要術卷十。案原本作茸今據玉篇改正

篻竹黑皮竹浮有文

籟竹有毛

篛竹實中並齊民要術卷十

箱飯筥也受五升蕭該漢書敘傳音義。案說文有箱箱二字从稍者曰飯筥受
五升从捎者曰飯帚一曰飯筥一
曰箸箱集韻以箱為箱之重文

笴箭笴也儀禮鄉飲酒禮釋文　集韻　類篇　箭通鑑晉安帝紀註　古今韻會

莖也般若燈論卷十音義　中阿含經卷六十音義　四諦論卷四音義 公但反儀禮鄉飲酒禮釋文

筴禮記曲禮釋文云梜字林作筴宋李璧王安石詩註卷二 公洽反禮記曲禮釋文

五分律卷二十七音義 亦箸也五分律卷二十七音義 古叶反禮部韻畧釋疑

下云又音甲二反。案筴說文
作梜云檢押也廣韻筴與梜同

箷竿也爾雅釋宮釋文 上支反爾雅釋器釋文。案廣韻箷之以箷為衣架以椸為箷之
重文別訓箷為榻前几釋文訓箷為竿又云一本
作椸引字林榻前几之訓是椸訓為架即為箷之
重文椸訓為榻前几與箷不
相通故今于本部別載椸字

篪以竹長尺也爾雅釋樂釋文

笑喜也字從竹從犬犬聲竹為樂器君子樂然後
笑也大般涅槃經卷三十八音義　阿毗達磨俱舍論卷十一音義。案笑說文作笑字林宗
从犬聲犬非聲疑當作犬
與徐氏所引李陽冰說同

籬竹器也中阿含經卷十二音義

笯無節筩集韻 無節筩 類篇 六書統溯原

⿱竹腱筋鳴也集韻 類篇 六書正譌。案類篇肉部引此作腱考廣韻二十二元腱字作居言切云筋也一曰竹頭于⿱竹腱字作巨言切云筋鳴然則訓筋鳴者當作⿱竹腱字集韻與廣韻同類篇肉部腱字作居言切者訓大筋作渠言切者引字林云筋鳴蓋腱讀如⿱竹腱則與⿱竹腱通

文十三說文無

工部

巨大也妙法蓮華經卷五音義 瑜珈師地倫卷四十音義 孟子梁惠王章句疏

文一

喜部

嚭大也集韻。案類篇五音集韻引此嚭作噽

文一說文無

鼓部

鼙小鼓也文選藉田賦註。案文選潘安仁爲賈謐作贈陸機詩註邱希範旦發漁浦潭詩註引此鼙作鞞考說文云鞞刀室也卽琫容刀之琕與此音訓全異鼙之作鞞蓋假借字

文一

豆部

𧯷居敏反儀禮士昏禮釋文 𧯷蠡也儀禮士昏禮釋文 六書故 几敏反禮記昏義釋文

文一

豐部

豐匹忠反周易豐釋文 古易音訓 周易會通卷十

文一

字林考逸卷四

興化任大椿學

虍部

虍 虎文也 廣韻 五音集韻

文一

虎部

虦虥 士山反 爾雅釋獸釋文

虓 音孝 蕭該漢書敘傳音義

文二

虤 下甘反 爾雅釋獸釋文 下云又亡翟反

文一 說文無

虤部

贙 五經文字云于犬反從二虎從貝俗以二虎顚倒與說文字林不同

文一

皿

皿 音猛 春秋左氏傳昭元年釋文 禮記禮器釋文 雜記釋文 儀禮經傳通解卷三

器也 集韻 五音集韻 書學正韻

醯 呼奚反 大般涅盤經卷一音義

文二

去部

𦧲 部也謂𦧲類也 持心梵經卷一音義 賢愚經卷十二音義 佛本行集經卷十三音義

文一 說文無

丹部

雘 尚書梓材釋文云說文云讀與霍同也字林同又一郭反

文一

𣪘 顏師古漢書賈誼傳註云音班从丹說文所不載而呂忱字林有之 李從周字通云般字林從丹。案𣪘說文作般

文一 說文無

井部

井 子挺反 易井釋文 古易音訓 周易會通卷九。案今本釋文云井字林作井二井字全無區別當誤上井字疑從說文加•下井字則省•作井耳古易音訓云井字林作井尤誤

周云井以不變更爲義師說井以清潔爲義 北堂書鈔卷一百五十九 易井釋文 古易音訓 周易會通卷九

文一 說文無

食部

餱乾飯也 寶女經卷上音義

饎充之反 詩泂酌釋文 熟食也 爾雅釋訓釋文 下云又充之反

飤糧也 爾雅釋木釋文 下云一曰餅也

飧水澆飯也 詩伐檀釋文 春秋左氏傳僖二十三年釋文 爾雅釋言釋文 禮部韻畧 通鑑晉武帝紀音註 古今韻會。案飧思魂切从夕从食周禮註云夕食也故說文以餔解之禮記註云飧勸食也疏云飧謂用飲澆飯于器中禮食竟更作三飧以勸助令飽食實使不虛也飧者美主人之食也字林以水澆飯即此義俗訛作飱非

餔日中時食也 莊子盜跖釋文

餐湌吞食也 詩伐檀釋文 爾雅釋言釋文 增修互註禮部韻畧 古今韻會。案伐檀釋文口說文作餐云或从水下引字林云吞食也釋言釋文又云餐字林作飧云吞食則是吞食之餐又作飧也攷集韻類篇水澆飯之飧通作餐故釋言釋文云飧本又作餐而吞食之餐說文玉篇廣韻集韻俱通作湌即說文所云或从水者也漢高彪碑云饑不及湌則餐通湌之證無通作

字林考逸 卷四 三

飧者釋言釋文所云字林作飧飧疑湌之誤

饁手劫反 詩七月釋文 野饋也 詩七月釋文 春秋左氏傳僖三十三年釋文

于劫反 春秋左傳氏僖三十三年釋文 爾雅釋詁釋文劫作怯

餕火刈反 爾雅釋器釋文

餞子扇反 詩崧高釋文 春秋左氏傳成八年釋文 昭十六年釋文 送去食也 詩崧高釋文 集韻 五音集韻 送行饋餞也 書學正韻

館客舍也 春秋左氏傳襄三十一年釋文

餓乙大反 爾雅釋器釋文

字林考逸 卷四 四

饐飯傷熱溼也 論語鄉黨釋文 爾雅釋器釋文 宋邢昺論語鄉黨疏 六書故

央莅央冀二反 論語鄉黨釋文 央例央冀二反 爾雅釋器釋文

餲乙例反 爾雅釋器釋文 論語鄉黨釋文

饑九衣反 禮記檀弓釋文 穀不熟 爾雅釋天釋文

飢餓也 爾雅釋天釋文

餟以酒沃也祭也 中阿含經卷六音義

餗鼎食實也或作鬻 蕭該漢書敘傳音義。案說文鬻部有鬻字云鼎食鬻或从食束聲此云餗或作鬻鬻字當爲鬻字之誤蓋說文鬻既或作餗則字林餗必或作鬻也鬻別訓

爲健卽粥字與鼎食異餗不得通作鬻諸書傳寫鬻多作鬻均誤

文十七

飵飯食也扶晚反飢也爾雅釋言釋文。案玉篇飵俗飯字

餪寄食廣韻五音集韻

餕飯傷熱溼也六書故

文三說文無

夂部

夓子弄反爾雅釋鳥釋文

文一

舛部

舛充絹反錯也蕭該漢書敘傳音義

文一

韋部

韋柔皮也四分律卷十一音義

文一

韌朋柔也佛本行集經卷五十六音義。說文新付有韌字

文二說文無

木部

木衆樹[illegible]

橙橘屬爾雅釋木釋文

亲似梓實如小栗音莊巾反詩鳲鳩釋文云榛字林云木叢生也字林亲字下俱訓云似小栗詩鳲鳩釋文云字林榛木之字從辛木訓云似小栗則字當作亲又考曲禮釋文云榛古本又作亲音壯巾反似梓實如小栗也榛木之字從辛木。案說文玉篇廣韻集韻于亲然則字林作亲與禮記古本合亲當爲亲之誤才似梓六書故

梫音寑爾雅釋木釋文

梓音子爾雅釋木釋文楸也七女經音義佛般泥洹經卷下音義云作杻楸也

榛木叢生詩鳲鳩釋文木叢詩旱麓釋文下云又仕仁反禮記曲禮釋文六書故似巾反禮記曲禮釋文仕巾反六經正誤卷四

桵棲人隹反爾雅釋木釋文

棫于目反詩緜釋文于臭反爾雅釋木釋文

椐紀庶反詩皇矣釋文已庶反爾雅釋木釋文木名靈壽也集韻類篇書學正韻

樻巨位反

栩丑與反並爾雅釋木釋文

枸櫞音矩緣北戶錄註

櫼似茱萸出淮南

栘上泥反並爾雅釋木釋文

棣大內反詩何彼襛矣釋文 常棣釋文 春秋左氏傳僖二十四年釋文 論語子罕章釋文 國語補音卷一 栘也集韻 五音集韻 五音篇海 書學正韻 陳留酸棗縣西南有棣城集韻 五音集韻下並云常棣木名 書學正韻

楓方廉反

梂音求

櫏一縣反並爾雅釋木釋文

梗山榆一名梗大菩薩藏卷十七音義 攝大乘論卷六音義有刺如棘也大菩薩藏卷十七音義有刺莢可以為蕪荑者也攝大乘論卷六音義

樵蒦薪也

松象容反並爾雅釋木釋文

柢碓衡集韻 類篇

樛九稠反詩樛木釋文 爾雅釋木釋文

朻巳周反詩樛木釋文 九稠反爾雅釋木釋文

槀[illegible]槁木枯也諸德福田經 妙法蓮華經卷三音義 苦道反妙法蓮華經卷三音義

栽才代反春秋左氏傳莊二十九年釋文下云一音再

桴極也棟也

楶榕欂櫨也並爾雅釋宮釋文。案楶說文作榕云欂櫨也楶榕一字

櫨也爾雅釋宮釋文下云又平各反 欂櫨柱枡也蕭該漢書揚雄傳音義 平碧反禮記明堂位釋文 儀禮經傳通解續卷二十五

櫨柱上柎也爾雅釋宮釋文

枅音肩柱上方木也莊子齊物論釋文 爾雅釋宮釋文

栵音例爾雅釋木釋文

檼棼也爾雅釋宮釋文

楣齊魯謂棱為楣春秋左氏傳莊二十四年釋文 齊魯名棱曰楣爾雅釋宮釋文

㯣周人名椽曰㯣爾雅釋宮釋文

楣門樞之横梁爾雅釋宮釋文　爾雅釋宮疏俱引吕伯雍○案伯雍卽怳字

檐負也爾雅釋天釋文

楗門距文選王簡栖頭陀寺碑文註○案文選風賦註引字林作揵云拒門也說文手部無揵字而木部有楗字云限門也玉篇楗字亦訓云閼揵然則拒門之楗當从木不从手風賦註引作揵蓋假借字

柵編豎木也側白切晉書音義帝紀卷一

槖他各反周易繫辭釋文

槩杚工內反謂平斗斛者大智度論卷六音義

杼機持緯者十二門論音義

栫柴木擁也在見反蕭該漢書翟方進傳音義

椎槌擊也爾雅釋訓釋文

柅檷音乃米反周易垢釋文○案說文木部有二柅字一云木也實如梨一爲杘之重文杘籆柄也收絲者也字林絡絲之柅與說文收絲之柅正合故次此柅字還從說文重文之序列在椎字後又考說文有檷字云讀若柅則檷柅同音故易釋文柅字一作檷字古易音訓直引作檷檷柅音訓俱通

柲椎毗必反晉書音義列傳卷二十五

枹繫鼓柄也蕭該漢書尹賞傳音義　春秋左氏傳成二年釋文　五百家韓文註卷十九擊鼓槌也國語補音卷二音浮蕭該漢書尹賞傳音義

朾虰音丁爾雅釋蟲釋文

械莊子天地釋文云械字林作械李云器械也○案莊子本文云有械于此釋文云字林作械今考說文云械器之總名一曰持也集韻類篇有摵字云持也與械俱下介反然則摵之與械音義俱通疑釋文所引字林作械乃摵之譌耳若亦作械則與莊子本文無異釋文又何必別之以見異耶

檻櫳也一曰圈也宋祁漢書谷永傳校本

梟鶹鴂也形似鴟而青白出于山卽惡聲鳥也楚人謂之服鳥亦鴟類也山車名鶹鴂俗名巧婦佛本行集經卷二十七音義

文五十

柣大一反

榹榻前機也並爾雅釋宮釋文

棌棧也爾雅釋宮釋文

椵木似白楊一名柂

棶椋也並爾雅釋木釋文。案爾雅椋字下云郎來也來與棶通來之作棶猶來之作秾

櫰下罪反

櫑側吏反並爾雅釋木釋文

榓亡一反香木也其樹形似槐而香極大伐之五年始用若取其香皆當預斫之久乃香出妙法蓮華經卷一音義。案集韻類篇書學正韻六書統溯源引字林榓並作櫁云香木也似槐集韻類篇以櫁爲榓之重文

榤渠例反木釘也四分律卷五十音義。案四分律卷五十音義又引廣雅云栓

字林考逸　卷四　十一

榤釘也今考廣雅榤作橙又玉篇橙巨列反木釘也類篇橙字下亦引廣雅檢橙釘也其引栓字雖誤作檢而橙字則與廣雅本文及玉篇合此條榤乃橙之訛

檣颿柱也放光般若經卷十七音義

椸架也五經文字

杁屋間木入集韻　類篇　通志六書畧

欃水門也集韻　類篇　書學正韻。案欃類篇片部又引作⿰片毚

樾樹陰也集韻　類篇　宋任淵黃山谷詩前集註卷二　古今韻會　書學正韻　六書統溯源。案五音集韻篇海引此樾作樳

檫草木動聲集韻　類篇　五音集韻草木動搖聲五音篇海

椊柱頭枘也集韻　類篇　書學正韻

文十六說文無

林部

林麓守山澤吏蕭該漢書揚雄傳音義

棽支條棽麗也漢書王莽傳註

楙亡到反爾雅釋木釋文

森多木長貌文選文賦註

字林考逸　卷四　十二

文四

稽部

稽留也止也大智度論卷十八音義

文一

囗部

團圓也中阿含經卷二十音義

圈曰万反春秋公羊傳文十一年釋文

囿無垣曰囿佛本行集經卷六音義。案說文囿苑有垣也此文無字當爲有字之誤

圝音由令獄師有圝也 北戶錄。案說文圝字下註云率鳥者繫生鳥以來之圝爲圝之重文則圝有譌由二音

文四

圝七情反 大般涅盤經卷二十二音義

文一 說文無

貝部

賄音悔 禮記曲禮釋文 春秋左氏傳隱十一年釋文 宣九年釋文

賑富也丑引反 爾雅釋言釋文

貣求也 僧祇律卷三音義

貤音弋豉反 匡謬正俗卷六

贏有餘也 賢愚經卷十六音義 阿毗曇毗婆沙論卷二十二音義

貯積也 爾雅釋獸釋文

貰音世 史記高祖本紀索隱 音埶 匡謬正俗卷七 式制反 漢書高祖本紀註

貶方犯反 春秋左氏傳杜預序釋文

賕以財枉法相謝曰賕音巨又反 蕭該漢書薛宣傳音義

文九

附新字林

賙贍也 維摩經卷中音義

鄉賭勝 廣韻 集韻 五音集韻。說文新附有賭字鄉賭通

文二 說文無

邑部

都有宗廟先君之主曰都 佛地經音義下云城郭之城曰都又人之所聚曰都

郶音陪 漢書周緤傳註

邶 鄁 方代反 詩邶風釋文 六經正誤卷三。案國語補音卷三引此邶作鄁

郈音侯 春秋左氏傳成十一年釋文

鄔乙祛反 左氏傳昭二十八年釋文 太原縣也 爾雅釋地釋文。案左氏釋文於鄔字下云舊烏戶反又音偃案地名在周者烏戶反隱十一年取鄔劉是也在鄭者音偃成十六年戰于鄢陵是也在楚者音於建反又音偃昭十三年王沿夏將入鄢是也在晉者音於庶反字林乙祛反郭璞三蒼解詁音瘀於庶反闞駰音厭飫之飫重言之太原有鄔縣惟周地者從烏餘皆從焉字林亦作隖音同據此則惟鄔劉之鄔當從烏餘若太原之鄔郎當從焉今攷說文玉篇廣韻集韻類篇於太原之鄔均無從焉之文是不特在周之鄔乃从烏也釋文又云字林亦作隖考前後漢

志鄭伯克段于鄢及戰于鄢陵之鄢俱作䣕他如晉地之鄔未見有作䣕與鄢者德明此說與六書及輿地俱不合莫知所出

祁上尸反禮記緇衣釋文　春秋左氏傳莊六年釋文　僖十年釋文　昭二十八年釋文　國語補音卷二　太原縣春秋左氏傳昭二十八年釋文

鄗火沃反春秋左氏傳哀四年釋文

郩音先牢反春秋左氏傳文十年釋文

鄳芒耿反晉書音義卷六十八

鄂直言也文選長笛賦註

郜工竺反春秋左氏傳隱十年釋文　僖二十年釋文　穀梁傳隱十年釋文

郈下遘反春秋左氏傳昭二十五年釋文　定十年釋文

鄬几吹反春秋左氏傳襄七年釋文　公羊傳襄七年釋文

鄤畿內地名宋董逌廣川書跋卷二

文十四

鄀楚邑褚斫反春秋左氏傳僖二十五年釋文

鄵干消反春秋左氏傳襄七年釋文

鄸音夢春秋左氏傳昭二十年釋文

鄹亭名在新豐廣韻　五音集韻。案說文有鄹字玉篇廣韻並以鄹爲鄒之重文謂鄹兗州縣也廣韻鄹又音聚引字林云亭名在新豐玉篇集韻類篇並同然則鄹有鄒聚二音訓亦異義

鄭周大夫名廣川書跋卷二

文五說文無

日部

曶音勿文選司馬長卿難蜀父老文註　音忽史記司馬相如列傳索隱。案曶說文作昒云尚冥也昒曶一字楊慎謂日在勿下爲曶在勿傍爲昧考玉篇昒亡屈切昧莫潰切昒與昧異

廣韻集韻類篇並同玉篇楊說誤

昧日旁作未言昧爽也旦明也旦闇昧云昧升勺後星也音芒太反。蕭該漢書王莽傳音義。案升字爲斗字之訛　亡太反周易豐釋文　古易音訓　周易會通卷十　斗杓後星廣韻　周易豐釋文　古易音訓　周易會通卷十　五音集韻　六書故　古今韻會下云一日縣名在益國

旭呼老反詩匏有苦葉釋文　日始出也集韻　五音集韻　書學正韻

晧瑚老反日出光也阿差末卷一音義

晻不明也蕭該漢書匡衡傳音義　烏感反爾雅釋言釋文云陪字林或作晻

眅方但反詩卷阿釋文下云又方旦反　方但方旦二反爾雅釋詁釋文

暍傷暑也莊子則陽釋文五百家韓詩註卷八韓文考異卷八　傷熱也成實論卷十二音義

晞乾也成實論卷十八音義

文八

附新字林

昧从日从未斗杓後星也古今韻會六書故

文一

字林考逸　卷四　七

旦部

暨及也亦至也正法華經卷一音義

文一

倝部

翰直逞反通鑑光武帝紀音註

文一

幹枝華嚴經卷上世祖妙嚴品之一音義。案幹說文作榦云築牆耑木也徐鉉曰今別作幹非是矣榦亦同

文一說文無

㫃部

旗熊旗五斿謂與士卒爲期于其下故曰旗也史記高祖本紀索隱

旋回也文選神女賦註

旃一音亡付反顏氏家訓書證篇

文三

冥部

冥幽也詩靈臺釋文下云又亡定反爾雅釋言釋文下云又亡經亡定二反

文一

字林考逸　卷四　六

夕部

夢亡忠反春秋左氏傳昭二十年釋文　六書統溯原

文一

卤部

鹺䃰粟也集韻類篇五音集韻書學正韻

文一說文無

片部

牉合合其半以成夫婦也 集韻 類篇 古今韻會 六書統溯原牉

半也 洪興祖楚辭九章補註

文一 說文無

鼎部

鼒音載 爾雅釋器釋文

文一

克部

克能也 瑜珈師地論卷十八音義 阿毗達磨順正理論卷三十二音義

文一

禾部

稼種曰稼

穡收曰穡 並對法論卷七音義 阿毗達磨倶舍論卷十一音義

種直龍反 五經文字云字林以爲種稑之穜

穊稠穊也 文選江賦註

秫黏稷 爾雅釋草釋文

稬乃亂反 爾雅釋草釋文下云字亦作穤

黏稻也 爾雅釋草釋文 急就篇補註卷二 宋寇宗奭圖經衍義本草卷三十九 續政和本草卷二十

秔稻不黏者 爾雅釋草釋文 爾雅釋草疏 宋羅願爾雅翼 圖經衍義本草卷三十九 續政和本草卷二十六

秠禾別名也 爾雅釋草釋文

秠匹几匹九夫九三反 爾雅釋草釋文 黑黍一稃二米 集韻 禮部韻畧 五音集韻

穮耕禾間也 詩載芟釋文 爾雅釋訓釋文 釋訓疏

稈秆禾莖也 瑜珈師地論卷三十音義 ○案說文秆爲稈之重文

秕音匕 春秋左氏傳定十年釋文 國語補音卷三下並云又作粃又必履反

穀菜生水中 齊民要術卷十 今河南死水 水經注卷十五

稔禾孰曰稔 大乘十輪經卷一音義下云稔亦年也皆取一終之名也穀熟 瑜珈師地論卷一音義

稾禾一莖六穗謂之稾也 史記司馬相如列傳索隱 禾一莖六穗也 廣韻 五音集韻

穋子工反 儀禮聘禮釋文 儀禮經傳通解卷二十二

秅疾加反儀禮聘禮釋文　丈加反儀禮經傳通解卷二十三

文十七

稅劾稻今年死來年自生曰稅齊民要術卷二。案說文有秜字云稻今年落來年自生謂之秜廣韻集韻類篇並同此文稅字當爲秜字之誤

稸積也文選高唐賦注。案說文蓄積也廣韻集韻以稸爲蓄之重文

稺五經文字載稺穉二字云上說文下字林。案說文玉篇皆作稺玉篇以稚穉爲稺之重文並無稺字

䄶稡不秀集韻類篇

稃稡不秀類篇　六書故　六書統溯原。案玉篇有䄶稡無稃稡米部有稃字云米粹集韻䄶稃重文

秣食馬穀禮部韻畧釋疑

文六說文無

黍部

黏相著也爾雅釋言釋文　爾雅釋草釋文

文一

香部

馥香氣也大般涅槃經卷一音義　香氣盛也華嚴經卷上迴向品之三音義

文一

䭮香氣廣韻下云又呼盍切　集韻　類篇　五音集韻　五音篇海　書學正韻　六書統溯原

文一說文無

米部

粢黏稷也今苗及穀似粟爾雅釋草釋文。案說文粢爲餈之重文稻餅也與此異訓玉篇粢字列稻餅稷米二訓

文一

粻糧也禮記內則釋文　六經正誤卷四。說文新附有粻字。案釋文云粻量也今據六經正誤改正　丈庚反爾雅釋言釋文　丈量反六經正誤卷四

粥淖糜也禮記檀弓釋文　問喪釋文　爾雅釋言釋文　羊六反禮記月令釋文　與六反禮記問喪釋文　爾雅釋言釋文。案粥說文作鬻徐鉉曰俗作粥

糷力但反爾雅釋器釋文

糯粘稻也爾雅釋草疏　續政和本草卷二十六。案糯說文作稬玉篇云俗稬字集韻以糯爲稬之重文

粄糗米粉餅廣韻 五音集韻 五音篇海
糈下出氣也類篇。案類篇穴部引此作梥尸部引此作屁
糲米一斛舂爲八斗胡三省通鑑辨誤卷九
文七說文無

毇部

毇糲米一斛舂爲八斗也子沃反詩生民釋文 召旻釋文 春秋左氏傳桓二年釋文
䊪糲米一斛舂八斗曰䊪附釋文互註禮部韻略。案說文米一斛舂爲

字林考逸 卷四 廿三

八斗曰毇糲米一斛舂爲九斗曰䊪玉篇並云䊪一斛舂爲九斗此文八斗八字疑九字之誤
文二

瓜部

瓞小瓜也
瓣瓜中實也父莧反並爾雅釋草釋文
文二
瓝𤬏王瓜也爾雅釋草釋文 集韻 類篇 書學正韻
文一說文無

宀部

寑臥也五經文字
寠貧空也藝文類聚卷三十五 初學記卷十八 後漢書桓榮傳註
宗尊也亦主也大智度論卷十五音義
文三
㝔烏叫反爾雅釋宮釋文
⿱宀喬寄也大方等陀羅尼經卷三音義云字林寄客爲⿱宀喬字 正法華經卷二音義 四分律卷五十音義 出曜論卷二音義。案說文⿱宀喬作僑玉篇廣韻以僑爲⿱宀喬之重文

字林考逸 卷四 廿四

宴五經文字載宴宴二字云上說文下字林
寢病五經文字云字林作寑臥也以寢爲病。案說文寢云臥病从㝱省寑省聲字林寢即說文寢玉篇以寢爲寑之重文則寑寢同訓與字林異
文四說文無

字林考逸卷五

興化任大椿學

呂部

呂脊骨也 廣韻 增修互註禮部韻略 急就篇補註卷一 五音集韻 元周伯清中原音韻

文一

穴部

宏同一瓜反 妙法蓮華經卷六音義

窢汙也音烏 爾雅釋詁釋文

窞坎中小坎一曰旁入 周易坎釋文 古易音訓 周易會通卷六

窌音匹孝反 史記衛將軍列傳索隱云字林大下卯與穴下卯並音匹孝反

宊湯骨反暫出 周易離釋文

竄千外反 春秋左氏傳僖二十六年釋文 逃也七外反 春秋左氏傳昭二十六年釋文 文選高唐賦註

窘巨畏反 詩正月釋文

窔一弔切 文選班孟堅荅賓戲註

文八

窰燒瓦灶也 十誦律卷九音義○案說文窰作窯廣韻集韻以窰爲窯之重文

文一 說文無

疒部

瘵側例反 詩瞻卬釋文 爾雅釋詁釋文

疵⿸疒朿才雌反 大般涅槃經卷三十二音義

瘍頭瘡也音羊 晉書音義載記卷二十一 通鑑晉簡文帝紀音註

癭頭瘤也 爾雅釋木釋文

瘻力句反頸腫也 密迹金剛力士經卷二音義

癬⿸疒雉乾瘍也 十誦律卷三音義 舍利弗阿毗曇論卷十四音義

癘癩惡疾也 正法華經卷二音義

痿痺也人垂反 爾雅釋草釋文 晉書音義帝紀卷八下云又於佳反 通鑑晉簡文帝紀音註

痕瘡班也戸林反 晉書音義載記卷二十一

疫病流行也 集韻 類篇 五音篇海

疹居忍反 五經文字○案說文疹爲胗之重文載肉部今附載疒部

文十一
癲音怒 詩正月釋文 爾雅釋詁釋文
瘦病也 爾雅釋詁釋文
瘇重疾也 毗曇論卷下音義
瘭方遥反疽病也 正法念經卷六十五音義
癘腨 竹世反赤痢病也 大般涅槃經卷五音義 赤利也 舍利弗阿毗曇論卷十四音義
痞肥痞疲 廣韻 五音集韻 肥貌 集韻 書學正韻

字林考逸 卷五 三

瘵瘇也 集韻 書學正韻。案類篇引此瘵作瘵
癐心病。 集韻 類篇 六書統溯原。案類篇肉部引此癐作膾
文八 說文 無
冃部
冕亡辯反 禮記郊特牲釋文
最才句切 文選過秦論註
文二
冔 詩文王釋文云冔字林作冔下云又火于反 禮記郊特牲釋文 五經文字

文一 說文 無
网部
罩竹卓反 詩南有嘉魚釋文 爾雅釋器釋文 捕魚器也 詩南有嘉魚釋文
罧山沁反 詩潛釋文 爾雅釋器釋文
罠釣也 爾雅釋器釋文
罿上凶反 詩兎爰釋文 爾雅釋器釋文
文四
罯相署罯 廣韻 五音集韻 五音篇海

字林考逸 卷五 四

文一 說文 無
巾部
帷在旁曰帷 摩訶般若波羅密經卷三十九音義 名度無極經卷三音義 大方便報恩經卷四音義 大智度論卷五音義
幕在上曰幕 名度無極經卷三音義
幟幖幟記 廣韻 增修互註禮部韻畧 五音集韻 幖識也 古今韻會
帑藏帑音儻 五經文字云字林以帑爲帑藏之帑
文四

幗重衣貌于冋反（爾雅釋訓釋文。案幗說文作襽）

幟標也（史記高祖本紀索隱。案說文巾部帟字下云幡幟也幟字下云幟也幖字下云幟也而幟字乃不見于正文當屬遺脫徐氏收入新附中）

帢士服制如榼四角苦洽反（晉書音義列傳卷五十六。案帢說文作帢訓云𢂪四角此脫𢂪字不合帢制）

幘飾也（集韻 類篇 五音集韻 五音篇海 書學正韻）

文四（說文無）

附新字林

幮帳也似厨形也（廣韻 五音集韻）

㡋幕㡋屋也（廣韻 五音集韻 五音篇海）

文二（說文無）

人部

企舉踵也（文選嘆逝賦註）

傀公回反（周禮大司樂釋文 莊子列御寇釋文）偉也（莊子列御寇釋文）

侗音敕動反（蕭該漢書揚雄傳音義）大貌（莊子山木釋文下云一音慟）

伾父之反（六經正誤卷四）山一成（宋毛晃禹貢指南）

仿相似也（文選寡婦賦註 宋祁漢書揚雄傳校本）

佛不審也（文選寡婦賦註 宋祁漢書揚雄傳校本）仿佛見不審也（列子黃帝篇釋文）

儕等也（法炬陀羅尼經卷十七音義）

侔亡又反（蕭該漢書揚雄傳音義）齊等也（文選魯靈光殿賦註 陸機齊謳行註 沈休文和謝宣城詩註）

併音卑正反（後漢書馬援傳註 通鑑漢光武帝紀音註）

俌音甫（爾雅釋詁釋文）

僨他竺反（周禮司市釋文）

僅才能也（五分律卷一音義）

俾（䫌敗）倪（堄）普米吾禮反（大般涅盤經卷二音義）普米五禮反（放光般若經卷二十九音義 月光童子經音義）傾側不正也（月光童子經音義）

伸音辛（顏氏家訓音辭篇）

倡優樂也（瑜珈師地論卷六十一音義）

偄讓丈反弱也（春秋左氏傳僖二年釋文）

侈充豉反春秋左氏傳襄二十七年釋文汏也集韻類篇書學正韻大也五音集韻

仆疋豆反又疋住反蕭該漢書揚雄傳音義

傴一父反妙法蓮華經卷二音義

仳父几扶罪二反詩中谷有蓷釋文

偶五口反合也大般涅盤經卷二音義

文二十一

偊疏行貌列子力命篇註列子力命篇釋文

字林考逸 卷五 七

偎仿佛貌不審也列子黃帝篇註

倥音曰美反蕭該漢書揚雄傳音義

侏音朱周禮衺視釋文

伵勇壯貌莊子天地釋文增修互註禮部韻畧五音集韻古今韻會伵伵勇壯集韻五音集韻下並云一曰行貌

偈邱竭反健也妙法蓮華經卷一音義

伺覗音獄四分律卷一音義下云或作覗[illegible]吏二反。錢[illegible]曰字書無獄字說文犬部有獄字訓云司[illegible]也从犬臣聲集韻云獄今作伺覗然則伺覗與獄音訓俱通故字林伺音獄也四分律卷一音義獄誤作獄候也妙法蓮華經卷八音義大般涅盤經卷四音義阿毗達磨順正理論卷五十三音義察也大般涅盤經卷四音義阿毗達磨順正理論卷五十三音義。說文新附有伺字

㑃狠也戾也廣韻五音集韻

侲養馬者廣韻五音集韻古今韻會。說文新附有侲字

傚會也集韻類篇書學正韻

文十說文無

身部

字林考逸 卷五 八

躸隻也集韻類篇五音集韻謂一身集韻五音集韻

文一說文無

衣部

襮黼衿也方沃反蕭該漢書敘傳音義

襲大篋也文選王命論註

襜褕短衣史記魏其武安侯列傳索隱直裾曰襜褕晉書音義載記卷十一

褗已偃反春秋左氏傳昭二十五年釋文袴也集韻五音集韻

䙬重衣也四分律卷四音義 善見律卷十六音義

袷衣無絮也音公給反

衾大被也竝示教勝軍望經音義

衵日日所衣裳也婦人近身內衣也仁一反春秋左氏傳宣九年釋文

褻衷衣也丈篋反蕭該漢書敘傳音義複襦也廣韻 五音集韻

襞𧝓衣也僧祇律卷一音義下云謂襞𧝓衣也卷衣也音必益反晉書音義列傳卷三十五

文十

䙓音尼結反北堂書鈔卷九 史記孟子列傳索隱 六書故

袿婦上衣也晉書音義列傳卷六十四婦人身上衣。古今韻會 案身字疑衍

褟連要衣也晉書音義列傳卷六十四。案古今韻會引此褟作𧜌考說文𧜌短衣玉篇褟長襦也連腰衣也𧜌短衣也又衣袖褟𧜌長短雖殊而連要則同故𧜌褟通

袵衳小兒衣廣韻 五音集韻 五音篇海 書學正韻

⿰衤黃褡小被也集韻 類篇

文五說文無

老部

孝水在河南郡水經注卷十六 文選西征賦註 辯畧卷十二

文一

毛部

毣音忙角反思貌也三國志蜀張裔傳註

⿰毛廷罽之方文者曰⿰毛廷大威德陀羅尼經卷十一音義 十誦律卷六音義 五分律卷二一罽之方文者也佛本行集經卷二十音義

氄而容反正法念經卷二十六音義 賢愚經卷四音義罽也正法念經卷二十六音義 賢愚經卷四音義 十誦律卷一音義 僧祇律卷二十八音義。案說文革部有䩸字云䩸毳飾也集韻以氄爲䩸之重文

毱⿱竹鞠鞠居六反大般涅盤經卷十一音義

⿰豈毛毛布也佛般泥洹經卷上音義

毨先要反毛貌也四分律卷五十二音義

氀力于反氍罽也四分律卷十五音義 瑜珈師地論卷二十五音義下云獸細

毛亦目毴

文七說文無

毴部

毴細羊毛也四分律卷一音義　瑜珈師地論卷二十五音義

文一

尾部

屎小便也阿毗曇毗婆沙論卷四音義　瑜珈師地論卷四音義。案說文作尿　屎尿同

文一

字林考逸　卷五　十一

舟部

舶大船也今江南泛海船謂之舶崑崙及高麗皆乘之大者受萬斛也三具足論音義

艦屋船也音檻晉書音義列傳卷七

𦨣艡水戰船廣韻五音集韻

文三說文無

皃部

覭目有所察廣韻五音集韻

覛䚕觀也雜寶藏經卷八音義　佛本行集經卷四十九音義

覤羊住反春秋左氏傳桓二年釋文

文三

覵音古莧反史記宋世家集解

文一說文無

欠部

款誠也意有所欲文選謝惠連七月七日夜詠牛女詩註　江文通雜體詩註

歂口氣引也廣韻五音集韻

字林考逸　卷五　十二

歔欷涕泣貌也濟諸方等覺經音義　大涕泣也愛道比邱尼經卷上音義　寶性論卷三音義

歁音口咸反匡謬正俗卷六

欿欲得也宋孫奭孟子盡心章句音義

欬瘶也大般涅盤經卷十二音義

歆神食氣也祭祀鬼神也普超三昧經卷上音義

文七

次部

羑貪欲也文選歸田賦註

文一

頁部

頞鼻莖也一曷反

頌醜也邱飲反狹面銳頤之貌也並蕭該漢書揚雄傳音義

顥白貌也音昊楚詞昊白顥顥蕭該漢書敘傳音義

文三

傾勤作五音集韻五音篇海

文一說文無

附新字林

顀頣難語廣韻 五音集韻 五音篇海。案玉篇無顀頣有傾頣云言不正也與此不同玉篇心部懇字下又云應懇難語集韻亦作顀頣又作懇顀頣應懇並通

文一說文無

面部

附新字林

䩉𩈴面貌廣韻 五音集韻 五音篇海。案廣韻五音集韻五音篇海引此並標新字林集韻類篇引此並標字林今從廣韻

𩈴䩉面貌集韻類篇

文二說文無

首部

馘𩠐首詩皇矣釋文 五音集韻 古今韻會。案說文耳部以聝爲馘之重文玉篇聝亦作馘廣韻訓馘爲截耳聝與馘同蓋本說文也字林則分馘聝爲二字

文一

彡部

彡音山廉反匡謬正俗卷七

文一

髟部

髟白黑髮垂而髟文選秋興賦註音方周反匡謬正俗卷七

髻絜髮也別譯阿含經卷五音義下云謂括束髮也

𩯂直垂反匡謬正俗卷六

髳𩮀禿也周禮梓人釋文

文四

鬔鬆鬖亂貌集韻類篇

文一說文無

卩部

卷邱權反春秋左氏傳莊二十二年釋文立權反春秋左氏傳宣十年釋文

文一

辟部

辟法也大智度論卷三十音義

文一

字林考逸 卷五 十五

勹部

匍手行也

匐伏也並雜寶藏經卷五音義

文二

鬼部

魋獸如熊黄而小爾雅釋獸釋文

文一

山部

㟧爾雅釋山釋文云華字林作㟧

岑才心反

崒才没子出二反

岫弋又反

隓山之施隓者大果反並爾雅釋山釋文

嵒巖巉巖山貌也爾雅釋山釋文山巖也文選琴賦註。案釋山釋文云嵒本又作巖下引字林云巉巖則字林有巖字明矣說文並載巖嵒二字此書當與之同

嵍嵍邱釋文詩旄邱亡付反旄詩旄邱釋文下云又音亡爾雅釋邱釋文

字林考逸 卷五 十六

付亡夫二切宋羅苹路史發揮卷五註。案蕭該後漢書敘傳音義引此嵍作堥云前高後下曰堥詩旄邱釋文云字林作堥云堥邱也亡周反又作嵍爾雅釋邱釋文云字林作嵍又作堥俱亡付反嵍堥通

文七

嶓水在滎陽水經注卷七禹貢指南

嶶𡾰沙邱也蕭該漢書揚雄傳音義

嶠山鋭而長也巨照反

𡶴邱追反小山而衆也。案說文嵬高不平也集韻以𡶴爲嵬之重文

峐猶屺字音起並爾雅釋山釋文。案爾雅山無草木曰峐說文云屺山無草木也集韻以峐爲屺之重文

嶁山巔也音力于反後漢書馬融傳註

崢嶸山高貌文選遊天台山賦註。案說文崝嶸也玉篇崢同崝

巑岏銳山也文選謝元暉和王著作八公山詩註

嶕嶢高貌文選陶潛挽歌詩註。案說文有嶢字無嶕字嶢字下註云焦嶢也嶕焦通

峬峭好形貌廣韻五音集韻

嶟嶟山貌宋祁漢書揚雄傳校本

字林考逸 卷五 七

文十一說文無

广部

廞火欽反爾雅釋詁釋文

文一

廓空也普曜經卷六音義

㡾翳也四分律卷二十九音義

文二說文無

厂部

厃音危

厜才規反並爾雅釋山釋文

厝乎故反詩鶴鳴釋文

文三

石部

磧小渚有石也晉書音義列傳卷十二。案說文云磧水陼有石者玉篇云磧水渚石此云小渚小字或水字之訛

磼忙佐反四分律卷二十七音義

字林考逸 卷五 六

磊磊衆石也文選古詩十九首註

文三

碫大喚反詩公劉釋文

硍音限石聲周禮典同釋文

磝磽口交反。案釋山釋文磝或作磽同考說文磽磐石也集韻以磽爲磝之重文類篇以磝爲磽之重文

礓礫也並爾雅釋山釋文

硏音下諫反史記鄒陽列傳索隱

磼才匝反

磼五匝反 並史記司馬相如列傳索隱

砎堅也 晉書音義列傳卷四十八

礚大聲也 文選洞簫賦註　嘯賦註　高唐賦註。案說文磕石聲類篇以礚爲磕之重文

礣礋打草田器 廣韻　五音集韻　五音篇海

砡齊頭也 文選長笛賦註 齊也 五音集韻

文十一 說文無

字林考逸　卷五　九

長部

⿰長左⿰長差 爾雅釋詁釋文云字林⿰長左⿰長差皆古嗟字。案⿰長左⿰長差說文作嗟易大耋之嗟王肅讀古作⿰長差玉篇云⿰長差今作嗟憂嘆也⿰長左古文類篇云⿰長左咨也一日痛惜是⿰長左⿰長差卽嗟也集韻以⿰長差爲嗟之重文以⿰長左別爲邱名與玉篇及爾雅釋文並異

文一 說文無

豕部

豵豕生六月也 爾雅釋獸釋文下云一日一歲曰豵

豝百麻反 爾雅釋獸釋文

豨東方名豕曰豨語豈反 蕭該漢書揚雄傳音義

文三

⿱婁豕力付反求子豕也 春秋左氏傳定十四年釋文。案定十四年釋文作⿱婁豕字考玉篇廣韻有貗字廣韻又有⿰豕婁字俱云求子豬也無⿱婁豕字惟集韻類篇有⿱婁豕字與⿰豕婁字同⿱婁豕字當爲⿱婁豕字之訛

⿰豕犮音艾 春秋左氏傳定十四年釋文 三毛聚居者 春秋左氏傳定十四年釋文　集韻　類篇下並云一日豕老謂之⿰豕犮。案定十四年釋文引此條作⿰豕皮字考玉篇廣韻俱無⿰豕皮字集韻類篇引此條作⿰豕犮⿰豕皮字當爲⿰豕犮字之訛

字林考逸　卷五　平

豥下才反 爾雅釋獸釋文

⿰豕句豕鳴也 集韻　類篇　書學正韻　六書統溯原

文四 說文無

彑部

彘豕後蹄廢謂之彘 爾雅釋獸釋文　釋獸疏

文一

豚部

豚肫小豕也 爾雅釋獸釋文

文一

豸部

豹似虎貝文 爾雅釋獸釋文

貙似貍而大 爾雅釋獸釋文爾雅釋獸疏六書故 一名貗 爾雅釋獸疏

鄭樵爾雅釋獸註 虎貙 北堂書鈔卷一百五十五

貔豹屬出貉國 爾雅釋獸釋文下云一名曰狐

豺狼屬狗足

貐窳 弋父反 竝爾雅釋獸釋文

貘似熊而白黃出蜀郡一曰白豹 爾雅釋獸釋文爾雅釋獸疏

似熊黃黑出蜀一曰白豹也 佛本行集經卷二十六音義 似熊而白出蜀郡 六書故引此貘作貊

貀豽 獸無前足似虎而黑 爾雅釋獸釋文 獸無前足似虎而黑者名貀 爾雅釋獸疏

貈似狐善睡 爾雅釋獸釋文爾雅釋獸疏詩集傳名物鈔卷四詩緝卷十六 六書故 其子名貆 詩集傳名物鈔卷四詩緝卷十六 似貍善睡 朱陸佃埤雅卷四

貆下旦反野狗 爾雅釋獸釋文釋獸疏 似狐黑喙 爾雅釋獸疏 貙類故呼貙貆 六書故

貍伏獸似貙 爾雅釋獸釋文釋獸疏 其子名貄 爾雅釋獸疏

貒獸似豕而肥 爾雅釋獸釋文釋獸疏 其子名貗 爾雅釋獸疏

貛子丸反 爾雅釋獸釋文○案六書故引字林貛作獾云似豕而肥集韻獾爲貛之重文

貁獸名仰鼻長尾 類篇○案妙法蓮華經卷五音義梵網經卷下音義引字林貁作狖云余繡反

文十三

貜貁謂之貜 案說文夓獸也玉篇貜或作夓集韻以夓爲貜之重文

豾狉 貍也 竝爾雅釋獸釋文釋獸疏

貗力于反 爾雅釋獸釋文 貒子也 集韻類篇五音集韻書學正韻六書統溯源

貁貍類 爾雅釋獸疏 如猴卬鼻長尾 類篇

文四 說文無

易部

易在壁曰蝘蜓在草曰蜥蜴 爾雅釋魚釋文云蜴字林作易 五音集

韻。案五音集韻在艸作在洲考方言在澤曰蜥蜴洲字當爲澤字之訛

文一

字林考逸卷六

興化任大椿學

馬部

騊音陶爾雅釋木釋文

驪深黑色馬也詩駉釋文力兮反爾雅釋畜釋文

駽呼縣反

駰乙巾反

驈肆于必反

騧黃馬黑喙曰騧並爾雅釋畜釋文

駓音丕詩駉釋文爾雅釋畜釋文走也父之反詩駉釋文

馰丁歷反馬白額也爾雅釋畜釋文下云一曰駁

駁馬色不純也方卓反爾雅釋畜釋文班駁色不純也阿毗曇毗婆沙論卷九音義

馵之句反爾雅釋畜釋文

驒又音譚詩駉釋文爾雅釋畜釋文豪骭曰驒詩駉釋文达含切六書故

駜父必反詩有駜釋文

駕馬在軛中曰駕四分律卷七音義

駸馬疾行也詩四牡釋文 廣韻 集韻 類篇 七林反詩四牡釋文 六經正誤卷三

馴性行調順唐僧湛然止觀輔行傳宏訣卷八之一下云馴餘輪反

駃騠馬父贏子北方之良馬也史記鄒陽列傳索隱

駒駼北方良馬也一曰野馬也爾雅釋畜釋文 爾雅釋畜疏 鄭樵爾雅釋畜註 禮部韻畧釋疑 宋王應麟王會篇補註卷一 野馬史記匈奴列傳索隱

驫音問眾馬行也太平御覽卷。案問疑作周

文十八

馻於叔反詩晨風釋文

騂許營反詩信南山釋文 春秋左氏傳襄十年釋文 火營反詩旱麓釋文 駉釋文 禮記祭法釋文

騢騮赤馬黑髦尾也詩駉釋文 爾雅釋畜釋文。案釋畜釋文云騢字或作騮下引說文字林考說文無騢字有騮字卽知字林之亦作騮矣然詩駉釋文引字林又作騢或竝有二字

驎良振反詩駉釋文 爾雅釋畜釋文

駣音桃禮記月令釋文

駹馬逆毛也爾雅釋畜釋文

騕褭良馬

騜于亡反竝爾雅釋畜釋文

馲駝似鹿而大肉犖出繞山爾雅釋畜釋文 力各反妙法蓮華經卷二音義

駑駘也九章筭經音義 廣韻 五音集韻 通鑑周赧王紀音註 古今韻會

驐去畜勢也廣韻 集韻 類篇 五音集韻 五音篇海

驏知扇切馬卧土中也太平御覽卷

文十二說文無

鹿部

⿺辶鹿速鹿迹爾雅釋獸釋文下云一曰速鹿子

麐力人反

麋鹿屬也以冬至日解角

麎上刃反竝爾雅釋獸釋文

麞麠也 爾雅釋獸釋文下云又九文反

麃麠麢 爾雅釋獸釋文

麖似鹿而大一角也 善見律卷十音義

麝音射如小鹿有香 爾雅釋獸釋文 小鹿有香 爾雅釋獸疏

文八

麌 麌音吳 爾雅釋獸釋文。案說文引詩作麀鹿噳噳集韻以麌爲噳之重文

文一 說文無

兔部

㲚兔子也 爾雅釋獸釋文 集韻 五音集韻 書學正韻 乃俱乃侯二反

爾雅釋獸釋文

六書統溯原

文一 說文無

犬部

猧家獸也

尨犬之多毛 竝爾雅釋畜釋文

獶多毛犬也 爾雅釋獸釋文

猲犬遏反

獫力劒反 竝爾雅釋畜釋文

猗長也倚也施也又犗犬 廣韻 五音集韻

猩猩能言鳥也形如豕頭如黃雞出交阯封溪聲如小兒啼也 華手經卷八音義 能言鳥也知人名也形如豕頭如黃雞今交阯封溪有之聲如小兒啼字从

犬星也 中阿含經卷十三音義 能言獸也 十誦律音義。案華手經中阿含經音義鳥字疑獸字之訛又考爾雅山海經皆作猩猩王會篇作狌狌華手經中阿含經與爾雅山海經同十誦律與王會篇同玉篇狌猩一字

猥衆也 大方便報恩經卷二音義 增一阿含經卷六音義 僧祇律卷二十七音義 瑜珈師地論卷八音義

獒犬知人心可使者 爾雅釋畜釋文。案說文作犬如人心可使者玉篇亦同如與知或以字相近而誤而義得兩通

狎習也近也惕也 佛本行集經卷四十三音義

狃爾雅釋獸釋文云
瓜字林或作狃
戾力計反大般涅盤經卷十五音義　妙法蓮華經卷六音義　四分律卷二十音義
乖戾也大般涅盤經卷十五音義曲也妙法蓮華經卷六音義　四分律卷二十音義
字从犬从戶妙法蓮華經卷六音義　字从犬出戶而身曲戾
也四分律卷二十音義
犽五見切逐虎犬也初學記卷二十九　太平御覽卷九百四
狾九世反狂犬也春秋左氏傳襄十七年釋文
猶弋又反

狠獸似犬
獌音幔狠屬一曰貙也竝爾雅釋獸釋文

文十七

獝狂無頭鬼也蕭該漢書揚雄傳音義　宋文公筆記
獵獵雌貀爾雅釋畜釋文
獦狚獸名似狼赤眉四分律卷二音義○案說文猲短喙犬集韻以猲爲獦之重文然猲獦二字說文字林異訓
獹韓良犬也初學記卷二十九　太平御覽卷九百四　六書故
猎音鵲宋良犬也初學記卷二十九　太平御覽卷九百四　韓文攷異卷三十六

文五說文無

附新字林

狓猖貌廣韻猲貌五音集韻

文一

鼠部

鼢地中行鼠百勞所化廣韻　五音集韻○案宋董衡新唐書音義引此鼢作蚡

鼫五技鼠也
鼨豹文鼠也
鼷小鼠也竝爾雅釋獸釋文
鼱卽鼩鼠也爾雅釋獸釋文　爾雅釋獸疏
鼬如鼠赤黃而文爾雅釋獸釋文　爾雅釋獸疏　似鼠赤黃而文正法念經卷十六音義○案說文玉篇類篇俱作赤黃而大此作赤黃而文義得兩通
鼩音灼鼩鼠出塞地爾雅釋獸釋文

文七

鼱鼩 爾雅釋獸釋文。案說文鼩字下云精鼩鼠也精鼱通

文一 說文無

能部

能熊屬足似鹿 春秋左氏傳昭七年釋文 熊屬也 國語補音卷三

文一

火部

爇逆燒 廣韻 五音集韻 古今韻會。案五音篇海火部載爇字云野火先踐切載燗字

字林考逸 卷六 八

引字林云逆燒息淺切二字音訓不同廣韻以燗爲爇之重文

尞祭天也力召反 詩旱麓釋文

熛飛火也 文選嘯賦註 後漢書張衡傳註

烎小熱也 廣韻 遼僧行均龍龕手鑑 五音集韻

燋子弔反 儀禮大射儀釋文 所以然持火者子約反 莊子逍遙遊釋文

熄音息 宋祁漢書敘傳校本

烓口熲反 詩白華釋文 口熲反 爾雅釋言釋文

燀灼也音充善反 後漢書泗水王歙傳註

烘具凶甘凶二反 爾雅釋言釋文 燎也 廣韻 集韻 類篇 五音集韻

燎放火也力小反 詩旱麓釋文

𤏁燒木焦也 雜阿含經卷十音義 阿毗達摩俱舍論卷十三音義

熠光盛也照也 大薩遮尼乾子經卷四音義 熠燿盛光照也 六莊嚴經卷三音義。案說文熠盛光也燿照也類篇同大莊嚴經音義云熠燿盛光照也盛光釋熠字照釋燿字大薩遮尼乾子經本文有熠燿二字音義云熠照也訓亦與燿通

煜音弋叔反又于立反 蕭該漢書敘傳音義

字林考逸 卷六 九

燭火貌也 文選西都賦李善註

烕武劣反 詩正月釋文

爝炬火也子召反 莊子山木釋文

熈歡笑也 列子力命篇註 列子力命篇釋文。案說文熈燥也與此異訓

文十七

焆火光貌 詩斯干釋文

熸子兼反 春秋左氏傳昭二十三年釋文

烔爇氣烔烔 廣韻 五音篇海

燒𤏸毛　廣韻　五音集韻　五音篇海

𤏸災也　廣韻　五音集韻

熂火光也　集韻　類篇○案類篇引此作煬集韻以煬爲熂之重文

熑熇熱也　集韻　類篇　五音集韻　書學正韻

文七　說文無

附新字林

烊焇烊　廣韻　五音集韻

文一　說文無

炎部

炎火光于甘切　文選東都賦李善註　甘泉賦李善註

文一

黑部

黯深黑也　瑜珈師地論卷一音義

黔䵳黑也音答又音匠炎反　蕭該漢書敘傳音義○案荅係苓字之訛

黷特垢也杜木切　文選王簡栖頭陀寺碑文註○案說文黷握持垢也特字當爲持字之訛

黆黑黃也　妙法蓮華經卷二音義

文四

黬釜底黑也　莊子庚桑楚釋文○案說文云黬雖皙而黑無黬字玉篇訓黬字云雖皙而黑訓黬云釜底黑類篇于黬黬二字下並音居咸切並訓云雖皙而黑一曰釜底黑是黬黬通集韻以黬爲黬之重文

䵳黃黑也　瑜珈師地論卷四音義

䵩黑色　廣韻　五音集韻

文三　說文無

㷋部

㷋弋劍反火花也　爾雅釋草釋文

熒火光也　文選班孟堅答賓戲註

文二

炙部

繚炙也　長阿含經卷十九音義　僧祇律卷三十一音義

文一

赤部

赩赤貌也佛本行集經卷五十七音義○說文新附有赩字

文一說文無

大部

奅音匹孝反史記衛將軍列傳索隱云字林云奅大下卯與穴下卯竝音匹孝反

契丹國名廣韻　集韻　類篇　五音集韻○案說文契大約也苦計切與此音訓俱異廣韻收在十二霽此契字字林訓爲國名廣韻收在九迄又廣韻十七薛卨字下引字林云蟲名也又殷祖也或作偰又作契契卨雖通而音訓並異

文二

字林考逸　卷六　十二

⿱大或大力貌廣韻　集韻　五音集韻

文一說文無

天部

⿱夭屰吉而免凶也文選長門賦註

文一

立部

靖審也清也文選思元賦李善註

文一

心部

應當也妙法蓮華經卷一音義

快一也新歲經音義

愜快也般若經卷七音義　大威光仙人問經音義　中阿含經卷六十音義　五分律卷四音義

憧遲也丈冢反周易咸釋文　古易音訓

慨壯士不得志也文選秋興賦註仕不得志文選閒居賦註許旣切文選秋興賦註　閒居賦註

字林考逸　卷六　十三

恢大也正法華經卷一音義　普曜經卷六音義

愍問也牛杏反春秋左氏傳文十二年釋文　書學正韻謹敬也文選思元賦李善註問也集韻　五音集韻下云一曰傷也一曰缺也

愻順也僧祇律卷一音義　瑜珈師地論卷十五音義謙也恭也瑜珈師地論卷十五音義

惟思也文選王仲宣贈文叔良詩註

怈習也生經卷一音義

㤞吃也列子力命篇註　列子力命篇釋文

悒不安也賢愚經卷一音義　大方便報恩經卷三音義

譩恩也迦旃延阿毗曇論卷二十九音義

惷丑凶反儀禮士昏禮釋文　禮記哀公問釋文下云丑絳反愚也音丑降反

又丑凶反禮記表記釋文

態⿰亻能他代反大般涅盤經卷十二音義○案說文態或从人作⿰亻能

怫鬱也音扶勿反後漢書來伯珍傳註通鑑漢安帝紀音註佛鬱心不安也菩薩本緣集卷三音義

悖⿸疒孛心動也大方等大集經卷十六音義　大灌頂經卷五音義　中阿含經卷三十音義　中本起佛本行集經卷十五音義心動曰悖般若燈論卷三音義

⿱衛心夢言意不慧也于例反春秋氏氏傳哀二十四年釋文　六書故

悁忿恨也文選思元賦李善註含怒也於元切文選洞簫賦註

憝惡也尚書云元惡大憝徒對反晉書音義帝紀卷二

懟譵大淚反大般涅盤經卷十一音怨也文選嘆逝賦註長笛賦註

⿱旦心禮記表記釋文云旦字林作⿱旦心

慘毒也文選琴賦註

懝憂也亦意不定也佛本行集經卷十九音義

懾服也大智度論卷三十二音義

忝他念反詩小宛釋文

文二十六

憒憒也蕭該漢書敘傳音義

憑凭依几也書顧命釋文父冰反六經正誤卷二

愞音乃亂反春秋左氏傳僖二年釋文○案說文懦駑弱者也釋文愞弱也類篇以愞爲懦之重文音訓並同

憢懼也爾雅釋訓釋文

怊悵也莊子天地釋文　集韻○說文新附有怊字

惝惘也莊子則陽釋文下云又土蕩反

恪恭也放光般若經卷三十一音義　菩薩纓絡經卷二音義○案說文有愙字云敬也春秋傳曰以陳備三愙徐鍇曰今俗作恪考玉篇恪字下云說文作愙則字林與玉篇同列恪爲正字似未得概以爲俗

懌怡也正法華經卷五音義　佛滅度後經音義○說文新附有懌字

忬㥠知也生經卷一音義

憾不安也般泥洹經卷十二音義

悚惶遽也 未羅五經音義○案說文𢙷懼也集韻以悚爲𢙷之重文

懊伊內悲也 文選琴賦注

⿰忄戓𢡄貌 集韻 類篇 五音集韻 五音篇海 六書統溽源下並云一口怒貌

⿰忄美寧⿰忄美心安也 集韻 類篇 六書統溽原

惺悟也 五音集韻 古今韻會

文十五 說文無

水部

涪水一曰湔 水經注卷三十三

字林考逸 卷六 十六

湔水一曰半浣水也下注江 水經注卷三十三 浣也 無量靜平

等覺經卷下音義

淹水一曰復水也 水經注卷三十七

漾水出隴西獂道東至武都爲漢水 水經注卷二十

汧水出隴右扶風也 爾雅釋地釋文○王石臞曰隴右二字當爲後人所加

清水出鄠縣西北山中南入漢 晉書音義列傳卷四

溠莊加反 周禮職方釋文 春秋左氏傳莊四年釋文

深水一名邃水 水經注卷三十九

激水在魯陽 水經注卷二十一

⿰氵覞水名在豫州 廣韻 集韻 類篇 五音集韻

潁水出陽城山 爾雅釋水釋文

漷口郭口獲二反 春秋左氏傳襄十九年釋文

洹水出晉魯之間 水經注卷九 元人河朔訪古記○翁覃溪宮詹曰水經注及河朔訪古記云呂忱字林許愼說文皆云洹水出晉魯之間晉魯晉字足證今本說文齊字之誤

字林考逸 卷六 十七

澶丈仙反澶水在宋 春秋左氏傳襄三十年釋文

濁水一名溷水

濰水出箕屋山 竝水經注卷二十六

沛流也 莊子天地釋文

洵過水也 水經注卷二十三

涓工元反 爾雅釋水釋文 水小流也 正法念經卷三十二音義 水小流

涓涓然也 達磨阿羅禪經卷上音義 尊婆須密所集經卷五音義

潒水潒瀁也大朗反 文選西京賦注

汭者水相入也水經注卷十九通鑑晉愍帝紀音註
潚深清也文選思元賦李善註
沖猶虛也文選王仲寶褚淵碑文註
浩工早反遠也亦水大也阿差末卷一音義
滈水出杜陵縣水經注卷十九太平御覽卷六十二述決二音爾雅釋水釋文云滈郭述決二音呂伯雍同
洸水出東平上承汶水於剛縣西闡亭東水經注卷二十五

波水涌也文選洞簫賦註
濫氾濫也宋祁漢書敘傳校本
洌寒貌文選嘯賦註寒風也文選高唐賦註
溶水盛貌文選思元賦李善註弋冢反宋祁漢書揚雄傳校本
清瀏流也文選思元賦李善註文賦註
溷亂也文選風賦註
潯水涯也文選七發註
泏水定也集韻下云一曰泏也類篇

瀸漬也達磨阿羅禪經卷上音義
潰旁決也文選長笛賦註
淖濡甚也爾雅釋言釋文濡甚曰淖長阿含經卷十八音義下云亦溺也濕也
古今韻會丈卓反莊子逍遙遊釋文
滋茲黑也春秋左氏傳哀八年釋文
瀨水流沙上也長阿含經卷十二音義下云水淺流曰瀨也
氾水決復入爲氾水經注卷七
湀音圭爾雅釋水釋文

濼火篤反爾雅釋山釋文
灘灘、大安他安二反爾雅釋天釋文○案說文灘俗灘从隹
沿從水而下曰沿順流也瑜伽師地論卷十二音義佛本行集經卷四十二音義○案佛本行集經引此作㳂
泝五經文字載泝泝二字云上字林下經典相承隷省
湊水上人所會也增一阿含經卷十二音義下云湊亦聚也
湒湒沸涌別譯阿含經卷四音義下云亦雨聲曰湒湒
澌𣵠水索也別譯阿含經卷十音義下云亦盡也流水也晉書音義載記卷五

涸竭也音下各反史記封禪書索隱

洿濁水不流曰洿義足經卷上音義下云謂行潦之水也洿池也

汙一故反春秋左氏傳成二年釋文於故反又紆莝反妙法蓮華經卷二音義

塗也大般涅槃經卷三音義妙法蓮華經卷二音義

穢也大般涅槃經卷三音義阿毗達磨順正理論卷三十音義摩訶般若波羅蜜經卷十音義

瀵水爾雅異出同流爲瀵水經注卷四音義

洎巳莅反春秋左氏傳襄二十八年釋文

潲淅米汁也僧祇律卷十五音義下云江南名潲閩中名泔也

淤澱滓也大般涅槃經卷四音義

瀹煑也爾雅釋草釋文

液汁也文選思元賦李善註

溢滿也大愛道比邱尼經卷上音義

淋以水沃也爾雅釋草釋文

涑音速春秋左氏傳成十三年釋文

洒濯也無量淨平等覺經卷下音義

湩音竹用反史記匈奴列傳索隱

汩水聲急也爾雅釋水釋文深水也文選束廣微補亡詩註下云于筆切。案說文汨羅之汨从水冥省聲莫翟切此汩从水曰聲于筆切文選注引字林作于筆切則當从曰不从日今釋文及文選注本汩誤从日

潸涕淚下貌也佛本行集經卷十音義

涕泣也無聲而淚曰泣大般涅槃經卷一音義

泣貌也濟諸方等學經音義

流水行也文選長笛賦註。案說文流爲𣴎之重文在𣴎部今附載水部

涶即唾字才臥反蕭該漢書揚雄傳音義。案說文涶爲唾之重文在口部今附載水部之末

文六十八

渤澥海別名也蕭該漢書揚雄傳音義。案渤澥之渤說文作郣徐鉉以渤爲俗字

涀水水經注卷二十一

灤在泚陽水經注卷二十九

潕水在義陽水經注卷三十一

涐水出蜀水經注卷三十三。王石臞曰字林一書省本說文而水經注引呂忱云涐水出蜀則說文元本作涐明矣水經注云許慎以爲涐水也从水我聲蓋酈善長所見說文本已誤作

㳚故有从水我聲之引而漢書及字林玉篇並作㳚當從㳚爲正

洪垢濁也大哀經卷一音義　宋祁漢書揚雄傳校本

涎𠙵液也爾雅釋言釋文㳄欲𠙵液也大般涅盤經卷十四音義　阿毗達磨順正理論卷五十九音義下云亦小兒唾也增一阿含經卷二音義。案爾雅釋文引此大書㳄字下云字當作次又作涎引字林云𠙵液考說文㳄語㳄歎也與𠙵液之義不合釋文以作㳄爲非蓋故不復大書㳄字一切經音義引字林皆作涎即釋文所云又作涎者也然則釋文所引字林亦當作涎即一切經音義可證增一阿含經卷二音義又引作㳄與此訓同集韻以涎㳄通爲次之重文

湞水涯也楞伽阿跋多羅寶經音義　瑜伽師地論卷七十一音義。案說文云湞水涯也玉篇湞瀕也

汦然盡也彌勒成佛經音義　廣百論卷八音義

潔絜麻一耑也善見律卷一音義。案玉篇糸部有絜字云俗絜字說文絜一端也此引字林云潔麻一端似當作絜字蓋即俗絜字也但考絜潔二字通桐柏廟碑齋絜沈祭齋絜即齊潔也廣雅并絜靜也絜即潔也是皆絜通潔之證也

濴絕小水也文選甘泉賦李善注。案說文作滎云絕小水也

瀺灂小水聲也文選上林賦注　宋施元之蘇詩註卷三十

潺湲流貌文選思元賦李善注流貌也過去佛分衛經音義

澎濞水暴至聲也文選長笛賦注　高唐賦註

湓匹寸切文選司馬長卿難蜀父老文註

滸水涯也後漢書馮衍傳註。案說文汻水厓也徐鉉曰今作滸非是玉篇滸同汻

寱五經文字載寱寱二字云上說文下字林　廣韻　五音集韻　五音篇海

洄洄水勢廣大無旣之貌廣韻　五音集韻

浨藏梨汁也廣韻　集韻　類篇　五音集韻　書學正韻

湠漫水廣貌廣韻　集韻　類篇　五音集韻

澾滑也集韻　類篇　古今韻會

滷鹽地也集韻　類篇下並云曰以甘水和鹹水爲鹽曰滷鹽池五音集韻下云一曰以甘水和鹹水爲鹽曰滷

文二十二說文無

字林考逸卷七

興化任大椿學

巜部

粼鄰 良振反 爾雅釋音釋文

文一

谷部

𧮫欲亭

𧮫餘聚 並顔氏家訓勉學篇。案勉學篇云吾嘗從齊王幸并州自井陘關入上艾縣東數

十里有獵閭村後百官上馬糧在晉陽東百餘里亢仇城側並不知二所是何城檢字林韻集乃知獵閭是舊獵餘聚亢仇舊是𧮫欲亭悉屬上艾今考廣韻作𧮫𧮫亭名在上艾音求既音求則當以九爲聲玉篇亦作𧮫欲廣韻𧮫字當爲欲字之訛

谹谷空皃 廣韻 五音集韻 五音篇海

文三 說文無

仌部

凝冰也 文選懷舊賦註

澌流冰也息移反 晉書音義載記卷五

文二

凉微寒 列子湯問篇註 列子湯問篇釋文

𣸈下甲丈甲反𣸈渫謂冰凍相著也 大智度論卷十八音義

𣸈渫凍相著皃 集韻 音集韻 五

准平也 五經文字云準从水傍隼字林作准。丁小山曰說文从水从隼玉篇及漢隸字源云準俗作准而漢桐栢淮源廟碑准則大聖則準已作准矣案准字從仌無義疑字林𣳡字本作淮而後人改之以别於江淮之淮耳王楙野客叢書顧炎武金石文字記皆詳之

凇凍洛也 五音篇海 古今韻會

文四 說文無

雨部

霆音庭 周易繫辭傳釋文 徒丁反 爾雅釋天釋文 禮部韻畧釋疑

霅震電也一曰衆言也于甲反 蕭該漢書敘傳音義

霢亡革反 爾雅釋天釋文云霢字林作霢。案霢說文已作霢字林因之釋文謂字林作霢非

霽子系反雨止也

霾亡戒反

雩越俱反並爾雅釋天釋文

文六

霚爾雅釋天釋文云霧亡弄反又亡付反字林作霚音同。案字書無霚字玉篇類篇有霿字與霧同霿霚相近霚當為霿之訛

䨏露貌上兖反匡謬正俗卷一宋王應麟困學紀聞

雷五經文字靁雷二字云上說文下字林

霙霽雲廣韻五音集韻

霫雨貌廣韻五音集韻古今韻會

文五說文無

魚部

鱄赤目魚也佛本行集經卷三十音義

鮪于九反爾雅釋魚釋文下云或曰卽鱣魚也似鱣而長鼻體無鱗甲

鮥音格當鮪也爾雅釋魚釋文云鮥字林作鮥

鱣音竹仚反宋書謝靈運傳註

鯿鯾魚也爾雅釋魚釋文。案說文鯿為鯾之重文

魴音房赤尾魚爾雅釋魚釋文佛本行集經卷三十音義宋李黃詩汝潰集解

鰕下號反爾雅釋魚釋文

鱧鰈也佛本行集經卷三十音義

鱏長鼻魚也重千斤爾雅釋魚釋文釋魚疏宋李壁王安石詩註卷二十四

鱠似鱣短小也

鯇下短反並爾雅釋魚釋文

鮆刀魚也爾雅釋魚釋文集韻才豉反刀魚㱃而不食爾雅釋魚釋文

魚也五音集韻

鱖厥几綴巨月二反爾雅釋魚釋文

魵鰕出薉邪頭國晉郭璞爾雅釋魚註鄭樵爾雅釋魚註

鰅魚有兩乳爾雅釋魚釋文集韻出樂浪一曰出江爾雅釋魚釋文

鯁魚骨也禮記內則釋文集韻五音集韻工孟反爾雅釋魚釋文

鮨止尸反爾雅釋器釋文

鯦巨救反爾雅釋魚釋文云鯦字林作鯦

鮅魴也爾雅釋魚釋文

文十九

鯷青州人呼鮎鯷 爾雅釋魚釋文 鮎也 佛本行集經卷三十音義。案說文鮷大鮎也集韻類篇以鯷爲鮷之重文 廣韻鮷鯷也鮧鮎也鯷爲鮧之重文

鮇書育反

鮈于一反

鮬邱于反

鰊音七

鱀音旣胎生魚

字林考逸 卷七 五

鰿子翟反音績 並爾雅釋魚釋文

鰻魚出南海頭中有石一名石首 文選江賦註

鯖雜肴也 北堂書鈔卷一百四十五

鱉鰶魚出東萊 晉書音義列傳卷四十六

文十 說文無

至部

[illegible] 贊 竹二反 儀禮既夕禮釋文 儀禮經傳通解續卷三

文一 說文無

鹽部

鹽夙沙初作煮海鹽 水經注卷六 宿沙氏煮鹽之神 路史後紀卷四

盬河東鹽池謂之盬 水經注卷六

文二

戶部

字林考逸 卷七 六

扂戶臘反閉也 禮記雜記釋文

文一

扉毀也 列子黃帝篇註 列子黃帝篇釋文。案字書無扉字說文玉篇類篇屵部有[illegible]字訓與此同扉當爲[illegible]之訛

文一 說文無

門部

闟茸不肖也 文選賈誼弔屈原文註 司馬子長報任少卿書註 宋晏殊類要。案司馬子長報任少卿書註引此作闟不肖之人也 史記賈生列傳索隱

文一

閭里門也

閻里中門也並後漢書班固傳　文選西都賦註

闐高貌文選思元賦李善註

闊遠也正法華經卷一音義

闟闟開也闟也正法華經卷四音義

閉方結反易坤釋文　春秋左氏傳桓五年釋文　六經正誤卷一闔也易坤釋文

闚傾頭門內視也又小視也文選神女賦註。案妙法蓮華經卷二引此闚作闞考漢孟郁修堯廟碑云闚極道之要妙吳仲山碑云未嘗闚城魏孝文比干墓碑闚亦作

闚據此則闚闞二字通玉篇闚與窺同

閱其數也蕭該漢書朱博傳音義。案說文閱字下云具數於門中也此文其字似具字之誤

闖馬出門貌丑褆反春秋公羊傳哀六年釋文

文十

闃靜也周易豐釋文　古易音訓　周易會通卷十。說文新附有闃字

文一說文無

耳部

耽耳垂爲耽華嚴經卷上初發心功德品音義

聸耳古今韻會云師古云儋耳字林作聸耳

職記微也廣韻　五音集韻

聹秦晉聽而不聰聞而不達曰聹廣韻　禮部韻略　五音集韻

聝截耳詩皇矣釋文　五音集韻　古今韻會

文五

⿰耳夋聰總名也玉篇　廣韻　五音集韻聰也集韻　類篇　五音篇海　書學正韻

⿰耳票聽纔聞廣韻　五音集韻

文二說文無

手部

擡舉首下手也春秋左氏傳成十六年釋文

擠排也子計反文選長門賦註

摯摘物廣韻　五音篇海

捫撫持也磨訶般若波羅密經卷三音義　金剛般若經音義　大智度論卷七音義　十地論卷五音義　四分律卷二音義　大乘十輪經卷四音義　瑜珈師地論卷十一音義

擪一指按也莊子外物釋文

措置也大智度論卷十四音義

誕長也丑連反老子道德經釋文下云又一曰揉挻柔也出曜論卷一音義

揃搣也亦斷也四分律卷二十五音義

搣批也莊子外物釋文下云與搣通

撮七活反妙法蓮華經卷二音義維摩詰所說經卷上音義手小取也妙法

蓮華經卷二音義

搔先牢切文選枚叔諫吳王書註

摽刀削末銅也音匹么反朱祁漢書王莽傳校本

字林考逸　卷七　九

抶挑也音一穴反朱祁漢書薛宣傳校本

撓禮記月令釋文云橈字林作撓非火刀反擾也四分律卷三十三音義鼻奈

耶律卷七音義

撊撠持也蕭該漢書揚雄傳音義擊持也几足反晉書音義列傳卷六

摘擿他翟反除也四分律卷五音義

掉搖也大般涅盤經卷一音義雜阿毗曇心論卷二音義

掀舉出也火氣也春秋左氏傳成十六年釋文下云又卽近反

抍上舉音承易明夷釋文古易音訓周易會通卷七○案說文抍字云上舉也蒸

上聲此三字後人所加與字林訓同而音異廣雅抍字凡數見曹憲俱云蒸上聲惟釋詁內兩抍字

一作之丞切亦與字林不同

揹掤弃也廣韻集韻類篇五音集韻

挩木杖春秋穀梁傳宣十八年釋文下云或作椺普木反

搯丈牛反詩斯干釋文○案說文搯卽抽字

探遠取也蕭該漢書揚雄傳音義

擊擊也晉書音義列傳卷六○案六書故云擊字林从衣

扔就也數也原也老子道德經釋文

字林考逸　卷七　十

摹廣求也七具反朱祁漢書揚雄傳校本

撲手相搏曰撲正法念經卷二十四音義

抵側擊之爾反晉書音義列傳卷二十五

搵搦沒也集韻

掾音俱詩縣釋文

掫夜戒有所擊也从手取聲子侯反春秋左氏傳襄二十五年

釋文

捐因絹反爾雅釋器釋文

扣牽馬 史記趙世家集解

文三十三

𢫬搹也音戟 蕭該漢書揚雄傳音義○案說文玉篇搹字下云戟持也搹字下云戟搹也此文𢫬搹與戟搹同

攄舒也尹於反又擬也 蕭該漢書敘傳音義

捋音宜 顏氏家訓書證篇云禮記王制云贏股肱鄭注云謂捋衣出其臂脛今書皆作擐甲之擐國子博士蕭該云擐當作捋音宜是穿著之名非出臂之義案字林蕭該是徐爰音患非也臂也先全反 禮記王制釋文

批擊也父迷父節二反 春秋左氏傳莊十二年釋文 莊子義生主釋文

擊也父迷反 宋祁漢書王莽傳校本○案說文𢪈字下云反手擊也文選上林賦註引說文𢪈作批玉篇云𢪈反擊也批擊也類篇以批爲𢪈之重文

撕山檻切 文選長揚賦註 宋祁揚雄傳校本撕作斬○案說文無撕字有㨻字集韻撕除也㨻取也撕㨻異訓又云撕或作㨻

擌音竹足反 爾雅序釋文

捏捺也 四分律卷五十一音義

拔拭也 金剛般若經音義 四分律卷十一音義 鞞婆沙阿毗曇論卷十二音義○案說文揞撫也从手音聲一曰摹也集韻以抆爲揞之重文

挈拔也 妙法蓮華經卷二音義

扳引也 大智度論卷五音義

抛擊也 鼻奈耶律卷五音義

摸捺也 鞞婆沙阿毗曇論卷十二音義○案說文摹規也廣韻摸字下云以手摸也亦作摹玉篇摹字下云亦作摸摸字下云摸捺也蓋摹摸雖通而本訓各異

揩摩也口階切 文選西京賦李善註

撐柱也直庚切 文選長門賦註○案說文橕衺柱也玉篇橕爲樘之重文廣韻集韻

同此文撐即橕字

抓壯交切 文選枚乘諫吳王書註○案玉篇有抓字云古華切擊也引也抓字下云側交切抓痒也此作壯交切當从爪

揃音子善反 晉書音義載記卷十四

摪 廣韻云說文云摪扶也字林又作摪 集韻 五音集韻○案說文摪扶也玉篇與說文同類篇于摪字下引說文云扶也蓋未考作摪之爲字林耳

揾抐没也 類篇 晉學正韻○案類篇抐字下云又奴骨切揾抐搦也又奴困切字林揾抐没也考玉篇廣韻于抐字止有揾抐一訓爾雅釋詁釋言兩載揾抐字並不著揾抐廣韻于二

十六恩集韻于二十七恨抐字作奴困切訓並云搵抐按物水中然則抐作奴困切者並不見摋抐一訓說文玉篇皆云搵沒也類篇于奴困切之抐既訓爲沒則作搵抐乃與沒義相合玉篇摋打也集韻摋引也與沒字訓不合類篇摋抐沒也摋字恐搵字之譌

捺搦捎也 集韻 類篇 六書故 古今韻會 書學正韻 六書統溯原

抹摋滅也 集韻 類篇 禮部韻畧 古今韻會 書學正韻 六書統溯原 抹摋

掃滅也 韓文攷異卷八

㧙摩也 集韻 類篇

攤舒也音丑支反 宋祁漢書揚雄傳校本。案攤說文作摛云舒也文選註引說文同集韻云說文作摛揚子雲作攤

字林考逸 卷七 十三

捝五苐反 宋祁漢書揚雄傳校本

揁時訓切垂臬望也 宋李誡營造法式卷二

攕插攕貌 廣韻 五音篇海

摟狠也戾也 五音篇海

攖摵俗謂之捉頭 六書統溯原

文三十一 說文無

附新字林

摟擻取也 廣韻 五音集韻 五音篇海

文一 說文無

女部

婚婦家

姻壻家 竝宋董衝新唐書音義列傳卷二十六 廣韻 通鑑周赧王紀音註 五音集韻

媲匹地反 詩皇矣釋文 爾雅釋詁釋文 集韻 五音集韻 書學正韻 配也 集韻 類篇

姐子野反 晉書音義列傳載記卷十六

字林考逸 卷七 十四

姪丈一反 詩鵲巢釋文下云兄女曰姪謂吾姑者吾謂之姪 儀禮士昏禮釋文 儀禮喪服經傳釋文 禮記曲禮釋文 春秋左氏傳隱元年釋文 僖十五年釋文 成七年釋文 穀梁傳序釋文 兄女也 春秋左氏傳隱元年釋文 爾雅釋親釋文下云又丈乙反 古今韻會

姝⿰女殳好貌也 妙法蓮華經卷二音義。案說文引詩作靜女其⿰女殳⿰女殳姝通

娙音五經反 史記楚世家索隱 外戚世家索隱

娛亦樂也 摩訶般若波羅蜜經卷四十音義

媅嗜色爲媅 華嚴經卷上初發心功德品音義

妎疾害妒也廣韻 五音集韻

嬖方豉反禮記緇衣釋文 春秋左氏傳宣十二年釋文

嫈嫇乙莖茫莖反大智度論卷十七音義 大愛道比丘尼經卷下音義 心態也亦細視也大智度論卷十七音義 普曜經卷六音義 大愛道比丘尼經卷下音義

嬈乃了反摩訶般若波羅蜜經卷一音義 出曜論卷五音義 擾也維摩詰所說經卷上音義

嫇女饋也音乃管反北戶錄註

文十五

婩齊也列子力命篇註 列子力命篇釋文

嫉音自易旅釋文。案說文侯妎也嫉爲侯之重文在人部今附載女部

姆亡甫反詩采蘋釋文 女師也詩采蘋釋文 禮記內則釋文 亡又反儀禮士昏禮釋文 禮記內則釋文 儀禮喪服經傳釋文 儀禮經傳通解卷三 亡父反春秋左氏傳襄三十年釋文下云一音母女師也。案玉篇姆女師說文作娒

㛑詩綢繆釋文云粲字林作㛑 增修互註禮部韻畧。案玉篇云㛑說文作㪗

妥他罪反爾雅釋詁釋文云孫他果反郭他回反 又他罪反劉昌宗音儀禮同字林亦同

娍娍枇也莊子外物釋文

姟大數也大智度論卷一音義

妑女字也廣韻

妧好貌集韻 類篇 書學正韻

𡟓婺也集韻 書學正韻

文九說文無

戈部

戣兵也集韻 五音篇海

戟有枝兵也大方等大集經卷二十一音義 四分律卷一音義 長六尺大方等大集經卷二十一音義

戔昨善反周禮鮑人釋文

文三

琴部

琴神農作琴

瑟庖犧作瑟並爾雅釋樂釋文

文二

曲部

曲音邱欲反 史記司馬相如列傳索隱

文一

瓦部

甈已仙反 妙法蓮華經卷七音義

甍亡成反 春秋左氏傳襄二十八年釋文

甑炊器也 般若燈論卷一音義

甗牛建反 春秋左氏傳成二年釋文 爾雅釋畜釋文 土甑也 春秋左氏傳成

字林考逸 卷七 十七

二年釋文 甑也 爾雅釋畜釋文

甌小盆也 中阿含經卷四十二音義

甃壯謬反 莊子秋水釋文 井壁也 周易井釋文 莊子秋水釋文 古易音訓 周易會通卷九

文七

瓬口光反 爾雅釋器釋文

甇白瓶長頸大果反 文選笙賦註。說文新附有甇字

甆罋破也 集韻 類篇下竝云一日瓶也

文三 說文無

弓部

弨尺小反 詩彤弓釋文

弛解也 文選月賦註

彏弓文也 莊子知北遊釋文

彈行丸者又栟也栟使戰動掉彈也 太平御覽卷三百五十

文四

弶施罟於道 集韻 類篇下竝云一日以弓罥鳥獸 書學正韻。案類篇手部引此

字林考逸 卷七 十八

又作擭

文一 說文無

糸部

纅繹繭也 爾雅釋草釋文

緷大束 周禮大卜釋文

繚綾經縧 廣韻 五音集韻 五音篇海

繯于善反繯絡也 蕭該漢書揚雄傳音義

繒帛總名也 文選雪賦註

紬引也音抽文選高唐賦註
絢文成曰絢瑜珈師地論卷六十七音義
縹青白色爾雅釋草釋文　爾雅釋草疏
纁淺絳也爾釋釋器釋文
緹帛丹黃色他迷切文選西京賦註
紺古暗反青赤色也摩訶般若波羅密經卷三十五音義
紞丁坎反春秋左氏傳桓二年釋文　國語補音卷二冠之垂者春秋左氏傳桓二年釋文

綬紱也初學記卷二十六　山堂考索前集卷四十六
絚大索也古恒反晉書音義　戴記卷六
紃圜緣縚也集韻　類篇　五音集韻　六書故
纍文索也蕭該漢書揚雄傳音義。案說文作大索文索當爲大索之誤
絭音卷文選閒居賦註
緘束篋也雜阿含經卷二十五音義　善見律卷五音義
編布千反詩有瞽釋文　公羊傳隱六年釋文　穀梁傳桓元年釋文　莊子大宗師釋文細織也以繩次物曰編也廣百論卷五音義以繩編次五音集韻　古今韻會以繩次物曰編集韻　類篇　六書故
維持也文選長笛賦註
紖牛系也之忍反晉書音義帝紀卷三
績緝也四分律卷二十七音義　僧祇律卷三十音義
繳生絲縷也唐孔穎達易遯正義　爾雅釋器釋文。案繳說文作繁繁繳一字
纑布縷也佛本行集經卷三十四音義
絣無文綺也長阿含經卷十九音義■四分律卷六音義布莖反縷布也宋祁漢書揚雄傳校本

文二十七
緦蒼推反周禮巾車釋文
綖弋善反禮記玉藻釋文　春秋左氏傳桓二年釋文　國語補音卷二冠上覆春秋左氏傳桓二年釋文
緅帛青色子何反論語鄉黨釋文。說文新附有緅字
綩一遠反妙法蓮華經卷二音義。案綩說文作[illegible]
繽紛盛皃也妙法蓮華經卷六音義
纆三合繩也史記賈生列傳索隱　文選鵩鳥賦註音墨賈生列傳索隱

䋿綅也文選秋興賦註。案䋿說文作䊽

綞子綾也廣韻 集韻 類篇 五音集韻 六書統溯原 五

緈事也廣韻 五音集韻。說文新附有緈字

絵挽船篾也廣韻 五音集韻 五音篇海

緮子絹廣韻 五音集韻 五音篇海 六書統溯原 絹重也集韻 類篇 書學正韻

綍紱挽舟繩集韻 類篇 六書統溯原

文十三說文無

字林考逸 卷七 主

附新字林

紕績苧一紕廣韻 五音集韻。案說文紕氏人綱也與此異訓

文一

素部

素昔也文選寡婦賦註

文一

字林考逸卷八

興化任大椿學

虫部

虫一名蝮博三寸首大如擘爾雅釋蟲釋文

蝮蛸蟬皮也猶蛣蜣變為蟬也見正經音義 國語補音卷一云字林復作蝮

螣騰蛇神蛇也爾雅釋蟲釋文

蚺大蛇也可食大二圍長二丈餘善見律卷七音義

字林考逸 卷八 一

蟦蟲在牛馬皮者案爾雅釋蟲釋文云蟦本一作蟦下引字林云虫在牛馬皮者考說文玉篇俱云蝑蝑以股鳴者蝑為蝑之省文即螽斯也其在牛馬皮者則蟦也釋文所引字林乃專釋蟦字耳

蠖蝓蜒似蜥

蚬音潰並爾雅釋蟲釋文

蚖五丸反爾雅釋魚釋文 蠑蚖蛇醫也爾雅釋魚釋文云蚖字林作蚖。案爾雅釋蟲釋文續政和本草卷二十一引此蚖並作螈 五官反蛇醫也妙法蓮華經卷二音義 雜阿毗曇論卷四音義云蚖古文作螈

蟣齊人名蛭也爾雅釋魚釋文

蛭蝚二獸名史記司馬相如列傳索隱

蚚巨希反爾雅釋蟲釋文下云又下枚反蟲也集韻五音集韻

螕牛蟲也太平御覽卷九百五十一○案說文螕齧牛蟲也太平御覽螕字下疑脫齧字

蠖於郭反爾雅釋蟲釋文

蝝允絹反周禮鼈人釋文尹絹反春秋左氏傳宣十五年釋文穀梁傳宣十五年釋文爾雅釋蟲釋文螽子也春秋左氏傳宣十五年釋文

蝒亡千反

蠰乃郎反

蝁施弋豉反

蜆下研反並爾雅釋蟲釋文

蜙先凶反詩螽斯釋文云蚣字林作蜙爾雅釋蟲釋文云蚣字亦作蜙字林先凶反

蚣蜈蚣蝍蛆也甚能制蛇妙法蓮華經卷二音義正法華經卷二音義

大者長丈餘赤足者良黃足者不堪用妙法蓮華經卷二音義。案說文蚣乃蜙之重文以股鳴者徐鉉等謂俗作古紅切以爲蜈蚣虫名考字林已以蚣爲蜈蚣字則蚣作古紅切由來亦久矣又考玉篇亦以蚣爲股鳴者以蚣爲蜈蚣則又本于字林

蝗音黃禮記月令令釋文音皇爾雅釋蟲釋文國語補音卷一

蟬蟪蛄詩蕩釋文爾雅釋蟲釋文禮部韻畧續政和本草卷二十一

蛚蟋蟀也

蜻蛉一名桑根並爾雅釋虫釋文爾雅釋蟲疏根作根六書故

蛃八劣反爾雅釋蟲釋文國語補音卷三小蚊也華嚴經卷上十地品之二音義

又劣翻秦人謂蚊爲蛃通鑑周威烈王紀音註

螟蟲動也增一阿含經卷八音義

蛻蟬皮也義足經卷下音義

螫蟲行毒也爾雅釋蟲疏摩阿般若波羅蜜經卷十五音義四分律卷二音義○案爾雅釋蟲釋文引此作螫瑜伽師地論卷十九音義佛本行集經卷四十六音義引此又作蠚考說文有螫字無螫蠚字玉篇螫爲螫之重文集韻蠚爲螫之重文

蛘弋丈反搔蛘也北燕人謂蚍蜉曰蟻蛘爾雅釋蟲釋文○案釋蟲釋文予經文姑螿强蛘下云字林作蛘弋丈反搔蛘也于小者蝗注文齊人呼蝗爲蛘下云以丈反引字林北燕人謂蚍蜉曰蟻蛘是蛘之一字有二訓也說文玉篇于蛘字下止有搔蛘一訓廣韻集韻于蛘字下旣訓搔蛘又訓蟻名蓋本字林

螭若龍而黃北方之地螻宋祁漢書揚雄傳校本

蝀蝛海蟲長寸可食晉書音義列傳卷六十四

蜃雉入海所化也爾雅釋魚釋文

蛤燕雀所化也瑜珈師地論卷十二音義 善見律卷四音義 月望則蚌

蛤實月晦則蚌蛤虛也瑜珈師地論卷二十二音義 秦曰牡蠣

善見律卷四音義。案蛤說文作盒盒蛤一字

廱。爾雅釋魚釋文云廱字林作廱。案廱說文作廲廲廱一字

蜎一全反爾雅釋魚釋文下云又一耎反虫兒也 蟲貌也大集日藏分經卷九音義 光讃般若經卷二音義 增一阿含經卷八音義 大愛道比丘尼經卷上音義 動也

字林考逸 卷八 四

大集日藏分經卷九音義 光讃般若經卷二音義

蠵䖪也以胃鳴蕭該漢書揚雄傳音義 大䖪似猬也爾雅釋魚釋文 宋賈昌朝羣經音辨卷七 宋王楙野客叢書卷二十三。案似字爲以字之誤猬字爲胃字之誤猬字下又脫一鳴字羣經音辨及野客叢書辨之甚詳

蠗音翟史記司馬相如列傳索隱

蜼余繡反爾雅釋獸釋文 餘繡反江東名也又音餘秀反

建平名也梵網經卷下音義 妙法蓮華經卷二音義 似獼猴而大黑

色江東養之捕鼠爲物健捷梵網經卷下音義 獸名如猴

卬鼻長尾集韻 書學正韻 獸似獼猴鼻露向上尾長四

五尺有歧雨則自縣於樹以尾塞鼻古今韻會

虹工弄反爾雅釋天釋文 螮蝀也集韻 古今韻會

文四十

虭或作蟟唐孔穎達詩蕩正義 爾雅釋草疏 虭亦作蟟青徐謂之

螇螰六書故

蚰蜒北燕人謂蚰蜒爲虭蚭爾雅釋蟲釋文下云上音奴六反下音女其反 釋蟲釋文䖥字下又云說文字林從蚰 廣韻 五音集韻。案蚰蜒廣韻作蜒蚰方言廣雅

字林考逸 卷八 五

玉篇並作蚰蜒虭蚭方言廣雅玉篇作蚟蚭爾雅釋文虭蚭当爲蚟蚭之誤

蟧力刀反爾雅釋蟲釋文下云又力么反

蟣仕免反爾雅釋蟲釋文下云或仕簡反

蚑大替反案大替當是夫替之誤

蟭子彫反

蜪他牟反

蟋馬案爾雅釋蟲云蛝馬蝬郭註俗呼馬蟋釋文引字林云蟋馬考玉篇廣韻集韻爾雅疏所載俱作馬蟋馬蟋方言作馬蚰蚰蟋通並無蟋馬之名考玉篇云蟋馬蟋也廣雅云蟋馬蟋虫爾雅

疏載馬蜒一名馬蠟一名馬蠲字林蜒馬二字蜒蜒字斷句馬字下或脫去蚿蠘蠲蚰等字

蟞卩地反

蛘蝗蜋也

螒案爾雅釋蟲釋文云翰字林作螒同考今本經文作螒天雞不作翰釋文釋經文標翰字且別云字林作螒與今本經文異

螒瑚旦反

蝤蝍蝤蚇蠖

蛈音秩

蝪音湯並爾雅釋蟲釋文

螪之亦反爾雅釋蟲釋文蟲名集韻類篇五音集韻

蛤黑貝也爾雅釋魚釋文集韻類篇五音集韻五音篇海大才反爾雅釋魚釋文

蚢大貝也爾雅釋魚釋文下云又卩葬反

蠌大各反

螖音骨

蚆音巴蠃屬博而頯也

蟒大蛇也並爾雅釋魚釋文

蛆螫也大莊嚴經論卷十一音義蛆蠚皆蟲行毒也佛本行集經卷四十六音義

蝌蚪廣韻云科斗字林从虫五音集韻

蟒大蛇也出魏興啖小蛇吸蝮但張口小蛇自入也廣韻五音集韻吸作及但作蝎卽大蛇也出魏興惟啖小蛇及蝮如一張其口蛇蝮卽自吸去也宋吳曾能改齋漫錄卷十四。案廣韻吸蝮吸字卽及字之誤當以能改齋漫錄及五音集韻爲正

蛙小蛤也爾雅釋魚釋文集韻類篇書學正韻

蟓聽似蜥蜴居樹上輒下齧人上樹垂頭聽聞哭聲乃去廣韻。案五音集韻五音篇海引字林蟓聽通作蟓聽考集韻類篇訓蟓字云私聽也與上樹垂頭聽之義相合又廣雅蟓善也然則蟓聽猶云善聽蟓作蟓義亦通蟓聽蟲名似蜥蜴出魏興居樹閒輒下齧人人必死復上樹垂頭聞人哭乃去集韻類篇五音集韻書學正韻

文二十七說文無

䖵部

蟊 蛑 音亡牛反 爾雅釋蟲釋文。案說文蟊古文作蛑

蠭 蠭蜂 飛蟲螫人者 爾雅釋蟲釋文 國語補音卷三

蟁 蚔 亡巾反 爾雅釋鳥釋文

蠹木中蟲也 爾雅釋蟲釋文 木中虫也穿食人器物者也 文殊師利現寶藏經卷中音義 鼻奈耶律卷六音義

文四

蠆丑介反 春秋左氏傳僖二十二年釋文下云又音他割反。案蠆說文虫部作蠆重文作蠆 關西謂蝎為蠆 鼻奈耶律卷九音義 國語補音卷三

字林考逸 卷八 八

文一 說文無

蟲部

蠱音古護反 十住斷結經卷三音義 音故 文殊師利現寶藏經卷中音義 維摩詰所說經卷上音義 音固 五分律卷一音義 陀羅尼雜經卷七音義

文一

風部

飆必遙反 爾雅釋天釋文云猋必遙反字林作飆音同

文一

颫颻 爾雅釋天釋文云扶字林作颫同。案颫颻說文作扶搖

文一 說文無

它部

蛇蠚皆行毒虫也 鼻奈耶律卷九音義 國語補音卷三音義

文一

龜部

龜古追反 爾雅釋魚釋文下云字又作龜

文一

字林考逸 卷八 九

黽部

鼃似蝦蟆烏佳反 晉書音義載紀卷十五下云又烏媧反

文一

鼇海中大鼈也力負蓬瀛壺三山 佛本行集經卷五音義。說文新附有鼇字

文一 說文無

土部

均均田也 爾雅釋訓釋文下云又羊倫反

封爵諸侯也 佛地經論卷一音義

埴土也黏土曰埴 出曜論卷一音義

堊丁果反聚土也 妙法蓮華經卷二音義 堅土也 四分律卷七音義

圮毀也 列子黃帝篇註 疋美反毀也 妙法蓮華經卷二音義

壞自敗也下怪反 爾雅釋詁釋文

坼恥格反裂也 妙法蓮華經卷二音義 裂也亦分也 僧祇律卷二十音義

坏瓦未燒者曰坏 僧祇律卷十九音義

文八

塼章沿反 爾雅釋宮釋文

垠限崖外也九六反 爾雅釋邱釋文

坊別屋也 大般涅盤經卷十一音義。案集韻坊字下引說文邑里之名今考新附中有此字

墡音善土名也即白土也亦名堊 阿毗曇毗婆沙論卷七音義。案四分律卷五十二音義引此墡作墠考說文玉篇墠野土也玉篇白堊名曰墡字林既訓云白堊則字應作墡當以阿毗曇毗婆沙論音義爲正墡之作墠蓋通用字

塾門側堂也 後漢書齊武王縯傳註。說文新附有塾字

圩塵也 玉篇 五音篇海 六書統溯原。案史記平準書索隱引此圩作貯蓋圩爲本字圩又通貯

文六 說文無

田部

畬 畭 弋恕反 易无妄釋文 爾雅釋地釋文 古易音訓 周易會通卷六

文一

黃部

黃林慮黃水發源神囷之山谷東流至谷口潛入於地下東北十里復出於柳渚 河朔訪古記。翁覃溪宮詹曰河朔訪古記云呂忱字林許慎說文皆云洹水出晉魯之間又言林慮黃水發源神囷之山谷云云又言一條說文無之蓋是字林之文矣

文一

黈黃色也黃纊爲之 續漢書輿服志註

斢對斈取物 集韻 類篇 書學正韻。案玉篇斢黃色斢爲斢之重文斢他口切與字林異文考廣韻下音集韻類篇海釋斢對二字標新字林集韻類篇書學正韻釋斢對二字標字林

詁訓器異故兩載

文二 說文無

附新字林

剫對兵奪人物 廣韻 五音集韻 五音篇海

文一 說文無

力部

劢 爾雅釋詁釋文云說文字林來旁作力是勞劢之劢

勁強也字從力 大莊嚴經論卷三音義 瑜珈師地論卷二十五音義 對法論卷

字林考逸 卷八 十二

一音強也字从力至聲 佛本集經卷七音義

文二

金部

鐐力名反 爾雅釋器釋文 六書故 美金也 爾雅釋器釋文 集韻 古今韻會

銕鐵名 廣韻 五音集韻。案說文鐵古文作銕

鉼似小鐘而長頸 莊子徐無鬼釋文 集韻 五音集韻 六書故 似壺

而大 莊子徐無鬼釋文 六書故

鍾之用反 禮記明堂位釋文 酒器也一曰樂器 集韻 五音集韻

鏄大鐘 廣川書跋卷二

鍼所以縫也之忍反 蕭該漢書敘傳音義

鐎容一斗似銚 僧祇律卷十七音義 五分律卷十四音義 無緣也 僧祇律卷

十七音義

鍵 楗 巨偃反 爾雅序釋文

鏺山療反 張翼也 摩訶摩耶經音義。案說文鏺鈹有鐔也與此異訓

钁大鋤也 爾雅釋器釋文

鈦音大計反 史記平準書索隱

字林考逸 卷八 十三

鏄匠各反 爾雅釋樂釋文

鐘樂器也 爾雅釋樂釋文

鑋邱貞反 春秋左氏傳昭二十六年釋文

鏦音七凶反 史記南越尉佗列傳索隱

鉞王斧也 太平御覽卷三百四十一。案說文鉞車鑾聲也从金戉聲詩曰鑾聲鉞鉞

鈇鑕椹也 後漢書李固傳註

鏃音子木反 史記廣川惠王世家索隱 箭鏑也 大般涅槃經卷十五音義

鐓平底也 廣川書跋卷三

文十九

鐠楷竹器反爾雅釋器釋文。案說文所謂之橬爾雅所謂之橬集韻鐠爲楷之重文

鑋又衡反佛本行集經卷七音義

鋁田器也江南人呼犁刃爲鋁爾雅釋樂釋文田器集韻

銘題勒也文選東京賦李善註。說文新附有銘字

鏉刻也匡謬正俗卷六宋史容黃山谷外集卷二註

鉾古矛字晉書音義載記卷十六通鑑晉武帝紀音註古今韻會

鏷鏷曾矢廣韻 禮部韻畧 增修互注禮部韻畧 五音集韻 古今韻會

鉦濡也集韻 類篇 書學正韻。

錎猶陷字也莊子外物釋文 集韻 增修互注禮部韻畧 古今韻會

文九說文無

勺部

勺水出陽城山水經注卷二十二

文一

儿部

発牀発廣韻 宋吳曾能改齋漫錄卷 五音 集韻 五音篇海 六書故 古今韻會

書學正韻 六書統溯原 牀屬集韻 類篇

文一說文無

斤部

斱斬也爾雅釋器釋文

文一

斗部

料量也文選頳白馬賦註

斡[illegible]管匡謬正俗卷七洪興祖楚詞天問補註

文二

矛部

[矛賁]小矛也雜阿含經卷十九音義

[矛逢]矛有二橫曰[矛逢][矛非]集韻 類篇橫作橫 書學正韻 六書統溯原

文二說文無

車部

輜軿車有衣蔽無後轅者謂之輜也續漢書輿服志註 通鑑周顯王紀音註 急就篇補註卷三 軿車有衣蔽無後轅其有後轅

者謂之輜宋書禮志太平御覽卷王海卷七十九無其字。宋書禮志及王海謂軿車無後轅其有後轅者則謂之輜續漢書云服志註及通鑑音註急就篇補註又謂無後轅者謂之輜疑續漢書註本文無後轅三字下覽去其有後轅四字遂與宋書禮志相迕通鑑音註及急就篇補註皆沿襲其誤太平御覽及王海則據宋禮志故不誤載衣物車前後皆蔽集韻類篇、禮部韻略古今韻會六書故書學正譌若今庫車集韻類篇禮部韻略六書故書學正譌軿車有衣蔽者謂之輜禮部韻略釋疑

有邸曰輜無邸曰軿王海卷七十九

轈兵車高如巢以望敵也春秋左氏傳成十六年釋文 儀禮經傳通解

字林考逸 卷八 十六

續卷二十六引說文云云字林同。案春秋傳成十六年釋文于與車下云說文作轈云兵車高如巢以望敵也字林同今說文本作轈兵高車加巢以望敵也與釋文所引不同考玉篇廣韻于轈字下云兵車若巢若巢即如巢也儀禮經傳通解引此亦作如巢與釋文合成十六年孔氏正義及集韻類篇引說文俱作加巢又考成十六年傳杜氏註云巢車車上為櫓正義云櫓澤中守草樓然則註云車上為櫓謂于車上為樓也據此則說文字林如巢作加巢義亦可通

軔如戢反詩小戎釋文 礙車木集韻五音集五

䡬軺車後登也廣韻五音集韻。案玉篇篇海引此輦作庫

軍四千人為軍五百人為旅也勹車為軍字意也

菩薩善戒經卷二音義 圍也四千人為軍二千五百人為師

字從勹音補交反包車為軍帀𠂤為師皆字意也維阿毗曇心論卷一音義

䡨出必告道神為壇而祭為軷父末反詩生民釋文六經正誤卷三

輖重也儀禮既夕禮釋文 儀禮經傳通解續卷三 六書故 一曰蟄也儀禮既夕禮釋文 儀禮經傳通解續卷三

輗五支反論語為政章釋文

字林考逸 卷八 十七

轒上尼羅轒七文經音義。案說文淮陽名車穹隆轒文九

輾詩關雎釋文云輾本一作展 呂忱從車展

轏仕諫反臥車春秋左氏傳成二年釋文。說文新附有轏字

輞轅也爾雅釋木釋文。案說文衦字下云車輞會也則說文有輞字可如

𨊶輢也集韻 文四無說文

𠂤部

陂北髮反阪也亦所以爲隰之限域也詩岷釋文或彼義反爾釋釋地釋文

阪父板反爾雅釋地釋文

險山形似重甑集韻　五音集韻。案說文險阻也難也類篇玉篇與說文同集韻四十九敢兩載險字一虛檢切引說文云阻難也一居奄切引字林云山形似重甑考爾雅釋文隒字下亦引字林云山形似重甑類篇于隒字下又作居奄切下引字林山形似重甑則是險作居奄切與隒作居奄切音相通故訓亦通

陁小陵也文選長笛賦註

隒嵰山形似重甑爾雅釋山釋文　類篇

隩烏到反爾雅釋邱釋文隈也廣韻　五音集韻。案五音集韻隩作映映乃隩之誤

隈渨一由反爾雅釋邱釋文。案集韻隈烏回切此引字林作一由反由字當爲回字之訛

陶匋大牢反大般涅盤經卷四音義。案說文本作匋云昆吾作匋然則陶匋乃古今字

隙壁際孔從阜旁二小夾日也文選雪賦註

隖小城也中阿含經卷二十五音義　所欲致患經音義　舊譬喻經卷上音義音一古反後漢書馬援傳註。案後漢書馬融傳註云塢小障也一曰小城字林或作隖通鑑漢光武帝紀音註亦云字林塢小障也註引作塢考說文隖小障也一日庳城也則隖爲本字六

文十

𨻳春秋左氏傳莊二十八年釋文云鄢字林亦作𨻳。案前漢地理志作傿陵从人後漢郡國志作𨻳陵从阜與此條合宋庠國語補音云鄢本或作傿古字疑通𨻳屬地名似當以从邑阜者爲正

𨽎公羊傳哀九年釋文云僤字林作𨽎

阠所人反爾雅釋地釋文下云又所慎反陵名集韻　類篇　書學正韻。說文新附有阠字

隌烏感反爾雅釋邱釋文下云或作晻

𨹸小垛也吳人謂積土爲𨹸十誦律卷四十七音義　阿毗曇毗婆沙論卷七音義。案𨹸說文作垛集韻以𨹸爲垛之重文

文五說文無

厽部

附新字林

垒整也 廣韻 五音集韻 五音篇海

文一

九部

馗隱也 爾雅釋宫釋文。案釋宫釋文逵本或作馗字林云隱也與逵同據此則字林作馗明矣

文一

厹部

禽兩足曰禽四足曰獸 廣韻 五音篇海 古今韻會下云一日四足而毛

字林考逸 卷八 二十

曰獸飛曰禽走曰獸

萬蟲名也 廣韻 五音集韻 五

禹蟲名 廣韻 五音集韻 五

离蟲名也 廣韻 五音篇海 五音集韻 龍龕手鑑 五

文四

嘼部

嘼犍也 爾雅釋畜釋文 火又反 匡謬正俗卷二

獸 爾雅釋畜疏云字林畜作獸。案獸當作嘼釋畜釋文可證

文二

乙部

乾燥也今借爲乾溼字 古今韻會

文一

丁部

𢦏設幕 廣韻 五音集韻 五音篇海

文一 說文無

巳部

巹 儀禮士昏禮釋文云字林以此巹爲警身有所奉之警 禮記昏義釋文云字林以此巹爲警身有所承說文讀若赤爲几。案說文云巹謹身有所承也禮記昏義釋文所引字林與說文同集韻類篇亦作承士昏禮釋文作身有所奉六書故亦作奉奉字疑卽承字之誤蓋承承一字巹之从承乃取義于身有所承也以巹爲警字則聲兼義矣

字林考逸 卷八 二十一

文一

辡部

辯慧也 莊子天下釋文

文一

子部

孿雙生也 阿毗曇毗婆沙論卷八音義。案說文作孿字林作孿淮南子故夫孿子之相似與說文同廣雅作㝈與字林同

孳子庶子也 文選洞簫賦注

孩古才反 大智度論卷一音義。案說文孩爲咳之重文戶來反廣韻訓孩始生小兒訓咳小兒笑同音戶來切類篇訓孩與咳同爲小兒笑葢廣韻咳孩一音本于說文類篇咳孩一訓亦本于說文說文子部無孩字見口部咳字下今附載子部

文二 孳字在下孖字前

孷妻孷 五經文字云字林以孷爲孷藏之孷孷音儷又作孷爲妻孷字

文二 說文無

了部

孑無右臂古熱反 爾雅釋魚釋文 無右臂曰孑 礫事藏經卷三音義

孓無左臂也 爾雅釋魚釋文

文二

酉部

醹厚酒也女父反 詩行葦釋文 厚也 六書故

酭重釀也 集韻書學正韻。類篇引此酭作酭

醰甜同長味也大含反 文選洞簫賦註

酖嗜酒爲酖 華嚴經卷上初發心功德品音義

醧私晏飲也 文選鮑明遠玩月城西門解中詩註

酹以酒沃地曰酹 文選潘安仁哀永逝文註

文六

醒醉除也 大般涅盤經卷一首義妙法蓮華經卷二音義 醉解也 四分律卷一音義。說文新附有醒字

醊謂以酒澆地祭也 五分律卷一音義

酸一酸飯 廣韻 類篇 集韻 五音集韻 音篇海 書學正韻 六書統溯原

酘重醞也 集韻 古今韻會

䤚醨相沃 集韻 六書統溯原

䣳酒氣也 集韻 類篇 六書統溯原

䤃醬也 集韻 類篇 書學正韻 六書統溯原

文七 說文無

翁覃溪宮詹曰呂氏字林據諸家著錄皆言七卷今禮部主事任君爲之考逸凡八卷而以序錄居其一者葢不欲以今之所輯定爲七卷此其愼也又不欲直目爲八卷而依陸氏經典釋文之例爲次焉遂使呂氏本書若宛然復七卷之舊者又何其恰合也昔吾子行謂許氏說文卽倉頡十五篇是說也予嘗疑之葢吾子行誤讀漢書藝文志而謂後人并字目爲十四卷以十五卷著序表耳千古讀書人果有誤會如此者不可不慮也予故於任君用心之勤與其編次之愼並詳著之

錢辛楣宮詹曰集韻類篇引字林札作处左傳釋文引作处处从止止與札聲相轉也（卷三处字條下）

晉書音義卷二十一引字林云痕戶林反林字當爲村字之訛（卷五痕字條下）

史記廣川惠王世家索隱引字林鏃音子木反乃鏃之本音也今人讀如簇者誤（卷八鏃字條下）

吳白華光祿曰今說文無冽字而詩大東正義引說文冽寒皃字從水詩一之日栗冽今文選嘯賦注引字林冽寒皃高唐賦注引字林冽寒風也是說文字林皆訓冽爲寒傳寫者增訓寒風而又誤從水也（卷六冽字條下）

水經注湔水出綿虒縣玉壘山呂忱云半浣水也下注江不知湔之以水名者出玉壘山而說文一曰手浣之也言物有微垢可以手浣特酈氏所見字林譌手浣之爲半浣水而酈氏又誤以半浣水釋注江之湔水也（卷六湔字條下）

涐水出蜀汶江徼外從水我聲卽今魚通水發源章谷巡孔玉又巡魚通合打箭鑪水至瀘定橋曰瀘河至青谿化林營曰大渡河至洪雅縣曰銅河以其巡峩眉山西南故曰涐水水經注引字林所引說文從水我聲而漢地理志曰渽水出蜀郡汶江縣徼外以涐爲渽宜集韻以沎附渽也涐水卽

沫水說文泧沫竝見未爲得實幸鄺氏所見說文亦作泧不作濊濊之爲泧更爲易曉此可以證呂氏承襲漢志譌文之謬也（卷六濊字條下）

經典釋文大例於忱曰字林於靜曰呂有一條中二家並採者如云獨字林力劍反呂力再反貢以靜爲忱弟一稱其書一稱其姓寓區別長幼之義予田於呂作某音呂讀某反者概刪不載區別甚精而不以自信足見其學之勤而心之下

三

姚姬傳比部曰蕭該漢書揚雄傳音義引字林渤海海別名考渤說文作郭徐鉉以渤爲俗字竊疑渤非俗字自爲北海之名說文偶遺脫耳字林有此當亦非俗（卷六渤字條下）

戴東原吉士曰左傳文十八年釋文爾雅釋鳥釋釋文毛居正六經正誤卷三引字林鷯已仙反詩晨風釋文字林鷯尸仙反案仙先音韻本通已先反之音豈讀鷯爲鶮乎已字應是尸字之訛當以詩釋文所引爲正（卷三鷯字條下）

說文𦝫臂羊矢也徐鍇曰骨形象羊矢因名之經典釋文於鄉飲酒禮矢訛作豕於祭儀矢訛作异其又音二字即臂字之訛下反字即也字蓋不知者妄改而六經正誤引祭儀釋文作又云羊矣反皆非（卷三𦝫字條下）

太平御覽山堂考索引字林劒鼻謂之璏考說文璏劒鼻字林不得借作彘乃引之者脫去玉旁耳（卷二璏字條下）

四

王石臞水部曰字林旭字呼老反此古音也玉篇音呼玉切讀與勗同此魏晉以後之音也依字林當讀若好驕人好好爾雅作旭旭郭音呼老反是旭字古讀若好故詩旭日始旦釋文引說文讀若好二徐不得其解改爲讀若勗其失甚矣（卷四旭字條下）

右諸家考證未及載入書內者今將逐條彙集並附刊焉任大椿識

文心雕龍練字篇綴字屬篇必須練擇一避詭異二省聯邊三權重出四調單複聯邊者半字同文者也狀貌山川古今咸用施於常文則齟齬爲瑕如不獲免可至三接三接之外其字林乎

四明文獻集王應麟唐七學記云書學昉於晉隋復於貞觀二年之十二月又復於龍朔二年之五月越明年以隸蘭臺而石經說文字林於是習焉文獻通考學校考宋書學算學無字林宋史選舉志亦同卷一例第一條下

一

江式論書表曰吕忱弟靜别放故左校令李登聲類之法作韻集五卷卷一釋文吕作某條下

廣韻十虞蝺下引作陸該字林卷一陸善經條下

字書以形爲經以聲爲緯張參五經文字立卄茻羸數部是聲經而形緯也體裁倒置不可從也故刪卄部之目而以新字林擗字歸入肉部卷三擗字條下

販字又見宋寶祐二年歐陽士秀孔子世家補卷卷三販字條下

耽字廣韻集韻復古編韻會从目注作志遠五音集韻耽从耳亦作志遠卷三耽字條下

睟畜二字又並見宋楊復儀禮經傳通解續卷二十五卷三睟畜二字條下

胥字又見宋王應麟困學紀聞卷四卷三胥字條下

按易睽六三其牛掣鄭元作挈云牛角皆踊曰挈卽爾雅所謂皆踊觢而此音之世反者也爾雅釋

二

文觢字或作挈可證也子夏傳作犎云一角仰也卽爾雅所謂角一俯一仰觭而此音邱戲江宜二反者也荀爽易作觭可證也惟說文觢下云一角仰也引易其牛觢以實之觭下又云角一俛一仰也玉篇從之則混觢觭爲一訓蓋觢字從古文易觭字從爾雅而不悟爾雅又有皆踊觢之文也虞翻易作觢訓亦與說文同惟劉瓛本字從說文解依鄭元庶幾得之今不知字林觢字之訓云何以

意度之當與說文玉篇同也卷三帑字條下

宋陳振孫直齋書錄解題卷二卷三箋表也條下

箺字又見文選蜀都賦注卷三箺字條下

枅又見宋陸佃陶山集廟制議卷四枅字條下

桷又見元無名氏帝範注卷四桷字條下

漢書王子侯表高惠高后文功臣表地理志鉅鹿郡下注竝云貰音式制反葢小顏避世字史記索隱不避疑後人傳寫之誤或字林原文如此卷四貰字條下

三

鄘又見宋王觀國學林卷六　按史記高祖功臣侯年表作蒯而漢表及傳作鄘楚漢春秋又作憑卷四鄘字條下

案文選袁彥伯三國名臣序贊注引字書曰諤直也元本訛从心而字林諤字从邑漢費汎碑蹇鄂質直隸釋云以鄂爲諤又熊君碑臨朝謇鄂卷四鄂字條下

呂又見宋王觀國學林卷六卷五呂字條下

彨多鬚髮曰彨史記高祖功臣表索隱　卷五彡部條下

此貙類句卽邢氏爾雅疏非字林文也戴氏誤認卷五豻字條下

灉又見宋毛晃禹貢指南卷一卷六灉字條下

渴音其列翻宋郭忠恕佩觿云說文字林渴音其列翻水竭字卷七水部條下

鱒音寸衮反宋書謝靈運傳山居賦自注　卷七鱒字條下

鮹音痟宋書謝靈運傳山居賦自注　卷七鮹字條下

鯿音悲仙反宋書謝靈運傳山居賦自注　卷七鯿字條下

四

魴音房宋書謝靈運傳山居賦自注　卷七魴字條下

鱮音叙宋書謝靈運傳山居賦自注○案鱮原作鱮今據本賦改正　卷七鱮字條下

鰱音連宋書謝靈運傳山居賦自注　卷七鰱字條下

鮒音附宋書謝靈運傳山居賦自注　卷七鮒字條下

鱧音禮宋書謝靈運傳山居賦自注　卷七鱧字條下

鱨音上羊反宋書謝靈運傳山居賦自注　卷七鱨字條下

鯢音睨宋書謝靈運傳山居賦自注○案本賦鯢作鯢似誤　卷七鯢字條下

鱖音居綴反宋書謝靈運傳山居賦自注　卷七鱖字條下

鈔音沙 宋書謝靈運傳山居賦自注 卷七鈔字條下

鰋音偃 宋書謝靈運傳山居賦自注 卷七鰋字條下

鯿音比之反 宋書謝靈運傳山居賦自注 卷七鯿字條下

鯖雜肴也 北堂書鈔卷一百四十五 卷七鯖字條下

右三十八則乃丁小山進士所籤記也今特檢出並附刊於本書之後任大椿又識

五

老子通義

（明）朱得之 撰

《老子通義》二卷，明朱得之撰，據上海圖書館藏明嘉靖四十四年（一五六五）朱氏浩然齋《三子通義》本影印。

朱得之（一四八五—？），字本思，號近齋，明南直隸靖江（今江蘇靖江）人。嘉靖二十九年以歲貢官桐廬縣丞。曾從學于王守仁，堅持其心外無理、心外無物的心學觀點。然而在學術上並不篤守先師，其思想還受佛道兩教思想影響。其弟子顧憲成創東林學派，故黄宗羲謂『東林異源於此』。

朱得之撰《老子通義》六十四章，逐章作解，偶爾采集林希逸、吴澄、薛惠、王純甫等家的注解。就其思想義藴而言，其特色有三：（一）肯定老子之思想可以經世，（二）孔、老思想不相悖，（三）援引心學入《老子》。此書中『非善辭章者不能爲《老子》』成爲老子研究者經常引用的名言。明代注解《老子》之著作約有一百多種，現存約七十種左右。其中多集中在明武宗正德以後，此段時間正與陽明心學發展的時間吻合。朱得之爲姚江王陽明之及門弟子，又是南中王門心學的主要代表，因此其注解《老子》多受到王陽明的影響，多以儒家心學術語詮釋《老子》篇章，特點較爲突出。如作者第一章解釋『故常無欲，以觀其妙；常有欲，以觀其徼。此兩者，同出而異名，同謂之玄。玄之又玄，衆妙之門』後言『二觀字言良知，妙字言體之藴心也』；又如第五章注釋『玄牝云者，狀此中虚而無涯，常翕收而有敷施之德，指天德良知也』，此中『良知』一詞即王陽明心學所常用之術語。如能對此書進行深入探討，可對明代學術思想及老子研究發展情況皆有所助益。此書所用《老子》底本與今通行本文字差異甚大，或有助于《老子》版本考察。

（侯君明）

老子通義序

道本自然天顯其機人體其撰故人者天地之心道之都也人之於世順自然以為行法天也明道也無古今之異也異今於古遠天也失道也日月之經四時之運古今異乎不異也川流山峙鳥韵華香古今異乎不異也何獨至於人而疑之然而人亦有不異者嬰兒之寢食赤子之

慕父母是也人而異者智鑿之也習蔽之也非其自然也老子曰人法地地法天天法道道法自然第氣機而理其緒則云爾也而均之歸於自然也通義之作由自然而通其心之所安也昔尼會義不出於自然者非其指也至矣哉老子之仁也憫世之漓欲人反朴而還淳非契自然之道不能也故諄諄焉以發斯義其望繼志者懇懇也彼致喙以疵其辭者未達太虛之體未察自然之用者也自然則神不勞自然則物不忤人亦何憚而不為乎茲簡也彙刻而刊矣猶子正初學孔孟而再刻此信孔孟之學不外於自然也而此籍足以翼之也噫世有外於自然而可以為道者乎世有外於自然而可以為事為物者乎虛心曠視幾當躍然

大明嘉靖四十四年孟夏既望虛生八庚八乙

老人春元居士朱得之書于近溪齋

讀老評

太祖高皇帝御製道德經序曰朕知斯經乃萬物之至根王者之上師臣民之極寶信斯

旨也其爲經世之典無疑也惜乎當時如宋潛溪諸老祖述康成之餘波不能宣播德意使此經不得與論孟並行而與荀楊爲伍豈獨子長列傳之過哉

猶龍者尼父信老子而有是稱也後儒信

尼父而黜猶龍惡在其信尼父也噫信尼父者非自信也隨孟氏子輿之聲也黜猶龍者非自黜也隨司馬子長之聲也子長不賢於子輿姑置弗論獨不思尼父信之而我顧黜之是我賢於尼父也有謂後儒願學尼父者吾必信之謂後儒賢於尼父者吾不知其爲何人也願肆言者於此而自諗無乃重於背後儒而輕於叛尼父矣乎豈謂猶龍之嘆不出於尼父矣乎苟玩

乾之六位坤之上六而有得焉則見龍之爲德非老子莫能當而猶龍之擬非尼父不能得其情也

書曰汝惟不矜天下莫與汝爭能汝惟不伐天下莫與汝爭功詩曰不識不知順帝之則孔子曰吾有知乎哉無知也有鄙夫問於我空空如也我叩其兩端而竭焉又曰無而爲有虛而爲盈約而爲泰難乎有恒矣又曰己欲立而立人己欲達而達人

孟子曰大人者不失其赤子之心者也又曰所惡於智者爲其鑿也如智者亦行其所無事則智亦大矣知此然後可以讀老子

莊子書曰老聃建之以常無有主之以太一以濡弱謙下爲表以空虛不毀萬物爲實余惟無者道之體有者道之用有無皆常則體不離用用不離體矣立此志以自淑立此學以淑人而又主之以太一則超

乎體用之外而不離乎體用矣一者常也一而加曰太無常可執也濡弱謙下之德人所共見人所共沾被者故曰爲表其心空如太虛而不棄萬物不著萬物以爲實功非善繼志者不能爲此言陽明先生曰本體要虛工夫要實意正如此

管子曰其應非所設也其動非所取也此言因也因也者舍己而以物爲法者也感而後應非所設也緣理而動非所取也呂

氏春秋曰因者君術也爲者臣道也爲則擾矣因則靜矣太史公曰老子以虛無爲體因循爲用虛者道之常也因者君之綱也三子之言見於用者也但知因之爲綱而不知道德爲之本李唐以後賢智自居者紛紛詆誹箭射虛空豈謂老子之學不及於今乎正惟甘功利溺心於口耳而於天地之心未嘗復而見之也不見天地之心則所言皆有我之所出故於無我之學不能窺測又何怪乎疑誹之不免於天下也哉

法天之虛用地之下舉機以俟聖哲指效以歆凡庸此老老子之大旨也

古凡稱經者其言皆天地真機付畀萬物永永無變易者也至如禮樂法度文章功業由此而出紀載以示傳者乃名爲傳後世訓經之義或曰常或曰徑徑者路也道也不易之謂常人物共由之謂徑是即篇

首常道二字而會其義故曰經外此則皆功利邪謀欺世盜名之術叛常賊道以言其學則謂之異端以言其書則謂之邪說然則是書得名爲經也非過情矣孟子曰經正則庶民興庶民興斯無邪慝矣又曰天之生物使之一本而夷子二本斯亦可爲常道異端之辯

老子憂世之言即其近人皆可以與能極其所至雖聖人有所不能盡故其言曰吾

言甚易知甚易行天下莫能知莫能行夫
莫能者非不能也不肯也苟肯從其易也
夫人而可聖也遷期於極也非妄則欺也
吾知老子之憂未已也
先民之心廣如天也故芻蕘不棄先民之
言闡天心也故智巧不萌後世矜其智巧
視先民之言不及芻蕘者有矣亦豈復性
希天之學哉
天機只是過化凝神作聖之功只是所過

者化所存者神故聖人之言只摩寫過化
存神之方過化則機械不生存神則淳樸
可復學者於此默識而請事焉然後見老
子經世之志橫渠先生曰性性爲能存神
物物爲能過化又曰存神則善繼其志過
化則善述其事非達天機者不能及此
誦古德之言不知自立之地者其爲死諸
葛之所走乎
評止

老子列傳　史記六十三

老子者楚苦縣厲鄉曲仁里人也（地理志苦縣屬陳國）
姓李氏名耳字伯陽謚曰聃周守藏室之史
也孔子適周將問禮於老子老子曰子所言
者其人與骨皆已朽矣獨其言在耳且君子
得其時則駕不得其時則蓬累而行吾聞之
良賈深藏若虛君子盛德容貌若愚去子之
驕氣與多欲態色與淫志是皆無益於子之
身吾所以告子若是而已孔子去謂弟子曰

鳥吾知其能飛魚吾知其能游獸吾知其能
走走者可以爲罔游者可以爲綸飛者可以
爲矰至於龍吾不能知其乘風雲而上天吾
今日見老子其猶龍耶老子脩道德其學以
自隱無名爲務居周久之見周之衰廼遂去
至關關令尹喜曰子將隱矣强爲我著書於
是老子廼著書上下篇言道德之意五千餘
言而去莫知其所終（列仙傳曰關令尹喜者周大夫也善內學察星宿服精華隱德行仁時人莫知老子西游喜先見其氣知眞人當過候物色而迹果得老）

子老子亦知其奇爲著書與老子俱之流沙之西服巨勝實莫知其所終亦著書九篇名關令尹子或曰老萊子亦楚人也著書十五篇言道家之用與孔子同時云蓋老子百有六十餘歲或言二百餘歲以其修道而養壽也(或曰老子生於夏帝孔甲之世沒於周顯王之末年未知孰是)自孔子死之後百二十九年(徐廣曰實百一十九年)而史記周太史儋見秦獻公曰始秦與周合而離離五百歲而復合合七十歲而霸王者出焉或曰儋即老子或曰非也世莫知其然否老子隱君子也

老子之子名宗宗爲魏將封於段干(此云封於段干段干應是魏邑名也而魏世家有段干子田完世家有段干朋疑此三人是姓段干木也今盖因邑爲姓左傳所謂邑亦如之是也風俗通氏姓注云姓段名干木恐或失之矣天下自別有姓段何必段干木耶)宗子注注子宫宫玄孫假假仕於漢孝文帝而假之子解爲膠西王卬太傅因家于齊焉世之學老子者則絀儒學儒學亦絀老子道不同不相爲謀豈謂是耶李耳無爲自化清靜自正

老子通義凡例

朱得之著

一此書古註雖多至千家註本而止予所企及而能信者元儒林鬳齋(名堯叟字希逸)口義(書名)吳草廬(名澄字幼清)註(書名)近時薛西原(名蕙字君采)集解(書名)王順渠(名道字純甫)億(書名)而已然以鄙見觀之四君亦有未同者如知雄守雌將欲噏之以正治國生之徒之類義頗相遠至如方士李道純者專以三元牽合附會名曰道德會元則去老子之旨尤遠矣然

於素位而行思不出位之義雖愚所信者若猶有未得也是故率其妄以通其義

一世傳此書文字間有不同其關大義者畧紀其異附于目録各章之下以備叅考

一凡註采諸家之善者直標姓氏見其造詣之所及也其與鄙見同者叅錯成章不復識別其或稍落意見者不録亦區區尚論尚友之意

一分章莫究其始至唐玄宗改定章句是舊

有分章而不定者是以有五十五（韓非）六十四（孔穎達）六十八（吳草廬）七十二（莊君平）八十一（劉向諸人或謂河上公）之異又有不分章（如王輔嗣司馬君實）者今以意逆志凡其意本托始詞復更端者固當自爲一章至於語斷而意未盡與下文脉絡相貫者亦古文體也今一章之内特有此式如天地不仁章之類用是聊爲區別定爲六十四章適合穎達之數云

一天下字有虛有實如天下之大本達之四海而皆準之謂虛語也天子不能以天下與人實名也老子言天下字類多虛語

一古文語有似斷不斷似續不續者詞章家以爲冷語頓挫語非善詞章者不能爲老子之書此義尤多讀者宜默識之

一老子尚道德而黜仁義非黜仁義黜其跡也世儒黜老子未究其蘊也竊嘗爲之說曰道者無方之仁仁者有象之道仁而不道者有矣未有道而不仁者也故通義之指歸大約在此而世儒之說不能悉與之辯亦望虛心者因是而有悟也

一先儒改竄經語（如後得主而有常增利字幾者吉之先見者增凶字后以財成天地之道無所取材俱改曰裁親民改新民身有攺心有命作慢加作假五十字作卒聞韶三月中增學之誠不以富亦秪以異曰錯簡子曰字與在下位不獲乎上一條爲衍文之類）不能悉引皆以求其說而不得而自爲之詞者今余於此籍中亦以私見改泣爲涖疑𢘑爲育其是與否惟善讀者有以深察之爾

一愚茲通義悉出己見蓋諷誦之久時有所覺而標識之非用結構也故語多無次及後徐考諸家註釋各率一見未有定說故余嘗有跛者盲者聾者同玩元宵之喻跛謂地不平盲謂燈不明聾謂鼓不鳴因疾成說非一德内純者不足以盡其蘊也

凡例畢

老子目錄附紀異

上篇

止一作忽若晦寂若無所止一作忽
若海一作忽兮其若晦飄兮似無所
止一作澹兮其若海貴食毋食下一
有於字一作而貴求食於母

第十八章 唯道是從是一作之惚兮恍
其中有象恍兮惚其中有物
窈兮冥其中有精三其字上一並有
兮字一無三其字句末一並有兮字

第十九章 飄風飄上一有故字故從事
於道者道者同於道上者字
下一無重出道者二字道亦樂得之
德亦樂得之失亦樂得之一本三句
並無樂字信不足有不信一本二句
俱有焉字其於道也於一作在

第二十章 強爲之名一作強名之而王
居其一焉一無而字一作而
王處一焉
一無焉字

第二十一章 柰何萬乘柰一作如輕則
失根根一作臣殊無義一
作本俱與
上文不應

第二十二章 善計計一作數

第二十三章 知雄守雌一以知白守黑
句在前

第二十四章 凡物或行或隨凡一作故
去甚去奢去泰一無去甚
二
字

第二十五章 不以兵強天下一兵下有
事字善者果而已善上一
有故字已下一有矣字不敢以取強
強下一有一焉二字是果而勿強一
無是字一作是謂果而勿強有道者
不處下一有也字舊有物壯則老是
謂不道不道早已十二字今刪佳兵
者不祥下祥一有之器二字勝而不
美而美之者是樂殺人也而美一作
若美一無而字一無也字一作故不
美也若美必樂之樂之者是樂殺人
也下樂殺人句上一有夫字不可得
志於天下矣可下一有以字一無矣
字偏將軍居左偏上一有是以字居
一作處言以喪禮主之一作言居上
勢則以喪禮處之一作言以喪禮處
之俱不通上文言主自將軍而來下
文言處乃論戰勝悲哀泣之泣舊俱
作泣今詳文義當作涖若從泣則爲
綴詞故妄改作涖讀者詳之

第二十六章 樸雖小天下不敢臣一無
樸雖小一句不敢臣一作
莫能臣也萬物將自賓萬物一作天
下民莫之令民一作人猶川谷之於
江海於
一作與

第二十七章 不失其所者久所下一有
守字

第二十八章 功成不名有一無此句一
作功成而不居衣被萬物
而不爲主衣被一作愛養不爲主下
一有常無欲三字萬物歸焉而常無
欲焉一作之爲一作知常無常無欲
三字有不爲主三字今詳文義皆改
正是以聖人終不爲大故能成其大
一作以其終不自爲大故能成其大
一作是以聖人能成其大也以其不
自大故能成其大道之出口一作出
言是以聖人終不爲大一句不同者
甚多不能悉校

第二十九章 柔勝剛二句柔弱下一並
有之字一作柔弱勝剛強

第三十章不欲而靜不欲一作無欲而一作以靜自正正一作定

下篇

第三十一章處其厚不處其薄居其實不居其華一作處其厚不居其薄處其實不居其華

第三十二章萬物得一以生一本無此句及下文亦無萬物無以王將恐滅句侯王得一以爲天下貞侯王一作王侯貞一作正其致一也一致下有之字一無也字侯王無以貞貴高將恐蹷一作侯王無以貴高將恐蹷一本貞下有而字一無爲字侯王自謂謂一作稱故致數譽無數卑無車車一作輿一作譽一作至一本無致譽無譽句一本無數車無車句一本作故致數車無車

第三十三章萬物生於有萬一作之大矣之大上一有則字夷道若纇纇一作類

第三十四章或益之而損一無或字我亦教之一作亦我教之一作亦我義教之吾是以知無爲之有益一無吾字益下一有也字無爲之德德多作益者誤

第三十五章名與身孰親一作孰新

第三十六章歙一作欱躁勝寒靜勝熱一作躁寒勝熱清靜一作靜淨正一作貞

第三十七章却走馬以糞車一無此句多無車字罪莫大於可欲禍莫大於不知足咎莫大於欲得一下句在上故知足常足一知足下有之足二字句末一有矣字不行而至至一作知

第三十八章損之又損一作損之又損之故取天下者常以無事取上一無故字常上一無者字德善德信二德一俱作得一俱有矣字怵怵爲天下渾其心怵怵一作惵惵一作歙歙一有焉字一無爲字渾一作混聖人皆孩之上一有是以二字

第三十九章民之生動之死地民一作人亦十有三一有者字一無亦字虎無所指其爪牙一無牙字一無後夫何故三字

第四十章夫莫之命而常自然一無夫字命一作爵成之熟之一作亭之毒之

第四十一章旣得其母以知其子得一作知大道甚夷而民好徑而民一作民甚資財有餘資財一作貨財一作財貨是謂盜誇非道哉盜誇下一重出盜誇二字道下一有也字

第四十二章脩之身其德乃眞之字下一有於字下四句並同脩之邦邦一作國按孔穎達疏詩序用之邦國引老子云脩之邦其德乃豐蓋漢世避高祖諱改邦作國唐初聚書最盛猶有未避諱已前舊本也今按韓非解老作修之邦以邦觀邦是也

第四十三章 終日號而嗌不嗄而下一無嗌字益生曰祥生下一有者字祥一作妖心使氣曰強氣下一有者字一無心字吾何以知天下之然哉以此一無以此二字早已一作早死

第四十四章 不可得而親疏利害貴賤六句內下三句上一本俱有亦字

第四十五章 淳淳一作醇醇禍兮福所倚福兮禍所伏二所字上一並有之字民之迷其日固久民一作人迷下一有也字固久一作固已久矣以正治國三句下以此二字或有或無以鄙見論之有此二字文氣便覺寬平無此二字則氣促而反費辭說也

老子　浩然齋　通義目錄　七

第四十六章 是謂早復謂一作以復一作服深根固柢柢一作蔕

第四十七章 聖人亦不傷神神一作人一作之一作民此章只烹字可疑解者疑此二句爲下章之首謂與下大國相應與此天下不貫也

第四十八章 天下之牝牝常以靜勝牡一無下牝字以靜乃下一無此句一乃作爲一作以其靜爲之下夫兩者各得其所欲故大者宜爲下一無夫字大上一無故字

第四十九章 善人之寶寶上一有所字不一作市古之所以貴此道者何也何下一無也字一無何字有罪以免邪罪下一有可字

第五十章 圖難於其易爲大於其細一無二其字天下難事必作於

原書缺目録第八頁

無有字一本句下有殺字夫代司殺者殺是謂代大匠斲夫一作而一無謂字一作夫司殺者是大匠斲夫代大匠斲希有不傷手矣希上一有者字一作希不自傷其手矣

第五十九章 以其求生之厚求一作生萬物草木之生一無萬物字堅強處下堅上一有故字強下一有大字

第六十章 不足者與之與一作補損有餘而補不足一無而字孰能以有餘奉天下一作孰能有餘以奉天下其不欲見賢邪一無邪字

第六十一章 莫之能先先一作勝故聖人云一作是以一作是故人下一有之言二字正言若反或作下章首句或以此句別爲一章

老子　浩然齋　通義目錄　九

第六十二章 故有德司契一無故字

第六十三章 什伯之器伯下一有人字雞犬之聲聲一作音

第六十四章 聖人不積句上一有故字天之道句上一亦有故字

嘗考河南陝西石刻本經篆文原無分章後世讀者各以意見列爲次第又或取其章首二字爲名意便於記誦而已今欲附見諸本異同故仍爲目錄以俟明者參考

目錄終

老子　　叅元朱得之傍註并通義

弟㢋之　叅校

唐書老子裔出皐陶其後爲李唐唐高祖初受隋禪過亳祀太上廟是也老子所著書相傳名道德經又謂其騎青牛出關不知所終及考莊子書載老子死其友秦失弔之然則稱經者後學尊之之辭曰不知所終者方外士欲神其事而誣之也管子曰虛無無形之謂道化育萬物之謂德先輩之擬名義必在此其詳見史記列傳

上篇

篇分上下猶易之分上下也唐玄宗註本名曰道經德經不爲無義但似過於拘執爾今考之上篇雖有玄德同於德常德之言要皆指道之在人者言也下篇言德即就人之行實成象者言也其言道亦只體道之方如此也漢書藝文志鄰氏傳氏徐氏三家俱有老子經說此分上下篇則從上下爲篇總曰道德經者是也

道可道。非常道。名可名。非常名。無名。天地之始。有名。萬物之母。故常無。欲以觀其妙。常有。欲以觀其徼。此兩者。同出而異名。同謂之玄。玄之又玄。衆妙之門

此章合天道人事而立言實貫通篇之義首句三道字初該百氏次言遵行猶道中庸之道有蹈字意末指天載之機次句三名字義畧同道以行言名以言言凡天下之爲道有跡可守則有方有體真常之道無聲無臭可行而不可守可悟而不可見是以百家所自信者非常道也凡天下之物有形可名則一定不易真常之名無方無體隨時變易是以萬物定名與未著物者不同故曰可名非常名此二句乃一書之綱領上句虛下句實後此皆論名之爲用而道則寓於言外無名有名二句又推原可名非常名之意言天地者蓋舉萬物之始也言天地之始者蓋要於無始而初有始也此明天地間道理本來如此即下文人事而可見也故人之有志者虛靈之地常如空洞正欲見此無名者萬有莫不體具即觀其所亘而天地萬物之肯可見也神明之區常遮不辭正欲見此無名者萬法所從出觀其所感而天地萬物之情可見也莊子所謂建之以常無有主之以太一是也無言寂有言感寂感同時有體用無先後二欲字言志欲如此二觀字言良知妙字言體之蘊心也竅字言用之行意也兩者指有無有無非二謂同出異名正謂體用一原也玄者幽深隱微望之無窮即之無地即不可道之物也有無之義及觀此中可見寂然不動

之時無而未嘗無也感而遂通之時有而未嘗有也故曰同謂之玄然有無既已深微不可指名而此玄微之體亦復不可指名此正萬有所從出生生不窮之機可見無名爲天地之始有名爲萬物之妙也此妙字即上文之妙散爲萬物之體者此門字即上文竅字竅即幾初動而言門則萬機由此而出者與同出異名出字義相應

右第一章

天下皆知美之爲美。斯惡已。皆知善之爲善。斯不善已。故有無相生。難易相成。長短相形。高下相傾。音聲相和。前後相隨。是以聖人處無爲之事。行不言之教。萬物作而不辭。生而

不有。爲（事）而不恃（由其心）。功成而弗居（也）。夫唯弗居。是以不去

此下皆申可名非常名之義因以見可道之非常道也今夫一物人知其爲美似亦無害然天下知其爲美實由一人始之也至於天下皆知其爲美則爭奪之風起矣爭奪風起非惡乎今夫一事之善亦人之長也苟有人取其善未爲不可然天下知此善爲人所取則做傚技巧而淳樸之風日斲日喪非不善乎衣室適用美也錦繡山藻之風則惡矣孝慼善也善毀受爵而駴世避兄哇鵞而亂倫則不善矣術是而往如孝已務光鮑焦之徒百行皆然世道交喪實原於此此皆有其美善而不能忘之之故然必要於久而後見是將迎之說而非天機不容於瞬息之見也即今一念見美見善合下著物即貪爭之根故

曰斯惡斯不善故有無相生及下文難易相成五句舉物理相因之必然以例美惡善不善之相感雖若泛言其實有無句是本下五句二篇內每每相應善讀者當有覺也是以聖人未嘗不處事也而貴無爲未嘗不行教也而貴不言無爲不言觀妙於常無也處事行教觀徼於常有也何以見其常有而常無今萬物萬事皆聖人之所曲成物得其生而聖人不自有其德事得其成而聖人不自以爲功此由聖人之心不作於所事過化而存神也惟聖人之心於事則過化所以其神常存而不去終爲萬物之主此正無不滯有有不離無之實彼見善美而有之則好名好利之心由此而生故下章舉機以明之

右第二章

不尚賢（大抵好名之病）。使民不爭。不貴難得之貨（好利之病）。使民不爲盜。不見可欲。使心不亂（此上泛論治理下指其實之以身也）。是以聖人虛其心。實其腹。弱其志。强其骨。常使民無知無欲。使夫智者不敢爲（句）。爲無爲。則無不治

此承上原其不居功之機也民者對己之稱通上下而爲言民之不爭非禁之也由於我之不尚賢民不爲盜非威之也由於我之不貴異物書曰不作無益害有益功乃成不貴異物賤用物民乃足使我於世見有可欲則此心紛然必至於尚賢貴異物何以成不爭不盜之風不禁不威無功也聖人之所事者不尚賢不貴異物務在此而功成於彼此所以不居功也虛心實腹弱志强骨又申不見可欲之功虛心者一塵不立實腹者息息有養此養性也弱志者不敢加人强骨者任重不倦此律身也聖人以身率民如此是以常

使民淳淳然無知無欲故不起尚貴之弊且使智者不能穿鑿以起種種法制此聖人雖無所不爲實惟行其所無事是以隨其所至萬物莫不安和條理而得其所也治者非止治世蓋盡自治之方而感者自應無適而不然耳

右第三章

道冲而用之。或（疑）不盈（足）。淵乎似萬物之宗。挫其銳。解其紛。和其光。同其塵。湛兮其若存。吾不知誰之子。象帝之先

上章言人之體道此章言道體之在人者也故就人心可見處直指明之即無名爲始之物挫解和同人事也言道體本冲虛和粹隨應隨竭若不足於用者然而淵靜深微萬物

莫不資之以爲始又若爲萬物之主者此二
句以無而實有爲乎應若日即一應不見其
有餘醻萬感不見其不足此意何從而見蓋
吾身者道之軀殼吾心者道之精神德行者
道之英華嗜欲者道之塵垢反觀內照一念
之動道之鋭也百感交加道之紛也美善顯
著道之光也不絶嗜欲道之塵也人能息念
挫道之鋭矣感不留跡解道之紛矣韜晦自
守和道之光矣混俗居常同道之塵矣鋭獨
也紛衆也光淨也塵垢也盡忘其衆寡淨垢
之念然後天人合一恍恍惚惚似有一物存
於知覺之閒者此言道之體也當此之時雖
欲窮其始無可端倪故曰吾不知誰之子象
帝之先夫帝天君也帝之先生帝者也又曰
誰之子則生帝者之先又欲誰何乎此則無
始之謂故曰天地自我立其餘安足論章內
或似若象云者皆形容道體之恍惚非有無
可擬也首二句言本體次四句言工夫湛兮

句言人既得道之意與首二句應末
二句又原其眞無之所以爲有也

右第四章

天地不仁以萬物爲芻狗聖人不仁以百姓
爲芻狗天地之閒其猶橐籥乎虛而不屈動
而愈出多言數窮不如守中谷神不死是謂
玄牝玄牝之門是謂天地根綿綿若存用之
不勤

芻狗者束草爲形用之以祭祭畢而棄之適
聚而有適化而無其有其無皆非眞也皆無
情也橐籥者冶鑄所用噓風熾火之器爲函
以周罩於外者橐也爲竅以伸氣於內者籥

也橐象太虛包含周徧之體籥象元氣流行
不息之用玄者幽深杳渺望之無窮即之無
地之謂牝者虛而善受生而不息之材玄牝
云者狀此中虛而無涯常翕受而有敷施之
德指天德良知也此章文勢四段語若不相
涉而意則默轉者諸家詿釋就逐句觀之儘
有可取其如通章指歸何此承上章推原象
帝之先惟守中者能得之也只守中是實地
工夫其文前三節節節倒原後一節引證也
天地不仁四句淺言粗跡萬物非天地不生
何以謂之不仁蓋天地一氣屈伸而成兩儀
遂相摩蕩而有生生之機萬物之生也適聚
而有其化也適散而無生化不著於情有無
莫定其跡殆若芻狗然是天地未嘗有心以
仁之也聖同天在巳如嬰兒視百姓如孩提
未嘗以知識交於人巳之閒凡其有形有爲
亦若芻狗不眷眷以留情此言天地聖人情
順萬物而無情所以謂之不仁也何物以象

之今夫天地之閒生息之機猶冶鑄之造物
也虛而不屈以體言動而愈出以用言惟其
橐之虛而籥之化化者常伸故其籥之出而
橐之生生者日富是天地聖人之於萬物無
仁可見者如此今之好爲多言以術智者由
其不知天機虛而愈出是以至於屈而數窮
也我則以爲不如守吾湛兮若存之中則無
好言之意虛而不屈之體常存動而愈出之
用不息何有於数窮哉古語谷神不死云云
正謂此也蓋守中者存神也存神則中虛如
谷無始無終無方無體生生不息是謂玄牝
門者謂物由之而出根者謂物由之而生皆
指至虛之體常應常靜未嘗斷滅乃天地從
生之竅惟守中者得此虛無之理爲萬物之
宗綿綿者往而不絶若存者恍惚之際雖若
有物而實無所有也此機流行於宇宙閒莫
非自然無所勞者此天道也在人道又當知
以不勤爲用所謂無勞爾神無搖爾精惟施

是畏乃得存於綿綿而天地之根於我乎把握矣此所以不仁萬物而萬物無不囿于其仁不待多言而至數窮也數窮者千言萬語只是説他不著又説他不盡惟默而識之則有躍然於心目之間者故曰予欲無言此惟守中者用之若不足而實具造化之樞紐也王氏曰多言數窮二句迺老子自危自戒之言道本不可言而斥之以不仁道本不可名而狀之以槖籥知者固得意而忘言矣不知者不睹其真而徒與我嘵嘵也則吾説窮矣中也者虚也無也不可執且名者也守此則心思路絶言語道斷其何窮之足慮老子著書談道而其言如此則其不得已之心爲何如也後世學者果不得於芻狗百姓之言而遂疑其有士芥斯民之意且曰申韓之慘刻原於道德自馬遷而已然況其他乎此即多言數窮之一驗也薛氏曰顯其因應之妙用藏其虚無之實體此谷神之所以爲神也愚

按二叟之言雖於本文未切亦自有味

右第五章舊本二章今合爲一章谷神不死巳下列子謂爲黃帝書

蓋老子引古語以證槖籥不屈愈出之喻

天長地久。天地所以能長且久者。以其不自生。故能長久。聖人後其身（餘用）而身先。外（存主）其身而身存。（先則迷也）非以其無私耶。故能成（亦長久）其私

大道無私天地聖人亦無私此節首言天地無容心而能久以起聖人無容心之業天長地久四字亦古語言世間長久之物莫有過於天地者天地生物而不自生莊子有言天其運乎地其處乎日月其爭於所乎孰主張是孰綱維是此謂不自生也孰居無事而推

行是此謂故能長久也王氏曰彼所謂居無事者果何物邪天不自運地不自處而居無事者方且爲之主張爲之綱維爲之推行焉居無事者不變則天地亦不變居無事者不滅則天地亦不滅天長地久職此而已聖人者觀天之道執天之行後身外身握居無事之機者也且人欲身之尊也而先人則人必有與我爭先者矣欲身之存也而外人則人必有與我爭存者矣是不可以言居無事也不可以言不變不滅也聖人知其然非故後其身也不敢與人爭先也非故外其身也不敢與人爭存也居無事而已卒之其身之先也上爲皇而下爲王天下莫有先焉者矣其身之存也參日月而配天地天下莫有久焉者矣愚謂後其身者凡所以安天下之人者莫不汲汲焉爲之而置其身圖於不急如禹之治水三過其門而不入是也外其身者凡所以周天下之用者莫不亹亹焉圖之而忘

其身之困於敝如禹之手足胼胝而不知勞是也卒之地平天成黎民懷之先孰加焉萬世永賴曆數在躬存孰加焉後身外身無私也身先身存成私也

右第六章

上善若水。水善利萬物而不爭。（水不自多且）處衆人之所惡。故幾（水）於道。居（上善者）善地。心善淵。與善仁。言善信。政善治。事善能。動善時。（與共爲伴）夫唯不爭。（人不自多）故無尤（此身先而存也）

此承言後身外身之心如水之不爭也今夫水灌溉滌濯有利萬物之功甘處卑污而未嘗見忤於物此水之性本近於道也上善者亦然上善猶云至善隨寓而安不分夷險居善地也靜默而湛不昧妍媸心善淵也順物廣濟無所係吝與善仁也有觸而響不訨不

異言善信也正以理物稱情而施政善治也泛應曲當方圓無礙事善能也凡此皆其動之善時行止當可忘巳忘物未嘗自多其所有以求勝於物內無爭而外無尤是以身常先而常存也人惟好惡太明剌核不恕不免人我對立而有爭端所謂與接爲搆日以心鬬怨尤所以不免也上善之人豈其然哉

右第七章

持而盈之。不如其巳（不求盈）揣而鋭之。不可長保。（上皆理人世）金玉滿堂。（下皆以事）莫之能守。（者以）富貴而驕。自遺其咎。（也觀天）功成名遂身退。天之道（况於人乎）

此反言以承上文不能若水而取尤者由於驕盈之氣致之也獨不觀夫持盈揣鋭之事何

乎凡持水者盈則溢不如不盈之可久錐鋒之類鋭必折不如不鋭之可保此物理之常也今之金玉滿堂可謂富貴矣莫之能守者以不知進退驕盈而自取咎也咎者莫守之故驕者取咎之媒苟知後身外身之可長久也則功成名遂者又何驕盈以取違天之咎哉生物之功成而得名爲春春退而讓夏斂物之功成而得名爲秋秋退而讓冬四時代序過者入化是天之道也人於功名之際九仞一簣之虧時當止吾止矣方覆一簣將可進吾亦前矣無係吝無畏難也況務無欺足以自慊又可居功而不退乎林氏曰其成其遂亦隨其所有之大小爾纔有出位之思又何有於成遂

右第八章

載營魄抱一。能無離。專氣致柔。能嬰兒。滌除玄覽能無疵。愛民治國。能無爲。天門開闔能爲雌。明白四達。能無知生之畜之。生而不有。爲而不恃。長而不宰。（主）是謂玄德（無跡可名）

此言無我之極功營氣血也素問曰血爲榮氣爲衛此營字則兼言者省文也魄形骸也一神也曰載曰抱以神載形神常自守形神不離始爲抱載載以體言抱以用言不離無間斷也纔離即非抱非載矣故曰能無離自省之辭也此句是綱下五句是目猶乾之六爻此則潛龍勿用也抱一之功何如專者不移不貳也致推極也抱氣極其柔弱如嬰兒在母腹中純氣自守絕無知識纔不如嬰兒便有發露處有一毫發露便是剛氣便粗而不專矣獨觀性命之微玄覽也學造於此巳非世俗之知解矣然存而不忘則亦成妄見

反爲真性之障也必滌除之使無絲毫留於胷中此上言存神修巳之道也愛民治國以下言過化及物之道也物各付物無爲也纔出我見即有爲矣此句又下二句之綱故即無爲而推言其功陽舒陰慘威福予奪吾之天門開闔也常以虛受爲事則非作好作惡矣君子能通天下之志明白四達矣然常因物之情不作聰明也六句各就本句指病使之常常自省也生之五句鄙見直以爲衍文與下篇道生之章重出中二句又與首章重出在本章頗無義也今強爲之解亦承愛民治國而言無我之德如此故下文兩章前章舉有而能無之爲貴後章舉有而著有之爲弊也

右第九章

三十輻共一轂當其無（虛）有車之用（實）埏埴以爲

器。當其無有器之用。鑿戶牖以爲室。當其無。有室之用。故有之以爲利。無之以爲用

苟見其利而不達其用則我反爲物用矣

此因人妄分有無爲二而不知其本相合而不相離也故即事物之易見者以明之輻輪中木之直指者下有菑以指輞上有爪以輳轂輪輻三十考工記曰以象月日是也轂居輻之正中而爲輻所輳者無則當轂之空以容軸而利轉者也名之曰藪埏和也土黏曰埴和土爲器陶者之事無者器中空處受物者也牖窓也所以通明戶人所由出入者也無則戶牖及室之中空處皆是也車也器也室也皆有也天下之所賴以濟者也故曰有之以爲利立成器以爲天下利是也車之受軸器之受物室之受明皆在無處是無又三者之所賴以成其用者也故曰無之以爲用虛能容萬物是也據吾心體之常無者體也

有者用也故首章亦云常無觀妙常有觀徼而此乃曰有之以爲利無之以爲用似與首章意相反蓋道之體用不可以有無爲定見無固道之體而有常資無以爲用有固道之用而無則因有以爲體此云有之爲利無之爲用者二之字蓋互相爲指也猶曰有其無以爲利無其有以爲用也是有之中即藏乎無非外有而有所謂無也無之神即寓乎有非舍無而能用乎有也

右第十章 舊二令一王氏曰世之執有者見器而不冥道狥物而不能化以之爲已則滛僻者縱欲以傷生脩飾者狥名而失已以之爲人則上焉者多政法以亂人之性下焉者拂百姓以從已之欲是固古今之通患而有道者之所深嘅也及其知此而欲矯之以老子之說則又泥空而著於空居有而棄乎有卒之滅棄禮法幽沉仁義既敗其身而因以亂亡人之國家如晉人者斯亦豈老子之教端使然哉蓋老子曰三十輻共一轂當其無有車之用是欲以無而用車非欲舍車而專用乎無也曰愛民治國能無爲是欲以無爲而治國非欲外國家而專事乎無爲也老子之道有無不二如此是即所謂允執厥中者也豈晉人之所能知哉晉人借無爲之言以文其放誕之弊而世儒不究其端不訊其末竟歸其咎於老子既已誣矣王荆公乃復爲之說曰無者萬物之所以生也有者萬物之所以成也聖人唯務其成物者不言其生物者而老子反之是不察於理而務高之過又曰治車者知治其轂輻而未嘗及於無者以無出於自然可以無與也轂輻具則無必爲用矣如其知無爲用而不治轂

輻則爲車之術固已踈矣凡荆公之論如此自今觀之由前之說則有與無也不惟判爲彼此二事抑且斷爲前後兩截其於聖人體用一原有無不二之道既不同矣由後之說則治車之始未始有無也車成而後以無爲用是無乃出於有之後而與所謂生成之說未免自相矛盾也其何以議於聖人之道也邪且吾嘗觀治車者其於受軸之藪先矩而後珽左斧而右鑿極其目力竭其心思比之轂輻用力殆相半也以爲此處一差則不可以合轍而行遠矣何嘗止治轂輻而不及於無哉楊龜山論荆公以爲離內外判心迹使道常無用於天下而經世之務皆出於私智之所鑿可謂深中其病至以爲原於老子則訐之過矣即此言觀之荆公蓋未嘗闚猶龍翁之藩也況堂奧乎余惟荆公生於臨

川順渠生於兗州其於車之製固有想像親見之不同矣至於立論大旨吾猶有疑焉今之誦法古訓者必心古德之心體古德之道乎抑徒襲其說以誇論辯之高也如將心其心也日用飲食觀妙觀徼復吾嬰兒而已矣又何暇於辯人已之得失哉

五色令人目盲。五音令人耳聾。五味令人口爽。馳騁田獵令人心發狂。難得之貨令人行妨。是以聖人爲腹不爲目。故去彼取此

此言滯有之弊也人之五官本通達耳目心口惑於外物則雖視不見雖聽不聞雖食不知味纔有嗜好心即惶惑至於見難得之貨貪心生而廉恥忘是行妨也此皆不知有之非眞無之不變遂至於不察內外之重輕不明理欲之消息故也聖人則不然爲腹不爲目務自慊於中不求美於外養性寡欲而已五官應感莫先於目故舉目以該其餘去彼取此者去盲目之色取無視之明也餘倣此惟化物之有存神之無始抱一而造玄德也

右第十一章 此上三章載營魄無我之功三十輻言無之不能不爲用也此章言著有之弊以終玄德之旨

寵辱若驚。貴大患若身。何謂寵辱若驚。寵爲上。辱爲下。得之若驚。失之若驚。何謂貴大患若身。吾所以有大患者。爲吾有身。及吾無身。吾有何患。故貴以身爲天下。則可寄天下。愛以身爲天下。乃可託天下

首二句相承疑亦古語下文自解患即所驚者貴重也身者吾之所貴重莫加焉者也今以外物之得失爲寵辱驚而患之是重大患與身同也故曰及吾無身吾有何患意在無我則患難夷狄得失窮通無入而不自得也故貴此身視爲天下之公物則寄跡於天下而無驚無患許由者是也愛此身與天下同其不忍傷之情則受人之托以天下亦無驚無患舜與伊尹者是也我無心而物無疑優哉游哉何患之有此即前章後身而先外身而存後篇名與身孰親身與貨孰多得與亡孰病之意混俗和光則寄此身於世而無礙不見可欲則天下託於我而無疑此二句只形容及吾無身之意舍弟庶之讀此章謂下篇云聖人自愛不自貴則貴與愛固有不同本章云則可寄乃可託語意不無深淺貴以身爲天下猶未忘身者故但可寄而已愛以身爲天下則無身矣乃可託也雖俱明無患之意而深淺不同此章詞無華而意則出於忠信所謂信言不美也

右第十二章

視之不見曰夷。聽之不聞曰希。搏之不得曰微。此三者不可致詰。故混而爲一。在上不皦。在下不昧。繩繩不可名。復歸於無物。是謂無狀之狀。無象之象。是謂忽恍。迎之不見其首。隨之不見其後。執古之道。以御今之有。以知古始。是謂道紀

此承上以狀無我之德而起下文古士之深
微也夷希微詭人有知處立名反而觀之不
可思不可議故混然充塞於兩間極高不見
其明極卑不見其暗流行不息而無狀可名
故曰復歸於無物本無狀無象而名之曰夷
希微是狀其無狀象其無象也然此三字亦
是恍惚之名若究其極則無始無終此開闢
以來所有之物人能執守以御吾心之應變
世故之紛拏則知古不異於今
也豈不謂此人爲道之紀載乎

右第十三章

古之善爲士者（此言爲學者而著故曰善爲士又曰佐全）。微妙玄通。深不可識。夫唯不可識。故強爲之容。豫兮若終涉川。猶兮若畏四鄰。儼若客。渙若冰將釋。敦兮其若樸。廓兮其若谷。渾兮其若濁。孰能濁以靜。靜之徐清。孰能安以久。久之徐生。保此道者。不欲盈。夫唯不盈。故能不敝不新成（無滅無生也）

此承上言古之任道御物者得恍惚不可詰
之機其神内守英華不露淵微之德難識難
名觀於心跡之間柔順敬畏其心之畏若冬
涉川且若冰將釋殗渫薄也其敬若畏四
鄰不敢輕動且若客之臨如見大賓也其守
已也惟誠其待物也惟虛渾然與物同春此
古士之善者今也孰能於濁之中而能靜乎
靜則不滑於濁而能清矣孰能安於靜而持
久不變乎久則天機活潑而自生矣欲保此
久靜以復柔順謙虛之德惟在不自滿而已
能不自滿若海之納川谷之應
聲何有新舊成敗之變易哉

右第十四章

致虛極（主意）。守靜篤。萬物並作。吾以觀其復（夫虛靜本然而言不易盡靜非全作而佛應召居）。夫物芸芸。各歸其根（古始紀）。歸根曰靜。靜曰復命。復命曰常。知常曰明。不知常（人事）。妄作凶。知常容。容乃公。公乃王。王乃天。天乃道。道乃久。沒身不殆

此承言執古御今之方惟致其虛之極而已
欲致虛之極在乎守靜專篤而不移萬物並
作於吾前吾因以觀吾之性天繩繩綿綿無
象有精之體于以見萬物之作莫不各歸其
根是動而復靜也靜則復其天命之本然所
謂適得吾體不失其常也人苟知此常道乃
天之命人之性物之生則其方寸靈昭前知
如神矣不然有動必妄樂其所以亡也知常

道者則知天地萬物爲一體何所不容何有
不公蕩蕩平平非王道乎能行王道則如天
覆幬而無外如此則與大道爲體
而無變易所以沒身而不殆也

右第十五章

王氏曰此章論内聖外王
之道簡而盡矣莊子之書
與此相發者甚多天道一篇尤爲明白
蓋老子之註脚也更推其極則堯舜之
精一執中禹箕之洪範皇極孔思之中
和位育皆不約而自合學者於此默識
而旁通焉則天壤間更有何事而其樂
又何可量邪愚按此前三章不見其後
以前言道體本來如此人能執此以御
今之萬變則古今不異可以聯屬萬有
故曰道紀不新成以前言古之士用功
體道其善如此後學能靜濁而清安久
而生皆造微妙玄通
之域而爲道之紀矣

太上不知有之（民俗）其次親之譽之（君）其次畏之其次侮之（何也）信不足有不信由其貴言功成名遂百姓皆曰我自然（帝何力一堯年自天討之風聲）大道廢有仁義（此由）智慧出（故）有大僞（今視）六親不和有孝子國家昏亂有忠臣（智慧之弊也誠欲救弊）絕聖棄智（則）民利百倍絕仁棄義民復孝慈絕巧棄利盜賊無有此三者以爲文不足故令有所屬（孰知）見素抱樸少私寡欲（之爲道乎）

此亦承上章王乃天之爲太上者而歸於少私寡欲也太上之世道德淳厖熙熙皞皞君不居功民忘帝力其次施以仁義則親之而不能忘矣又次別其善惡則譽之而不能親

矣又次施以智力則畏之而不能譽矣又次智力不繼則侮之而無所憚矣何爲其侮之也民不信其君也民不信君由君嘗有不信之事也此無他由其尚浮詞以相欺遂不信而至於侮也惟太上之德雖功成名遂相忘於道化百姓皆曰此我自生自育非有所輔益而然此無爲之極功也由其貴言句繳侮之等功成二句繳不知有之也大道廢八句舉世道之降以實親譽畏侮之故欲任道紀以復太上之世在清其源夫聖智作法以治天下而巧僞者竊其跡以成其私民失利矣仁義本因人性而立教教立而盜名者務掩飾有心作善矣巧利本以資民生貪殘者肆詐力而無厭盜賊之源起矣此知美之爲美斯惡之徵也故必絕之而不爲棄之而不用太上可復也三者之效如此聖賢之徒何爲不務此而務彼其心以爲此三者文彩不足故制爲仁義禮樂分門布類使尸奪各有所屬是以民竊其法漸至於侮也豈知大道之世外相示以素如未染之絲內自守以樸如未斲之木惟質無文是以雖有身而似無身其有私焉者少矣雖有心而似無心其有欲焉者寡矣無身本於無心少私由於寡欲欲寡則太上之世也又何資於智巧之文哉

右第十六章　舊三今一太上至自然言道之污隆存乎人大道至忠臣言世衰道微絕聖至寡欲言反樸還淳下章則言淳樸可復也

絕學無憂唯之與阿相去幾何善之與惡相去何若人之所畏不可不畏荒兮其未央哉（明）衆人熙熙（方且）（一真自如）如享太牢如登春臺我獨泊兮其未兆若嬰兒之未孩乘乘兮若無所歸衆人

皆有餘我獨若遺（屬然若不足）我愚人之心也哉沌沌兮俗人（含也）昭昭我獨若昏俗人察察我獨悶悶漂兮其若海飂兮若無所止衆人皆有以（可用）我獨頑且鄙我獨異於人而貴食母（日享樸素）

承上章言古今異尚如此將孰從而法之憂世而欲法古者惟在絕學而已天非日無以煜物人非學無以致道故曰學者心之白日也而聖人乃曰絕學無憂是豈茫茫蕩蕩果無所用其心也哉蓋所絕者世俗之學而所貴者食母之學也世俗之學以多爲尚務在日益長智識生矜高其用歸於辯同異爭是非譬之應人之聲一唯一阿僅有遲速之分速則爲恭遲則爲慢以恭爲善以慢爲惡其事亦不甚遠也而世人於此妄生分別切切

然畏之我亦不得不畏者小同於俗也歷茲已往凡事皆然學愈博而畏愈多莊子所謂小恐惴惴大恐漫漫發若機括留如詛盟殺如秋冬終身役役而不見其成功薾然疲敗而不知其所歸其爲憂畏荒遠無涯何岂而可明指邪惟聖人於此道通爲一而率眞以順人情無同異無是非則亦無憂畏矣故曰絕學無憂衆人熙熙以下形容絕學無憂之事熙熙樂而和也太牢王膳也春臺麗觀也俗學可憂而衆人反以爲樂者以博溺心也泊靜也兆如卜兆之兆未兆未形也嬰兒未孩未有知也乘乘兮若無所歸心無所住駕未知稅也衆人有餘貨殖屢中也我獨若遺望道未見也愚人之心一句結上生下之辭沌沌兮足愚之意設爲疑辭以著其實不愚也沌渾沌也察察所以昭也悶悶所以昏也漂海如舟漂浮於海中任其所適而不知其所定向如飂飂之長風隨其所起而不知其

所止息言隨世無意也與乘乘若無所歸相應有以有伎倆也頑鄙無能也反復形容之也母者道德也萬法之所從出也食者味之而自養也味道德而自養則無爲而無不爲而其樂不可量也又何暇爲彼世俗之學而自取憂畏也哉聖人所以異於人者在此末句總結上文人之所畏至我獨若遺言人務多能而我獨無能自我愚人之心至我獨頑且鄙言人務多知而我獨無知也

右第十七章 薛氏曰老子以道爲至儒學以仁義爲至後儒之紬

老子者此其最先者也竊嘗論之道者無爲而自然天道也仁義者有爲而後然人道也道者太極仁義其陰陽乎陰陽雖大必有始也仁義雖美必有宗也道者無方無體無爲無名而無所不爲者也仁義者有名有跡各有所宜而不

能相爲者也至若帝王之治亦有可得而言者三皇無爲其民無知無欲其大道之治乎五帝尚德其民慈良而王直其仁義之治乎老子先道德而後仁義意蓋如此或者曰仁義即道也老子外仁義而言道是不識仁義也斯言近之矣而理有未盡何者儒者言仁義即道者以道不越於仁義也老子別仁義於道者以道包於仁義也其所從言者各有謂焉爾易曰仁者見之謂之仁知者見之謂之知論語曰志於道據於德依於仁游於藝穀梁傳曰仁不勝道自經傳之言仁義往往有文同而意異者當各求其指趣不可以辭害意也愚謂老子論道之極致必以聖人爲標的如曰聖人行不言之教聖人之道爲而不爭中間不一而足而此復曰絕聖者蓋斥明睿自居具日余聖者也其稱頌之聖

則無知無爲淳厖樸素之德也

孔德之容。唯道是從。道之爲物。唯恍唯忽。景 時 忽兮恍。其中有象。恍兮忽。其中有物。窈兮冥。其中有精。其精甚眞。其中有信。誠 自古及今。其名不去。以閱衆甫。吾何以知衆甫之然哉。以此。反覌

首二句承上章食母之意容舉止也猶曰威儀大德之容若上章泊兮未兆以下是也唯道是從猶云依乎中庸不隨世俗即貴食母也下文復形容道體雖無而實有之常以見其所當從也物者有生之形象者未生之氣恍惚雖不可見然似有似無猶若有可見者窈冥則昏昏默默全不可見矣精者成物成象之神恍惚窈冥之中實有操機握符之主

其情甚眞言無一毫假雜也無假雜之中非
終恍惚窈冥而已實有誠然之機在焉精以
性言信以情言此機自古及今未嘗變易未
嘗來去雖曰不可名而其名常在萬物皆由
之而出是其以有常而徧歷無常之生生也
甫猶父也衆父萬物之父也閱衆父則莊子
所謂衆父父也老子自謂吾何以知衆父爲
道之所閱歷以吾回觀而知眞精之恃不去
之機在我此食母之所以貴也此字指吾心
堯夫曰有物先天地無形本寂寥能爲萬象
主不逐四時凋孟子曰存其心養其性所以
事天也又曰學問之道無他求其放心而已
與此意
相近

右第十八章 此言道體之實有皆從天機上流出其所謂虛無者
亦性不著萬物不礙萬物而爲言爾
豈若務爲譏謗者眞歸斷滅之指哉

曲則全。枉則直。窪則盈。敝則新。少則得。多則
惑。是以聖人抱一爲天下式。不自見故明。不
自是故彰。不自伐故有功。不自矜故長。夫唯
不爭。故天下莫能與之爭。古之所謂曲則全
者。豈虛言哉。誠全而歸之。希言自然。飄風不
終朝。驟雨不終日。孰爲此者。天地。天地尚不
能久。而況人乎。故從事於道者。道者同於道。
德者同於德。失者同於失。同於道者。道亦樂
得之。同於德者。德亦樂得之。同於失者。失亦
樂得之。信不足。有不信。跂者不立。跨者不行。
自見者不明。自是者不彰。自伐者無功。自矜
者不長。其於道也。曰餘食贅行。物或惡之。故
有道者不處

此言自然之道不能不從也誠全而歸之以
前言若非自然而實自然也飄風至況人乎
言不自然也從事於道至失亦樂得之言自
然信不足至或惡之是言不自然也首六句
皆古語曲成萬物而不遺過土於巷納約自
牖是曲則全也父子相隱無道則愚枉則直
也水易滿於潢汙窪則盈也否而泰冬而春
敝則新也皆不翕聚則不能發散之意少則
得多則惑言滿損謙益之常以實上四句之
義又以起下文聖人抱一之故一者冲和之

德虛無之理自然之道至少而無以加者抱
一爲式侯王得一以爲天下貞是也不自衒
露不自賢能不自誇大不自矜張此抱之爲
功安於少而不外慕所以與世無爭天下皆
服之而無與爭者此抱一所得也可見古人
之非虛誑誠足以爲天下式是全而歸之也
古語六句舉一以該其五全歸者下文道者
德者失者皆樂得之是也此自然之道天下
罕言之飄風驟雨天地盈滿之氣非自然也
且不能久而況於人乎夫人欲全而不曲欲
直而不枉之類皆自務其有悻悻之氣非忘
機自然之道也其能久而不敗乎故抱一者
大同於俗不屑屑於分別臧否而臧否全歸
之是無爭而自然也設使於人之不齊者而
分別之心未忘是我信道之心未篤逆億皆
作則不齊之人焉能同心一德以信於我也
故復反上文數語以見非自然者之自困猶
風雨飄驟之不久也此殆不能忘已以同人

而必欲自是者之弊也跂跨二句舉易見者以見理之必然以起下四句義跂者起踵而立以增高其身跨者開足而行以增濶其步可暫而不可久以況自多者之無成且增惑也棄之於物若殘棄之食附贅之趾非惟無用且爲人之所同惡矣曾謂體自然之道者而處於是邪

右第十九章 舊二今一王氏曰嘗讀老子至希言自然喟然深嘆道術之裂也老子之明自然也如此而世儒乃以爲勞壞老子之貴誠信也如此而世儒乃以爲陰謀於戲先横不然之念而有意以誣之又何望其虛心體定以會古人之大體也邪愚惟抱一爲式成己而成物也先横不然之念失己而失人也況欲誣人以非其罪冥冥之際覩無鑒臨者乎

有物混成。先天地生。寂兮寥兮。獨立而不改。周行而不殆。可以爲天下母。（有名之始）吾不知其名。字之曰道。強爲之名曰大。大曰逝。（天流行）逝曰遠。（地無際）遠曰反。故道大。天大。地大。王亦大。域中有四大。而王居其一焉。王法地。地法天。天法道。道法自然。（皆不得已而然）

混成一也先天地生無始也寂寥無形之意獨立不與萬物爲侶也不改不變易也周行充塞宇宙也不殆安於自然無終也道本天地母而曰可以爲母謙若不敢知之辭此物本無可名以其爲天地人物之所共由故假借道路之道以爲之字名者自命也字者人所呼名之副也徧覆無外曰大流行不息曰逝四極無際曰遠循環不忒曰反字不足以盡之故強名之曰大大又不足以盡之故推言之謂其大而不息不息而無涯無涯而不忒也下篇反者道之動同此義道爲天下母天地由道以覆載三者之爲大宜矣然非有王者則亦無以成能故王亦大也天地之間惟有四大而王乃居其一欲稱其大法地與天而已欲法天地法道之自然而已矣四法之指非有次第推其性情出言不得不然爾先地而後天虛實遠近之序猶中庸先博厚而後高明也王氏曰地之法天者乾呈象而坤效法也地既法天則王者法地亦所以法天矣天之法道者道無爲而天成化也天既法道則王者法天亦所以法道矣至於道則自本自根無爲而爲無所法也自然而已王者法道亦法其自然矣能法自然則皇建有極而天下法之所謂抱一爲天下式也

右第二十章

重爲輕根。（本）靜爲躁君。（主）是以聖人終日行。不離輜重。（重）雖有榮觀。燕處超然。（靜）奈何萬乘之主。而以身輕天下。（於日務營營不知不重）輕則失根。躁則失君。（不靜）

此承上章王之法地者而論其不可不法地也首二句疑亦古語蓋論物理之常上句以本末言下句以體用言躁猶動也動而安曰躁君猶主也老子引之蓋言人之身爲重外物爲輕有身則茂育有地是身爲萬物之根也人之心爲靜百骸爲動心存則天君泰然百體從令是心爲百骸主也輜重以車行載物諭道爲人所資賴之意猶曰挑左契也以道爲母而食之以德爲文繡而服之是不離輜重也聖人終日行謂應天下之務任百體

之官未嘗息也然而[illegible]嘗不自於道心未嘗
不出於自然身道相殉輜重豈或可離乎當
此之旹雖有崇高富貴亦無足以撓其中者
不惟大庭廣厦之際如雖私居獨處亦自超
然於物外此守其重而輕不失安於靜而動
不躁也柰何人君有見於萬乘之多而忽視
其身則以天下爲重矣豈不輕其身而妄動
乎輕身則天下所仰以資其生者無賴矣是
失根也妄動則心不能爲百骸之主矣
是失君也王者可不以靜重自居也哉

右第二十一章　詞專君道意達上下乾餘萬乘一而已

善行無轍迹。善言無瑕讁。善計不用籌策。善閉無關鍵而不可開。善結無繩約而不可解。是以聖人常善救人。故無棄人。常善救物。故

無棄物。是謂襲明。故善人。不善人之師。不善人。善人之資。不貴其師。不愛其資。雖智大迷。是謂要妙

五善言用法而不資於器者之無跡正合聖
人之善世出於無爲顯仁藏用之道也行也
言也計也閉也結也人事也轍瑕籌關繩物
體也跡讁策鍵約人用物以爲功也此五句
論理下文承言人事常者無旹無處而不然
也襲明掩覆其英華也智應明迷應襲大迷
無知也師法則也資助也要簡約綱領也妙
體具包含也與首章觀妙衆妙之妙同非後
世玄妙恍惚之義也聖人於人物但無棄之
之心自成無不救之德無棄人是其救人之
善不見有救人之跡故曰襲明在世情觀之
善者可爲不善者之表正不善者可爲善人

之驅助君曰仁暴殊途非暴無以爲仁之啓
即桀紂爲湯武驅民是也彼有貴有愛則分
別揀擇未免行私用智其間取師取資卒成
已勞人離雖欲救物而不給也若聖人之無
棄人也由其心無所貴無所愛得失同樂善
不善同情混世而無忤雖無不知而常無知
此大道之蘊無物不體之機括也篇首知美
見欲正與此異聖人之善世也如此此無爲
自然之道不煩不泛而爲萬事之綱領是其
要也無思無議而爲萬物之根源是其妙也
非達天德者不足以語此王氏曰人不見道
雖使擇善而行未免有方有方則有執所以
行不免跡言不免瑕計必用策閉必用鍵結
必用繩固曰善矣非善之善也惟聖人全體
至道虛無自然其行也從心所欲應用無方
如鳥飛空何跡可涉其言也因叩而鳴該括
無遺如風吹萬竅何瑕可讁其闔世也物各
付物而萬物自理焉用籌以爲策藏天下於

天下而天下自安焉用關以爲鍵以人心結
人心而人心自固焉用繩以爲約斯固自然
之妙用而始爲
善之善者矣

右第二十二章

知其雄。守其雌。爲天下谿。爲天下谿。常德不離。復歸於嬰兒。知其白。守其黑。爲天下式。爲天下式。常德不忒。復歸於無極。知其榮。守其辱。爲天下谷。爲天下谷。常德乃足。復歸於樸。樸散則爲器。聖人用之以爲官長。故大制不割

推行不昧曰知，如知縣之知；存養不失曰守，如郡守之守。三言知守，皆是工夫，但有動靜內外之辨。雄動而施也，雌靜而受也。谿水所歸也。常德，天性之善，人所固有，故曰復歸。不離，知守之功，存存於常德也。嬰兒，無知者也。白，人所共見，顯也；黑，己所獨知，微也。式，模範也。天下既歸，則以之爲式矣。忒，差失也。既不離則無差忒矣。無極，虛也。嬰兒尚有質，無極則無體矣。榮，世所共取；辱，世所共棄。谷者，虛而能受；足者，無虧欠也。樸，有天質而無人爲。谿式句言聖人爲天下所歸，谷一句言聖人受天下之善。惟受天下之善，所以爲天下之歸，而天下以之爲式也。聖人於設施處無旹不知，而中之有存存者，惟靜而受，所以爲天下歸。雖爲天下歸，實則無知如嬰兒也。於顯明處無事不檢點，而於獨知之地則尤戒慎，所以爲天下之模範也。雖爲天下之模範，而已德則復還其太虛。詩曰：視爾友君子，輯柔爾

顏，不遐有愆；相在爾室，尚不愧於屋漏。是也。於天下所共趨者，亦無不同，而安身立命則在澹泊虛無之地，是以能受天下之善，而天性不虧也。天性不虧，即如未斲之木，無用不宜，而不期於用也。與得母知子、知子守母義同。樸散之爲器，器者五性異材，各有定適，聖人因材而用之，如梓慶削木爲鐻，大以成大，小以成小，制而不制，無割裂也。

右第二十三章　知雄守雌，知白守黑，知雄守辱，蓋體用一原，顯微無間之義。自知守之義不明於天下也，二千年矣，遂有謂此老以退步爲學者。於戲！天德之明，人皆有之，不知何如其爲知，何如其爲守也。

將欲取天下（公心）而爲之，吾見其不得已。（私心）天下神器，（樸散所爲）不可爲也。爲者敗之，執者失之。（有爲之故）凡物或行或隨，或响或吹，或強或羸，或載或隳。（皆自然之道）是以聖人去甚，去奢，去泰。

此承言有志於谿式爲人心之所歸者，或起意務於有爲，吾知鷗鳥舞而不下矣。何也？人之器識莫非神之所爲，機動於此，機應於彼，不可以有我取也。有爲必有敗，有執必有失。爲之則傷自然，故必敗；執之則乖通變，故必失。所以不可爲也。聖人知神器之不可爲，故於天下之物，或行而先，或隨而後，或响而溫，或吹而寒，或強而勝，或羸而負，或載而升，或隳而降，萬有不齊之常稟，非人所能齊者。聖人則因其質而曲成之，率之以平易，使不任質縱情，因質生病，如六言六蔽而已。此所以能得人心而爲天下谿式谷也。奢如言之支誕，泰如行之矜肆。不必儉也，去奢而已；不必恭也，去泰而已。皆所謂甚也，皆兼人已正大

制不割之實。使或多而肆焉，則雄白榮且不能知，而況雌黑辱之守乎？此義隨其位之崇卑皆可師法，慎勿泥於取天下而謂爲王者之事。取天下於後章取大國、取小國義同。論語曰：天下歸仁。能行五者於天下。皆與此章取天下之意同，非利天下也。

右第二十四章　神器指天位，其來尚矣，今以才器通之，何也？蓋樸者天人之所共，神者樸散爲器，而有智仁勇之別。惟聖人不器，具大器，用利器，成器長而器使天下。是故人之器識莫非神之所爲，萬有不齊，豈我一人之智識可以籠絡之乎？故曰天下神器不可爲也。考之易繫，見乃謂之象，形乃謂之器，民咸用之謂之神；又曰立成器以爲天下利；聖人神道設教等語，莫非以神器爲才能。若以覬覦之心爲戒，則老子亦所謂逆詐億不信者矣，又何見美

斯惡見善斯不
善之云也哉

以道佐人主者。不以兵強天下。其事好還。師之所處。荆棘生焉。大軍之後。必有凶年。善者果而已。不敢以取強。果而勿矜。果而勿伐。果而勿驕。果而不得已。是果而勿強。夫佳兵者不祥。物或惡之。故有道者不處。君子居則貴左。用兵則貴右。兵者。不祥之器。非君子之器。不得已而用之。恬澹爲上。勝而不美。而美之者。是樂殺人也。夫樂殺人者。不可以得志於

天下。吉事尚左。凶事尚右。偏將軍居左。上將軍居右。言以喪禮主之。殺人衆者。悲哀泣之。戰勝。以喪禮處之

此章本意實在君道乃以臣道與言意婉而詞可盡也備武公賓筵抑戒深得此意諫䟽法此成已而成物矣通章只主有道無道之辯兵強天下以兵示強於天下也其事好還蓋以兵者人之所毒神之所疾不但出乎爾反乎爾如楚靈齊湣秦始漢武之類荆棘凶年亦足以相償也蘇氏曰兵之所在民事廢田不修用兵之後殺氣勝年穀傷皆以百姓愁苦之氣干陰陽之和此恃兵之禍也誠以善用兵者在於果決而已不敢有剛強之形果與強形相近而實不同果者此心之決於義而不疑也強者恃力而不知畏也矜自賢也伐自大也驕自多也皆用兵之所忌也事至於不得已而用兵惟以安天下爲心非求強悍之勢以加於天下也是謂果而勿強何以見其不得已設或樂於談兵有識者以爲不祥心常惡之況好生之德者豈以用兵自居邪今之有位者平居則以左爲尊至於用兵則以右爲尊何也兵者不祥之器非好生之德者之所尚是以不得已而用之亦惟恬澹爲上不貪功不好殺雖此勝而彼負亦無自喜之心設使以勝爲美是樂殺人也不嗜殺人者可一天下樂殺人者無常情相反不可得志於天下也必矣何以吉用兵貴右也凡吉事則尚左凡凶事則尚右至於用兵之皆偏將軍則居左上將軍則居右言以喪禮主之是所謂凶事尚右也至於臨陣殺人多者以悲哀臨之是戰勝不敢自美以喪禮處之也豈可佳兵以佐人主哉

右第二十五章 舊二 今一

道常無名。樸雖小。天下不敢臣。侯王若能守萬物將自賓。天地相合。以降甘露。民莫之令而自均。始制有名。名亦既有。夫亦將知止。知止。所以不殆。譬道之在天下。猶川谷之於江海

此承上章佐人主者以何道爲貴惟在樸而已無名者天地之始莊子所謂太初有無而無有是也樸之爲道其體甚微其用甚大其尊無上所以天下不敢臣也有天下國家者雖不免於萬機之應能合抱此樸而不失則淳厖之氣達於天下萬物莫不往來依附於

前矣不但物之實天地且降甘露百姓亦不待詔令而自雍熙平治也有道之治至此始可因情制爲禮樂刑政以綱紀天下使各安其分兵雖設而不用也經制之名既立則因名生法事變浸多當於有名之後窮其機而就於簡漸還於樸勿使徇名守跡者生弊於機械也如此自然不至於危殆不然名勝而實衰去樸也遠矣樸之爲道乃天下之所歸譬猶水之爲江海萬川歸焉而無外者是以君子事道而不務兵也

右第二十六章

知人者智。自知者明。勝人者有力。自勝者強。知足者富。強行者有志。不失其所者久。死而不亡者壽

此章物讀之似藏頭語蓋以上下章言道既明此故不贅察察於外昭昭於內脊力過人寡欲自奮此人已相形可以見得失也達生委分隨在充足勉強行道日新不息此內外相符因得以見失也所者居也水者魚之所木者鳥之所道者人之所不失其所者成性存存須臾不離即無搖爾精無勞爾神也失其所則不能安不安則不能久道者無顯無晦無始無終無今無古其爲壽也大矣人而體道則與天地無間形骸雖委於澌盡道固無終窮也此汎論大道自經歸重自身歸德之理示人使知所勉也意重末二句夫謂死而不亡者壽則長生久視之旨可識矣

右第二十七章

大道汎兮其可左右。萬物恃之以生而不辭。功成不名有。衣被萬物而不爲主。可名於小。萬物歸焉。而常無欲。可名爲大。是以聖人終不爲大。故能成其大。執大象。天下往。往而不害。安平泰。樂與餌。過客止。道之出口。澹乎其無味。視之不足見。聽之不足聞。用之不可既

汎不定也左右無方也大道無住無方然而萬物恃道以生而道不倦成就萬物而道不居其有衣被萬物若尊奉然而不爲主爲之手足胼胝而不居功若可謂之小矣然而萬物歸焉若統領羣衆而常無欲舜禹有天下而不與又若可名爲大者大小之間無名可擬左右咸宜無器可指然非積小無以成大是以聖人圖細圖易終不爲大故能久而微

博厚高明參天地贊化育而成其大也大象者無物不象也無物不象道也人能執此大象必爲天下所歸往何也以其歸而不受害且得安寧均平舒泰也今有鼓樂飲食於此能使行者之留止謂其有聲容之美麗滋味之旨甘故也乃若道者言之質直而無味視之渺茫不快目之見聽之杳冥不悅耳之聞至於應天下之務成天下之亹亹雖及萬世而不能盡此所以爲大象而爲聖人之所執也曾謂樂餌之用可同日語哉此無之所以久大而有之可以限量也萬物恃之三句與篇首語意同但彼就人而言此專以道言者

右第二十八章 舊本衣被萬物下有不爲主三字萬物歸焉下亦有此三字含弟庶之以爲常無欲三字疑衍文衣被萬物可名爲小即小德之川流萬物歸焉可名爲大即大德之敦化不爲主者乃無爲中喫緊工夫兩

句中俱不可，少亦是一說

將欲噏之，必固張之；將欲弱之，必固強之；將欲廢之，必固興之；將欲奪之，必固與之。是謂微明。柔勝剛，弱勝強。魚不可脫於淵，國之利器不可以示人。

章首八句言造化乘除之機如此，非言人立心也。柔勝剛以下，方漸著人欲人謹於盛滿而知歛，順乎窮厄而守身也。孟子曰：故天將降大任於是人也，必先苦其心志，勞其筋骨，餓其體膚，空乏其身，行拂亂其所爲，是也。噏張就一事而言，強弱就一人而言。廢興即噏張而廣之也，奪即強弱而實之也。此機雖曰幽隱而實至明白者，故曰微明。比之人事，剛折而柔存，強暫而弱久，原始要終，其爲勝負，實有噏張予奪之象，故人不能逃於造化，猶魚之不可脫於淵也。人其可以不畏天命而任情妄作哉？彼仁義禮樂，用世之具，聖王於此亦因天機之自然者而握之，暫而不久，不敢建鼓以求亡子，故曰先王之蘧廬，苟常居之，人將竊之以爲私娟矣。論語曰：民可使由之，不可使知之。正謂此也。王氏曰：將欲者，未然之機；必固者，已然之事。造化有消息盈虛之運，人事有吉凶倚伏之理，故物有將欲如彼者，必其已嘗如此也。將然者雖未形而難測，已然者則有實而可徵也。利器不可示人之意，與後篇云非以明民，將以愚之相應，莊子胠篋一篇則又述而明之爾。利器，兵也，譬喻之辭。蓋微明之道，聖人用之則爲大道，奸雄竊之則爲縱橫捭闔之術，其害有甚於兵刃，故聖人喻之以利器云。愚按頎渠未然已然之說優於諸家多矣。

右第二十九章　先儒多因此章疑老子以權詐陰謀爲作用，不知其言天機也。使今之淺夫俗子亦不肯自言其陰謀，況不得已而出言以勸世者乎？今於章首加天之道三字，則其旨不辯而自明矣。

道常無爲而無不爲。侯王若能守，萬物將自化。化而欲作，吾將鎭之以無名之樸。無名之樸，亦將不欲。不欲而靜，天下將自正。

道之常本無爲而無不爲。關尹子曰：在己無居，形物自著，其動若水，其靜若鏡，其應若響。此至人之心是也。侯王若能守，萬物將自化，語意與上章始制有名，名亦既有，夫亦將知止，知止所以不殆，意同。作，變動也。鎭者，壓定之使不動也。承言民既化矣，及其久也，民之情志將動而風俗將變，必漸加美於質實，增多於易簡，而稍稍貴於名跡也。惟聖人辯之於幾，防之於微，於是鎭之以無名之樸。言以者，非有心用之也，吾反樸而忘情也，使民安於是而免於末流之弊也。無名者，天地之始，是沖漠無朕之旨也。指此名樸，是無象也。夫用無名之樸鎭欲作之民，是亦有爲也，故必併此亦不欲。言不欲者，非外之也，忘之也。能忘則雖無不爲而實無爲，故常靜而天下正也。天下正者，亦歸於無欲之靜而已。

右第三十章　薛氏曰：自生民以來，訖於唐虞，推其年數，蓋三四萬歲。人道固當久僞而致飾矣。驗之詩書，而唐虞之質可考也。由唐虞而上，風俗之厚又可次第而推矣。蓋由在昔聖賢世出，其爲治之方信有如老子之所云者，故淳素之風久而不絕。如無聖人，則上古之澤勢豈能如是之悠久而文巧之俗亦豈俟周衰而始病乎自周之衰至於近代僅二千餘歲而風俗之敝已極嗚呼古者越二三萬歲而民俗之美曾不止息後世越二千歲而風俗輒已大敗其故可知也愚按西原之論深得聖人立言之旨司世道者有能懲文勝之弊不徒因之而思改之不圖益之而思滌之庶幾眞厚可復亦予之心不失也不然譬彼舟流不知所屆誠可憂哉孔子曰禮與其奢也寧儉喪與其易也寧戚又曰人而不仁如禮何曰仁曰儉曰戚此人心之固有者反而循之在我而已又何必老云孔云而費辭說之辯乎

老子通義上篇終

老子

朱得之傍註并通義

弟㢈之 叅校

下篇

上德不德（無心）。是以有德。下德不失德（有意）。是以無德。上德無爲而無以爲（故）。下德爲之而有以爲。上仁爲之而無以爲。上義爲之而有以爲。上禮爲之（再言以礼）而莫之應。則攘臂而仍之。故失道而後德。失德而後仁。失仁而後義。失義而後禮。夫禮者（無数）。忠信之薄而亂之首。前識者（智）。道之華而愚之始。是以大丈夫處其厚（有爲之礼）。不處其薄（暫止）。居其實。不居其華（無爲之道）。故去彼取此。

此章大義原皇帝王伯之趣推古今淳漓之故蓋挽今復古執古御今之道也不德無心於爲德博施而不倦率其性而自得者不失德循規蹈矩遵道而行不由於自得也上德無爲二句即解上文有德無德之故言上德何以謂之有德其心本無作爲有感而應非有所爲而爲也故曰不德而有自慊之德下德何以謂之無德其所行也皆模倣故實有所爲而爲者故曰不失德而無眞誠之德上仁上義上禮皆有形跡以爲持循者也語其情上德不知有之者也上仁親之譽之者也上義畏之者也上禮侮之者也惻怛慈愛自然及物雖有推行之跡而無矯强之心彼其恩者亦與之相忘是爲上仁有裁割斷制之

施人懷畏威寡罪之意是爲上義禮者節文斯二者而已然不無儀軌之詳文彩之盛則人固有莫之應者至此而不知反尚因仍於其事必至攘臂相加是則悖亂之極而爭端起矣仁義禮既曰上必有下不言下者不忍言也究其實則上義即下仁上禮即下義攘臂則下禮也故復推原世衰道微之漸至於禮而止何也忠信以脩禮而薄詐僞以脩禮而起凡此皆以智自居而前識自許者卒成大道之華而失誠信之本蔽天德之明而入醉夢之端不亦可濯也哉是以大丈夫舍有爲之禮而取無爲之道也厚指道德薄指仁義實指忠信華指禮文處厚居實以心言去彼取此以事言

右第三十一章

薛氏曰程子謂老子此章分道德仁義禮爲五此亦未之思也老子盖究道德之終始而著其厚薄之漸也且其謂禮者忠信之薄謂之薄矣不曰非忠信也前識者道之華謂之華矣不曰非道也是則老子之言不爲不明程子亦未之思爾或又曰仁義禮法聖人治天下之具老子乃欲棄絕之天下烏得而不亂晉室尚清談而廢實行嗜放達而遺名教老氏之遺風也此言既不足以知老子亦未知晉人之弊爾老子棄仁義將以宗道德也絕禮法將以反忠信也晉人棄仁義矣未見其宗道德也絕禮法矣未見其反忠信也江左之亡務名高溺宴安急權利好聲伎貪鄙偷薄極矣老子之言曰大白若辱務名高乎強行有志溺晏安乎少私寡欲急權利乎不見可欲好聲伎乎若畏四鄰嗜放達乎多言數窮尚清談乎由此以觀晉人之行與老子不嘗方圓黑白也安在其祖述老子也嗚呼老子之微言未易言也若其大

較則可得而知矣故曰大丈夫處其厚不處其薄居其實不居其華王氏曰史記諸書皆稱孔子嘗問禮於老子且有猶龍之歎其所得者當不淺矣今觀老子之言其薄禮文也如此然則孔子之所問者果何事耶凡記所謂吾聞諸老聃云者類皆膚淺支離決非聖聖相傳之奧至莊子云云似矣又多寓言而人亦弗之信也然則孔子之所聞者果何事耶嘗觀論語載孔子之言曰人而不仁如禮何能以禮讓爲國乎何有禮云禮云玉帛云乎哉大林放問禮之本曰禮與其奢也寧儉喪與其易也寧戚如用之則吾從先進凡若此者不一而足自今觀之所謂仁也讓也儉與戚也非老子之所謂忠信者乎不仁不讓不從先進而徒事夫玉帛也非老子之所謂忠信之薄者乎二聖授受之妙其或在此盖後世之禮主於儀文度數之飾本不足以當道德仁義之實故其出於忠信者孔子之所取而其不出於忠信者老子之所棄者也或又曰孔門之教主於求仁易言立人之道曰仁與義是仁義即道也老子乃岐仁義於道德而上下之其異於聖人也明矣愚謂易之仁義與陰陽柔剛並言然嘗曰易有太極是生兩儀又曰仁者見之謂之仁智者見之謂之智故君子之道鮮矣夫兩儀即陰陽也仁智猶仁義也陰陽之本在太極仁智之本在君子之道老子先道德而後仁義其意何以異此但老子主於明道故要其極而言孔子則因人而立教也譬之釋氏老子專爲求最上乘者說而孔子則未免於接引鈍根云爾善學者於此默識而旁通之見其異而不失其爲大同也見其同而不惑於其

小異也則庶幾天地之純古人之大體而道術之裂或可以復完矣按西原順渠之論要皆合孔李門庭之見也故曰道術之裂授受其或在此竊惟天無二道人無二心心者性之郛廓二聖授受其有外於心性者乎天下之故果有離於心性者乎曰仁曰讓曰儉猶或可以外飾見至於感其爲心性之發露也真切莫有加焉者也遭喪之感自然也無爲也非以仁非以義非以禮非以道德而爲之也率其無思無爲之真而已傍觀者謂之仁可也謂之義謂之禮亦可也率性而行非道乎感而現非德乎孔李雖無面授雖隔千年吾知其必在此也其裂與否貿貿焉者自爲也於二聖何所加損於道德何所加損

昔之得一（虛下）者。（何如）天得一以清。地得一以寧。神得一以靈。谷得一以盈。萬物得一以生。侯王得一以爲天下貞。其致一也。（苟非一）天無以清將恐裂。地無以寧將恐發。（顛動）神無以靈將恐歇。谷無以盈將恐竭。萬物無以生將恐滅。侯王無以貞。天下將恐蹷。（跌蹶）故貴以賤爲本。高以下爲基。侯王自謂孤寡不穀。此其以賤爲本也非乎。故致譽無譽。（猶）數車無車。（是以）不欲琭琭如玉。珞珞如石。

言得一而歸之於昔則悲今之意可見一者虛也下也即性即道也天地神谷物侯王六者雖並言其實歸重於侯王蓋侯王者天地神人之主誠以濡弱謙下以爲表虛空不毀萬物以爲實則中和位育之功即此而在上五句舉例以起君道故下文以侯王得一者明之天屬氣故曰清地屬質故曰寧鬼神有情狀故曰靈谷下故曰盈物有形受故曰生貞正也侯王在上天下宗之而取正也即前篇爲天下式之義裂也發也歇也竭也滅也蹷也皆失其一之所致也貴高以位言賤下以心言即其稱謂惟曰孤寡不穀可見其以賤爲本以下爲基也賤下並言末止舉賤省文也致譽無譽數車無車致譽自極其誇稱猶其曰予聖之徒聞者且惡之又何譽之有與王公不自稱王公而稱孤寡不穀反應數車無車襯語也言自尊者不尊猶有車之人多寡胷中自知不待稱數彼見車而稱數者必非實有車者也車者物之粗大外見者舉車以例其餘猶曰數寶無寶也大意只是自

有者不能有其有自忘者安之而不知也不欲琭琭二句猶莊子所言上不敢爲仁義之操下不敢爲淫僻之行以取浮名也玉美物也石厲物也琭琭溫雅之聲珞珞粗礪之聲言美惡之名皆不欲有然後不愧沖虛之德而爲得一之聖也

右第三十二章

反者（往來屈伸）道之動。弱者道之用。天下萬物生於有。有生於無。上士聞道。勤（信）而行之。中士聞道。若（疑）存若亡。下士聞道。大笑之。不笑不足以爲道。故建言（古語）有之。明道若昧。進道若退。夷（平常）道若纇。（渾俗）上德（虛）若谷。大白（涅不緇）若辱。廣德若不足。建德若偷。（潛而不耀）

質眞若渝。（不落意必）大方無隅。大器晚成。大音希聲。大象無形。（此上皆建言）道隱無名。夫唯道。善貸且成

乾旋坤轉反復無窮道之動也無旋轉則無動矣冲虛柔巽弱也道之用也不虛柔則不繼矣此二句一章之綱下文即原其幾以明之有天地然後有萬物物生於有也天地之始太虛而已有生於無也此二句即篇首有名無名之意彼順言而此逆言之也是故道無而已其動其用皆有也然其機惟反與弱上根之人聞之即洗心歸無以反爲動以弱爲用不肯孤負先哲之恩不肯孤負此生也忠信之薄者恍惚意與且信且疑所謂執德不弘信道不篤者也至於世俗之人安於鄙陋聞無爲萬物之根以弱爲用以反爲動則與世情不合必大笑之以爲浮誕之言矣設使鄙陋者不笑則亦齷齪粗劣之物又何以

爲希夷微之道哉故古之立言者有曰明道者黜其聰明反若愚昧進道者損之又損反若退郤進道至於平易物無不容若皆同類無分別也上德虛而能受所以若谷大白不皎皎以自異所以若辱廣德者乾健不息所過即化所以若不足建立也立德有志於立德者也時當有爲分在可爲而其心猶若有不敢爲者故曰若偷耻躬之不逮也偷竊也若非已之所有也眞實資質其言行無文飾得者同於得失者同於失所以若渝渝變動不一也不執已之所有也地道方矣何有於廉隅不設畛域而律身不苟此大方也不求速成不急小試所以晚成也然器之大者其成功必積久厚培而後可適於用非但無速成小試之心而已此十句皆有象可指以虛爲用者也至於天籟則萬籟之本天籟之聲罕聞也乾道成象萬象之宗也而乾道則無形此二句又證上文以起下文道隱無名一句天地萬物莫非道之所爲而天地萬物名有名各有形惟道寓於天地萬物之中而無名可名然而其爲用也虛而不屈動而愈出綿綿若存用之不勤非惟供萬有之求且足以永終其德是善貸也不勞雕斵形肖紛然又且栽培傾覆是善成也藏其用而不見忘其功而不居虛無之道如此此下士所以必笑中士所以或疑也默識心融觸處洞然非上士其孰能與於斯

右第三十三章（舊三今一吳氏曰按上章得一已專言用弱矣）

此章又以反與弱對言者何也曰二字一意也反者迴所以弱之源弱者指所以反之實凡此書之言反者即是欲用弱也言弱者即是與群動諸有相反者也非弱之外別有所謂反也

（此下言反者道之動）道生一。一生二。二生三。三生萬物。萬物負陰（載營魄）而抱陽。（虛淡）冲氣以爲和。（致柔嬰兒）人之所惡。唯孤寡不穀。而王公以爲稱。（致柔）故物或損之而益。或益之而損。（往跡後鑒）人之所教。我亦教之。（至若古語）強梁者不得其死。吾將以爲教父。（尤戒大端）（此下言弱者道之用）天下之至柔。馳騁天下之至堅。無有入無間。吾是以知無爲之有益。不言之教。無爲之德。天下希及之

此亦承上章道之善貸且成而明之與昔之得一者一章相呼應道之體無也充塞絪緼中有不能泯之機是道生一也其流行往來以漸成象其形則天地其氣則屈伸是一生

二也生機不息冲和成形二生三也陰陽交姤以形相禪萬彙森然三生萬物也是萬物得陰陽之氣冲融和粹於一身莫不本於無者也無則謙虛卑下以爲德是有知識者之所不欲居者也而王公貴人乃以孤寡不穀自稱豈非知謙虛卑下之爲益而一之爲道之可貴哉今觀天下之物謙受益滿招損天道虧盈而益謙地道變盈而流謙人道惡盈而好謙鬼神禍盈而福謙是人所共以爲尊信我亦尊信之而不旋踵語有曰强梁者不得其死此正益之而損者也世人或信此言爲損益相倚之道我則信此言爲最親最切而尊之以爲衆師之師也何以言之今夫天下之至柔馳騁天下之至堅弱之勝强損之而益也至於氣無形而貫金石無有入無間無之御有不但弱之勝强而已觀此吾是以知無爲之有益此泛言無之爲道也聖人者誠信之至德不言而化自行自然之應感無

爲而功自成此神聖之極功虛無之妙用彼有爲變幻者何足望其涯涘哉故曰天下希及之不言之教二句直與上篇知美知善章語意相應故曰吾是以知云云嚴君平曰有爲之爲有廢無功無爲之爲成遂無窮有聲之聲聞於百里無聲之聲動於天外震於四海言之所言異類不通不言之言陰陽化而天地感天地不言而四時行道德無爲而天地成又何術以及之哉

右第三十四章 舊二今一

名與身孰親。身與貨孰多。（名貨身）得與亡孰病。是故甚愛必大費。多藏必厚亡。知足不辱。知止不殆。可以長久

此憫世人輕身狥物而導之也名功名名位之稱非止聲譽而已多猶重也名者外物之浮而不實者較之吾身果孰親乎貨者外物之無常者較之吾身果孰重乎何爲外身而内名輕身而重貨哉得名貨而亡身得身而亡名貨果孰病乎何爲於此而不辯也遂承言好名者固結納以保之然作僞心勞造物所忌其爲費也大矣好貨者固多藏以積之然益過生怨神人所害其爲亡也必厚矣得之之病如此孰若不得之爲愈乎是以有道者於貨也屬厭而已不過分以求之故可以免耻辱之病於名也儻來而已不犯難以爭之故可以免危殆之病不辱不殆可久之道也内外之分明性命之理得此固全生盡年之要訣也薛氏曰知足者樂今有之已多知止者懼後進之有損樂今有者自得而無求無求而豈有辱乎懼後損者知幾而固守固守而豈至於危殆乎愚按西原之論雖近人

情尚有將迎患失之疵於老子之意微有隔涉止者在心則澄湛凝息在事則隨分無慕況知幾者又不可以懼損言也

右第三十五章 林氏曰此語千古萬古受用不盡

（亦物）大成若缺。其用不敝。大盈若冲。（虛）其用不窮。大直若屈。大巧若拙。大辯若訥。（今之）躁勝寒。靜勝熱。（常情也）（是以）清靜。爲天下正

即事物之理以明名貨之不必狥而敬身者當自重也大成若缺五句疑亦古語皆言體道者之自守也成則可以無缺守之以若缺之心則其用無敝無新此所以爲大成也盈則不虛守之以若虛之心則無窪無盈此所以爲大盈也大直大巧大辯放此不言其用

者省文也父子相隱屈而直也取諸人以爲善拙而巧也無道則曷訥而辯也其用皆不窮此亦清靜無爲之道事理之必然者人苟不信獨不觀諸人情之躁靜乎躁非爲熱也而熱在其中故能勝寒靜非爲寒也而寒在其中故能勝熱此皆無爲而勢所必至者此心苟無一塵之滓而寂然不動則隨其身之所寓莫不以之爲模範表率也嗚呼若歎若冲者清靜之功也清靜者若歎若冲之成也學者知此則不敝不窮以爲天下之正無疑也又肯逐名貨而輕身哉

右第三十六章

天下有道。卻走馬以糞車。天下無道。戎馬生於郊。（之原）罪莫大於可欲。咎莫大於欲得。禍莫大於不知足。故知足常足。（觀吾所感所恒而天地萬物之情可見矣）不出戶。知天下。不窺牖。見天道。其出彌遠。其知彌少。是以聖人不行而至。不見而名。不爲而成

此承上章知足不辱而申言之天下之禍起於不知足不知足由於見可欲遂至於有欲得之謀也北方謂千里馬爲走馬天下有道言人人知足之世雖有千里馬郤而不用以之駕田車也天下各安其分各守其國盡力於田畝而已所謂雞犬相聞民至老死不相往來雖有甲兵無所陳之也不知足之世不但兵連禍結鄰國侵伐雖四郊之內亦自生干戈猶日舟中皆敵國也惟知足者隨大隨小無欲無羨不忮不求雖簞瓢而裕如雖茅茨而亦如常自足也又何罪禍咎之有哉罪者法網之入禍者患害之及咎者怨尤之加

可欲其端而欲得其究也此義本易知易見惟知足者中心恬澹虛明惟觀吾之所恒所感而通天地萬物之情是以不出戶知天下不窺牖見天道彼迷於欲者以耳目役其心知聞見有限而疑忘繼之所以出彌遠而知彌少者由其心之不知足也聖人之虛明也通於一萬事畢豈待行而後至見而後名哉是以情順萬事而無情不見有爲之跡而物各得其成此非無欲者不能及也糞下諸本皆無車字按張衡東京賦云郤走馬以糞車是用老子全句也朱晦翁語錄亦有車字盖本衡賦云車郊叶韻缺車字則無韻矣

右第三十七章 舊二今一

爲學日益。（聞見）爲道日損。（良心 凡有皆除 併務有之意亦除之）損之又損。以至於無爲。（所以不爲而成也）無爲而無不爲矣。（帝則自順）故取天下者。常以無事。（得萬物之情）及其有事。（作聰明）不足以取天下。（得人心）聖人無常心。（無德位 執私見成心）以百姓心爲心。（公好惡）善者。吾善之。不善者。吾亦善之。德善。信者。吾信之。（順物而不害義此美之心也）不信者。吾亦信之。德信。聖人之在天下。怵怵爲天下渾其心。（忘取舍）百姓皆注其耳目。（彼逐聞見者）聖人皆孩之（撫之而無憎惡也）

承上章言爲學日益出彌遠知彌少者也爲道日損不行而至不見而名不爲而成者也爲學貴博故多聞多見日有所益爲道貴約故去健羨黜聰明日有所損損者損私心而反無爲也私心未易去亦未易盡故必損之又損然後私心漸盡雖有所爲亦行其所無事矣取得也天下者指人心而言盖隨其所接而云非指海宇也體道至於無爲則其得

人心也常以無事若使作爲一出於有心則非自然之道勞而無戍矣故曰不足以得人心此論理也下即事以實之聖人於此未嘗執已見惟以百姓心爲心善不善信不信在人不同而吾之盡性以孚人心者則不二是以謂之德善德信聖人之心何爲其然也怵怵猶言兢兢業業不敢用知識也渾和同之也謂於善否信誕均以善信待之不爲分別所謂大巧若拙大辯若訥蓋將使天下復其無知之心百姓方且傾其耳目以伺察人之是非而冀聖人是非之也聖人皆孩之待以嬰兒不但同情於人而且忘情於我及其孩之既久則不善不信者可復善信而其善且信者亦將忘其爲善信矣所謂爲天下渾其心者如此此所以無事可以取天下而爲道者之貴於日損也

右第三十八章 舊二或一今從一 内聖外王之道在爲道日損

一語聖人之所存純乎善信施於人也善以懷之信以待之視彼逆億以自賢者亦若嬰孩耳此非聖人自賢自大也專氣致柔不識不知自是嬰兒人已不二而已

出生。入死。生之徒。十有三。死之徒。十有三。民之生。動之死地。亦十有三。夫何故。以其生生之厚。蓋聞善攝生者。陸行不避兕虎。入軍不被甲兵。兕無所投其角。虎無所措其爪。兵無所容其刃。夫何故。以其無死地

此章詞意甚明白解者多鑿不暇悉辯讀者平易其心義自可見自無而有出而生也自有而無入而死也皆指機而言莊子曰萬物出於機入於機又曰其出不訢其入不距是也生之徒稟賦有壽者也死之徒稟賦夭折者也斯二者天也有人於此本爲壽之徒而動輒入於天之類斯則人也大率以十分論之各有三分謂三者共九而餘一則歸善攝生者鑿也立言者豈必分釐毫忽之必盡哉夫何故詰其動之死地之故也謀生多方勞其神搖其精溘然澌盡不得終其天年也復引古語以警之攝生之善者老莊屢言之今復爲之贅說以虛靜爲裏以柔弱爲表塊然如木石之無知侗然如嬰兒之無欲忘生虛已大同於世不縱情不忤物是以物莫能傷也無死地者是謂攝生之善者也王氏曰至人者明乎無我反乎無朕忘其肝膽遺其耳目上與造物者遊下與外死生無終始者友人但知其無死不知其本無生也苟非其人私計身心妄生念慮內則有疾走之跡外則何來猛虎之患矣

右第三十九章

道生之。德畜之。物形之。勢成之。是以萬物莫不尊道而貴德。道之尊。德之貴。夫莫之命而常自然。故道生之。畜之。長之。育之。成之。熟之。養之。覆之。生而不有。爲而不恃。長而不宰。是謂玄德 不自尊貴自然尊貴不見尊貴之跡

此章言道爲萬物之祖出成萬物之德意在學者體道脩德以躋世於上古也萬物在天地間有生生之機而未成象屬之道一見幾微即有元亨利貞之象各遂其生乃屬之德

故日道生之德畜之管子曰虛無無形之謂道化育萬物之謂德是也至於物形既出則長短高下貴賤彼此相形而見既顯相形之跡其勢必至於彼此相成而後安知非長不成短無短不見長非賤不見貴非貴不成賤各安其分然後謂之相成惟相成乃爲道德之本然苟不相成而相殘相忌雖亦形勢之所生必竟出於有我之私非道心之流行者也四之字皆指萬物而言又曰物形之者此物字猶言質也其言道德之尊貴蓋吾心惡是非之發見莫非道德之所爲是其尊之貴之之機非有所使而然也尊者恭敬奉承之謂貴者奔走服役之謂莫之命而常自然者蓋惡是非之心與生俱生不學而能不慮而知故曰自然章首道德並與此獨言道而以德置於終先體後用也道非德不顯德非道無本前言生畜綱也生畜之中尚有許多精細條目長者猶提拔也育滋息也成任質

不斲也熟成而久也養純德體物也覆愛護也此皆極言道之曲成萬物之機雖極尊貴而未嘗自尊自貴其尊其貴皆出於自然也末四句雖與上篇同彼就人言此以道言也王氏曰生者自無而有所以資其始也畜止也養也孕毓之義所以資其生也此二者自物生之前言也形者氣之聚也聚而人則爲人之形圓顱方趾配天配地是已聚而物則爲物之形羽毛麟甲親上親下是已故曰物形之勢者形之止也止而人則成人之勢剛柔男女尊卑貴賤是已止而物則成物之勢飛潛動植洪纖高下是已故曰勢成之此二者自物生之後言也夫物之形勢原於道德如此是以萬物之生莫不尊道而貴德焉薛氏曰物無生而貴者天子之貴命於天諸侯之貴命於天子惟道德之尊貴無所命者而本自尊貴也亦通

右第四十章

天下有始（天地間）以爲天下母。（萬事萬物 性也）既得其母。以知其子。（道也）既知其子（道即雄白滌）復守其母。（性即雌黑辱）沒身不殆（李也）塞其兌閉其門（寸毋）終身不勤。開其兌（逐于）濟其事。終身不救。見小（哉）曰明守柔曰強。（讓）用其光（照）復歸其明（哉）無遺身殃。是謂襲常。（自隱其真）（常如不得已適之須）使我介然有知。行於大道。唯（用）施是畏。（謹）（何敢自居其光乎 平擴）大道甚夷而民好徑。（當其有綱 整潔）朝甚除。（天下）田甚蕪。（有司 承田無）倉甚虛。（之時乃 承朝矣）服文采。帶利劍。（飲）厭飲食。（私家）資財有餘。是謂盜誇。非道哉

始者道也道本無始即天地之生而曰始也道生天地萬物是爲天下母也道爲母則凡發用皆爲其子矣首二句言道之體用既得其母以下皆就修道者而言言既知道爲萬物母反之吾身道即在此是得其母也既得其母則凡成天下之亹亹者莫非由道而出是因母而知子也知子者無感不照由體達用也既能常知其發用則精神之凝聚又當堅守其道心抱一無離也如此則與道爲體不入世途之險所以沒身無危殆之心或曰毋坤道也子坎艮震巽離兌也知六子之應用守坤之翕受而乾則妙於其間而無朕所謂不離體用而不著體用者也塞兌以下詳知子守母所以不殆之意兌口也塞兌不議也門意也閉門不思也先王以至日閉商旅不行后不省方亦此義也能謹言釋意則終身應用而無勞何也物感於前不得已而應之非有所設也非有所取也故不勞不然

危殆有所不免矣何以能謹言志意其功在視於無形允恭克讓而已視於無形見小也無形之小而獨見之非至明不能允恭克讓守柔也守柔者濡弱謙虛以自居物莫與之爭且隨在而得愛敬焉是守柔之強也是以學者用吾天德之光以照萬物而安身立命惟歸虛靈不昧之地庶幾可免怨尤災禍之殃如此則謂之襲常薛氏曰光者明之發心之感通之用也明者光之本心之知覺之體也心體不能不發於用用之不已而不知復反於本縱其情而害其性是貽其身之殃也以感通爲斯須之用以退藏爲真常之本則於內外動靜之理得矣襲重也此日用之常復有常道存焉故曰襲常亦通介然以下申明襲常之功也我者就體道者而言非老子自謂也介然者有頃也猶云介然用之而成路也施者敷施也以受爲憮以施爲畏與知于守毋建德若偷意同達之於用常有必不

得已而後行之意故曰惟施是畏所謂言若不出口身若不勝衣者言我用光復明之時湛然澄寂使我忽然有感將以闡大道於有爲尤必兢兢業業不敢輕率有爲也善襲常者如此夫道之在天下蕩蕩平平無偏無黨人已內外本合一而無異此其甚夷也不知襲常者徇私逐物見小欲速舍大道而趨捷徑斷其朝宁修葺美潔而農田荒蕪家無儲積正可憂之甚也而爲上者方且服文彩帶利劍厭飫於飲食厚斂蒲贏若此者是亦取非其有於昏夜而以驕人於白日之類也豈古聖菲飲食惡衣服卑宮室而盡力乎溝洫之道哉此好徑者日趨於危亡貽其身之殃而莫救也

右第四十一章 舊三今一

善建（不彰）者不拔。善抱者不脫。（即莫之謐）子孫（於祖先）祭祀（自然）不輟。（小其道）修之身其德乃真。修之家。其德乃餘。修之鄉。其德乃長。修之邦。其德乃豐。修之天下。其德乃普。故以身觀身。以家觀家。以鄉觀鄉。以邦觀邦。以天下觀天下。吾何以知天下之然哉。以此 良心同也

善建善抱二句雖未著事物意實在君子之立業也孟子曰君子創業垂統爲可繼也强爲善而已矣人之有所建立者惟務於善則其機在我故人不得而拔之有所捧持者惟務於善則善者我之固有又何由而有脫也即觀人之祖父立業在善者可以傳世而子而孫良心思慕祭祀不輟非不拔不脫之徵乎不然式微之詠黍離之悲後人復哀後人何

也善者道之通于人而可欲者故以此不拔不脫之道修其身則純一之德無失也竊謂絕學而日損真性乃常存是也人能備此純一之德于身則推之無不準動之無不應自身而家而鄉而邦而天下亦皆不拔不脫矣餘修身之餘所及也長視餘加長也豐視長加大也普視大加徧也此道何以能遠近無疑而行之無礙乎蓋吾之心即千萬人之心千萬人之理即一人之理也觀者取法也猶云治也以吾身而觀吾身則可以觀衆人之身可以觀衆人之身者以其心之同也吾又何以知此道可以修之於天下而天下皆不能拔不能脫乎實以此良心之不二也以身觀身即以人治人也四句只是物各付物意

右第四十二章 王氏曰以身觀身或謂未免於自私不知有道者以身觀身乃觀天下之一身爾隨其所在莫不各有當然之則而不敢

日貴以身爲天下而實可以托於天下豈若盜誇輕死之徒厚其身而薄天下不知出乎爾者反乎爾又何以望不拔不脫之道哉愚謂此句以言語論之爲家邦天下發端以事實論之爲家邦天下立本何言乎自私也薛氏曰朱子嘗謂人皆言孟子不排老子不知老子便是楊氏愚按楊氏爲我蓋學老子之道而得其一偏者猶墨子學大禹而差者也考諸老子之書如此章所云豈徒爲我而已耶至於他章所謂萬物恃之以生而不辭衣被萬物而不爲主聖人常善救人故無棄人既以爲人已愈有既以與人已愈多如此類者不能悉舉由是觀之楊氏之學不盡合於老子明矣昔人謂孟子不排老子其言殆未可非不然孟子何以含其師而攻其弟子哉學者知孟子不排老子庶幾知老子之

道未可輕議也愚謂孟子闢楊氏不闢老子猶闢許行不闢神農闢墨氏不闢大禹也後世學未及古人而能闢孟子之所不闢斥孔子之所稱者吾不知其何見也

含(抱)德之厚。(不離)比於赤子。毒蟲不螫猛獸不據攫鳥不搏。骨(雖)弱筋(雖)柔。而握(則)固。未(雖)知牝牡之合(情)而峻作。(自然)精之至也。終(雖)日號(其)而嗌不嗄。(不撓本體)和之至也。知和曰常。(應感而不加意曰和知和即知常)知常曰明。益生曰祥。(妖)心(神)使(動)氣(情)曰強。物壯則老。是謂不道。不道早已

含者藏畜而不露也厚者深積也即抱一不離也赤子嬰兒也毒蟲蜂蠆之屬以尾端肆毒曰螫猛獸虎豹之屬以爪足拏按曰據攫鳥鷹隼之屬以翼距擊奪曰搏峻赤子之陰莖也作舉也精如精氣爲物之精號啼也嗌咽也嗄咽破而聲嘶也和沖氣爲和之和和之至者得於天之本體未嘗失也含德而極其厚如赤子然雖遇惡物不能傷也虎不食醉人不食嬰兒以其神不散也何也彼赤子者骨雖弱筋雖柔而手之握則甚固氣之專也未知雌雄之事而陰自能起純陽之精之所使也不言氣而止言精省文也終日雖號而聲不變嗄者自適其情不撓其性和之極也握固言氣峻作言精不嗄言神含德之厚者如此其心常含至和而無變無減是謂知常能知此常則幻妄不足以惑之故謂之明前篇云復命曰常知常曰明易曰各正性命保合太和是和即命命即和和命以天賦而言和以人情而言彼多方以求益生之道此念即謂之妖心有所係而動氣以乘之即謂之

強梁生本自然委之以無爲可也益生者以天爲不足以人助之是謂妖孽而禍生矣氣本沖和惟守之以柔弱可也心使氣者以心而動氣是乃剛強而暴其氣矣凡此恃壯以趨於老與知常曰明者相反是謂不道不道者以氣則耗散而日消以神則昏擾而日微豈能久於世哉竊謂毒蟲三句在此爲衍文蓋以毒蟲不螫攫鳥不搏二句事理紕繆且文義無可附也

右第四十三章

知者不言。言者不知。(苟能謹言)塞其兌。(口)閉其門。(意)挫其銳。(利)解其紛。(以至嘖不惡)和其光(輝著以)同其塵。(至動不亂)是謂玄同。(同乎野而無跡)不可得而(无情)親。不可得而疏。不可得而利。不可得而害。不

可得而貴。不可得而賤。故爲天下貴

首二句汎言以起下文乃明含德之厚者其用功守中也道隱無名知道者自明自覺何象可言非故不言不能言也其務言者英華是逐忘其所從出非不能知不及知也下文發明不言之可貴塞兌以下六句解見前篇此畧不同此承知者不言以盡無言之蕴塞兌緘口也閉門淨意也言由意出故無思爲本二句是綱下四句是目挫吾之銳以解世之紛和吾之光以同世之塵在已在人銳鈍明晦兩無分別與世大同無跡可見則其含德幽深微渺而不可識所以爲厚也夫知是則心同太虚纖塵不染望之儼然不可得而親即之也溫不可得而踈少私寡欲不可得而利同人于野不可得而害不羡寵榮不可得而貴不嫌卑汚不可得而賤盖有人之形無人之情超然於萬物之上天下之貴何以

加此即義之交曰親踈即物之加曰利害即位之遇曰貴賤皆情而見者也

右第四十四章

以正治國。以奇用兵。以無事取天下。吾何以知其然哉。以此。天下多忌諱。而民彌貧。人多利器。國家滋昏。民多技巧。奇物滋起。法令滋章。盗賊多有。故聖人云。我無爲而民自化。我好静而民自正。我無事而民自富。我無欲而民自樸。其政悶悶。其民醇醇。其政察察。其民缺缺。禍兮福所倚。福兮禍所伏。孰知其極。其無正。正復爲奇。善復爲妖。民之迷其固日久。是以聖人方而不割。廉而不劌。直而不肆。光而不耀

此亦承善建善抱含德之厚而言且悲後世敝而不知救也與繫辭上古結繩而治後世聖人易之以書契百官以正萬民以察同旨無事取天下篇內屢見盖深致丁寧之意以爲今之時以正治國惟務紀綱法度之明束縛馳驟乎民而已以奇用兵深謀詭策掩襲夌奪乎人而已孰知無事可以取天下乎吾何以異於人而知無事可以取天下哉亦以吾心而觀古今人情而已利器權謀智慧之類可以服人者本不可以示人今日多則示人矣技才能也巧巧詐非止工藝也奇物謂珠玉珍玩奇異難得之物非止器用也四句

相承言天下多忌諱而民彌貧者何也以法令滋章而盗賊多有也人多利器國家滋昏者何也以民多技巧而奇物滋起也不斥言君而曰天下曰人者緩辭也盖法令繁則刑罰不中民無定趨漸激而爲盗此民之所以彌貧也上務智慧則奸僞日生變亂黑白譸張爲幻併仁義聖智而竊之此國家所以彌昏也以正治國者其究如此故古聖人有言我無爲而民自化我好靜而民自正我無事而民自富我無欲而民自樸此可以證無事可以取天下也上苟有爲則民日趨智上紛擾則民作慝上生事則民不安其業上有欲則民忘其真此四句其機歸於無欲有欲則有事有事則不靜不靜必有爲靜與欲內之病也事與爲外之擾也誠能無事如聖人之所言其政悶悶則其民化於樸而醇醇矣苟法令滋章其政察察則民勞於缺乏而盗賊多有也缺缺貪心不足常若有缺之意倚者

依於傍也伏者藏於下也大抵天地鬼神之機以人情爲之準禍福相爲倚伏往來無窮者慎無恃其法令以爲服民之具須知法令久則必敝敝則設奇以救之雖曰一時之善而妖孽實自此始民迷於是非其來已久豈可復爲察察之政以啓其鬬智亂政之心哉是以聖人之處世一惟順物之情因物之形各成其材而不制以己之能也方必有廉廉出於直割傷破也劌絕斷也肆縱情也耀矜張也王氏曰方方正也廉廉潔也劌亦割也皆稜角傷刺之意直剄直也光光明白也四者皆善行也然常人自有其善未免生弊方必刺人廉必礙物直則狂而肆光則炫而耀始也本正而反爲奇本善而反爲妖其究也本以求福而反伏乎禍矣聖人之道無爲也四者有時而應用而不自以爲善而執之也蓋超乎衆善之上而出乎禍福善敗之外夫何弊之有政之悶悶而民之醇醇也以此無事

不可以取天下乎亦通

右第四十五章 舊二或一今從一薛氏曰昔司馬遷作老莊申韓列傳其言曰老子所貴道虛無因應變化於無爲故著書辭稱微妙難識莊子散道德放論要亦歸之自然申子卑卑施之於名實韓子引繩墨切事情明是非其極慘礉少恩皆原於道德之意而老子深遠矣後之學者讀遷之書不詳乃以爲申韓少恩皆原於道德之意其亦誤矣夫遷所謂皆原於道德之意者此統論三子云爾其曰慘礉少恩則專言韓非之弊非謂亦原於道德之意也至蘇子瞻又傳會而爲之說曰老聃莊周論君臣父子之間汎汎乎若萍遊於江湖而適相值也商鞅韓非求爲其說而不得其所以輕天下齊萬物之術是以敢爲殘忍而無疑張文潛亦曰無情之至至於無親此刑名之所以用也考亭頗以二子之言爲然且曰太史公將老子與申韓同傳不是強安排源流實是如此噫彼二子文士之言特言之成章則不顧是非之實蓋無足議獨考亭此言殆亦考之不審者矣古者刑名之學雖有宗於黃老者然不過假其一二言之近似若其大體之駁豈真出於黃老哉且申韓殺人以行法而老子有代大匠斲之喻申韓挾數以御下而老子有以智治國之戒安有道不同如是而謂其源流之同哉然則考亭之言意者以蘇張而誤而蘇張之誤實遷啓之也予嘗謂後世知尊老子者如遷蓋寡要亦知老子之淺者爾如曰皆原於道德之意斯言亦不能無失若夫以申韓同傳則又失之大者予觀申韓之術其

責名實循理勢雖畧放於道家因應之說乃其實則苛察繳繞正老子所謂察察之政以此言之固不可以爲原於道德之意至若二子之行事曾不得與老聃之役齒惡可取其一節之或似而猥使之同傳哉自遷創此論或者因文傳會其說使老子不列於經世之書且負謗於後世遷不得辭其責矣

治人事天莫如嗇（貪嗇）夫唯嗇是以（適情從於先情也）早復早復謂之重積德（應己成己以成物）重積德則無不克無不克則莫知其極莫知其極可以有國有國之毋（世爲天下法）可以長久是謂（古語）深根固柢長生久視之道

此章解者多因章內有國字遂以治國爲訓竊惟治人之道財散則民聚厚往而薄來固

不可嗇至若事天則莫知其所以爲嗇矣愚見以爲此與復卦大義相同曰人曰天皆就吾身而言人者形也天者性也猶曰修身養性莫如嗇嗇謂所入不輕出所用不多耗是故嗇也者留形惜氣之要術也早復不待有失而後復自童真時成性便自存存故曰早復其言復者必反觀而後見也重積德德者天所賦性所具物我無間相孚相濟者也早復既有得矣以嗇爲道則所入所用克實光輝益增於前故曰重積德猶曰徙義所以崇德也德既重積則吾之神氣冲融無入而不自得故曰無不克如此則至誠無息不知老之將至是謂莫知其極也學至於此方可謂之踐形是即君有國也國喻形猷何以謂莫知其極此性既早復則所以爲萬物之毋者在我而形骸皆其所生形神不離而神爲之主則其形豈不長久住世乎古人所謂深根固柢長生久視之道如此吳氏曰氣爲身形

之毋氣能留形而形亦能留氣氣之生於下者如木之有根養形以培其根則根深矣氣之榮於上者如果實之有柢養形以滋其柢則柢固矣根深木不枯瘁柢固則實不殞落根深柢固者形之留氣也長生久視者氣之留形也

右第四十六章 曉庵曰老子言治人事天莫如嗇他底意思只要收斂不要放出又曰凡事儉則鮮失

老子言治人事天莫如嗇夫惟嗇是以早復早復謂之重積德被他說得曲盡重積德者言先已有所積復養以嗇是又加積之也如修養者此身未有所損失而又加以嗇養是謂早復而重積若待其已損而後養則養之僅可補其所損不得謂之重積如某此身已自衰耗如破屋相似東扶西倒雖欲修養亦何能有益邪今年得蔡季通書說近來深

曉養生之理只是城郭不完無所施功

薛氏曰晦翁之言得之而不盡者也西原此語緩詞也愚惟只要收斂不要放出此非親證蓋影響想像也無放即無收無斂即無出天地之間屈伸消息無頃刻之停無一物不同但吾人形生神發之後只是飛揚馳逐處多雖天機不能無收斂要亦不能勝其放出者是以昏迷醉夢鮮克終其天年老子所謂嗇非閉而不放出也不輕縱也城郭不完破屋相似亦非親證之言也人無二心心無二念不論老幼知得修省纔肯嗇以爲功多寡受益若曰東扶西倒是未知在一處用功之言也此念扶則不倒倒則非扶爲仁由己豈有施功無所者又曰城郭不完不知所指何物若指形骸原無損失若指精氣則生生之機天人之間未嘗止息但有老少強弱之不

同用功有難易爾余患人之以遲暮自棄不能勵朝聞夕死之志如衛武公之求警於國也故復贅此以發西原未盡之意

冷語 治大國若烹小鮮。以道涖天下。其鬼不神。非其鬼不神。人神相安相忘 其神不傷人。非其神不傷人。聖人亦不傷神。遠天 夫兩不相傷。故德交歸焉

此言爲政易簡在和氣充積神人合德首二句喝破本意下文申明之也國將興聽命於人國將亡聽命於神亦此意以道涖天下行其所無事則百姓各安其生各治其業鬼神無所顯其靈異也鬼謂陰陽之常職神謂陰陽之英爽惟人道乖錯上下差忒傷天地之和則陰陽之氣始失序而災沴傷人矣聖人不擾於天下與鬼神合其吉凶鬼以人有德

而歸順人合神之德而不乖故曰交歸列子曰四時常若風雨常均字育常時年穀常豐土無札傷人無夭惡物無疵癘鬼無靈響此聖人不傷神之所致也故治大國之方若育小鮮不擾而已豈惟大國雖臨天下者亦莫加此

右第四十七章 愚謂烹小鮮與鬼不傷人義不相蒙予直以爲育字之誤均以不擾爲事烹恐糜爛其質育恐驚擾其生烹期於適口育期於生物此千載不疑之案體道者孰取焉

大國者下流。天下之交。天下之牝。牝常以靜勝牡。以靜乃下。故大國以下小國。則取小國。小國以下大國。則取大國。或下以取。或下而取。大國不過欲兼畜人。小國不過欲入事人。夫兩者各得其所欲。故大者宜爲下

此承治大國在乎不傷人而言其不傷人之原於能下也交會也取得其心也以取取人也而取取於人也下流如水之爲江海也大國者小國之所向慕而賴之以爲安者也故爲天下之交必若海之居於最下而後衆水歸焉下而不靜則擾擾汩汩雖得物歸而不寧近者不悅遠者何自而來正與育小鮮相應必如物之牝者常以虛靜勝剛躁盖靜可久而動不能久剛折而柔存也故牝之勝牡靜而下也今之大國能以謙下自居則小國附之小國能以謙下自居則大國納之或取人或取於人皆以能下爲德而機權則在於大國原大國之心不過欲兼畜人則不兼畜德不足以遠施威不足以遠御一國不附則不可謂之兼畜小國不過欲入事人不入事則不能保其國欲兩者各得其願則大者宜爲下何也我苟不能下則小國以我爲無禮或攺事他國雖曰小國之未能下實由我不能下以起之故大者所務尤當以下自居也孟子謂仁者以大事小樂天者也可以保天下智者以小事大畏天者也可以保其國大義同此孟子論交鄰故兩乎此論心曲及統御之道故責在大國責歸大國更有領二家之言或疑不同各有攸當而已

右第四十八章

道者。萬物之奧。善人之寶。不善人之所保。美言可以示。尊行可以加人。人之不善。何棄之有。故立天子。置三公。雖有拱璧。以先駟馬。不如坐進此道。古之所以貴此道者何也。不曰求以得。有罪以免邪。故爲天下貴

此即前章萬物尊道貴德之意而申言人當自求尊貴也奧尊也深遠也寶者珍重而濟物者也保者保聚之義依之而求安也美言良言也如法語巽言之類示開啓人之蒙蔽也尊行動靜有法舉止不苟也加人起人之敬重若我加於人上者此二句即寶上爲寶所保之事以見道之爲奧於萬物也大旨重在善人故下文乃原其心只是無棄人而已拱璧合拱之璧駟馬一乘之馬道者萬物之所尊何以見之今有見曉於冥冥得珠於罔象者則以之爲寶守之而不失用之而不窮在衆人亦依之而爲安雖日用不知而懼禍圖存之心不能忘是道之所保也道之利於人無善無不善如此所以爲萬物之奧也何

言乎善人之寶而不善人賴之以保也體道者有嘉言則可以開示不善者而使之善所謂居其室出其言善則千里之外應之況其邇者也有善行則威儀赫咺有以動觀者之敬信所謂與人並立而人自化彼因得以免禍也原其心見人之未善且將哀矜其無知何忍置之度外不與曲成之也其度量無所不容如此則其可尊可貴爲何如陳白沙曰若無天度量爭得聖胚胎故立我爲天子置我於三公居有拱璧之富行有駟馬之先人爵似亦可貴矣不如安坐而進此道以天地萬物爲度富貴之無比也且古之所以貴此道者豈不曰有求則得有罪可免耶蓋求之在我固無不得親九族而九族睦平章百姓而百姓昭明協和萬邦而黎民於變時雍盡事親之道而頑父厎豫是求以得也畏天尊道嗜慾循乎天理不縱情不妨物罪固免矣設以君子而或不仁仁政所在宥過無大是

有罪亦得以免也即其覆育無知富貴不能加固爲至貴矣況能給人之求免人之罪則天下之可貴者孰加於此此所以坐進此道之獨勝也末句總繳上四端

右第四十九章

爲無爲。事無事。味無味。大小多少。報怨以德。圖難於其易。爲大於其細。天下難事必作於易。天下大事必作於細。是以聖人終不爲大。故能成其大。夫輕諾必寡信。多易必多難。是以聖人尤難之。故終無難。其安易持。其未兆易謀。其脆易破。其微易散。爲之於未有。治之於未亂。合抱之木。生於毫末。九層之臺。起於累土。千里之行。始於足下。爲者敗之。執者失之。聖人無爲。故無敗。無執。故無失。民之從事。常於幾成而敗之。慎終如始。則無敗事。是以聖人欲不欲。不貴難得之貨。學不學。復衆人之所過。以輔萬物之自然。而不敢爲

此承上文而言坐進此道之方因以見無爲之實功也首句與末句正相呼應大小至成其大言心之大小輕諾至無難言心之難易其安至未亂明圖之於易也合抱至足下明爲之於細也爲者敗之至故無失承二敗字而言民之從事至無敗事承二終字而言是

以聖人至末總繳前六段意以歸宿於無爲也其意以爲進道之方何如爲其無爲而已何以爲其無爲也身之所行以無事爲真宅若禹之行水也口之所食以無味爲咀嚼食妒也即淡而不厭之物至於外感不論其大小多少雖有怨亦惟稱物平施而不敢匿怨有所作爲以報之也引伸觸類無適不然是則可謂無爲矣大抵善圖難者必先於其易者而圖之善爲大者必先於其細者而爲之蓋以天下之事物初本易而小也以人忽而不圖故至於難與大是以聖人自始至終無時不知無事不謹幾緘方見不敢以爲易且小也必預爲之圖故能無事不濟無物不成不見其有爲而能成其大也凡人於人之見求者不自量而輕諾其終也必不能踐是以寡信由其見事不思來之以易心及其終也或力不贍或時有阻乃至於難踐初約勢則然也聖人重然諾愛顰笑故當事之易且小

之時不敢輕忽至於終不見其難良以事變未至於大時勢尚安也故易持禍亂未有朕兆息之則易謀盖以禍亂初起其結構尚脆而易破其幾至微而易散事勢然也聖人炳於幾先爲之於未有治之於未亂所以無難也今觀物則有然者矣合抱之木生於毫末九層之臺起於累土千里之行始於足下苟折毫末則無合抱之木平累土止初步義同豈非脆之易破微之易散哉折毫末平累土止初步不見其有爲也至於合抱九層千里而後始爲之不亦難且大哉秪見敗事而已若復執其爲難爲大之方而不改必至於失其所有而後止也聖人於事之前無作爲之意故不敗於事之後無固執之意故無失衆人不知此機故凡有所事至於將成而終必敗者以其忽於幾微至於難且大而後浞其有知有爲也苟知慎終如始如聖人者則無敗事矣慎終如始之義不但世事之操持不

失亦子之心亦儉身之終始也故復原聖人無爲之本在見素抱樸衆人所不欲聖人欲之難得之貨聖人所不貴衆人貴之是以聖人欲在無欲不貴難得之貨以起天下之爭心絕學無憂爲道日損衆人之所不學聖人學之前識日益聖人之所不學衆人學之是以聖人學在無學凡衆人之所迷誤者聖人皆將使之復歸於無過以輔其自然之道使萬物各得其所而不敢有所作爲以害之此無爲之益也

右第五十章 舊三今一 猶龍翁所謂無爲者此章顯其幾矣爲之於未有治之於未亂此其作用之大都也孰謂此翁忘世之學刑名之術而與舜孔異道哉

古之善爲道者，非以明民，將以愚之。妄其誠樸去其智識 民之難治，以其智多。以智治國，國之賊。不以智治國，無貪真 國之福。知此兩者，亦楷式。能知楷式，是謂玄德。玄德深矣，遠矣，與物反矣，超利爭名之情 乃至於大順。良心相合名利大歸

意本言治而但曰爲道盖以復民性爲主民性復而天下治矣初發其端次原其故下即歸責於君也言古之知治道者凡其設施非欲開民之知識實欲反其誠樸也察察之政利器示人開其知識也悶悶之政爲天下渾其心反其誠樸也知識開而日漓誠樸反而日淳非以道治天下者孰能察其幾乎孔子曰民可使由之不可使知之何以言之生民之初混沌未鑿智慧未開教之則易施令之則易從逮夫積習於智僞舞術以自便巧文以避法而上之人始無如之何矣民之不可明也如此然民之尚智豈無因而成俗哉良由司治者啓之也故設機伏穽法制詳明以智治國若將以範圍百姓也政察察者民必缺缺而反爲國之害廓然於中坦然於世有感即應無將無迎是不以智治國也民猶獸之在壙魚之在淵若將無統紀也然而不以智治國者政則悶悶而民醇醇民之質矣日用飲食非國之福而何明民而反爲害愚民而反爲福此兩者非善爲道者不能知也知之則可以爲天下楷式矣爲天下楷式則淳樸不鑿知識無形豈非精微幽深之治乎盖此玄德深而人不易測遠而人不易窮與趨利爭名尚察察者相反然其究也名利交歸至於大順順者天之道也百福之總也治而至於大順則國之爲福不可量矣既云以智治國反而言之當云以樸今不言以樸而曰不以智聖人知言之功精純乃如此盖言以樸則樸亦一術用之以爲治也其去用智也幾希惟云不以智則去其智而已智去則坦

然無事蕩蕩自適隨感而應無所用其知識
此惟默識而已莊子謂孰居無事而推行是
深得不以智之旨於是益
信有德者之必有言也

右第五十一章

濂溪先生曰巧者言拙者默巧者勞拙者佚巧
者賊拙者德巧者凶拙者吉嗚呼天下
拙刑政徹上安下順風清弊絶周子之
意與此章之指相近是以晦庵謂其言
似莊老云愚謂是非之心人所同也肆
觀國初開創上下俱醇樸故政簡而民
安叔季之世上下俱鬬智術故政繁而
民亂民亂而智者死愚者存愚者存而
天心安天心安而聖人出天下定矣漢
宣唐德宋神三君之後比之開國之時
則智之賊國也可信矣楊龜山曰生齒
繁則天下亂故孔子必
欲富之而後教之也

江海所以能爲百谷王者。以其善下之。聖人
欲上民。必以言下之。欲先民。必以身後之。是
以聖人處上而民不重。處前而民不害。是以
天下樂推而不厭。以其不爭。故天下莫能與
之爭

此正上篇後身身先外身身存之實亦以終
譬道之在天下猶川谷之於江海之意其立
詞體製猶詩之興即物以起所欲言者也王
之爲義本曰歸往詩云及爾出王書法六義
會意人君法天爲治爲人心所歸向遂以爲
尊稱善下者誠然其下無所求無所憎愛也
江海居於極下而百川朝宗焉以其誠然其
處百川之下也聖人無德位而言位則本其

所有德則有勉之之意位本居於民之上欲
盡居上之責安居而不危其措告之辭勞民
勸相極其體悉且以孤寡不穀自稱無自尊
自大意本行於民之前欲脩率先之行使之
信從而不悖必其躬行務實衷多益寡極於
謙下且視天下愚夫愚婦一能勝予無一毫
自賢自是之心故聖人雖居萬民之上而民
不見其壓已雖行於萬民之前而民不見其
妨蔽乎已是以天下之民推戴而不厭民之
推戴由於不重不害不重不害由於下之後
之以下後自居是聖人不與天下爭能爭貴
也此民所以樂於推戴無能無貴以起爭心
也蓋我以言下人天下感之而亦下人矣我
以身後人天下亦感之而後人矣天下皆下
人後人又何有於爭哉其樂與不重不害相
應推與不厭莫爭相應末二句申結其義辭
見前篇林氏曰雖有聖人之德猶且謙讓自
居非圖於上人先人而爲之也況衆人乎亦

通王氏曰聖人不爭何爲而欲上民先民也
哉民生有欲無主乃亂天生聖人於其間必
命之以爲天下王使之居上以臨涖之君先
以倡導之蓋亦有辭之而不得者矣然既受
命而當是任必盡其道而後可下之則雖處
上而忘乎上之尊故民亦不以爲重而壓已
也後之則雖處前而不圖前之利故民亦不
以爲擾而害已也夫民以爲重且害者不能
一朝居也所謂時日曷喪是也反是故天下
欣戴而無厭斁之心所謂徯我后后來其蘇
是也由是觀之則聖人所以能
爲天下主者亦以其善下爾

右第五十二章

天下皆謂我大似不肖。夫唯大故似不肖。若
肖久矣其細也。夫我有三寶。保而持之。一曰

慈。二曰儉。三曰不敢（順）爲天下先。慈。故能勇。儉。故能廣。不敢爲天下先。故能成器長。今舍慈且勇。舍儉且廣。舍後且先。死矣。夫慈（之爲德）以戰則勝。以守則固（設或不勝不固）天將救之。以慈衛之

此言聖人之道大而難名者惟在謙下而已慈者謙之發人稱聖人之大而又病其似不肖者猶曰博學而無所成名也然不知其無所肖者正以其大爾若有所肖則同於一物何足以爲大故曰久矣其細也下即反覆言其所以爲大而以不肖也舉世皆以武勇廣大強梁爲賢而聖人所貴重者一切反之真有似乎不肖矣然不知勇者不能慈而慈者必有勇故曰國君好仁天下無敵廣者不能儉而儉者必能廣故曰與之粟九百辭曰毋

以與爾鄰里鄉黨乎强梁者不得其死而不敢爲天下先者乃能成器之長器者人之材能也故曰後其身而身先外其身而身存是則不肖一物而無物不可肖此其所以爲大也今指當時而言莫不舍慈而務勇舍儉而務廣舍後而務先亦惟期肖於斯世之所尚而已今之犯難而行動之死地雖欲肖也其可得乎成器長猶言首出庶物爲天下君也其末後結之以慈蓋慈者人心之良能三寶之首能慈則儉與後在其中矣後即克讓也人而能慈則近者悅遠者來雖鄰國亦且仰之若父母以戰則勝子弟不忍攻其父母也以守則固子弟不欲棄其父母也縱有來敵來攻之寇多恥之至亦必能勝能固設或人力不逮天亦將救助之以慈召慈故天亦以慈衛護之不使其受傷敗也漢高睢水之風光武滹沱之氷非其證乎曹操符堅吞噬無厭勇敢甚矣吳晉雖未爲慈不得已而禦寇猶

爲彼善於此北船蹶於赤壁風鶴疑於青岡豈非舍慈儉讓而務勇廣先者之必死乎

右第五十三章 舊二今一

善爲士者不武。善戰者不怒。善勝者不爭。善用人者爲下。是謂不爭之德。是謂用人之力。是謂配天。古之極。用兵有言。吾不敢爲主而爲客。不敢進寸而退尺。是謂行無行（扯）。攘無臂（如把）。（則）仍無敵。執無兵。禍莫大於輕敵。輕敵幾（其必）喪吾（慈儉後）寶。故抗兵相加。哀者（慈也）勝

此申言慈之爲寶也四善字三言用兵一言用人三言用已一言忘已也下者不武不怒何

不爭之本武壯而大也用兵之常軍容必欲其壯大整飭士卒必激發其怒氣而後可以臨敵取勝之道必較曲直以奪氣善勝者不然其爲士也武不賴於軍容戰不賴於奮怒勝不在於較曲直其武也尚德而已其戰也恬澹而已其勝也廟筭預定而已是何也善用人而不自用也用人之所以善者虛心下人取諸人以爲善也夫其取諸人以爲善也是不爭之德也不恃已之智能而用人之力以成事如天之無爲而成故曰配天此惟上古聖人德極其至者能如此非中古與今之所及也故曰古之極又推原慈之所以爲德由於不敢之心遂即善用兵者之自言其心也不敢爲主不伐人以召兵端爲客不得已而應敵也雖爲應兵亦不敢少進求與敵遇窮遠退以避敵此二句兵家之常言老子取其善而稱之也復申其意以爲不敢少進而無窮遠退不忍人之臨於危也是以雖行而無

向往之心不攘臂以執兵雖有臂而無用臂之心雖遇敵而無必戰之心雖執兵而無兵兵之心不敢輕敵知此是知機事不可不密所以臨事而懼也由此觀之禍莫大於輕敵兵驕者敗輕敵則刑人惟恐不勝將喪吾不忍人之心矣幾者將然之辭初有輕敵之心必有所失以失為懲創則不至大有所喪也儻輕敵之心如故必至於億喪貝而後已曰幾者警其預謹也吾寶兼慈儉後而言而慈為本也故觀兵者於凡兩敵舉兵相加而吾出於不得已則有哀惻殺傷之心哀心見而天人助之雖欲不勝不可得已齊破燕圍即墨城中哭聲聞於野出戰齊師敗績蓋樂毅人者違天心失人心必不可以得志於天下竊又以為輕敵喪寶亦養生者所當知莊子畏途之喻正闕世衰寶於刀口蜜也

右第五十四章 舊二或連上章為一今分此自為一

老子 浩然齋 通義卷下 三六 王

吾言甚易知。甚易行。天下莫能知。（意忽也生於欲）莫能行。言有宗。事有君。夫唯無知。是以不我知。知我者希。則我貴矣。是以聖人被褐懷玉。（其）知不知上。（其）不知知病。夫唯病病。是以不病。聖人不病。以其病病。（也）

老子自歎天下莫之信從蓋承言儉之為寶也其言道也德也教人柔弱謙下而已也此亦甚易知甚易行者柰何世降俗頹人以勇廣先為得莫察其言之易知是故莫能行其柔弱謙下之事也又自表其言非無稽也愚者自不信爾宗統一族君主一國者也其言原於道德是言有宗也可以明得失之辨考成敗之跡是事有君也惟夫貿貿焉空老者不知道德為何物不信柔弱謙下為易行所以不察於吾言而不能信從是可歎也知我者希則我貴矣前既歎之此若幸之何也非幸也深惻之也君使人人知我之言則我與衆同不足貴矣今知我者希則吾言為希有之物豈不可貴哉欲貴者人之同心也示我之可貴啓人之求貴故復致意欲人不以易而忽之也遂言聖人不求人知以證人不我知之故即為腹不為目之意聖人之言貌雖簡樸不美而中有至德存焉亦猶夫人服被粗賤而中懷純粹之寶豈可見外之粗賤而不求其所蘊之純粹哉既謂知我者希而復為是言者望人之知而行之也既又恐其強所不知以為知則弊愈甚矣故指真知與識情之異使之知所辨也常知而無所知者性之本也猶鏡之明也物至知知者性動而識情生矣猶鏡之照也眩於物交之知而不察真知之無知世之通弊也故得道者復於不

老子 浩然齋 通義卷下 三七 何

知斯為上矣上者即上德也即上篇所謂滌除玄覽能無疵滌除玄覽是工夫無疵則復本體矣此云知不知者是知其本體也能知其不知者則無所滌除而自無一疵者也不知道者不肯精明其本體之知則昏迷於外感逐照而忘明之所在一切妄知妄見牽情蔽性成愚成狂是為病也知妄知為病而惕然知反妄斯去矣聖人無妄知之病由其以妄知之病為蔽心之病也是謂知其不知者為上欲知吾言之易知而見之於行其惟知其不知者乎夫惟被褐是以莫知其懷玉惟所懷者玉也是以不病

右第五十五章 舊二今一即艮卦之義

莊子曰知謂無為謂曰何思何慮則知道何處何服則安道何從何道則得道三問而無為謂不答也非不答不知答也知以之言問乎狂屈狂屈曰唉予知之將語若中欲言而忘

其所欲言知見黃帝而問焉黃帝曰無思無慮始知道無處無服始安道無從無道始得道知問黃帝曰我與若知之彼與彼不知也其孰是耶黃帝曰彼無為謂真是也狂屈似之我與汝終不近也知謂黃帝曰吾問無為謂無為謂不應我非不應我不知應我也吾問狂屈狂屈中欲告我而不我告非不我告中欲告而忘之也今予問乎若若知之奚故不近黃帝曰彼其真是也以其不知也此其似之也以其忘之也予與若終不近也以其知之也狂屈聞之以黃帝為知言

民不畏威。大威至矣。無狎其所居。無厭其所生。夫唯不狎。是以不厭。是以聖人自知不自見。自愛不自貴。故去彼取此

此復申明不敢先之義言不敢先者無威可畏太上不知有之是民不畏威矣民忘帝力則四海共戴一出言而天下應之非大威之至而何欲大威之至其功在於安分盡心即身之所居者不敢忽畧而有過分之思其所賴以為生道者則盡心力而為之不敢以為勞而厭怠也其功如此非二端也惟其不敢忽畧於所居之位是以不厭怠於資生之業自知自檢飭盡分也不自見不誇張其所有也即其自檢飭是自愛也不誇張是不自貴也勇於敢則殺勇於不敢則活聖人自知原於自愛不自見原於不自貴勇於不敢自愛莫加焉非自檢飭不成自愛勇於不敢真不自貴也稍自表暴即是自貴矣自貴者必有敢心惟不自貴所以民不見其可畏也去彼取此去敢而取不敢也

右第五十六章

勇於敢則殺。勇於不敢則活。此兩者或利或害。天之所惡。孰知其故。是以聖人猶難之。天之道。不爭而善勝。不言而善應。不召而自來。坦然而善謀。天網恢恢。疏而不失

此承上言勇者決也決於敢謂決於有為如任情恣意則取死之道也決於不敢如謙讓不遑是保身之道也兩者利害本甚明然亦有幸不幸而所遇反其常者故或之此機皆出於天其不敢而利本然之感召也隱微之地蓋有人不及知而天獨鑒之者故利害所加不能以吾之見為定也如仁之於父子義之於君臣雖本於性其實有命於其間所以

聖人於此持其難其慎之心必求盡分以盡其性不敢委於命而忽於所遇也大抵天道有先屈而後伸先伸而後屈禍藏於福之中福寓於禍之內非取必於目前者所能知也蓋以天之為道不與人爭而人莫不服從之不待有言而無感不應無所呼召而常若有臨之者坦然無事巧於計畫此天網之所以廣大若疏闊然未嘗有一報之不稱情者此聖人所以尤難之而決於不敢也末二句總繳上四句不爭不言不召坦然疏也善勝善應自來善謀不失也只言人不能勝天之意古語此老有記性無急性與此意同

右第五十七章

民不畏死。奈何以死懼之。若使民常畏死。而為奇者。吾得執而殺之。孰敢。常有司殺者。夫

代司殺者殺。是謂代大匠斲。夫代大匠斲。希有不傷手矣。況代司殺乎

此承上言何故聖人尤難之也。蓋人之情不畏死也。柰何爲政而任刑者欲以死懼民哉。若使民果畏死彼凡爲奇巧者吾得執而殺之則孰敢以身試有司之殺者夫司殺天道也鬼神存焉吾不可以上下其手也今爲政者竊弄威福不顧天理是奪司殺者之權以殺人也豈不猶代大匠之斲木乎非大匠之任無大匠之能而欲代大匠斲吾知木未斲而手已傷此聖人所以不敢輕視民命而任情於好惡也夫民不畏死非止所惡有甚於死之意乃俯仰衣食無所賴則冒死而求之此不畏死之情故承之以饑與難治而繼之以輕死皆所以足不畏死之義吁嗟乎悲夫知奇巧之犯禁而復爲奇巧固不免於死矣知天理之有報而不顧天理其能免於天刑乎希不傷手之戒將必有信之者

右第五十八章 草莽微臣朱得之粤仰稽我

大祖高皇帝御製道德經序有曰朕自即位以來罔知前代哲王之道問道諸人人皆我見一日試覽群書有道德經一冊見其文淺而意奥久之見本經云民不畏死柰何以死懼之當是時天下初定民頑吏弊雖朝有十人棄市暮有百人仍爲之如此者豈不應經之所云朕乃罷極刑而囚役之不逾年而朕心減朕知斯經乃萬物之至根王者之上師臣民之極寶非金丹之術也

於戲休哉

天縱至聖乘時御天從善好古不徒空言若決江河永世無愆敢爲我

太祖此序頌利世而溥浩浩惟天亦又何求仁人之言慈母嬰兒不見其愆敢爲老子此章頌

民之饑。以其上食稅之多。是以饑。民之難治。以其上之有爲。是以難治。民之輕死。以其求生之厚。是以輕死。夫唯無以生爲者。是賢於貴生。人之生也柔弱。其死也堅強。萬物草木之生也柔脆。其死也枯槁。堅強者死之徒。柔弱者生之徒。是以兵強則不勝。木強則共。堅強處下(卑之)柔弱處上(尊之)

承上民不畏死而原其故天下之物相生相養本無不足民之有饑以其上之徵科無常所入不足以資其所出是以不足以供旦夕而至於饑饑則難治矣民之難治以其上之政事紛更上無道揆下無法守國多事則姦邪生所以難治也饑而至於難治則不以死爲事而輕之矣其輕死之故以求生之厚而不得遂至於輕死由是觀之難治起於饑而至於輕死固以貴其生而求厚之也至於上之務有爲而食稅多者亦以貴其生而求厚之也故曰上下交征利而國危矣設使上不厚其生則可以無爲不至食稅之多民將易治矣下不厚其生則素貧賤行乎貧賤不至抗法而輕死故曰夫唯無以生爲者是賢於貴生之云者勝也又原難治之情以示戒欲人不輕其死也今夫人之生也柔弱其死也堅強人之所共知也強者硬也讀作去聲言不虛受而自用者也萬物莫不然草木物

之微者也其生也柔脆其死也枯槁何爲其然也和氣融而柔弱和氣去而堅强也是故堅强者不論人物皆爲死之類柔弱者亦不論人物皆爲生之類此天地閒有形質者體段皆如是也至於世事兵强以爲能則人預有以待我不足以取勝木有堅强之質則爲匠氏所共取而不得如柔脆者能保其生也所以物之堅强者人必賤之柔弱者人必貴之處下處上者置之貴賤之列也列子引此曰兵强則屈木强則折

右第五十九章 舊二今一

天之道。其猶張弓乎。高者抑之。下者舉之。有餘者損之。不足者與之。天之道。損有餘而補不足。人之道則不然。損不足以奉有餘。孰能以有餘奉天下。唯有道者。是以聖人爲而不恃。功成而不處。其不欲見賢邪

張弓者弓人調理弓幹使之和平可用也調理而曰張者婁屈婁伸而試之也下四句皆其事即此可以觀天道損上而益下損有餘而補不足也天道均平而人情反之炎者趨而凉者棄富者譽而貧者毀此其遠天也甚矣求之於世孰能以我之有餘以奉天下之不足乎惟有道者與天合德而後能也故稽之往聖凡天下之事莫不爲之不自誇其勞至於功成亦不自居其功若此者豈非不自顯其能耶此以有餘奉不足之道也何以能有餘聖人不積既已爲人已愈有既以與人已愈多惟所過者化則虛而不屈動而愈出矣

右第六十章

天下柔弱。莫過於水。而攻堅强者。莫之能先。其無以易之。弱之勝强。柔之勝剛。天下莫不知。莫能行。故聖人云。受國之垢。是謂社稷主。受國之不祥。是謂天下王。正言若反

上章剛柔並舉以見得失此復剛柔相校以見剛之必不如柔而證之以古聖之語也正言若反一句則猶龍翁憫世莫能行而指其迷以爲此正道也聖人之所行也其無以爲反乎王氏曰今夫水指之則勝蹈之則勝柔矣而非其至也至於藏垢納汙處衆人所惡而其柔弱無以加矣然而以之攻堅則千仞之隄潰於蟻穴而堅者不能勝也以之攻强則燎原之勢撲爲煨燼强者不能勝也欲攻堅强也果無物以易乎水矣由水觀之則凡

柔弱之勝剛强其事易見其理亦易明也亦吾之常言易知易行者然而天下卒莫能行其知者何耶盖水以藏垢爲柔人而如是世俗之所恥也故復引聖人之言以曉之受國之垢如太王事熏鬻勾踐事吳是也受國之不祥如湯事葛文王事昆夷是也其後卒爲王爲王居然可見矣正言若反老子斷聖人之言也謂此言本正理也世人但以樂勝恥負之爲强而不知恥非其恥者之可醜又不知引過自咎者之爲勇故視之若反爾倒置之民迷也久矣

右第六十一章 舊二今一

和大怨。必有餘怨。安可以爲善。是以聖人執左契。而不責於人。故有德司契。無德司徹。天

道無親常與善人

物我相形之際設有相責怨之所由生也相責不已怨之所由積也怨積而讐讐成而不易解矣我欲從而解之不能不出相規之言使之退省以要於和也夫以積久未平之心而聽退省規過之言我雖尊且愛彼非清明大勇者不能無少芥蔕也有之則成心難忘彼怨未釋而我增其餘怨矣非善也是以聖人執左劵而不責於人左下也卑順也人心劵合在卑下聖人之所自安者在此盖劵之爲用一物而中分之執左者以待合執右者以來合右常求左而左無求於右右常動而左常靜也周禮謂左司與右司取是也聖人盡其在已而不校乎人之得失其象如此則於世之親踈恩怨一聽於天斯乃可以爲善也司契只在人情真處事理公同處盤桓司常道司常名也司轍只在形跡顯明處較何

量司可道司可名者也此王霸之辯王者合天霸者悔天天道無親常與善人柔順若水豈非合天之善而爲天之所與乎此則損有餘而補不足之明驗也疑亦承上章之義

右第六十二章

小國寡民使有什伯之器（知誠）而不用使民重死（歆身）而不（無外慕）遠徙雖有舟車（無趨競）無所乘之雖有甲兵無所陳之（各自）使民復結繩而用之甘其食美其服安其居樂其俗鄰國相望雞犬之聲相聞民至老死不相往來

廣土衆民不敢以自許惟小國寡民或可自任以其易治也即此一言非中心謙虛濡弱者不能也什伯者編物爲行列以一計十以一計百之名器以什伯稱者言外見風俗同而閭里裕也器用雖多而不用以其無貪求不營爲也上無道民或輕死且遠徙以避之國有道則各遂其生以死爲重不苟且以致疾犯法且安土而無外慕不輕去其鄉所謂死徙無出鄉是也此二句是綱下文是目舟車甲兵四句不用什伯之器也甘其食以下重死不遠徙也章內三使字責在政本君風民草可不慎歟有舟車而不乘趨競風消無往來也有甲兵而不陳爭奪機息無戰伐也民淳事簡上古之俗可復也雖有書契以代結繩今使之不用書契而用結繩也何以見之以所食之食爲甘以所服之服爲美充然自足以愛養其生所以重死不厭其所生也以所棲之居爲安而安之以所與之俗爲樂而樂之不邪其所居也無待遠交以市利不事游說以干時所以不遠徙也知止知足如

此是以最近之邦耳目可以及其物色者往來不難也民亦無往無來不但一時如此雖至老且死而猶然也非知止知足安於自然者不能食服居俗以人情緩急爲之序舟車甲兵之不用由於知止知足也惟其資生者足以自樂所以雖至近而無交而舟車不用也況甲兵乎

況遠徙乎

右第六十三章 此老子憫世之漓戰爭將不息故著此書篇終聊爾自許得善人之道以爲君長也與文王既沒文不在茲當今之世舍我其誰意同而老子且不以我與於其間盖亦以爲不必其功之在已有能用其道者則淳樸可復而種種多事不待禁而自息也

信（言也）言不美美言不信善（行也）者不辯辯者不善知（心也）

者不博。博者不知。聖人不積。既以爲人。己愈有。（財散民聚）既以與人。己愈多。（府庫皆其有）天之道。利而無害。聖人之道。爲而不爭

信言者心觸而聲發如喪之戚滴血尋屍懇切簡易何暇爲美凡有華飾可以悅人不免經營結搆影響外馳必不由衷也善其事者爲之而已盡心盡力惟恐其縲纊何暇與人較長短辨是非其好辨者襲短掩長出奇鬭巧於其所事必不能縝密令終知者湛一之區虛靈不昧一疵不存廣大如天地無窮如四時專一而精明何暇爲博其務博者汎問遠思廣記格式勞其神而忘其心之明視而不見聽而不聞食不知味所謂仰面貪看鳥回頭錯應人者何所知乎信言二句是綱善知二端是目然有相因之義博生辨辨生美

三者雖歸宿於美信其旨尚富也博以多聞强記而言非知性者也辨以是非去就而言非忘我者也美以眩俗迷真而言非率性者也不積三句知者之不博也天之道四句善者之不辨也務博者貨而殖之故有積累之多守知者洗心藏密空空自如隨感而應隨應而掃故曰不積此實過化存神之意爲人者以善爲人謀并舉其未善使人自擇所從也如多言不如守中無私成私之類已愈有言其爲己謀者即寓於爲人之中生生之不窮也與人者以善言勸助於人使其去惡而向善去有爲而務無爲如知美爲美則惡矣上善若水之類已愈多言左右逢其原無入而不自得也豈若務博者聞見有限乎此槖籥之謂也或曰以物周急如財散民聚府庫皆其有也至若天道無言發育萬物若見何者可利何者可害則有辨有爭也有利無害一而不貳何辨何爭觀天道可以知聖人聖人之於世凡所以益民之生復民之性者無所不用其極匡直輔翼使自得之而已聖人不與力焉故曰爲而不爭又按篇末二章前自表其所行此自表其所言是爲常道而非可道之道也五千餘言意不出此其曰無名者原天地未生之始不爭者要聖哲始終之功也

右第六十四章

王氏曰自邃古以及三代之末其間若聖與賢若是乎其衆也其所建設興衰治亂之跡其所圖畫是非取舍之故若是乎其彩也而老子曾無一言及之人固有疑其不博者矣先虛無而後名迹上無爲而下有爲厚忠信而薄禮文賓慈儉而盜誇棄崇樸素而賤智慧生冲和而死强梁福止足而禍貪欲好謙下而惡盈滿二篇之中正言若反如此者不一而足人固有疑其好辯者矣然而聖人之學非不博也無所事乎博也聖人之辯

非好辯也不得已而後辯也學者如知其不博乃博而辯實不辯也然後信其言之爲信言而不暇爲美之故篇末丁寧之意其在此也夫

老子通義下篇終

列子通義

（明）朱得之 撰

《列子通義》八卷，明朱得之撰，據上海圖書館藏明嘉靖四十四年(一五六五)朱氏浩然齋《三子通義》本影印。

朱得之有《老子通義》，已著録。

朱得之認爲《列子》一書自孔子没後，其詩書教化之功用漸爲湮没，作者有感於天德王道不明於天下，遂著書立説，以啓發後人。《列子》本義亦是發明儒家經典之微言大義。作者雖在孔子外衣之下探討《列子》，然其透露出儒道合流之傾向，對於儒家理論，朱得之不一味遵從，注重有益於人心教化。朱得之從學於王陽明，篤信『心學』，如他在本書自序中説：『道不容言也，惟解縛而道自存……故凡起心、起意、起知者，皆人也，非天也。學也者，學於無朕無言之地，而有名有形者皆縛也。』他認爲心是一切造作之根源，只有控制住自我之心，達到老子『無爲而無不爲』之境界，率性而爲，心中不存任何私慾，方爲真善，才能與天理即道相契合。儒釋道，三者名異而實同，因其皆闡明『道』，而『道』是無差别相通，此亦爲朱得之秉承王陽明心學之最大特點。

(王　柳)

通義稿成告漆園莊先生

於維先生鵷度魚襟予也何人夢寐相親贖世之感亦又何因故考先生之生當在魯哀之上尋先生之沒疑或後於先秦先生之稟天地之純先生之言天地之真彼凡隨時遷而立德揆理勢而修業有思有爲者皆於先生守己樂天之旨槩乎未聞是以二千年來南華徒存至意則湮得之壯歲嘗咏其荒誕五十而喜其曠達六十而悅其意婉今而七十矣始覺其振淳朴於書契之前惟尚辭之嫌或妥文勝不然游戲三昧卮言曼衍爲評箴也乎茲附一得以舒其尚友之志雖未敢曰得先生之深庶與後先生而死者不盡同乎杳冥蘭槳苾芬沚藻溪蘋遥瞻楚雲薦此血悃維先生之神水在大地日在蒼旻沃槁啓昏無古無今得之尚有祈於旦夕幸不棄其光陰

列子通義自序

列子書八篇雜記以闡大道者蓋御寇之徒記憶其師門之言行與其所誦古者如大小戴之禮記也意者莊子時此書尚未出故周聞而述之以見前輩作聖之功有若此者其未以爲然者多不述也史遷亦謂列子無書故不立傳或疑昔人但謂此書非出一手而今云然得無有所據乎曰此書篇章畧經攛次定于劉向既而郭子玄張處度殷敬順林竞叟輩註釋多門存疑非一以余考之其爲章也百有六十載列子言行者僅二十二條皆稱子列子其非御寇自爲可知矣如湯問力命楊朱三篇斷然别傳之書而類聚於此無疑也其間如樵鹿之夢謂惟黄帝孔丘能辨覺夢今無黄帝孔丘孰辨之哉莊子稱魯國之儒一人是與孔子同時矣

列在莊前故莊内篇多引其事即曰世無孔丘則其世之相後遠矣書不出於禦寇此亦一證然非嘗聞其言論得其心之彷彿者又不能為此述也夫禦寇者聖哲之徒也據籍所載義有未純故愚謂非列子自為也諸凡釋者隨文生解雜以揣測至於文義之綱條目毋貫尚多無倫使後世困而疑訛及於列子此虛明洞照者所以不能忘情也愚今所通之義

列子　序　二

率所見也非有所授也深造者觀之未必無得失然於洗心之功隱微獨覺之指視他籍頗為不泥凡未領會者虛之以俟他日或見列子者而請決也考索名物多仍其舊而釋詁字句時贅手自得求夫理通而自慊耳其立言初意然不然不論也學者誠有得於言意之表而法其為己知幾之功則世之先後與其言之所從出自不肖於多辯而遂愧之技廢幾其脱然也

雖然得於辭而後可以通其意斯籍也其文則紀事者也而因事以明道也道不容言也惟解縛而道自存忘言而性自見故其放言譎詭彷彿不羈而各全其天之指則固縱橫馳驟而不失猶造父之御穎人之斲也其指性命之道出於自然至矣故凡起心起意起知者皆人也非天也學也者學於無朕無言之地而有名有形者皆縛也苟知其意與予欲無言者等也則大道之明不待余之贅疣矣

嘉靖甲子夏四月既望靖江朱得之序

列子　序　三

列子新書舊序

右新書定著八章護左都水使者光祿大夫
臣向言所校中書列子五篇臣向謹與長社
尉臣參校讎太常書三篇太史書四篇臣向
書六篇臣參書二篇内外書凡二十篇以校
除復重十二篇定著八篇中書多外書少章
亂布在諸篇中或字誤以盡爲進以賢爲形
如此者衆及在新書有棧校讎從中書已定
皆以殺青書可繕寫列子者鄭人也與鄭繆

公同時蓋有道者也其學本于黄帝老子號
曰道家道家者秉要執本清虚無爲及其治
身接物務崇不競合于六經而穆王湯問二
篇迂誕恢詭非君子之言也至于力命篇一
推分命楊子之篇唯貴放逸二義乖背不似
一家之書然各有所明亦有可觀者孝景皇
帝時貴黄老術此書頗行於世及後遺落散
在民間未有傳者且多寓言與莊周相類故
太史公司馬遷不爲列傳謹第録臣向昧死

上護左都水使者光祿大夫臣向所校列子
書録永始三年八月壬寅上

東晉光祿勳張湛謂聞其父曰吾先君與劉
正輿傅頴根皆王氏之甥也並少游外家舅
始周始周從兄正宗輔嗣皆好集文籍先并
得仲宣家書幾將萬卷傅氏亦世爲學三君
總角競録奇書及長遭永嘉之亂與頴根同
避難南行車重各稱力並有所載而寇虜彌
盛前途尚遠張謂傅曰今將不能盡全所載
且共料簡世所稀有者各各保録令無遺棄
頴根於是唯賫其祖玄父咸子集先君所録
書中有列子八篇及至江南僅有存者列子
唯餘楊朱説符目録三卷比亂正輿爲楊州
刺史先來過江復在其家得四卷尋從輔嗣
女婿趙季子家得六卷參校有無始得全備
其書大畧明群有以至虚爲宗萬品以終滅

爲驗神慧以凝寂常全想念以著物自喪生
覺與化夢等情巨細不限一域窮達無假智
力治身貴於肆任順性則所之皆適水火可
蹈忘懷則無幽不照此其旨也然其屬辭引
類特與莊子相似莊子慎到韓非尸子淮南
子玄時示旨歸多稱其言愚按序意見此書
之不可不貴也至曰治身貴於肆任非知幾
之言也其言外之意則貴自然順性猶曰故
者以利爲本人惟不知性之本中本和而順
之故以嗜慾爲性此肆任之説所以出也劉
向謂穆王湯問二篇迂誕恢詭非君子之言
者猶孟子謂齊東野語非法度之言乎不然
非惟不知立言之意抑亦不知君子之實矣
二君固敬信此書者言猶若此他又何望

舊序終

讀列評

列文王伯雜見乃其所謂縱口之言不屬結搆者故於天心民命之幾微精彩時或爛然於溫厚之中如問關尹至人潛行與列子自序得於老商氏者殊非秦漢以來文章可比而病忘一篇尤爲絶唱

尼父不語怪力亂神非謂無其事也語之而不以爲然者衆也此書多神奇之事蓋曰自有知其然者也後死者體聖哲之所匡

直辯齊民之所諧尚隨其所值而會心焉則所以條理其身心主張乎世道者有餘師矣豈必千載之下重爲善治真儒惜哉

列莊二籍益於後學甚多務詞章者可以倣步驟好談論者可以資聞見耽名利者可以廣襟度求長生者可以堅形骸志道德者可以理心性其忝世之不求覩見不求自得而隨聲附和何

君子於有過中求無過忠恕之道也辯學術之邪正宗依之準也惟誦古訓有得於欲速見小韙韙驩虞謀利計功之說則此籍之過邪正之辯庶乎其有稽也

或曰老列莊三子之書可無也曰何也舉業不命題也曰嘻文以闡道明天心也故曰不關世教雖工無益西漢以來汗牛充棟曾有三子之見乎曾涉三子之津梁否乎一籍中雖或有一二語相似不過剽掠誇張要非自得今之舉業尊孔也孔之學貴

王賤伯三子之言於此義背否荀楊以後爲言爲行有涉斯義否不涉斯義而後可無也愚嘗謂删書者不可見矣得見續經者斯可矣焚書者不欲見矣得見選文者斯可矣

此籍間有差悞如哉作戎若作者然作無拙作拱之類今得意者則爲之明註不然亦惟隨文生解爾讀者亮之

評止

列子通義總目

列子者春秋鄭繆公時人名禦寇又名圄寇列其姓也秦政坑焚之後至漢景帝時其書始出唐天寶初冊爲冲虛眞人其書名冲虛眞經宋景德四年勅號冲虛至德眞人其書名冲虛至德眞經即此書也余原此書之著必在夢眞兩樞之後刪述之渾漸湮天德王道不明於天下也故寄憤游戲以發五經之微意惜乎上智清明者不多見而功效之風足以蠱惑夫蚩蚩也是以荒唐迂誕之說無或乎不然所賴者良心未泯空監妍媸一掃戚心不使先入之說乘之也則列子之心聲必有砰然於此籍之外者

總目

列子目録

列子問關尹
列禦寇爲伯昏無人射　見莊子
范氏子華善養私名
周宣王之牧正有役人梁鴦
顏回問仲尼濟觴深之淵　見莊子
孔子觀於呂梁　與莊子同
仲尼適楚見痀僂承蜩　見莊子
趙襄子狩於中山
神巫季咸　與莊子同
列子之齊中道而反　見莊子
楊朱南之沛　見莊子
楊朱過宋東之於逆旅　見莊子
天下有常勝之道
狀不必童而智童
宋有狙公者愛狙
紀渻子爲周宣王養鬭雞
惠盎見宋康王
周穆王篇卷第三凡八章記列子者二章

周穆王時西極之國
老成子學幻於尹文先生
覺有八徵夢有六候
西極之南隅有國曰古莽
周之尹氏大治產
鄭人有薪於野者
宋陽里華子中年病忘
燕人生於燕長於楚
仲尼篇卷第四凡十五章記列子者三章又曰極智
仲尼閒居子貢入侍
陳大夫聘魯
商太宰見孔子
子夏問顏回之爲人
列子師壺丘子林
列子學三年心不敢念是非　見莊子
初列子好遊
龍叔謂文摯
無所由而常生者道也

目將眇者先睹秋毫
鄭子圃澤多賢
公儀伯以力聞諸侯
中山公子牟
堯治天下五十年
關尹喜曰在己無居
湯問篇卷第五 凡十七章
殷湯問於夏革 莊子引一節
太形王屋二山

夸父不量力欲追日
大禹曰
禹治水土迷而失途
南國之人祝髮而裸
孔子見小兒辯日
均天下之至理也連於形
魯公扈趙齊嬰二人有疾
匏巴鼓琴
薛譚學謳於秦青

伯牙善鼓琴
周穆王西巡狩道有工人偃師
甘蠅善射
造父之師泰豆氏
魏黑卵以暱嫌殺丘邴章
周穆王大征西戎
力命篇卷第六 凡七章
力謂命曰
北宮子謂西門子

管夷吾鮑叔牙相友甚戚
楊朱之友曰季梁
楊布問曰
齊景公遊於牛山
魏人有東門吳者
楊朱篇卷第七 凡十九章 又曰達生
楊朱遊於魯
楊朱曰百年壽之大齊
楊朱曰萬物之所異者

說符篇卷第八 凡三十二章 記列子者六章

目録終

列子卷第一　叅元朱得之傍註并通義

天瑞 此篇言氣之始萬物一體也萬物之所資始故曰天瑞張處度曰巨細舛錯脩短殊性雖天地之大群品之衆涉於有生之分關於動用之域者存亡變化自然之符夫唯寂然至虛凝一而不變者非陰陽之所終始四時之所遷革

子列子居鄭圃（業）四十年人無識者國君卿大夫眎之猶衆庶也國不足（戚歎）將嫁於衛弟子曰先生往無反期弟子敢有所謁先生將何以教先生不聞壺丘子林之言乎子列子笑曰壺子何言哉雖然夫子嘗語伯昏瞀（音茂一作無）人吾側聞之試以告女其言曰有生（有）不生有化（有）不化不生者能生生不化者能化化生者不能不生化者不能不化故常生常化常生常化者無時不生無時不化陰陽爾四時爾（綱目）不生者疑獨不化者往復往復其際不可終（無）疑獨其道不可窮（無）黃帝書曰谷神不死是謂玄牝玄牝之門是謂天地之根綿綿若存用之不勤故生物者不生化物者不化自生自化自形自色自智自力自消自息謂之生化

亡其國，餓死於首陽之山。實僞之辯，如此其省也。明

章首曰人而已矣，言天地間萬物並生並育，我得爲人，與含齒戴髮者同也，何乃檢束規矩而求爲善之名乎。初言名可取利，轉難以名不得利，再轉則指出誠僞之異，以實名貧，僞名富，結以實無名，名無實，歸宿於一僞，故曰名者僞而已。詞揚而意抑，雖曰矯世之論，乃所以貴實而不務名也。蕩蕩之世，何名何利

楊朱曰：百年，壽之大齊。得百年者，千無一焉。設有一者，孩抱以逮昏老，幾居其半矣。夜眠之所弭，消過晝覺之所遺，失忘又幾居其半矣。痛疾哀苦，亡失憂懼，又幾居其半矣。量十數年之中，數日逌然而自得，廓然亡介焉之慮者，亦亡一時之全爾。入此一句不居篇首至此乃出文法也則人之生也奚爲哉？奚樂哉？爲美厚爾，爲聲色爾。而美厚復不可常厭足，聲色不可常翫聞。乃復爲刑賞之所禁勸，名法之所進退。遑遑爾競一時之虛譽，規死後之餘榮。偊偊爾然慎耳目之觀聽，惜身意之是非。徒失當年之至樂，不能自肆於一時。重囚纍梏，何以異哉？太古之人，知生之暫來，知死之暫往，故

不動在此章，當以天機自然論言其流行不息而未嘗動也。故承以生物者不生，化物者不化，以足初言不生不化之義。今之萬物，但知自生自化、自形自色、自智自力、自消自息，而遂以爲生化形色智力消息皆我之所爲，而不知本於不生不化之機，故曰非也。生化形色智力消息八字，立言有序，言人能知此，則風雨霜露無非至教，又何必有言。生死且不能自有，去就豈我之所得爲哉

子列子曰：昔者聖人因陰陽以統天地。包萬物夫有形者生於無形，則天地安從生？定体故曰有太易，有太初，有太始，有太素。太易者，未見氣也。太初者，氣之始也。太始者，形之始也。太素者，質之始也。氣形質具而未相離，故曰渾音魂淪。渾淪者，言萬物相渾淪而未相離也。視之不見，聽之不聞，循之不得，故曰易也。易無形埒。跡音捋易變而爲一，一變而爲七，三三七變而爲九。九變者，究也，乃復變而爲一。一者，形變之始也。清輕者上爲天，升重濁者下爲地，降冲和氣者爲人。故天地含精，所者萬物化乇。

此承上章陰陽四時之語而申其義，蓋原聖人之作易，示人以法天之學，亦以明認自生自化者之爲非也。太易謂之未見氣者，皆自形始巳後有知而言。遡窮其情，若果未見氣

又何以得名爲太易乎故曰氣形質具而未分曰易太素爲質之始言物生之初光淨只此一物別無粧飾故以素爲質之始渾淪混沌未分亦無虧欠之稱猶老子所謂渾成也蓋天地生機無聲無臭而變化不窮故謂之易埒者說文埒址也封邑曰埒猶迹也易變而爲一易無形跡窈冥恍惚不可言變一氣恃之而化故寄名變爾一變爲七鄙見謂七當作三前言氣形質本於太易一變三也後言易變一而終之以天地人一變三也三變九則自然之理今曰一變七七變九上無所承下無所授三誤七無疑也強爲之解就人身而言心發於七竅復有水穀二竅一七九三字可通至於初變復變殊不可通或以陽數解之不知通章之義何所屬也末二句以物該人

子列子曰。天地無全功。聖人無全能。萬物無全用。解上二句故天職生覆。地職形載。聖職教化。物職所宜。抽繹一節解一節然則天有所短。地有所長。聖有所否。物有所通。短長否通本是互言實亦可指者何則。生覆者不能形載。形載者不能教化。此謂天地人物之無全也教化者不能違所宜。宜定者不出所位。故天地之道。非陰則陽。抑揚之辭聖人之教。非仁則義。萬物之宜。非柔則剛。此皆隨所宜而不能出所位者也。故有生者。物有生生者。氣物有形者。形既具矣則有形形者。有聲者。有聲聲者。有色者。有色色者。有味者。有味味者。生之所生者死矣。而生生者

未嘗終。形之所形者實矣。而形形者未嘗有。聲之所聲者聞矣。而聲聲者未嘗發。色之所色者彰矣。而色色者未嘗顯。味之所味者嘗矣。而味味者未嘗呈。皆無爲物之職主張也。無之爲道能陰能陽。能柔能剛。能短能長。能圓能方。能生能死。能暑能涼。能浮能沈。能宮能商。能出能沒。能玄能黃。能甘能苦。能羶能香。無本可知也。無本可能也。而無不知也。而無不能也

此言物則不通神妙萬物也文勢一節解一節絕類西漢文字何則之云先秦巳前無此聲氣況云非陰則陽非仁則義尤非見道之言陰陽仁義剛柔之擬本非天機且與易傳不同既曰非此則彼又何以言三才之用之全不過欲形容卷舒不息而不覺其詞之詖也若以六唯字易去三非三則字文字亦渾厚此章詞意俱易明不須多解惟無爲之職一句解曰造化殊不知造化者有爲之名自無而有曰造自有而無曰化不可以訓無蓋萬象皆從一無以爲之主何晏道論曰有之爲有待無以生事之爲事由無以成夫道之而無跡語之而無名視之而無形聽之而無聲是道之全焉然而昭音響而出氣物包形神而彰光景玄以之黑素以之白矩以之方規以之圓圓方得形而此無形白黑得名而此無名者是也

子列子適衛。食於道。從者傍㑅見百歲枯朽髑髏。攓拔音蹇

遂而指顧謂弟子百豐曰。唯予與彼知而未嘗生未嘗死也。此過養乎。過歡乎。種有幾。若䵷為鶉。得水為㡭。得水土之際。則為䵷蠙步田反之衣。生於陵屯。則為陵舄。陵舄得鬱棲。則為烏足。烏足之根為蠐螬。其葉為胡蝶。胡蝶胥也化而為蟲。生竈下。其狀若脫。其名曰鴝音衢掇。鴝掇千日化而為鳥。其名曰乾餘骨。乾餘骨之沫為斯彌。斯彌為食醯頤輅。食醯頤輅生乎食醯黃軦。音呪食醯黃軦生乎九猷。九

猷生乎瞀芮。瞀芮生乎腐音漸蠸。音懽羊肝化為地皋。馬血之為轉鄰也。人血之為野火也。鷂之為鸇。鸇之為布穀。布穀久復為鷂也。燕之為蛤也。田鼠之為鶉也。朽瓜之為魚也。老韭之為莧也。老羭之為猨也。魚卵之為蟲。亶爰之獸自孕而生曰類。河澤之鳥視而生曰鶂。純雌其名大腰。純雄其名稺蜂。思士不妻而感。思女不夫而孕。后稷生乎巨跡。伊尹生乎空桑。厥昭生乎濕。醯雞生乎酒。羊奚比乎不

筍。久竹生青寧。青寧生程。程生馬。馬生人。人久入於機。萬物皆出於機。皆入於機。黃帝書曰。形動不生形而生影。聲動不生聲而生響。無動不生無而生有。形必終者也。天地終乎。與我偕終。終進乎。不知也。道終乎本無始。進乎本不久。有生則復於不生。有形則復於無形。不生者。非本不生者也。無形者。非本無形者也。生者。理之必終者也。終者不得不終。亦如生者之不得不生。而欲恒其生。畫其終。惑

於數也。精神者天之分。骨骸者地之分。屬天清而散。屬地濁而聚。精神離形。各歸其眞。故謂之鬼。鬼。歸也。歸其眞宅。黃帝曰。精神入其門。骨骸反其根。我尚何存。人自生至終。大化有四。嬰孩也。少壯也。老耄也。死亡也。其在嬰孩。氣專志一。和之至也。物不傷焉。德莫加焉。其在少壯。則血氣飄溢。欲慮充起。物所攻焉。德故衰焉。其在老耄。嗜欲柔焉。體將休焉。物莫先焉。雖未及嬰孩之全。方於少壯閒矣。其

在死亡也。則之於息焉。反其極矣
此章言氣機旋運有不得不然亦莫知其所
以然者生生之機皆出於無情以見生不必
愛死不必憂也莊子引此畧删其繁亦有不
當删者若䵷爲鶉羊肝化爲地臯至醯鷄生
乎酒一百三十五字黄帝書至反其極矣二
百九十四字當從此爲詳種有幾以下皆申
明予與彼知而未嘗生未嘗死之一意形有死
生此虛靈之知未嘗有死生也此一句列子
自許此知常存常明不以死生爲二途也過
養過歡疑其所以傷生者盖動化生植之理
耳目不可徧及非知性君子不盡其故盖極
論物類變化之不常以明人世生死去來之
不足怪但知有不化者存足矣䵷即蛙水上
壟垢初生苔曰鼃亦有絲縷相縈之意䵷蠙
之衣青苔也水土之際水中附岸處也附岸
例多厚故曰衣脁無皮也駒掇之虫無皮無

殼故曰若脁腐蠸巳上十種皆䵷之變也羊
肝之化以下皆天地間莫測之變如月令雀
爲蛤鷹化鳩之類萬物之始莫知其然此類
必多但人不及見爾亶爰山名出山海經其
上出獸狀若狸而有髮無牡而孕曰類鵺即
白鶂相視眸子不運而風化者也大腰龜鼈
之屬純雌而無雄蜂純雄而無雌思士不妻
而感如今病有夢遺思女不夫而孕盖翕受
之意專則天地流行之氣適凝其身如照井
而生世自有此等事又如雞鴨之卵無雄人
爲取竈雄天雄皆人心存主處則感召有不
遠者此亦天地之神化有不容測者如陽燧
取火方珠取水之類后稷之事姜嫄從高辛
之後郊禖以求子其身歆於事心樂於事介
止而無亂震肅而不慢所謂大而疾也介止
承歆震肅承敬只是和敬所謂克禋克祀所
以彌月生子毋無拆副如羊初生皆上帝之
顯其靈也及以初生不難疑而棄之上帝盖

顯靈異豈謂履巨跡無人道而生子乎且周
公尊祖配天但當頌其德之格天豈應以歆
歆然如有人道之感爲言自坐淫慝無忌憚
者乎況歆歆然人道之感妾嫉獨知且不肯
言況後世子孫乃狀其情何不知羞惡乃如
此即爲此說者吾知其必獲罪於天也此書
信傳言而不考史遷信此說而不疑遂致後
學因仍外謬陷聖母聖子於怪異深可惜哉
伊尹事無考意者天下多故如鄧攸棄子說
有後至者收而鞠之及我
太祖高皇帝得沐國公英之類羊奚不筍草
名青穹程亦亟名曰馬曰人或亦謂草名但
於下文人久入於機義不相屬大抵萬物變
化不可窮盡之意黃帝書以下則闡明萬物
往來無常皆不得已而然其日終盡乎不知
也道終乎本無始盡乎本不久者盖謂天地
有終乎有盡乎吾不知其有終有盡也天地
者道中之一物天地之無終盡本於道之無

終盡也謂道有終乎道本無始何有終謂道
有盡乎道本不久何有盡此虛靈無體氣爲
之體氣行無息倏忽變遷而天地以爲情者
也人以爲有始而且久者以機之出入者觀
之也又云精神入其門骨骸反其根則予與
彼木嘗生未嘗死之意盖明矣謂之我尚何
存則精神亦以歸無爲極也變有入無日化
化無大小積小至久乃見其大人自生至終
無息不變變則漸忘其故佚至後知截然相
遠昭於耳月者則有此四景故日大化亦有
往而不返之意此後言情以時遷德山之而
盛衰最靈者與蠢然者等矣是故以死爲反
其極尤見萬有必歸於無則我今之生也必
如髑髏之無知然後得天機之常而過養過
歛所以爲可悲之道也大抵形骸未死而死
其心則反真在瞬息間爾此章論萬物變化
雖云無方而必終者理也
知無生無死者天德也

孔子遊於太山。見榮（名）啓期（坐誤）行乎郕（魯邑）之野。鹿裘帶索。鼓琴而歌。孔子問曰。先生所以樂。何也。對曰。吾樂甚多。天生萬物。唯人爲貴。而吾得爲人。是一樂也。男女之別。男尊女卑。故以男爲貴。吾既得爲男矣。是二樂也。人生有不見日月。不免襁褓（夭）者。吾既巳行年九十矣。是三樂也。貧者士之常也。死者人之終也。處常得終。當何憂哉。孔子曰。善乎能自寬者也

此舉常情以破貪鄙曰善自寬者盖即事自況非直見道而忘形者也見道者無入而不自得又豈待自寬而後樂哉以鹿皮爲裘以索爲帶言其貧也樂甚多而舉五端其槩也且萬物之生適然而巳爲萬物有何不樂爲婦女將不樂乎不免襁褓能不樂乎用知識以揀擇俗情也幸天恩之獨厚知本也故曰善自寬亦所以喻同類者無失自貴之道也

列子　浩然齋　通義卷一　十　山

林類年且百歲。底春被裘。拾遺穗於故畦。並歌並進。孔子適衛。望之於野。顧謂弟子曰。彼叟可與言者。試往訊之。子貢請行。逆之隴端。面之而歎曰。先生曾不悔乎。而行歌拾穗（倒用字句法）。林類行不留。歌不輟。子貢叩之不巳（可悔之道也）。乃仰而應曰。吾何悔邪。子貢曰。先生少不勤行。長不競時。老無妻子。死期將至。亦有何樂而拾穗行歌乎。林類笑曰。吾之所以爲樂。人皆有之。而反以爲憂。少不勤行（形無勞椅）。長不競時（神無飛散）。故能壽若此。老無妻子（無罣累）。死期將至（不須營生）。故樂若此。子貢曰。壽者人之情（欲）。死者人之惡。子以死爲樂。何也。林類曰。死之與生。一往一反（揭縱）。故死於是者（日申）。安知不生於彼（似）。故吾知其不相若矣。吾又安知營營（息偃於勞）而求生非惑乎。亦又安知吾今之死。不愈昔之生乎。子貢聞之。不喻其意。還以告夫子。夫子曰。吾知其可與言。果然。然彼得之而不盡者也

此言安分無求無累之樂而答問乃以死生往反優劣爲詞是未徹道之本無彼此去取也子貢之不喻不知生死之不二又不知死之爲息也死生一也今死愈於昔生尚有見於生死之不同故曰得之而不盡此語固所以啓子貢亦所以進林類也惜乎子貢不能問故下章尼此意故畦西成之後舊塍未斸張耕者且拾且歌且歌且行故曰並歌並進處度曰卒然聞林類之言盛以爲巳造極矣而夫子方謂之未盡何也盖對無於有去彼取此內外不無少異若夫萬變玄一彼我兩忘即理自夷而實無所遣冥內遊外同於人群豈有盡與不盡者乎

列子　浩然齋　通義卷一　十一

子貢倦於學告仲尼曰願有所息仲尼曰生無所息子貢曰然則賜息無所乎仲尼曰有焉爾望其壙睾如也宰如也墳如也鬲如也則知所息矣子貢曰大哉死乎君子息焉小人伏焉仲尼曰賜汝知之矣人胥知生之樂未知生之苦知老之憊未知老之佚知死之惡未知死之息也晏子曰善哉古之有死也仁者息焉不仁者伏焉死也者德之徼也古者謂死人為歸人夫言死人為歸人則生人為行人矣行而不知歸失家者也一人失家一世非之天下失家莫知非焉有人去鄉土離六親廢家業遊於四方而不歸者何人哉世必謂之為狂蕩之人矣又有人鍾賢智矜巧能修名譽誇張於世而不知已者亦何人哉世必以為智謀之士此二者胥失者也而世與一不與一唯聖人知所與知所去

此章以身息寓心息身馳例心馳惟聖人心跡兩忘故去就不謬睾宰墳鬲皆形容土一丘也中間如未知生之苦非尼父詞氣且分心跡為二殆就子貢所造而言歟死者德之

徼言德之純駁皆於死可見也應息伏字蓋指論定將死言善亦可為徼至於一死種種嗜欲種種留戀蕩然無形全體天真其為德之徼也又何以加世之與不與俱在事物得失上見聖人見心不見世故與之所知者息神去之所知者眩物心以物役猶莊子所謂淫僻之行仁義之操也謂之胥失者逐於照而忘其明也

或謂子列子曰子奚貴虛列子曰虛者無貴也子列子曰非其名也莫如靜莫如虛靜也虛也得其居矣取也與也失其所矣事之破碼而後有舞仁義者弗能復也

此承上與去之許而條之也故言致虛之方因舉不虛之弊老子曰致虛極守靜篤萬物並作吾以觀其復即此意有所貴即不虛故曰無貴即下文取與之意以虛為非不知虛者也欲知虛之為德非以徒名擬非以有意得惟靜而已不虛者必有取與有取與則不靜惟不逐物則神常自居靜而虛矣舞仁義者播弄仁義以為術不知虛之為大道也凡以得失之心應事則事必至於破毀事至破毀則求全之機漸生故必播弄仁義之近似者以掩飾其破毀也播弄仁義則與真誠虛靜之風背而持矣又何以言復會而通之榮啓期善自寬林類得之而未盡子貢聞息列子貴虛四章以意相承通詳髑髏反極之義善自寬未有得也有得則不待自寬而寬矣得不盡未知息也知息則全得矣息而不知虛則與臭腐無異知虛則不息而息矣此聖哲御世竭力於其分之所當為而心則一塵之不立蓋以成功在天非我所能與也

粥熊曰：運轉亡已，天地密移，疇覺之哉？故物損於彼者盈於此，成於此者虧於彼。損盈成虧，隨世（音生，下同）隨死，往來相接，間不可省，疇覺之哉？（二句結上起下）凡一氣不頓進，一形不頓虧，亦不覺其成，不覺其虧。亦如人自世至老，貌色智態，亡日不異；皮膚爪髮，隨世隨落，非嬰孩時有停而不易也。間不可覺，俟至後知。

此記往哲悲人役役於世，不能知幾，因以勉人及時省身脩德，勿安醉夢也。粥，一作鬻。粥熊即文王之師。密者，無聲無臭，不可覺之謂。智，意見也。態，體態也。孔子曰：日夜無隙，丘以是徂。張處度曰：物與氣爲體，體隨氣而遷。氣不暫停，物豈守故？是故向之形生，非今之形生也。俯仰之間，已涉萬變，氣散形朽，非一旦頓至，而昧者操必化之器，托不停之運，自謂變化可逃，不亦愚乎？愚惟奉天時者，尚消息盈虛，知與時偕，亦無所待，亦無所至。此常惺惺者所以異於齊民也。損盈成虧，皆在冥冥之中，非耳目所及。物之成者方自謂成，旋已虧矣；生者方自謂生，潛已死矣。早覺者豈以世之役役撓其澄湛清明之洞然者乎？經曰：俟至後知。其悲世之意切矣。

杞國有人憂天地崩墜，身亡所寄，廢寢食者。又有憂彼之所憂者，因往曉之曰：天積氣耳，亡處亡氣。若屈伸呼吸，終日在天中行止，奈

何憂崩墜乎？其人曰：天果積氣，日月星宿不當墜邪？曉之者曰：日月星宿，亦積氣中之有光耀者，只使墜，亦不能有所中傷。其人曰：奈地壞何？曉者曰：地積塊耳，充塞四虛，亡處亡塊。若躇步跐蹈，終日在地上行止，奈何憂其壞？（笑其理之未徹）其人舍（音釋，下同）然大喜，曉之者亦舍然大喜。長盧子聞而笑之曰：虹蜺也，雲霧也，風雨也，四時也，此積氣之成乎天者也。山岳也，河海也，金石也，火木也，此積形之成乎地者也。知積氣也，知積塊也，奚謂不壞？夫天地，空中之一細物，有中之最巨者。難終難窮，此固然矣；難測難識，此固然矣。憂其壞者，誠爲大遠；言其不壞者，亦爲未是。天地不得不壞，則會歸於壞。遇其壞時，奚爲不憂哉？（笑其心之未了）子列子聞而笑曰：言天地壞者亦謬，言天地不壞者亦謬。壞與不壞，吾所不能知也。雖然，彼一也，此一也。故生不知死，死不知生；來不知去，去不知來。壞與不壞，吾何容心哉？

此承上俟至後知者之昏冥而言反之者又落將迎也憂者曉者皆知識將迎爲祟也長盧子未免於推測列子解之意在言外惟見已而他無所見斯無忻戚之情君子所以貴夫道而學之者息息見在老至且不知而況出位之思乎憂崩墜者惑矣而不惑者憂其所惑是積惑彌深也釋然之喜同歸醉夢夫天之爲物非有質也故不但遠而無所及近而無所入自地而上與地之中莫非天也故吾俯仰喘息未始離乎天也謂之積氣氣亦何所不勝雖天地之大猶自安於太虛之中況乃氣氣相舉何崩何墜夫渾然未判則天地一氣萬物一形重濁輕清升降摩盪分而爲天地散而爲萬物此特形氣之顯設者爾又孰察夫生之不知死猶死之不知生成不知毀毀不知成也耶此篇之意以爲天地與人同壞同亡理也吾惟安之而已何致忻戚於其間哉情無彼此故曰吾何容心盖喻憂

貧謀食之營營而不知一飲一啄一予一奪莫非天機之定分也彼一此一言壞不壞各是一見不能相通下文生死不相知正實此意以解前惑猶孔子曰未知生焉知死也

舜問乎烝曰道可得而有乎曰汝身非汝有也汝何得有夫道舜曰我身非吾有孰有之哉曰是天地之委形也生（原其初）非汝有是天地之委和也性命非汝有是天地之委順也孫子非汝有是天地之委蛻也故行不知所往處不知所持食不知所以天地強（剛而常伸）陽氣也又胡可得而有邪

此承上章吾何容心之意述古以指大道無形不可執也無我無知渾然道矣莊文引此烝作丞盖官職之銜王者近侍四臣左輔右弼前疑後丞皆所以輔養君德者丞其一也舜憐世人執有其身厚子貽孫之惑也故與知心者一問一答以明辟有皆同於無也夫道本無形因物而見身非我有以神而靈天地委形有成必毀所謂吾者暫寄焉爾天地之氣偏積而成質故有形也氣合而成和故有生和違而成順故有性有命莫非天地之所委賦然則子孫之爲委蛻理可推矣愚惟此據一人有生之後而言違而槪之雖天地亦道之委蛻若生機之爲和賦畀之爲順又何疑乎故行處飲食一當任乎自然天地之和氣流行生育萬物此禁彼謝彼死此生皆道之運化無極而物之受命無窮者也汝惡得而獨有之盖明天地造化之無私也縱觀天地之體不過強陽之氣爾何質可以自有

天地且不能自有況吾身乎又何道之可得乎此先哲真切爲人號轤解鎖之要訣也後學其知恩哉舜之受於尭而禪於禹有天下而不與者其有得於此乎

齊之國氏大富宋之向氏大貧自宋之齊請其術國氏告之曰吾善爲盜始吾爲盜也一年而給二年而足三年大穰自此以往施及州閭向氏大喜喻其爲盜之言而不喻其爲盜之道遂踰垣鑿室手目所及亡不探也未（穡有）及時以贓獲罪沒其先居之財向氏以國氏之謬己也往而怨之國氏曰若（汝）爲盜若（如）何向

氏言其狀。國氏曰。若失爲盜之道至此乎。今將告若矣。吾聞天有時。地有利。吾盜天地之時利。雲雨之滂潤。山澤之產育。以生吾禾。殖吾稼。築吾垣。建吾舍。陸盜禽獸。水盜魚鼈。亡非盜也。夫禾稼土木禽獸魚鼈皆天之所生。〔天地間公共之物〕豈吾之所有。然吾盜天而亡殃。〔取非其有〕夫金玉珍寶穀帛財貨。人之所聚。豈天之所與。若〔汝〕盜之而〔疑經理農圃漁獵非盜〕獲罪。孰怨哉。向氏大惑。以爲國氏之重罔己也。遇東郭先生問焉。東郭先生曰。若〔汝〕一身。庸

非盜乎。盜陰陽之和。以成若〔汝〕生。載若形。況外物而非盜哉。誠然。天地萬物不相離也。認而有之。皆惑也。國氏之盜。公道也。故亡殃。若之盜私心也。故得罪。〔其所〕有公私者亦盜也。〔其所見〕亡〔忘〕公私者亦盜也。公公私私。天地之德。知天地之德者。孰爲盜耶。孰爲不盜耶

此言術一而效殊公私也心一而境殊天人也知天者人亦天天亦人也承上身且非吾所得有況萬物乎物非我有取以爲用非盜而何此章文義惟倣於聞見而不求自得者鮮不成自侮之道向未指出餘亦易解未及時未一季也沒其先居之財謂併其未盜時所有之財而費之也天地萬物不相離認而有之皆惑者蓋天地者萬物之總稱萬物者天地之別名雖各私其身其本根原不相離物物皆出於天地天地不離乎萬物苟各認之以爲自有非惑而何此所謂天地委形非我有也彼飾愛色貌矜伐智能固爲惑矣甚至橫認外物以爲己有封植財貨樹立權黨終身欣玩莫知自悟陋哉故老子曰吾所以有大患者爲吾有身能不有身又何有於物用莊子曰百骸六藏吾誰與爲親形骸非親貨物反爲親乎須斯旨也則方寸與太虛齊空形骸與萬物俱有何所不盜亦何所盜故生即天地之一氣身即天地之一物事無公私情無愛吝自然而已有公私亦盜者言不惟盜天盜人之爲盜雖見事之有公有私者此見乃天機也我得有而用之亦盜天機也亡公私亦盜者既知有見亦盜矣反而觀之須忘其見乃不爲盜究而論之知忘見之非

盜亦天機也我用之而能忘亦盜天機也惟公其所公私其所私一任自然不起意見乃天德也苟知自然之道之爲天德也又孰辨其公私而指其盜不盜哉故曰三盜既宜三才既安所以贊化育者忘天忘我率其性而盡其分也盜與不盜何容于知何容于名嗚呼知用物爲天地之盜則禄浮於功毫釐浪費皆鬼神所不與不與必奪奪斯危矣況暴殄天物乎故曰敬天之怒無敢戲豫

列子卷第一 終

列子卷第二　　谿元朱得之傍註并通義

黃帝

此篇言無爲之極治入無形惟古之至聖似之故舉以爲證然究其端倪本於無我而已無我則誠至而神凝天下之事浮雲電影按張湛謂稟生之質謂之性得性之極謂之和故應理處順則所適常通任情背道則遇物斯滯此語雖未盡自然之義讀者得其意不泥其辭亦庶幾乎記者之旨

黃帝即位十有五年，喜(同人)天下戴己(欲)，養正性命(內)，娛耳目，供鼻口(至於外)，焦然肌色皯(古旱反)䵟(音䵟)，昏然五情爽惑(言其心不爽惑至於憂(?))。又十有五年(同上)，憂天下之不治，竭聰明，進(盡)智力(以)，營百姓(至於)，焦然肌色(膚)皯䵟(黑皺)，昏然五情爽(惶)惑。黃帝乃喟然讚(歎)曰：朕之過淫矣(大也流而不檢)。養一己其患如此，治萬物其患如此。於是放萬機，舍宮寢(殆非上古之形容也)，去直侍，徹鐘懸，減廚膳，退而閒居大庭之館，齋(才皆反)心服形(四體不言而喻)，三月不親政事。晝寢而夢，遊於華胥氏之國。華胥氏之國在弇州之西，台州之北(中州)，不知其去齊國幾千萬里，蓋非舟車足力之所及(形之所資)，神遊而已。其國無帥長，自然而已。其民無嗜欲(無心)，自然而已(下中自然)。不知樂生，不知惡死，故無夭殤(以其……也)；不知親己，不知疏物，故無愛憎(其以……也)；不知背逆(無取舍)，不知向順，故無利害(其以……也)。都(徹上)無所愛惜(起下)，都無所畏忌。入水不溺(無入不自得與物無忤也)，入火不熱。斫撻無傷痛(歌利王割截釋迦身體心無嗔恨)，指擿無痟癢(心如太虛)，乘空如履實，寢虛若處牀(清明在躬)，雲霧不礙(五蓋反)其視(定也)，雷霆不亂其聽，美惡不滑(音骨)其心(無欲)，山谷不躓(忘夷險)其步，神行而已(行無跡)(已上只形容神游)。黃帝既寤，怡然自得，召天老、力牧、太山稽(三臣)(黃帝師)，告之曰：朕閒居三月，齋心服形，思有以養身治物之道，弗獲其術，疲而睡(該括源委)，所夢若此(文法)。今知至道不可以情求矣。朕知之矣，朕得之矣(自得者不能言)，而不能以告若矣(汝輩)。又二十有九年(不是一番寒徹骨爭得梅花撲鼻香)，天下大治，幾若華胥氏之國，而帝登假(遐)，百姓號之，二百餘年不輟(遺澤流風之遠)。

此敘古聖御世極於無心遺澤入人久而不忘以醒後世作聰明誇智力籠絡把持而卒無成者亦以破務聞見者之自限也意謂雖以黃帝之聖初以有心有爲養身治物徒勞無功反以致疾終至於無心無爲乃得歸於自然上下一若華胥也其曰喜戴己憂不治皆言有情喟然之歎覺昨非也故曰過淫淫濫也大也已甚也齋心服形言精神凝一不貳克蒲於百骸之內而百骸之護吾神于中如身著衣裳然不親政事順物而不自用也聖人無夢寄言於夢明由無情而得也淮南云四海之極正西曰弇州西北曰台州今曰

弇西台北則四海之外矣非必有是地也即吾身無情之景因志而成與莊子所謂建德之國法華經之化城意同不知樂生以下至神行而已皆是形容自然之化至道不可以情求一言足以蔽聖德之極致日知而又日得知如見饌而識其美得則食而飽也其美其飽可以意會不可以言告也

列姑射山。在海河洲中。山上有神人焉。（君道靜）吸風飲露。不食五穀。心如淵泉。形如處女。不偎（烏愥反隱愛也）不愛。仙聖爲之臣。不畏不怒。愿（誠）慤爲之使。不施不惠。而物自足。不聚不斂。而已無愆。陰陽常調。日月常明。四時常若。（順）風雨常均。字育常時。年穀常豐。而土無札（崩隤）傷。人無夭（年）惡（疾）物。無疵厲。鬼無靈響焉

東方朔山海經載之尤詳蓋承上章無所愛憎畏忌之意而形容其無情之化如此吸風飲露吐納之托也心如淵泉沉靜清明也形如處女柔順謹飭也偎求人憐也愛我憐人也畏懼彼怒也怒使人畏也施物與人也惠懐人餽也聚守已之有斂取人之有也仙則無欲而壽聖則德極而治陰陽常調以下言惟天人合德者陰陽順序二儀循度故災害不生萬物暢茂也老子曰以道莅天下者其鬼不神意亦如此非神游八極者不能信也

列子（序事）師老商氏。友伯高子。進（盡）二子之道。乘風而歸。尹生聞之。從列子居。數月不省舍。（歸家）因間請蘄其術者。十反而十不告。尹生懟而請辭。列子又不命。尹生退。數月。意不已。又往從之。列子曰。（議論）汝何去來之頻。尹生曰。曩章戴（尹生名）有請於子。子不我告。固有憾於子。今復脫然。是以又來。列子曰。曩吾以汝爲達。（久不省舍）今汝之鄙至此乎。姬。（音居）將告汝所學於夫子（本上文）者矣。自吾之事夫子友若人也。三年之後。心不敢念是非。口不敢言利害。始得夫子一眄而已。五年之後。心庚（更）念是非。口庚言利害。夫子始一解顏而笑。七年之後。從心之所念。庚無是非。從口之所言。庚無利害。夫子始一引吾並席而坐。九年之後。橫（此則盡二子之道也）心之所念。橫口之所言。亦不知我之是非利害歟。亦不知彼之是非利害歟。亦不知夫子之爲我師。若人之爲我友。內外進（盡一志也）矣。而後眼（有次第）如耳。耳如鼻。鼻如口。無不同也。心凝形釋。（散）骨肉都融。不覺形之所倚。足之所履。隨風東西。猶木葉幹（音乾）殼。竟不知風乘我邪。我乘風邪。今女居先生之門。曾未浹時。而

慰憾者再三。女之片體將氣所不受。汝之一節將地所不載。屐虛乘風。其可幾乎。尹生甚怍。屏息良久。不敢復言

承上章乘空如屐實山谷不躓其步而言人之修身惟言惟行言行本於意念今舉言與心而不及行者行在其中言亦足以該行也此本列子自敘其功以語章戴語人人也此本以尹生懟而往反起論首序師友盡道者爲下文張本也三年心戒是非之念口戒利害之言所謂守口如餅防意如城靜默自守制意緘情亦有志也故得一盻言不見棄也是非利害常情也五年之後乃得釋肩於心口之間無矜吝於懐抱內外一矣故得見取而一笑也至於七年不見是非利害之形心寂然而無意口秩然而無遺引之並坐蓋許其比有也九年而形化人我兩忘百骸不二此所謂盡二子之道而能乘風也此四節正學道工夫次第縱心縱口直而不反也橫心橫口往來不亂也心既無念口既無遺故能恣其心口體道窮宗爲世津梁終日念而非我念終日言而非我言所謂無爲而無不爲者如此則彼此之別於何而求師資之義將何所見故曰內外盡矣夫眼耳鼻口各有所司今神凝形廢應感無待於外是以視聽不資眼耳臭味不頼鼻口塊然尸居一通萬象風我之間亦將何辯若尹生者溺於情有其身刻核鄙隘一體將不能相容又豈能容於天地之間哉夫列子之學其專如此其銳如此猶待九年而後安後學其能然乎此唯學造列等而後知其言之非虛妄也

列子問關尹曰。至人潛行不空。蹈火不熱。行

乎萬物之上而不慄。請問何以至於此。關尹曰。是純氣（指實在下文）之守也。非智巧果敢之列。（例）姬。（居）魚。吾語（吾）女。凡有貌像聲色者。皆物也。物與物何以相遠也。夫奚足以至乎先。是色（記號之別）而已。（不能消出庶物）則物之造（音作）（父母未生前）乎不形。而止乎無所化。（常也）夫得是（此機）而窮（盡）之者。焉（於虔反）得爲正焉。（不雜）（守純氣者）彼將處乎不深（易簡）之度。（未形）而藏乎無端（無我）之紀。（倫）游乎萬物（所以爲物先）之所終始。（其道在不變）壹其性。（忘我）養其氣。含其德。以通乎物之所造。（自無而有）夫若是者。其天守全。其神無郤。（隙）物奚自入焉。（我不礙物物不撓我）夫醉（舉謠）者之墜於車也。雖疾不死。骨節與人同。而犯害與人異。其神全也。乘亦弗知也。墜亦弗知也。死生驚懼。不入乎其胷。是故遻（音忤）物而不慴。（懾同）彼得全於酒而猶若是。而況得全於天乎。聖人藏（寄形）於天。故物（物不能入故）莫之能傷也

此問將以明道闡教也亦承上二章乘空之義在純氣之守而已壹其性養其氣含其德是守純氣之功關尹名喜字公度上自聖哲下及昆虫不出形聲之屬達而觀之皆物也靈蠢之校亦何相遠既不相遠人豈獨先乎物哉惟人之學道者作乎未形之始而止乎未化之前由是而不息焉斯得超乎形聲之外與天爲徒非萬物所能伍矣其所居者易

簡之道其所蘊者如環無端寘然無跡也度者包含之意紀者閱歷萬有之謂言其徜徉泮渙於萬物之間其性不移其氣得養蘊畜其德以通乎萬物之始是其天之所賦守而不失其神明之區純客無隙水火憂患之類又何自而入邪神之全於酒者猶免於害全於天者又可知矣末句藏於天物莫能傷正徼首二句此一章文義極好意奇氣充理明詞潤作聖之機決於無我

列禦寇爲伯昏無人（友也）射引之盈貫措杯水其肘上發之（射矢）鏑矢復沓方矢復寓當是時也猶象人也（偶定）伯昏無人曰是射之射非不射之射也嘗（試）與汝登高山履危石臨百仞之淵若能

射乎於是無人遂登高山履危石臨百仞之淵背逡巡足二分在外（此不射之射）揖禦寇而進之禦寇伏地汗流至踵伯昏無人曰夫至人者上闚青天下潛黃泉揮斥八極神氣不變今汝怵（心動）然有恂目之志（目動應伏地汗流）爾於中也殆（不定）矣夫

此言列子所未至以闡深造無我之學且以戒自蒲也莊子引此意同序事之首稱名者尊其友也引之盈貫開弓蒲也左手持弓平直故措杯水於肘上言其平而不動也鏑箭鏃鋒也鏑矢言中也沓二矢中也復沓三矢中也三矢皆鏃鏃相追也方矢第四矢也復寓言第三矢纔去第四矢已復在弦上言藝熟而速也此履地而射心專於射猶見於物

故曰是射之射逡巡進而不多之意背逡巡足二分垂在外言其立危石面向高山背臨深淵足一分在石二分垂在虛處此非純氣之守必見危而不能立矣此而不動於中則天地萬物高下夷險皆渾然不見有二如此則無事不可爲是則不射之射也此所以高深遠大之遇神氣如常而不變也怵然有恂目之志怵驚恐意恂暈動貌猶曰爾之志怵然于中者已恂然動於目矣則於中之存主者其亦不定已乎殆矣夫緩詞也無人於禦寇友道也故詞氣如此此

前三章見列子之所得

范氏有子曰子華善養私名（如孟嘗信陵之類）舉國服之有寵（樹黨）於晉君不仕而居三卿之右目所偏視晉國爵之（雖無位亦）口所偏肥（皮美反又音鄙毀也）晉國黜之（雖有位亦）游其庭

者侔於朝子華使其俠客以智鄙（俗）相攻彊弱相凌雖傷破於前不用介意終日夜以此爲戲樂國殆成俗（以爲榮以爲是）禾生子伯范氏之上客出行經坰（野）外宿於田更（叟）商丘開之舍中夜禾生子伯二人相與言子華之名勢能使存者亡亡者存富者貧貧者富商丘開先窘於饑寒潛於牖北聽之因假糧荷畚之（往）子華之門子華之門徒皆世族也縞衣乘軒緩步闊視顧見商丘開年老力弱面目黎黑衣冠不檢莫

不眲（奴革）之既而狎侮欺詒攩（音㧍蒲結）挨（烏駭反）抌（丁感反）亡所不爲商丘開常無慍容而諸客之技單憊於戲笑遂與商丘開俱乘高臺於衆中漫言曰有能自投下者賞百金衆皆競應商丘開以爲信然遂先投下形若飛鳥揚於地骪骨無毀范氏之黨以爲偶然未詎怪也因復指河曲之淫隈曰彼中有寶珠泳可得也商丘開復從而泳之既出果得珠焉衆昉同疑子華昉令豫肉食衣帛之

次俄而范氏之藏大火子華曰若能入火取錦者從所得多少賞若商丘開往無難色入火往還埃不漫身不焦范氏之黨以爲有道乃共謝之曰吾不知子之有道而誕子吾不知子之神人而辱子子其愚我也子其聾我也子其盲我也敢問其道商丘開曰吾亡道雖吾之心亦不知所以雖然有一於此試與子言之曩子二客之宿吾舍也聞譽范氏之勢能使存者亡亡者存富者貧貧者富吾誠之無二心故不遠而來及來以子黨之言皆實也唯恐誠之之不至行之之不及不知形體之所措利害之所存也心一而已物亡迕者如斯而已今昉知子黨之誕我我內藏猜慮外矜觀聽追幸昔日之不焦溺也怛然內熱惕然震悸矣水火豈復可近哉自此之後范氏門徒路遇乞兒馬醫弗敢辱也必下車而揖之宰我聞之以告仲尼仲尼曰汝弗知乎夫至信之人可以感物也動天地感鬼神

橫六合而無逆者豈但履危險入水火而已哉商丘開信僞物猶不逆況彼我皆誠哉小子識之

此證誠無不格也困於貧而信乎術猶有爲也無所爲而率其天德之純然斯誠也誠之無二心信而不疑也不知形體之所措傾心於教而不有其身也不知利害之所存盡力於事而不見可畏也范氏之徒感於商丘開而興於德雖遇微賤不敢不敬誠之成已成物也如此故仲尼曰小子識之使知務誠於己毋逆億也

周宣王之牧正有役人梁鴦者能養野禽獸委食於園庭之內雖虎狼鵰鶚之類無不柔

馴者雄雌在前孳尾成群異類雜居不相搏噬也王慮其術終於其身令毛丘園傳之梁鴦曰鴦賤役也何術以告爾懼王之謂隱於爾也且一言我養虎之法凡順之則喜逆之則怒此有血氣者之性也然喜怒豈妄發哉皆逆之所犯也夫食虎者不敢以生物與之為其殺之之怒也不敢以全物與之為其碎之之怒也時其饑飽達其怒心虎之與人異類而媚養己者順也故其殺之逆也然則吾

豈敢逆之使怒哉亦不順之使喜也夫喜之復也必怒怒之復也常喜皆不中也今吾心無逆順者也則鳥獸之視吾猶其儕也故游吾園者不思高林曠澤寢吾庭者不願深山幽谷理使然也

此言凡事必知幾而後可為亦惟後天而奉天時所以先天而天不違也前言虎狼鵰鶚之類後獨言虎者舉難且大者以該其餘也喜本順而生無逆不顯順故喜怒皆為逆所犯虎媚養己之順達其性非迎其欲也順之則喜逆之則怒喜之後也必怒怒之後也常喜物性固然人情亦爾臣之事君卑之事尊同室而遇嚚傲鄉鄰而遇黠猾皆當鑒此

顏回問乎仲尼曰吾嘗濟乎觴深之淵矣津人操舟若神吾問焉曰操舟可學邪曰可能游者可教也善游者數能乃若夫沒人則未嘗見舟而謖操之者也吾問焉而不告敢問何謂也仲尼曰譆吾與若玩其文也久矣而未達其實而固且道與能游者可教也輕水也善游者之數能也忘水也乃若夫沒人之未嘗見舟也而謖操之也彼視淵若陵視舟之覆猶其車卻也覆卻萬物方陳乎前而

不得入其舍惡往而不暇以瓦摳者巧以鉤摳者憚以黃金摳者惛巧一也而有所矜則重外也凡重外者拙內

此言忘外者則無行而不善得失一萌而神不專矣未嘗二字直貫至謖操言未嘗見舟未嘗以為操舟但率其天能以御物非以為物而御之也莊子引此言外重者雖習不能熟以見志之不可分也見操舟之可學是玩其文也未知沒者自能之故是未達其實也輕水忘水此優劣由於習習必本於志也萬物不足以動心非志道專確者不能其所以鑄顏回者至矣而固且道與一句解者多不同愚謂汝固信其可教之為輕水數能之為忘水矣至於未嘗見舟而即能操者為可疑也蓋沒人之胷中視淵若陵云云故也故下

文即掘以喻之

孔子觀於呂梁。懸水三十仞。流沫三十里。黿鼉魚鱉之所不能游也。見一丈夫游之。以爲有苦而欲死者也。使弟子並流而承（音拯）之。數百步而出。被髮行歌而游於棠行。孔子從而問之曰。呂梁懸水三十仞。流沫三十里。黿鼉魚鱉所不能游。向吾見子道之。以爲有苦而欲死者。使弟子並流將承子。子出而被髮行歌。吾以子爲鬼也。察子。則人也。請問蹈水有道乎。曰。亡。吾無道。吾始乎故。長乎性。成乎命。與齎俱入。與汩偕出。從水之道而不爲私焉。此吾所以道之也。孔子曰。何謂始乎故。長乎性。成乎命也。曰。吾生於陵而安於陵。故也。長於水而安於水。性也。不知吾所以然而然。命也。

此言忘水以蹈入水不溺之故莊子引此大義亦同順物而忘我則素患難行乎患難無入而不自得也既曰亡又曰吾無道盖言蹈水本無道在今日吾亦無所謂道也齎者水旋渦而入也汩者旋極而湧出也安於水日性者習以成性也成乎命不計利害也

仲尼適楚。出於林中。見痀（於禹反）僂者承蜩。猶掇之也。仲尼曰。子巧乎。有道邪。曰。我有道也。五六月纍垸（音丸）二而不墜。則失者錙銖。纍三而不墜。則失者十一。纍五而不墜。猶掇之也。吾處也。若橛（其月反）株駒。吾執臂若槁木之枝。雖天地之大。萬物之多。而唯蜩翼之知。吾不反不側。不以萬物易蜩之翼。何爲而不得。孔子顧謂弟子曰。用志不分。乃凝於神。其痀僂丈人之謂乎。丈人曰。汝逢衣徒也。亦何知問是乎。修汝所以。而後載言其上。海上之人有好漚鳥者。每旦之海上。從漚鳥游。漚鳥之至者百住（音數）而不止。其父曰。吾聞漚鳥皆從汝游。汝取來吾玩之。明日之海上。漚鳥舞而不下也。故曰。至言去言。至爲無爲。齊智之所知。則淺矣。

用志不分乃凝於神至言去言至爲無爲老子語也此即事以演其義以見孔之信老也莊子引此意同乃所謂達生也承蜩持竿粘蜩也累丸於竿首自二至五而不墜言練習之熟神凝而器定也橛株槁枝形之不擾也不反不側心之不搖也此言用機而忘機也

脩汝所以謂修汝所事豈亦欲得忘機乎海
上之人一節所以爲上於此者全無機也齊
智之所知則淺矣言以衆人之所同知者爲
知不能出於同知之外其智亦淺陋矣狎鷗
一段使後之善教事者亦必費辭數倍而後
明今此意在言外者甚多而辭甚簡孰謂列
文不及莊哉或疑丈人假爲形以獲蟬海童
任和心而鷗游二情相背而同不忤物何哉
蓋丈人明夫心慮專一循能外不駭物況自
然寘至形同於木石者乎至於海童內忘其
心外坦其形是以輊群異類亦無多怪也此
二喻者蓋假近以徵遠借末以明本夫何背

趙襄子率徒十萬狩於中山藉芿而詠反燔林
扇赫百里有一人從石壁中出隨烟燼上下
衆謂鬼物火過徐行而出若無所經涉者襄

子怪而留之徐而察之形色七竅氣息音聲
人也問奚道而處石奚道而入火其人曰奚
物而謂石奚物而謂火襄子曰而汝嚮之所出
者石也而嚮之所涉者火也其人曰不知也忘身忘物
魏文侯聞之問子夏曰彼何人哉子夏曰以
商所聞夫子之言和者大同於物物無得傷
閡礙者游金石蹈水火皆可也文侯曰吾子
奚不爲之子夏曰刳心去智商未之能雖然
嘗 於 之嘗
試語之有暇矣文侯曰夫子奚不爲之子夏

曰夫子能之而能不爲者也文侯大說

此言入火不焚固至人之能事然不爲已甚
者雖能之而能不爲尤見自生民以來所獨
盛也火畋曰狩草不剪曰芿藉芿踏草也燔
林以火獵也奚火奚石不見已與物也與商
丘開意同和者大同於物亦有達道意言與
物爲一體也即刳心去智之實言雖未能亦
嘗言之於有暇之時矣或者君聽之不審不
詑憶爾文侯大說者信大同於物者與物無
礙又聞仲尼能之而能不爲則併仲尼之聖
爲不可名者亦信之矣故曰大說刳心去智
者刳其嗜欲既開之心去其機械漸長之智
也嗜欲之心刳而赤子之心定矣機械之智
去而淳樸之德全矣淳樸如赤子死生不入
於胷中焉往而非自得哉此所謂大同於物
焚溺之事不必論也張處度曰天下有能之
而能不爲者有能之而不能不爲者有不能

而強欲爲之者有不爲而自能者至於聖人
亦何所爲亦何所不爲亦何所能亦何所不
能俛仰同俗升降隨物奇功異迹未嘗覽顯
體中之絕妙處萬不見一焉此卷自始篇至
此明順性命之道而不係著五情專氣致柔
誠心無二者則處水火而不燋溺涉木石而
不悸駭觸鋒刃而無傷殘履危險而無顛墜
萬物靡逆其心入獸不亂群神能獨游身能
輕舉耳可洞聽目可徹照斯言不誣實駭常
心故試論之夫陰陽遞化五才偏育金土以
母子相生水火以燥濕相乘人性以靜躁殊
途升降以所能異情故有雲飛之翰淵潛之
鱗火游之鼠木藏之虫何者剛柔炎凉各有
攸宜安於一域則困於餘方至於聖人心與
元氣妙合體與陰陽冥諧方圓不當於一象
溫凉不滯於一器神定氣和所乘皆順則五
行不能逆寒暑不能傷謂含德之厚和之至
也故常無死地豈用心去就而後全哉蹈水

火乘雲霧履高危
入甲兵誠未足怪

有神巫自齊來處於鄭。命曰季咸。知人死生
存亡。禍福壽夭。期以歲月旬日。如神。鄭人見
之。皆避而走。列子見之而心醉。而歸以告壺
丘子曰。始吾以夫子之道爲至矣。則又有至
焉者矣。壺子曰。吾與汝既其文。未既其實。而
固謂得道與。衆雌而無雄。而又奚卵焉。而以
道與世抗。必信矣。夫故使人得而相汝。嘗試
與來。以予示之。明日列子與之見壺子。出。而

謂列子曰。譆。子之先生死矣。弗活矣。不可以
旬數矣。吾見怪焉。見濕灰焉。列子入。涕泣沾
衿。以告壺子。壺子曰。向吾示之以地文。萌乎
不誫不止。是殆見吾杜德幾也。嘗又與來。
明日又與之見壺子。出而謂列子曰。幸矣。子
之先生遇我也。有瘳矣。灰然有生矣。吾見杜
權矣。列子入告壺子。壺子曰。吾向示之以天
壤。名實不入。而機發於踵。此爲杜權。是殆見
吾善者幾也。嘗又與來。明日又與之見壺子。

出而謂列子曰。子之先生坐不齋。吾無得而
相焉。試齋。將且復相之。列子入告壺子。壺子
曰。向吾示之以太冲莫朕。是殆見吾衡氣幾
也。鯢音倪旋之潘爲淵。止水之潘爲淵。流水之
潘爲淵。濫水之潘爲淵。沃水之潘爲淵。氿水
之潘爲淵。雍水之潘爲淵。汧音牽水之潘爲淵。
肥水之潘爲淵。是爲九淵焉。嘗又與來。明日
又與之見壺子。立未定。自失而走。壺子曰。追
之。列子追之而不及。反以報壺子曰。已滅矣。

已失矣。吾不及也。壺子曰。向吾示之以未始
出吾宗。吾與之虛而猗移。不知其誰何。因以
爲茅靡。因以爲波流。故逃也。然後列子自
以爲未始學而歸。三年不出。爲其妻爨。食豨
如食人。於事無親。雕瑑復樸。塊然獨以其形
立。份音紛然而封戎。或作哉壹以是終

詳見莊子此內有不同者義亦不遠惟九淵
之名此備而莊止前三曰淵有九名此處三
焉盖莊子約之也吾與汝非但已與列子也
盖言我輩衆人但見其技術未知其術之所
由來而遽輕易稱道其神此猶衆雌生卵本
得雄爲之眞機又孰知卵之爲妄耶汝以道

有能所是與人世相抗之物可以校短論長故信季咸爲道之至有神巫之名其歆羨畔援之心隱然於中是以使彼得而相汝正易機動於此誠應於彼之意九淵之名義見爾雅水有高下夷險洄激流止之異似至人之心因物難易有動寂進退之容郭象曰夫至人用之則行舍之則止雖波流九變治亂紛紜若居其極者常澹然自得泊乎無爲也大意地文者如土而絛理不泯也故曰濕灰謂無活動意也天壤天然生意上起也善者機猶言性之動處也衡者平也不定也氣機之動未嘗定而常平故曰不齊淵者幽深玄遠不可測之意宗者指性指無而言未始出吾宗云云猶曰未嘗離其所存之常與季咸相接只是虛其心而從容其舉動內不見己外不見人故日不知其誰何彼見我如此以爲無特然可畏可象之容而有信從之衆是以自疑不能相人慚愧而逃也其曰九淵鯢桓止水流水濫水沃水氿水雍水汧水肥水未得其情膚齊謂皆修觀之名猶觀音有十二觀也食豕如食人不慢事也赤子之樸以琢而散此言雕琢復樸蓋以習熟成性須痛加剗治而後可還其故也塊然二句形容復樸之意紛而封哉形容獨以形立也猶曰惟如土塊卓然一形不見有知識動作也如此終身更無他慕故曰壹以是終此篇爲季咸而述其名僅一見而不覺其少壺子凡十五見而不覺其多史遷作魯仲連傳重出不厭其煩文正類此

子列子之齊，中道而反，遇伯昏瞀人。伯昏瞀人曰：奚方（何故）而反？曰：吾驚焉（懼）。惡乎驚？（曰）吾食於十漿，而五漿先饋。伯昏瞀人曰：若是，則汝何爲驚已？曰：夫內誠不解（志），形諜成光（露）（華），以外鎮人心（服），使人輕乎貴老（他人爵齒），而䪥（會）（子西反）其所患（悟）。夫漿人特爲食羹之貨，無多餘之贏，其爲利也薄，其爲權也輕，而猶若是（如此貌），而況萬乘之主，身勞於國，而智盡於事。彼將任我以事，而效（期）我以功，吾是以驚。伯昏瞀人（瞀人）曰：善哉觀乎！汝處己，人將保（受護）汝矣。無幾何而往，則戶外之屨滿矣。伯昏瞀人北面而立，敦杖蹙之乎頤（頤），立有間，不言而出。賓（儐）者以告列子。列子提屨（屨不行也）徒跣而走，暨乎門，問曰：先生既來，曾不發藥乎？曰：已矣。吾固告汝曰：人將保汝，果保汝矣。非汝能使人保汝，而汝不能使人無汝保也，而焉用之（此段文頗不平易或有）感也（外貌）？感豫（類悅）出異（不常），且必（此必字屬下句）有感也，搖（汝）而本身（性良能才一作身），又無謂（今言）也。與汝游者，莫汝告也。彼所小言，盡人毒也。莫（受之則）覺莫悟，何（能）相孰（是非）也。

莊子引此有數字不同奚方而反方字乃同方爲朋方以類聚之方十漿五漿云者吾所用漿本須十分而饋漿者先以五分餽我敬而不待沽也列子自反存誠之功未化露於詞氣之間是以英華服人使彼忘其老者貴者而獨敬於我也夫饋漿之人利薄權輕而

猶以槳表敬適齊見君不爲其所任用乎任用必責效則彼之身勞知盡者我乃代之身入籠絡井吾所願也其蹩思也爲何如汝處已言汝若只如此而不求更進則人將愛護而從汝矣戶外之屨蒲則是不能翕晦人爭趨而保附之又焉用感動之道耶感豫出異言人感而悅由我出之不同於常人爾外既不常內必搖其性人方以爲豫又焉能知我性之搖動而告我耶汝之弟子又莫汝若言必偏蔽是皆戕性之毒藥迷而不悟又何能相誰何而辯其是非也此是列子自述以見其學之所由得也夫列子居鄭業圃四十年人無識者則此五槳先饋當在業圃之前然見饋槳而驚其察人檢已之功亦審矣而晉人猶以爲出異搖本則夫作聖之功必以化而不自知者爲寵（不入聖境）竟乎

楊朱（字子居）南之沛。老聃（聃）西遊於秦。邀於郊。至梁而

遇老子。老子中道仰天而歎曰。始以汝爲可教。今不可教也。楊朱不答。至舍。進涫（音管　浣同）漱。（退將於長歎知其過也）巾（音屨）櫛。脫屨戶外。膝行而前。曰。向者夫子仰天而歎曰。始以汝爲可教。今不可教。弟子欲請夫子。辭行不閒（暇）。是以不敢。今夫子閒矣。請問其過。老子曰。而睢睢（汝仰視於目）而盱盱（瞻顧不止）。而誰與居。大白若辱。盛德若不足。楊朱蹵然（受教之貌）變容曰。敬聞命矣。其往也。舍者迎（送）將（長）家公執席。妻執巾櫛。舍者避席。煬（炊火）者避竈。其反也。舍者與之爭席

矣

此言其光輝動人因教而改化也往也露其賢故人敬之睢盱矜衒之貌常若有人同居不能忘形也開教而歸人忘之者以其智不衒故樂與同居也夫物之自者必露其皎潔惟自之極者全體溫瑩莫能揩稱似乎冒汚而無可見者人之有一德者常有悻悻之態惟德之盛者不自蒲假故常若不足上句起下何若詩之與體今反此所以爲不可教子居聞告楚然不安容爲之變則其心改悔可知故其往也逆旅主人迎將家長執席妻執巾櫛言合家皆敬之避席則避竈則衆皆敬讓之也及其反也舍者爭席則矯飾去而真實存使人忘修敬之粗迹也古之人所以入獸不亂群入鳥不亂行者以此此通上二章見光輝之謂大化之之謂聖猶易同人于宗吝同人于野亨亦以見師友之益有志者不可不虛其心也

楊朱過宋。東之於逆旅。逆旅人有妾二人。其一人美。其一人惡。惡者貴（寵也）而美者賤。楊子問其故。逆旅小子對曰。其美者自美。吾不知其美也。其惡者自惡。吾不知其惡也。楊子曰。弟子記之。行賢而去自賢之行。安往而不愛哉

此前三章言外之意見道無終窮學無止極而此則以自賢明其機也不自賢則學日新而不知自美者有所恃而不修於行自惡者常抱歉而樂勤於事行賢有功於人也汝惟

不矜天下莫與汝爭能孟子西子蒙不潔一
章大意與此亦同存自賢之行則美者人猶
惡之況於惡乎去自賢之行則惡者人猶愛
之況於美乎美惡存乎形愛惡由乎心貴賤
由乎命形一定而不易命有時而窮通心則
隨物而變故其愛惡也無常至於彼自美惡
而吾不知其美惡則心與物忘矣彼能去賢
此能忘賢是謂不尚賢所以使民不爭歸於
自化而已驕盈矜伐神人之所不與虛已
循理天下之所樂推持此以往孰能拒之

天下有常勝之道有不常勝之道常勝之道
曰柔不常勝之道曰彊二者宜知而人未之
知故上古之言彊先不已若者柔先出於已
者先不已若者至於若已則殆矣先出於已

者亡所殆矣以此勝一身若徒以此任天下
若徒謂不勝而自勝不任而自任也粥子曰
欲剛必以柔守之欲彊必以弱保之積於柔
必剛積於弱必彊觀其所積以知禍福之鄉
彊勝不若已至於若已者剛柔勝出於已者
其力不可量老聃曰兵彊則滅木彊則折柔
弱者生之徒堅彊者死之徒

允恭克讓眞柔也先勝也自古及今以彊自
許者但能勝不若已者而已彼不若已者積
柔之久必至漸盛盛則與我爲敵如句踐之
於吳豈不危哉凡柔者以讓爲分内讓之極

卑而不可踰故所勝者皆出於已之上者愛
敬人者得人之愛敬所謂受國之垢爲天下
主受國之不祥爲天下王故曰無所殆矣以
柔道而守其身則在我者裕如是常勝之道
也故曰以此勝一身乃守柔之人也以任天
下之事亦此守柔之人也何也以其所存者
不敢勝物不能任事惟以理自勝其欲以時
自任其分爲務是以持已者容應感者無失
也粥子即文王之師郭象曰聽耳之所聞視
目之所見知止其所不知能止其所不能用
其自用爲其自爲順性而不競於物者此至
柔之道也余惟此章計效謀安而無兼濟之
義乃伯術也然其衷情惟恐世人以剛彊自
負傷天地之和故復引粥子老子之言以致
丁寧之
意云

狀不必童而智童智不必童而狀童聖人

取童智而遺童狀衆人近童狀而疏童智狀
與我同者近而愛之狀與我異者疏而畏之
有七尺之骸手足之異戴髮含齒倚而趣者
謂之人而人未必無獸心雖有獸心以狀而
見親矣傅翼戴角分牙布爪仰飛伏走謂
之禽獸而禽獸未必無人心雖有人心以狀
而見疏矣庖犧氏女媧氏神農氏夏后氏蛇
身人面牛首虎鼻此有非人之狀而有大聖
之德夏桀殷紂魯桓楚穆狀貌七竅皆同於

人而有禽獸之心。而衆人守一狀以求至智。未可幾也。黃帝與炎帝戰於阪泉之野。帥熊羆狼豹貙虎爲前驅。鵰鶡鷹鳶爲旗幟。此以力使禽獸者也。堯使夔典樂。擊石拊石。百獸率舞。簫韶九成。鳳皇來儀。此以聲致禽獸者也。然則禽獸之心。奚爲異人。形音與人異。而不知接之之道爾。聖人無所不知。無所不通。故得引而使之焉。禽獸之智。有自然與人同者。其齊欲攝生。亦不假智於人也。（至於）牝牡相偶。母子相親。避平依險。違寒就溫。居則有群。行則有列。小者居內。壯者居外。飲則相攜。食則鳴群。（亦自然同也）太古之時。則與人同處。與人並行。帝王之時。始驚駭散亂矣。逮於末世。隱伏逃竄。以避患害。今東方介氏之國。其國人數數解六畜之語者。蓋偏知之所得。（原其故總繳上）太古神聖之人。備知萬物情態。率解異類音聲。會而聚之。訓而受之。同於人民。故先會鬼神魑魅。次達八方人民。末聚禽獸蟲蛾。（一作蟣）言血氣之類。心智不殊

子則又以喻是非無眞之義此則言外悲人之不能自治而治於人也

紀消（所景反）子爲周宣王養鬪鷄。十日而問。鷄可鬪已乎。曰。未也。方虛驕而恃氣。十日又問。曰。未也。猶應影響。十日又問。曰。未也。猶疾視而盛氣。（當求敵）十日又問。曰。幾矣。鷄雖（他）有鳴者。已無（忘勝負）變矣。望之似木鷄矣。其德全矣。異鷄（非常）無敢應者。反走爾

此亦承上章之意且以養氣之學望人鷄得養氣且自重若此況人乎惟無勝物之心而後物無敵志也聞響而應見影而動猶爲外物所動也疾視而盛氣言神氣已壯怒視則志猶動也初言虛驕而恃氣意在外也無變意在內矣望之似木鷄所謂塊然獨以其形立氣全而神蘊無心於勝物而物自服故異鷄反走也

惠盎見宋康王。康王蹀（蹶）足謦欬（高聲）疾言曰。寡人之所說者。勇有力也。不說爲仁義者也。客將何以教寡人。惠盎對曰。臣有道於此。使人雖勇。刺之不入。雖有力。擊之弗中。大王獨無意邪。宋王曰。善。此寡人之所欲聞也。（不待問而心正心息於文此）惠盎曰。夫刺之不入。擊之不中。此猶辱也。臣有道於此。使人雖有勇。弗敢刺。雖有力。弗敢擊。夫弗敢。

遠也。神聖知其如此。故其所教訓者。無所遺逸焉

狀智之同曰童義無淳樸童訓以同取易見爾此亦傷今思古因以寓教也庖犧氏至智未可幾也即人一身而言狀智之同異黃帝與炎帝至以聲致禽獸言狀異而智同下文皆證此義蓋謂上古之世雖異類可教與人同而末世具人之形心若異類而聖人不作遺典湮塵又無以化導之悲夫末止原太古物與人群之故至於帝王之世所以驚駭散亂末世所以隱竄避害者皆不究言則以用機巧誠之可悲有不忍言者得意者自聞震雷於不言之中矣

宋有狙公者。愛狙。養之成群。能解狙之意。狙亦得公之心。損其家口。充狙之欲。俄而匱焉。將限其食。恐衆狙之不馴於己也。先誑之曰。與若芧。音序朝三而暮四足乎。衆狙皆起而怒。俄而曰。與若芧。朝四而暮三足乎。衆狙皆伏而喜。物之以能鄙相籠。皆猶此也。聖人以智籠群愚。亦猶狙公之以智籠衆狙也。名實不虧。使其喜怒哉

承上文聖人能通異類之情此則言不必聖人能之雖常人愛狙亦能通其情一愛字是根以喻人君能愛民則民歸之如一體也謂聖人爲智籠群愚譏用智者具曰予聖也莊

非無其志也。臣有道於此。使人本無其志也。夫無其志者。未有愛利之心也。臣有道於此。使天下丈夫女子。莫不驩然皆欲愛利之。此其賢於勇有力也。四累之上也。大王獨無意邪。宋王曰。此寡人之所欲得也。惠盎對曰。孔墨是已。孔丘墨翟。無地而爲君。無官而爲長。天下丈夫女子。莫不延頸舉踵而願安利之。今大王萬乘之主也。誠有其志。四累之上又進一步則四竟之內。皆得其利矣。其賢於孔墨也遠矣。宋王無以應。惠盎趨而出。宋王謂左右曰。辯矣。客之以說服寡人也

此章只是仁者無敵王請勿疑與莊子說劍篇畧相似四節皆虛正意以待抽繹文法也惠盎惠施之族辯矣者歎其言之善也刺不入弗敢刺無刺志有愛利之心是爲四累而上孔墨並稱蓋當時常談也孟子闢後漢唐猶未變如楊子雲韓退之尚祖述之至宋儒遂以爲誚矣太虛其度者不以一稱爲多少也楊墨皆後於孔子此書述楊墨者不一其非列子之言尤爲可證

列子卷第二 終

列子卷第三　翁元朱得之傍註幷通義

周穆王

此言有形有跡與幻化夢想皆非真常達觀者洞而一之所以獨立萬物之表也張處度曰稟生受有謂之形俛仰變異謂之化神交爲夢形動爲覺原其極也同歸虛僞何者生質根滞百年乃終化情枝淺視瞬而滅故洞監者雖萬變交陳未關神慮愚者以顯昧爲成驗因遲速而致疑竊竊然靡意於形骸孰識生化之本始終無物哉

昔者周穆王時西極之國有化人來入水火貫金石反山川移城邑乘虛不墜觸實不硋（音礙）千變萬化不可窮極既已變物之形又且易人之慮穆王敬之若神事之若君推路寢以居之引三牲以進之選女樂以娛之化人以爲王之宮室卑陋而不可處王之廚饌腥螻而不可饗王之嬪御膻惡而不可親穆王乃爲之改築土木之功赭堊之色無遺巧焉五府爲虛而臺始成其高千仞臨終南之上號曰中天之臺簡鄭衛之處子娥（妖好）媌（柔弱）靡曼者施芳（香膏）澤正蛾眉設笄珥衣阿（細穀）錫（細布）曳（音拽）齊紈粉白黛黑珮玉環雜芷若（芳草　杜）以滿之奏承雲（黃帝樂）六瑩（帝嚳樂）九韶（舜樂）

晨露（湯樂）以樂之月月獻玉衣旦旦薦玉食（珍異）化人猶不舍（音釋）然不得已而臨之居亡幾何謁王同游（此易土之慮也）王執化人之袪（音墟　袖）騰而上者中天迺止暨及化人之宮化人之宮構以金銀絡以珠玉出雲雨之上而不知下之據望之若屯雲焉耳目所觀聽鼻口所納嘗皆非人間之有王實以爲清都（天宮之稱）紫微鈞天（天樂之稱）廣樂帝之所居（此變物之形也）王俯而視之其宮榭若累塊（土）積蘇（草）焉王自以居數十年不思其國也化人復謁王同游所及之處仰不見日月俯不見河海光影所照王目眩不能得視音響所來王耳亂不能得聽百骸六藏悸而不凝意迷精喪請化人求還化人移之王若殞（墜）虛焉既寤（此易人之慮也）所坐猶嚮者之處侍御猶嚮者之人視其前則酒未清肴未昲（敗　扶貴反）王問所從來左右曰王默存耳（不知身世所在）由此穆王自失者三月而復更問化人化人曰吾與王神游也形奚動哉且曩之所居奚異王之宮曩之所游奚異王之圃王閒（音閑）恒（常）疑蹔

夫變化之極。徐疾之間可盡模哉。王大悅。不恤國事。不樂臣妾。肆意遠游。命駕八駿之乘。右服驊騮而左綠耳。右驂赤驥而左白𦫳。主車則造父爲御。𦇧𠕇爲右。次車之乘。右服渠黃而左踰輪。左驂盜驪而右山子。柏夭主車。參百爲御。奔戎爲右。馳驅千里。至于巨蒐氏之國。巨蒐氏乃獻白鵠之血以飲王。具牛馬之湩以洗王之足。及二乘之人。已飲而行。遂宿于崑崙之阿。赤水之陽。別日升崑崙之丘。以觀黃帝之宮。而封之以詒後世。遂賓于西王母。觴於瑤池之上。西王母爲王謠。王和之。其辭哀焉。迺觀日之所入。一日行萬里。王乃歎曰。於乎。予一人不盈于德而諧於樂。後世其追數吾過乎。穆王幾神人哉。能窮當身之樂。猶百年乃徂。世以爲登假焉。

周穆王名蒲昭王子西極穆天子傳云西登弇山即弇州也化人善爲變化幻術者周禮五府太府掌九貢九職之貨賄玉府掌金玉玩好內府主良貨賄外府主泉藏膳府主四時食物不知下之據不見基址也屯雲聚彩也酒熱則濃寒則清今日末清酒猶熱也言

須臾之頃也葉法善與唐明皇遊王橋即此類神游而形不動幻術也閒習熟也閒恒疑變者王之所居常也化之所成變也安常而疑變不知變化之間常亦變變亦常豈知識所能彷彿哉王大悅知恒與變之所有皆非真也崑崙赤水山海經云崑崙山有五色水流沙之濱赤水之後黑水之前有大山名崑崙之丘有人穴處名曰西王母黃帝之宮陸賈新語云黃帝巡遊四海登崑崙山起宮室於其上河圖玉版云西王母居崑崙山紀年云穆王十七年西征見西王母賓於昭宮山海經云西王母人類也虎齒蓬髮戴勝善嘯徒歌曰謠徂死也登遐仙遊不死之謂此節之意蓋言世外空濶猶有無窮之樂雖帝王之居未足多也人但以耳目所見爲自足所有爲可夸不知至人視之猶累塊積蘇耳堯舜事業一點浮雲過太虛豈無謂哉夫當身之樂在釋累適情則登遐之道固裕如也

老成子學幻於尹文先生。三年不告。老成子請其過而求退。尹文先生揖而進之於室。屏左右而與之言曰。昔老聃之徂西也。顧而告予曰。有生之氣。有形之狀。盡幻也。造化之所始。陰陽之所變者。謂之生。謂之死。窮數達變。因形移易者。謂之化。謂之幻。造物者其巧妙。其功深。固難窮難終。因形者其巧顯。其功淺。故隨起隨滅。知幻化之不異生死也。始可與學幻矣。吾與汝亦幻也。奚須學哉。老成子歸。

用尹文先生之言。深思三月。遂能存亡自在。懵音翻校音絞四時。冬起雷。夏造冰。飛者走。走者飛。終身不著其術。故世莫傳焉。子列子曰。善爲化者。其道密庸。其功同人。五帝之德。三王之功。未必盡智勇之力。或由化而成。孰測之哉

此亦承上章化人之神奇言近世亦有此事也大抵人世幻化之術與造物者死生之理其技一耳懵校變易也冬雷夏氷飛走走飛實懵校四時句言其變易陰陽也列子謂其道密庸如武丁恭默思道三年而得說其功眞同於幻化由是觀之則五帝三王之功德或者有神運之方非智力之所能及也此固表難名之意而所以贊帝王之治者至矣智勇之力人能也化而成天工也盡其在我而聽命于天此帝王之所獨知者故曰孰測之哉竊惟人能究造化之始以通于陰陽之變則生生化化之機已默識之是以因物之形而移之易之以成其幻術倏忽之間有而無無而有故謂之化老成子深思三月思此也其術莫傳惟窮數達變乃其用功之方也而術之傳不傳則存乎人嗟夫老聃尹文之言猶在也生死幻化一而非二神化之機非達天德者其孰能知之穆王之遇化人老成子之學幻術殆中庸君子所不語者歟

覺有八徵。夢有六候。奚謂八徵。一曰故。二曰爲。三曰得。四曰喪。五曰哀。六曰樂。七曰生。八曰死。此八者。形所接也。奚謂六候。一曰正夢。二曰蘁夢。三曰思夢。四曰寤夢。五曰喜夢。六曰懼夢。此六者。神所交也。不識感變之所起者。事至則惑其所由然。識感變之所起者。事至則知其所由然。知其所由然。則無所怛。一體之盈虛消息。皆通於天地。應於物類。故陰氣壯。則夢涉大水而恐懼。陽氣壯。則夢涉大火而燔焫。陰陽俱壯。則夢生殺。甚飽則夢與。甚饑則夢取。是以以浮虛爲疾者則夢揚。以沈實爲疾者則夢溺。藉帶而寢則夢蛇。飛鳥銜髮則夢飛。將陰夢火。將疾夢食。飲酒者憂。歌儛者哭。子列子曰。神遇爲夢。形接爲事。故晝想夜夢。神形所遇。故神凝者想夢自消。信覺不語。信夢不達。物化之往來者也。古之眞人。其覺自忘。其寢不夢。幾音豈虛語哉

此承上以足夢幻之義夢覺惟神本非二體眞妄之名隨人隨俗故下六章歷舉事變以證之周禮有占夢之官曰太人六者綱也其目之繫人情莫盡感變之所起言人之變化云爲皆有因而然未嘗術本者事至莫識其端也能識所由雖譎怪萬狀而心無所駭感

變所由皆自吾心爲之機也列子原情據理以爲載營魄抱一無離神凝也神凝則想夢自消晝無情念則夜無夢寐使誠覺也有感即應之而已有何可以語人不知覺之爲覺故曰自忘人誠信夢則不違於理者也殊不知覺與夢即物化之往來耳人惟不知此理故以古之眞人忘覺不夢爲虛語不知眞人者其覺也如愚無所著於世心無所著則虛而一其寢也息氣寧神安得有夢大慧杲答向伯恭書云至人無夢非有無之無謂夢與非夢一而已佛夢金鼓高宗夢得説孔子夢奠兩楹不可作夢與非夢解回觀世間猶如夢中事惟夢乃全妄想也而衆生顛倒以日用目前境界爲實殊不知全體是夢而於其中復生虛妄分別以想心係念神識紛飛爲實夢殊不知正是夢中説夢顛倒中又顛倒故佛大慈悲悉能徧入一切法界諸安立海所有微塵於一一塵中以夢自在法門開示

世界海微塵数衆生住邪定者悟入正定聚此亦普示顛倒衆生以目前實有境界爲安立海令悟夢與非夢悉皆是幻則全夢是實全實是夢不可取不可舍至人無夢之義如是而已愚按此説與此後四章大義相符故録之

西極之南隅有國焉不知境界之所接名古莽之國陰陽之氣所不交故寒暑亡辯日月之光所不照故晝夜亡辯其民不食不衣而多眠五旬一覺（晝夜既無辯何以知五旬）以夢中所爲者實覺之所見者妄四海之齊謂中央之國跨河南北越岱東西萬有餘里其陰陽之度審故一寒一暑昏明之分察故一晝一夜其民有智有愚萬物滋殖才藝多方有君臣相臨禮法相持其所云爲不可稱計一覺一寐以爲覺之所爲者實夢之所見者妄東極之北隅有國曰阜（音婦）落之國其土氣常燠日月餘光之照其土不生嘉苗其民食草根木實不知火食性剛悍彊弱相藉（音陵）貴勝而不尚義多馳步少休息常覺而不眠

此言方俗之異證上章眞妄之無定故舉覺夢反用動寢殊性者各適其安也夫以不安

者爲非意也非眞非也非非既不眞是亦難定所以君子身隨是非之中心超是非之外惟知在我者之昭昭而不察察於物者之眞妄也

周之尹氏大治產其下趣役者侵晨昏而弗息有老役夫筋力竭矣而使之彌勤晝則呻呼而即事夜則昏憊而熟寐精神荒散昔昔（夕誤）夢爲國君居人民之上總一國之事遊燕宮觀恣意所欲其樂無比覺則復役人有慰喻其懃者役夫曰人生百年晝夜各分吾晝爲僕虜苦則苦矣夜爲人君其樂無比何所怨

哉。尹氏心營世事。慮鍾（終）家業。心形俱疲。夜亦昏憊而寐。昔昔（夕）夢爲人僕。趨走作役。無不爲也。數（稱其過）罵杖撻。無不至也。眠中啽音諳囈音詣呻呼。啽囈呻呼並寤語也徹旦（乃）息焉。尹氏病之。以訪其友。友曰。若（汝）位足榮身。資財有餘。勝人遠矣。夜夢爲僕。苦逸之復。數之常也。若（如）欲覺夢兼之。豈（逸）可得邪。尹氏聞其友言。寬其役夫之程。減已思慮之事。疾並少閒（瘥）。

此亦同上章證覺夢不殊均非真實之義又以顯感衰相襲樂極生哀爲理之常也尹氏（汶）與役夫夢覺變病非思慮所及豈佛氏所謂宿因償報者乎此等寓言警勸最切關係風俗非小役夫之樂非真樂亦足以自慰尹氏之苦非真苦亦足以自累然則一人之身真妄莫能指實況殊方異俗之所習熟者哉

鄭人有薪於野者。遇駭鹿。御而擊之。斃之。恐人見之也。遽而藏諸隍中。覆之以蕉。與樵同不勝其喜。俄而遺其所藏之處。遂以爲夢焉。順塗而詠其事。傍人有聞者。用其言而取之。既歸。告其室人曰。向薪者夢得鹿而不知其處。吾今得之。彼直真夢者矣。室人曰。若將是夢見薪者之得鹿邪。詎有薪者邪。今真得鹿。是若之夢真邪。夫曰。吾據得鹿。何用知彼夢我夢邪。薪者之歸。不厭音愜失鹿。其夜真夢藏之之處。又夢得之之主。爽旦。案所夢而尋得之。遂訟而爭之。歸之士師。士（禁爭辯訟以弼教者）師曰。若初真得鹿。妄謂之夢。真夢得鹿。妄謂之實。彼真取若鹿。而與若爭鹿。室人又謂夢認人鹿。無人（薪者）得鹿。今據有此鹿。請二分之。以聞鄭君。鄭君曰。嘻。士師將復夢分人鹿乎。訪之國相。國相曰。夢

與不夢。臣所不能辯也。欲辯覺夢。唯黃帝孔丘。（尊信尼父至矣）今亡黃帝孔丘。孰辯之哉。且恂（信）士師之言可也

此言事本真也一屬於疑則似乎夢夢本夢也一涉得失則以爲真亦同上二章皆證夢覺真妄之非定名也聖人之於覺夢視之不異其辯之也百年皆夢幻愚謂夢覺非真知夢覺者爲真知夢覺者非真忘夢覺爲真也湛然而寘漠浮游由然而流行坎止何夢何覺故曰聖人無夢下章所謂蕩蕩然不知天地有無是吾之真也

宋陽里華子。中年病忘。朝取而夕忘。夕與而朝忘。在塗則忘行。在室則忘坐。今不識先。後

不識。今閭室毒（苦）之，謁史而卜之，弗占（告）；謁巫而禱之，弗禁（止）；謁醫而攻之，弗已。魯有儒生自媒能治之，華子之妻子以居產之半請其方。儒生曰：此固非卦兆之所占，非祈請之所禱，非藥石之所攻。吾試化其心，變其慮（試以血氣之欲），庶幾其瘳乎。於是試露之而求衣，饑之而求食，幽之而求明（秘）。儒生欣然告其子曰：疾可已也。然吾之方密傳世，不以告人。試屏左右，獨與居室七日。從之，莫知其所施爲也。而積年之疾一朝（汝）都除。華子既悟，迺大怒，黜妻罰子，操戈逐儒生。宋人執而問其以（故）。華子曰：曩吾忘也，蕩蕩然不覺天地之有無。今頓識既往，數十年來存亡得失、哀樂好惡，擾擾萬緒起矣。吾恐將來之存亡得失、哀樂好惡之亂吾心如此也。須臾之忘，可復得乎？（疑詞）子貢聞而怪之，以告孔子。孔子曰：此非汝所及乎。顧謂顏回記之。

此承上章以明不拘夢覺真幻，皆屬有知。有知非天矣，必其過境皆忘，所忘亦忘，而後故吾爲不失也。儒生而曰魯，隱然見學孔者之務多能也。卦兆所占者，機動於此，誠應於彼。今忘者之心泊爾同於太虛，何機可因而得？情於象數哉。祈禱所請者，有過可改，有善可遷，故可祈以消邪即慶。今也情無疑信，行無聖狂，又何所祈乎？氣血筋骨有所病苦，則藥石可以消息之。今也心非嗜慾所制，病非寒暑所傷，何因投其醫藥哉？夫大忘者蕩無心慮，何曰化其心、變其慮？蓋云令其有心，使其能慮也。其後逐儒生，以其開知識，猶渾沌氏七竅鑿而亡也。知我者其惟春秋乎，罪我者其惟春秋乎。此意百世之下愚如得之，尚能彷彿。須會乃曰非賜所及，豈以其多聞爲學與顏子心齋坐忘之功相背而警之乎？抑亦因子貢以警夫後世也。

秦人逢（音麗）氏有子，少而慧，及壯而有迷罔之疾。聞歌以爲哭，視白以爲黑，饗香以爲朽，嘗（山）甘以爲苦，行非以爲是。意之所之，天地四方、水火寒暑，無不倒錯者焉。楊氏告其父曰：魯之君子多術藝，將能已乎？汝奚不訪焉。其父之魯，過陳，遇老聃，因告其子之證。老聃曰：汝庸（豈真）知汝子之迷乎？今天下之人皆惑於是非，昏於利害。同疾者多，固莫有覺者。且一身之迷不足傾一家，一家之迷（迷者尚少）不足傾一鄉（覆），一鄉之迷不足傾一國，一國之迷不足傾天下。天下盡迷，孰傾之哉？向使天下之人其心盡如汝子。汝則反迷矣。哀樂聲色臭味是非。孰能正之。且吾之言。未必非迷。如上所言皆出知識而況魯之君子。迷之郵者。焉能解人之迷哉。榮營同汝之糧。不若遄歸也

此以迷罔之疾翻病忘之案忘則無知迷則猶有知皆所以發明天德之知本自無知與昏者逞智者之失其本者不同也其曰意之所之天地莫不易位至言也其曰楊氏告以魯之君子多術藝正楊朱之徒以多聞病魯之俗也遇老聃而一掃之其迪世之仁亦懇切矣一身迷不足以傾一家不迷者衆則不能致傾覆之禍今天下皆迷則以傾覆為安不知覆之為禍矣故曰孰傾之哉魯之君子咸稱仁義明言是非猶楊塵眯目故曰迷之尤也榮糧者行遠而糧乏則困悴矣遄歸則資斧尚富行色如此可以謂之榮也

燕人生於燕。長於楚。及老而還本國。過晉國。同行者誑之。指城曰。此燕國之城。其人愀然變容。指社曰。此若汝里之社。乃喟然而歎。指舍曰。此若先人之廬。乃涓音泫然而泣。指壠曰。此若先人之冢。其人哭而不禁。同行者啞烏陌反然大笑曰。予昔紿若汝。此晉國爾。其人大慙。及至燕。真見燕國之城社。真見先人之廬冢。悲心更微

初誠而後疑初意專而後意沮也意之變化遺感不一非意則無事也心誠而信之悲故切因欺而惑之悲故微此段總括一篇之義以為心無素定之見則以妄者為是而於真者反疑之也

列子卷第三 終

列子卷第四　叅元朱得之傍註并通義

仲尼（此篇言素位以盡其心實地工夫惟知幾而已知幾則體神而獨運忘情而任理所以寂然而玄照也）

仲尼閒居。子貢入侍。而有憂色。子貢不敢問。出告顏回。顏回援琴而歌。孔子聞之。果召回入。問曰。若（汝）奚獨樂。回曰。夫子奚獨憂。孔子曰。先言爾志。（問訊）曰。吾昔聞之夫子曰。樂天知命故不憂。回所以樂也。孔子愀然有間。曰。有是言哉。汝之意失矣。此吾昔日之言爾。（失真）請以今言爲正也。汝徒知樂天知命之無憂。未知樂天知命有憂之大也。（非身而已）今告若（汝以）其實。修一身。任窮達。知去來之非我。亡變亂於心慮。爾之所謂樂天知命之無憂也。曩吾修詩書。正禮樂。將以治天下。遺來世。非但修一身治魯國而已。而魯國之君臣日失其序。仁義益衰。情性益薄。此道不行一國與當年。其如天下與來世矣。（何）吾始知詩書禮樂無救於治亂。（亂反治）而未知所以革之之方。此樂天知命者之所憂。（問答之頃舊意已化故得）雖然吾

得之矣。（意於物外也）（今之謂）夫樂而知者。非古人之所謂樂知也。無樂無知。是真樂真知。故無所不樂。無所不知。無所不憂。無所不爲。（此古人樂天知命者也）詩書禮樂。何棄之有。（有之不爲礙）革之何爲。（亦足以助德）顏回北面拜手曰。回亦得之矣。出告子貢。子貢茫然自失。歸家淫思（無涯）七日。不寢不食。以至骨立。顏回重往喻之。乃反丘門。弦歌誦書。（亦得無憂矣）終身不輟。

此言聖人以天地萬物爲一體而實無情亦見聖德日新而不已也首言樂天知命之無憂次言樂天知命者亦有不能不憂者末則言知憂樂者不如不知其意蓋以有憂有樂者不如併憂樂而無之知憂樂之爲憂樂不如併所知而不知之此意三轉而畢中多寓言以抑揚之與孟子有不豫色然吾何爲不豫一段大意相同聖人之無憂衆人不及知不敢問寄機於亞聖以發微言宣至理也自然性稟之謂天窮通分定之謂命今告若一段是能定內外辨榮辱而已未造無可無不可之皆援琴而歌以探其師奚獨憂以吝獨樂之問皆非顏子待師之常也知詩書禮樂無救於治亂方欲自棄即復自解蓋曰無之不爲少有之不爲多以見治亂之機不在詩書禮樂而惟在於吾心之有爲無爲耳皆所以斥逐覗之病古之中庸君子不以無樂爲樂不以無知爲知任其所樂則性自無樂任其所知則性自無知故曰無樂無知是真樂真知此天下之所以自治也因而不流任而不縱則所謂不易乎世不成乎名者正革之何爲之旨也茫然淫思等句雖狀子貢之學

未得要領實則形容其好學終聞性與天道之意

陳大夫聘魯，私見叔孫氏。叔孫曰：吾國有聖人。曰：非孔丘邪？曰：是也。何以知其聖乎？叔孫氏曰：吾嘗聞之顏回曰：孔丘能廢心而用形。陳大夫曰：吾國亦有聖人，子弗知乎？曰：聖人（倒句法）孰謂？曰：老聃之弟子，有亢倉子者（即庚桑楚），得聃之道，能以耳視而目聽（輕聽）。魯侯聞之大驚，使上卿厚禮而致之。亢倉子應聘而至。魯侯卑辭請問之。亢倉子曰：傳之者妄。我能視聽不用耳目，不能易耳目之用。魯侯曰：此增異矣（加）。其道柰何（入聖工夫）？寡人終願聞之。亢倉子曰：我體合於心（初也），心合於氣（次也），氣合於神（融化）（漸也），神合於無（究也）（還虛）。其有介然之有（或），唯然之音（視）（聽），雖遠在八荒之外，近在眉睫之內，來干我者，我必知之。乃不知是我七孔四支之所覺，心腹六藏之所知（此正發心用形也會貫上四合），其自知而已矣（神合於無者如此）。魯侯大悅（宜作唯）。他日以告仲尼，仲尼笑而不答。

此究言無我之學寂然不動感而遂通天下之故本稱孔子乃以老聃之徒發其精蘊見孔李之同道也聖人之道絕於群智之表未易窺擬衆人見其會通之跡因謂之聖耳豈

識所以聖哉下章正此意惟體一忘形者能言其彷彿故舉亞聖也廢心用形言無心而隨形雖動用不知其爲動用也廢用之稱亦因應而生耳故俯仰萬機對酬世務莫非形跡耳其中寘絕而反寂者固消然而不動也得聃之道者聃猶自無所得弟子又何所得邪蓋以得寄名於人見大道不泯於物情耳形者心之舍宇耳目者心之戶牖神苟徹焉則視聽不由戶牖照察不礙垣墻矣魯侯之驚不怪習見之用形而怪耳目易任之乍聞也體合於心四體不言而喻也心合於氣行慊心而氣自充也氣合於神形神相守而不離也神合於無蕩蕩寘寘而忘我也日神日無則無形矣謂之合者返照而知若此者谿然之懷纖塵不立則無觸不通不知所覺所知也自知而已知無處所故日自知魯侯之悅亦能忘知也笑而不答者理盡義精無可復言以不答爲答也亦其能言而不言之一證雖然名分之際非彼此忘形者不能笑而不答也

商太宰見孔子曰：丘聖者歟？孔子曰：聖則丘何敢，然則丘博學多識者也。商太宰曰：三王聖者歟？孔子曰：三王善任智勇者（才），聖則丘弗知。曰：五帝聖者歟？孔子曰：五帝善任仁義者（德），聖則丘弗知。曰：三皇聖者歟？孔子曰：三皇善任因時者（忘義），聖則丘弗知。商太宰大駭曰：然則孰者爲聖？孔子動容有間（須），曰：西方之人，有聖者焉，不治而不亂（無禮樂刑政），不言而自信（無爭奪驕吝），不化而自行（無是非矯飾）。

蕩蕩乎。民無能名焉。丘疑其爲聖。弗知眞爲聖歟。眞不聖歟。商太宰嘿然。心計曰。孔丘欺我哉

上章論聖之用而未及聖之體故此究聖之所歸也道無終窮聖無極則擬名指象已屬可知故四第古哲皆曰弗知惟聖而後能爲此言也嘿計欺我者不領弗知之玄旨乎任智勇用才也任仁義施德也善因時順物奉天而無我也尼父之博學湯武之弔伐堯舜之揖讓義農之淳樸此皆聖人因世應務之跡而神明之舍固非因是而可名也太宰之駭以世之所謂聖者今皆云不知也孔子動容者聖無可指也不治不亂等語不歸君不歸民太同之風上下不見功能也聖與不聖與疑辭以致推尊不敢指實之意蓋托言於人所共尊者而加尊之也出於自然歸於無爲所以蕩蕩無名也即此觀之佛氏之學當時已傳聞於中國至漢明帝而始得其書也不然三皇之上又曰西方之人非佛而誰推其故帝皇之世率性而無性之名遵道而無道之學至三代之季功利毒人故高潔之士仰慕虛無而傳其言耳至東漢世道昏亂之極堯舜以來相傳之心法泯絕無遺淳樸之風銷爍殊盡故西方之說得以入中國孔子曰心之精神謂之聖周茂叔曰聖誠而已矣陽明先生曰心之良知謂之聖諷此三言自反自忘眞若不可知也人知爲西方之學而不知爲吾固有之性帝皇之所善任者胥此也

子夏問孔子曰。顏回之爲人奚若。子曰。回之仁賢於丘也。曰。子貢之爲人奚若。子曰。賜之辯賢於丘也。曰。子路之爲人奚若。子曰。由之勇賢於丘也。曰。子張之爲人奚若。子曰。師之莊賢於丘也。子夏避席而問曰。然則四子者何爲事夫子。曰。居。吾語汝。夫回能仁而不能反。賜能辯而不能訥。由能勇而不能怯。師能莊而不能同。兼四子之有以易吾。吾不許也。此其所以事吾而不貳也

欲審友而問於師一舉名三舉字非商之分也非倫理也亦非門人所記豈以回獨幼而三友皆長乎不然非文體也於名分似亦有乖大抵氣質化盡而後可以言學之至此據四子之初乎能仁而不能反以生道殺人者反於仁者而至仁者行之此能仁而能反者也不然則失變通之道矣辯而不能訥不得無知之體勇而不能怯未識自勝之功莊而不能同則矜而不能群也四子固不可以易我之所務雖兼四子之長借使欲換吾之所不足亦弗許者以其氣質猶存未盡時中之道也正謂可與立未可與權

子列子既師壺丘子林。友伯昏瞀人。乃居南郭。從之處者日數而不及。雖然。子列子亦微焉。朝朝相與辯。無不聞。而與南郭子連墻。二十年不相謁請。相遇於道。目若不相見者。門之徒役。以爲子列子與南郭子有敵不疑。有

自楚來者。問子列子曰。先生與南郭子奚敵。子列子曰。南郭子貌充心虛。耳無聞。目無見。口無言。心無知。形無惕。往將奚爲。雖然。試與汝偕往。閱弟子四十人同行。見南郭子。果若欺魄焉。而不可與接。顧視子列子。形神不相偶。而不可與群。南郭子俄而指子列子之弟子末行者與言。衎衎然若專直而在雄者。子列子之徒駭之。反舍。咸有疑色。子列子曰。得意者無言。進知者亦無言。用無言爲言。亦言。無知爲知。亦知。無言與不言。無知與不知。亦言。亦知。亦無所不言。亦無所不知。亦無所言。亦無所知。如斯而已。汝奚妄駭哉

此亦老子鄰國相望雞犬之聲相聞民至老死不相往來之象是故即二子而可以知淳古之風矣日數而不及言每日人來從者多口欲計一二而言不及猶日不可計數也亦微焉朝朝相與辯是一句言亦各與畧辯而遠近皆聞也序此將以起下文乂不相謌遇若不見之故貌充心虛言心虛則形全故耳不惑聾目不滯色口不擇言心不用知內外一矣故形無震懾欺不誠也魄死死也言似死而非死者也故不可與接此南郭子也心無思慮則貌無動用故形神若不相攝此所以不可與群此列子也此兩節正見列子與南郭子所以不謌不見也閱同行者擇善觀人者指末行以爲本不欲言不得已而畧與之言也衎衎然和也專直無矯飾也在雄居尊也狀其傍若無人之意既指末行者與言乃惟記其狀不記其言即專直在雄之狀則其言必尚自勝者故不記也駭者駭其居同土木應有是非若未足與道者故疑其與列子初譽之言不同也得意者無言盡知者亦無言此下每二句解上一層至於無言無知而止南郭子凝寂自然若粗若淺惟列子知其蘊會至精於無形居至高於不顯是以應寂異容動止殊貌而謂門人之駭爲妄也其九方皐之相馬乎其尊讓南郭子意在言外列子之旨得意忘言二句盡之矣下分三轉洗心之方也蓋曰用無言爲言無知爲知是有意也故曰亦言亦知病在一用字再轉則承無字爲病轉作不字言不字亦出於有意故曰亦言亦知惟無所不言無所不知是隨感而應無心於可否則雖言無所言雖知無所知也故曰如斯而已愚故以爲第三轉四亦字文勢直下其意不同蓋曰惟無所不言無所不知實無所言無所知也張處度曰夫無言者有言之宗無知者有知之主至人之心豁然洞虛應物而言非我言也即物而知非我知也故終日不言而無玄默之稱終日用知而無役慮之名故得無所不言無所不知而實無所言無所知也

子列子學也。三年之後。心不敢念是非。口不敢言利害。始得老商一眄而已。五年之後。心更念是非。口更言利害。老商始一解顏而笑。七年之後。從心之所念。更無是非。從口之所

言。更無利害。夫子始一引之並席而坐。九年之後。橫心之所念。橫口之所言。亦不知我之是非利害歟。亦不知彼之是非利害歟。外內（盡）進矣。而後眼如耳。耳如鼻。鼻如口。無不同也。（志）（身）（立）（行）心凝形釋。骨肉都融。不覺形之所倚。足之所（意）（言）（蘊）（中）履。心之所念。言之所藏。如斯而已。則理無所隱矣

此與第二卷告章戴者大畧同但末增不覺形之所倚四句彼以聞師友之德啓後學之功爲指此則記其篤志而深造也故末申言作聖之地只是言行意形之所倚四句形倚

指身足履指行心念指意言藏指口正應上文五體之相如也如斯謂身行心言一如虛明之區無情而出之則所應之物當然之條理無不燭照而數計也舊謂前明得性之源則秉變化而無窮此明順心之理則無幽微而不照亦通

初子列子好游。壺丘子曰。禦寇好游。游何所好。列子曰。游之樂。所玩無故。人之游也。觀其所見。我之游也。觀其所變。游乎游乎。未有能辯其游者。壺丘子曰。禦寇之游。（實）固與人同歟。（決辭）而曰固與人異歟。凡所見。亦恒見其變。玩彼物之無故。不知我亦無故。務（苟）外游。（則）不知務內

觀。（矣）外游者求備於物。內觀者取足於身。取足於身。游之至也。求備於物。游之不至也。（應物好）於是列子終身不出。（識語）自以爲不知游。（非惟不好而已）壺丘子曰。游其至乎。至游者不知所適。至觀者不知所眡。物物皆游矣。物物皆觀矣。是我之所謂游。是我之所謂觀也。故曰游其至矣乎。游其至矣乎

開口一初字文勢滚下直至終身不出上加於是二字承載之文法也孔子曰游於藝孟子樂善不倦心無所因物無所誘何適非游游者獨觀恍惚囂囂於世好之者求之也故

日游何所好言不可好也所翫無故者言閱歷流光息息電逝而故吾湛駐往跡無存也但人之游多觀於目之所接我之游則觀於中之變猶曰觀其徼也再言游乎者言游之可好也未有能辨其游言人之觀所見翫物而常滯於物我之觀所變翫理而無留於心均謂之游而人莫之辨益見我之所以好游也固與人同者言其較人已之得失雖觀變亦同於觀所見矣豈可謂異於人彼見所見者物變而觀亦變與觀變而見彼者均謂之翫物物閱於吾前固無往跡不知我之爲生者與化俱徂往跡亦不留也故不務檢物者其獨覺之天是以求備於物而不能取足於身也盖責列子雖觀變而不忘求備於物則吾中萬物咸備者反失之是未得善游之道也列子勇於受教故終身惟務反觀於內神明退藏於密然後覺往日好游者不知游也此不知盖曰自信能忘其知識之心乃謂之

游猶孔子謂仁則吾不知之義游其至乎者許列子能如此可謂善游者也乃復决言意不知所適目不知所視則無往而非游觀此我之所謂游觀也故我許爾終身不出爲游之至者盖以必如此而後可謂游之至也

龍叔謂文摯曰子之術微矣吾有疾子能已乎文摯曰唯命所聽然先言子所病之證龍叔曰吾鄉譽不以爲榮國毀不以爲辱得而不喜失而弗憂視生如死視富如貧視人如豕視吾如人處吾之家如逆旅之舍觀吾之鄉如戎蠻之國凡此衆疾爵賞不能勸刑罰

不能威盛衰利害不能易哀樂不能移固不可事國君交親友御妻子制僕隸此奚疾哉奚方能已之乎文摯乃命龍叔背明而立文摯自後向明而望之既而曰嘻吾見子之心矣方寸之地虛矣幾聖人也子心六孔流通一孔不達今以聖智爲疾者或由此乎非吾淺術所能已也

此章直指聖德之全而以爲疾者亦悲世教之不明也夫人所以受制於物者以心有羨惡體有利害苟能契萬殊之一本見物我之非眞則於有無得失毀譽慶讓之際豈覺其異哉是以天子不得臣諸侯不得友妻子不能親僕隸不能狎也背明而立自後向明而望之能見其心者道眼觀物無物礙明秦越人見垣一方人視人身如琉璃五藏六府歷歷如洗正此類也史曰聖人之心有七竅今日六孔流通一孔不達愚謂耳目鼻口七竅之見於外者而其神則根於心疑以爲疾猶病忘之喻也今人有病龍叔之病者乎文安得文摯者而識之也

無所由而常生者道也由生而生故雖終而不亡常也由生而亡不幸也有所由而常死者亦道也由死而死故雖未終而自亡者亦常也由死而生幸也故無用而生謂之道用

道得終謂之常有所用而死者亦謂之道用道而得死者亦謂之常季梁之死楊朱望其門而歌隨梧之死楊朱撫其尸而哭隸人之生隸人之死衆人且歌衆人且哭

此即老子生之徒十有三死之徒十有三民之生動之死地亦十有三善攝生者無死地之意無所作爲而生天地之道本如此此保其天年乃理氣之常非幸也若夫作聰明而攖死者是其犯可死之道也此輩之死名隨身沒亦理氣之常非不幸也齊景公死之日名無得而稱夷齊餓莩後世稱之亦此意斷季梁死楊朱望其門而歌盖無用而生用道而終者也隨梧死楊朱撫其尸而哭盖亦無用而生用道而天者故哭其不幸也言外

見哀樂之中節顏淵死子哭之慟與此皆寓教養萬世之意然非有心爲之也情之所感動與天合耳歌於埋門至臨尸則不歌矣哭於撫尸則埋門不能歌矣今之見生則歌見死則哭而不察用道得常之何如比比也隸人者見役於物而不能役物者也

目將眇者。先睹秋毫。耳將聾者。先聞蚋飛。口將爽者。先辯淄澠。鼻將窒者。先覺焦朽。體將僵者。先亟犇佚。心將迷者。先識是非。故物不至者。則不反

此泛論物極則反用以教夫㞉盛滿者當知止養性命者不當耗其神也胥胥以辯是非爲能則神勞而心昏矣上五事皆然即六根之病以六塵之誘勞於六因也海鹽董碩甫以鄉薦尹漢陽歸田數年惟談道德性命而跡於治生人以爲迂董以爲樂一夕當月晦獨坐帷中燈既滅少頃忽見幃中光如皜日針縫線腳無不昭然心竊疑之及旦而目昏如此者踰月一見每見後昏益甚五見而目遂眚人皆以爲少年燈窓不恤辛苦所致理或然也

鄭之圃澤多賢。東里多才。圃澤之後（徒）。有伯豐子者。行過東里。遇鄧析。鄧析顧其徒而笑曰。（此其挾長取死之謟）爲若舞（汝侮慢）彼來者奚若（何如）。其徒曰。所願（去聲）知（聞）也。鄧析謂伯豐子曰。汝知養養之義乎。受人養而不能自養者。犬豕之類也。養物而物爲我用者。人之力也。使汝之徒。食而飽。衣而息。執政之功也。長幼群聚而爲牢（音柵欄也）藉庖廚之物。奚異犬豕之類乎。伯豐子不應。伯豐子之從者。越次而進曰。大夫不聞齊魯之多機（巧技）乎。有善治土木者。有善治金革者。有善治聲樂者。有善治書數者。有善治軍旅者。有善治宗廟者。群才備也。（上張）而無相位者。無能相使者。（爲用）而位之者無知。使之者無能。（無上六事之明用六材治六事）而知之與能。爲之使焉。執政者。迺吾之所使。子奚矜焉。鄧析無以應。目其徒而退

鄧析仕鄭操兩可之說作竹書子產用其書而殺之蓋辯士也嘗別著書論性命之原治亂之機至今猶有傳者孔子曰有言者不必有德君子不以言舉人其殆鄧析子之謂歟伯豐子不應知其意在譏侮不欲以言相勝故也從者越次之言見師受侮而折其不平雖曰理直氣壯終非犯而不校之度其失均也本無所取取其有用者必爲無能者之所用也大抵事立則有所不周藝成則有所不燕巧偏智敵莫能君御此無相位無能相使之義

公儀伯以力聞諸侯。（賢士）堂谿公（賢士）言之於周宣王。宣王備禮以聘之。公儀伯至。觀形。懦夫也。宣王

心惑而疑。曰：女之力何如？公儀伯曰：臣之力能折春螽之股，堪秋蟬之翼。王作色曰：吾之力者能裂犀兕之革，曳九牛之尾，猶憾其弱。女折春螽之股，堪秋蟬之翼，而力聞天下，何也？公儀伯長息退席曰：善哉王之問也！臣敢以實對。臣之師有商丘子者，力無敵於天下，而六親不知，以未嘗用其力故也。臣以死事之，乃告臣曰：人欲見其所不見，視人所不窺；欲得其所不得，修人所不爲。故學眡者先見輿薪，學聽者先聞撞鐘。夫有易於內者無難於外。於外無難，故名不出其一家。今臣之名聞於諸侯，是臣違師之教，顯臣之能者也。然則臣之名不以負其力者也，以能用其力者也，不猶愈於負其力者乎？

此章以有而不用爲上，有而不負者次之。有而不負則不自欺矣。負其所有者，匿長掠物，跂立誇明，其僨天下事也多矣。有而不用者，良賈深藏若虛，盛德容貌若愚，若孔子能之而能不爲是也。長歎者，感其問之切於衷也。退席者，貴貴之義，又以應聘之非分也。其善王之問者，謂儒得力名，將以發有而能忘者之德也。商丘子所告，意在欲有成者爲其易，不攻其難，則人無得而稱，亦無因而妒，斯可以盡力於所事也。欲見所不見，欲得所不得，謂吾之神明本無可見可得，因知識既開之後，昏於嗜慾而失其清明之體，令存存之功既復其天眞之良，則恍惚之間若有所見，故曰見所不見；擬議之際若有所得，故曰得所不得。人所不窺、人所不爲二句，只申言獨知獨覺之義。有易於內者無難於外，承上言既見與得皆吾所固有，豈非易於內？諸凡外物之感，由此而應之，所謂出其緒餘耳，又何難哉？於外無難，則應之者若出不意，人不見其應之之跡，又何由而有名之可稱？此商丘子之所以無能知其力者也。負，孤負也。有力而不用，用力而不盡，與過用其力，皆孤負其天賦之力者。若以力自多爲負，恐非本旨。

中山公子牟者，魏國之賢公子也。好與賢人游，不恤國事，而悅趙人公孫龍。樂正子輿之徒笑之。公子牟曰：子何笑牟之悅公孫龍也？子輿曰：公孫龍之爲人也，行無師，學無友，佞給而不中，漫衍而無家，好怪而妄言，欲惑人之心，屈人之口，與韓檀等肄之。公子牟變容曰：何子狀公孫龍之過歟？請聞其實。子輿曰：吾笑龍之詒孔穿，言善射者能令後鏃中前括，發發相及，矢矢相屬，前矢造準而無絕落，後矢之括猶銜弦，視之若一焉。孔穿駭之。龍曰此未其妙者逄蒙之弟子曰鴻超怒其妻而怖之引烏號之弓綦衛之箭射其目矢來注眸子而眶不睫矢隧地而塵不揚是豈智者之言與公子牟曰智者之言固非愚者之（此所以乘餘竅之誚）所曉後鏃中前括後鈞於前矢注眸子而眶不睫盡矢之勢也子何疑焉樂正子輿曰子（黨弟子也）（力）（文）（失）龍之徒焉得不飾其闕吾又言其尤者龍誑魏王曰有意不心有指不至有物不盡有形不移髮引千鈞白馬非馬孤犢未嘗有母其

負類反倫不可勝言也公子牟曰子不諭至言而以爲尤也尤其在子矣夫無意則心同無指則皆至盡物者常有影不移者說在改也髮引千鈞勢至等也白馬非馬形名離也孤犢未嘗有母非孤犢也樂正子輿曰子以（有理）（智愚之比所敘）公孫龍之鳴皆條也設令發於餘竅子亦將（受）（動心而自洗也）承之公子牟默然良久告退曰請待餘日更謁子論

牟之不恤國事盖倣古聖不親政事之跡而不達其意也即此四字則知其所好之賢必

無與於經世之用者公孫龍言固有妄樂正子輿嚚識鄙躁皆無足取記者之意盖取公子牟之虛心也烏號綦衛疑是地名盖出弓矢之精者有意不心者心本虛明無象而惺惺若有意念一起則滿腔皆所念之事而心之本體無可見矣有指不至言見有定指則定於一而不可前通矣有物不盡者凡無物者則物物而皆物一有其物則止於一物而不足以盡天下之物矣有影不移者影跡也移變通也言物之影隨於物未嘗離此物而別爲一影惟無影者隨大隨小而可通也猶治世者有跡以爲守則不能變通矣牟謂說在改也則移當釋變髮引千鈞者物勢相等則彼此互用而無方一髮固不可引千鈞積髮之勢力與千鈞既同則千鈞亦可引矣下篇均髮均懸亦此意白馬非馬形不可以爲色色不可以爲形也孤犢未嘗有母以有母則非孤也牟曰無意則心同無指則皆至盡

物者常有此三句反解者也說在改也可疑勢至等也形名離也有母非孤犢也解龍之義亦通但龍之七言無與於天德無與於修爲存之無謂餘竅人之穀道也子輿既疾龍之妄又增牟之指以愚遂出此鄙慢之語文勢亦冗弱通篇可刪牟好非其賢而稱賢公子當時風聲不知是非之真者爲之也謂龍之言爲至言不知言者有意無心等語正當時處士想像隱晦之言以惑世動衆邀利之術而乃謂之至言何哉其視關尹子之言爲何如鄙人私謂有意不心至髮引千鈞之義如一指障天一絲繫萬斛之舟皆狀此心有物不虛之情

餘可例推也

堯治天下五十年（不自滿假）不知天下治歟不治歟不知億兆之願戴己歟不願戴己歟顧問左右

左右不知。問外朝。外朝不知。問在野。在野不知。堯乃微服游於康衢。聞兒童謠曰。立我烝民。莫匪爾極。不識不知。順帝之則。堯喜問曰。誰教爾爲此言。童兒曰。我聞之大夫。問大夫。大夫曰。古詩也。堯還宮。召舜。因禪以天下。舜不辭而受之

授受之心皆有天下而不與焉者也顧戴已不顧戴已含求賢巽位之意五不知人已皆忘也正皞皞氣象童謠之意使萬物各得其所莫非君上之培植盡夫至當之道所謂建其有極也凡此豈務知識可以制物之性哉亦不過因物付物以順天然之矩度而已堯之所以爲堯者如此記者乃曰微服出游聞謠而喜是以常人之心而度君子之腹又豈不識不知之謂哉不辭而受雖狀其無心亦因堯與無巽避之語耳

關尹喜曰。在己無居（道 定所）。形物其著（乃 顯）。其動若水（如）。其靜若鏡（如）。其應若響（如）。故其道若物者也（爲用 順）。物自違道（雖人而順）。道不違物（雖）。善若道者。亦不用耳。亦不用目。亦不用力。亦不用心。欲若道而用視聽形智以求之。弗當矣（失其方）。瞻之在前。忽焉在後。用之彌滿六虛。廢之莫知其所。亦非有心者所能遠。亦非無心者所能近。唯默而得之（此與上章五不知隱然相發）。而性成之。者得之（不失也）。知而忘情。能而不爲。真知真能也。發無知。何能情。發不能。何能爲。聚塊也。積塵也。雖無爲而非理也

此章大道之體用明且盡矣其大旨承上章不識不知順帝之則二句歸於無念出於自然而已上言王道而寓天德此言天德而寓王道在己無居己字指道形物其著其字亦指道言道無方體因物而顯也道之動也如水順勢就虛無容心也其靜若鏡妍媸在物應而不留也其應如響有感即應不先唱也其道若物者其發用無物不偕肖也釋氏謂之般若者此也是故無物非道物不率其自然者有之自然之道何嘗離於物哉此上全舉道體而言至善若道者以下方就人言不用耳目非視聽所能得也不用力心非形智所能得也瞻之在前忽焉在後無方所也用之則有可以彌滿六虛廢而不用之時不知道在何處常言有心求者去道遠無心求者去道近道何嘗遠近於有心無心哉嘿而得之自悟也性成之者稟於有生之初也知以不知故曰知而忘情能以不能故曰能而不爲不知乃真知不能乃真能也發無知言今人發用率於蠢然之資何能有人之情發用出於悍然之質何能成天下之亹亹如此者不過聚塵積上雖亦無爲豈大道順理無爲之謂乎蓋謂知以不知非果無知由無知以知其所知也能以不能非果無能由無能以能其所能爲以不爲非果無爲由無爲以爲其所爲也以是觀之則莊列之學與舜之無爲禹之無事文之不識孔之無知何以異擬以荒唐迂誕者可省也

列子卷之四終

列子卷之五　叅元朱得之傍註并通義

湯問　宇宙無窮極故天機之巧亦無窮極知識智巧人由天也天而從人斯危矣故智之所知不若其所不知而世人皆執所見以限天下之物如之何其可得也是以先覺與憐曲示不測會心者知其德之無涯矣

殷湯問於夏革曰。（湯大夫字子棘）古初有物乎。夏革曰。古初無物。今惡得物。後之人將謂今之無物可乎。（即今知古一百世可知卽先知後也）

殷湯曰。然則物無先後乎。夏革曰。物之終始。（終始互見）初無極已。（止）始或爲終。終或爲始。（無端）惡知其紀。（数）然自物之外。自事之先。（只據見在一物無可先事無可外）朕所不知也。（貫到底）殷湯曰。然則上下八方。（四正四隅）有極盡乎。革曰。不知也。（應上）湯固問。（冊三）革曰。無則無極。（原理）有則有盡。朕何以知之。（應上）然無極之外。（申上）復無無極。無盡之中。復無無盡。無極（疊上）復無無極。無盡復無無盡。朕以是知其無極無盡也。（四句語若浸增意則滌有　疊上語）而不知其有極有盡也。（應上）湯又問曰。四海之外奚有。革曰。猶齊州也。（卽近知遠）湯曰。汝奚以實之。革曰。朕東行至營。（卽柳城）人民猶是也。（上齊州）問營之東。復猶營也。西行至豳。人民猶是也。問豳之西。復猶豳也。朕以是知四海四荒四極之不異

列子　浩然齋　通義卷五　一　吳川

是也。（齊州）故大小相含。（繳上）無窮極也。含萬物者。（申明）亦如含天地。含萬物也故不窮。含天地也故無極。朕亦焉知天地之表。（益見無極無盡）不有大天地者乎。亦吾所不知也。（應上）然則天地亦物也。（過脉）物有不足。（則）故昔者女媧氏（證有者之有盡也）練五色石以補其闕。（古史）斷鼇之足以立四極。（此亦相傳之說以見天人有相爲損益之理實以見吾身損於欲而不能復其全也）其後共工氏與顓頊爭爲帝。怒而觸不周之山。（此等事皆不必窮究者）折天柱。絶地維。故天傾西北。日月星辰就焉。地不滿東南。故百川水潦歸焉。湯又問。物有巨細乎。有修短乎。有同異乎。革曰。

渤海之東。（此下巨細修短同異辯然於宇宙之間雖可辨而不必辨也）不知幾億萬里。有大壑焉。實維無底之谷。其下無底。名曰歸墟。（今日弱水洋）八紘九野之水。天漢之流。莫不注之。而無增無減焉。其中有五山焉。一曰岱輿。二曰員嶠。三曰方壺。四曰瀛洲。五曰蓬萊。其山高下周旋三萬里。其頂平處九千里。山之中間相去七萬里。以爲鄰居焉。其上臺觀皆金玉。其上禽獸皆純縞。珠玕之樹皆叢生。華實皆有滋味。食之皆不老不死。所居之人。皆仙聖之種。一日一夕。飛相

列子　浩然齋　通義卷五　二　南

往來者不可數焉。而五山之根無所連著。常隨潮波上下往還，不得蹔峙焉。仙聖毒之，訴之於帝。帝恐流於西極，失群聖之居，乃命禺(海神)彊使巨鼇十五舉首而戴之，迭爲三番，六萬歲一交焉。五山始峙。而龍伯之國有大人，舉足不盈數步而曁五山之所，(此有缺文)一釣而連六鼇，合負而趣歸其國，灼其骨以數焉。於是岱輿、員嶠二山流於北極，沈於大海，仙聖之播遷者巨億計。帝憑(音憤)怒，侵減龍伯之國使阨，侵

小龍伯之民使短。至伏羲、神農時，其國人猶數十丈。從中州以東四十萬里，得僬僥國，人長一尺五寸。東北極有人名曰諍人，長九寸。荊之南有冥靈者，以五百歲爲春，五百歲爲秋。上古有大椿者，以八千歲爲春，八千歲爲秋。朽壤之上有菌芝者，生於朝，死於晦。春夏之月有蠓蚋者，因雨而生，見陽而死。終髮(莊子無此二字)北之北，(簡而有味)有溟海者，天池也，有魚焉，其廣數千里，其長稱焉，其名爲鯤。有鳥焉，其名爲鵬，翼若

垂天之雲，其體(有斟酌)稱焉。世豈知有此物哉？大禹行而見之，伯益知而名(銘)之，(據此又可信)夷堅聞而志之。江浦之間生麽蟲，其名曰焦螟，群飛而集於蚊睫，弗相觸也。栖宿去來，蚊弗覺也。離朱、子羽方晝拭眥揚眉而望之，弗見其形；䚋(除倚反)俞、師曠方夜擿(音惕)耳俛首而聽之，弗聞其聲。唯黃帝與廣(舊誤作容)成子居空同之上，同齋三月，心死形廢；徐以神視，塊然見之，(人能信之否乎)若嵩山之阿；徐以氣聽，砰(普耕反)然聞之，若雷霆之聲。吳

楚之國有大木焉，其名爲櫾(柚)，碧樹而冬生，(爲此言者爲淮北人也使生於吳楚則橘柚爲常品不敘其味形性之異矣曰大不傳聞也曰冬生見實於冬也)實丹而味酸。食其皮汁，已(止)憤厥之疾。齊州珍(實)之。渡淮而北而化爲枳焉。鸜鵒不踰濟，貉踰汶(嶓同)則死矣。地氣然也。雖然，(結束直言本旨)形氣異也，性鈞已，無相易已。(何也)生皆全已，分皆足已。吾何以識其巨細？何以識其修短？何以識其同異哉？(巨細修短之)

此下六章皆紀古蹟以傳信也。此章初問物之始，次及宇，次及宙，次則舉宇宙間生物之不測而歸之於不識，以終篇首朕所不知之意。結謂萬物之形與地之氣各各不同，莫不禀虛靈以爲性，不相易者，蓋以通塞醇駁，物各自全，無容假借，大小修短榮瘁之分，各自

充蒲無所虧欠所以不能相易也如鳧鶴之
脛椿菌之生何用吾人爲之區別哉此非湯
不識而革獨明欲聞教以發秘密故借口代
衆起疑因以發至人之昭昭也三不知無心
於知之也但知其無極無盡而已亦借湯以
抑夫不能近思切問者之病耳今夫有物感
之即應湛然之體虛明如故何知之有此革
之所以終以不知不識爲答也意者夏革歷
世既久聞見多奇彼自以爲不必知者因湯
問也故極世人所不能信者而結言吾何以
識則智者當務之爲急可知矣亦以見物理
之無窮固非空言譎怪以駭世也細者有條
可理有目可綱物外事先之不知無將迎也
既謂無極何得有外既謂無盡何得有中日
外日中要表裏而互言之也真知其不知不
可以智而知也齊州中國也爾雅云距齊州
以南戴日爲丹穴北戴斗極爲空峒九夷八
狄七戎六蠻謂之四海觚竹北戶西王母日

下謂之四荒東泰遠西邠國南濮鈆北祝栗
謂之四極天地含萬物太虛含天地萬物生
生不已故曰不窮太虛無際故曰無極張處
度曰萬事可以理推不可以器徵故信其心
智所能及而不知所知之有極者膚識也仍
其耳目所聞見而不知視聽之有限者俗士
也若夫達人融心化智悟智外之玄理窮視
徹聽得物外之奇形彼封情慮於有方之境
循句步於六合之間者將謂寓載書於三墳
五典歸藏窮於四海九州焉知太虛之遼廓
巨細之無垠天地爲一宅萬物爲游塵乎是
皆拘短見於當年昧有生於長夢故此書闡
無內之至言以坦心智之所回恢無外之宏
唱以開視聽之所閡使希風者不覺矜伐之
自釋束教者不知桎梏之自解故劉所儒墨
指斥大方豈直好奇尚異而徒爲夸大哉

太形（行）王屋二山。方七百里。高萬仞。本在冀
州之南。河陽之北。北山愚公者。年且九十。而
山而居。懲山北之塞。出入之迂也。聚室而謀
曰。吾與汝畢力平險。指通豫南。達于漢陰。可
乎。雜然相許。其妻獻疑曰。以君之力。曾不能
損魁父（東）之丘。如太行王屋何。且焉置土石。雜
曰。投諸渤海之尾。隱土（地名）之北。遂率子孫荷擔
者三夫。叩石墾壤。箕畚運於渤海之尾。鄰人
京城氏（姓氏）之孀妻有遺男。始齔（七歲毀齒）。跳往助之。寒暑
易節。始一反焉。河曲智叟笑而止之曰。甚矣

汝之不慧。以殘年餘力。曾不能毀山之一毛。
其如土石何。北山愚公長歎曰。汝心之固。固（堅）
不可徹。曾不若孀妻弱子。雖我之死。有子存
焉。子又生孫。孫又生子。子又生子。子又生孫。
子子孫孫。無窮匱也。而山不加增。何苦而不
平。河曲智叟亡以應。操蛇之神（山海神皆執蛇）聞之。懼其不
已也。告之於帝。帝感其誠。命夸蛾氏（神名）二子負
二山。一厝朔東。一厝雍南。自此冀之南。漢之
陰。無隴斷（地平無小坡阜）焉。

此言志專而力不移鬼神必格無功弗成也吾今中原蕩蕩平平沃野無際非愚公之誠其誰闢之微蔽之誠惟愚而後能不貳帝感其誠誠之久而不變也與商丘開信僞之意相類不謀遷居而謀闢山安其安宅不能容其壅蔽也笑其微蔽之難而不啓其遷居之易居不可遷而成心不易化也太行山今在河内野王縣王屋洞天今在河東垣縣指通者向南直通成路也擬名愚公智叟而本其所出曰北山曰河曲皆所以表誠僞之端也昔人有磨鐵尺欲爲針者意亦類此張處度日期功於旦夕者聞歲暮而致歎取美於當年者在身後而長悲此固俗士之近心衰世之常情也至於大人以天地爲一朝億代爲瞬息志懷以造事無心而爲功在此之與在彼在身之與在人弗覺其殊别莫知其先後矣

夸父不量力欲追日影逐之於隅谷之際渴欲得飲赴飲河渭河渭不足將走北飲大澤未至道渴而死棄其杖尸膏肉所浸生鄧林鄧林彌（加）廣數千里焉

隅谷日入處也際極盡也山海經夸父死棄其杖而爲鄧林杖化爲林廣且數千里則執杖者之大又何如是以河渭之水不足以濟其渴也此自古相傳之言不必論其有無可見物理無窮無極非聞見小知可限也言外之意則謂於性體略見光景遂爾起心作意欲速助長至於熱中爽惑竟無所得流弊蕪翳於世之喻

大禹曰（嘗）六合之閒四海之內照之以日月經之以星辰紀之以四時要之以太歲神靈所生其物其形或夭或壽唯聖人能通其道（此猶有所待者也）夏革曰然則亦有不待神靈而生（人者非性而何非良知而何然而萬有均同也）不待陰陽而形不待日月而明不待殺戮而夭不待將迎（吐納之類）而壽不待五穀而食不待繒纊而衣不待舟車而行（彼且惡乎待哉）其道自然非聖人之所通也

此猶上章引古以破見小者夏革即禹之言而評之非禹革之問答也不待凡八見丁寧之意深矣大抵聖人之所通有形有跡者耳若非形非跡之可循非智非識之所存亦何有於聖亦何有於智哉其道自然者皆取足於吾身無所資待於外也其洗滌智巧超世出塵蕩蕩悠悠之謂乎

禹之治水土也迷而失塗謬之一國濱北海之北不知距齊州幾千萬里其國名曰終北不知際畔之所齊（去聲止也）限無風雨霜露不生鳥獸蟲魚草木之類四方悉平周以喬陟（重壠也）當國之中有山山名壺領狀若甔（擔）甀（尾甀）頂有口狀若員環名曰滋穴有水湧出名曰神瀵（濆）臭過蘭椒味過醪醴一源分爲四埒（音劣）注於山下經營一國亡不悉徧土氣和亡札厲人性婉而

從物不競不爭柔心而弱骨不驕不忌長幼
儕居不君不臣男女雜游不媒不聘緣水而
居不耕不稼土氣溫適不織不衣百年而死
不夭不病其民孳（生殖）阜亡數有喜樂亡衰老哀
苦其俗好聲相攜而迭謠終日不輟音饑倦
則飲神瀵力志和平（瀵力過）過則醉（猶）經旬乃醒沐浴
神瀵膚色脂澤香氣經旬乃歇周穆王（因說八駿之說）北遊
過其國三年忘歸既反周室慕其國惝（倘）（昌兩反）
然自失不進酒肉不召嬪御者數月乃復管

（因證導海而南放於琅琊之事）
仲勉齊桓公因游遼口俱之其國幾剋（抒）舉隰
朋諫曰君舍齊國之廣人民之衆山川之觀
殖物之阜禮義之盛章服之美妖靡盈庭忠
良蒲朝肆咤則徒卒百萬視撝（目指）則諸侯從命
亦奚羨於彼而棄齊國之社稷從夷戎之國
乎此仲父之耄柰何從之桓公乃止以隰朋
之言告管仲仲曰此固非朋之所及也臣恐
彼國之不可朴之也齊國之富奚戀隰朋之
言奚顧

即觀尚失塗謬之終北之國周穆王過之至
管仲復勸桓公遊云云則亦以遠之可疑詎
以近之
可信也

南國之人祝（截）髮而裸（無衣）北國之人鞨（皮帽）巾而裘中
國之人冠冕而裳九土所資或農或商或田
或漁如冬裘夏葛水舟陸車默而得之性而
成之越之東有輒沐（國名）之國其長子生則鮮而
食之謂之宜弟其大父死負其大母而棄之
曰鬼妻不可與同居處楚之南有炎（音啖去聲）人之國
其親戚死冎（音寡）其肉而棄之然後埋其骨迺

成爲孝子秦之西有儀渠（國名）之國者其親戚死
聚柴積而焚之燻則烟上謂之登遐然後成
爲孝子此上以爲政下以爲俗（各自相安）而未足爲異
也

有烟無火謂之燻自篇首殷湯問至此七節
當通爲一章其所以開後學之心胸者至矣

孔子東遊見兩小兒辯鬬問其故一兒曰我
以日始出時去人近而日中時遠也一兒以
日初出遠而日中時近也一兒曰日初出大
如車蓋及日中則如盤盂此不爲遠者小而

近者大乎。一兒曰。日初出滄滄涼涼。及其日中如探湯。此不為近者熱而遠者涼乎。孔子不能決也。兩小兒笑曰。孰謂汝多知乎

兩兒之辯用知識也無關於生業以才華相嫉而相殘者亦小兒之鬪也以余觀之可辯而不辯此孔子之聖所以為不可及也何也辯之益長其知識也日之小大以遠近也溫涼以時候也子丑寅必寒卯辰巳必溫午未申必熱酉戌亥必涼溫涼相近而寒熱相反歲氣與一日之氣莫不然結語曰孰謂汝多知乎是以知識望孔子也孔子所以不為之決也余今決之孔子之所棄也

原理寓設　議論

均。天下之至理也。連於形物亦然。均髮均縣。輕重而髮絕。髮不均也。均也。其絕也莫絕。人以為不然。自有知其然者也。詹何以獨繭絲為綸。芒鍼為鉤。荊條為竿。剖粒為餌。引盈車之魚於百仞之淵汨流之中。綸不絕。鉤不伸。竿不撓。楚王聞而異之。召問其故。詹何曰。臣聞先大夫之言。蒲且子余反子之弋也。弱弓纖繳。乘風振之。連雙鶬於青雲之際。用心專。動手均也。臣因其事。放而學釣。五年始盡其道。當臣之臨河持竿。心無雜慮。唯魚之念。投綸

物不均　細不可引重也　出類　惟均而已　引證　句法　易　亦不　甫泉　又證

沈鉤。手無輕重。物莫能亂。魚見臣之鉤餌。猶沈埃聚沫。吞之不疑。所以能以弱制彊。以輕制重也。大王治國。誠能若此。則天下可運於一握。將亦奚事哉。楚王曰。善

公其措置不存向背好惡於輕重強弱之間則人心悅服自無敵抗之心不論強弱輕重也故曰均天下之至理也何以見至理之在均今有二人並立於吾前一強一弱一長一短委付之道必量其力稱其材而後予受皆安也連於形猶曰以形相連不失輕重則物各無損此義豈惟人哉物莫不然今夫髮之為體細物也以之懸物輕重與髮力相均可也不然髮斯絕矣治國若此事莫不治推之天下可運於一握也釣弋事異可放而學弋　次

惟用心專動手均釣惟心無雜慮手無輕重皆均之義也夫釣與弋意在逐物惟均也物猶為之制況自務盡心而不計效者以心感心其有不可得者乎痀僂丈人之承蜩亦此意也

魯公扈。趙齊嬰。二人有疾。同請扁鵲求治。扁鵲治之。既同愈。謂公扈齊嬰曰。汝曩之所疾。自外而干府藏者。固藥石之所已。止今有偕生之疾。氣稟與體偕長。今為汝攻之何如。二人曰。願先聞其驗。扁鵲謂公扈曰。汝志彊而氣弱。故足於謀而寡於斷。齊嬰志弱而氣彊。故少於

氣稟之偏賴師友提撕而攻者人傑也自覺而自攻者上智也

慮而傷於專若換汝之心則均於善矣扁鵲
遂飲二人毒酒迷死三日剖胸探心易而置
之投以神藥既悟如初二人辭歸於是公扈
反齊嬰之室而有其妻子妻子弗識齊嬰亦
反公扈之室有其妻子妻子亦弗識二室因
相與訟求辯於扁鵲扁鵲辯其所由訟乃已

此形容人之心本能役形而悲衆人之以形役心也史記云扁鵲渤海郡人姓秦氏善醫能視病盡見五藏之疾者志強性剛明也氣弱質柔懦也性剛明故多慮而足於謀質柔懦故怯餒而寡於斷反之故少慮而傷於專也唐太宗時房謀杜斷亦若此禀之偏也三國時有華陀者能刳腸易胃湔洗五藏余嘗於嘉靖癸巳寓白下見北門橋有患胃癰者醫人爲其剖腹出胃以線縫其剖痕踰月而愈此等事古今未嘗絕響但不多見耳或謂怪誕或擬於不可思議以爲存而不論者皆所謂臆斷懸度也

匏巴（襄之徒）鼓琴而鳥舞魚躍鄭師（樂官）文聞之棄家從
師襄（魯樂師一安）遊柱指鈞（調）弦三年不成章（一曲）師襄曰子可
以歸矣師文舍其琴歎曰文非弦之不能鈞
非章之不能成文所存者不在弦所志者不
（樂之所以入神者其源在此）
在聲內不得於心外不應於器故不敢發手
而動弦且小（春寬）假之以觀其後無幾何復見師
襄師襄曰子之琴何如師文曰得之矣請嘗
試之於是當春而叩商弦以召南呂涼風忽
至草木成實及秋而叩角弦以激夾鍾溫風
徐迴草木發榮當夏而叩羽弦以召黃鍾霜
雪交下川池暴冱（卒然）及冬而叩徵弦以激蕤賓
陽光熾烈堅冰立散將終命宮而總四弦則
景風翔慶雲浮甘露降澧泉涌師襄乃撫心
高蹈曰微（精）矣子之彈也雖師曠之清角鄒衍
之吹律亡以加之彼將挾琴執管而從子之
後耳

此與上章連下四段皆紀當時聞見神聖實事而作聖之功各就其專一者而引伸以通其故則無有不造其極者今議論之類試藝以質其所造乃備四時五氣之所感蓋驗之於一歲而序事之文作於事終之日也其感召之神速非凡庸所能知而握氣機者自有轉移之理如今之符咒亦有能反陰晴雷雪者但此出於術彼由於誠耳光武滹沱之冰武后上苑之花我 太祖後湖之鼠皆氣機之轉於誠也師曠嘗爲晉平公奏清角一奏之有白雲從西北起再奏之大風至而雨隨之三奏之裂帷幕破俎豆飛廊瓦左右皆奔走平公恐伏晉國大旱赤地三年鄒衍齊人爲燕昭王師居稷下號談天衍著書四十九篇又有終始論五十六篇北方有地美而寒不生五穀鄒生吹律煖之而禾黍滋焉是其

事也從子之後言其不敢以藝而先於子也此亦言至誠無有不動之意樂記謂聲音之道與政相通此則言其與造化相通也子夏日雖小道必有可觀者焉信矣

薛譚學謳於秦青。未窮青之技。自謂盡之。遂辭歸。秦青弗止。餞於郊衢。撫節悲歌。聲振林木。響遏行雲。薛譚乃謝。求反。終身不敢言歸。秦青顧謂其友曰。昔韓娥東之齊。匱糧。過雍門。鬻歌假食。既去而餘音繞梁欐（音麗 棟 山節藻梲）。三日不絕。左右以其人弗去。過逆旅。逆旅人辱之。韓娥因曼聲哀哭。一里老幼悲愁。垂涕相對。三日不食。遽而追之。娥還。復為曼聲長歌。一里老幼喜躍抃舞。弗能自禁。忘向之悲也。乃厚賂發之（送其行）。故雍門之人至今善歌哭。放娥之遺聲

此因上章鼓琴之精而及謳歌之善以見工於技者有如此因以警學道者豈可不如古之神聖以造極自期哉韓娥之事與王豹處淇華周杞梁之妻及六國時雍門子名周者以哭謁孟嘗君相類薛譚秦青皆秦之善歌者青述韓娥之事以諭其友蓋以歌可學而精哭不可學而神以見已之不及也辱之追之發之者近則忽而遠則求見效而始信無先事之明庸流之昏醉固如此

伯牙善鼓琴。鍾子期善聽。伯牙鼓琴。志在登高山。鍾子期曰。善哉。峩峩兮若泰山。志在流水。鍾子期曰。善哉。洋洋兮若江河。伯牙所念。鍾子期必得之。伯牙游於泰山之陰。卒逢暴雨。止於巖下。心悲。乃援琴而鼓之。初為霖雨（曲名）之操。更造崩山之音（曲名）。曲每奏。鍾子期輒窮其趣。伯牙乃舍琴而歎曰。善哉善哉。子之聽夫（期之而已）志想象。猶吾心也。吾於何逃聲哉（清不能不露於聲也）

此記清耳之聽以發世事無一不通乎人已之意但方寸有物人已分形太虛之體不能洞照則耳目為之限隔事物滯於方所而廓然者始為井天矣因聲得情與鳥舞魚躍時序易令者同正天地人物本來無異之機

周穆王西巡狩。越崑崙。不至弇山。反還。未及中國。道有獻工人名偃師。穆王薦（進）之。問曰。若（汝）有何能。偃師曰。臣唯命所試。然臣已有所造。願王先觀之。穆王曰。日（明）以俱來。吾與若俱觀之。翌日偃師謁見王。王薦之曰。若與偕來者何人邪。對曰。臣之所造能倡者。穆王驚視之。趨步俯仰。信人也。巧夫（歎美）顉（動 五感反）其頤。則歌合

律捧其手則舞應節千變萬化惟意所適王以爲實人也與盛（衆）姬内御並觀之技將終倡者瞬其目而招（戲）王之左右侍妾王大怒立欲誅偃師偃師大懾立剖散倡者以示王皆傅會革木膠漆白黑丹青之所爲王諦料之内則肝膽心肺脾腎腸胃外則筋骨支節皮毛齒髮皆假物也而無不畢具者合會復如初見王試廢其心則口不能言廢其肝則目不能視廢其腎則足不能步穆王始悅而歎曰

人之巧乃可與造化者同功乎（此句直貫上下章）詔貳（副）車載之以歸夫班輸（班之徒）之雲梯墨翟（墨子之徒）之飛鳶自謂能之極也弟子東門賈禽滑釐聞偃師之巧以告二子二子終身不敢語藝而時執規矩

此言木工之巧即本文穆王之歎言人之巧可與造化同功也剖而料之則曰肝膽心肺脾腎腸胃及言廢而驗之止舉心與口通肝與目通腎與足通而不言肺與鼻通脾與耳通者鼻與耳之良能非他人聞見所及也今醫家以四肢屬脾祖於素問以爲脾運五穀穀氣不充則四肢無力是不體驗筋骨四肢筋主於腎腎爲精血之府腎虧則精血不充筋骨無所養故也醫能觀此業亦可以長一格矣不敢語藝而時執規矩言未敢自許猶執規矩以從事謂不能志器而從心也班輸之作雲梯可以凌虛俯視墨翟之作木鳶可以飛三日不集其巧極矣若偃師者巧奪天工機通神道勝國時僧一行教順帝作直漏時則丑牌沉於水甕中候氣至子時則子牌出水丑時則丑牌出水十二時輪轉不亂與天候相符其亦偃師之類歟然聖人之治天下不以技能而惟親賢也親賢必本於好善好善必本於惻隱周道之衰始於穆王其亦有以夫

甘蠅古之善射者彀弓而獸伏鳥下弟子名飛衛學射於甘蠅而巧過其師紀昌者又學射於飛衛飛衛曰爾先學不瞬而後可言射矣紀昌歸偃卧其妻之機下以目承牽挺二

年之後雖錐末倒眥而不瞬也以告飛衛飛衛曰未也亞（必 一作）學視而後可視小如大視微如著而後告紀昌以氂（音毛）懸虱於牖南面而望之旬日之間浸大也三年之後如車輪焉（志專而篤故業之精至此）以覩餘物皆丘山也乃以燕角之弧朔蓬之幹射之貫虱之心而懸不絕以告飛衛飛衛高蹈拊膺曰汝得之矣紀昌既盡衛之術計天下之敵己者一人而已乃謀殺飛衛相遇於野二人交射中路矢鋒相觸而墜於地

而塵不揚。飛衛之矢先窮。紀昌遺一矢。既發。飛衛以棘刺之端。扞之而無差焉。於是二子泣而投弓。相拜於塗。請爲父子。剋臂以誓。不得告術於人

此言射之精也。牽挺機下之挺。隨足上下者也。錐末倒眥而不瞬。意定而視專也。亞次也。亞學猶云再學也。黄帝居空同之上。心死形癈。神視焦螟如嵩山之阿。今風如車輪。紀昌其亦有得於此乎。燕池之角勁而長。即今之開元弓也。朔蓬之蕣。朔方蓬蒿。體直而勻。以爲矢也。剋臂即黥臂。猶今之刺字。古之雕題也

造父之師曰泰豆氏。造父之始從習御也。執

禮甚卑。泰豆三年不告。造父執禮愈謹。乃告之曰。古詩言。良弓之子。必先爲箕。良冶之子。必先爲裘。汝先觀吾趣。趣如吾。然後六轡可持。六馬可御。（書亦云六馬）造父曰。唯命所從。泰豆乃立木爲塗。僅可容足。計步而置。履之而行。趣走往還。無跌失也。造父學之。三日盡其巧。泰豆歎曰。子何其敏也。得之捷乎。凡所御者。亦如此也。曩汝之行。得之於足。應之於心。推於御也。齊輯乎轡銜之際。而急緩乎脣吻之和。正度乎胷臆之中。而執節乎掌握之間。內得於中心。而外合於馬志。是故能進退履繩。而旋曲中規矩。取道致遠。而氣力有餘。誠得其術也。得之於銜。應之於轡。得之於轡。應之於手。得之於手。應之於心。則不以目視。不以策驅。心閑體正。六轡不亂。（即此非六馬矣）而二十四蹄所投無差。迴旋進退。莫不中節。然後輿輪之外。可使無餘轍。馬蹄之外。可使無餘地。未嘗覺山谷之嶮。原隰之夷。視之一也。吾術窮矣。汝其識之

此言御之精也。其詞頗明。其訣頗簡。良弓爲箕。曲其直者使之調勻。同也。箕粗而弓精。良冶爲裘。補續周全。冶裘同也。冶難而裘易。欲爲其精且難。必先其粗且易也。御之爲訣。只在心閑體正。心苟不閑。體苟不正。豈能足外無餘地而履不失其常乎。惟心閑體正者。進止有常數。遲疾有常度。於此精而熟之。則施於身自無跌足。施於御自無覆轍矣。竊惟駕車兩服兩驂。四馬而已。四馬八轡。曰六轡者。兩驂內轡繫於車式也。若曰二十四蹄。則六馬矣。是必有誤也

魏黑卵。以暱嫌殺丘邴章。丘邴章之子來丹。謀報父之讐。丹氣甚猛。形甚露。（瘦弱）計粒而食。順風而趨。雖怒。不能稱兵以報之。恥假力於人。

誓手劒以屠黑卵。黑卵悍志絶衆。力抗百夫。筋骨皮肉。非人類也。延頸承刃。披胷受矢。鋩鍔摧屈。而體無痕撻。負其材力。視來丹猶雛鷇也。來丹之友申他曰。子怨黑卵至矣。黑卵之易子過矣。將奚謀焉。來丹垂涕曰。願子爲我謀。申他曰。吾聞衞孔周其祖得殷帝之寶劒。一童子服之。却三軍之衆。奚不請焉。來丹遂適衞。見孔周。執僕御之禮。請先納妻子。後言所欲。孔周曰。吾有三劒。唯子所擇。皆不能

殺人。且先言其狀。一曰含光。視之不可見。運之不知有。其所觸也。泯然無際。經物而物不覺。二曰承影。將旦昧爽之交。日夕昏明之際。北面而察之。淡淡焉若有物存。莫識其狀。其所觸也。竊竊然有聲。經物而物不疾也。三曰宵練。方晝則見影而不見光。方夜見光而不見形。其觸物也。騞然而過。隨過隨合。覺疾而不血刃焉。此三寶者。傳之十三世矣。而無施於事。匣而藏之。未嘗啓封。來丹曰。雖然。吾必

請其下者。孔周乃歸其妻子。與齋七日。晏陰之間。跪而授其下劒。來丹再拜受之以歸。來丹遂執劒從黑卵。時黑卵之醉偃於牖下。自頸至腰三斬之。黑卵不覺。來丹以黑卵之死。趣而退。遇黑卵之子於門。擊之三下。如投虛。黑卵之子方笑曰。汝何蚩而三招予。來丹知劒之不能殺人也。歎而歸。黑卵既醒。怒其妻曰。醉而露我。使我嗌疾而腰急。其子曰。疇昔來丹之來。遇我於門。三招我。亦使我體疾而

支彊（去聲）彼其厭我哉

三劒皆狀吾之性體其妙用如此跪授其下以其可見可執也摧魔破慾上智炳於幾先故不見形其次覺而後洗如紅爐點雪似有而無故以宵練爲喻黑卵郁章來丹申他孔周殷帝童子愚謂皆擬名以寓言也含光承影宵練亦然或謂此皆序其實事以爲魘魅之術殆非作者之意矣若然亦何關於世教也讀者幸虛心體之而後見其實

周穆王大征西戎。西戎獻錕吾之劒。火浣之布。其劒長尺有咫。練鋼赤刃。用之切玉如泥焉。火浣之布。浣之必投於火。布則火色。垢則布色。出火而振之。皓然疑乎雪。皇子以爲無

此物。傳之者妄。蕭叔曰。皇子果於自信。果於誣理哉

此篇極言太虛之廣事物之繁非知識所能盡此復言錕鋙之劍火浣之布舉皇子自限與蕭叔斥之之言則通篇所載疑以爲誣者皆可斥也愚嘗親見火浣布則錕鋙劍非妄矣世之傳聞廣見者必非皇子之流而物外奇踪天機無極又豈得世皆蕭叔哉

列子卷之五　終

列子卷之六　黎元朱得之傍註并通義

力命

此言天定之分也命者物稟於天數定於初之謂事雖未驗理固不易爲士者苟能安於所遇孔顏之樂在我矣不然終身役役莫知所爲或者以壽夭存於御養窮達係於智力愚也惑亦甚矣

力謂命曰。若之功奚若我哉。命曰。汝奚功於物。而欲比朕。力曰。壽夭。窮達。貴賤。貧富。我力之所能也。命曰。彭祖之智。不出堯舜之上。而壽八百。顏淵之才。不出衆人之下。而壽十八。（三十二而曰十八誤也）仲尼之德。不出諸侯之下。而困於陳蔡。殷紂之行。不出三仁之上。而居君位。季札無爵於吳。田恒專有齊國。夷齊餓於首陽。季氏富於展禽。若是女力之所能。柰何壽彼而夭此。窮聖而達逆。賤賢而貴愚。貧善而富惡邪。力曰。若如若言。我固無功於物。而物若此邪。此則若之所制邪。命曰。既謂之命。柰何有制之者邪。（任運而已何制之有）朕直而推之。曲而任之。自壽自夭。自窮自達。自貴自賤。自富自貧。朕豈能識之哉。朕豈能識之哉

此言天地無心而成化辭直旨明記者將以使人知命也力謂智謀命謂遭遇舉壽夭等倒置之事以警貪天功爲已功者其曰直而推之曲而任之曰推曰任則曲直之體在物而造化無曲直也但順物之自然隨所遇而賦之耳雖造化亦不自知也而况人乎

北宮子謂西門子曰朕與子並世（生於）也而人子達並族（類）也而人子敬並貌也而人子愛並言也而人子庸（信用）並行也而人子讓並仕也而人子貴並農也而人子富並商也而人子利朕衣則裋（粗衣 音豎）褐食則粢糲（四語豈並仕並農之謂乎）居則蓬室出則徒（步）行子衣則文錦食則粱肉居則連欐（棟）出則結駟

在家熙然有棄朕之心在朝諤然有敖朕之色（不能）請謁不相及遨遊不同行固有年矣子自以德過朕邪西門子曰予無以知其實汝造事而窮予造事而達此厚薄之驗歟而皆謂與予並汝之顏厚矣北宮子無以應自失而歸中塗遇東郭先生先生曰汝奚往而反偊偊（音釋）而步有深愧之色邪北宮子言其狀東郭先生曰吾將舍汝之愧與汝更之西門氏而問之曰汝奚辱北宮子之深乎固且言之西

下故曰胡豆詩稱后稷蓺之荏菽疑不待齊桓而後有也

管夷吾鮑叔牙二人相友甚戚同處於齊管夷吾事公子糾鮑叔牙事公子小白齊公族多寵嫡庶並行國人懼亂管仲與召忽奉公子糾奔魯鮑叔奉公子小白奔莒既而公孫無知作亂齊無君二公子爭入管夷吾與小白戰於莒道射中小白帶鉤小白既立脅魯殺子糾召忽死之管夷吾被囚鮑叔牙謂桓公曰管夷吾能（此材）可以治國桓公曰我讎也願殺之鮑叔牙曰吾聞賢君無私怨且人能爲其主（我用之）亦必能爲人（我）君如欲霸王非夷吾其弗（字法）可君必舍之（釋讎）遂召管仲魯歸之齊鮑叔牙郊迎釋其囚桓公禮之而位於高國之上（輕快）鮑叔牙以身下之任以國政號曰仲父桓公遂霸

管仲嘗歎曰吾少窮困時嘗與鮑叔賈分財多自與鮑叔不以我爲貪知我貧也吾嘗爲鮑叔謀事而大窮困鮑叔不以我爲愚知時有利不利也吾嘗三仕三見逐於君鮑叔不以我爲不肖知我不遭時也（君）吾嘗三戰三北鮑叔不以我爲怯知我有老母也公子糾敗召忽死之吾幽囚受辱鮑叔不以我爲無恥知我不羞小節而耻名不顯於天下也生我者父母知我者鮑叔也此世稱管鮑善交者（以上敘事）

（先斷一段莫非命也）小白善用能者然實無善交實無用能也實無善交實無用能者非更有善交更有善用能也召忽非能死不得不死鮑叔非能舉賢不得不舉小白非能用讎不得不用及管夷（又叙事）吾有病小白問之曰仲父之病病矣（疾）可不諱（設）云至於大病則寡人惡乎屬國而可夷吾曰公誰欲歟小白曰鮑叔牙可曰不可其爲人潔廉善士也其於不已若者不比之人一聞人之過終身不忘使之理國上且鉤乎君下且逆乎民其得罪於君也將弗久矣小白曰然則孰可對曰勿已則隰朋可其爲人也上忘而下不叛愧其不若黃帝而哀不已若者以德分人謂之聖人以財分人謂之賢人以

賢臨人。未有得人者也。以賢下人者。未有不
得人者也。其於國。有不聞也。其於家。有不見
也。勿已。則隰朋可。然則管夷吾非薄鮑叔也。（又斷非人所能為）
不得不薄。非厚隰朋也。不得不厚。厚之於始。（管隰也）（管鮑也）（又進一層）
或薄之於終。或薄之於終。或厚之於始。厚薄之
去來。弗由我也。鄧析操兩可之說。設無窮之（又敘事）
辭。當子產執政。作竹刑。鄭國用之。數難子產
之治。子產屈之。子產執而戮之。俄而誅之。然（罪）
（又斷）則子產非能用竹刑。不得不用。鄧析非能屈

子產。不得不屈。子產非能誅鄧析。不得不誅（總上三段皆出於天亦有常變之不同）（得常）
也。可以生而生。天福也。可以死而死。天福也。
可以生而不生。天罰也。可以死而不死。天罰（反常）
也。可以生。可以死。得生得死有矣。不可以生。（適備 如管仲 如甫生）
不可以死。或死或生。有矣。然而生生死死。非（如張巡守睢陽 如韓信典孩倉）（其）（其）
物非我。皆命也。智之所無柰何。故曰。窈然無
際。天道自會。漠然無分。天道自運。天地不能（與）（與）
犯。聖智不能干。鬼魅不能欺。自然者默而成（之道）
之。平之。寧之。將之。迎之（後）（先之）

上章擬名顯義此則舉實事以證命之自制
也莫之爲而爲者天也莫之致而至者命也
可以死而不死謂天罰者猶生執有喪其性
真生則重其罪動則同禽獸故也末句五之
字皆指人事成平寧將迎皆指道猶曰無聲
無臭之中成其成平其平寧其寧將其將迎
其迎
也

楊朱之友。曰季梁。季梁得疾。七日大漸。其子
環而泣之。請醫。季梁謂楊朱曰。吾子不肖如（既泣又請醫）
此之甚。汝奚不爲我歌以曉之。楊朱歌曰。天（今或禍也）（禍也）
其弗識。人胡能覺。匪祐自天。弗孽由人。我乎（且）（自然而不可知者）
汝乎。其弗知乎。醫乎巫乎。其知之乎。其子弗（豈能）

曉。終謁三醫。一曰矯氏。二曰俞氏。三曰盧氏。
診其所疾。矯氏謂季梁曰。汝寒溫不節。虛實
失度。病由飢飽色欲。精慮煩散。非天非鬼。雖
漸。可攻也。季梁曰。衆醫也。亟屏之。俞氏曰。女（將死）
始則胎氣不足。乳湩有餘。病非一朝一夕之（飲過多）
故。其所由來漸矣。弗可已也。季梁曰。良醫也。
且食之。盧氏曰。汝疾不由天。亦不由人。亦不（修短）（今之疾司）
由鬼。稟生受形。既有制之者矣。亦有知之者
矣。藥石其如汝何。季梁曰。神醫也。重貺遣之。

俄而季梁之疾自瘳。生非貴之所能存，身非愛之所能厚；生亦非賤之所能夭，身亦非輕之所能薄。故貴之或不生，賤之或不死；愛之或不厚，輕之或不薄。此似反也，非反也。此自生自死，自厚自薄。或貴之而生，或賤之而死；或愛之而厚，或輕之而薄。此似順也，非順也。此亦自生自死，自厚自薄。鬻熊語文王曰：自長非所增，自短非所損，筭之所亡若何。老聃語關尹曰：天之所惡，孰知其故？言迎天意，揣

利害不如其已。

此言不知命而欲侮命者。三醫異見，初謂人事，次謂稟受，終謂適然。故曰有制之者，又曰不可知。制之者亦不可知，是則雖天亦不知之矣。俄而自瘳，可見病與瘳莫非自然，醫藥無所與也。記者又原理以足安命之意，以為貴賤厚薄無與於壽夭。此語似反常而實非反常。彼以壽夭出於貴賤厚薄，此語似順理而實非順理。苟知壽夭之出，出於自然，出於不得不然，則無反逆之疑矣。引鬻熊、老聃語而結之，以為二老蓋言上文種種迎天意揣利害者，均歸於無益，不如其不迎不揣而聽其自然也。迎天意指後一醫，揣利害指前二醫。前二醫蓋今世之擅醫名而自誇者也。由季梁視之，皆若孩孺然。至其所謂神醫者，亦不過優奬之耳。若夫天其弗識，人胡能覺之？意固亦邈然矣。其俄而瘳也，豈醫之所能識哉。

楊布問曰：有人於此，年兄弟也，言兄弟也，才兄弟也，貌兄弟也，而壽夭父子也，貴賤父子也，名譽父子也，愛憎父子也。吾惑之。楊子曰：古之人有言，吾嘗識之，將以告若。不知所以然而然，命也。今昏昏昧昧，紛紛若若，隨所為，隨所不為，日去日來，孰能知其故？皆命也夫。信命者亡壽夭，信理者亡是非，信心者亡逆順，信性者亡安危，則謂之都亡所信，都亡所不信。真矣慤矣，奚去奚就？奚哀奚樂？奚為奚

不為？黃帝之書云：至人居若死，動若械。亦不知所以居，亦不知所以不居；亦不知所以動，亦不知所以不動。亦不以眾人之觀易其情貌，亦不謂眾人之不觀不易其情貌。獨往獨來，獨出獨入，孰能礙之？墨尿（音眉）、單（音戰）至、嘽（齒然反）咺、憋（妨滅反）懯四人相與游於世，胥如志也。窮年不相知情，自以智之深也。巧佞、愚直、婩（魚界反）斫、便辟四人相與游於世，胥如志也。窮年而不相謫，自以巧之微也。謬怌（口家反）

情（攄弄）露謰（匿情寡）𢤱（音棘）凌誶（鬭能詰問）四人相與游於世胥如志
也窮年不相曉悟自以爲才之得也眠（羞澀）娗（珍）
諈（累煩）諉勇敢怯（拙弱）疑四人相與游於世胥如志也
窮年不相讁發自以行無戾也多（苟合）偶自（自用）專乘
權隻（孤）立四人相與游於世胥如志也窮年不
相顧眄自以時之適也此衆態也其貌不一
而咸之於道（自適）命所歸也𠎝（卒然）𠎝成者俏（似）成也初
非成也𠎝𠎝敗者俏敗也初非敗也故迷生
於俏俏之際昧然於俏而不昧然則不駭外

禍不喜內福隨時動隨時止智不能知也信
命者於彼我無二心於彼我而有二心者不
若揜目塞耳背坂面隍亦不墜仆也故曰死
生自命也貧窮自時也怨夭折者不知命者
也怨貧窮者不知時者也當死不懼在窮不
戚知命安時也其使多智之人量利害料虛
實度人情得亦中（半也下同）亡亦中其少智之人
不量利害不料虛實不度人情得亦中亡亦
中量與不量料與不料度與不度奚以異唯

亡所量亡所不量則全而亡喪亦非知全亦
非知喪自全也自喪也自亡也
楊布之問以知識疑大道亦承上章自然之
義于居之答無知而任道也謂嘗識古人之
言欲布之信也正所謂法語之言能無從乎
今夫欲爲而不得爲欲不爲而又爲之命之
所制孰能知其故故知莫之爲而爲則忘壽
夭矣知自然之道則忘是非矣知嬰兒之心
則忘順逆矣知天命之性則忘安危矣曰命
曰道曰心曰性雖若可信而又不足信故曰
都無所信都無所不信眞矣慤矣眞純誠慤
一而不雜也若能知此則何所去就何所哀
樂又何可爲不可爲哉居若死寂然不動也
動若械隨感即應無思無滯也是其忘己遺
形與造物者遊故不知其爲居不居不知其
爲動不動順情自憮而不狥乎物獨立而不

攺周行而殆也墨㞃以下人品二十種分作
五類各以二品相反並擧盡世態矣凡此各
自以爲得殊不知莫非命之使然其成其敗
何者爲眞夫成者似成而非成敗者似敗而
非敗人以其形似之際而迷之特爲成敗之
詵是惑也故曰迷其生於俏然其俏似之際
雖若昧然不可知而其杳冥之閒理道甚明
初未嘗昧然也苟於其俏似之際而有不昧
然之見則禍不禍不足駭福不足喜非但不駭
喜并禍福不見忘內外而不分雖背峻坂而
立面深隍而行又掩其耳塞其目危之甚也
然而其命之在天自有不能容心者則亦不
危矣此校孟子不立巖墻之意更加一層其
謂智者愚者得失各相半言天非人所限也
惟順天而隨時無所量度亦無不量度則其
得失皆無所滯是眞全而無喪也然全亦不
可知喪亦不可知無所全喪亦不可知故曰
亦非知全亦非知喪意以全者自全喪者自

喪無所全喪者自無所全喪此知命安時者不容心於彼此得失之間也

齊景公遊於牛山。北臨其國城。而流涕。曰美哉國乎。鬱鬱芊芊。若何滴滴（零落）去此國而死乎。使古（天地間）無死者（之事）。寡人將去斯而之何。（棄 倒用法）史孔梁丘據皆從而泣曰臣賴君之賜。疏食惡肉。可得而食。駑馬稜（粗草）車。可得而乘也。且猶不欲死。而況吾君乎。晏子獨笑於旁。公雪（拭）涕而顧晏子曰寡人今日之游悲。孔與據皆從寡人而泣。子之獨笑。何也。晏子對曰使賢者常守之。則太公桓公將常守之矣。使有勇者而常守之。則莊公靈公將常守之矣。數君者將守之。吾君方將被蓑笠而立乎畎畝之中。唯事（勤勞）之恤（憂）。何暇念死乎。則吾君又安得此位而立焉。以其迭處（貪愛無厭）之。迭去之。至於君也。而獨為之流涕。是不仁也。見不仁之君。見諂諛之臣。臣見此二者。臣之所為獨竊笑也。（孟子已前能容此等詞氣）景公慚焉。舉觴自罰。罰二臣者各二觴焉

此衆迷戀塵世者之愚以足前四章之義亦見景公之納善晏子以其君顯之實也

魏人有東門吳者。其子死而不憂。其相室曰。公之愛子。天下無有。今子死不憂。何也。東門吳曰。吾嘗無子。無子之時不憂。今子死。乃與嚮無子同。臣奚憂焉。農赴時。商趣利。工追術。仕逐勢。勢使然也。然農有水旱。商有得失。工有成敗。仕有遇否。命使然也

此章言得之本有有不足為喜失之本無無不足為憂農商工仕既居其業勢自不能不望得也然得失不能自保固有命焉今而喪子豈我之所望特以命非人為所能轉移則亦安之而已按張處度謂此篇明萬物有命智力無施楊朱篇言人皆肆情則制不由命義例相違竊謂未然此篇論力命力亦命也下篇許肆情表天眞也天眞自然非命乎此書蓋借群聖成功之階以解後學守跡之縛非為肆情不學者言也為最上根器為學術所殺者回生也莊子云上不敢為仁義之操下不敢為淫僻之行者正道德之至也就符一篇正指楊朱篇之歸宿豈曰義違縱或義違竊謂成人之美者亦宜曲暢而旁通之也善取益者審之

列子卷之六　終

列子卷之七　　參元朱得之傍註并通義

楊朱 此篇言率其自然之性則天真不鑿故居方者謂爲隱居放言足以起狂悖者之譏訕此固立言者所不辭也孟子曰能言距楊墨者聖人之徒也予今之通義若不距者正以原其心而距其流也使讀是書者不至無君而已也

楊朱游於魯舍於孟氏孟氏問曰人而已矣奚以名爲曰以名者爲富既富矣奚不已焉曰爲貴既貴矣奚不已焉曰爲死既死矣奚爲焉曰爲子孫名奚益於子孫曰名乃苦其身燋其心乘其名者澤及宗族利兼鄉黨況子孫乎二轉凡爲名者必廉廉斯貧爲名者必讓讓斯賤三轉曰管仲之相齊也君淫亦淫君奢亦奢志合言從道行國霸死之後管氏而已田氏之相齊也君盈則已降君斂則已施民皆歸之因有齊國子孫享之至今不絕即此見此書去列子之世遠矣若實名貧僞名富四轉曰實無名名無實名者僞而已矣昔者堯舜僞以天下讓許由善卷而不失天下享祚百年伯夷叔齊實以孤竹君讓而終

亡其國餓死於首陽之山實僞之辯如此其省也

明 章首曰人而已矣言天地間萬物並生並育我得爲人與含齒戴髮者同也何乃檢束規矩而求爲善之名乎初言名可取利轉難以名不得利再轉則指出誠僞之異以實名貧僞名富結以實無名名無實歸宿於一僞故曰名者僞而已詞揚而意抑雖日矯世之論乃所以貴實而不務名也蕩蕩之世何名何利

楊朱曰百年壽之大齊得百年者千無一焉設有一者孩抱以逮昏老幾居其半矣夜眠之所弭消弭晝覺之所遺失忘又幾居其半矣痛疾哀苦亡失憂懼又幾居其半矣量十數年之中約日逌然而自得亡介焉之慮者亦亡一時之全爾入此一句不居篇首至此方出文法也則人之生也奚爲哉奚樂哉爲美厚爾爲聲色爾而美厚復不可常厭足聲色不可常翫聞乃復爲刑賞之所禁勸名法之所進退遑遑爾競一時之虛譽規死後之餘榮偶偶爾然慎耳目之觀聽惜身意之是非徒失當年之至樂不能自肆於一時重囚纍梏何以异異哉太古之人知生之暫來知死之暫往故

從心而動不違自然所好當身之娛非所去也故不爲名所勸從性而游不逆萬物所好死後之名非所取也故不爲刑所及名譽先後年命多少非所量也

此承上章言名之虛實皆非所尚惟貴適性而已竊以此爲確論從心而動不違自然從性而遊不逆萬物至聖之德何以加此惟當身之樂不能自肆之語似乎縱情而無忌者然其意將以譏矯僞喪真者導天下於多事耳苟知生者一氣之暫聚身者一物之暫聚者終散靈者終於歸虛顧乃役役以苦其身心遑遑而甘於網罟曾不若飛潛之悠悠蛾蝶之坦坦也則適性從天忘物忘世皆可幾矣

楊朱曰萬物所異者生也所同者死也生則有賢愚貴賤是所異也死則有臭腐消滅是所同也雖然賢愚貴賤非所能也臭腐消滅亦非所能也故生非所生死非所死賢非所賢愚非所愚貴非所貴賤非所賤然而萬物齊生齊死齊賢齊愚齊貴齊賤十年亦死百年亦死仁聖亦死凶愚亦死生則堯舜死則腐骨生則桀紂死則腐骨腐骨一矣孰知其異且趣當生奚遑死後

溺情於世者觀此可釋然矣生死賢愚貴賤俗情所共去就者不知物外天眞遇無加損故曰生非所生等蓋曰吾之謂生虛靈不泯非形骸之生也吾之謂死情欲灰寒非形骸之死賢以自得非以竝時愚以自守非以懸淺貴以全性非以得爵賤以德穢非以役卑故萬物之所同者非我之所謂也且趣當生息息見在也息息見在奚遑他慮

楊朱曰伯夷非亡欲矜清之郵以放餓死展季非亡情矜貞之郵以放寡宗清貞之誤善也若此

清貞誤善亦知我罪我之意如孝己務光泆聖之跡而不得其意是以束於法而不自率其天眞也此亦承上章矯世之論

楊朱曰原憲窶於魯子貢殖於衛原憲之窶損生子貢之殖累身然則窶亦不可殖亦不可其可焉在曰可在樂生可在逸身故善樂生者不窶善逸身者不殖

此言孔門高弟所趨不同非學之異學不能變其質之異也歷山莘野之耕非不逸身簞瓢陋巷之居非不樂生各安其業各盡其心又何損生累身之有可在樂生樂其所居之業也可在逸身不以外物役形骸也故曰善樂生者不窶善逸身者不殖古今皆云子貢爲商賈不知尼父貨殖之指也尼父本言賜不安天賦之質爲學而務多聞如賈者貨而殖之是以比擬彷彿言多億中非謂其殖貨也若曰殖貨億則屢中何以相爲余惜楊子

亦安聞見而不察也故爲之一辯

楊朱曰古語有之生相憐死相捐此語至矣相憐之道非唯情也勤能使逸饑能使飽寒能使溫窮能使達也相捐之道非不相哀也不含珠玉不服文錦不陳犧牲不設明器也

此因古今異尚文質誠僞之相反故引古語以發之楊朱之本意　蓋謂古人用情於有用之時若虛文浪費則不用矣今人生則自私而不能相濟死則爲美觀以欺人則亦何益之有此其所以務爲我以爲學而復以之望天下也記曰之死而致死之是不仁也之死而致生之是不智也又曰必誠必信勿之有悔焉而已誠信者分之所在不加毫末力之可爲不敢不盡下章晏平之論送死存乎所遇則相捐之義不若子居之說近於不仁也楊王孫皇甫謐倮葬之說殆原於此

晏平仲問養生於管夷吾管夷吾曰肆之而已勿壅勿閼晏平仲曰其目奈何夷吾曰恣耳之所欲聽（敷演汗漫非春秋已前文也）恣目之所欲視恣鼻之所欲向恣口之所欲言恣體之所欲安恣意之所欲行夫耳之所欲聞者音聲而不得聽謂之閼（遏塞）聰目之所欲見者美色而不得視謂之閼明鼻之所欲向者椒蘭而不得嗅謂之閼顫口之所欲道者是非而不得言謂之閼智體之所欲安者美厚而不得從謂之閼適意之所欲爲者放逸而不得行謂之閼性凡此諸閼廢虐之主去廢虐之主熙熙然以俟死一日一月一年十年吾所謂養拘此廢虐之主錄而不舍戚戚然以至久生百年千年萬年非吾所謂養管夷吾曰吾既告子養生矣送死奈何晏平仲曰送死畧矣將何以告焉管夷吾曰吾固欲聞之平仲曰既死豈在我哉焚之亦可沈之亦可瘞之亦可露之亦可衣薪而棄諸溝壑亦可袞衣繡裳而納諸石槨亦可唯所遇焉管夷吾顧謂鮑叔黃子曰生死之道吾二人進（盡）之矣

管晏不同時此蓋即二子之所尚以寄辯於內外之重輕耳恣而不閼性適於自然體適於安閑年歲修短無容心焉此謂善養其生者也拘廢虐之主雖久生亦重囚纍梏耳送死之豐嗇隨其所遇豈死者之所得諆哉況已歸臭腐雖妻子亦不能相近厚葬何爲管晏所趨奢儉不同而同歸於無所作爲不以世法自縛者也仲嘗勸桓公游終北之國而今言若此意實相背雖曰寓言未得言外之意者不能會而通之或謂父母遺體不可輕

又謂無使土侵膚皆聖人之厚道也平仲云然豈可番訓曰謂惜遺體生時事也死不在我矣無使土侵膚子道也非父所能與也喪具稱家之有無是也

子產相鄭專國之政三年善者服其化惡者
畏其禁鄭國以治諸侯憚之而有兄曰公孫
朝有弟曰公孫穆朝好酒穆好色朝之室也
聚（許其好）酒千鍾積麴成封望門百步糟漿之氣逆
於人鼻方其荒於酒也不知世道之安危人
理之悔吝室內之有亡九族之親疏存亡之
哀樂也雖水火兵刃交於前弗知也穆之後

庭比房數十皆擇稚齒婑（烏果反）媠（奴坐反）者以
盈之方其耽於色也屏親暱絕交游逃於後
庭以晝足夜三月一出意猶未慊鄉有處子
之娥姣者必賄而招之媒而挑之（引誘）必獲而後
已子產日夜以為戚密造鄧析而謀之曰僑
聞治身以及家治家以及國此言自於近至
於遠也僑為國則治矣而家則亂矣其道逆邪
將奚方以救二子子其詔之鄧析曰吾怪之
久矣未敢先言子奚不時其治也喻以性命

之重誘以禮義之尊乎子產用鄧析之言因
間（時其治）以謁其兄弟而告之曰人之所以貴於禽
獸者智慮智慮之所將者禮義禮義成則名
位至矣若觸情而動耽於嗜慾則性命危矣
子納僑之言則朝自悔而夕食祿矣（汝）朝穆曰
吾知之久矣擇之亦審矣豈待若言而後識
之哉（此與盗跖之言大旨相同）凡生之難遇而死之易及以難遇之生
俟易及之死可孰念哉而欲尊禮義以夸人
矯情性以招名吾以此為弗若死矣為欲盡

一生之歡窮當年之樂唯患腹溢而不得恣
口之飲力憊而不得肆情於色不遑憂名聲
之醜性命之危也且若（汝）以治國之能夸物欲
以說辭亂我之心榮祿喜我之意不亦鄙而
可憐哉我又欲與若別之夫善治外者物未
必治而身交苦善治內者物未必亂而性交
逸以若之治外其法可蹔行於一國未合於
人心以我之治內可推之於天下君臣之道
息矣吾常欲以此術而喻之若（汝）反以彼術而

教我哉。子産忙然。無以應之。他日以告鄧析。鄧析曰。子與眞人居。而不知也。孰謂子智者乎。鄭國之治。偶耳。非子之功也

治内治外固有本末之差而本末非二體也惟眞人不見内外而不失於内外此章以嗜慾爲性非知性者也謂之眞人以其不矯情飾僞耳只是以解縛爲義而不覺其言之過於抑揚此游說闔捭之學所以亂眞而惑世也

衛端木叔者。子貢之世也。藉其先貲。家累萬金。不治世故。放意所好。其生民之所欲爲。人意之所欲玩者。無不爲也。無不玩也。墻屋臺

榭。園囿池沼。飲食車服。聲樂嬪御。擬齊楚之君焉。至其情所欲好。耳所欲聽。目所欲視。口所欲嘗。雖殊方偏國。非齊土之所産育者。無不必致之。猶藩墻之物也。及其游也。雖山川阻險。塗逕脩遠。無不必之。猶人之行咫步也。賓客在庭者。日百住。庖廚之下。不絶烟火。堂廡之上。不絶聲樂。奉養之餘。先散之宗族。宗族之餘。次散之邑里。邑里之餘。乃散之一國。行年六十。氣幹將衰。棄其家事。都散其庫藏。

珍寶車服。妾媵。一年之中盡焉。不爲子孫留財。及其病也。無藥石之儲。及其死也。無瘞埋之資。一國之人受其施者。相與賦而藏之。反其子孫之財焉。禽滑釐聞之。曰。端木叔。狂人也。辱其祖矣。段干生聞之。曰。端木叔。達人也。德過其祖矣。其所行也。其所爲也。衆意所驚。而誠理所取。衛之君子。多以禮教自持。固未足以得此人之心也

此亦以嗜慾爲性者謂其狂者不受檢束也謂其達者無係吝也故爲庸流之所驚廓然

者之所取苟得其心則驚也取也皆非其所知也謂以禮教自持者爲君子其亦篾學黜聖之意歟

孟孫陽問楊子曰。有人於此。貴生愛身。以蘄不死。可乎。曰。理無不死。以蘄久生。可乎。曰。理無久生。生非貴之所能存。身非愛之所能厚。且久生奚爲。五情好惡。古猶今也。四體安危。古猶今也。世事苦樂。古猶今也。變易治亂。古猶今也。既聞之矣。既見之矣。既更之矣。百年猶厭其多。況久生之苦也乎。孟孫陽曰。若然。

速亡愈於久生則踐鋒刃入湯火得所志矣
楊子曰不然既生則廢而任之究其所欲以俟於死將死則廢而任之究其所之以放於盡無不廢無不任何遽遲速於其閒乎

此承上二章而歸於忘死生忘廢任也人而忘死生忘廢任日與天游而已何遲何速

楊子曰伯成子高不以一毫利物舍國而隱耕大禹不以一身自利一體偏枯古之人損一毫利天下不與也悉天下奉一身不取也人人不損一毫人人不利天下天下治矣

禽子問楊朱曰去子體之一毛以濟一世汝爲之乎楊子曰世固非一毛之所濟禽子曰假濟爲之乎楊子弗應禽子出語孟孫陽孟孫陽曰子不達夫子之心吾請言之有侵若肌膚獲萬金者若爲之乎曰爲之孟孫陽曰有斷若一節得一國子爲之乎禽子默然有閒孟孫陽曰一毛微於肌膚肌膚微於一節省矣然則積一毛以成肌膚積肌膚以成一節一毛固一體萬分中之一物柰何輕之乎禽子曰吾不能所以荅子然則以子之言問老聃關尹則子言當矣卽此可以見學術在當時已不同矣以吾言問大禹墨翟則吾言當矣道不合則亦不可以強同也孟孫陽因顧與其徒說他事

禽子墨氏之徒故因楊子舉伯成子高與大禹之道足以治天下故辯難以盡楊子之蘊老聃關尹大禹墨翟正當時借以爲門墻者學術之不同初則矯時也矯時而過則不得乎時中流弊至於無父無君豈楊墨之本心哉故君子審幾於始

楊朱曰天下之美歸之舜禹周孔天下之惡歸之桀紂然而舜耕於河陽陶於雷澤四體不得蹔安口腹不得美厚父母之所不愛弟

妹之所不親行年三十不告而娶及受堯之禪年已長智已衰商均不才禪位於禹戚戚然以至於死此天人之窮毒者也鯀治水土績用不就殛諸羽山禹纂業事讎惟荒土功子産不字過門不入身體偏枯手足胼胝及受舜禪卑宮室美紱冕戚戚然以至於死此天人之憂苦者也武王既終成王幼弱周公攝天子之政召公不悅四國流言居東三年誅兄放弟僅免其身戚戚然以至於死此天人

之危懼者也。孔子明帝王之道。應時君之聘。（何有於聘）伐樹於宋。削迹於衛。窮於商周。圍於陳蔡。受屈於季氏。見辱於陽虎。戚戚然以至於死。此天民之遑遽者也。（遑遽不自）凡彼四聖者。生無一日之歡。死有萬世之名。名者固非實之所取也。雖稱之弗知。雖賞之不知。與株塊無以異矣。桀藉累世之資。居南面之尊。智足以距群下。威足以震海內。恣耳目之所娛。窮意慮之所為。熙熙然以至於死。此天民之逸蕩者也。紂亦

藉累世之資。居南面之尊。威無不行。志無不從。肆情於傾宮。縱欲於長夜。不以禮義自苦。熙熙然以至於誅。此天民之放縱者也。彼二凶也。生有從欲之歡。死被愚暴之名。實者固非名之所與也。雖毀之不知。雖稱之（毀）弗知。此與株塊奚以異矣。彼四聖。雖美之所歸。苦以至終。同歸於死矣。彼二凶。雖惡之所歸。樂以至終。亦同歸於死矣

此意屢見於前。只明為我之為得。此復標榜窮毒放縱等名。敷演文字耳。美惡之歸。良心同也。曰聖曰凶。向背昭然。而結曰同歸於死。即衆人之所自委。以見擇術之不慎者衆。而有志知幾者少也。明抑暗揚

楊朱見梁王。言治天下如運諸掌。梁王曰。先生有一妻一妾而不能治。三畝之園而不能芸。而言治天下如運諸掌。何也。對曰。君見其牧羊者乎。百羊而群。使五尺童子荷箠而隨之。欲東而東。欲西而西。使堯牽一羊。舜荷箠而隨之。則不能前矣。且臣聞之。吞舟之魚。不游汙池。鴻鵠高飛。不集卑枝。何則。其極（志力）遠也。

黃鍾大呂。不可從煩奏之舞。何則。其音疏也。將治大者不治細。成大功者不成小。此之謂矣

家難而天下易。家親而天下疏也。楊朱不能治妻妾。亦為我而寡恩乎。法不可加而恩不洽。此所以不治也。能大者不屑小。固任質恃材之器。而非務學者之言矣。然就答問之間而觀之。是誠所謂遁辭。做樊遲學稼章之意也。全是戰國辯士之言。反求諸己者不然

楊朱曰。太古之事滅矣。（泯）孰誌之哉。三皇之事。若存若亡。五帝之事。若覺若夢。三王之事。或隱或顯。億不識一。當身之事。或聞或見。萬不

識一目前之事或存或廢千不識一太古至於今年數固不可勝紀但伏羲已來聿餘萬歲賢愚好醜成敗是非無不消滅但遲速之間耳矜一時之毀譽以焦苦其神形要死後數百年中餘名豈足潤枯骨何生之樂哉

此亦曠達之懷憐奔競之徒而開喻之於世教不爲無補後學乃置列莊而不讀惜哉

楊朱曰人肖天地之類懷五常之性有生之最靈者人也人者爪牙不足以供守衛肌膚不足以自捍禦趨走不足以逃利害無毛羽

以禦寒暑必將資物以爲養性生任智而不恃力故智之所貴存我爲貴力之所賤侵物爲賤然身非我有也既生不得不全之物非我有也既有不得而去之身固生之主物亦養之主雖全生不可有其身雖不去物此爲去物不可有其物有其物有其身是橫私天下之身橫私天下之物其唯聖人乎公天下之身公天下之物其唯聖誤至人矣此之謂至至者也

此承上章惜奔競之愚而示以此身之貴也用物而不役於物則無橫私之弊矣至至者純公而無私是爲道之至也今以身與物皆爲天下之公則公亦忘矣故曰至至

楊朱曰生民之不得休息爲四事故一爲壽二爲名三爲位四爲貨有此四者畏鬼畏人畏威畏刑此謂之遁人也可殺可活制命在外不逆命何羨壽不矜貴何羨名不要勢何羨位不貪富何羨貨此之謂順民也天下無對制命在內故語有之曰人不婚宦情欲失半人不衣食君臣道息周諺曰田父可坐殺晨出夜入自以性之恒啜菽茹藿自以味之

極肌肉麤厚筋節𦢊區位反急一朝處以柔毛綈幕薦以粱肉蘭橘心痟一反錯體煩內熱生病矣商魯之君與田父侔同所居地則亦不盈一時而憊矣故野人之所安野人之所美謂天下無過者昔者宋國有田夫常衣緼黂房未反僅以過冬暨春東作自曝於日不知天下之有廣廈隩室綿纊狐貉顧謂其妻曰負日之暄人莫知者以獻吾君將有重賞里之富室告之曰昔人有美戎大豆菽甘枲莖恭耳芹萍子者對鄉

豪稱之。鄉豪取而甞之。蜇於口。慘於腹。衆哂而怨之。其人大慙。子此類也

此言習以成性各以為安非天性之不同也而各以相非誤矣然習於小者必不能以信大習於隨者必不能以知通伊周不作孔孟不傳大道之為天下哂也又何足恠

楊朱曰。豐屋美服。厚味姣色。有此四者。何求於外。有此而求外者。無厭之性。無厭之性。陰陽之蠹也。忠不足以安君。適足以危身。義不足以利物。適足以害生。安上不由於忠。而忠名滅焉。利物不由於義。而義名絶焉。君臣皆安。物我兼利。古之道也

此原世人不忠不義之故由於無厭之性也惟無厭以為心則雖欲竊忠之名而無忠之實故不足以安君而祇足以危身雖欲襲義以欺人而非誠於義故不足以利物而適足以害生苟能隨遇自足隨寓盡心雖不求為忠而君享其佐輔之功雖不求為義而無妨物之事故無忠義之名而君安物利也曰古之道以見今之不然豪傑生於戰國言多若此大意只欲人修德而不務求名則人已兩忘皡皡如也

鬻子曰。去名者無憂。老子曰。名者。實之賓。而悠悠者趨名不已。名固不可去。名固不可賓耶。今有名則尊榮。亡名則卑辱。尊榮則逸樂

卑辱則憂苦。憂苦。變性者也。逸樂。順性者也。斯實之所係矣。名胡可去。名胡可賓。但惡夫守名而累實。守名而累實。將恤危亡之不救豈徒逸樂憂苦之間哉

先引二老之語然後推原至理必本於人情之常其間示後世之意切矣惟趨名不已者則守名而累實耳守名累實者名實皆亡其為憂也無時可息猶孟子所謂安其危而利其災也

列子卷之七終

列子卷之八　叅元朱得之傍註幷通義

說符天之降祥因於人之作善理也哲人之作善率其性也非以祈夫祥也而祥必至蓋天機之運善則順不善則逆順則成祥逆則成殃天無意聖亦無意萬古不爽此君子所自信也故言行謙謹意念守中惟以成己爲務

子列子學於壺丘子林壺丘子林曰子知持後則可言持身矣列子曰願聞持後曰顧若影則知之列子顧而觀影形枉則影曲形直則影正然則枉直隨形而不在影屈伸任物而不在我此之謂持後而處先

此非後天而奉天時者不足以語此影之枉直隨形猶物之應德在感此自反之準也屈伸任物而不在我此物各賦物之道也物各賦物物莫不歸焉物莫不歸則我常居先矣故曰持後而處先然則枉直隨形以下壺子之言也

關尹謂子列子曰言美則響美言惡則響惡身長則影長身短則影短名也者響也身也者影也故曰慎爾言將有和之慎爾行將有隨之是故聖人見出以知入觀往以知來此其所以先知之理也度在身稽在人人愛我我必愛之人惡我我必惡之湯武愛天下故王桀紂惡天下故亡此所稽也稽度皆明而不道也譬之出不由門行不從徑也以是求利不亦難乎嘗觀之神農有炎之德稽之虞夏商周之書度諸法士賢人之言所以存亡廢興而非由此道者未之有也

此承上形影不爽之義而究言之也聖人先知只是謹言慎行矩度在我而信從在人故曰度在身稽在人湯武桀紂之興亡可以見古今人心之同然推之上古帝王之典籍以至今世法士賢人之言未有不同者是以君子持身必由乎大道也此章義與孔孟同前此諸篇恢詭闔押絕不相類其非一家之言信矣記者序此於末篇將以洗夫以自恣爲自然認嗜慾爲眞性者之不察使其考古聖循天則而不失人道之常也

嚴恢曰所爲問道者爲富今得珠亦富矣安用道子列子曰桀紂唯重利而輕道是以亡幸哉余未語汝也人而無義唯食而已是雞狗也彊食靡角勝者爲制是禽獸也爲雞狗禽獸矣而欲人之尊己不可得也人不尊己則危辱及之矣

以問道爲求富亦求名爲致富之義皆刺當時有爲而爲者之不察也此言人之貴非在形非在富在得道而已得道者非外有所得愼言愼行成己成物不務利以戕生也周茂

叔曰至尊者道至貴者德人而最難得者道德有於身而已曾子曰君子所貴乎道者三籩豆之事則有司存孔子曰朝聞道夕死可矣皆此意也

列子學射中矣請於關尹子尹子曰子知子之所以中者乎對曰弗知也關尹子曰未可退而習之三年又以報關尹子尹子曰子知子之所以中乎列子曰知之矣關尹子曰可矣守而勿失也非獨射也爲國與身亦皆如之（射）故聖人不察存亡（存亡）而察其所以然

中而不知中則偶然之遇耳藝熟之時矢脫於弦意已知其中不中矣此猶知夫發矢也若關尹之問列子之答則惟吾心自知寧靜中正者無或搖奪彼發不發中不中皆過目之游塵故曰爲國與身亦皆若此察存亡知其中不中也所知者跡也察所以然知其神之一二也所知者幾也察其所以然原其致此存之之故也

列子曰色盛者驕力盛者奮（詑詑之聲色）未可以語道也故不班白語道失（且）而況行之乎故自奮則人莫之告人莫之告則孤而無輔矣賢者任人故年老而不衰智盡而不亂故治國之難在於知賢而不在自賢

此正存亡之所以然也老成者歷練既多不敢自滿故可與論世故本人情而率夫大道

也少年自恃其能悻悻於世拒人日遠孰告以善告亦莫之聽故孤立而無輔淸明特達之人虛己用人不勞形不耗神其用智惟在知賢故老而不衰雖用智整竭而神自不亂此所以治國不在於自賢也自賢者反道

宋人有爲其君以玉爲楮葉者三年而成鋒殺所拜反莖柯毫芒繁澤亂之楮葉中而不可別也此人遂以巧食宋國子列子聞之曰使天地之生物三年而成一葉則物之有葉者寡矣故聖人恃道化而不恃智巧

此亦當時尚巧之風行而競巧之人出列子悲世教之漸入纖麗生民之道日失其本也故一論之亦承自賢必入於智巧之意書曰不作無益害有益功乃成不貴異物賤用物民乃足後世其知之乎道化智巧其本天淵而恃之爲言亦非純王之心矣

子列子窮容貌有饑色客有言之鄭子陽者曰列禦寇蓋有道之士也居君之國而窮君無乃爲不好士乎鄭子陽即令官遺之粟子列子出見使者再拜而辭使者去子列子入其妻望之而拊心曰妾聞爲有道者之妻子皆得佚樂今有饑色君過而遺先生食先生不受豈不命也哉子列子笑謂之曰君非自

知我也以人之言而遺我粟至其罪我也又且以人之言此吾所以不受也其卒民果作難而殺子陽

此類春秋策士之言人之不信目而信耳者大率類此君子之守身也不徒以意氣相親而必以道義爲憔列子之不受粟非但以人言而已未相交接而有餽遺不惟儀不及物而驕矜自居之態隱然見於形迹之外其所以餽者特爲不好士一語觸其病耳列子豈不知其平昔遂以一飽自慰而失安分守身之道哉結以效驗非列子之言也蓋門人記其師之不苟因以見其先知也

魯施氏有二子其一好學其一好兵好學者以術干齊侯齊侯納之爲諸公子之傅好兵者之楚以法干楚王王悅之以爲軍正祿富其家爵榮其親施氏之鄰人孟氏同有二子所業亦同而窘於貧羨施氏之有因從請進趣之方二子以實告孟氏孟氏之一子之秦以術干秦王秦王曰當今諸侯力爭所務兵食而已若用仁義治吾國是滅亡之道遂宮而放之其一子之衛以法干衛侯衛侯曰吾弱國也而攝乎大國之間大國吾事之小國

吾撫之是求安之道若賴兵權滅亡可待矣若全而歸之適於他國爲吾之患不輕矣遂刖之而還諸魯既反孟氏之父子叩胷而讓施氏施氏曰凡得時者昌失時者亡子道與吾同而功與吾異失時者也非行之謬也且天下理無常是事無常非先日所用今或棄之今之所棄後或用之此用與不用無定是非也投隙抵時應事無方屬乎智智苟不足使若博如孔丘術如呂尚焉往而不窮哉孟氏父子舍然無慍容曰吾知之矣子勿重言

學術雖同而所遭殊絶古今往往有之此正命之一定而不可易者乃曰投隙抵時應事爲智又若智巧足以奪命也此非列子之言也審矣學之爲義非止一端學武學文六行六藝農工商賈何適非學此獨指以文事而歸宿於仁義是仁義不通於武事也豈列子之學乎據其詞而推之二孟蓋欲補秦衛之所少而不知從其所好則易入也使以法干秦術干衛則皆逆矣此亦警自用而不能因時順勢以安身者也

晉文公出會欲伐衛公子鋤仰天而笑公問何笑曰臣笑鄰之人有送其妻適私家者道

見桑婦悅而與言然顧視其妻亦有招之者矣臣竊笑此也公寤其言乃止引師而還未至而有伐其北鄙者矣

不務守己而馳心於責人則人亦有俟其隙而責之者况貪鄙成風圖一逞以得所欲者四境而皆是也晉文聽言而寤從善而還此其所以霸也

晉國苦盜有郄雍者能視盜之貌察其眉睫之間而得其情晉侯使視盜千百無遺一焉晉侯大喜告趙文子曰吾得一人而一國盜爲盡矣奚用多爲文子曰吾君恃伺察而得

盜盜不盡矣且郄雍必不得其死焉俄而群盜謀曰吾所窮者郄雍也遂共盜而殘之晉侯聞而大駭立召文子而告之曰果如子言郄雍死矣然取盜何方文子曰周諺有言察見淵魚者不祥智料隱匿者有殃且君欲無盜莫若舉賢而任之使教明於上化行於下民有耻心則何盜之爲於是用隨會知政而群盜奔秦焉

此迂儒所敘將以明恃聰明逞知識之患亦模倣魯論道德齊禮有耻且格與子爲政焉用殺二章之意而爲言者群盜奔秦則非有耻心而不爲盜者革心之化非隨會所及

孔子自衛反魯息駕乎河梁而觀焉有懸水三十仞圜流九十里魚鼈弗能游黿鼉弗能居有一丈夫方將厲之孔子使人並涯止之曰此懸水三十仞圜流九十里魚鼈弗能游黿鼉弗能居也意者難可以濟乎丈夫不以錯意遂度而出孔子問之曰巧乎有道術乎所以能入而出者何也丈夫對曰始吾之入也先以忠信及吾之出也又從以忠信忠信

錯吾軀於波流而吾不敢用私所以能入而復出者以此也孔子謂弟子曰二三子識之水且猶可以忠信誠身親之而况人乎

此與黃帝篇觀于呂梁一章同但後半篇增出先以忠信等語文氣不純詞非忘意也識者必知其非列矣

白公問孔子曰人可與微言乎孔子不應白公問曰若以石投水何如（有情必露）孔子曰吳之善沒者能取之曰若以水投水何如（機感誠應）孔子曰淄澠之合易牙嘗而知之白公曰人固不可與微

言乎。孔子曰。何爲不可。唯知言之謂者乎。夫知言之謂者。不以言言也。爭魚者濡。逐獸者趨。非樂之也。故至言去言。至爲無爲。夫淺知之所爭者。末矣。白公不得已。遂死於浴室

無關大義特表尼父之前知耳不以言言者謂以意言也濡趨之患欲之所驅也欲驅而不見目前之患不若制其欲而患可免非樂之也若謂其非樂於濡趨也以爭魚逐獸之心驅之也正所謂驅而納諸罟擭陷穽之中而莫之知辟也此章全見淮南道應篇若此書在景帝時已出則淮南子必不全録其文於此尤見非列子之所爲矣

趙襄子使新穉穆子攻翟。勝之。取左人。中人。使遽人往謁之。襄子方食而有憂色。左右曰。一朝而兩城下。此人之所喜也。今君有憂色。何也。襄子曰。夫江河之大也。不過三日。飄風暴雨不終朝。日中不須臾。今趙氏之德行無所施於積。一朝而兩城下。亡其及我哉。孔子聞之曰。趙氏其昌乎。夫憂者。所以爲昌也。喜者。所以爲亡也。勝非其難者也。持之其難者也。賢主以此持勝。故其福及後世。齊楚吳越皆甞勝矣。然卒取亡焉。不達乎持勝也。唯

有道之主。爲能持勝。孔子之勁。能拓國門之關。而不肯以力聞。墨子爲守攻。公輸般服。而不肯以兵知。故善持勝者。以彊爲弱

以憂懼之心持勝固知其必昌矣知能自反其德無所於積其持修於德矣此亦後世之敘述耶孔子聞而評之又引孔墨爲證且曰不肯豈知孔墨之情者乎通章伯術結以強爲弱尤非孔門心法况齊楚越之亡去孔子時遠矣此殆作於秦漢之間乎

宋人有好行仁義者。三世不懈。家無故黑牛生白犢。以問孔子。孔子曰。此吉祥也。以薦上帝。居一年。其父無故而盲。其牛又復生白犢。其父又復令其子問孔子。其子曰。前問之而失明。又何問乎。父曰。聖人之言。先迕後合。其事未究。姑復問之。其子又復問孔子。孔子曰。吉祥也。復教以祭。其子歸致命。其父曰。行孔子之言也。居一年。其子又無故而盲。其後楚攻宋。圍其城。民易子而食之。析骸而炊之。丁壯者皆乘城而戰。死者太半。此人以父子有疾皆免。及圍解。而疾俱復

左傳以後之言也終於效驗大義則禍倚於福福隱於禍耳事或不誣意則膚淺然好行

仁義三世不懈則積德必久而後有轉災爲祥者今或以歲月之間一二事之善也遂以自蒲者觀此可以自省

宋有蘭子者以技干宋元(君)。宋元(君)召而使見其技。以雙枝長倍其身。屬其踁。(脛)並趨並馳。弄七劍。迭而躍之。五劍常在空中。元君大驚。立賜金帛。又有蘭子又能燕戲者。聞之。復以干元君。元君大怒曰。昔有異技干寡人者。技無庸。適值寡人有歡心。故賜金帛。彼必聞此而進。復望吾賞。拘而擬戮之。經月乃放

蘭妄也凡人物不知生出之由者謂之蘭蘭子善戲之名蓋宋之方言也雙枝屬踁以木接脚高其身即今之踹蹺戲也燕戲不知何狀技本無益而君之喜怒失道均無足取記者蓋言均是技也有遇不遇以例人之在世不可以一藝自信而取必於命之或然也

列子 通義卷八 十二

秦穆公謂伯樂曰。子之年長矣。子姓(孫)有可使求馬者乎。伯樂對曰。良馬可形容筋骨相也。天下之馬者。若滅若沒。若亡若失。若此者。絕塵彌轍。臣之子。皆下才也。可告以良馬。不可告以天下之馬也。臣有所與共擔纆(束)薪菜者。有九方皋。此其於馬。非臣之下也。請見之。穆公見之。使行求馬。三月而反。報曰。已得之矣。在沙丘。穆公曰。何馬也。對曰。牝而黃。使人往取之。牡而驪。穆公不說。召伯樂而謂之曰。敗矣。子所使求馬者。色物牝牡。尚弗能知。又何馬之能知也。伯樂喟然太息(不止千萬)曰。一至於此乎。是乃其所以千萬臣而無數者也。若皋之所觀。天機也。得其精而忘其麤。在其內而忘其外。見其所見。(默照爲見)不見其所不見。視其所視。(眼觸爲視)而遺其所不視。若皋之相者。乃有貴乎馬者也。(得馬之所最尚者)馬至。果天下之馬也

列子 一果字音 通義卷八 十三

得意者必忘言得情者必忘象若滅若沒若亡若失才之不易窺也盛德者之容貌所以若愚非伯樂九方皋又孰從而知之乃有貴乎馬言其術得馬之所以爲貴之道也韓退之曰天下馬常有而伯樂不常有愚謂均不常有也馬果天下材也雖無樂皋之預知亦因材而可以漸識也

楚莊王問詹何曰。治國柰何。詹何對曰。臣明於治身。而不明於治國也。楚莊王曰。寡人得奉宗廟社稷。願學所以守之。詹何對曰。臣未嘗聞身治而國亂者也。又未嘗聞身亂而國

治者也故本在身不敢對以末楚王曰善

身爲天下國家之本本亂而末治者否矣不及家與天下者答所問也不問何以爲治身之道而徒曰善是未有志也

狐丘丈人謂孫叔敖曰人有三怨子知之乎孫叔敖曰何謂也對曰爵高者人妬之官大者主惡之祿厚者怨逮之孫叔敖曰吾爵益高吾志益下吾官益大吾心益小吾祿益厚吾施益博以是免於三怨可乎

此亦可謂治身之善道乎有所爲而爲伯者之術也然聞教而能擇其善以居之庶乎知幾之道矣後世爵高則驕官尊則肆祿厚則淫其能免於三怨者鮮矣

孫叔敖疾將死戒其子曰王亟封我矣吾不受也爲我死王則封汝汝必無受利地楚越之間有寢丘者此地不利而名甚惡楚人鬼而越人機可長有者唯此也孫叔敖死王果以美地封其子子辭而不受請寢丘與之至今不失

庶退自居道固可久取人所不取則爭妬息矣世守而不失非善擇術者而易得乎至今不失今指何時殆楚越皆亡之後乎

牛缺者上地之大儒也下之邯鄲遇盜於耦沙之中盡取其衣裝車牛步而去視之懽然無憂悋之色盜追而問其故曰君子不以所養害其所養盜曰嘻賢矣夫既而相謂曰以彼之賢往見趙君使以我爲必困我不如殺之乃相與追而殺之燕人聞之聚族相戒曰遇盜莫如上地之牛缺也皆受教俄而其弟適秦至關下果遇盜憶其兄之戒因與盜力爭既而不如又追而以卑辭請物盜怒曰吾活汝弘矣而追吾不已迹將著焉既爲盜矣仁將焉在遂殺之又傍害其黨四五人焉

虞氏者梁之富人也家充殷盛錢帛無量財貨無訾登高樓臨大路設樂陳酒擊博樓上俠客相隨而行樓上博者射明瓊張中反兩㩳他臘反當作鰈魚而笑飛鳶適墜其腐鼠而中之俠客相與言曰虞氏富樂之日久矣而常有輕易人之志吾不侵犯之而乃辱我以腐鼠此而不報無以立慬於天下請與若等戮

力志率徒屬必滅其家爲等倫皆許諾至期日之夜聚衆積兵以攻虞氏大滅其家三節東方有人焉曰爰旌目將有適也而餓於道塗狐父之盜曰丘見而下壺餐以餔之爰旌目三餔而後能視曰子何爲者也曰我狐父之人丘也爰旌目曰譆汝非盜邪與來受嗟來之食意同胡爲而食我吾義不食子之食也兩手據地而歐之不出喀喀音客然遂伏而死四節狐父之人則盜矣而食非盜也以人之盜因謂食爲盜而不敢食是失名

實者矣柱厲叔事莒敖公自爲不知已去居海上夏日則食菱芰冬日則食橡栗莒敖公有難柱厲叔辭其友而往死之其友曰子自以爲不知已故去今往死之是知與不知無辯也柱厲叔曰不然自以爲不知故去今死是果不知我也吾將死之此豈平心之言以醜後世之人主不知其臣者也五節凡知則死之不知則弗死此直道而行者也柱厲叔可謂懟其君以忘其身者也楊朱曰利出者實反怨往者害來發於此而應於外若唯請是故賢者慎所出

此章五節牛缺貴德也燕人貴計也虞氏貴富也旌目貴廉也厲叔貴忠也皆以執所見而不化不得正變以享人道之常名利之爲弊也如此此惟失於學不聞道之故第三節虞氏博者樓上射明瓊張中反兩㩉魚而笑中有眈悞按舊訓凡戲取中爭能皆曰射亦曰投裘駰曰報釆獲魚也㩉字按眞經本作魚大博經作鮷比目魚也此言報釆獲中翻得兩魚大勝而笑也今本作㩉魚是多一字也據義㩉魚二字或用㩉或用魚是也蓋日明瓊齒五白也射得五白反獲兩魚勝故大笑腐鼠適墜以混魚虞氏以之擬俠客素狎而忘其驕也牛缺稱以大儒紀其遇盜無憂取死之狀蓋譏迂儒矯情不識時宜也燕人之死執成說以處變不達人情之無常也虞氏之禍習於驕奢而不覺其聲色態度之淩

人不知謙和恭敬爲何物是以同室積怨而滅亡起於肘腋也爰旌目好廉之過柱厲叔執懟之尤楊朱之論蓋謂五人者皆以所長加人故曰賢者慎所出愚惟趙宋以前號稱儒者莫不召黨錮之禍由其以道自居以學蔑物其牛缺之類乎虞氏之禍取於無心以其驕傲爲當然而不知傍觀者蓋忿忿也此可以爲處豐裕者之戒子君之意以爲感應者天則之不爽也利出實反者散財以得民也謂之若唯請狀其應之速感之無不至也或詰曰五人者如何而後可不執成心忘已應物是已如牛缺者曰初遇諸君自分必死今得賜生惡乎不喜貨賄身之所致也有身又可以營貨又何憂若如此言盜或不殺燕人不追則已虞氏在於早識持之以謙旌目厲叔二人惟恕而已

楊子之鄰人亡羊既率其黨又請楊子之豎

追之。楊子曰。嘻。亡一羊。何追者之衆。鄰人曰。多岐路。既反。問獲羊乎。曰。亡之矣。曰。奚亡之。曰。岐路之中。又有岐焉。吾不知所之。所以反也。楊子戚然變容。不言者移時。不笑者竟日。門人怪之。請曰。羊賤畜。又非夫子之有。而損言笑者。何哉。楊子不荅。門人不獲所命。弟子孟孫陽出。以告心都子。心都子他日與孟孫陽偕入而問曰。昔有昆弟三人。游齊魯之間。同師而學。進仁義之道而歸。其父曰。仁義之道若何。伯曰。仁義使我愛身而後名。仲曰。仁義使我殺身以成名。叔曰。仁義使我身名並全。彼三術相反。而同出於儒。孰是孰非邪。楊子曰。人有濱河而居者。習於水。勇於泅。操舟鬻渡。利供百口。裹糧就學者成徒。而溺死者幾半。本學泅。不學溺。而利害如此。若以爲孰是孰非。心都子嘿然而出。孟孫陽讓之曰。何吾子問之迂。夫子荅之僻。吾惑愈甚。心都子曰。大道以多岐亡羊。學者以多方喪生。學。非

所者見心不見事　甘自棄於死得八天　游戲　汲　音揪

本不同。非本不一。而末異若是。唯歸同反一。爲亡得喪。子長先生之門。習先生之道。而不達先生之况也。哀哉

得死所得　情

此章心都子之言非惟不解孟孫之惑亦不足以定後學之趨也仁義多岐三術皆非操舟鬻渡得失皆非何也非所謂一也不反一必無得也體段猶詩之比開口即以小喻大以事喻理一問一荅莫非譬喻而本意寓於言外法華經文體相同不達其况謂之可哀哀其心不通乎道也

楊朱之弟曰布。衣素衣而出。天雨。解素衣。衣緇衣而反。其狗不知。迎而吠之。楊布怒。將扑之。楊朱曰。子無扑矣。子亦猶是也。嚮者使汝狗白而往。黑而來。豈能無怪哉

習常而恠變血氣之屬皆然也知內而不迷外者斯免逐塊之誚君子者知其在我物各賦物何常何變

楊朱曰。行善不以爲名。而名從之。名不與利期。而利歸之。利不與爭期。而爭及之。故君子必慎爲善

善者吾性之本體惟知識起而功利迷假善以眩人便利歸諸己此雖善而不善矣子居曰必慎爲善率其性無所爲而爲一毫便利之私不萌焉斯則慎爲善之旨也其曰行善

而歸於爭蓋謂行仁義而非由仁義行者也

昔人言有知不死之道者燕君使人受之不(行)捷(速)而言者死燕君甚怒其使者將加誅焉幸臣諫曰人所憂者莫急乎死已所重者莫過乎生彼自喪其生安能令君不死也乃不誅有齊子者亦欲學其道聞言者之死乃撫膺而恨富子聞而笑之曰夫所欲學不死其人已死而猶恨之是不知所以爲學胡子曰富子之言非也凡人有術不能行者有矣能行(此句死謂)

而無其術者亦有矣衛人有善數者臨死以訣喻其子其子志其言而不能行也他人問之以其父所言告之問者用其言而行其術與其父無差焉若然死者奚爲不能言生術哉

道之在世知之者未必能行因其不能行而遂謂無其道者誣也求其道而不遇其人遂謂無其人者亦誣也君臣父子夫婦兄弟朋友之相遇觀此可以自勉其遇不遇有天者在豈以不遇而遂廢其倫之道哉

邯鄲之民以正月之旦獻鳩於簡子簡子大悅厚賞之客問其故簡子曰正旦放生示有恩也客曰民知君之欲放之競而捕之死者衆矣君如欲生之不若禁民勿捕捕而放之恩過不相補矣簡子曰然

此王伯之辯也事小而關於王政者大政小而格其君心者多此記者之所以不廢也

齊田氏祖於庭食客千人中坐有獻魚鴈者田氏視之乃歎曰天之於民厚矣殖五穀生魚鳥以爲之用衆客和之如響鮑氏之子年十二預於次進曰不如君言天地萬物與我

並生類也類無貴賤徒以小大智力而相制迭相食非相爲而生之人取可食者而食之豈天本爲人生之哉且蚊蚋噆(子臘反)膚虎狼食肉非天本爲蚊蚋生人虎狼生肉者

血氣之屬必有知凡有知者必同體親親而仁民而愛物者充同體之義也今以智力故貴之賤之生之殺之取之棄之人也非天也萬物並育而不相養田氏之客其未聞乎

齊有貧者常乞於城市城市患(惡)其亟(數)也衆莫之與遂適田氏之廄從馬醫作役而假食郭中人戲之曰從馬醫而食不已辱乎乞兒曰

天下之辱莫過於乞乞猶不辱豈辱馬醫哉

乞兒馬醫世通稱賤去此就彼非辱之避惟生之愛惟慾之得也愛生足慾之是求又何見於辱不辱哉又孰知分之一定而忘其得失哉恥非其恥者可以鑒此世之安其危而利其災馬醫類也自食其力何事於乞農工商賈民之分也有取有與均不爲辱本分之外纔加毫末不論取與皆辱之地

宋人有游於道得人遺契者歸而藏之密數其齒告鄰人曰吾富可待矣

假妄名以希實得愚之自誑也若此齒者遺棄所紀之歲月也人生皆夢此亦其指乎

人有枯梧樹者其鄰父言枯梧之樹不祥其鄰人遽而伐之鄰人父因請以爲薪其人乃不悅曰鄰人之父徒欲爲薪而教吾伐之也與我鄰若此其險豈可哉

初喻不祥或出真意因請爲薪見利而忘於嫌之避也聖人不處疑而成謗倡以義終以利伐梧者欲無疑不能也鄰父欲免疑不能也是以君子謀道不謀食

人有亡鈇者意其鄰之子視其行步竊鈇也顏色竊鈇也言語竊鈇也動作態度無爲而不竊鈇也俄而抇（古掘字）其谷而得其鈇他日復見其鄰人之子動作態度無似竊鈇者

此與上節皆言疑外之爲蔽上則疑無可釋此則疑以真而釋也有心無心其機之應若此後之君子其無以疑似限人也

白公勝慮亂罷朝而立倒杖策錣（朱劣反策端有鐵也）上貫頤血流至地而弗知也鄭人聞之曰頤之忘將何不忘哉意之所屬著其行足蹟株埳（坎）頭抵植木而不自知也

自公事已見前慮亂思欲爲亂也此則內著於物者蔽其心之虛靈百骸如腐土與已不相關也

昔齊人有欲金者清旦衣冠而之市適鬻金者之所因攫其金而去吏捕得之問曰人皆在焉子攫人之金何對曰取金之時不見人徒見金

此亦內著於物之蔽嗜慾亂心若此其甚故曰意者萬物所係迷於物而所向不移則耳目之官皆廢惟君子檢情攝念初也泊然凝定究也冲然無朕又何萬物能撓於中哉開口曰昔與今人之不然也豈有感而言乎故思貪鄙之褻廉耻有莫自知者悲夫

列子卷之八　終

莊子通義

（明）朱得之 撰

《莊子通義》十卷，明朱得之撰，據明嘉靖三十九年（一五六〇）刻本影印。

朱得之有《老子通義》，已著録。

《莊子》一書命辭跌宕，設喻險奇，人多謂其荒唐，而朱得之認爲：『異者辭也，不異者道也。』故爲其作通義并加旁注以詳釋之。先前，宋咸淳間錢塘道士褚伯秀作《義海纂微》，未行於世，王鐘録其遺稿，以授朱得之，朱得之因附刻於每段之下，先列通義，次及義海，前有朱得之自序。《四庫全書總目》評論該書：『褚伯秀《義海纂微》采掇詳博，朱得之所解，議喻陳因，殊無可采，至於評論文格，動至連篇累牘，尤冗蔓無謂矣。』與明諸多莊學比較，朱氏《莊子通義》確爲平淡鬆散，然結合其書前類似序言之《讀莊評》，主要提倡率性之説，調和儒、道、釋尤其儒道關係，及對《莊子》内、外、雜等三大部分是否出自莊子之手的看法。

（王　柳）

刻莊子通義引

宇宙無涯乾坤無朕質々焉群生相禪於無窮不有淳古先覺察其主張綱維之物而示之人則最靈之賦參賛之能溷々醉夢而莫知其形之弗踐之可恥也莊子樂天憫世之徒學繼老列嘗與魯哀公論儒道公謂國無其方郭子玄稱其文爲百家之冠厥有旨矣或乃以其

命辭跌宕設論奇險遂謂其荒唐謬悠與詩書平易中常者異而擯黜於儒門不知其異者辟也不異者道也卽々其發微唱幽尚真恥跡之多方盡道德優裕之後用易而藏其用肆其才而游於藝于以寓其順世開迷之心者也然則詩書固經世之準而三子則立命之方立命達於人人經世存乎一遇安淨守此而

棄彼乎是故求文辭於先秦之前莊子而已求道德於三代之季莊子而已易曰復其見天地之心欲見天地之心者必不忽莊子好古畜德者必不詩莊子是用通其義而托諸梓祈與若人者共答莊子之賜

皇明嘉靖庚申蜡日靖江朱得之書

讀莊評

君師之道尋跡而不率性則賊已有跡可尋則賊人莊子之學由靜而入極虛而安蓋祖巢由而宗老列嘉堯舜掖孔顔悲龍逢比干夷齊而孩管晏者凡其不滿先聖者皆以天機未忘所務有跡時也故三十三篇皆以掃跡爲義

莊子享用只是自然其靈昭之地真見天地之性人爲貴者觀其契躍鱗之樂於濠梁

憐腐鼠之嚇於霄漢其所藴可知矣

莊子意本尚無此數萬言有也何所從來乎曰言其無言知其無知乃爲其無爲也蓋無者天之體希天者非虛不能無非靜不能虛故靜則用功之始而無則本體之全其曰聖人之心靜非曰靜也善故靜也又曰陰陽和靜皆言用功非成功也

老莊論性以虛無爲指蓋就人生而靜以上說故謂仁義爲有情有跡不足以盡性

隨意出詞絕無結搆莊文也如曰其生也有涯知天之所爲之類在他人則不如此開口外篇雜篇疑或有聞於莊子者之所記猶二戴之禮非出一手明目者自能識也之噲讓國在孟子時而莊文曰昔者陳恒弑君孔子請討魯國之儒一人莊子身當其時而胠篋篇曰陳成子弑其君子孫享國十二世即此推之則秦末漢初之言也豈其年踰四百歲乎末篇稱鄒魯之士當

在長卿已後者所爲也大抵此籍多敷演老子之言以發揮其精神者

莊子只是有垂訓之心故其爲言時有播弄處欲人愛其文之馳騁而誦之因以漸見其所指耳其自謂以天下爲沉濁不可與莊語故以卮言爲曼衍以重言爲真以寓言爲廣又曰以謬悠之說荒唐之言無端崖之辭時縱恣而不儻又曰其書雖瓌瑋連犿無傷也其辭雖參差諔詭可觀也此

乃後人表揚愛信之意
先輩嘗言莊子之書不易讀又曰不可不讀
謂造詣未同則不能通其意無莊之造詣
虚生浪死也
莊子亦周末文勝之習今觀其書止是詞章
之列自與五經辭氣不同然其指點道體
天人與同處卻非秦漢以來諸儒所及故
從事於心性者有取焉
嘗史盜跖與孔子同時楊墨在孔後孟前莊

子內篇三卷未嘗一及五人則外篇雜篇
斷斷乎非莊子之言矣
列莊之書物讀之知其愛生既而覺其不苟
生不苟死余非不知其爲今時所以慢特
惜此老一段精神憒憒後世鮮察之
耳陳同父謂世間不可無一人亦不可無
此書林尭叟謂此書自當獨行於世余惟
心性之學孔孟以前天下猶同風而人之
所造或不同則以欲速見小眩之也然而

深造自得者未嘗絕響秦漢以後功利酤
毒舉世顛瞑馬班韓柳之風相爲馳爛藻
繪雕刻日深日繁可以山積海藏矣有志
之士鼎沸其心思困憊其精力竟不得古
德之末階余悲康成之徒而思反朴還淳
也間嘗閱之而有覺其與孔孟相發者又
自疑其一人之見也縱觀古註互有得失
亦未免於一人之見蓋學未齊莊意自不
能盡契言有盡而意無窮焉知莊子之意

果若是乎否也是以據所見而爲之通亦
所以見莊子非枯寂之學後世猶有知其
一二者其本文詞旨明白前賢訓無遺義
者不復贅說惟事理可以意會不必分解
乃爲衆說狂馳不得不辨者故復費辭而
不諱如門無鬼論舜武章金鍾之類是也
或謂二氏之書未嘗以儒者之學爲訓竊惟
道在天地間一而已矣物無三教之異猶
夫方言異而意不殊鍼砭異而還元同也

苟不得於大同則父子夫婦亦有不同者
孰知自私用知之爲蔽而潰裂夫道哉
褚氏伯秀義海纂微作於勝國時因避地遯
于滇南其自敘可考也余同門友錢塘王
雲谷澹游覽四方歷三十年窮鄉絕島莫
不探陟嘉靖初至彼見之手録以歸乙卯
疾將革以授余曰煩兄圖廣其傳毋使褚
氏之心終泯也今刻從其情得失不易
字信褚氏信雲谷也

修詞立其誠學問之全功也褚氏以前諸解
多主立誠今通義略兼修詞者蓋欲習詞
章者知反於性道理心性者知謹於詞氣
庶乎先哲啓後之心而後世愛而傳之之
物也

讀莊評終

莊子通義目録

褚氏義海纂微其籍自擬篇目自爲後序今刻既附其籍因亦附註其目於篇目之下并存其序於後間有脫衍重出俱仍其舊

莊子　目錄　二

莊子　目錄　三

莊子 目錄 八

莊子 目錄 九

天下第三十三

天下之治方術者

通義此篇乃此籍之序文故讚莊之繼老出群而學術之純駁品藻昭然予玄編次失其倫爾

莊子　目録　十四

莊子篇中多用韻語有韻相隔遠而不知者有兩句而韻者有叶韻者不可察也

老子書通是韻語

莊子卷第一　叅元朱得之傍註并通義

附錢塘褚伯秀義海纂微

雲谷王潼録校刊

內篇

逍遙遊第一

大觀而不見世順天而不存我此逍遙之遊之旨也

北冥有魚。其名為鯤。鯤之大不知其幾千里也。化而為鳥。其名為鵬。鵬之背不知其幾千里也。怒而飛。其翼若垂天之雲。是鳥也。海運則將徙於南冥。南冥者。天池也。齊諧者。志怪者也。諧之言曰。鵬之徙於南冥也。水擊三千里。摶扶搖而上者九萬里。去以六月息者也。野馬也。塵埃也。生物之以息相吹也。天之蒼蒼。其正色邪。其遠而無所至極邪。其視下也。亦若是則已矣。且夫水之積也不厚。則負大舟也無力。覆杯水於坳堂之上。則芥為之舟。置杯焉則膠。水淺而舟大也。風之積也不厚。則其負大翼也無力。故九萬里則風斯在下矣。而後乃今培風。背負青天而莫之夭閼者。而後乃今將圖南。蜩與鷽（一作鳩）

莊子　通義卷一　一

笑之曰我決起而飛槍榆枋時則不至而控
於地而已矣奚以之九萬里而南爲適莽蒼
者三餐而反腹猶果然適百里者宿舂糧適
千里者三月聚糧之二蟲又何知小知不及
大知小年不及大年奚以知其然也朝菌不
知晦朔蟪蛄不知春秋此小年也楚之南有
冥靈者以五百歲爲春五百歲爲秋上古有
大椿者以八千歲爲春八千歲爲秋而彭祖
乃今以久特聞衆人匹之不亦悲乎湯之問

棘也是已窮髮之北有冥海者天池也有魚
焉其廣數千里未有知其修者其名爲鯤有
鳥焉其名爲鵬背若泰山翼若垂天之雲摶
扶搖羊角而上者九萬里絶雲氣負青天然
後圖南且適南冥也斥鴳笑之曰彼且奚適
也我騰躍而上不過數仞而下翱翔蓬蒿之
間此亦飛之至也而彼且奚適也此小大之
辯也故夫知效一官行比一鄉德合一君而
徵一國者其自視也亦若此矣而宋榮子猶

然笑之且舉世而譽之而不加勸舉世而非
之而不加沮定乎內外之分辯乎榮辱之竟
斯已矣彼其於世未數數然也雖然猶有未
樹也夫列子御風而行泠然善也旬有五日
而後反彼於致福者未數數然也此雖免乎
行猶有所待者也若夫乘天地之正而御六
氣之辯以遊無窮者彼且惡乎待哉故曰至
人无己神人无功聖人无名 天地無體而大乎人無己乃所以爲大也

朱通義 野馬塵埃指鵬在太虛中人之俯視
者若無可見惟濛濛然不過野馬塵埃之微

爾其飛也亦猶萬物之以息相吹也此形容
天之大言外見道眼之大盧齋口義謂天之
蒼蒼三句言人目力既窮上無所極故但見
濛濛然而已鵬之飛也既極於高則其下視
人間亦必如此濛濛然也水之積也不厚爲
下句厚風載翼之喻蜩鳩譏鵬喻淺見之人
局量狹小不知世界之大也三餐三句又取
譬以爲鵬鳩之證小知大知結上鵬鳩小年
大年生下一段譬喻又是文之一體朝菌暮
生於糞上見日則死彼但知有朝暮而已又
安知有晦朔也蟪蛄春生夏死夏生秋死不
見四時之全故曰小年此亦寓言言冥靈之
生一千年方當一歲大椿之生一萬六千年
方當一歲彭祖僅年八百至今乃以高壽特
聞於世衆人皆慕之而不及亦是小而不知
大也知效一官可辦一職之非也行比一鄉
德合一鄉而使人歸向也德合一君言主一
國之非也此三等人各以其所能爲自足亦

如斥鴳之類宋榮子則舉世毀譽之而不加勸沮視彼三士但見可笑蓋其知本心爲內凡物爲外也彼旣知內外輕重則豈肯汲汲然以世俗爲事雖然宋榮子之能固如此亦未有大樹立作家處若列子者御風行空半月而反飄飄然無礙其視修身求福者又不足言矣列子御風雖免乎行而非風則不可故曰猶有所待若夫乘天地之真機御陰陽風雨晦明之六氣以遊於無物之前而無所窮止若此則無所待矣此有迹無迹之分者是也此上舊分二篇惟湯之問棘也是已一句或以爲上篇結句或以爲下篇起句鄙人詳玩以爲後篇即前篇之結自窮髮至辯也一百十七字莊子意其鯤鵬之論非臆說非怪誕故引列子之文以證之所謂重言也故以此小大之辯也一句結之自知效一官以下意脈徑續悲乎之指者不當分二篇若於窮髮之上增其謂二字其意婉然其曰乘天地御六氣即易傳時乘六龍以御天也篇末至人無己三句諸解皆未的確推莊子通篇之意不無差等蓋以爲無名者尚有功無功者尚有已德至於無已則功名何存聖有可名神則忘形至則無知蓋曰至人無已無待者也神人無功御風泠然有待者也聖人無名譽不加勸非不加沮者也

義海 冥者一氣之混同而無間者也北主潤氣所以滋孕萬物南主烜氣所以長養萬物先北而後南陽由陰生也位雖有殊而氣本無間特以相去遼遠漸化不覺猶四時之運推移陰陽非一朝成故鯤潛鵬化靜極而動搏風九萬六月而息不出乎陰陽之互變亦在乎一氣混冥抑宜是以南北皆謂之冥焉南華老仙蓋病列國戰爭習趨臨陋一時學者苟於見聞以縱橫押闔爲能掠取繁利爲急而昧夫自己之天遂慷慨著書設爲遠大

之論以發明至理開豁人心言得此道者與天地合德陰陽同運隨時隱顯無往而不遊遊天地之陰陽即人身之陰陽水火因之以發源性情資之以通化上際下蟠無所不極然非視聽所可及故立鯤鵬以強名使學者始因物而明心終忘形以契道深根寧極妙合化機吾身之陰陽無時不運吾身之天地未嘗或息也由是知人之本性具足逍遙而世俗冥迷忘真逐僞當生憂死慮得患失罔知所謂逍遙故中言以破其惑謂人之生死如魚變鳥失鱗甲而得羽翰舍游泳而從飛舉情隨形化各全其天造化無極與之無極何所容其愛惡哉物之物化其變未量故不知幾千里及乎鵬徙南冥之後三千九萬之數形焉去以六月息者陰消陽長造化不停之機野馬塵埃即事物過前之譬儵善操其本而得鵬飛之要則超逸絕塵徜徉物表六合之遊氣潛運萬彙之生息交噓適所以相吹舉而莫足爲之累動容周旋無入而不自得所以爲逍遙遊也故以冠經之首其間怒而飛一句諸解罕詳及偶得言外意附於條末云天地稟乎一氣者也萬物稟乎天地者也自一氣分而爲天地天地交而生萬物互醞互合生化無窮小大短長成凡其分由受氣至於其形數極至於變質負陰抱陽時各有待當化者不得不化當飛者不得不飛皆天機所運受化者不自知也怒而飛者不得已而後動之義怒猶不勇也爲氣所使勇動疾舉有若怒然非憤激不平之謂也凡物之潛久者必奮屈久者必伸豈厭常樂變而爲此哉蓋囿形大化中則隨二氣而運盈虛消長理不可逃齊物論萬竅怒呺外物篇草木怒生亦此意道德經所謂萬物並作是也於此以覘其復則六月息之義可知世人見其怒而不見其息知其作而不知其復故背夫逍遙之鄉曰趨有爲之域以王事物膠葛患累

糾纆蕭然疲役不知所歸可不哀邪關尹子云天地雖大能役有形而不能役無形夫欲免爲二氣所役者請於冥魚未形已前求之湯之問棘句按列子作殷湯問夏革革棘聲相近而義亦通皆訓急也崔説以此句結承上文靈椿之論呂註從此句起下文冥海之談各據所見分章耳大觀八註本以此句獨立條似亦牽於上下文未決所附故也林氏註正與上文相貫則同崔論碧虛陳景元本第二章從此句始則同呂説今詳考經意蓋欲實鯤鵬之義故一唱題而兩舉證首引齊諧所志次以湯之問棘再參列子湯問篇冥海天地之論以印莊子之言則此章自合始於湯之問棘句末加是已者證上文而生下語觀者多不明辯誤作前章結句若以爲結句則意已盡矣後章從窮髮之北重起論端非立言之體也故僭述所以附于篇末以釋其疑竹溪林氏亦云據此句合在下以結句

爲起句是其作文鼓舞處下文乃再舉鯤鵬之論不在重釋知效一官行比一鄉等語言人知能小大各有所施以得用爲適耳宋榮子猶然笑之則不以榮利動其心而全無用之用者也超出知能一等矣而真人猶以爲未立則所見超詣可知如列子能御風而不能無待必至於御六氣以遊無窮斯爲至也故斷之曰至人無已神人無功聖人無名此三者人道之極用以總結逍遙遊首章大意蓋至道窮神妙躋聖域不越乎三無之論入而言至出而言聖神運於其中無方而不測弘之在人理亦寄耳因言立教則不無序焉凡厥有生已私易植貴乎忘已驕矜易萌次當忘功已功既忘人譽必至又須忘名以遠世累累遠身全道純德粹以之處人應物無不盡善而三者之名亦泯融俱化矣竊觀古今才能英傑之士建功立名不爲不多而明哲自全者無幾豈其智弗及邪道心未明有

以韓之耳夫幼學壯行期於立功功所以及物也而功成必見忌修身立業期於揚名名所以厲俗也而名下難久居非功名之避府在於有我信能忘已則避功逃名隱迹全道若五湖之泛赤松之遊桐江之釣四海一身將有餘樂何危機之足慮哉太上云功成弗居名遂身退良有以也儻致知力行動與理合則善窮善達樂生樂死無往而不逍遙所謂至神聖者物被其德而歸美之稱何足以極天遊之妙郭氏註理至則迹滅其説盡之

堯讓天下於許由。曰。日月出矣。而爝火不息。其於光也不亦難乎。時雨降矣。而猶浸灌。其於澤也不亦勞乎。夫子立而天下治。而我猶尸之。吾自視缺然。請致天下。許由曰。子治天下。天下既已治也。而我猶代子。吾將爲名乎。名者實之賓也。吾將爲賓乎。鷦鷯巢於深林。不過一枝。偃鼠飲河。不過滿腹。歸休乎君。子无所用天下爲。庖人雖不治庖。尸祝不越樽俎而代之矣

夫子立而天下治猶言聖人作而萬物覩歸功於由也此言由既出世天下化其道天下自治非我之功而我猶用爲天下主深自愧也堯稱許由無爲之揖也由之答堯意含有爲也老子曰吾嘗有治天下者哉語意亦若此由以爲受之是爲名也不爲實也名者外來之物非我所固有者將焉用之鷦鷯偃鼠在廣大之中取於自足亦何所用於廣

卽此安分自足之風天下所以感之而治
不待於有爲之迹也末二句以庖自比以尸
祝比堯言治天下如祀神崇假非薦明德惟
馨庖人雖棄其事而尸祝之誠足以格神足
以庇庖矣又何屑屑於庖人之所
務哉撙俎應庖事蓋歸功於堯也

蔡澄伏讀堯讓章淳古揖遜之風儼然在目
有以見聖人尊貴道德後已先人眞以治身
土苴以治天下之意彼戰爭攘奪於尺寸土
地之間何後世之梟薄邪堯以爝灌比功其
謙虛至矣豈以黃屋爲心哉由以鷦鼠喻量
其素分足矣豈佻倖富貴哉惟有神堯在位
斯有許由在野氣類感召理有固然堯之憂
天下也深謂四海雖已治非由莫能繼由之
待天下以忘謂四海旣已治吾將焉與哉非
讓大任而不旋無以見堯之眞知卓絶非高
視而不受無以見由之抱道精純蓋聖人不
以出處分重輕而以義理爲去就此有係乎

道之卷舒時之泰否耳夫堯之知由也審故
不俟歷試而衆以代已使由脩然受禪不失
乎端拱巖廊之尊使堯脩然得謝則可以紹
光太古之上聖人顯晦在道若合符節豈世
俗得以窺其藴哉且由之於堯以分則民以
道則師其啓沃之微心傳之妙由之所以資
堯者至矣雖授之天下亦未爲過而由也誠
何以天下爲至若名者實之賓一語足爲萬
世法卽此語而推非惟醒塵鄭之夢息觸蠻
之爭抑使後人想像箕山潁水之趣而風樹
一瓢猶以爲累也終以尸祝不越樽俎而代
庖一言堯之至德明於知人由之隱德明於處
已各安所安各足其足而天下無事矣夫尸
祝之於庖人雖尊卑勞逸勢若不侔然均於
以誠接神臨事尚敬有可代之理古人猶不
爲之季世薄俗乃有掇除背理而妄希代者
幸是經不泯足以明進退之節量授受之分
而絶天下姦倖之心吁而藐老仙亦聖矣知

世道交喪之後有人與人相食者故具述先
聖揖遜之迹覬由迹而求其心是亦盧扁投
藥於未病之義誠有以密輔世教而人
罕知者敬衍其所以言之意而表出之

肩吾問於連叔曰吾聞言於接輿大而無當
往而不反吾驚怖其言猶河漢而无極也大
有逕庭不近人情焉連叔曰其言謂何哉曰
藐姑射之山有神人居焉肌膚若冰雪綽約
若處子不食五穀吸風飲露乘雲氣御飛龍
而遊乎四海之外其神凝使物不疵癘而年
穀熟吾以是狂而不信也連叔曰然瞽者無

以與乎文章之觀聾者无以與乎鍾鼓之聲
豈唯形骸有聾盲哉夫知亦有之是其言也
猶時女也之人也之德也將旁礴萬物以爲
一世蘄乎亂孰弊弊焉以天下爲事之人也
物莫之傷大浸稽天而不溺大旱金石流土
山焦而不熱是其塵垢粃糠將猶陶鑄堯舜
者也孰肯以物爲事宋人資章甫而適諸越
越人斷髮文身無所用之堯治天下之民平
海內之政往見四子藐姑射之山汾水之陽

窅烏了反然喪其天下焉
逕庭徑而不反謂任意放言而不內省也逕庭路徑庭院也言其動靜長短之不同也任而不信以接輿為狂而疑其妄言也神凝使物不疵癘而年穀熟蓋神存而過化則因物賦物物各得所太和充塞於宇宙間故結此也猶時汝與孔子時其亡蛾子時述之時同言説汝所可及而評汝也孰肯以物為事比前以天下為事意進一層與孟子論伊尹大小者不動心同義四子即是許齧王被後篇可證不必強為他説汾水之陽一句意屬下文言堯既見四子之後雖居位而忘位處富貴而忘其富貴也膚齋口義謂心無見識猶聾瞽然至德之人周遊物表而世自治豈若世人弊弊然用知力以求乎治哉术不溺火不熱言其無入而不自得也宋人章甫云云謂其所言廣大世人淺見不足以語此堯治

天下古今第一猶且恍然自失況他人矣乎

【義海】姑射神人章非食煙火語不因親接聖訓何由下教人間寓道真切莫要乎此而言微旨與初學難窺詳前諸解呂林二公得其端緒後有無隱講師盡畧衍義直指玄微發先聖不言之祕開學人固有之天恨不手挈羣生俱登姑射同為逍遙之遊其用心可謂普矣伯秀幸聆玆誨不敢已私敬附諸解之末以弘法施併惟賓餘意詳釋下文云肌膚若冰雪體抱純素塵莫能汙也綽約若處子守柔自全害莫能及也不食五穀吸風飲露則絶除世味納天地之清冷乘雲御龍遊乎四海則凌厲太空同元氣之冥漠所謂不行而至與造物遊者也其神凝使物不疵癘而年穀熟則參神之極者非唯自全而已又足以贊天地之化育轄萬物之自然此言推己以及物之所以合神不測契道無方也歟或者為名相所移求是山於絶垠之外則所謂神人者益遠矣竊謂經中窮神極化之妙備見此章而聞者以為狂而不信豈止一肩吾而已哉按此與列子黃帝篇第二章文小異而義實同南華託之於接輿又所以神其迹也餘文平易可通不復贅釋獨猶時女也一句有二説郭成諸解並云猶及時之女自然為物所求但智之聾瞽者謂無此理虛齋趙氏以夫以時訓是女音汝尚書時女功義同連叔謂肩吾神人似是汝也列子所謂生生形形者膚齋口義同趙音訓又塵垢粃糠陶鑄堯舜之語若輕堯舜然及考經旨所歸實尊之至也謂世人所稱堯舜惟尊之為聖人者徒名其塵垢粃糠耳堯舜之實惡可得而名言邪堯見四子藐姑射之山四子説亦不同按陸德明音義載司馬舊註謂王倪齧缺被衣許由也郭象註四子者寄言以明堯之不一於堯耳夫堯之實冥矣其迹則堯也自

迹觀其內外異域世徒見堯之為堯豈識其冥哉故將求四子於海外而據堯之所見因謂與物同波者失其所以逍遙也成法師疏四子四德也一本二迹三非本非迹四非非本迹也言堯反照心源洞見道境超茲四句故云往見四子呂惠卿註堯往見四子藐姑射之山是見神人也神人即吾心見吾心則無我無我則雖有天下亦何以天下為哉又解堯之師曰許由許由之師曰齧缺齧缺之師曰王倪王倪之師曰被衣四子皆能窮神而堯因之以入是往見之也林疑獨註堯資治天下之功業往見許由齧缺王倪被衣而不為四子所售猶宋人資章甫而適越也陳詳道註四子者不以天下與物為事者也連叔以大浸不溺大旱不焦歸之神人王倪以澤焚不熱河沍不寒歸之至人河伯以寒暑不害禽獸不能賊歸之德人仲尼以經太山而不介入淵泉而不濡歸之真人此四人者皆

心與元氣合體與陰陽冥堯得四子之道故
云往見之也陳碧虛註夫忘天下者無寄託
之近名然歸之愈衆而忘之愈冥故外其身
而身存後其身而身先此天下樂推而不厭
者也吳儔註自迹觀堯則內外異境治天下
平海內者見其迹而已若乃堯之爲心窈然
四達遠在遼絕一方不足以係之也虛齋趙
以夫註堯往見四子豈眞有人之可見哉亦
反而求之耳能知許由卽堯者可以語此本
篇主意在肩吾連叔問答能通此則首尾之
意無不貫矣我西蜀無隱范講師云四子喻
四大藐姑言其幽邈謂堯雖治天下平海內
迹若有爲而心不離道能反觀四大於幽邈
之中故累盡而道遙也已上四解諸子之論
不齊或大意混成而於數不合或稽數合符
而考義差遠求之近解中虛齋實爲理勝范
講義數兼該皆可服膺者也按此所謂四子
乃寓言以明道而道之爲物恍惚窅冥難以

形數定在學者用志不分親有所見始究端
的非語言能盡今據經意擬爲之說堯之師
曰許由由之道蓋出於齧缺王倪被衣則四
子之道一而已矣堯能忘形以求道是爲往
見之說姑射山卽前反觀身中幽邈之喻此
道古今無殊君民同間君得此道卽今之帝
堯氏得此道卽今之許由汾水堯所都不離
當處而得見四子言道不在遠求窅然喪其
天下棄如弊屣之謂也又因研味祖經密有
所契敬以有象有物有精有信參解四子義
若晦合既見四子則至貴在我萬
乘之尊四海之富有不足顧者矣
惠子謂莊子曰。魏王貽我大瓠之種。我樹之
成。而實五石。以盛水漿。其堅不能自舉也。剖
之以爲瓢。則瓠落無所容。非不呺音枵然大也。

吾爲其無用而掊之。莊子曰。夫子固拙於用
大矣。宋人有善爲不龜手之藥者。世世以洴
扶經反 澼音僻 絖音曠 爲事。客聞之。請買其方百金。
聚族而謀曰。我世世爲洴澼絖。不過數金。今
一朝而鬻技百金。請與之。客得之。以說吳王。
越有難。吳王使之將。冬與越人水戰。大敗越
人。裂地而封之。能不龜手一也。或以封。或不
免於洴澼絖。則所用之異也。今子有五石之
瓠。何不慮以爲大樽而浮乎江湖。而憂其瓠

落無所容。則夫子猶有蓬之心也夫。
通義 洴澼絖未爲不善用藥也不遇越難雖
良藥亦終洴澼絖而已茅塞之心則滯於一
而不能物物也此篇言用大順
其材也後篇言養大順其性也
纂海 造化生物盈天地間有用無用係一時
之洴材不材又其次焉故或用於昔而棄於
今或棄於今而用於後此出於人爲非物所
能必也觀夫芻狗之陳未陳脆胈之散未散
可見矣況魏王之瓠異於凡種見者張皇驚
駭之不暇又惡知所以爲用哉宜惠子拙而
有問也莊子知其拙於用大遂以不龜手之
事喻之物本一也而其貴賤或相什佰或相
千萬者在人善用不善用之間耳心多工於
用小世亦甘於就小則所成可知矣世多拙
於用大人或安於守大則所蘊可知矣夫五
石之瓠樹之成也豈一朝之功今則非惟不

能成其大用而又捁摯暴殄之何斯瓠之不幸耶凡出類之物亦造化間氣所鍾其無用也意或有待既嫌其大而不欲剖爲室家之用當思全之而爲江湖之用濟深利涉與舟楫同功則大瓠之無用適爲妙用矣以惠子之多方而不知出此蓬塞其心也

惠子謂莊子曰。吾有大樹。人謂之樗。其大本擁腫而不中繩墨。其小枝卷曲而不中規矩。立之塗。匠者不顧。今子之言。大而無用。衆所同去也。莊子曰。子獨不見狸狌乎。卑身而伏。以候敖者。東西跳梁。不避高下。中於機辟。死於罔罟。今夫斄牛。其大若垂天之雲。此能爲

大矣。而不能執鼠。今子有大樹。患其無用。何不樹之於無何有之鄉。廣莫之野。彷徨乎無爲其側。逍遙乎寢卧其下。不夭斤斧。物無害者。無所可用。安所困苦哉

通義 此言抱道者無適而不逍遙雖若無用於世亦不買禍於身惟不買禍而俗成其爲用也大矣彼役役塵勞者茫然於禍福之機胥溺而不悔至於福之爲禍者又孰覺之哉此旨於養生者爲易見若主於修德當察無用之旨若謂意甘於無用而后能見物之情意安於無用而后能免物之累是尚有意也惟無意而後可語乎無用其曰無何有廣莫云者言何有則已無矣而何有亦無之言廣則遠矣大矣而廣亦莫之見不可形似

也殆無跡無涯之稱乎惠子兩問猶肩吾之不信莊子之答則進於連叔者惠子豈莊子大言之無用非議也莊子喻以物之在世器識大小不同不可以大者皆爲無用也知其爲大矣而復戲其無用功利之毒有以蠱其心也即莊子過惠子之墓而與思則其交誼非淺淺者思故謂之戲而非議也

通義 惠子又以大樗擁腫不中規矩譏莊子之大言無用對以狸狌斄牛死於機辟無技幸全其生得失果何如哉今子有大樹不能樹之於無用之地以全逍遙之樂而乃反憂匠者之不顧此南華所深惜故因其問而救正之使脫形器之桎梏保性命於虛玄超有爲而入無爲以不用而成大用庶乎逍遙遊之本旨也

通義 總論逍遙遊篇敷叙宏博引喻高遠辭源浩渺意趣卓絕使讀之者若御泠風

而登汗漫忘世累而極天遊眞所謂超衆義微重關解桎釋絆之洪規通玄究微之捷徑也伯秀不揆荒蕪槩陳管見復於篇末爲之統論云循至理者以道通乎萬事全正性者與物同乎一天理性得而不逍遙者未之有也夫赤子之心本無知識隨形長物接乎前得失存懷冰炭交作舍彼役此無休歇期倘非燭理洞明道義戰勝雖居至貴至富亦有所不免焉故學道之要先須求聖賢樂處切身體究方爲得力易云樂天知命顔氏簞瓢自樂孟子養浩而充塞天地原憲行歌而聲出金石此皆超物外之累全自己之天出處動靜無適非樂斯可以論逍遙矣此北溟之鯤化而爲鵬摶風擊水從於南溟蓋謂學者見聞狹隘趨向細微罔知性海之淵澄俳與命珠而淪失遂舉此大物生於大處以明已之所自來涵養既久體神合變出陰入

陽其用莫測伴夫知效一官行比一鄉德合一君而徵一國者悟外物之可輕已天之常虱將見培風絕雲與化無極何世界之能及哉故必至於乘天地御六氣以遊無窮然後爲逍遙極致所謂至神聖者亦混融俱化而已功名皆外物矣堯讓許由章所以證成前義啓龐遜之風警省後人絕務外之慕裨益治道爲多及肩吾聞言於接輿發揮神人之秘以驗身中至靈務操存涵養以致之初不在乎遠求也塵垢粃糠陶鑄堯舜言神人之德與天同運推其緒餘猶足以成唐虞之治而其真則非世人所知也堯往見四子藐姑射之山中存妙理難以臆度必須親造姑射四子當不言而喻學者勉之是篇首論鯤鵬蜩鳩靈椿朝菌知年小大皆窮理之談末舉大瓠以虛中自全大樗以深根自固喻盡性以至於命學道之大成而入乎神者也不

疾而速不行而至何往而非逍遙遊哉

總論 逍遙遊乃一書之大旨褚氏於卷前標列以順化逍遙無爲逍遙推變逍遙無名逍遙無功逍遙無己逍遙適物逍遙等名非指此一篇而已蓋一書每篇之中各有一意只是闡明道體之大能體此道者無入而不自得不以世運汚隆干於太虛之體耳若夫蜩鳩斥鴳滿天下梗楠狸狗之甘心自古皆然者又何怪乎鯤鵬之駭聽見笑而甑樗藥牛求無鑒賞也而況太虛其度者乎

齊物論第二

物論者衆論也齊之者合彼此是非而一之也

南郭子綦隱几而坐仰天而噓嗒焉似喪其耦顏成子游立侍乎前曰何居乎形固可使如槁木而心固可使如死灰乎今之隱几者非昔之隱几者也子綦曰偃不亦善乎而問之也今者吾喪我汝知之乎女聞人籟而未聞地籟女聞地籟而未聞天籟夫子游曰敢問其方子綦曰夫大塊噫氣其名爲風是唯無作作則萬竅怒呺胡到反而獨不聞之翏翏乎音飂山林之畏佳音崔大木百圍之竅穴似鼻似口似耳似枅音雞似圈似臼似洼者似汚者激者謞音孝者叱者吸者叫者譹者宎音杳者

咬者前者唱于而隨者唱喁音愚泠風則小和飄風則大和厲風濟則衆竅爲虛而獨不見之調調之刁刁乎子游曰地籟則衆竅是已人籟則比竹是已敢問天籟子綦曰夫吹萬不同而使其自己也咸其自取怒者其誰邪大知閑閑小知閒閒大言炎炎小言詹詹其寐也魂交其覺也形開與接爲構日以心鬬縵者窖者密者小恐惴惴大恐縵縵其發若機栝其司是非之謂也其留如詛盟其守勝

之謂也其殺如秋冬以言其日消也其溺之所爲之不可使復之也其厭也如緘以言其老洫也近死之心莫使復陽也喜怒哀樂慮嘆變慹姚佚啓態樂出虚烝成菌日夜相代乎前而莫知其所萌已乎已乎旦暮得此其所由以生乎非彼無我非我無所取是亦近矣而不知其所爲使若有眞宰而特不得其朕可行已信而不見其形有情而無形百骸九竅六藏賅而存焉吾誰與爲親汝皆說

莊子　浩然齋　道義卷一　十七　夏文德

之乎其有私焉如是皆有爲臣妾乎其臣妾不足以相治乎其遞相爲君臣乎其有眞君存焉如求得其情與不得無益損乎其眞一受其成形不亡以待盡與物相刃相靡其行盡如馳而莫之能止不亦悲乎終身役役而不見其成功薾然疲役而不知其所歸可不哀邪人謂之不死奚益其形化其心與之然可不謂大哀乎人之生也固若是芒乎其我獨芒而人亦有不芒者乎夫隨其成心而師

之誰獨且無師乎奚必知代而心自取者有之愚者與有焉未成乎心而有是非是今日適越而昔至也是以無有爲有無有爲有雖有神禹且不能知吾獨且奈何哉夫言非吹也言者有言其所言者特未定也果有言邪其未嘗有言邪其以爲異於鷇音亦有辯乎其無辯乎道惡乎隱而有眞僞言惡乎隱而有是非道惡乎往而不存言惡乎存而不可道隱於小成言隱於榮華故有儒墨之是

莊子　浩然齋　道義卷一　十九　陳汝

非以是其所非而非其所是欲是其所非而非其所是則莫若以明物無非彼物無非是自彼則不見自知則知之故曰彼出於是是亦因彼彼是方生之說也雖然方生方死方死方生方可方不可方不可方可因是因非因非因是是以聖人不由而照之于天亦因是也是亦彼也彼亦是也彼亦一是非此亦一是非果且有彼是乎哉果且無彼是乎哉彼是莫得其偶謂之道樞樞始得其環中以

應無窮。是亦一無窮，非亦一無窮也。故曰莫若以明。以指喻指之非指，不若以非指喻指之非指也；以馬喻馬之非馬，不若以非馬喻馬之非馬也。天地一指也，萬物一馬也。可乎可，不可乎不可。道行之而成，物謂之而然。惡乎然？然於然。惡乎不然？不然於不然。物固有所然，物固有所可。無物不然，無物不可。故爲是舉莛與楹，厲與西施，恢恑憰怪，道通爲一。其分也，成也；其成也，毀也。凡物無成與毀，復

通爲一。唯達者知通爲一，爲是不用而寓諸庸。庸也者，用也；用也者，通也；通也者，得也。適得而幾矣。因是已。已而不知其然，謂之道。勞神明爲壹而不知其同也，謂之朝三。何謂朝三？曰狙公賦芧，曰："朝三而莫四。"衆狙皆怒。曰："然則朝四而莫三。"衆狙皆悅。名實未虧而喜怒爲用，亦因是也。是以聖人和之以是非而休乎天鈞，是之謂兩行。古之人，其知有所至矣。惡乎至？有以爲未始有物者，至矣，盡矣，

不可以加矣。其次以爲有物矣，而未始有封也。其次以爲有封焉，而未始有是非也。是非之彰也，道之所以虧也。道之所以虧，愛之所以成。果且有成與虧乎哉？果且無成與虧乎哉？有成與虧，故昭氏之鼓琴也；無成與虧，故昭氏之不鼓琴也。昭文之鼓琴也，師曠之枝策也，惠子之據梧也，三子之知幾乎，皆其盛者也，故載之末年。唯其好之也，以異於彼，其好之也，欲以明之。彼非所明而明之，故以堅

白之昧終。而其子又以文之綸終，終身無成。若是而可謂成乎，雖我亦成也。若是而不可謂成乎，物與我無成也。是故滑疑之耀，聖人之所圖也。爲是不用而寓諸庸，此之謂以明。今且有言於此，不知其與是類乎？其與是不類乎？類與不類，相與爲類，則與彼無以異矣。雖然，請嘗言之。有始也者，有未始有始也者，有未始有夫未始有始也者。有有也者，有無也者，有未始有無也者，有未始有夫未始有

無也者。俄而有無矣。而未知有無之果孰有孰無也。今我則已有謂矣。而未知吾所謂之其果有謂乎。其果無謂乎。天下莫大於秋毫之末。而大山爲小。莫壽乎殤子。而彭祖爲夭。天地與我並生。而萬物與我爲一。既已爲一矣。且得有言乎。既已謂之一矣。且得無言乎。一與言爲二。二與一爲三。自此以往。巧歷不能得。而况其凡乎。故自無適有以至於三。而况自有適有乎。無適焉。因是已。夫道未始有

莊子　潛然齋　道義卷一　二十二

封。言未始有常。爲是而有畛也。請言其畛。有左有右。有倫有義。有分有辯。有競有爭。此之謂八德。六合之外。聖人存而不論。六合之內。聖人論而不議。春秋經世。先王之志。聖人議而不辯。故分也者。有不分也。辯也者。有不辯也。曰。何也。聖人懷之。衆人辯之。以相示也。故曰辯也者。有不見也。夫大道不稱。大辯不言。大仁不仁。大廉不嗛。大勇不忮。道昭而不道。言辯而不及。仁常而不成。廉清而不信。勇忮

而不成。五者园而幾向方矣。故知止其所不知。至矣。孰知不言之辯。不道之道。若有能知。此之謂天府。注焉而不滿。酌焉而不竭。而不知其所由來。此之謂葆光。故昔者堯問於舜曰。我欲伐宗膾胥敖。南面而不釋然。其故何也。舜曰。夫三子者。猶存乎蓬艾之間。若不釋然何哉。昔者十日並出。萬物皆照。而况德之進乎日者乎。

[illegible]心形對舉爲耦故曰吾喪我吾者我之心我者吾之形此一句是齊物之樞通篇種

莊子　潛然齋　道義卷一　二十三

種皆明此義入於無所知而已無知則物論齊矣方類也籟之可見者也人籟之類甚多言此竹聲一端耳不詳者人所共見可推也皆其自取怒者一句試萬竅以爲自能取聲而又知有誰者爲之邪試字與自已應正指天也籟可言聲而非聲可盡此有顯露處皆可言籟溺言人之小使不可復此日消之實迹其厭也如緘厭飫之求如緘滕然牢不可解也老洫老於溝渠猶言老奸也可行已言天行之妙人皆可體之於身然信於心目不可見以此朕有情而無體也情作爲也成心有見而不化也夫成乎心昏而無所見也夫隨其成心而師之至柰何哉七十六字只形容有我之偏雖非天籟亦天籟也以明者指人心虛靈知覺而言非指天理大學明德是也何謂朝三云云與湯問棘一段文法相類而行謂是者是之謂非者非之彼或變而反之亦姑從而許之是謂和之以是非也此以

賢人之方在善用而已老子曰德者同於
德失者同於失此其旨也未始有物者一氣
混沌之時或謂其指太極之前則太極無前
也未始有物其次有物其次有對其次有是
非此第世道之降亦有不得不然者故曰是
非彰道以虧則太朴之喪也然而喪亦不可
喪者性天在人不可泯也養其性存其朴此
莊子之學也昭文師曠惠子芳栿爲莹之證
一有始也者有有也者二段不是兩平乃承上
一串說下故下文只言有無也或引無極太
極為說殊覺此段分也者人也有不分者天
也辯亦然聖人順天而不立我故懷之衆人
有我而不知天故辯之故曰辯也者有所不
見而然也天府者萬物皆備於我也山毫彭
殤之同性各足也其異者質也理一分殊可
槩此篇之旨矣未引堯事證物我對立是非
萌生好惡斯起也蓬艾之間蔽於慾而不向
化也德進於日則太虛其量天光其照又何

物之不齊也哉鬳齋謂子游亦有造理之見
故以三籟啓其問初言萬竅後止一木舉一
以例其餘也此段只說地籟却含天籟意其
發若機括謂言不虛發如射者主於中的也
詛盟言勝心留戀不可解也自日夜相代以
下皆言造物之所為雖在面前而人不可見
也彀者鳥之初出卵者也彀之為音未有所
知汝之有言亦不自知與彀音同也大道本
無真偽至言本無是非真偽起於偏見是非
起於自誇小成一偏之見也榮華自相誇詡
也自是而後始有儒墨相是非之論若欲一
定其是非則須歸之自然之天理明者天理
也故曰莫若以明古之聖人所以不用一偏
之見而照之以天理也若能渾人己而一之
則為道之樞要指點箭馬之喻只是不能虛
以用物彼我立而是非起物論所以不齊也
可乎可以下即聖人因物之故而循之之道
循其自然而至於不知其然此之謂道也狙

公之喻名與實同天均者均平而無彼此也
兩行者並存也是非起於私心道始虧後然
以造物觀之何成何虧此一段固是自天地
之初說來然會得此理眼前便是且如一念
未起便是未始有物之時此念既起便是有
物因此念而後有物我物我便是有對因物
我而有好惡便是有是非於此同一思但見胸
次膠擾便是道虧而愛成及此念一過依然
無事何嘗有成虧鼓琴之喻最為親切自物
無非彼以下至非亦一無窮也既解以明二
字自以指喻指以下至適得而幾矣文解因
是二字却直至此處又以此之謂以明結之
今且有言至於彼無以異矣此段又自為是
不用一句中是字生來故曰與是類乎與是
不類乎此是莊文血脈前言言非吹也到此
換頭又唱起今且有言於此一句亦是前後
血脈以其類者與其不類者易地而看則是
類與不類皆相類其意蓋曰把他做我看把

我做他看則見我與他一般故曰與彼無以
異矣此便是以指喻指以馬喻馬之意雖云
無凡無非亦且說一說故曰請嘗言之意曰
當初本無箇有不特無箇有亦無箇無忽然
有箇無則必是生出一箇有如此推明一生
二二生三生萬億兆至於巧曆所不能筭當
初只因無字引起至此況自有而生有乎但
無適為是無適即因是也春秋一句言見於
史冊者皆是先王經世之意聖人豈容不立
此議而何嘗與世人爭較是非蓋天下之理
惟其不言則為至言才到分辯處便非一也
故曰分也者有不分也辯也者有不辯也既
說大道不稱五句下面又解一轉叱其無迹
也若稍有迹即入虧處而非昭明矣天下之
與知必至於不知為知而止則為知之至矣
不知之知便是不言之辯不道之道者人能
此則可以見天理之所會矣故曰天府天理
之所會不容加損也至理無終始故曰不知

其所由來此林氏傒於諸家之訓但於地籟
旣曰未聞又曰聞道一忘二之義未聞
【義海】形固可使如槁木正言之也心固可使
如死灰乎反問之也子綦曰今者吾喪我知
真為吾則心不疵如死灰是有真我存滅動
不滅照之義子游請問其方答以大塊噫氣
特諭以地籟而已泊再請子綦乃曰吹萬不
同而使其自已也至此始泄天籟真機惜乎
子游知形可槁心不可灰之為真我而非悟
此即籟之天也心為天君籟即吾心之用凡
所以致知格物酬機應變形諸言動者皆是
不必見於聲而後為籟也君可端拱無為不
可一日失位心可寂靜無思不可一時泯滅
心雖無聲而有聲者存乎其中如鐘鼓在懸
不待扣而後知其有聲昧者泥夫形相之起
滅是以聲聞有間斷耳人籟地籟有動有寂
天籟自然超乎動寂而有真宰真君真聲聲
聞聞之主後文言非吹也言者有言是矣百

莊子　浩然齋　通義卷一　二十六　陳汝

姓日用不知與接為搆滑神勞精而病物之
不齊是猶抱薪而止火也學者倘能反而求
之得其歸趣則內揆諸身外觀諸物始終各
契於本源小大皆均於一致安有不齊者哉
續考大塊之義郭氏謂無物成法師云造物
是也亦自然之稱又云天也按本經大塊載
我以形列子云地積塊耳釋之以地義或近
之詳此所謂大塊似指天地之間噫氣即道
德經所謂其猶橐籥乎是也闔闢之機陰陽
之本一元之氣運化於斯所以鼓舞萬物動
蕩振發而使之蹶舒長茂焉大而飛屋拔木
摧山立海此奮發之成暴戾者及其機停籟
息寂然歸無則向之鼓舞者安在真人以此
斂心之起滅實為至論而所以起滅者在人
精思而善求之慮嘆變慹姚佚啟態八字真
人矢口成文他書無所見諸論多不及獨成
法師疏云慮則預度未來嘆則咨嗟既往變
則改易舊事慹則屈伏不伸摅慮嘆跳擇滅

嗟而變慹之義尚欠發明今擬解云變則輕
躁而務作為慹則畏懼而不敢動庶盡經意
云又疏姚則輕浮佚則奢縱啟則開張情欲
態則嬌淫妖冶似亦未稱上文今擬解云姚
則悅美以自肥佚則縱樂而忘反啟則情開
而受物態則驕矜而長傲言人之徇物忘己
者一體之中有此異狀計得慮失焦火凝冰
是以形化心俱日消而近死也然此豈性所
有哉由厭溺物欲情識顛倒忘其所不忘不
忘其所忘譬夫樂之出虛烝而成菌幻塞泡
影倏起倏滅何足以介浩然之懷當知有湛
然寂然者亙古常存而此擾擾特其變境塵
緣偶遇識破即空反究我之與物原於本無
暫寄世間姑酬宿業思所以解脫根於厚地
【襲】氣母於先天不將不迎常清常靜則雖身
處囂塗神超聖境何世累之能及哉成心者
是非分別之所自萌不可以善言之也愚嘗
傳西蜀無隱范先生講席竊聆師誨云成心

莊子　浩然齋　通義卷一　二十七　陳汝

者有見不虛意必固我之總名未成心則真
性混融太虛同量成心則已離乎性有善有
惡矣人處世間應酬之際有不免成心即當
師而求之於未成之前則善惡不萌是非無
朕何所不齊哉其論精當足以盡杜前惑夫
人之止念非難不續為難自勿成心即師而
求之於未成心之前則念不續而性可復矣
是故對物則意生忘物則性現心者性之用
萬法之本原一身之主宰蓋不可蔑者若曰
成心則流乎意矣心之為物出入無時莫知
其鄉然方寸之所欲為未有不因物而生者
心離也雖主乎火不能自形必有所麗而後
見心同太虛則無所麗矣且心麗物而為善
猶不若無心無為況麗物而為惡乎關尹子
云來干我者如石火頃以性對之物浮浮然
此遺物離人攝情歸性之要道也學者歸而
求之有餘師矣知音智與音預知代而心自
取者正指師心之人以知代用自取於道渺

為成心者也彼我異情是非互指東宋之西即西宋之東天地之先亦太極之後此亘古今而不齊者也而真人舉非指非馬之喻可謂善齊物論矣以指喻指之非指常人之見也以非指喻指之非指至人之見也非馬之義亦然世之至見少而常見多則天地一指萬物一馬之論又所以重增其蔽也請解之曰所異者天下之情所同者天下之理一理可以通萬情則非指亦是也萬情不能歸一理則是馬亦非也蓋指馬涉乎形迹所以不免是非非指一非馬則超乎形數言議之表故天地雖大而一指可明以其與我並生也萬物雖多而一馬可喻以其與我為一也凡得其情而通其理則物雖萬殊融會在我事隔千里契之以一心古之一羣情有大物者得諸此太上云得一萬事畢此物之所齊論之所止而非言之極議也與古之人貴真知而遺妄知去滯有而存妙有所以保性命之真全

自然之道也人心澆漓世道愈降有物以窒其虛明有封以限其疆域物我對而是非彰是非彰而道虧愛成也果且有無成虧乎哉文重提唱以警省人心俾悟夫齊物之本旨也夫成虧者物之粗迹信能後乎無物何成虧之有昭文鼓琴之至精者以其未超乎形聲度數故不逃乎成虧拔策謂以杖擊樂據梧者隱几談論此師曠惠子之所長各以其能自是至老好之不衰非惟已好之又將以明彼不度彼之所宜徒強聒以求合以至昧然而終莫覺莫悟而交之子文以綸緒終身無成明前三子成於技而戲於道固自以為成文之子既戲於技又戲於道亦自以為是言彼是之各偏成戲之無定也滑疑之耀謂三子之技滑亂於世而疑眩耳目故聖人之所圖為此不可用而寓之於常道求以漸復其初是謂善用其心而不耀者也凡天下之論大莫過乎大山壽莫過乎彭祖此以形論

不能無限若以虛空體觀之太山直細物[illegible]出而嬰孩耳秋毫雖細而有形之初同具此理何嘗無至大者存殤子雖幼而有生之初同具此性何嘗無上壽者寓天地特形之大萬物特形之衆原其所自來蓋未嘗不一也故反覆互言以破世人執著之見以開物理造極之機由是而進叅珠容黍土芥子納須彌之義可類通矣學者信能得其環中之空休乎天均之分則大秋毫而小太山壽殤子而夭彭祖之論非徒矯流俗之弊救貪生之失究理之極有誠然者柰何世眼徒見萬物之迹擾擾不齊而方寸澄明之區與之俱汨如水赴壑莫覲還源故真人諄諄訓導使之反究本初混融物我同胞同體無間吾仁皞皞熙熙共樂清靜則羲黃帝代今日是也聖賢密傳此心是也復何壽夭彼此大小古今之辯哉並生為一大聚與前一指一馬之喻相類雖語若乖宜而理實精到所謂正言

若反可與知者道也堯欲伐宗膾胥敖似與上文不貫然句有故昔者則是因上文而引證無疑第事不經見無所考訂從氏云宗一膾二胥敖三也竊詳經旨自上文有對有常有畛而來意三國者借喻前六合內外先王之志曰論曰議曰辯三條皆欲攻而去之所以離言辯之是非復道德之玄默而堯猶未能自勝以問於舜答以三子者猶存蓬艾之間謂皆已存而不論莫若聽其自處於無人之境則在我不以介懷在彼無所掛累何不釋然之有後證云昔者十日並出羣陰皆退有目有趾待是成功況今帝德又過乎日則彼三者不待攻而自知理固然也蓋以寓言夫議論辯不生則是非自息（同是則什所非矣）此齊物之大旨

齧缺問乎王倪曰子知物之所同是乎曰吾（他不知乎外亦知於內乎）惡乎知之子知子之所不知邪曰吾惡乎知

之然則物無知邪曰吾惡乎知之雖然嘗試言之庸詎知吾所謂知之非不知邪庸詎知吾所謂不知之非知邪且吾嘗試問乎女民溼寢則腰疾偏死鰌然乎哉木處則惴慄恂懼猨猴然乎哉三者孰知正處民食芻豢麋鹿食薦蝍蛆甘帶鴟鴉耆鼠四者孰知正味猨猵狙以爲雌麋與鹿交鰌與魚游毛嬙麗姬人之所美也魚見之深入鳥見之高飛麋鹿見之決驟四者孰知天下之正色哉自我

觀之仁義之端是非之塗樊然殽亂吾惡能知其辯齧缺曰子不知利害則至人固不知利害乎王倪曰至人神矣大澤焚而不能熱河漢冱而不能寒疾雷破山風振海而不能驚若然者乘雲氣騎日月而遊乎四海之外死生无變於己而況利害之端乎

通義　諸解性同情異未免習聞世俗之成說而不體察也體用一原性情不二乃若其情可以爲善是故人物所同者知覺不同者形質而欲識因之識因於形則性逐於識矣而所以爲知覺者遂有不同而其所必同者無所思而知無所觸而覺是也故曰性一而識萬一無而萬有惡能知其辯以上解不知同是句大澤以下解不知所不知何若然以下解不知物無知何所謂神矣者言其與萬物同體而無礙也此倪解至人之所而有不得不任之意若同是之問不知之對即是上文知止其所不知之旨處味色三節是非物我之喻也不熱不寒不驚非游心於無物之始者不能

通義　人物之所同者性所異者情性流爲情物各自是彼此偏見指馬相非論殊而嫌隙生辯極而忿爭起以至肝膽楚越父子路人者有之其患實始於知之一字妄生分別故王倪三答吾惡乎知之欲齧缺反求其所不知得其同然之性而冥夫大通之理則近道矣又恐未能心會繼以嘗試言之引喻人鳥獸之異宜以證處味色之非正然則所謂知者豈其真知所謂不知豈真不知哉太上云知者不言言者不知今既有言矣如知何曰舍多知而求所不知因有言而究所未言則孰知不知之非真知有言之非無言耶

瞿鵲子問乎長梧子曰吾聞諸夫子聖人不從事於務不就利不違害不喜求不緣道无謂有謂有謂无謂而遊乎塵垢之外夫子以爲孟浪之言而我以爲妙道之行也吾子以爲奚若長梧子曰是黃帝之所聽熒也而丘也何足以知之且女亦太早計見卵而求時夜見彈而求鴞炙予嘗爲女妄言之女以妄聽之奚旁日月挾宇宙爲其脗合置其滑涽

以隸相尊。衆人役役，聖人愚芚，參萬歲而一成純。萬物盡然，而以是相蘊。予惡乎知說生之非惑耶？予惡乎知惡死之非弱喪而不知歸者耶？麗之姬，艾封人之子也。晉國之始得之也，涕泣沾襟；及其至於王所，與王同筐牀，食芻豢，而後悔其泣也。予惡乎知夫死者不悔其始之蘄生乎？夢飲酒者，旦而哭泣；夢哭泣者，旦而田獵。方其夢也，不知其夢也。夢之中又占其夢焉，覺而後知其夢也。且有大覺

而後知此大夢也，而愚者自以爲覺，竊竊然知之。君乎，牧乎，固哉！丘也與女皆夢也，予謂女夢亦夢也。是其言也，其名爲弔詭。萬世之後而一遇大聖，知其解者，是旦暮遇之也。既使我與若辯矣，若勝我，我不若勝，若果是也，我果非也耶？我勝若，若不我勝，我果是也，而果非也耶？其或是也，其或非也耶？其俱是也，其俱非也耶？我與若不能相知也，則人固受其黮闇，吾誰使正之？使同乎若者正之，既與

若同矣，惡能正之？使同乎我者正之，既同乎我矣，惡能正之？使異乎我與若者正之，既異乎我與若矣，惡能正之？使同乎我與若者正之，既同乎我與若矣，惡能正之？然則我與若與人俱不能相知也，而待彼也耶？何謂和之以天倪？曰：是不是，然不然。是若果是也，則是之異乎不是也亦無辯；然若果然也，則然之異乎不然也亦無辯。化聲之相待，若其不相待，和之以天倪，因之以曼衍，所以窮年也。忘

年忘義，振於无竟，故寓諸无竟。

通義 此言學者所造有淺深，施教者當迎其機而養之，不當逆其意而沮之，不從事於務言。若子惟知盡心，不滞於所務之事，猶言不係也。緣道以道爲美，因循而行之，由於聞見，不由於秉，猶曰行仁義也。夫子以爲孟浪之言，而我以爲妙道之行，此瞿鵲謂我以此爲精微之造，而孔子不許，何也？丘何足以知長梧？梧瞿鵲之疑而獎進之也。黃帝聽熒，正許其妙道之見。下文固哉之貶，言孔子教人太拘泥也，皆所以誘瞿鵲而通孔子未發之意。太早計，正孔子以爲孟浪之意，時夜鴞炙，早計之喻也。奚旁日月，挾宇宙，爲其脗合，置其滑涽，言今汝所務爲旁日月挾宇宙大而無歸之事乎？以爲其心之所安，置其心思所不明者而已，猶曰樂則行之，憂則違之也。弱喪少年去其鄉里也。大覺者，通晝夜之道而

常惺惺者也大夢則世人皆是也以爲孟浪
以爲妙道以爲黃帝聽瑩皆是夢者此掃除
瞿鵲許多聞見使其一旋不存而還其太虛
之體也故結以寄寓於无而止无竟者乎竟
於無所謂無無也若曰無物之境則物之外
尚有無在非所謂天倪塵垢之外也通章言
物各付物自無不齊之可論也鬳齋謂前面
就因是上發到以是相蘊處却又把前頭死
生無變乎已一句就此發明至使我與若辯
至待彼也耶又自以是相蘊處生來亦前所
謂利害之端也天倪即天均和者附是而已
不相待而尚同則是和之以天倪也亦通
表海 聖人無爲任物自爲故利害莫得而及
非有心避就也不喜求則方寸內虛不緣道
則虛亦忘矣不言而今行無謂有謂也言而
無滯迹有謂無謂也若是則何塵埃之能染
哉此瞿鵲乎日聞於夫子以爲孟浪之言而
自以爲妙道之行舉以求證於長梧長梧謂

莊子 浩然齋 通義卷二 二百 章椎

此言誠妙雖黃帝聽之始能明了恐夫子亦
未盡知之況汝淺識未充遽嘆美其美是爲
大早計猶見卵而求時夜見彈而求鴞炙也
予試妄言汝試妄聽以爲何如旁日月挾宇
宙此神人之事非與日月參光天地爲常未
易語此[illegible]非行前所論聖人之事則可進乎
是要在審其脗合自然者然之滑滑於俗者
罷之從徵王妙出階而升亦如以隸析尊士
隸大夫大夫隸公卿等而上之聖而入於神
矣衆人昧此役於知見不能暫息聖人如愚
不分故雖萬歲之久事變之雜合而一之混
然純備無今古而忘死生聖人不獨善而已
又使萬物同證此道相蘊而熟成之故能與
天地並生萬物爲一也凡人所以不能造此
者恍生惡死惑其心喜怒哀樂戚其性遂於
後文中言以破其迷觀麗姬之先泣後悔則
安知死者不悔其向之蘄生乎飲酒哭泣之
無據覺夢變幻之多端夢中占夢以喻世人

世之尤者必有大覺而後知此大夢也而愚
者於夢中自以爲覺而君牧貴賤於其間何
固蔽不通之甚舉世皆夢又何分乎彼我哉
是以此言達者喜其弔當迷者驚其詭異萬
世一遇知其解者若旦暮然重嘆世人明此
道者至希也本章指歸正在大覺二字觀者
宜究心焉瞿鵲長梧製名以問答夫子指孔
子亦是寓言是非勝負各執一偏不能相正
則我與若與人俱不能相知也而待彼也耶
言必付之造化耳此一節諸解備悉獨化聲
之義隱奧難明和待不相待之樣亦未易以
言盡惟窮神通化者以心獨之至理自見若
以前要論之死生覺夢之分出於化者也彼
我是非之辯出於聲者也覺夢依乎形是非
生乎情有若相待也然而化者自化不知其
所以化聲者自聲不知其所以聲又若不相
待也要夫物理之至極莫逃造化之自然此
萬化之所出入萬物之所以齊也詳此化聲

莊子 浩然齋 通義卷二 三五 求汝

之相待義同前
後互發明耳
罔兩問景曰。曩子行。今子止。曩子坐。今子起。
何其无特操與。景曰。吾有待而然者耶。吾所
待。又有待而然者耶。吾待。蛇蚹蜩翼耶。惡識
所以然。惡識所以不然。昔者莊周夢爲胡蝶。
栩栩然胡蝶也。自喻適志與。不知周也。俄然
覺。則蘧蘧然周也。不知周之夢爲胡蝶與。胡
蝶之夢爲周與。周與胡蝶。則必有分矣。此之
謂物化

罔兩形遊之餘輝周夢爲蝶曰昔者則
非今日之夢矣可以見其平日無求無患之
高樂夢爲周此身或者原是蝶今爲周之覺
方蝶之夢夢乎未旬萬物之生死變化往來理
焉不然嗟乎有生之類影而已夢而
已其非之辨莊觀者其特明之何
通蛇蚹蜩翼或謂蛇甲者不若鼠鼯翅翼
之說爲優蓋蛇藉以行蜩藉以飛喻人身所
以運動者有若相待而終於無待則獨化之
理明矣故翻覆辯論卒歸無待而止人之一
身耳聽目視手執足行有待而然也而所以
用形者若待造物而實無待也天下之物生
於有有生於無有之以爲利無之以爲用然
則有無利用未嘗不相生人能反究至無之
妙遊乎物初則知所以生有所以用形者矣
今有形以運動有心以思慮尚不自知其主
宰之者則自形以生景又豈罔兩所可知宜
其惑而有問也寓言篇有衆罔兩問影卒喻

罔之述者蓋多故不一言之有云予蜩甲也
蛇蛻也與此蚹翼義同本經嘗言古之真人
其寢不夢而南華自謂夢爲胡蝶何耶蓋借
覺夢以立言明死生之一致生不知死亦猶
死不知生二者雖不相知而理本齊一請以
覺夢觀之槩可見矣何爲當生而憂死當死
而羨生乎蝶之爲物無巢穴之營無機消之
悲翩翩栩栩游乎天地間人見之者亦欣其
自適而莫加害焉其所由生非鬬種類往往
他蟲所化或朽麥所爲至樂篇載烏足之根
爲蠐螬其葉爲胡蝶則亦出於草化莫究其
始而終亦不知所歸蓋蝶飛中之得道者故
真人或夢爲之夫人之與物形分多類咸稟
自然自然者至道之妙本萬化所由立也故
莊蝶夢覺各不相知終歸於化則未嘗有異
是知動植萬形生死萬變有情無情卒齊於
化化者形數之始終萬類之出入由於造物
之推排勇有力者莫能拒物受離琢形歸盡

猶不知所以然而然是以進人委而順之故
覺夢泯融生死爲一也周與胡蝶則必有分
分即物之天物雖各有天固同一天也或謂
分如字則分別無已天下物論何由而齊學
者又當究夫性命之情徹以通物理之一致
與物同化而有不化者存以死生爲覺夢視
古今如朝昏將無物之可齊容有論乎然則
莊與蝶夢與覺既有論之者必有知之者
褚氏總論孟子曰物之不齊物之情也而
莊子名篇以齊物論或疑其與儒家悖重
增不齊之情殊不思孟子特爲許子言之
耳況孟子之所言者情莊子之所言者理
理一分殊則情之不齊也宜矣故南華原
本究極主一理以齊天下之物論篇首設
二子問答詳論人籟地籟之不齊明天籟
之自然非惟理不待齊亦非齊之所及故
於其間旁證側引而不指言天籟欲人心
契而自得之夫生物紛紛榮謝萬變自形

自色自消自息卒歸天籟而止天籟者無
形無聲而形聲之所自出神化之所發見
也倘能究夫人籟地籟之所由作則天籟
可知故郭註云豈復別有一物哉衆竅比竹
接乎有生之類會而共成一天耳至論知
言覺夢成心言吹可否是非方生方死無
與乎萬竅怒號及乎得其環中以應無窮
則虛以待物物亦無礙此忘而彼自化風
濟竅虛之謂也天地一指萬物一馬則以
不齊齊之誠詭譎惟道通爲一物有不待齊
而自齊矣若夫狙公賦芧喜怒所由生昭
文鼓琴成虧所以著言有心有爲不足以
化物何舉於齊哉至於天地與我並生萬
物與我爲一可以言齊矣又慮或者以一
與言爲二二與一爲三此又散而不齊之
兆也惟造乎未始有物註前無方以大覺
而知大夢參萬歲而一成純所以槩天下
之物而齊之之道也罔兩問景不知即異

而同南華夢蝶孰究非同非異蓋極論物我生死覺夢之不齊而終歸於物化南華之所謂化即大易所謂神游於恍惚見於日用而不可以知知識識由是悟萬物一形也萬物一化也萬化一神也神而明之變而通之孰爲物孰爲我夫是之謂大齊

○通義 齊而自無不齊所謂死生無變於己者殆非空言矣金剛經曰一切有爲法如夢幻泡影此篇足以盡其義

戰國策莊辛謂楚王曰鄒君從臣之猶不見黃雀俯啄白粒仰棲茂林鼓翅奮翼自以爲無患與人無爭也不知夫公子王孫左挾彈右攝丸以其頸爲的晝游茂樹夕調乎酸鹹蔡聖侯因是已南游乎高陂北陵乎巫山飲茹溪之流食湘波之魚左抱幼妾右擁嬖女與之馳騁乎高蔡之中而不以國家爲事不知夫子發方受命乎宣王繫己以朱絲而見之也蔡聖侯之事其小者也君王之事因是已左州侯右夏侯輦從鄢陵君與壽陵君飯封祿之粟而載方府之金與之馳騁乎雲夢之中而不以天下國家爲事不知夫穰侯方受命乎秦王填黽塞之內而投己乎黽塞之外 注見國策楚四事已[illegible]有是也

莊子內篇第一卷終

莊子卷第二　叅元朱得之傍註并通義

附錢塘褚伯秀義海纂微

雲谷王潼錄校刊

內篇

養生主第三 養其有生之主而踐形之責無愧矣即孟子養性之旨

吾生也有涯。而知也無涯。以有涯隨無涯。殆已。已而爲知者。殆而已矣。爲善無近名。爲惡無近刑。緣督以爲經。可以保身。可以全生。可以養親。可以盡年。庖丁爲文惠君解牛。手之所觸。肩之所倚。足之所履。膝之所踦。砉音畫又古

嚮然嚮然。奏刀騞音麥又然。莫不中音。合於桑林之舞。乃中經首之會。文惠君曰。譆。善哉。技蓋至此乎。庖丁釋刀對曰。臣之所好者道也。進乎技矣。始臣之解牛之時。所見無非牛者。三年之後。未嘗見全牛也。方今之時。臣以神遇而不以目視。官知止而神欲行。依乎天理。批大郤。導大窾苦管苦夫二反又音空。因其固然。技經肯綮之未嘗。而況大軱音孤乎。良庖歲更刀。割也。族庖月更刀。折也。今臣之刀十九年矣。

所解數千牛矣。而刀刃若新發於硎。彼節者有間。而刀刃者無厚。以無厚入有間。恢恢乎其於遊刃。必有餘地矣。是以十九年而刀刃若新發於硎。雖然。每至於族。吾見其難爲。怵然爲戒。視爲止。行爲遲。動刀甚微。謋然已解。如土委地。提刀而立。爲之四顧。爲之躊躇。滿志善刀而藏之。文惠君曰。善哉。吾聞庖丁之言。得養生焉

通義　生有涯知無涯即世短意常多人無百年壽强作千年計之旨有涯隨無涯其殆者形勞也爲知者之殆神勞也殆已已危之甚也殆而已矣神隨形散亦歸於危也此上言不養生之患其曰爲善安分盡心不衒售也其曰爲惡不絕嗜慾不矯情也不近名刑即其自謂不爲仁義之操滛僻之行也人從俗無名可稱無法可加也此上言生之易養也此只是起緣督爲經一句督猶獨也總也人身背脊之脉曰督脉一身之最中由尾閭貫泥丸天而人形而氣皆攝於此故莊子以督名天德言但循其大道管轄之機守之以爲常無近名近刑之事猶今人以取利謂之近錢也此一句乃養生修德之綱領曰養生而不言修德正逃名之意也保身不犯世網全生完其天性養親盡其當爲盡年不取夭折皆不近刑名之實也下文解牛事只承緣督一句明養生義引證不用一字而意自通貫文哉文哉有滕乃手足之幹四句只形容動作機括以起合舞中會句解牛而擬之以樂

言和順而不費力也以解牛之技擬養生言應也當審幾順勢而不以强力制割也言得養生焉則保身全生養親盡年皆在其中矣官知止疑定於常時神欲行敬謹於臨事也

通義　內篇始於逍遙遊盡性之學所以明道次以齊物論窮理之談所以應化又次以養生主至命之要所以修身也故此首論無以有涯隨無涯則生任其自生而無夭閼之患知復乎無知而歸混冥之極切身之害旣除何危殆之有信能如是則因天下之善而善之因天下之惡而惡之雖爲非爲也又何近名近形之累哉夫爲善惡而近名刑不爲善惡而無名刑皆理之當然今則爲之而不近名刑者世人視之以爲善惡而聖賢之心常順乎中道合天理之自然而已故利害不能交而道德之所歸也督字訓中乃喜怒哀樂未發之指非特善惡兩間之中也苟於七情未發之時循之以爲常道則虛微靈通有無莫係吾與太極同一混成又惡知身之可保生之可全親之可養年之可盡哉庖丁一段敘述養生要旨最爲親切故寫其動作進止之度以應夫行住坐卧之間未始須臾離也蓋天下事無大小有理存焉解牛而得其理則目無全牛刃有遊地養生而得其理則身有餘適事無廢功奏刀中音[illegible]應物之當理釋刀而對喻忘生而得理也[illegible]心乎應物則所見無非牛體道而實物未嘗見全牛也神遇不目視則依乎自然以虛爲用而亦無所事乎知見矣十九年而刃若新發於硎言與物無忤者生無所傷養神有道者久而不敝也然每至於族見其難爲骨肉盤結曰族以喻應酬世故事物棼劇之時當加戒謹以成厥功定而後能慮世人徒從事乎厚味侈服華居顯位聲色悅樂以爲養生養愈至而生愈失經所謂養形果不足以存生是已庖丁所好者道則所見無非道故事物之間恬然

滯礙維逆順迭出萬變叢挫卒有以善解之不啻遊塵之過前是何也蓋能養其生之主則玄德內充真機外應處已處物無不適宜應已而復歸於無是謂善刀而藏安有月更之弊哉真人應後世學養生者溺於沉寂無爲無以酬酢世故廢人事而曰道可立其爲道也鮮矣故寓道於技以立言而牛之解不解無庸辯

公文軒見右師而驚曰是何人也惡乎介也天與其人與曰天也非人也天之生是使獨也人之貌有與也以是知其天也非人也澤雉十步一啄百步一飲不蘄畜乎樊中神宜作形雖王不善也

通義 有與也猶曰耦也性與形爲配也言其有人之貌而性猶與貌俱不隨足刖則其者非其自取乃天數使然又於言外原其所以致刖之故由其貪飲啄之富而入乎樊中耳形雖如王者之坐享亦不能自適如澤中故曰不善也天人之疑謂人有餘不足雖出於人亦造物者爲之主故人遇患難惟當順受澤雉之喻謂人自愛者不慕紛華也卽其有與而知其刖之非辜卽其既刖而猶居乎右師之官則其取刖之因也保生之道出處之機於是乎審矣

說海 右師之介雖咎於人亦其天分使之獨足而其貌則與人同類耳況稟形最靈復有以充其內豈可以外虧一足而自棄其全美哉是故一安於命而歸之天知所當全者在乎德性者與生俱生性則爲生之主不離於斯二者是謂得其養矣形之殘兀何加損焉

莊子　浩然齋　通義卷二十　四　陳增

欲人安於患難而順其性之情則吾有尊足若存所養非形骸也故澤雉以全性爲樂富樊爲憂飲啄雖艱而不願就養若受畜樊中則飲啄雖餘而飛行失所神雖王不善也

老聃死秦失弔之三號而出弟子曰非夫子之友邪曰然然則弔焉若此可乎曰然始也吾以爲其人也而今非也向吾入而弔焉有老者哭之如哭其子少者哭之如哭其母彼其所以會之必有不蘄言而言不蘄哭而哭者是遁天倍情忘其所受古者謂之遁天之刑適來夫子時也適去夫子順也安時而處順哀樂不能入也古者謂是帝之縣解指疑作脂窮於爲薪火傳也不知其盡也

通義 此段形容德之入人心者深反言以拂塵也天之所受本來無物今以有情相感則是忘其始之所受而遁逃其無爲之天性倍棄其無情之真得罪於天者故曰遁天之刑縣者四無係着解者四無罣礙佛言大解脫也帝之縣解言是天地間無粘滯之人也人之有生如以薪熾火所美者之死如薪盡於火薪有盡而火無窮死生之變何足動於達人之中哉此章大意列莊語中散見惟老子死足破方士之狂而養生之主莫善於聃故存於此指窮之指疑是脂不然木也

說海 按前諸解指字多以手指釋之蓋以爲前言所指卽薪可見竊詳經意指應同旨云

莊子　浩然齋　通義卷二十　五　胡坤

猶云理也理盡於爲薪故火傳不知其盡義甚顯明知此遊篇周遍咸之者異名同實其指一也可盡夫一家之薪有盡而天下之火無盡善爲薪者有以傳之一人之身有盡而身中之神無盡善養生者有以存之火之在彼薪猶此薪也而焰焰不同神之託彼身猶今身也而息息各異焰不同所以有然有滅息各異所以有死有生然而天下之火未嘗盡神未嘗滅者有人以主之耳至若鑑口擊石鑽木戛竹皆可以得火火性遍天地間非人無以致之神之運化亦然去是薪火何麗亡是形神何託由是知傳火在乎得薪託神在乎得形所以成至人之妙用極天地之全功南華舉以結養生主一篇之義深有旨哉

褚氏總論達養生之理者勿傷得養神之道者無爲形者生之所託神則爲之主虛無之道是所以養其神者也世人徒知養生而不知養其生之主養愈至而生愈失

故眞人誨以無以有涯隨無涯庶乎養生之旨矣夫以道存懷者無心於善惡以虛待物者何有乎名刑順中而不失其常保身盡年之理有在於是解牛喻應物刀以喻生十九年而刃若新發於硎則剸繁治劇不知其幾而吾之精明者愈久而不弊是爲生之主人當善養者唯善於平日所以得濟於斯時以不用而成大用也至於善刀而藏則應物餘暇歛知韜光物遂其適事盡其理而吾之利用未嘗或虧古之大隱居鄽按物而常應常靜得此道故也是以學道之要虛靜爲先非虛無以全神非靜無以復命性全命復養生之能事畢矣如鏡當臺有鑒無迹事物於我何加焉凡人逐物喪眞攖事拂理得交忠滿心戚醮生能無損乎所以澤雉不願畜樊見於後喻老聃大聖南華所師猶云死者示人安時處順守常得終而遯形飛化之妙非世所測聖人之死曰神是也秦失弔之而三號已爲方外剩法然余子猶不能無疑遂告以去來適然安之弗拒是謂帝之縣解造物不得以係之矣盡爲薪之理者火傳無窮盡養形之理者神全不喪有形終於有盡在我不得不養假幻以修眞亦相資之理特不必如張毅無足之過養耳是以卒貴全而歸之形得全歸則神無謬適出有入無何往而非正伏義得之而襲氣毋黃帝得之而登雲天傅說得之騎箕尾而比列星太上云

死而不亡者壽

人間世第四

列子貴虛篇中世訓生此世字亦當以生爲義言我在衆人之中立此生道也世字六書從三十一會意指事此篇意在內不失己外不失人是爲立生之道故曰人間世

顏回見仲尼請行曰奚之曰將之衛曰奚爲焉曰回聞衛君其年壯其行獨輕用其國而不見其過輕用民死死者以國量乎澤若蕉民其無如矣回嘗聞之夫子曰治國去之亂國就之醫門多疾願以所聞思其則庶幾其國有瘳乎仲尼曰譆若殆往而刑耳夫道不欲雜雜則多多則擾擾則憂憂而不救古之至人先存諸己而後存諸人所存於己者未定何暇至於暴人之所行且若亦知夫

德之所蕩而知之所爲出乎哉德蕩乎名知
出乎爭名也者相軋也知也者爭之器也二
者凶器非所以盡行也且德厚信矼未達
人氣名聞不爭未達人心而彊以仁義繩墨
之言術暴人之前者是以人惡有其美也命
之曰菑人菑人者人必反菑之若殆爲人菑
夫且苟爲悅賢而惡不肖惡用而求有以異
若唯無詔王公必將乘人而鬭其捷而目將
熒之而色將平之口將營之容將形之心且

成之是以火救火以水救水名之曰益多順
始無窮若殆以不信厚言必死於暴人之前
矣且昔者桀殺關龍逢紂殺王子比干是皆
修其身以下傴拊人之民以下拂其上者也
故其君因其修以擠之是好名者也昔者堯
攻叢枝胥敖禹攻有扈國爲虛厲身爲刑戮
其用兵不止其求實無已是皆求名實者也
而獨不聞之乎名實者聖人之所不能勝
也而況若乎雖然若必有以也嘗以語我來

顏回曰端而虛勉而一則可乎曰惡惡可夫
以陽爲充孔揚采色不定常人之所不違因
案人之所感以求容與其心名之曰日漸之
德不成而況大德乎將執而不化外合而內
不訾其庸詎可乎曰然則我內直而外曲成
而上比內直者與天爲徒與天爲徒者知天
子之與己皆天之所子而獨以己言蘄乎而
人善之蘄乎而人不善之邪若然者人謂之
童子是之謂與天爲徒外曲者與人之爲徒

也擎跽曲拳人臣之禮也人皆爲之吾敢不
爲邪爲人之所爲者人亦無疵焉是之謂與
人爲徒成而上比者與古爲徒其言雖教謫
之實也古之有也非吾有也若然者雖直不
爲病是之謂與古爲徒若是則可乎仲尼曰
惡惡可太多政法而不諜雖固亦無罪雖然
止是耳矣夫胡可以及化猶師心者也顏回
曰吾無以進矣敢問其方仲尼曰齋吾將語
若有而爲之其易邪易之者皞天不宜顏回

曰回之家貧唯不飲酒不茹葷者數月矣若此則可以爲齊乎曰是祭祀之齊非心齊也回曰敢問心齊仲尼曰若一志無聽之以耳而聽之以心無聽之以心而聽之以氣聽止於耳心止於符氣也者虛而待物者也唯道集虛虛者心齊也顔回曰回之未始得使實自回也得使之也未始有回也可謂虛乎夫子曰盡矣吾語若若能入遊其樊而無感其名入則鳴不入則止無門無毒一宅而寓於

不得已則幾矣絶迹易無行地難爲人使易以僞爲天使難以僞聞以有翼飛者矣未聞以無翼飛者也聞以有知知者矣未聞以無知知者也瞻彼闋者虛室生白吉祥止止夫且不止是之謂坐馳夫徇耳目內通而外於心知鬼神將來舍而況人乎是萬物之化也禹舜之所紐也伏羲几蘧之所行終而況散焉者乎

通義 澤若蕉句上文乎字是平字言其平原四澤荒蕪不稿若遭焚然者以乎字爲上句

則語意爲緩矣未達人氣此言氣質如仁智信直勇剛之類強以仁義乃用智也且苟爲挾賢至死於暴人之前矣八十五字乃孔子用於盗跖之形容彼述自暴自棄之情狀此則言君子貴自守不可衒售以取辱也乘人鬬捷亦用智也故曰益多雜然以下兩句凡孔子好學之不倦容以語我來此來字雖語助詞而其辭氣則有引掖之意其庸詎可乎猶曰其是豈可乎庸乃語辭不可訓常大宗師篇內亦云庸詎知所謂云云今人亦常用此句法此章大意鬬孔顔兼善之志願于之速化孔子之虛己也

義海 諸解大意詳悉茲不贅字義或有遺論借附緒末澤若蕉澤同野蕉謂蕉死者以國量國猶谷量猶史載谷量牛馬之義言其甚多不可數也民死既衆則穀粟草木不得遂其生澤中如遭焚而焦者其國政可知矣強以仁義繩墨之言術暴人之前者是以人惡

其有美也術述通此章暴人凡三前二處宜作表暴解請表白人之所行術暴於人之前末句正指凶暴之人謂前賢也夫涉人間世者不能無憂患故是篇首以孔顔問答歷述暴君厲行而酌其往化之方顔子以虛一進其本意亦正矣然出於揣勉未能無心則彼由中之機安保其不妄發顔子又思三術自全仲尼猶以爲太多政法而不諜胡可以及化以心未能忘故也顔子至此無以進由是知大了化人直造懸崖撒手心路斷絶之地始可進向上一步使齊爾形神而後告之自明而誠之謂也諜字以間諜釋之不通庸齋訓安爲近聽之以耳止於聞道而未能盡行聽之以心止於契道而未能盡忘至於聽之以氣則無所不聞無所不契彷徨周浹混合太虛太虛何處無之故待物盡善而物亦不能逃也耳之所冥者心心之所符者氣氣則淵極無爲虛以待物者也觀夫洼焉不滿酌

不蝦與人而愈有常應而常靜者則亦何傷
不待之之有哉通天下一氣人物太虛之所
同游也唯虛與氣非即非離互顯體用是以
無往而不通道則非虛非氣能虛能氣所以
化天下之鄧御天下之實待物於無待萬應
而不窮者也心齋之妙亦虛而已故能靜鎮
百爲明燭萬有如鏡開匣如衡在懸天下之
重輕妍媸莫逃而無恩怨予奪之累以是而
處人間世特遊戲耳顏子豁然而得曰未得
心齋之用實自有回既得心齋之用未始有
回則受化之迹可知矣夫子嘗謂其終日不
違如愚此未始有回之實驗也顏子將之衛
而夫子告以此者蓋平日心傳內學皆性命
之精微直以治身者也今將出而有爲翊扶
治道故詳及君臣交際世故酬酢之間使之
形氣交和中虛外順上以造心齋之妙用下
以顯及化之真機聖人所以與天
爲徒而不涉人間世之患者以此

葉公子高將使於齊問於仲尼曰王使諸梁
也甚重齊之待使者蓋將甚敬而不急匹夫
猶未可動也而況諸侯乎吾甚慄之子嘗語
諸梁也曰凡事若小若大寡不道以懽成事
若不成則必有人道之患事若成則必有陰
陽之患若成若不成而後無患者惟有德者
能之吾食也執粗而不臧爨无欲清之人今
吾朝受命而夕飲冰我其內熱與吾未至乎
事之情而既有陰陽之患矣事若不成必有

人道之患是兩也爲人臣者不足以任之子
其有以語我來仲尼曰天下有大戒二其一
命也其一義也子之愛親命也不可解於心
臣之事君義也无適而非君也无所逃於天
地之間是之謂大戒是以夫事其親者不擇
地而安之孝之至也夫事其君者不擇事而
安之忠之盛也自事其心者哀樂不易施乎
前知其不可奈何而安之若命德之至也爲
人臣子者固有所不得已行事之情而忘其

身何暇至於悅生而惡死夫子其行可矣丘
請復以所聞凡交近則必相靡以信遠則必
忠之以言言必或傳之夫傳兩喜兩怒之言
天下之難者也夫兩喜必多溢美之言兩怒
必多溢惡之言凡溢之類妄妄則其信之也
莫莫則傳言者殃故法言曰傳其常情无傳
其溢言則幾乎全且以巧鬬力者始乎陽常
卒乎陰泰至則多奇巧以禮飲酒者始乎治
常卒乎亂泰至則多奇樂凡事亦然始乎諒

常卒乎鄙。其作始也簡。其將畢也必巨。言者風波也。行者實喪也。夫風波易以動。實喪易以危。故忿設無由。巧言偏辭。獸死不擇音。氣息茀然。於是並生心厲。剋核太至。則必有不肖之心應之。而不知其然也。苟爲不知其然也。孰知其所終。故法言曰。无遷令。无勸成。過度溢也。遷令勸成殆事。美成在久。惡成不及改。可不慎與。且夫乘物以遊心。託不得已以養中。至矣。何作爲報也。莫若爲致命。此其難者。

通義　孔子之時。衛未稱王。此而曰王。疑爲後世所擬之文也。寡不道以懽成。凡事之成。莫不以懽忻浹洽。懽忻浹洽以不失道也。鮮有不得其道而事得以懽成者。此起下文二患之故。食也執粗而不臧。爨无欲清之人。凡主人食而擇美。則爨者求清潔以爲事。今以心慄。苟且糲食不擇。其美爨者所以不須求潔靜也。以巧鬬力者。初必示以可見而暗藏取勝之策在後。不然。不謂之巧。亦不能勝力也。此下。即喻以見爲使之道。當知機。又曰凡事亦然。蓋指使事而廣言以聽其所取。實喪者言心之情實發露在行事。生則外貌雖得而中心之誠然者則失矣。忿設無由言所行既喪其實而發於危道。則必忿心生而鑿空造出無來歷之事以成其巧言偏辭。肆言而無所擇。如獸死之音也。遷令勸成。必至於殆事。

成之也。美成在久。勉之也。惡成不及改。警之也。乘物以遊心。因物之感而推敲以應之也。致命之道。非盛德真見者不能。生死一安於理。此篇只義命是大旨。致命乃所以盡義。不以易心。來之。此致命之機。故曰此其難者。

通義　子高將使齊。以平日聞諸夫子者質諸夫子。且自述其奉命懷憂。冰炭交爭之意。覬有以發藥而藥之。夫子告以命義二戒。忠孝大節。事親不可解於心。事君無所逃於天地。事心哀樂無所施。人世立身之要。亦槩見乎此。然心爲天君。萬化所出。人能事心。盡道則於君親可知矣。不可奈何而安之。則平居暇日可知矣。信道篤而自知明。何死生之能惡哉。此所以訓天下之爲臣子者。於其所難安而安之。忠君之至。立身之盡也。繼又陳奉使傳言之難。而詳以幾全之道。庶使君無失德。臣無辱命。此又下告顏子者一等矣。唯顏子

至命盡神。故足以發夫子心齋之論。而此坐忘之極。子高則求免以得失利害存懷。故但告之以謹傳命。全臣節而已。有以見聖人因材施教。循循而善誘者也。出世世間法。即世間法。能處世間而無累。是爲出世間矣。先論奉使傳命之難。却及說世事感召勢之必至。而莫知所以然。使求其理而已。風波實喪之語誠爲切當。剋核太至核同劾。諸解罕詳及。蓋核者。木果生意所寓。仁在其中。先賢嘗取以喻仁愛之意。今謂剋削其核。則傷其仁而生意盡。剋削其行。則傷其義而交道絕。故不肖之心不期應而應之。肖類也。仁心錫類。一視同慈。仁苟不存。則其心不類。何惡非爲。蓋由有以召之。其機不可不謹。文中子。周公之好奇尚權。蕩而不止。必有不肖之心應之。語本乎此。美成惡成。對待立義。諸解或惡音去聲。今擬本音。解云。美善之成。至難必積久以化之。過惡之成。至易雖欲改而不及矣。上句戒

其無遷易國家之號令下句戒其無勦成齊
侯之驕志也乘物以遊心因理而行不逆慮
成否也不得已以養中理極而止不先乎中
道也如此亦足矣何必作爲以報其君哉莫
若爲致命言但聽其死生禍福則處此亦何
難之有夫子始告以命義大戒終亦歸於本
意觀此一段曲盡物情就謂南
華俶脫物表而略於世故耶

顏闔將傅衛靈公太子而問於蘧伯玉曰有
人於此其德天殺與之爲无方則危吾國與
之爲有方則危吾身其知適足以知人之過
而不知其所以過若然者吾柰之何蘧伯玉
曰善哉問乎戒之慎之正汝身哉形莫若就

莊子 浩然齋 通義卷二 十六 胡坤

心莫若和雖然之二者有患就不欲入和不
欲出形就而入且爲顛爲滅爲崩爲蹶心和
而出且爲聲爲名爲妖爲孽彼且爲嬰兒亦
與之爲嬰兒彼且爲无町畦亦與之爲无町
畦彼且爲无崖亦與之爲无崖達之入於无
疵汝不知夫螳蜋乎怒其臂以當車轍不知
其不勝任也是其才之美者也戒之慎之積
伐而美者以犯之幾矣汝不知夫養虎者乎
不敢以生物與之爲其殺之之怒也不敢以

全物與之爲其決之之怒也時其饑飽達其
怒心虎之與人異類而媚養己者順也故其
殺者逆也夫愛馬者以筐盛矢以蜄盛
溺適有蚉虻僕緣而拊之不時則缺銜毀首
碎胸意有所至而愛有所亡可不慎耶

通義 闔之傅聽殆君命不可辭故有此問爲
子擇傅而得闔亦靈公不喪之一端也只是
正身爲本迹就心和外盡恭敬不忤之道內
存調停誘掖之心此亦以善養人之方然必
身正而後或就或和不過其則也達之入於
無疵者通其情使漸入於無顯惡此之謂就
不入和不出也僕緣而拊之不時言牧馬者
拍馬身之蚊虻出於忽然馬不知僕之拍必

莊子 浩然齋 通義卷二 十七 胡坤

然驚詫決裂致傷則我平日愛馬之心皆忘
之矣此蓋反應達入無疵句實欲訓迪頑鈍
者漸漬而不驟也此承美
成在久惡不及改之意

通義 伯玉之教顏闔又下夫子教子高一等
矣子高猶知有本命憂懼之心故夫子皆以
命義大戒終以乘物遊心託不得已雖委身
爲使而猶知存所天未至狥人而忘己闔則
知聵不可傅而欲傅之先已懷疑而求彼之
信己於理已稍悖矣故伯玉告以正汝身哉
立其本而後末可舉也形就心和是見其勢
不可以力正姑立此苟全之論非爲傅之道
也況就而入和而出者乎至於與之爲嬰兒
爲无町畦爲无崖則就入之尤者雖有因機
點化一着然師傅之尊豈無善誘之道而遽
至於是縱由此而達之僅可無疵而已安能
化物哉螳蜋怒臂正以喻闔將恐不免耳養
虎愛馬又所以申前論而俾之加謹也

匠石之齊至乎曲轅見櫟社樹其大蔽牛絜之百圍其高臨山十仞而後有枝其可以爲舟者旁十數觀者如市匠伯不顧遂行不輟弟子厭觀之走及匠石曰自吾執斧斤以隨夫子未嘗見材如此其美也先生不肯視行不輟何耶曰已矣勿言之矣散木也以爲舟則沉以爲棺槨則速腐以爲器則速毀以爲門戶則液樠（莫干反）以爲柱則蠹是不材之木也无所可用故能若是之壽匠石歸櫟社見

夢曰女將惡乎比予哉若將比予於文木耶夫柤梨橘柚果蓏（力果反）之屬實熟則剝則辱大枝折小枝泄此以其能苦其生者也故不終其天年而中道夭自掊擊於世俗者也物莫不若是且予求无所可用久矣幾死乃今得之爲予大用使予也而有用且得有此大也耶且也若與予也皆物也柰何哉其相物也而幾死之散人又惡知散木匠石覺而診其夢弟子曰趣取無用則爲社何耶曰密若無言彼亦直寄焉以爲不知已者詬厲也不爲社者且幾有翦乎且也彼其所保與衆異而以義喻之不亦遠乎

通義　自全其天者不求合於俗自謂知物者未必爲豪傑之知已以爲不知已者詬厲言寄跡於社得至此大正取人之棄以自保也以義諭之蓋以斧子謂其以無用爲趣乃復致用於社是因其言而喻之以義理也寄焉者言其不辭社之用乃其寄跡非以求用也

義海　前章備述處身應世之難此章復引櫟社以不材自保而全無用之用又假匠石答問以發明之幾死乃今得之爲予大用是一句柰何哉其相物也言予汝皆稟形爲物汝乃欲相我幾死之散人謂汝以能自役亦幾死矣予安於無用豈汝所知哉弟子又爲櫟

之本趣既取無用則何以社爲匠石令其不必言彼社眞來寄耳非求爲社也正以爲社不知已而加詬厲且既安無用縱不爲社亦何得有翦伐乎蓋彼所保者不材故與衆異而汝以社義譽之相去遠矣喻淳朴之人自全於世不願人之吹噓獎借或得譽於鄉黨亦寄焉耳豈以爲榮哉惟其不可得而利所以不可得而害也

南伯子綦遊乎商之丘見大木焉有異結駟千乘隱將芘其所藾子綦曰此何木也哉此必有異材夫仰而視其細枝則拳曲而不可以爲棟梁俯而視其大根則軸解而不可以爲棺槨咶（食紙反）其葉則口爛而爲傷嗅之則

使人狂酲三日而不已。子綦曰。此果不材之木也。以至於此其大也。嗟乎。神人以此不材。宋有荆氏者。宜楸柏桑。其拱把而上者。求狙猴之杙者斬之。三圍四圍。求高名之麗者斬之。七圍八圍。貴人富商之家求禪傍者斬之。故未終其天年而中道之夭於斧斤。此材之患也。故解之以牛之白顙者。與豚之亢鼻者。與人有痔病者。不可以適河。此皆巫祝以知之矣。所以爲不祥也。此乃神人之所以

爲大祥也

【通義】神人以此不材神人所以爲大祥二語相應道德入神者不以有用自顯其許由之徒歟隱將芘其所藾隱然不見有駟乘也自我庇物曰芘物來我蔭曰藾痔病不可以祭河不用痔病者爲尸也舊引西門豹事爲訓義未安

【義海】諸解發明大意盡矣而字義有未釋者今附于後云隱將芘其所藾言隱然芘其陰也必有異材夫絕句以夫屬下文者非軸解謂木紋散也杙所以棲獮猴高名是高明麗釋以屋宇當從欐列子餘音繞梁欐禪傍棺之全一邊者虞齋說甚當此章與前章義同後漆人以疾而免祭河之厄又結以神人所以爲大祥經意顯明茲不贅述

支離疏者。頤隱於齊。肩高於頂。會撮指天。五管在上。兩髀爲脅。挫鍼治繲。足以餬口。鼓筴播精。足以食十人。上徵武士。則支離攘臂於其間。上有大役。則支離以有常疾不受功。上與病者粟。則受三鍾與十束薪。夫支離其形者。猶足以養其身終其天年。又況支離其德者乎

【通義】五管在上乃跐之甚者視物必側項仰面而其目鼻與口必向上也不受功不承功程之責也支離其德者美無可見用不及大猶日散碎無收拾之人也

【義海】會撮音檜撮又會古活切項椎司馬云髻也古者髻在項中脊曲頭低故髻指天向

氏云兩肩聳上會撮然也今讀多從前音與大宗師篇句贅指天字異而義同自頤隱於齊至兩髀爲脅形容殘疾之狀鼓筴播精司馬云筴同策小箕也簡米曰精崔氏云鼓筴揲蓍播精布卦占兆也今多從司馬說二技衣食所資切於日用故可藉之以食十人此亦設辭言其形雖不足而養身有餘也此段切緊在後句蓋德忌乎執執則非德矣支離謂疎散自在於德者上德不德是也夫支離其形者征役不及而粟薪可沾則支離其德者人害莫及而天爵所加也宜矣

孔子適楚。楚狂接輿遊其門曰。鳳兮鳳兮。何如德之衰也。來世不可待。往世不可追也。天下有道。聖人成焉。天下無道。聖人生焉。方今

之時僅免刑焉福輕乎羽莫之知載禍重乎地莫之知避已乎已乎臨人以德殆乎殆乎畫地而趨迷陽迷陽无傷吾行郤曲舊脫此二字誤疊吾行字郤曲无傷吾足山木自寇也膏火自煎也桂可食故伐之漆可用故割之人皆知有用之用而莫知无用之用也

【通義】此借聖人以警世意以聖如孔子而泥跡猶有弊況不及孔子而假名干祿乎成者聖人與世相成不見聖人之跡生者特顯露於衆人之中正與文中子意同僅免刑言天下擾穽深嗜欲重未有不發危險者不敢望無譏議之加但苟免法網是亦幸矣乎康之

福無所加於人輕如羽也死之為禍弗論即剄刺刑宮為禍之重豈不知地乎山之生木自盜其氣膏之生火自耗其體有用之用殉人而失己無用之用務內而忘外者也

【總論】諸解已詳不復贅按文中子述史篇天下有道聖人藏焉天下無道聖人彰焉句法雖同而反其意各有所主耳愚嘗謂秦漢以來諸子立言者襲南華語意不少獨經中設譬引喻未嘗蹈前人一轍而愈出愈奇後竟未有追踪者是謂文可文非常文也吾行郤曲無傷吾足諸本皆然郤多音隙獨碧虛如字後正經文作郤曲郤曲庶協上文元本應是如此傳寫差謬誤疊吾行二字識者自能鑒之

褚氏總論夫處人間世者君臣之分雖人不可不盡者然當度可否之宜謹出處之節視古今而無愧超悔吝而獨全斯為善美矣是以顏子將之衛而夫子備言事君之多患名知之相軋心氣未達譽終毀至弓旌在前而刀鋸在後者有之況以不逆如愚之臣遽欲往化年壯獨行之君焉保其無悔所以力救止之使衛君知賢者不苟進益堅尊道之心固將自化矣必輕往以資驕志擾暴行邪顏子又陳端虛勉一內直外曲或可自全夫子謂僅免患耳胡可及化化者不言而信使人意消豈在政法繁多以啓物敵乎顏子至此無以進請問其方則是所念既空而天真虛受之時也夫子乘其開悟之機告之以齋使虛心受教無聽以耳而以心無聽以心而以氣遂於言下悟其未始有回心虛而形亦忘則化物也無難矣子高將使齊請以行盡情而忘其身察風波而戒實喪顏闔將傅衛請以就不入而和不出達虎怒而通馬情皆所以明世患之多端外物之難必在高識之士洞燭幾微進退惟義可也至於

曲轅櫟社以無保為保商丘異材見不神而神文伸言材之為累而世人弗悟往往恃材求用而不揆分度宜名顯而妒害生利鍾而禍患至雖欲臃腫自全不可得矣故是篇大意在乎外應世而內全真道不離而物自化古之聖賢不得已而有世俗之借問不容由斯道遂寓孔顏問答以發明之篇末又引接輿之歌以社聖賢經世有為之迹以杜衆人逐物無厭之心結以山木膏火桂漆之患警世尤切惟其知涉世之難所以處世而無難矣太上云聖人猶難之故終無難 ○人間世

【通義】處者安分盡心斯得矣傳曰君子素其位而行不願乎其外是也列莊言意要不出此大抵有心則有跡有跡則可尋尋跡則非率性矣褚氏度宜識節無愧獨全等語尚落思議非所以語莊文也

德充符第五 充足也符合也德足於己則隨所應而合也何也德也者人己之同然者也

魯有兀者王駘從之遊者與仲尼相若常季問於仲尼曰王駘兀者也從之遊者與夫子中分魯立不教坐不議虛而往實而歸固有不言之教无形而心成者耶是何人也仲尼曰夫子聖人也丘也直後而未往爾丘將以爲師而況不若丘者乎奚假魯國丘將引天下而與從之常季曰彼兀者也而王先生其

與庸亦遠矣若然者其用心也獨若之何仲尼曰死生亦大矣而不得與之變雖天地覆墜亦將不與之遺審乎無假而不與物遷命物之化而守其宗也常季曰何謂也仲尼曰自其異者視之肝膽楚越也自其同者視之萬物皆一也夫若然者且不知耳目之所宜而遊心乎德之和物視其所一而不見其所喪視喪其足猶遺土也常季曰彼爲己以其知得其心以其心得其常心物何爲最之哉

仲尼曰人莫鑑於流水而鑑於止水惟止能止衆止受命於地惟松栢獨也正在冬夏青青受命於天惟堯舜獨也正在萬物之首幸能正生以正衆生夫保始之徵不懼之實勇士一人雄入於九軍將求名而能自要者而猶若是而況官天地府萬物直寓六骸象耳目一知之所知而心未嘗死者乎彼且擇日而登假人則從是也彼且何肯以物爲事乎

通 此借王駘以發孔子狀聖之言覩首句則當時尊信孔子之風可見矣立不教等句

只是起下文固有不言之教二句意無形而心成言駘之德蘊於默成而不露也丘將引天下句訓引曰率尼父不若是迂亦不爲此出位之言也魯且中分於駘而相任天下爲我信不幾於妄乎蓋聖天下之人之從之也彼不若也四句言彼既兀是可賤者也而乃爲人之先師則與常兀者不同矣其用心亦何方乎死生亦大至守其宗言其用心也爲下文喪足猶遺土張本命化守宗即老子既知其子復守其母孟子謂過化存神之意死生者人世莫大之事駘也其心不隨之而變不但一身之死生極其變而言雖天地覆墜其虛靈之體昭然獨存不與形器同變幻故其應感明見眞理息息見存無所假待是以不隨物而遷因物賦物而獨存其神也常季疑其既如此用心何不自知其兀孔子言其曠達之懷識知不存得喪俱忘其於萬物之變化往來惟疑視其出之本一而不逐於跡

是以喪足如喪土不動其心也彼爲已言其學非爲人而人乃尊之何也以其知得其心者言其反觀而得見其天君也以其心得其常心者言其初以天德良知得見此心時如游子歸家到家既久乃知是固有之業也此二句只言其爲已何與於人而人乃尊之如此於此亦見常季之所造矣不得之實論云眞無畏懼者不恃衆力只一人可以入萬軍中斬將刈旗正保始之徵也官府寓象四義皆言用也是有道者之所能也官府云者選用陰陽包涵羣品也神寓於形以耳目爲物象惟性靈而已此數語與横渠由象識心知象者心言意相近一知之所知上知言明下知言照僧云一覺性之管攝也擇日登假言其惺惺之體與日俱新蹻道玄遠也本非爲人人自因此而從之何肯以物爲事言其未嘗以人之來從爲念也餘註未見通暢

義海 立不教之教而天下化之坐不議之議而天下信之非德充於内物符於外者不足以與此此王駘所止而有以來鑑之道也學者洗心求教故虚而往終則眞見内充故實而歸非虚則不能受教非實則不能悟理悟理之極明白洞達物來斯鑑亦虚而已是故爲要道此無他善教者輔物之自然善學者求復其自然用不施而體自見非有以增飾之也太上云我無爲而民自化則不教之教教之至也孔子曰天何言哉四時行焉則不議之議議之至也先聖之所以教人者如此在受教者爲何如又彼既爲已以其知得其心以其心得其常心物何爲最之哉郭氏從以其知以其心爲句得其常心遊而不論成林王氏並同郭誤獨呂氏從得其心得其常心爲句上下文義明白虚齋無隱皆從呂義今從之又受命於地至惟舜獨也正文句不齊似有脫略陳碧虚照張君房校本作受命於地惟松栢獨也正在冬夏青青受命於天惟堯舜獨也正在萬物之首補亡七字文順義全考之郭註下首惟有松栢上首惟有聖人則元本經文應有在萬物之首字傳寫遺逸又彼且擇日而登假人則從是也郭氏從登絕句假人屬下文碧虚因之呂氏以假音遐絕句偏陳祥道王雱虚齋並宗呂說竊詳登假人無義今從登遐文義顯明謂得此道者升遐無礙而升於玄遠之域也續考列子周穆王篇登假字並讀同遐可證

申徒嘉兀者也而與鄭子產同師於伯昏無人子產謂申徒嘉曰我先出則子止子先出則我止其明日又與合堂同席而坐子產謂申徒嘉曰我先出則子止子先出則我止今我將出子可以止乎其未耶且子見執政而不違子齊執政乎申徒嘉曰先生之門固有執政焉如此哉子而說子之執政而後人者也聞之曰鑑明則塵垢不止止則不明也久與賢人處則無過今子之所取大者先生也而猶出言若是不亦過乎子產曰子既若是矣猶與堯爭善計子之德不足以自反耶申徒嘉曰自狀其過以不當亡者衆不狀其過以不當存者寡知不可奈何而安之若命惟

有德者能之。遊於羿之彀中，去聲 中央者中地
也。然而不中者，命也。人以其全足笑吾不全
足者衆矣，我怫然而怒；而適先生之所，則廢
然而反。不知先生之洗我以善耶？吾與夫子
遊十九年，而未嘗知吾兀者也。今子與我遊
於形骸之內，而子索我於形骸之外，不亦過
乎？子產蹵然改容更貌曰：子無乃稱

通義 取大者求以復其心體之明也。心體明
而形骸忘，形骸忘則所得者大也。與堯爭善
蓋言子既以過取兀，猶以過歸我，是與無過
者較優劣也。度子之見識，尚不能自收斂也

耶？遊羿之彀，言在伯昏模範中，舉動不失天
則，乃其當然之位。或有不能盡善，至於犯難
者，亦其所遇之命，不能逃焉耳。此猶孟子命
也有性焉之意，與上文安之若命句相應。雖
安於兀，尚動心於毀譽，一見先生則自忘其
怒，而不知其所從來也。忘形骸而事心性，遊
於內也；棄形骸而泥所遇，索於外也。改容加
敬，更貌去傲也。無乃稱，謝之不必多言也。此
見人入名利中，欲忘施施之態，誠爲不易，有
志作聖者，必入伯昏之彀而後可。羿彀句諸
家訓義皆與鄙見不同，存之以待申徒嘉者
判焉。上文狀其過以不當亡，衆人也；狀其過
以不當存，能自省者也；至於不以形諸口者，
尤難其人也，故曰寡。若夫知其不可奈何，安
於患難之遇，如命之當然，誠非盛德者不能
也。此三句舊解亦欠疏爽，嗟乎！人之所以自
處與其所以取夫人
者，皆標準於此章矣。

申徒安命而忘兀，德充於內者，無慼於
外也。子產矜位而鄙兀，心殉乎外者，不明乎
內也。同學於伯昏之門，固有執政焉，如此哉
言雖侍明師而猶以勢位爲尚，未能相忘而
化其道，是心鑑不明，塵垢待以止之也。不當
亡者衆，不當存者寡，此蓋申徒論足存亡言
人之處兀，如已過而安之者，必然有幸不幸
一歸之於命耳，則知申徒之兀，出於非罪者
也。遊羿彀中，莫非中地，設有不中，幸免耳。人
處世間，莫非憂患，苟得免患，亦幸耳，而人因
以其幸笑我之不幸，我猶有怒，未忘己也。廢
然而反，已亦忘矣，不知先生洗我以善耶，吾
之自悟耶，則彼己俱忘，物我並化，
何喜怒之可動，何形骸之可索哉。

魯有兀者叔山無趾，踵見仲尼。仲尼曰：子不
謹，前既犯患若是矣，雖今來，何及矣？无趾曰：

吾惟不知務而輕用吾身，吾是以亡足。今吾
來也，猶有尊足者存，吾是以務全之也。夫天
无不覆，地无不載，吾以夫子爲天地，安知夫
子之猶若是也。孔子曰：丘則陋矣，夫子胡不
入乎，請講以所聞。无趾出。孔子曰：弟子勉之。
夫无趾，兀者也，猶務學以復補前行之惡，而
況全德之人乎！无趾語老聃曰：孔丘之於至
人，其未耶？彼何賓賓以學子爲？彼且蘄以諔
詭幻怪之名聞，不知至人之以是爲己桎梏

聃曰胡不直使彼以死生爲一條以可不可爲一貫者解其桎梏其可乎无趾曰天刑之安可解

【通義】諔詭幻怪形容其散罔要眇之辭死生爲一條即前章死生不得與之變可不可爲一貫即齊物篇可乎可不可乎不可此意只是無我死生且一況兀乎可否既忘況今借乎聃曰其可乎者蓋疑而不忍棄之辭天刑之安可解按前曰遁天之刑又曰縣解與此大同而小異此言天奪其神靈襟不啓是以遂末而不知本也然巳之無趾亦天命之低於人乎耳我既不能自解安能解人此意存於言外

【通義】首章王駘得道而至命者也次章申徒有德而知命者也此章无趾務學以補過者也南華論德充有三等與人間世所序意同夫子謂叔山不謹犯患則其兀也必有以致之彼亦謂不知務而輕用吾身巳自知其過惟知其過斯能補過故聖門不棄焉尊足即下章所謂使其形者於此而務求全得其道矣无趾以夫子爲天地圖有以覆載之夫子指其前失以爲今來何及矣則猶有將迎得失之見也无趾言其猶若是則有不滿於中者此段蓋嘉无趾思所以補前行之失而爲全人也形之殘兀又何加損焉以見聖賢治化曲成萬物而不遺稟質差殊則其成也不無等級如本篇所列者是也

魯哀公問於仲尼曰衛有惡人焉曰哀駘它丈夫與之處者思而不能去也婦人見之請於父母曰與人爲妻寧爲夫子妾者數十而未止也未嘗有聞其唱者也常和人而巳矣無君人之位以濟乎人之死無聚祿以望人之腹又以惡駭天下和而不唱知不出乎四域且而雌雄合乎前是必有異乎人者也寡人召而觀之果以惡駭天下與寡人處不至以月數而寡人有意乎其爲人也不至乎期年而寡人信之國無宰而寡人傳國焉悶然而後應氾而若辭寡人醜乎卒授之國無幾何也去寡人而行寡人卹焉若有亡也若無與樂是國也是何人者也仲尼曰丘也嘗使於楚矣適見㹠（徒門反）子食於其死母者少焉眴若皆棄之而走不見巳焉爾不得類焉爾所愛其母者非愛其形也愛使其形者也戰而死者其人之葬也不以翣資刖者之屨無爲愛之皆無其本矣爲天子之諸御不爪翦不穿耳取妻者止於外不得復使形全猶足以爲爾而況全德之人乎今哀駘它未言而信無功而親使人授巳國惟恐其不受也是

必才全而德不形者也。哀公曰。何謂才全。仲
尼曰。死生存亡窮達貧富賢與不肖毀譽饑
渴寒暑。是事之變。命之行也。日夜相代乎前。
而不知能規乎其始者也。故不足以滑和。不
可入於靈府。使之和豫通而不失於兌。使日
夜無郤。而與物爲春。是接而生時於心者也
是之謂才全。何謂德不形。曰。平者。水停之盛
也。其可以爲法也。内保之而外不蕩也。德者。
成和之修也。德不形者。物不能離也。哀公異

莊子　浩然齋　通義卷二　三十二　汶

日以告閔子曰。始也吾以南面而君天下。執
民之紀以憂其死。吾自以爲至通矣。今吾聞
至人之言。恐吾無其實。輕用吾身而亡吾國。
吾與孔丘。非君臣也。德友而已矣
通義　悶然二句與無幾何而去寡人狀其無
欲寡情也。不見已謂不見其相呼應者。不得
類謂不得其相羣動者。起下文使其形句。翣
屨二喻見無實者飾亦無施。諸御娶妻二喻
見形全之貴也。德者才之蘊。才者德之著。仲尼
謂才全至物不能離。言人情事變乃天命流
行無古今終始。故不足以撓真見者之性而
亂其情。其自致之懷悠然與天運同流不舍
晝夜。常與物同處於氤氳和煦之境。此皆隨
其所接生善應之道於心者。時字之義猶見

在也。猶明鏡之在匣。因物之來時生妍媸也
德不形。物不離者。蓋德而顯露則有方所有
方所則有虧有合。不形則無合無離無合無
離乃大合也。故曰物不能離。不停則明可以
照物。以其内靜而外無所撓。故可以爲修德
者之師法。而成其與物爲春之和。既能如此
物何能離之哉。是以雌雄合於前。不見之而
授國失之而若無可樂也。執民之紀而憂其
死猶曰執國之政而視民如傷也。諷詠此章
莊之尊孔至矣。他章之詆掎假道者之迹也
義注　按雌雄之義。所解不一。或以爲禽獸者
本於列子雌雄在前孳尾成羣之說。稽考經
意。丈夫與之處思而不能去。婦人願爲妾之
語。則雌雄合乎前。言丈夫婦人歸之者衆也
戰而死者其人之葬也。不以翣資。舊來從資
絕者。翣句飾武之具。形似方扇以木爲之衣
以白布畫以雲氣。夾車兩邊所以自衛也。資
或訓用訓送。或畧而不言。殊無確論。後得無

莊子　浩然齋　通義卷二　三十三　夏

隱講師從翣絕句以助釋資文從理順經旨
大明。續考禮記檀弓篇周人置翣孔子之喪
飾棺牆置翣。又置緌奓設披。柳翣又明堂位云
周之璧翣。鄭氏註天子八翣皆戴璧垂羽諸
侯六翣皆戴圭。大夫四翣士二翣皆戴緌。據
此則古者喪禮通用翣。非特爲飾。設竊原南
華本意謂先聖制禮使人養生送死而無憾
周以棺衾飾以柳翣。貴賤隆殺各當其宜。所
以慎終也。若戰而死。則非正命。又失用師之
道。故其葬也不以翣。形且不得全歸。何望儀
物之備。昔亦猶刖者之不愛屨也。此章從上
文豚子食於死母起喻至此。又疊喻以結之
不過形容德充於内者無假於外。德餒於中
外飾無益也。與物爲春。是接而生時乎心。言
才全而德不形者。至和内蘊接物無間若青
陽流布無不被生育之恩。蓋以無心爲心。故
能無感不應。或問方其不感不接和
安在哉。曰如樂在懸聲無隱乎聲

闉跂支離無脤說衛靈公，靈公說之，而視全人，其脰肩肩。甕盎大癭說齊桓公，桓公說之，而視全人，其脰肩肩。故德有所長，而形有所忘。人不忘其所忘，而忘其所不忘，此謂誠忘。故聖人有所遊，而知為孽，約為膠，德為接，工為商。聖人不謀，惡用知？不斲，惡用膠？無喪，惡用德？不貨，惡用商？四者，天鬻也。天鬻也者，天食也。既受食於天，又惡用人？有人之形，無人之情。有人之形，故羣於人；無人之情，故是非不得於身。眇乎小哉，所以屬於人也！謷乎大哉，獨成其天！

【通義】知為孽，知者智之體，智者知之用。此知當讀本音，不必訓智。是非不得於身，是非不得沾惹於其身，承上言其不溺俗也。獨成其天，猶曰獨成其性。言性則若人而天隱矣，言天則性在其中。曰獨者，更無他念，獨成其天德，不以智巧雜之也。

【纂論】德有所長者，挌乎德而不在貌；形有所忘者，挌乎貌而契乎心。此二士之所以見知於二君，二君之所以見稱於後世也。聖人之所遊，亦不出乎人世間，從容逍遙以觀其變。行不以足，視不以目，故物無遯形，人無遯情。而其憂世之心未嘗一日去懷也。夫聲名姣孽，所以滑性，而以之為知，由是貪詐生焉；纆之約，由於朴散，而執之如膠，由是機譎迭焉。工匠作器，所以給用，而貿易焉，由是巧偽出焉。此皆時俗之弊也。真人猶覬有以反之，故斷曰：不謀惡用知，不斲惡用膠，不喪惡用德，不貨惡用商。其言意亦切矣。此還淳反朴之要道，聖人復出不易斯論。人能脫去膠擘等累，則與天為徒，何世患之能及？有人之形，飲食起居同也；無人之情，是非好惡不動於中也。眇乎小哉，此形之在天地；謷乎大哉，此德之在性情也。以己之性情復己之自然，豈假他人哉！

惠子謂莊子曰：「人故無情乎？」莊子曰：「然。」惠子曰：「人而無情，何以謂之人？」莊子曰：「道與之貌，天與之形，惡得不謂之人？」惠子曰：「既謂之人，惡得無情？」莊子曰：「是非吾所謂情也。吾所謂無情者，言人之不以好惡內傷其身，常因自然而不益生也。」惠子曰：「不益生，何以有其身？」莊子曰：「道與之貌，天與之形，無以好惡內傷其身。今子外乎子之神，勞乎子之精，倚樹而吟，據槁梧而瞑。天選子之形，子以堅白鳴。」

【通義】承上有形無情而究其實。道與之貌，動容周旋，天能顯也；天與之形，耳目口鼻百骸備也。前二句意重形貌，後二句重道與天。下文外神勞情之戒，此亦借惠子以箴砭後世役於知而失德者，故曰生有涯，知無涯，以有涯隨無涯，殆已；已而其為知也，亦殆而已。

【纂論】道與之貌，無論美惡，安之而已；天與之形，無論壽夭，全之而已。常因自然而不益生

生不益則必不損夫性何所措其情今惠子
不務內充其德徒以言辯求合天下之情以
至外神勞精據梧而暝則其爲知能所從亦
困苦矣故告之以天之所以選汝形而爲
萬物之靈者豈但以堅白之辯鳴樂於人間
而已由階而升致極乎性命道德之奧乃聖
乃神可企及也痛惜惠子累於才而溺於辯
脉乎性而惑乎情是因知而失德學者之大
病殊非悟人之王情本無好惡好惡因物而
有情耳情與物忘則俱化矣常因自然而不
益生是謂無情之情何以辯爲使惠子而頓
悟還淳反朴進乎無知則德可充而性可復
何患乎人之不
契物之不應哉
褚氏總論物得以生之謂德乃天賦粹美
所以成形尊生由是而充之性與天道可
得而聞也夫德本乎天而充之在人可不
自愛重乎物之符契特應感小節以應德

充之驗其成功大業則有相天地贊化育
者焉故驗足以起敬於夫子將欲引天下
而從之則其修爲必有大過人者且不教
不議而學者虛往實歸自非以心契心而
死生無變命物守宗而化由己出其能至
是乎視所遺所喪若土之遺以見得道者
忘形惟止能止衆止明夫以虛而成鑑凡
此皆所以充之之道也德充而爲物所歸
猶松柏之於衆木堯舜之於百姓豈特以
正生爲幸幸在能正衆生而一己之死生
禍福非所介帶故擇日登假去晉在我何
肯以物爲事哉申徒無取兀之過而招兀
兀猗全也子產以執政之貴而傲兀者貴
猗殘也無趾而尊足所存有重於足者天
刑之不可解則一實之命而與全人無異
矣哀駘它之惟雄合乎前使哀公忘其惡
而願授國此非愛其形愛使其形者也故
泰和內運疵厲外消德與日新道通神化

事成而不以功自處無往而不爲物所歸
矣哀公以仲尼爲德友德尊而位可忘也
靈公視無脤爲全人德尊而形可忘也聖
人所遊與物無際晳乎大哉獨成其天是
能忘人之所不忘而粹美所歸有不得而
辯者惠子厚於才而薄於德遂問好惡之
情答以性命之情所以深救其失使道貌
天形不傷於好惡有形無情常因乎自然
至是則德充物符彼己兩盡是非好惡化
於忘言何在乎外神勞精而以堅白鳴哉
太上云上德至德孔德玄德皆言德之充
者善結無繩約天下將自賓不召自來有
德司契皆德充物符之謂而南華發揮尤
爲詳至取殘兀厲惡之人以標論本蓋所
以爲尚形散外 通義 三兀造道有等哀
德性者之戒云〇駘它則全德之極者故
以孔子之言爲準闉跂甕㼜言不但貌惡
者無妨於德雖形不全者德自若也末論

有形無情並言之旨耶然矣程子
曰聖　萬事而無情者盡之
聖人情順万事而无情

莊子內篇第二卷終

莊子卷第三　叅元朱得之傍註并通義

附錢塘褚伯秀義海纂微

雲谷王潼録校刊

內篇

大宗師第六　大宗師指道也人各有師而道則範圍萬有故曰大宗師

知天之所爲知人之所爲者至矣知天之所爲者天而生也知人之所爲者以其知之所知以養其知之所不知終其天年而不中道夭者是知之盛也雖然有患夫知有所待而後當其所待者特未定也庸詎知吾所謂天之非人乎所謂人之非天乎且有真人而後有真知何謂真人古之真人不逆寡不雄成不謩士疑作若然者過而弗悔當而不自得也若然者登高不慄入水不濡入火不熱是知之能登假於道也若此古之真人其寢不夢其覺無憂其食不甘其息深深真人之息以踵衆人之息以喉屈服者其嗌言若哇其耆欲深者其天機淺古之真人不知説生不知惡死其出不訢其入不距翛然而往翛然

而來而已矣不忘其所始不求其所終受而喜之忘而復之是之謂不以心捐道不以人助天是之謂真人若然者其心忘一作志其容寂其顙頯音逵凄然似秋煖然似春喜怒通四時與物有宜而莫知其極故聖人之用兵也亡國而不失人心利澤施乎萬世不爲愛人故樂通物非聖人也有親非仁也天時非賢也利害不通非君子也行名失己非士也亡身不真非役人也若狐不偕務光伯夷叔齊箕子胥餘紀他申徒狄是役人之役適人之適而不自適其適者也古之真人其狀義而不朋若不足而不承與乎其觚而不堅也張乎其虛而不華也邴邴乎其似喜乎崔乎其不得已乎滀乎進我色也與乎止我德也厲乎其似世乎謷乎其未可制也連乎其似好閉也悗乎忘其言也以刑爲體以禮爲翼以知爲時以德爲循以刑爲體者綽乎其殺也以禮爲翼者所以行於世也以知爲

時者不得已於事也以德為循者言其與有足者至於丘也而人真以為勤行者也故其好之也一其弗好之也一其一也一其不一也一其一與天為徒其不一與人為徒天與人不相勝也是之謂真人死生命也其有夜旦之常天也人之有所不得與皆物之情也彼特以天為父而身猶愛之而況其卓乎人特以有君為愈乎已而身猶死之而況其真乎泉涸魚相與處於陸相呴以濕相濡以沫不如相忘於江湖而其譽堯而非桀也不如兩忘而化其道夫大塊載我以形勞我以生佚我以老息我以死故善吾生者乃所以善吾死也夫藏舟於壑藏山於澤謂之固矣然而夜半有力者負之而走昧者不知也藏小大有宜猶有所遯若夫藏天下於天下而不得所遯是恒物之大情也特犯人之形而猶喜之若人之形者萬化而未始有極也其為樂可勝計邪故聖人將遊於物之所不得遯而皆存善夭善老善始善終人猶效之又況萬物之所係而一化之所待乎夫道有情有信無為無形可傳而不可受可得而不可見自本自根未有天地自古以固存神鬼神帝生天生地在太極之先而不為高在六極之下而不為深先天地生而不為久長於上古而不老狶韋氏得之以挈天地伏戲得之以襲氣母維斗得之終古不忒日月得之終古不息堪坏得之以襲崑崙馮夷得之以遊大川肩吾得之以處太山黃帝得之以登雲天顓頊得之以處玄宮禺強得之立乎北極西王母得之坐乎少廣莫知其始莫知其終彭祖得之上及有虞下及五伯傅說得之以相武丁奄有天下乘東維騎箕尾而比於列星

通義 天人之旨解者不一只是誠者天道思誠者人道也其曰天人所為義極廣濶直如牝牡天所為而合牝牡則人所為也知以人而從天不迷濫顛狂牝牡之道盡矣蓋天機惟生其體而寓其用人之道以其覺性而用其體惟循天機之本然悶悶醉醇不起知識

以此終身不爲半塗而廢是人而不失其天也其爲性真完全無失豈不暢茂敷榮而盛乎故曰至矣終其天年而不中道夭猶曰至死不變也志行變雖生猶死此一夭字意極含蓄其曰盛指終身不夭應上文至字文如牛馬天也耕駕天人合也穿鼻絡首人也亦天也故其所謂天亦人人亦天必能如此知如此則然後爲真知然後是知之盛無於道其間曰雖然有患一轉蓋言以人知天雖可爲盛然又有非一時可合必要於久而後見者人於此時當安而順之而後可見天人之不二也事物未成時有待而未定也吾之良知通貫乎始終以待其當雖天亦人雖人亦天矣逆寡雄成不以成敗論英雄言待物暮士言牛已謨士欲爲君子落科曰也過不悔當不自得只是過化悔者文之機得者驕之本其日用兵蓋言不用兵也意在寧失國不恐失人心古公亶父從者如歸是也蓋兵以

安民以土地而殘民不忍也所謂天時非賢也者苟於事之得失一委於天時而無敬修可願之功將何以爲賢與物有宜物者對已者也物各付物不失其則是曰宜此句即感應二義與人爲徒自有不能一者而在我者未嘗不一蓋不一乃一之所出也一與不一末之萬殊也亦一而已本之所在也自大塊栽我以形至一化之所待一段言生死成敗得失皆造化所爲其機密移非智力所與能人不當致愛惡於其間蓋詳上文不逆寡三句之故舟山力負正言造物者之神且見老至倏忽也自本自根以前言道之體於人者如此不爲老以前言道體在宇宙間本如此豨韋氏以下證知之盛者及不喜人之形而遊於物所不得遯之意有情活潑潑地也有信確乎不拔也妙萬物而無我何爲何形師友授受傳也悟而不化受成障也故曰不可受有觸有覺得也無形無所無可見也若有

可見即仕法矣仁見謂仁知見謂知文王聖道而未之見可證此章之旨

總論　由知已而知人由知人而知天此知之至也天本無爲今言天之所爲者日月星辰之所以運陰陽寒暑之所以行也人之所爲者善惡逆順之所以著禍福得喪之所以成也既知此矣以其知之所知養其知之所不知所知謂知之所及人事可料所不知非數可推恍惚杳冥神鬼神帝者是也終天年而不夭此特爲知人而言故云知之盛耳知猶有待而後當故所待者特未定也又豈知吾所謂天之非人人之非天乎天人混融乃真知也齊物論云知止乎其所不知是已真謂貧約之時成當盛大之時處約當以順逆則害生處盛當以謙雄則禍至暮士以事釋之義長即經所謂不思慮不豫謀是也若然者酬酢應變之間過於事情蓋適然耳何悔之有當於事情亦適然耳何自得之有譬夫飄

瓦虛舟無心於迕物故物亦不忌之以是而登高何者爲慄以是而入水何者爲濡以是而入火何者爲熱哉因知而升至於道猶若此況忘知而頓悟者乎其寢不夢與覺同也其覺無憂與道同也食不甘則淡乎無味息深深則不離其根真人之息以踵此是養生家與學南華爲憫世人逐物喪真神衰氣耗不得已而發露斯旨人多疑踵字說之難通蓋以踵身之下極若能反求諸身見其息之深深則知所謂踵矣衆息以喉人所共知息之所自來者即踵也嗜欲熏烝重關湮塞息離踵而不能復止往來於喉間是以略爲萬物抑挫則其氣屈服而不伸而嗌言若哇易繫云失其守者其辭屈此皆由於嗜欲深錮有以賊其天機非天機之淺也不忘所始即受而喜之不求所終即忘而復之不以心捐道猶疑捐應是緣狗也逐也庶協下文不以人助天之義齊物論不喜求不緣道可證音

存而字訛耳志字諸解多牽强不通趙氏正爲忘字與容寂義協其論甚當元本應是恕此傳寫小差耳其顙頯若老聃出沐之時也自前古之眞人形容至此言其不以死生利害動於中故外貌能若此喜怒通四時則與天合道與物有宜則與人合德又惡知其窮盡哉用兵亡國而不失人心人忘乎我也澤施萬世不爲愛人我忘乎人也聖人盡己之性而通物之性蓋出乎自然非用心而通之也至仁無親而博愛賢者無時而不中君子之於利害通而一之無所避就而禍患亦未嘗妄及焉行所以成名名所以表行失已則無其實非士也亡身而趨於僞者受役而已何足以役人不役於人而自適者其惟眞人乎眞人者其心蓋淵而不可測姑即其形似者論之義而不朋與物宜而非黨也若不足而不承自卑者人尊之也在衆人則宜物必黨不足必承矣觚而不堅廉而不劌也虛而

不華實若虛也邴邴乎崔乎則言其情似喜於濟人利物又似乎不得已蓋無心之應斯眞應也滀乎進我色胼然見於面人喜即之也與乎止我德愛人以德人亦樂得之此皆言其德容之盛有以化物厲乎難釋崔本作廣乎言德量廣無不包足以容斯世所以警乎大哉獨成其天連乎其好閉莫見其根門若是則眞人之道不容聲矣禮刑知德皆先王治世之具行乎自然與民宜之德則循之而皆可至於循謂安而行之非必勤勞而可得也陳碧虛照文如海張君房校本喜已世下三乎字並作也與上下句協似亦有理蓋聖人好惡出於至公亦猶無好惡也故好亦一弗好亦一其一也一不一亦一其一與天爲徒本乎自然無所不一也其不一與人爲徒或出使然不純乎一也以道觀之與不一亦一而已天不人不因人不天不成亦何相勝之有蓋恐世人泥夫迹之不一而失其理

之大同故又豁以人之生死猶天之有夜旦凡蔽天覆地者俱不免而有所不得與知者皆物情蔽之耳若謂情歸往混合天人爲可以與知死生之理猶夜旦之常而不足介蔕也人以天爲父而猶尊愛之況已之卓然者乎君愈乎已而身猶死之況已之至眞者乎此又直指道體以示人人能反求其卓然至眞者則知吾之生死乃一念之起滅一氣之往來耳儻不明此則失其所以生向與魚之處陸而呴濡以濕沫視相忘於江湖爲何如哉南華自謂吾爲是論亦無與譽堯非桀未能相忘而化其道蓋欲人忘言而以無心契之又何以歸其迹也夫塊本以言地據此經意則指造物載我以形猶云以形載我自骸具而神乘之蓋不得不載也勞我以生者起居飲食痛癢寒温皆所以役我蓋不得不勞也佚我以老者血氣既衰形體日老志慮日消蓋不得不佚也息我以死者氣竭神逝四

大各離修然寢於巨室蓋不得不息也由是知世人當生而憂死皆妄情耳但於其生也惡所以善吾生凡傷生悖理損人害物者必不爲則吾之死也惡得而不善蓋生吾者造物而善吾者我也其生其死何有與哉藏舟藏山猶人處造化中而欲逃造化之遷變不可得也凡天下之物有藏必有遯遯則不存矣惟其無所藏故物不得遯而皆存物不得遯而皆存之處無何有之鄉廣莫之野是也得是而遊焉任其無心之適曠然達觀無往不存此藏天下於天下之道也惟出機入機生化萬變見其日新耳物安所遯哉世人執於私見往往認物以爲己有謂舟山爲不遯之物壑澤爲可藏之地形質有不化之方不悟夫眞樞潛運寸晷不停日物日地與形俱化而不自知也然則欲超遯化將有道乎曰無藏無執心與天遊欲求見在猶不可得又惡知所謂遯化哉善夭善老諸本皆然惟陳

碧虛照張君房校本作善少善老於義爲勝自篇首敘真人之道死生之理至夫道有情有信至末則又論道之體及上古得道之人以證之語雖奇異理實明白諸解論之詳矣其間神鬼神帝之語尤爲弔詭輒陳管見附於條末鬼帝即陰陽自本自根無形而神者也運動而生天地可名可道有形有神者也其爲體也無在無不在無爲無不爲又何高深久老之足議哉竊詳此義本於道德經玄牝之門是謂天地根玄牝乃陰陽異名能知玄牝之門則知鬼帝之說神則處陰陽之化而互爲體用是謂無方不測之妙也信能知夫生天生地者則我身之所自來不期知而知既知所自來則其生也有昧然者乎

南伯子葵問乎女偊曰子之年長矣而色若孺子何也曰吾聞道矣南伯子葵曰道可得

學邪曰惡惡可子非其人也夫卜梁倚有聖人之才而無聖人之道我有聖人之道而無聖人之才吾欲以教之庶幾其果爲聖人乎不然以聖人之道告聖人之才亦易矣吾猶守而告之三日而後能外天下已外天下矣吾又守之七日而後能外物已外物矣吾又守之九日而後能外生已外生矣而後能朝徹朝徹而後能見獨見獨而後能無古今無古今而後能入於不死不生殺生者不死生生者不生其爲物無不將也無不迎也無不毀也無不成也其名爲攖寧攖寧也者攖而後成者也南伯子葵曰子獨惡乎聞之曰聞諸副墨之子副墨之子聞諸洛誦之孫洛誦之孫聞之瞻明瞻明聞之聶許聶許聞之需役需役聞之於謳於謳聞之玄冥玄冥聞之參寥參寥聞之疑始

通義 此四上章可傳不可受可得不可見之旨而更闡之也不然云者以爲非卜梁倚不告也守之者靜默以待其思議之息也三七九之期用功之難易也朝徹者夜寐方醒外

感未接虛明瑩淨之謂也見獨者見性也此性無對故曰獨猶曰上天下地惟我獨尊也不死不生者天地間虛靈之性亘萬古而一如者萬物之出入莫非其所爲故以殺生生生歸之攖寧云者將迎成毀交於前而此中湛寂無所攖猶曰常應常靜如此乃可謂之成也有聖人之才得聖人爲依歸而用功漸次不苟不易且如此況稟質之下習染之深不奮決裂之志不求實踐之登卤莽恍惚以躐其等乘以易心而欲性天不失難矣哉

義海 道者所以建中立極啓迪人心才者所以開物成務恢規創業聖人以天下爲心任教化之重於斯二者蓋不可偏廢焉權夫二者之重輕則寧處道而有餘無或流於才勝所以女偊之化卜梁猶守而告之知才之障道而難入也始外天下特遺其粗外物遺其在外者外生遺其在我者在我猶遺則無所不忘矣朝徹明物之所未明見獨視物之所

不覩無古今則時不可拘無死生則形不能
定以死爲虛則不能殺生以生爲息則不能
生物矣惟其無將無迎無成無毀所以無不
將無不迎無不成無不毀也其名爲攖寧郭
氏攖同縈今定如字人處世間日與物接罕
有不攖拂其心者衆人則攖之而亂聖人則
攖之而寧攖之而亂道之所以喪攖之而寧
道之所以成也亦猶常應常靜之義副墨至
疑始膚齋謂副墨文字也因有言而後書之
簡策形之言正也書之墨副也洛誦者包絡
而誦之也依文而讀背文而誦猶子生孫也
瞻者見也見徹故曰瞻明聶與囁同以言曰
許故曰聶許需待也役行使也待時而行使
也於嗟歎也於謳者言之不足而詠歌之自
得之樂也凡此皆擬名寓意謂道雖是讀書
而後有得終歸於造物之神玄冥有氣之始
參寥無名之始疑始又是無始之始
此狀吾性天之景造物不外乎此也

子祀子輿子犂子來四人相與語曰孰能以
無爲首以生爲脊以死爲尻苦羔反孰知死生
存亡之一體者吾與之友矣四人相視而笑
莫逆於心遂相與爲友俄而子輿有病子祀
往問之曰偉哉夫造物者將以予爲此拘拘
也曲僂發背上有五管頤隱於齊肩高於頂
句贅指天陰陽之氣有沴其心閒而無事跰步田反𨇤悉田反
而鑑於井曰嗟乎夫造物者又
將以予爲此拘拘也子祀曰女惡之乎曰亡

予何惡浸假而化予之左臂以爲雞予因以
求時夜浸假而化予之右臂以爲彈予因以
求鴞炙浸假而化予之尻以爲輪以神爲馬
予因而乘之豈更駕哉且夫得者時也失者
順也安時而處順哀樂不能入也此古之所
謂縣解縣而不能自解者物有結之且夫物
不勝天久矣吾又何惡焉俄而子來有病喘
喘然將死其妻子環而泣之子犂往問之曰
叱避无怛化倚其戶與之語曰偉哉造化又

將奚以汝爲將奚以汝適以汝爲鼠肝乎以
汝爲蟲臂乎子來曰父母於子東西南北唯
命之從陰陽於人不翅於父母彼近吾死而
我不聽我則悍矣彼何罪焉夫大塊載我以
形勞我以生佚我以老息我以死故善吾生
者乃所以善吾死也今大冶鑄金金踊躍曰
我且必爲鏌鋣大冶必以爲不祥之金今一
犯人之形而曰人耳人耳夫造化者必以爲
不祥之人今一以天地爲大鑪以造化爲大

治惡乎往而不可哉。成然寐，蘧然覺。
【通義】凡物始於無終於無，其生其死一物之
往來耳。苟入於不死不生者，其所存豈在七
尺之軀。四子相視而笑，目擊道存也。故莫逆
於心。跰𨇤鑑井，其貌可見，子犂謂又將奚以
汝爲，將奚以汝適，猶曰又將以汝爲何物，又
將以汝而同往也。二以字有天命與所生之
物同出同
入之意。
【義海】按此四人以無爲首，以生爲脊，以死爲
尻，知死生存亡之一體者，與之爲友，與庚桑
楚篇始無有而有生，生俄而死，以無有爲首，
以生爲體，以死爲尻，孰知無有死生之一體
者，吾與之爲友，義同。諸解論之詳矣。下文郭
氏從有沴爲句，餘解因之，音義載崔氏本從
其心爲句，閒而無事屬下文，亦自有理。人之
圓形天地，間已爲造物所拘，而今所病攣拳

若此，是人爲形所拘也。雖陰陽之氣有沴，於
外而心閒無事，跰𨇤鑑井，始嘆爲形所拘，似
亦未能忘情，終安於天所賦，則亦何惡之有。
假使化予之臂爲雞、彈，因而求雞、彈之實，假
使化予尻神爲輪、馬，因而求輪馬之用，既入
化機，當隨所遇而任之，豈可拒耶。得者時，失
者順，卽是適來夫子時，適去夫子順也。此所
謂縣解。縣解則係於造物，解則造物不得以係
之矣。而不能自解者，物有以結之，惟順自然
之理而不忻不距，可以解此結縛，故曰物不
勝天也。古之所謂友者，惟其莫逆於平日，故
能規正其將死，當子來妻子環泣之際，叱之
使避無驚其化，則異於常人之所爲矣。又語
以人處世間，萬物之一，而所謂人者不知其
幾億萬計，則又何以汝爲此，又釋其滯念，而
開其曠懷也。鼠肝蟲臂，言生之至微而不足
道者，設使造物所命，亦安之而已。其可距乎。
於此而有以見灼知生死之理，則無適而非

樂無時而不安，推其緒餘，足以齊朋友之危
解世俗之惑，豈小補哉。大塊載我以形至善
吾死也，重舉前文以證，蓋慮常人之情畏死
而不得免，則預爲他生之計，毫釐係念，萬劫
牽纏，譬夫躍冶之金，亦祗以異而鏌鋣不可
必得矣。是以至人以天地爲爐，造化爲冶，萬
物無極，吾與之無極，何必曰人耳人耳而憂
其不得耶。又況於鼠乎，蟲乎，肝乎，臂乎，觀古
人之所以自處者若此，則豈生死所能拘，蓋
以生爲寐，死爲覺故也。以死爲覺，則何時而
非覺
哉

子桑戶、孟子反、子琴張三人相與語曰：孰能
相與於无相與，相爲於无相爲。孰能登天遊
霧，撓挑无極，相忘以生，無所終窮。三人相視

而笑，莫逆於心，遂相與友。莫然有閒，而子桑
戶死，未葬。孔子聞之，使子貢往待事焉。或編
曲，或鼓琴，相和而歌曰：嗟來桑戶乎，嗟來桑
戶乎，而已反其真，而我猶爲人猗。子貢趨而
進曰：敢問臨尸而歌，禮乎。二人相視而笑曰：
是惡知禮意。子貢反，以告孔子曰：彼何人者
耶。修行无有，而外其形骸，臨尸而歌，顏色不
變，无以命之。彼何人者耶。孔子曰：彼遊方之
外者也，而丘遊方之內者也。外內不相及，而

丘使女往弔之。丘則陋矣。彼方且與造物者爲人。而遊乎天地之一氣。彼以生爲附贅縣疣。以死爲決疣（胡亂反）潰癰。夫若然。又惡知死生先後之所在。假於異物。託於同體。忘其肝膽。遺其耳目。反覆終始。不知端倪。芒然彷徨乎塵垢之外。逍遙乎无爲之業。彼又惡能憒憒然爲世俗之禮。以觀衆人之耳目哉。子貢曰。然則夫子何方之依。曰。丘。天之戮民也。雖然。吾與汝共之。子貢曰。敢問其方。孔子曰。魚

相造乎水。人相造乎道。相造乎水者。穿池而養給。相造乎道者。无事而生定。故曰。魚相忘乎江湖。人相忘乎道術。子貢曰。敢問畸人。曰。畸人者。畸於人而侔於天。故曰天之小人。人之君子。人之君子。天之小人也

通義 挑挑無極撓撓混之也挑辯之也無極無聲臭者猶言闔闢乾坤也往待事助勞役也而曰予之正惻生者之遺大故也反其真者有知則生僞無知則真淳猶曰復其無知也禮者天然自有之中樘之意率其性真虛徹靈通之體不得已之節文不守塗轍無所款美行之於我而不見形跡者也天之戮民猶曰天限之而非天縱之畏天而非生天者也

侔於天者道也性也而形則小於天也故曰天之小人此非衆中之好學者不可當此名也使人中有好學於性命之源者誠然爲天之差小之人而非人之小人矣此又勉子貢以復性之学故曰吾與汝共之大抵本注則天順情則人舉異以要同也

義海 相與於無相與淡以成交也相爲於無相爲静以成德也登天遊霧則飛行無所拘相忘以生則不知有身世逍遥物外何所終窮哉一笑莫逆則神交心契目擊道存非後世薄俗當面論心背面笑之比也子桑戶死孔子使子貢往待事則桑戶之爲人可知二友鼓琴相和以反真爲樂則其志趣亦不凡矣子貢習乎禮文宜其怪而見問蓋禮意所在惟遊方外者知之且夫子非不知此也使子貢往觀而發其所問欲有以誨之耳與造化爲人而遊乎天地之一氣則陰陽之變不得以二之故以生爲贅疣聽其懸附死爲疣

癰終於潰決惡知先後之所在哉假四大而爲身混内外而兼忘反覆終始不知端倪此其所以爲大宗師之道也子貢復問夫子何方之依夫子謂予以仁義禮樂化人乃桎梏於造物者與汝共之言舉不逃乎此也魚藉水而活人藉道而生安乎水者穿池以養給安乎道者無事而生定此踰遊方内者亦安於方内而已至於相忘江湖道術之間踰遊方之外非世禮所能拘故處死生之變從容而不怛也子貢聞方外之風離世絕俗遂問畸人答以畸於人者侔於天言其違俗必合道也由是知天之小人乃人之君子人之君子即天之小人也兩句只是一句明畸侔之不同天人之各異也

顏回問仲尼曰。孟孫才。其母死。哭泣無涕。中心不戚。居喪不哀。无是三者。以善喪蓋魯國。

固有無其實而得其名者乎回一恠之仲尼曰夫孟孫氏盡之矣進於知矣惟簡之而不得夫已有所簡矣孟孫氏不知所以生不知所以死不知就先不知就後若化爲物以待其所不知之化已乎且方將化惡知不化哉方將不化惡知已化哉吾特與汝其夢未始覺者耶且彼有駭形而無損心有旦宅而無情死孟孫氏特覺人哭亦哭是自其所以乃且也相與吾之耳矣庸詎知吾所謂吾之乎

且汝夢爲鳥而厲乎天夢爲魚而沒於淵不識今之言者其覺者乎其夢者乎造適不及笑獻笑不及排安排而去化乃入於寥天一

通義　知者良知也進於知猶曰造於無知下文曰不知所以生死是也就先就後趨避也簡之不得謂其欲率真忘情而不能自由只得隨俗居喪哭泣也已有所簡謂無涕不感不哀也不知所以生二句言視死生如一況世俗禮文毀譽之趨避哉有駭形無損心言其形雖有老少之變而不失其赤子之心蓋以其安居於平旦清明之氣不逐於情之所觸而死定於一處也特覺人哭三句言其自省之餘隨人禮文是其以爲吾且如此然亦不知吾今自謂吾者何自而有此謂也此其忘形之極而湛一之體烱如也其視纍習於世尚者豈非夢而不覺者哉魚鳥之夢設言以見未覺之類造適不及笑以下四句言有意則滅天機也排猶俳也有意造作適情之事自不能笑若獻笑於人則不及俳優之事矣俳優棄其廉恥者安於俳優則與自然無跡之化相背而馳故曰安排而去化既安於背化則漸習漸熟入於煩縟至於寂寥其天之本一者矣寥猶冷落即去化之極也此言反應孟孫才之居喪不鑒其性不失其天也

義海　前章子祀子輿子犁子來相與爲友子輿形病而心無事子來將死而神不慊達理而順化者也次章子桑戶死二友編曲鼓琴相和而歌忘形而樂化者也至此章居喪也欲簡之而不得故哭無涕而心不哀不知所以生不知所以死又惡知排踊哭泣而爲禮哉大意明死生之不足與使人安而順之樂而忘之生者不至摧毀而死者免於驚怛

神遊所至其樂融融則所棲託必不入於暴戾之軀矣請觀蜩蟬蜻蝶之化其理可推將化未化凝然寂然罔知彼我之分殊潛俟天地之氣應則蛻甲於此而化形於彼矣方其化也或誤爲他物所觸則恚怒而變爲惡類心變於內形移於外蓋由於感召之故夫化雖由於造物亦有以見物之自造也其機可不謹哉心之所適爲造適造適則眞樂內全不在乎笑而後樂因物而笑爲獻笑獻笑則出勉强不及推排之自然物之窮通係於造化之推排人之哀樂係於推排之所遇能安於推排順於造化乃入於寥遠合乎自然天人混融無二道矣此言孟孫氏明數達變順化忘情壹以死生爲夜旦姑寓覺夢於其間何足以係哀樂耶或問孟孫氏情忘死生心無哀戚達則達矣然施之於母喪薄親悖禮得不爲名教罪人乎曰彼方外之士所以報親者以實不以文蓋有在乎陰功密行解胎

散結而極乎全神超化之妙，豈屑屑爲世俗之禮哉。昔孔子之友原壤母死，登木而歌，則尤甚焉者，孔子過之若不聞，亦卒不加責。此遊方內外之辯，禮教文質之殊，非淺觀不足以語此。

意而子見許由。許由曰：堯何以資汝？意而子曰：堯謂我，汝必躬服仁義而明言是非。許由曰：而奚來爲軹？夫堯既已黥汝以仁義，而劓汝以是非矣，汝將何以遊夫遙蕩恣睢轉徙之塗乎？意而子曰：雖然，吾願遊於其藩。許由曰：不然。夫盲者无以與乎眉目顏色之好，瞽者无以與乎青黃黼黻之觀。意而子曰：夫无莊之失其美，據梁之失其力，黃帝之亡其知，皆在鑪錘之間耳。庸詎知夫造物者之不息我黥而補我劓，使我乘成以隨先生耶？許由曰：噫，未可知也。我爲汝言其大略：吾師乎，吾師乎！䪠子兮反萬物而不爲義，澤及萬世而不爲仁，長於上古而不爲老，覆載天地、刻雕衆形而不爲巧，此所遊已。

通義 軹夫駕車御馬者，此言堯教天下人物而終日馳驅於途路無寧息之時者也。盲瞽之疾有輕重，造物息補言由能啓迪之，即天之補息也。噫之爲嘆，傷其昔而許其今也。未可知，猶曰未可必也。蓋去故即新，脫桀復素，存乎當人立志何如耳。吾師乎，蓋反觀於內而指其心之自然者，猶曰吾惟師夫吾之本有之師耳。一句非二句，此所謂遊，正孟子所謂深造也。

鬳齋 許由一於無爲，兼忘天下者也；堯不免於有爲，兼濟天下者也。兼忘則已逸而天下安，兼濟則已勞而天下逸。聖人一出一處，而有方內方外之分，各安其所安也。躬服仁義，明言是非，方內之學也；遙蕩恣睢轉徙之途，方外之遊也。意而爲內禮教黥劓之餘，而聞言心悟，顯含方內而遊方外，志亦可嘉。然由未之許，而遂引三子天稟殊絕，猶聞道而化，則吾之此來也，亦在陶鎔鍛鍊之間耳。夫學道者所以求復其初，保其全而勿傷也。既黥既劓，而望造物之息補，不亦難乎？信能明夫物之自造，則所謂黥劓者亦在乎自息自補，造物何與焉？意而謂儻黥可息而劓可補，吾誠復爲全人，乘此成全之機以隨先王之後而進乎道未晚也。人患過不知改，迷不思復，意而悟昨非今是，亦可謂善復者矣。人之所師者道，吾師乎，指道而言也。下四句發明大宗師之道，超仁義而貫古今，蓋出於無爲之爲、不化之化，豈世間技巧所能及哉。遊謂徜徉自得於其間，無適而非逍遙也，故經中不一言之。

顏回曰：回益矣。仲尼曰：何謂也？曰：回忘仁義矣。曰：可矣，猶未也。它日復見，曰：回益矣。曰：何謂也？曰：回忘禮樂矣。曰：可矣，猶未也。它日復

見，曰：回益矣。曰：何謂也？曰：回坐忘矣。仲尼蹵
然曰：何謂坐忘？顏回曰：墮枝體，黜聰明，離形
去知，同於大通，此謂坐忘。仲尼曰：同則无好
也，化則无常也。而果其賢乎！丘也請從而後
也。

通義 莊子嘗曰：失道而後德，失德而後仁，失仁而
後義，而後禮。此舉聖功以忘爲極，而乃先仁
義次禮樂者，正指世俗假仁襲義之弊而言。
忘仁義，不落驢虞也。忘禮樂，自脫桎梏也。坐
忘者，不特忘形骸，并其知亦忘之矣，猶曰吾
喪我。仁則吾不知也，離形去知，總上二句而
廣之也。大通者，猶太虛之無礙也。人之情惟
有好斯有惡，無好者無情也，與萬物同情而

無所向，所謂情順萬事而無情也。如此則廓
然之體，無時或移，感應變幻，如行雲流水，故
曰化則無常。釋氏所謂應生無所住心是也。
請從而後，正尼父忘己好學之實，於此可見
孔顏之所謂忘，亦可以見莊子篤信
孔顏處，而他章掃跡之旨，益昭然矣。

義海 仁義本乎心，心致虛則忘之易；禮樂由
乎習，習既久則忘之難。顏子於斯二者既已
俱忘，則亦能人之所難矣。而夫子猶以爲未
者，蓋欲進之而造夫道之極，於此有以見鑄
顏之意。他人至是，則望崖而反矣。顏子又從
而進坐忘之妙，夫子乃驚駭反問，詰其得之
之速也。回告以離形去知，同於大通，必由忘
已而後能忘物，斯爲坐忘矣。夫不知所以同
而同，是爲大通之道，豈好同而同之哉！猶大
化之運，頃刻不停，人處其中，與之俱遷，幼稚
長慧，壯勞老逸，其間出處動靜，興廢變遷，亦
何常之有？蓋非欲化而求化也，物理自然。古

今一致，惟得道者我非欲化，忘之而已。此二
句乃夫子印證坐忘一段公案，欲人求同於
與，安化爲常，寘形於忘，合道於虛，則至矣。蓋
矣，而信能無以外習滑滋然之眞，則夫坐忘
亦學道者分內事，夫子推之爲賢，
蓋所以獎成之而誘進其後云耳。

子輿與子桑友，而霖雨十日。子輿曰：子桑殆
病矣！裹飯而往食之。至子桑之門，則若歌若
哭，鼓琴曰：父耶！母耶！天乎！人乎！有不任其聲
而趨（音促）舉其詩焉。子輿入，曰：子之歌詩，何故
若是？曰：吾思夫使我至此極者而弗得也。父
母豈欲吾貧哉？天无私覆，地无私載，天地豈

私貧我哉？求其爲之者而不得也。然而至此
極者，命也夫！

通義 知其貧非天地父母之所欲加，而又曰
命者，蓋以氣運流行，吾之所遇爲命耳。窮通
休戚，有一定之分，而吾生適然遇之，則安以
處之，正所謂不以其道得之不去者，子桑子
其自反無愧而
不怨不尤者乎。

義海 古之所謂友者，道義相資，成德就業，急
難相濟，生死不渝者也。觀子輿之於子桑，無
愧於友道矣。淋雨而憂其病，知子桑之貧也；
裹飯而往食之，知子桑之饑也。入門聞歌而
驚問，恐子桑困窮而怨尤，失其操守也。子桑
謂父母豈欲我貧，天地豈私貧我，可謂達人
高論，非困窮所能厄也。第以爲至此極猶未
能忘情於其間，既而歸諸命，則能以理勝而

處之有道此子輿所以忘言也南華用以結
大宗師之旨卽西銘所謂貧賤憂戚玉汝於
成蓋非磨礪之久涵養之極不足
以大任故也學道君子宜深體之
褚氏總論民物之衆主之者君學徒之衆
訓之者師天生聖賢作之君師所以建隆
治體恢拓化源使人知道德之可尊性命
所當究君臣父子無失其倫天下國家同
歸於治者也然而正心誠意之本傳道授
業之微非師無以任之其爲道也至矣宗
師則爲學者所主而尊之之稱冠之以大
猶云衆父父也首論知天知人明義命以
立其本以知之所知養其知之所不知則
以人合天知出於不知是知之盛也故繼
以眞人眞知寢不夢而覺無憂出不忻而
入不距虛而不華悦乎忘言誠若無爲也
而刑禮知德治世之具密有以體翼之而
致極乎內聖外王之道者也夫人之愛其

父忠其君而身猶死之況其卓然至眞者
乎眞之可貴有尊於君父之命而世俗罔
知徒從事乎呴濡濕沫不若相忘江湖之
爲愈也大塊載形佚老息死此造物之善
吾形也而人多貪生畏死故設藏舟藏山
之喻以破其惑凡有形有生理不容遯雖
壑澤深固猶不免乎變遷有以見造物者
無形而有力也以有限之軀藏于無窮之
宇宙惡保其不遯哉惟能藏天下於天下
斯無遯矣是乃聖人所游一化所待生天
生地萬化而未始有極者何特過人之形
而猶喜之乎長上古而不爲老登雲天而
處玄宮皆眞人之妙用大宗師體之以爲
本民物學徒倚之以爲命者也女偊之無
古無今則死生不得係之矣祀來之莫逆
相友則物我不得間之矣故左雞右彈神
馬尻輪聽造物之化隨遇而安之古之所
以懸解也曾何蟲臂鼠肝之足較而妄啓

躍冶之妖耶子反琴張絃歌而弔桑戶以
涉世爲勞反眞爲幸此遊方之外與乎世
俗者方且與造物爲人則帝天窮通不足
盡其變天地寒暑不得拘其體矣孟孫氏
有駭形而無損心猶夢爲魚鳥而戾天沒
淵安於一時之變化豈以形間而異情哉
昔者南華夢爲胡蝶亦猶是也而今之所
言爲覺爲夢惟超乎覺夢者知之顔子墮
體黜聰坐忘造極傳心理窟繼統聖門原
夫出藍之青實爲師者善化之力也至於
子桑鼓琴若歌若哭求其爲之者不得卒
歸之於命有大宗師之道而不得行於時
故是篇終於子桑之安命眞人以得道則
超乎命世累不得係之大宗師主乎弘道則
覺民然而命有窮達或行或止此係乎時
而道無損益焉所謂眞知則究極天人暢
達性命而無疑者也窮理盡性以至於命
則以處已而言命物之化而守其宗則以

宰物而言處已之命子桑子 通義 此篇
也宰物之命其惟大宗師乎○八章次第
相承其意義只是盡性只是人而合天入
於忘情識而已矣卽所遇之順逆不逐於
時不滑於欲各盡其當然之道惟
天惟命師又何方乎故曰大宗師

應帝王第七 言帝王之道應合如此也

齧缺問於王倪。四問而四不知。齧缺因躍而
大喜。行以告蒲衣子。蒲衣子曰。而乃今知之
乎。有虞氏不及泰氏。有虞氏。其猶藏仁以要（臧同）
人。亦得人矣。而未始出於非人。泰氏。其卧徐
徐。其覺于于。一以已爲馬。一以已爲牛。其知

情信，其德甚眞，而未始入於非人。

四問四不知洗問者之心也問者退省
而去其有問之心卽得其本性矣故躍而大
喜有虞有思度也泰氏則泰然於世無心思
也此皆擬名以表上古之風者其知之應世
惟順情而不詐是以其爲德也極眞而無僞
飾所以行於世者似異於人而實無以異於
人也未出非人未出類也未入非人未同天
也未同天未出類形也事也而其心則天而
已誰其
知之嗜

義海 齧缺問王倪卽齊物篇中四問是也此
篇復舉以標其首明眞知無知是以能無不
知而帝王之道尤宜忘知以任物使聽者爲
之聽明者爲之視知者爲之謀勇者爲之捍
吾則端拱而致無爲之治豈不偉與故齧缺
因王倪之不對喜而告蒲衣蒲衣謂乃今知

有虞不及泰氏蓋以仁爲善不能不虞而出
之未始出於非人德合乎人而以泰氏覺[illegible]
自得知德知情俱眞未始入于非人則道合
乎天何有出入道合乎天而人歸之此應帝
王之第一義也藏字音義舊作藏故崔註云
懷仁義以結人也成疏因之呂氏從藏釋之
以藉林陳諸解皆從呂說或謂藏藏二字古
通借用按漢書食貨志輕微易臧則是借臧
爲藏而以藏代藏之理今
本多作臧以藏釋之爲當

肩吾見狂接輿。狂接輿曰：日中始何以語女？
肩吾曰：告我君人者，以己出經式義度，人孰
敢不聽而化諸？接輿曰：是欺德也。其於治天
下也，猶涉海鑿河而使蚉負山也。夫聖人之

治也，治外乎正而後行，確乎能其事者而已
矣。且鳥高飛以避矰弋之害，鼷鼠深穴乎神
丘之下，以避熏鑿之患，而曾二蟲之无知？

以已出經式義度言凡所以範圍天下
必經常之道標示準繩必此心所安者皆由
已出詹曰發爲律身爲度也此二句已與人
對經與義對式與度對治外乎正而後行確
乎其能事而已矣言聖人不期於正以爲治
決於人情之良能而已矣經式義度正也易
日百官以正萬民以察悲非結繩之滂龐也
老氏曰以正治國以奇用兵孰知以無事取
天下其無正正復爲奇其政察察其民缺缺
卽此外乎正確乎能事之謂謂不以法度把
持天下也曾二蟲之无知
言不能知二蟲之知也

義海 日中始務明而好爲首者也故告肩吾
君人之道如此以已出經式義度則正人以
法而不安其性命之情人孰敢不聽而化諸
則必人之已從非心悅誠服也故接輿指爲
欺德謂非實德不待欺人抑自欺耳以是而
治天下憑虛眞濟必不勝任也夫聖人之治
豈務外乎言經式義度皆治外之具正而後
行確乎能事謂道德性命之理吾身之內務
本立於內則施之齊家治國平天下可也且
禽鼠猶知高飛深穴以避害況欲君人而欺
德以召患乎曾二蟲之不若也故古之應帝
王者无欲无爲天下自化若任知能以爲之
則君勞於上民亂於下何望乎治哉以已出
經式義度人孰敢不聽而化諸諸解多從人
爲句林趙從度爲句碧虛照張君房校本作
以已出經式義度人孰敢不聽而化諸續考
吳門官本作以已制經制字獨異
博參衆說林趙斷句爲優今從之

天根遊於殷陽，至蓼水之上，適遭无名人而問焉，曰：請問爲天下。无名人曰：去，汝鄙人也，何問之不預也。予方將與造物者爲人，厭則又乘夫莽眇之鳥，以出六極之外，而遊无何有之鄉，以處壙埌音浪之野。汝已何帠音藝以治天下感予之心爲。又復問。无名人曰：汝遊心於淡，合氣於漠，順物自然，而无容私焉，而天下治矣。

通義 合氣於漠氣者性體無知之本來者也心爲人氣爲天此二句自治也自然之道也順物而應亦惟順其自然而我無有爲之心不治天下而天下自治矣

[illegible] 天根喻自然之道本當隱晦涵畜任物自化而今趍於虛明之方自顯以求有爲故問爲天下無名聖人所以鄙之何謂所問之不悅我心也乃陳無爲放曠之樂蔬以默化之與造物者爲人言與化俱遊任而不助也莽眇猶杳冥鳥喻飛行無迹壙埌虛豁貌言我逍遙自適在此汝何法以治天下感動予心哉天根復問無名人告以遊心於淡無嗜欲也合氣於漠無所棊也順物自然而無容私有心於爲天下則有私而失其自然名曰治之而亂之所由生也蓋治天下之道無他善復其自然之本則本修而天下治矣天根不知反求諸己而懷寶自迷哀哉

陽子居見老聃曰：有人於此，嚮疾彊梁，物徹蹠明，學道不勌。如是者可比明王乎？老聃曰：是於聖人也，胥易技係，勞形怵心者也。且也虎豹之文來田，猨狙之便，執斄之狗來藉。如是者可比明王乎？陽子居蹵然曰：敢問明王之治。老聃曰：明王之治，功蓋天下而似不自已，化貸萬物而民弗恃；有莫舉名，使物自喜；立乎不測，而遊於无有者也。

通義 嚮者向也明白惡惡也凡有感者即與通之猶曰因材而篤此言疾惡而勸善反物者也在自處則學道不倦也胥易技藝技言天巧藝言習熟技藝相交易惟役役於外物秖成自苦耳無益於己也天地篇內孔子問老聃語有執狸之狗猨狙之便則此斄作狸無疑末句立言安身遊言應物也

[illegible] 嚮疾諸解不同音義載梁簡文以嚮同響猶庖丁章砉然嚮然讀同響之義然考本章大意呂林碧虛如字釋之爲優今擬解云嚮疾爲應物之速彊梁則非守柔者也物徹謂樂通物蹠則非葆光者也學道貴於無爲而乃以不倦爲功倚以技相易相係不免於勞形怵心言所求者非道也且也至可比明王乎乃老聃反問之辭謂若以前論嚮疾彊梁等可比明王則虎豹因文彩以致獵猨狙因便捷狗因執狸而致繩藉亦足以比明王乎子居始悟蹵然問明王之治乃告以忘功善貸逃名遁形始可以論明王之治夫執斄說之不通斄有離來二音至大之牛豈狗能執音義載李氏本作狸爲當

鄭有神巫曰季咸。知人之死生存亡。禍福壽夭。期以歲月旬日若神。鄭人見之。皆棄而走。列子見之而心醉。歸以告壺子曰。始吾以夫子之道爲至矣。則又有至焉者矣。壺子曰。吾與汝既其文。未既其實。而固得道與。衆雌而無雄。而又奚卵焉。而以道與世亢。必信夫。故使人得而相汝。嘗試與來。以予示之。明日列子與之見壺子。出而謂列子曰。譆。子之先生死矣。弗活矣。不以旬數矣。吾見怪焉。見濕灰焉。列子入。泣涕沾襟以告壺子。壺子曰。鄉吾示之以地文。萌乎不震不正。是殆見吾杜德機也。嘗又與來。明日又與之見壺子。出而謂列子曰。幸矣子之先生遇我也。有瘳矣。全然有生矣。吾見其杜權矣。列子入。以告壺子。壺子曰。鄉吾示之以天壤。名實不入。而機發於踵。是殆見吾善者機也。嘗又與來。明日又與之見壺子。出而謂列子曰。子之先生不齊。吾无得而相焉。試齊。且復相之。列子入以告壺子。壺子曰。吾鄉示之以太冲莫勝。是殆見吾衡氣機也。鯢桓之審爲淵。止水之審爲淵。流水之審爲淵。淵有九名。此處三焉。嘗又與來。明日又與之見壺子。立未定。自失而走。壺子曰。追之。列子追之不及。反以報壺子曰。已滅矣。已失矣。吾弗及已。壺子曰。鄉吾示之以未始出吾宗。吾與之虛而委蛇。不知其誰何。因以爲弟靡。因以爲波流。故逃也。然後列子自以爲未始學而歸。三年不出。爲其妻爨。食豕如食人。於事無與親。雕琢復朴。塊然獨以其形立。紛而封哉。一以是終。

通義 吾與汝非但已與列也。蓋言我輩衆人但見其技術。未知其術之所由來。而遽輕易稱道其神。此猶衆雌生卵。未得雄爲之真機。又孰知卵之爲妄耶。汝以道有能所是與人世相亢之物。可以校短論長。故信季咸爲道之至。有神巫之名。其歆羨眩擾之心。隱然於中。是以使彼得而相汝。正易機動於此。誠應於彼之意。其曰地文杜德機。天壤善者機。大冲莫勝衡氣機。三淵九淵。未始出吾宗等語。未得其情。因仍舊訓。爲齋曰。棄走者畏其言之驗也。地文杜德機。天壤善者機。太冲莫勝衡氣機。三淵九淵。鯢桓止水流水。未始出吾宗。皆是修觀之名。猶觀音有十二觀也。大意地文者如土而條理不泥也。故曰濕灰。謂無活動意也天樂天然生意上起也苦者機猶言性之動處也衡者平也不定也氣機之動未嘗定而常平故曰不齊此處三焉指上文三次所示之淺淵者幽深玄遠不可測之意餘從褚氏問有未明者如云宗者指性指無而言未始出吾宗云云猶曰未嘗離其所存之常與季咸相接只是虛其心而從容其來動內不見己外不見人故曰不知其誰何彼見我如此以爲無特然可畏可象之容而相信從之衆是以自失不能相人慚懼而逃也食豕如食人不侵事也赤子之朴以琢而散此言雕琢復朴蓋以習熟成性須痛加懲治而後可還其故也塊然二句形容復朴之意紛而封哉形容獨以形立也猶曰惟如土塊卓然一形不見有知識動作也如此終身更無他慕故曰一以是終此篇爲季咸而述其名僅一見而不覺其少壺子凡十五見而不覺其多史遷作魯仲連傳重出不厭其煩文

正類

此

義海 季咸以心感人而知其心者也道與世亢則不能無心有心則有迹使人得而相也始見壺子而哀其弗活蓋至人心若死灰季咸無所施其感耳不震者地之體不正者坤之化萌所以示之文可見者也杜則楗閉莫窺機則微有可觀此至人潛德內蘊之貌有非術者所能測識也再見壺子喜其有生謂見杜權矣權又機之顯者始以杜而今微顯所以知其有生也天壤謂自然天地生物之本也名實不入心不動也惟能至靜故其機發於下極吾身生意之所自養而爲浩然之氣廣而爲及物之仁是謂繼性發見生生而不窮者也又見壺子而疑其動靜不齊無得而相則至人之妙用有出於術數之表者矣太沖者虛之至故莫能窺其朕兆也衡以平而善應氣以虛而善生皆無心於物故不作

感而自應然謂之機者亦以示之皆言也三淵喻前三機之有深意九淵僅示其三而季咸之技已窮至人非有心以屈人也特示之以未始出吾宗蓋不示之示無宗之宗亦虛而已何出入之有然則壺子所示者愈近而季咸所相者愈遠宜其自失而走也季咸既戚既失壺子亦無有也然則列子將奚爲哉因悟向所學者皆其土苴而今始識其真紛而封哉一以是終隤然而道盡之謂也此章實應帝王之妙旨記之季咸之相所以神壺子之道原後之心醉技術者亦將少醒焉既其文一本作無其文莫勝是朕無兢三淵審字列子並作審音盤水盤洄也本經音義云司馬本作鯢聚也義或近之弟靡舊註同頹未詳所據今依列文草靡爲郎草上之風必偃庶協下文波流之義

無爲名尸無爲謀府無爲事任無爲知主體

盡無窮而遊無朕盡其所受乎天而無見得亦虛而已至人之用心若鏡不將不逆應而不藏故能勝物而不傷

通義 有人之形有能之累是爲名尸謀任知皆名尸也無窮道之大也無朕道之微也身服此道曰體動靜無愧曰盡周旋不離曰遊無見無得性體本然之虛也天固虛也我所虛也故曰盡其所受乎天也首四句戒不虛之旨以起下文體盡至無見得狀虛之用若鏡語虛之象不將不逆以下狀鏡以表虛之體用鏡之爲物妍媸取決於我是勝物也彼此無損故曰無傷此條論學道者以虛爲極則不必拘上下也

義海 趙虛齋以此段爲逆南海之帝爲一章其註意略而不論按此段乃承先季咸立說

用以總結其意觀文義可知名尸謀府事任知主言季咸情智謀以察物而任事要名也體盡無窮以下言壺子之道不可測識至人則指壺子明矣非有心於勝物而不能不勝使季咸自失而走是也惟其不爭所以常勝物文惡能傷之哉蓋明任道則其味無窮任技則其能有限也

南海之帝爲儵音叔北海之帝爲忽中央之帝爲渾沌儵與忽時相與遇於渾沌之地渾沌待之甚善儵與忽謀報渾沌之德曰人皆有七竅以視聽食息此獨無有嘗試鑿之一竅七日而渾沌死

通義 此言聰明之喪天德也混沌倏忽陰陽太極之旨也故曰南北中盡有形之外故曰海倏忽者時速如電而不少留意象恍惚而不可指之名此節寓言最顯善學者即大化以考一身即一心以準大化庶不孤寓言立之血識哉林云赤子之初未有知識混沌也情欲既開是竅鑿也不失赤子之心混沌不鑿也

補海 右章計七十四字郭氏引道經一言以蔽之曰爲者敗之簡要切當莫越於此研味之餘偶得管見附于衆説之後云南華經所謂渾沌猶道德經所爲渾成沖虛經所謂混淪皆以況道之全體本來具足不假修爲者也然而世有隆替道與時偕儵化而爲有儵化而爲無道體於是乎裂矣自一生三猶未至於鑿也及乎時相遇於渾沌之境則物交物而心猶薪火相加理無不然者渾沌無所分別待之固亦盡善使儵忽不能忘情而思所以爲報則渾沌之德和能不傷故不免夫恩害相生之累日鑿一竅患由漸入也七日而渾沌死則情實開而沖和喪宜矣是以帝王之跡著而大道之體亡也

褚氏總論古之應帝王者無爲而萬物化無欲而天下足淵靜而百姓定此堯舜已試之效三代法之以垂統立極豈若後之治國汲汲於謀術者哉故南華以齧缺問王倪爲是篇之首有虞論多慮泰氏喻無爲無爲足以託天下此帝王所應歷數所歸而應兆之所寄託者也若夫以己出經式義度欲以化天下之民無異增弋熏掘而致鳥鼠是速其高飛深穴之逃蓋有爲則有心有心則智謀所由出姦詐所由生雖父子之天性有所不能固其於君臣之際求如標枝野鹿之相忘何可得乎是以天根問爲天下答以心游氣漠順物無私居問明王之治答以忘功善貸使物自喜

陳汝

皆所以應帝王之道以無爲爲本凡有天下國家盍求諸此鄭有神巫期人生死踰智謀之士審觀時政足以料國之興衰先事知幾燭微無隱可謂當代蓍龜然而一見壺子襄其將死再見幸其有瘳三見旋其不齊無得而相則槪形察色之技於是乎有限矣明日又見自失而走何壺子之多變而季咸之不神耶此言料國者智謀術數不越乎人爲所以用之有窮而無爲之主德天體道垂拱一堂精神四達與化無極巍巍蕩蕩民無能名則豈智謀可度術數可窺哉結以南北二帝遇於中央言道散爲物離無入有儵忽即有無同異微妙之所分合會而一之非不善也有一則有散所以啓儵忽之鑿惟其善待之必有善鑿者不若彼此相忘無心交化也萬斛之舟不容滴漏則何恤乎七日而死渾沌哉

褚氏纂論竊惟南華一經肆言渾浩滿澈無
號作新出奇跌宕乎諸子之表若不可以繩
墨求而內篇之奧窮神極妙道貫天人隱然
法度森嚴與易老相上下其雖學未得其要
鮮不怵眩日華之五色者矣考其命意立篇
且有文理始於逍遙遊終以應帝王者學道
之要在反求諸已無適非樂然後外觀萬物
理無不齊物齊而已可忘已忘而尊生之主
得矣養生所以善已應世所以善物皆在德
以充之德充則萬物符契宗之爲師標立道
原範模天下爲聖賢續命脉爲萬世開迷雲
大宗師之本立矣推諸治道也何難內則爲
聖爲神外則通帝應王斯道之所以斂之一
身而不爲有餘散之天下不爲不足也帝王
之功雖曰聖人餘事然躋世真淳措民淸靜
應化極致莫大於斯故以終內篇之旨倏忽
生而混沌死背外王之功成而內聖之道虧
也夫今之人鑿竅而死渾沌者多矣將何術

莊子　浩然齋　道義卷十三　三十五　陳汶

以起之曰塞兌閉門用之不勤是爲眞修渾
沌之術與○再詳七篇命題各有所主其間
或舉例稠繁渾淆莫辨竊窺的指以古人德
合者配於逐條之下云逍遙遊之極義當歸
之許由宋榮以解天下物欲之桎梏而各全
自已之天也齊物論之極義當歸之許由王
倪則彼我是非之惑得其同然而合乎大
通也養生主之極義當歸之老聃彭祖以糺
養形啟之謀知生道所當先也人間世之極
義當歸之蘧瑗接輿明出處去就之得宜毋
攖物逆鱗以賠患也德充符之極義當歸之
王駘申徒嘉言內充者不假乎外德威者物
不能離也大宗師之極義當歸之孔子顏回
有聖德而不居其位弘斯道以覺斯民也應
帝王之極義惟舜禹足以當之謳歌獄訟之
所歸應天順人而非得已此南華公槩往古
聖賢筆而爲經標準萬世若夫眞人之所造
詣卽內篇而不泥離內篇而胞合所以外泥

光塵內存慧照出凡入聖闢開化機而不可
以形教拘也善學者盡知所從事焉斯可也
○顯評此上七篇褚氏亦得大意但以心跡
異觀內聖外王彼成此虧爲說則全書之
旨要未免於口耳也何也體用一原顯微無
間者未徹也且功成不自知又何內聖之虧
乎內聖虧又何以成外王也若林氏謂其篇
篇結束不同如逍遙遊之有用無用齊物論
之夢覺養生主之火傳人間世之命也夫德
充符之堅白鳴未篇之儵忽渾沌復結以七
日而渾沌死如此機
軸是精蘊者所當知

莊子　浩然齋　道義卷十三　三十六　章禕

莊子卷第四　叅元朱得之傍註并通義

附錢塘褚伯秀義海纂微

雲谷王潼錄校刊

外篇

○駢拇第八

駢拇（音毋）枝指。出乎性哉。而侈於德。附贅縣疣。出乎形哉。而侈於性。多方乎仁義而用之者。列於五藏哉。而非道德之正也。是故駢於足者。連無用之肉也。枝於手者。樹無用之指也。多方駢枝於五藏之情者。淫僻於仁義之行。而多方於聰明之用也。是故駢於明者。亂五色。淫文章。青黃黼黻之煌煌。非乎。而離朱是已。多於聰者。亂五聲。淫六律。金石絲竹。黃鍾大呂之聲。非乎。而師曠是已。枝於仁者。擢德塞性。以收名聲。使天下簧鼓以奉不及之法。非乎。而曾史是已。駢於辯者。纍瓦結繩竄句。遊心於堅白同異之間。而敝跬（音跂）譽無用之言。非乎。而楊墨是已。故此皆多駢旁枝之道。非天下之至正也。彼正正者。不失其性命

之情。故合者不爲駢。而枝者不爲跂。長者不爲有餘。短者不爲不足。是故鳧脛雖短。續之則憂。鶴脛雖長。斷之則悲。故性長非所斷。性短非所續。無所去憂也。意仁義其非人情乎。彼仁義何其多憂也。且夫駢於拇者。決之則泣。枝於手者。齕之則啼。二者。或有餘於數。或不足於數。其於憂一也。今世之仁人。蒿目而憂世之患。不仁之人。決性命之情而饕貴富。故意仁義其非人情乎。自三代以下者。天下何其囂囂也。且夫待鉤繩規矩而正者。是削其性也。待繩約膠漆而固者。是侵其德也。屈折禮樂。呴俞仁義。以慰天下之心者。此失其常然也。天下有常然。常然者。曲者不以鉤。直者不以繩。圓者不以規。方者不以矩。附離不以膠漆。約束不以纆（音墨）索。故天下誘然皆生。而不知其所以生。同焉皆得。而不知其所以得。故古今不二。不可虧也。則仁義又奚連連如膠漆纆索而遊乎道德之間爲哉。使天下

惑矣。夫小惑易方，大惑易性。何以知其然耶？自虞氏招（音翹）仁義以撓天下也，天下莫不奔命於仁義。是非以仁義易其性與？故嘗試論之：自三代以下者，天下莫不以物易其性矣。小人則以身殉利，士則以身殉名，大夫以身殉家，聖人以身殉天下。故此數子者，事業不同，名聲異號，其於傷性以身爲殉一也。臧與穀二人相與牧羊，而俱亡其羊。問臧奚事，則挾筴讀書；問穀奚事，則博塞以遊。二人者，事

業不同，其於亡羊均也。伯夷死名於首陽之下，盜跖死利於東陵之上。二人者，所死不同，其於殘生傷性均也，奚必伯夷之是而盜跖之非乎！天下盡殉也，彼其所殉仁義也，則俗謂之君子；其所殉貨財也，則俗謂之小人。其殉一也，則有君子焉，有小人焉。若其殘生損性，則盜跖亦伯夷已，又惡取君子小人於其間哉！且夫屬其性乎仁義者，雖通如曾史，非吾所謂臧也；屬其性於五味，雖通如俞兒，非

吾所謂臧也；屬其性乎五聲，雖通如師曠，非吾所謂聰也；屬其性乎五色，雖通如離朱，非吾所謂明也。吾所謂臧，非仁義之謂也，臧於其德而已矣；吾所謂臧者，非所謂仁義之謂也，任其性命之情而已矣；吾所謂聰者，非謂其聞彼也，自聞而已矣；吾所謂明者，非謂其見彼也，自見而已矣。夫不自見而見彼，不自得而得彼者，是得人之得而不自得其得者也，適人之適而不自適其適者也。夫適人之

適而不自適其適，雖盜跖與伯夷，是同爲淫僻也。余愧乎道德，是以上不敢爲仁義之操，而下不敢爲淫僻之行也。（篇首合說此乃分說）

通義 此篇只是順其情之自然，不容加損而已。卻多方馳騁鋪張，畢竟是詞章之技。篇首性字屬形不屬理，猶曰天生此形。駢枝有才能令駢拇枝指，是天生此無用之形於有用之體，而使其誇多有才能者徒足爲累耳。贅疣亦形之病也，以生於有形之後而言者。駢枝則與生俱生，故曰性。曰性曰形之不同。駢明以下四非乎字，不但是文法，亦反詰之詞也，蓋曰若此言者，人豈以爲不是乎。告子杞柳桮棬之喻，意正類此。

義海 天命之謂性，物得以生之謂德，會德性而充之謂形，是皆秉乎自然，所以尊生配道

體天立極至誠而不息者也凡在德性之外
皆爲騈枝贅疣所謂多方乎仁義聰明而非
道德之正故漆園立是論爲外篇之首而議
者謂薄仁義爲大過且老莊之學非好爲高
大而故薄仁義也蓋尊道德則仁義在其中
然當時所謂仁義皆多騈旁枝而非正者故
不得不辭而闢之若仁義根心安行中理其
去道德也何遠夫騈枝贅疣氣之贅聚扐無
痛瘵之切身任之而勿嫌可也或者惡其累
形而欲決齕之其爲害愈甚故眞人善巧設
喻以祛其惑覬學者心冥體會即僞明眞則
天命之理可全人得以生之良貴可復道物
一致人人渾融回視騈枝贅疣何凡爲吾形
累而所謂聰明仁義者皆自吾德性中來是
亦道之徼也但不徇其跡以求善於物思復
其本而同乎大通則亦終歸乎道德之妙而
已何淫僻之有哉多方於聰明之用一句今
本皆然陳景元云張君房校本此句無方字

後引下文多於聰者爲證其論頗正此段發
明前意謂人各有正性性各有良能能各有
分量一毫不可強岐故慕離朱者喪其明希
師曠者損其聰習曾史者過於仁學楊墨者
僻於辯此皆以不足企有餘等而上之舉緣
無極非天下之至正也彼至正者蓋性之情
而無所企羨人安其分物得其宜合不爲騈
枝不爲岐長短各足而無有餘不足之累世
間憂患不待去而自去矣是謂盡己之性然
則全物之樂所以全己之樂也與竊詳經文
累死當是累丸彼正正者宜照上文作至正
不爲跂當作岐皆傳寫之悞仁義出於性情
非其人者僞之騈枝出於形體累於形者惡
之南華爲見世之尚仁者舍己以效人徇迹
而忘本故歎仁義非人情乎謂矯性而爲之
不出于安行是撓天下之患爲己憂者也恐
天下之不理乃奔馳以捄之而猶不勝嚣目
以遊焦心以慮豈非決騈齕枝之謂與彼不

仁之人決性命而不顧饕富貴而不止反其
摘發必甚則人貨俱亡而後已耳蓋仁有性
之之眞必有假之之僞惡夫假禽貪者囂
以罔天下之民故重歎仁義其非人情乎何
三代而下仁義其澆澆浮薄耶夫物之本性
固出乎自然有待而正則非至正有待而固
則非眞固是則削性侵德失其常然無異乎
手足之有騈枝也夫常然者其爲曲直方圓
不待乎鉤繩規矩也自生自得不知今昔之
殊成虧之易道德渾成仁義爲無用矣又何
必膠固其跡以惑天下哉小惑易方東西錯
位未甚害事也大惑易性則失其常然拔道
背德爲害有不可勝言者然其病源泛濫已
久自有虞氏招仁義以撓天下天下舉以仁
義易其自然之性性不眞而仁義亦僞矣天
下循奔命而從之安於失性而不悟此眞人
之所哀也上古淳朴民俗熙熙不待治而自
治是以民安乎性命之自然君得以成端拱

無爲之化自三代而下以物易性遂爲喪眞
雖賢愚貴賤之不同各以所狥爲異而弗悟
其迷於道也故其殘生傷性無以異然後爲
民上者設爲刑政賞罰以道之齊之勸之懲
之上下俱德而姦詐生刑政賞罰有所不能
制則民非其民國非其國矣此實緣於上下
交狥之過以致君民兩失喻以臧穀亡羊義
甚切當且天下盡狥則失其本然之天而滯
於一篇之見反指不狥者爲非何君子小人
之分哉夫伯夷之淸盜跖之汙萬世之下昭
若白黑漆園混而一之者以所狥而言舉不
免乎有跡聖人猶不逃評議而況跖乎大道
之在天下若權衡抑彼所以揚此其勢不得
不然惟求其平而已使天下無狥而免殘生
傷性之患則聖人盜跖固有間矣然其所以
善所以惡又當超乎仁義之外觀之性若太
虛窮之無有而無乎不在也一有所偏則涉
乎偏狥而非道德之正雖曾史離曠特受異

氣上於所長以道觀之猶不免爲淫僻況以所短睎所長不至學邯鄲之步者鮮矣故皆不足以爲善所善在任其性命之情出乎道德之正無强跂偏徇之失耳目口之於聲色味也未嘗强通亦不强閉任其自然而無容私焉此天下之至正也何物足以撓之人之聰明而至於自聞自見則有異乎世俗之聰明所善在乎自得自適則有異乎世俗之所謂善仁義去而眞性全藏於德而已德主乎中道將來舍外物何自而入哉若其不自得適一徇乎人則是同爲淫僻耳賢不肖也奚擇南華自謂上下不敢而安於性命之自得斯爲道德之正也與

【義海】附論本經内篇命題本於漆園各有深意外篇雜篇則爲郭象所删修但摘篇首字名之而大意亦存焉内篇既詳述道德性命之理故於外篇首論所不當有者猶駢枝贅疣之於形也竊謂此篇本意原於道德經之餘食贅行以明自矜自見者之遠於道南華敷演滂流浩瀚若此蓋弘道闡教不得不盡其辭而達其意以袪世俗之迷使之自然而合乎道也夫人之德性粹然如玉在璞中其所漸被木潤山輝及爲聰明所鑿仁義所分但知求善於物在己之眞淳喪矣故曾史離曠楊墨得性之偏沿習之僻是爲多駢旁枝之道而天下猶奔慕之舉失其性命之眞離其道德之正所以亂天下也惟能忘其與而一之如鳧鶴之無容斷續而各不失其自然斯爲近道矣然天下皆惑吾將柰何遂設臧穀亡羊以喻伯夷盜跖各以所徇爲君子小人之分而其殘生傷性一也信能去迹絕尚性無所爲反本冥極遊乎物初則駢枝贅疣與形俱忘君子小人均於自得故終以順性命之情爲至而本然之聰明

不廢也不聞彼而自聞不見彼而自見與顏子所謂仁者自愛知者自知義同所以自得自適而無企羨之心則夷跖之賢否將有能辯之者矣

馬蹄第九

馬蹄可以踐霜雪毛可以禦風寒齕草飲水翹足而陸此馬之眞性也雖有義臺（王者之居）路寢無所用之及至伯樂曰我善治馬燒之剔之刻之雒（烙同）之連之以羈馵編之以皁棧（槽櫪）馬之死者十二三矣饑之渴之馳之驟之整之齊之前有橛飾之患而後有鞭筴之威而馬之死者已過半矣陶者曰我善治埴圓者中規方者中矩匠人者我善治木曲者中鉤直者應繩夫埴木之性豈欲中規矩鉤繩哉然且世世稱之曰伯樂善治馬而陶匠善治埴木此亦治天下者之過也吾意善治天下者不然彼民有常性織而衣耕而食是謂同德一而不黨（自然不拘）命曰天放故至德之世其行塡塡（滿足）其視顚顚（直視不顧）當是時也山无蹊隧（陸不行）澤无舟梁（水不通）萬物羣生連屬其鄉禽獸成羣草木遂長是故禽獸

可係羈而遊，烏鵲之巢可攀援而闚。（去規反）夫
至德之世，國與禽獸居，族與萬物並，惡乎知
君子小人哉！同乎無知，其德不離；同乎無欲，
是謂素樸。素樸而民性得矣。及至聖人，蹩（蒲結
反）躠（悉結反）為仁，踶跂為義，而天下始疑矣；澶
漫為樂，摘僻為禮，而天下始分矣。故純樸不
殘，孰為犧樽！白玉不毀，孰為珪璋！道德不廢，
安取仁義！性情不離，安用禮樂！五色不亂，孰
為文采！五聲不亂，孰應六律！夫殘樸以為器，

工匠之罪也；毀道德以為仁義，聖人之過也。
夫馬，陸居則食草飲水，喜則交頸相靡，怒則
分背相踶。馬知已此矣。夫加之以衡扼，齊之
以月題，而馬知介倪、闉扼、鷙曼、詭銜、竊轡。故
馬之知而能至盜者，伯樂之罪也。夫赫胥氏
之時，民居不知所為，行不知所之，含哺而熙，
鼓腹而遊，民能以此矣。及至聖人，屈折禮樂
以匡天下之形，縣跂仁義以慰天下之心，而
民乃始踶跂好知，爭歸於利，不可止也。此亦

聖人之過也。

【通義】此篇意不多而詞費，其擬莊之作乎？大
意只是法立而弊生，見至德之治非以明民，
將以愚之也。愚則天性不鑿，立法則加損於
性外，矯揉而為之，故曰以智治國，國之賊。介
倪，云云孟于反，其施倪，此言介者，有去就也。
倪者，認牧堅也。倪扼曼銜，譬馬之所偽也。介
闉鷙詭竊
馬之智也。

【義海】物有常性，民有常德，其德不離，民性得
矣，何在乎過求過養以損德傷性哉？真人為
見世俗澆薄，以人戕天，不安本然之分，而求
益分外之知。凡上之御下，下之事上，舉不免
以知術相籠，知術窮而不肖之心應，雖嚴刑
峻法，有所不能禁也。請原其端，由於上之人
好知之過。啓其多知，而又為知以救之，不亦
勞且多事乎？欲正本澄源，痛革其弊，故借馬

立喻，以明治之所由失。凱任治道之君子有
取焉耳。自三代而下，民性既離，刑政賞罰之
所以立，則是四者治天下之械飾鞭筴也，而
知術姦詐之萌實由於此。後篇所謂弁聖知
而竊之者是也。然則今之為治者，將何如？曰：
主以道德，而四者皆由之而出焉，斯可矣。舍
道德而專刑政，無異乎伯樂之治馬。千里之
足雖得以自別，而馬之受害者不少矣。若其
不任道德，又廢四者，則一家不能自齊，如天
下何？陶埴之喻，不越前意，其失在我善治之
一語，矜已能而有心以為治，何以復民性而
全常德哉？故曰治天下者之過也。前論治道
之弊，欲有以革去之，故此謂善治者不然。上
古至德之世，民性真淳，而無所企慕，衣食足
用而無求羨餘。山無蹊隧，澤無舟梁，即民不
往來，舟車無所乘之謂也。羣生連屬，草木遂
長，言其生物繁茂。禽獸可羈，烏巢可闚，言無
心而與物化也。由是知鳳巢于閣，麟遊於囿

至和感召，理誠有之。如是則上無欲而下無知，德不離而民素樸，又惡有君子小人之分哉。及至後世聖人以有爲治天下，致力於仁義，勉強爲禮樂，於是民始疑而天下始分矣。故南華以殘樸毀王爲工匠之罪，廢道用仁義爲聖人之過。然而樸王不毀，何以爲器？仁義不立，何以衛道？自天下之樸散久矣，無怠乎之器也。聖人之道散久矣，一變而爲仁義，再變而爲禮樂，三變而爲刑名，至是仁義禮樂徒存其名，是使後人而復哀後人也。古之聖人以康濟天下爲已任，惟恐一夫之失所，思有以撫育安全之，豈有求於世而然哉？蓋出乎性情之真，道德之正，在已所當爲者也。是謂上德不德，不知有之，而覬覦不及焉。逮乎後世樸散民澆，知詐日作，出應聖人之運者，匍匐重趼以拯民於水火，諄諄善誘以覺民於迷途，受利之而仁迹彰，裁決之而義功見，節文之而禮興，和樂之而樂出，是亦因民所

尚適事之宜而爲之制度，猶未至甚失也。然而治久則民玩，法久則弊生，吏張則法苛，令嚴則易犯，亦勢所必至矣。吁，七竅既鑿，其有復於混沌者乎？此馬蹄之所以作，旁譬曲喻之所以繁且廣也。末章又論馬之真知，亦歸嘗篇本意，至舉赫胥之世，民知含哺鼓腹而已，無爲自得之意，躍見於此。則上之人不擾可知。南華引古證今，覬復淳風於萬一，柰何世道交衰，爭歸於利而不可止，卒歸過於聖人，豈立言君子所得已哉？切於警人心，救時弊，不得不反言以矯之，而或者議其爲憤悱之雄，則過矣。善觀莊子者，究其意，畧其詞可也。介倪，舊音戛睨，聱聱牙而義難通，今定從本音，言人以知御馬，而馬之知介然已見端倪，思爲詭銜竊轡之計，則是馬本無知，而人啓其知也。

褚氏總論：是篇一意，諳分四節，首叙題意以御馬明治民，與尚書御馬喻臨民義同。而此篇首尾形容馬之性情喜怒，曲盡其態，雖畫筆之工，曾不是過。然則人心之善否，又安能逃其情鑒哉。次借陶埴立論，以演上文言有心有爲於治，而攖拂天下之性情，不若無爲而任物之自化也。又舉至德之世無知無欲，後王立法，夫下始尻伯樂之從事乎，燒剔刻雒以求追風之名，步名曰治之，而害莫甚焉。所謂聖人之過者，設爲仁義禮樂以教民，號之令之，唯恐其不至，殊弗悟枝葉繁而根幹衰，政迹彰而姦弊作。此淳朴之所以散，刑罰之所以興，上下交亂而不息也。故漆園高言以矯之，摘喻以啓之，使天下舍僞還真，知所趨向。有以見至人之心，猶未忍懟然於世也。末引上古民淳俗厚，熙熙然自樂，以譏皇王無爲之效，後世聖人束以禮樂，縻以仁義，求治太過，而至於不可治矣。太上曰：治大國若烹小鮮。南華之論得之。

胠篋第十

將爲胠（祛劫二音，發也）篋探囊發匱之盜，而爲守備，則必攝緘縢，固扃鐍（古穴反），此世俗之所謂知也。然而巨盜至則負匱揭篋擔囊而趨，唯恐緘縢扃鐍之不固也。然則鄉之所謂知者，不乃爲大盜積者也？故嘗試論之，世俗所謂知者，有不爲大盜積者乎？所謂聖者，有不爲大盜守者乎？（一問）何以知其然耶？昔者齊國，鄰邑相望，雞犬之音相聞，罔罟之所布，耒耨之所刺，

方二千餘里。闔四竟之內。所以立宗廟社稷。治邑屋州閭鄉曲者。曷嘗不法聖人哉。然而田成子一旦殺齊君而盜其國。所盜者。豈獨其國耶。幷與其聖知之法而盜之。故田成子有乎盜賊之名。而身處堯舜之安。小國不敢非。大國不敢誅。十二世有齊國。則是不乃竊齊國。幷與其聖知之法。以守其盜賊之身乎。嘗試論之。世俗之所謂至知者。有不爲大盜積者乎。所謂至聖者。有不爲大盜守者乎。何

以知其然耶。昔者龍逄斬。比干剖。萇弘胣。子胥靡。故四子之賢而身不免乎戮。故跖之徒問於跖曰。盜亦有道乎。跖曰何適而無有道耶。夫妄意室中之藏。聖也。入先。勇也。出後。義也。知可否。知也。分均。仁也。五者不備。而能成大盜者。天下未之有也。由是觀之。善人不得聖人之道不立。跖不得聖人之道不行。天下之善人少。而不善人多。則聖人之利天下也少。而害天下也多。故曰脣竭則齒寒。魯

酒薄而邯鄲圍。聖人生而大盜起。掊擊聖人。縱舍盜賊。而天下始治矣。夫川竭而谷虛。丘夷而淵實。聖人已死。則大盜不起。天下平而無故矣。聖人不死。大盜不止。雖重聖人而治天下。則是重利盜跖也。爲之斗斛以量之。則幷與斗斛而竊之。爲之權衡以稱之。則幷與權衡而竊之。爲之符璽以信之。則幷與符璽而竊之。爲之仁義以矯之。則幷與仁義而竊之。何以知其然耶。彼竊鉤者誅。竊國者爲諸

侯。諸侯之門而仁義存焉。則是非竊仁義聖知耶。故逐於大盜。揭諸侯。竊仁義幷斗斛權衡符璽之利者。雖有軒冕之賞弗能勸。斧鉞之威弗能禁。此重利盜跖而使不可禁者。是乃聖人之過也。故曰魚不可脫於淵。國之利器不可以示人。彼聖知者。天下之利器也。非所以明天下也。故絶聖棄知。大盜乃止。擿玉毀珠。小盜不起。焚符破璽。而民朴鄙。剖斗折衡而民不爭。殫殘天下之聖法。而民始可與

論議。擢亂六律。鑠絕竽瑟。塞瞽曠之耳。而天下始人含其聰矣。滅文章。散五采。膠離朱之目。而天下始人含其明矣。毀絕鉤繩。而棄規矩。攦工倕之指。而天下始人有其巧矣。故曰。大巧若拙。削曾史之行。鉗楊墨之口。攘棄仁義。而天下之德始玄同矣。彼人含其明。則天下不鑠矣。人含其聰。則天下不累矣。人含其知。則天下不惑矣。人含其德。則天下不僻矣。彼曾史楊墨師曠工倕離朱者。皆外立

其德而以爚亂天下者也。法之所無用也。子獨不知至德之世乎。昔者容成氏。大庭氏。伯皇氏。中央氏。栗陸氏。驪畜氏。軒轅氏。赫胥氏。尊盧氏。祝融氏。伏戲氏。神農氏。當是時也。民結繩而用之。甘其食。美其服。樂其俗。安其居。鄰國相望。雞狗之音相聞。民至老死而不相往來。若此之時。則至治已。今遂至使民延頸舉踵曰。某所有賢者。贏糧而趣之。則內棄其親。而外去其主之事。足迹接諸侯之境。車軌

結乎千里之外。則是上好知之過也。上誠好知而無道。則天下大亂矣。何以知其然耶。夫弓弩畢弋機變之知多。則鳥亂於上矣。鉤餌網罟罾笱之知多。則魚亂於水矣。削格羅落罝罘之知多。則獸亂於澤矣。知詐漸毒頡滑堅白解垢同異之變多。則俗惑於辯矣。故天下每每大亂。罪在於好知。故天下皆知求其所不知。而莫知求其所已知者。皆知非其所不善。而莫知非其所已善者。是以大亂。故上

悖日月之明。下爍山川之精。中墮四時之施。惴耎耳轉反之蟲。肖翹之物。莫不失其性。甚矣夫好知之亂天下也。自三代以下者是已。舍夫種種之民。而悅夫役役之佞。釋夫恬淡無為。而悅夫啍啍之意。啍啍已亂天下矣

通義 此因上篇之旨而歸罪於好智。故專論好智無道之害。原夫智之所由。倡實自聖人始。而襲之者違天背道。假仁襲義以亂天下之真。故曰絕聖棄知。然後可以反朴還淳。復於無知。而人性不鑿也。都見以此乃擬襲莊文者。田恒弒君。孔子請討。在魯哀之世。後二十一篇中。周見魯哀謂魯少儒。此言恒亨齊國十二世。又楚伐魯以其酒薄也。而梁乃伐

遡魯不得援事在魯哀以後今舉以並啓齒之論是指以爲往昔故事也篇末又謂好智之亂天下乃三代以下則西漢之言矣故余直謂此非莊子之文不然莊子年幾四百乎龍逢四事言聖智之害人蹠事言利人也不能復天德之良未見不知之知則以識情爲聖是必利少而害多然舍知識無以作聖悖知識所以賊聖也其曰好智而無道則亂使有道焉則智者神之發也有爲無爲何適而非此種種之民各稟所長各習所便如農工商藝朴實生理者也或謂得祖氣迂且鑿矣役役務外之佞哼哼務言之多今以役役屬使哼哼屬意蓋交互以見馳騁於言行也

義海 備盜以緘縢扃鐍者世俗之知也穴室負匱探囊者超俗之知也人有超俗之知造化間幾何而一遇哉以之上盜天和以養形保神下盜地利以肥家富國何不可者而乃

甘於安意室中之藏以希不義之貨而不顧公論之不可逃遺臭之不可掩何弗思之甚耶竊嘗考其所由亦有以致之者世無積而守之彼惡得而奪之然自胠篋之欲充之而至於竊國信乎履霜堅冰負乘致寇之戒不可不謹也夫竊國者非并其聖知之法而竊之雖得國無以自立則聖知者天下之利器在人用之如何耳其權或墮奸雄之彀中未有不反爲所制者後文云竊鉤者誅竊國者爲諸侯諸侯之門仁義存焉小盜有誅而大盜無禁是豈齊民之術哉彼既竊國爲君而又禁民爲盜亦知仁義之不可廢也得非以聖知之法守其盜賊之物乎漆園慨立是論所以誅千古奸雄之心麟經直筆之嚴可以並行于世矣世之所謂至知至聖者例不免爲大盜積反不若不以聖知稱者無所積而盜莫能窺也故引四賢以證聖知之不足恃夫天生忠賢匡君輔國節義所在有死無貳

而上或不之察惡其逆耳拂情始則䟽遠之其則譴斥之而彼忠不能自泯終於戮之而後已吁忠賢之戮姦盜之幸也咎諸若此國其能久乎夫爲巨姦大盜豈無其術所謂術者亦不越乎聖知之法所資者重故所取不容輕然其厲階非一日之積必覬其君上之可因有司之可欺因時乘機以遂其悖道之舉然猶不免資聖知仁義以爲治如前立國者所云一廢一興川谷丘淵之消長也聖生而盜起魯酒邯鄲之相因也雖重以聖知而爲治重利盜跖也宜矣且竊鉤者受制於聖知之治法而竊國者奪聖知之法以制之是以善人少而不善人多雖軒冕斧鉞不足以爲勸懲也信知聖知者天下之利器不可以示人彼竊竊其機將爲所奪猶魚之脫淵螻蟻得以困之矣語云民可使由之不可使知之然則聖人之治天下必有神而化之之術與此章舉至德之世上下無求民各自足以

證今時之不然十二君者其間或典籍未聞祝融以下迹漸可考竊意伏羲以前民性素朴則繩猶未結也故所食皆甘所服皆美樂俗安居何知帝力鄰國相望而無攻掠之憂雞犬相聞而有阜豐之樂民至老死不相往來則耕鑿自給無求於外只此數句寫出太古淳朴之風蓋引道德經小國寡民章語云後世遂至延頸舉踵贏糧趨賢棄主去親不遠千里而求之尚賢之迹著使民求奇務異以尊耳目所不及必有名浮于實者應之是相率而爲僞欲天下不亂可得乎下文明好知之害物使生民失性雖禽獸蟲魚亦不得安其性命之情矣皆知求其所不知信其所已善所不知謂分外求知如測天地問鬼神之類所已知謂已之良知辯等卑尊德性之類所不善已自以爲非者責人求備之類所已善已自以爲是者矜能自用之類信能於此精擇而謹趨之則知善皆出於眞情各歸

於正不治天下而天下自治矣苟或反是則
日月山川爲之悖爍人民其能自安乎此皆
原於上好知之過種種之民謂得
祖氣之正可爲種於天下者也
褚氏總論是篇以胠篋命題諸解罕及胠
字之義惟林疑獨云潛開也今考監韻胠
脅也則胠篋者從篋之脅旁開而取物此
竊盜之行也經意謂治失其道法令滋彰
上以知防民民亦以知窺其上防之弥周
必將乘間而有之故國之利器不可以示
人田成子盜齊并竊其聖知之法以致身
安國覇則知盜亦有道而世俗之聖知不
足恃也如此四子之不免乎戮宜矣世間
善惡二塗皆資聖人之道而立然而爲惡
者常多趨善者常少則其利天下少而害
天下多也可知盡消長之勢猶脣齒川谷
之相因若重以聖知治天下其爲盜跖之
利不輕矣爲器以平之并器而竊之立法

以治之并法而竊之吾將柰何哉此實由
乎爲治者不能弘道德以公天下之情然
後姦雄得竊其權以爲私利夫天下始有被
其害者矣南華務在絕聖棄知剖斗折衡
思復上古無爲之治然其還淳反朴之要
在明乎眞知以正其所趨復乎眞善以全
其所受而已爲欲矯世俗之弊其言不免
乎過訐覻以激回之馬跡未足盡其弊至
胠篋而極矣柰何道大難容徒托空言獨
唱於前卒無和者徘徊乎古今抱道之士
高蹈山海而不反也吁使任輔世之君子
皆滌園之用心何患乎世道之不興淳風
之不
復哉

在宥第十一

聞在宥天下。不聞治天下也。在之也者。恐天
下之淫其性也。宥之也者。恐天下之遷其德
也。天下不淫其性。不遷其德。有治天下者哉。
昔堯之治天下也。使天下欣欣焉人樂其性。
是不恬也。桀之治天下也。使天下瘁瘁焉人
苦其性。是不愉也。夫不恬不愉。非德也。非德
也而可以長久者。天下無之。人大喜耶毗於
陽。大怒耶毗於陰。陰陽并毗。四時不至。寒暑
之和不成。其反傷人之形乎。使人喜怒失位。
居處無常。思慮不自得。中道不成章。於是乎

天下始喬（音 矯）詰卓鷙而後有桀跖曾史之行。
故舉天下以賞善者不足。舉天下以罰其惡
者不給。故天下之大不足以賞罰。自三代以
下者。匈匈（洶洶）焉終以賞罰爲事。彼何暇安其性
命之情哉。而且說明耶。是淫於色也。說聰耶。
是淫於聲也。說仁耶。是亂於德也。說義耶。是
悖於理也。說禮耶。是相於技也。說樂耶。是相
於淫也。說聖耶。是相於藝也。說知耶。是相於
疵也。天下將安其性命之情。之八者。存可也。

亡可也。天下將不安其性命之情。之八者。乃始臠卷傖囊而亂天下也。而天下乃始尊之惜之。甚矣天下之惑也。豈直過也而去之耶。乃齊戒以言之。跪坐以進之。鼓歌以儛之。吾若是何哉。故君子不得已而臨涖天下。莫若無爲。無爲也而後安其性命之情。故貴以身爲天下。則可以託天下。愛以身爲天下。則可以寄天下。故君子苟能無解其五藏。無擢其聰明。尸居而龍見。淵默而雷聲。神動而天隨。

從容無爲而萬物炊累焉。吾又何暇治天下哉

此言尚無爲之得。蓋示前三篇之歸宿也。在者此念知有天下而已。不以身心役役於事。身貴於天下也。宥者寬以待天下。不以知力胥胥於人。愛天下如身也。在則神常在。宥則事不滯。不滯則化也。神則不淆。化則不遷。喬不平也。詰不順也。卓特異也。鷙殘忍也。喬卓指曾史。詰鷙指桀跖。此篇只不得已而臨涖天下一句足闡抱道者之幽微。其情必安於無爲也。我以物託於彼曰寄。彼以物寄於我曰託。貴身如貴天下。則天下雖託於我。我不利之矣。愛天下如愛身。則我雖寄於天下。天下不外之矣。此二句只形容無我之義。能無我。雖有爲亦無爲也。解五藏神散而氣血不聰屬也。擢聰明外物淆亂而耳目無管

損也。尸居無爲也。而純陽無私之體常自見。淵默無言也。而一陽之復常自聞。如此者其動不以形。惟神而已。是以念念惟天天自不違也。此與不顯亦臨無射亦保順帝之則義相近。此則就自己所獨見者爲言。炊累古語也。炊蒸也。猶相感也。累生生之多也。其義謂萬物困於無爲之德。各以氣類自相感蒸。至於蕃阜。猶日茂育也。

在者存之而有天下而不與焉。宥者矜而恤之。故視民如傷焉。是以聖哲端拱乎廟堂之上。百姓恬愉於畝畝之中。性不淆而德不遷。形聲和而天地應。上古至治之風也。自三代而下。洶洶然以賞罰爲事。使民無以安其性命之真。至戰國縱橫。則賞之而不勸。罰之而不畏矣。南華立在宥之論。有心於復古者與人處世間。日與物接。遇有逆順喜怒不盡忘。在乎調之適宜。發而中節。不失乎同然之情而已。若過喜過怒。猶天地偏陰偏陽

訓寒暑爲之失序。況於人乎。原其太過之由本於堯桀之治。一使民欣欣。一使民瘁瘁。此喜怒之所由生也。由是而善惡者賞罰立焉。天下始高亢其行。窮詰其離卓異鷙勇於事。爲之聞善者爲曾史。惡者爲桀跖。舉天下不足以爲勸懲。何暇安其性命哉。任治道者至是亦無所施其術矣。而江海山林之士。猶拳拳在念。覬有以救藥而挽復之。其言雖叔詭而心則義黃也。豈可以迹與而輕議哉。聰明仁義禮樂聖知八者。雖出於人爲。各具自然之理。行其所無事。則亡之不爲失。存之不爲得也。若心有所悅。則滯迹成弊。害有甚焉者矣。行所無事則安其性命之情。滯迹成弊則臠卷傖攘而亂天下也。傖攘二字諸解並以亂釋之。而無音切。按毛晃增韻。以傖攘之攘。所寧字條引爲莊子註。續考漢書賈誼傳國制傖攘上音傖任庚切。下女庚切。亂也。詳此經文傖攘字。舊以亂釋之。則當與於漢書

僚擾音訓同。儧卷，謂拘束於仁義禮樂。僚擾，謂馳騁其聰明聖知，一人勝擾於上，何望天下之泰寧。然天下猶慕而尊惜之，齋戒以言則神其說，跪坐以進則重其傳，至於鼓歌以儛之，則樂之無厭。其惑不可解矣。吾柰此何哉！此重歎之辭。不得已而臨莅，迫而後動也。莫若無爲，任物性之自然。故貴以身爲天下，則不廢其民；愛以身爲天下，則能親其民。若是，然後可以寄託天下矣。寄託互其文，不必分輕重。無解於五藏，斂五常而歸於道也。無擢其聰明，泯聲色而全其真也。是故善處者以時而出，其出必神；善寂者以時而鳴，其鳴必大。皆由已涵養之功，以符至神之運。天且弗違，而況於人乎？從容無爲，我自得也；萬物炊累，物自得也。物我俱得，天下治矣，又何暇治天下哉！

崔瞿問於老聃曰：不治天下，安藏人心？老聃曰：汝慎無攖人心。人心排下而進上，上下囚殺，淖約柔乎剛強。廉劌彫琢，其熱焦火，其寒凝冰。其疾俛仰之間而再撫四海之外。其居也淵而靜，其動也縣而天。僨驕而不可係者，其惟人心乎！昔者黃帝始以仁義攖人之心，堯舜於是乎股其胈，音跋 脛無毛，以養天下之形，愁其五藏以爲仁義，矜其血氣以規法度。然猶有不勝也。堯於是放讙兜於崇山，投三苗於三峗，流共工於幽都，此不勝天下也。夫

施及三王而天下大駭矣。下有桀跖，上有曾史，而儒墨畢起。於是乎喜怒相疑，愚知相欺，善否相非，誕信相譏，而天下衰矣。大德不同，而性命爛漫矣；天下好知，而百姓求竭矣。於是乎釿斤鋸制焉，繩墨殺焉，椎鑿決焉。天下脊脊大亂，罪在攖人心。故賢者伏處大山嵁苦咸反巖之下，而萬乘之君憂慄乎廟堂之上。今世殊死者相枕也，桁楊者相推也，刑戮者相望也。而儒墨乃始離跂攘臂乎桎梏之間。意，甚矣哉！其無愧而不知恥也甚矣！吾未知聖知之不爲桁楊椄槢也，仁義之不爲桎梏鑿枘也，焉知曾史之不爲桀跖嚆虛交反矢也！故曰：絕聖棄知而天下大治。

通義 此承上章何暇治天下意，發問崔瞿與證無爲也。徒戒之必有作爲以攖之，無攖之則恬順之而已。排下，驕也；進上，諂也。言人心好利好勝，視勢而縱情亦如此。上下因殺，句承排進意，上下抑揚起伏也。因殺拘縲裁割也，形容排進之心爲累之狀。或以綽約降伏剛強，或以圭角入乎彫琢，皆勉強順從，是以冒中外炭，一瞬息之間而神馳無際。一念起伏，居若淵靜，動若縣天，憤激亢戾，而不能自制。此人心之不可攖也。自昔者至脊脊大亂，言

攖人心之弊故所謂賢者至於攘臂乎桎梏之
間言今日之俗噫以下則歎其迷而不悟也
心無愧而事不知恥又原攖人心而不悔之
故無愧則不知前日之非不知恥則不改後
來之敝也故又曰
甚矣吾不知云云

義海 天下不治然後有治之之名民心不臧
然後用臧之之術治術之設與於中古立法
之君而弊於後世之徇迹者所謂木埴之性
豈欲中規矩鉤繩哉崔瞿不明人心本具至
善乃欲以政治善天下之心老聃告以但勿
攖之足矣何乃作爲以善之今人心之弊多
好抑下尊高所以至於爭競因發而不知絭
約所以爲柔剛強之道遂廉劌其鋒雕琢其
賁喜怒外鑠冰炭內攻一點沖和幾何而不
消鑠哉況念頭一舉萬水千山寧靜飛揚天
淵不足爲喻此所謂僨驕而不可係者也上
古無爲君民各適處混茫而得澹漠焉黃帝

爲治始以仁義攖人心至堯舜則政治畢具
攖之愈深攖之既深犯之必力故不免施四
內之誅而天下大駭恩害相生理之必至者
也上有不同之治下有不同之德性命爛漫
而無以復百姓求竭而無以供於是釿鋸椎
鑿之禍與天下大亂不可救藥賢者伏處以
避禍萬乘憂慄而苟存以至殊死者相枕於
道路刑罰不中可知矣而爲治者乃始攘臂
乎桎梏之間謂已足以任繁劇而善治亂也
殊弗悟治亂之由實爲自召無異置人於塹
溺而後褰裳力拯以爲恩非惟彼遭困阨而
已亦勞且憊矣由是知世所謂聖知仁義未
必不爲桁楊桎梏曾史楊墨未必不爲桀跖
利器也道德經云我無爲而民自化我無欲
而民自樸斯爲
不治之治歟

黃帝立爲天子十九年（原本脫年字）令行天下聞廣

成子在於空同之上故往見之曰我聞吾子
達於至道敢問至道之精吾欲取天地之精
以佐五穀以養人民吾又欲官陰陽以遂羣
生爲之奈何廣成子曰而所欲問者物之質
也而所欲官者物之殘也自而治天下雲氣
不待族而雨草木不待黃而落日月之光益
以荒矣而佞人之心翦翦者又奚足以語至
道黃帝退捐天下築特室席白茅閒居三月
復往邀之廣成子南首而臥黃帝順下風膝

行而進再拜稽首而問曰聞吾子達於至道
敢問治身奈何而可以長久廣成子蹷然而
起曰善哉問乎來吾語女至道至道之精窈
窈冥冥至道之極昏昏默默无視无聽抱神
以靜形將自正必靜必清無勞女形無搖女
精乃可以長生目無所見耳無所聞心無所
知女神將守形形乃長生慎女內閉女外多
知爲敗我爲女遂於大明之上矣至彼至陽
之原也爲女入於窈冥之門矣至彼至陰之

原也天地有官陰陽有藏慎守女身物將自
壯我守其一以處其和故我修身千二百歲
矣吾形未常衰黃帝再拜稽首曰廣成子之
謂天矣廣成子曰來余語女彼其物無窮而
人皆以爲終彼其物無測而人皆以爲極得
吾道者上爲皇而下爲王失吾道者上見光
而下爲土今夫百昌皆生於土而反於土故
余將去女入無窮之門以遊無極之野吾與
日月參光吾與天地爲常當我緍音泯合也乎遠

我昏乎人其盡死而我獨存乎
通義 問者物之質言不必問也官者物之殘
言不當問也雲氣二句只形容氣不寬和與
前篇四時不至寒暑之和不成意同窈冥者
至道之體昏默者造道之極此道之虛也無
視無聽一氣抱神自然靜者形將自正此身
不治而本治神之虛也必靜必清三句言用
功煉神合道之虛也目無所見三句言煉形
合神也前言乃可長生神也後言形乃長生
形也此用功次第也慎女內承必靜必清三
句意閑女外承目無所見三句意形靜也內
慎則根清靜外閑則塵清靜也我爲女四句
乃言我今日此言爲女直發盡陰陽之極與
女同還太虛也大抵天地陰陽萬象各有其
職不必參之以我但慎守女身如上所云民
人自得其養羣生自得其遂矣是以我惟守
此一之虛而與物無乖戾故久而不衰也前

言收精住殺官氣遂生皆善守身之体也但
在本未先後之間耳彼其物無窮至篇終只
是言自家將還造化與他人之死不同也千
二百歲而入無窮之門形長生也與日月參
光與天地爲常而獨
存者神之長生也
釋音 空同一作崆峒司馬舊註云當北斗下
山爾雅北戴斗極爲崆峒山自古雖有此山
似亦意有所寓斗居天中斡運萬化而戴斗
極地之中也空同當天地之中喻人之一心
處中以制外善居之者物莫不聽命焉又以
人心中無所有而無適不合故以名山廣成
子古聖人也黃帝往問至道答以天地之精
渾淪自質陰陽之氣已判曰殘女所欲問者
猶近乎道女所欲官者殘餘而已去道已遠
何足議哉黃帝退而閒居復往問治身之道
始告以無視無聽抱神正形必靜必清無勞
無搖至彼陰陽之原修身之道極矣天地有

官陰陽有藏蓋指身內而言使人善求之千
二百歲特捴人間短景一紀之數若要其分
靈降氣生化之原則亘古窮今可也自有天
地陰陽則有人有物古乎今乎前乎後乎均
歷莫筭斯爲無窮無測而人以爲終爲極者
以形化觀而不覩其不化者耳上爲皇而下
爲王此以得道而言不在有位而稱也故雖
時有不同命物之化則一上見光而下爲土
言失道之人精魄化燐火骨肉歸塵土是爲
虛生浪死徒勞造化之鼓鑄也百昌之生土
反土亦在乎得道失道之分道無得失物有
去來出機入機所以爲化今將去女言我不
歸土而升於太虛則與二儀兩曜同其長久
矣當我近我者緍乎與道合也遠我背我者
昏乎冥晤無知也人其盡死謂衆人終於化
而我獨存此我非九竅百骸之我乃清靜明
妙虛微靈通本來之我不可以色見聲求是
以先天地生獨立而不改也竊惟二聖親傳

道要其載此章材無甚高難行之事助簡明白若此從世薄俗好奇尚怪設爲存想抽添交姤採取之說勞神苦形以求泰定嚮冰車於火山而弗悟者幾何而不喪其所自生哉吁世無真鑒久矣因伏讀廣成遺訓得以發余之狂言或將有以狂而取之者

雲將東遊，過扶搖之枝，而適遭鴻蒙。鴻蒙方將拊脾雀躍而遊。雲將見之，倘然止，贄然立，曰：叟何人耶？叟何爲此？鴻蒙拊脾雀躍不輟，對雲將曰：遊。雲將曰：朕願有聞也。鴻蒙仰而視雲將曰：吁！雲將曰：天氣不和，地氣鬱結，六氣不調，四時不節。今我願合六氣之精，以育

羣生，爲之奈何？鴻蒙拊脾雀躍掉頭曰：吾弗知！吾弗知！雲將不得問。又三年，東遊，過有宋（通篇只辯此處）之野，而適遭鴻蒙。雲將大喜，行趨而進曰：天忘朕耶？天忘朕耶？再拜稽首，願聞於鴻蒙。鴻蒙曰：浮遊不知所求，猖狂不知所往，遊者鞅掌（沉吟），以觀無妄。朕又何知！雲將曰：朕也自以爲猖狂，而民隨予所往；朕也不得已於民，今則民之放也。願聞一言。鴻蒙曰：亂天下之經，逆物之情，玄天弗成；解獸之羣，而鳥皆夜鳴；災及草木，禍及昆蟲。意！治人之過也。雲將曰：然則吾奈何？鴻蒙曰：意！毒哉！僊僊乎歸矣。雲將曰：吾遇天難，願聞一言。鴻蒙曰：意！心養。汝徒處无爲，而物自化。墮爾形體，吐爾聰明，倫與物忘；大同乎涬溟（涬，戶頂反）。解心釋神，莫然無魂。萬物云云，各復其根，各復其根而不知；渾渾沌沌，終身不離；若彼知之，乃是離之。無問其名，無闚其情，物故自生（此上言物自化）。雲將曰：天降朕以德，示朕以默（淵默非但不言）；躬身求之，乃今也得。再拜稽首，起辭而行。

通義　此與上段皆言無爲之化。雲將、鴻蒙，擬名以寓言也。倘然，或一止也；贄然，特一出也。皆就游行之中而見此一變之貌也。拊脾雀躍，猶今孩童以兩手拍兩股，且跳且行而嬉樂也。天氣不和四句，與在宥篇陰陽并毗三句、黃帝立篇雲氣不族而雨三句意同，只是變換文句而已。不知所求，不知所往，無求無往也。觀無往，復其真也。不得已於民，欲辭謝之而不得，今乃爲民之所依，不得不任其責矣。蓋有心立法以爲治，則亂真常之道，是以天地不位，萬物不育也。玄天深遠無涯，自然之道，猶曰於穆天命也。弗成，猶曰不位也。意毒哉，意其心中煩苦不寧也。意者，惟任心自養耳。隳體至無魂，皆心養之方，只是無爲而已。倫與物忘，人倫庶物皆相忘，不見形迹，猶言我忘親，親忘我，我忘天下，天下忘我也。有

知有為出於心神解心釋神則窈冥恍惚於功可指故曰漠然無魂即所謂塊然以形立也萬物云云至不離言物自化也不曰養心而曰心養則不落騎驢覓驢將心捉心之弊後世持志操心辯志求心諸說可辨矣凡此無為物化之機皆出自然不用吾知者也若彼知之乃是離之纔加一知即有意矣此語惜點大同之道最精彼此立而名生好惡起而情見無問無窺則任物之自然矣物不自生哉點乃德之功德乃點之成此篇三意字皆不決之辭蓋深疑有知有為之弊而重贊無知無為之得也實則本於心養之一訣是訣也豈怡讀莊子者所當知

義海 雲將施雨澤調陰陽者過扶搖之枝喻趨動境明其欲出而澤物也鴻蒙元氣雀躍而游言運動自適元氣運而雨澤施以譬聖君化育之化雲將願合六氣以育羣生不免於有心與前章取天地官陰陽義同鴻蒙以不知答之道盡於此雲將不能領會而退消再遭鴻蒙復有問始告以不知所求不知所往言求諸己而足不在遠問他人浮遊於世鞅掌自得故足以觀見真理又何必向外求知哉此數句發明有以教之而雲將猶未悟乃自陳其猖狂不得已於民之狀鴻蒙就僞其失謂汝徒務多言多事以亂天道逆物理賊其默默之天哉飛走草木昆蟲皆失其所此治人之過也毒訓治言有治天下哉汝歸休乎無復多問雲將心疑未釋極願聞一言鴻蒙告以汝所疑者為心失其養心者神之舍養以無為則神全神全斯足以化物自隨爾形體至莫然無魂乃養心之訣至極則養亦忘矣萬物紜紜各歸其根動極必靜自然之理何容知識於其間但當渾渾沌沌中而弗失知識一萌則離道矣問名闚情皆猶乎知倘能絕此任物自化何在乎合六氣以育養生哉雲將乃悟多言凡以害道示默之為降德任反求諸身而已由是知以澤物為己任者勞而罔功任天下之自治者逸而供化蓋育萬物和天下不越乎全神養心之功古之神人使物不疵癘而年穀熟者以此

世俗之人皆喜人之同乎己。而惡人之異於己也。同於己而欲之。異於己而不欲者。以出乎眾為心也。夫以出乎眾為心者。曷常出乎眾哉。因眾以寧所聞。不如眾技眾矣。而欲為人之國者。此攬乎三王之利。而不見其患者也。此以人之國僥倖也。幾乎僥倖而不喪人之國乎。其存人之國也無萬分之一。其喪人之國也一不成而萬有餘喪矣。悲夫有土者之不知也。夫有土者。有大物也。有大物者。不可以物。物而不物。故能物物。明乎物物者之非物也。豈獨治天下而已哉。出入六合。遊乎九州。獨往獨來。是謂獨有。獨有之人。是之謂至貴。大人之教。若形之於影。聲之於響。有問而應之。盡其所懷。為天下配。處乎無響。行乎無方。挈汝適復之撓撓。以遊無端。出入無旁與日無始。頌論形軀。合乎大同。大同而無已。無已。惡乎得有。有睹有者。昔之君子。睹無者天地之友。賤而不可不任者。物也。卑而不可不因者。民也。匿而不可不爲者。事也。麤而不可不陳者。法也。遠而不可不居者。義也。親而不可不廣者。仁也。節而不可不積者。禮也。中而不可不高者。德也。一而不可不易者。道也。神而不可不爲者。天也。故聖人觀於天而不助。成於德而不累。出於道而不謀。會於仁而

不恃。薄於義而不積。應於禮而不諱。接於事而不辭。齊於法而不亂。恃於民而不輕。因於物而不去。物者。莫足爲也而不可不爲。不明於天者。不純於德。不通於道者。無自而可。不明於道者。悲夫。何謂道。有天道。有人道。無爲而尊者。天道也。有爲而累者。人道也。主者。天道也。臣者。人道也。天道之與人道也。相去遠矣。不可不察也

通義 此段又原不知無爲之化而徧知自滿者之爲害也。玩其詞氣義理。或東漢已後擬託者意以莊文訓事法而薄仁義。若爲之補過耳。文辭平易。與莊文不遠。惟挈汝適復之撓撓一句欠明暢。舊疑有缺文。姑與就文強解。大人者。處乎無響。揣洪穆清也。形乎無方無在而無乎不在也。其教足以配天下。由其神挈形軀。往來於世俗之中。而實造於天地之先也。挈指神。就天地公共者言。汝指形。就一人之自有者言。適往也。復來也。之猶於也撓撓世俗之擾擾者。此句猶佛氏言終日背負死屍走來走去也。稱頌評論其形軀。雖同於衆人。而大人則無已也。況外物乎。自君形之於影。至與日無始。皆言大人無已之義。天人主臣之道。只是有爲無爲。亦在一念之間非言職位也。謂相遠者。見於勞逸也。誠以無爲爲心。雖有爲。即無爲矣。況君用臣。臣成君天君泰然。百體從令。何遠之有。縱拱於勢分亦止勞心。勞力之異。勞心似逸而非逸。勞力非逸而得逸。蓋君無更代。臣有分司。心無止

息。事有始終。例以大宗師首篇之旨。余故謂其擬莊也。

義證 惡與而喜同。重已而輕彼。此世之常情以出衆爲心者也。衆同己而喜之。則已與衆既異矣。曷嘗出乎衆哉。若此而欲爲人之國是覽已往之利。而不見方來之患。幾何僥倖而不喪人之國。其存人之國。萬有餘喪矣乃再唱奇筆。悲夫有土者之不知。蓋警其爲民上者。有土。大物也。有而不與焉。斯可以物天下之物。若執而有之。爲物役矣。僅能明乎物物者之非物。則奚止治天下而已。出入六合。遊乎九州。即乘雲御龍。遊乎四海之義。故能獨往獨來。物無與偶。坐有斯道。非至貴而何。大人之教。若形聲之於影響。隨扣隨答。不逆民願。爲天下配。則不敢爲主而爲客。應出乎感。非求應也。處乎無響。言居無不在也。響字舊無他音。以與下文不協。宜讀同嚮。嚮猶方也。養生主。砉然嚮然。讀同響。應帝王。嚮疾強

梁舊註云如嚮應聲之疾則二字古通互用此處緣上文有聲之於嚮字混淆差誤耳行乎無方動無不之也絜汝適復之撓撓一句頗難釋諸解亦未甚顯明審詳經肯與道德經孰能安以久動之徐生意同蓋大人之教主在動而化物造乎無端無旁而與日俱新無始終也頌論猶議論議論大人之形容合乎大同與道無異即道德經孔德之容惟道是從之義諸解多着意於頌論二字故於下文説之不通大人則無己既無矣何物足有哉君子則務學期造乎道是以未能忘物而所覩無非有猶庖丁始解牛所見無非牛者昔之君子尚然今之君子又可知矣故思覩無之人而尊之覩無則絶學而至於道猶庖丁三年之後目無全牛矣天地生於無者也能覩天地之所生則與之爲友非過論也若夫德契自然道超衆類揮斥八極出有入無可以提挈天地把握陰陽豈止乎與之友

哉故康節先生云天地自我出其餘何足言此段始於任物因民即貴以賤爲本高以下爲基之義次敘事法仁義禮德皆不可不爲以其紀綱治道一日不可缺者也繼以一而不可易者道則一得萬畢操縱在我而八者之存亡無益損焉而其妙用則又超乎八目之表結以神而不可不爲者天言其皆出乎自然也自觀於天而不助斷序前十條以歸於民物又明十條之所以然使學者知所体守不至泛然無統也王精莫過乎道至粗莫過乎物末又舉物者莫足爲而不可不爲然則物之於人難去者矣但能明于天道于道純于德則不待去物而物自不能爲之累矣關尹子云聖人不去物去識惟不通乎道者無所往而非累也道一而已此又有天人之別以明君臣之分猶元氣之判爲陰陽也陰陽之迭運天人之相因蓋不可偏廢此云相去遠矣則又分言之所以警天下之爲人臣

者也孰謂南華之論一於清虛而無關治道哉

儲氏總論是篇大意謂君子不得已而臨涖天下莫若無爲故以存民性爲德本嘗有心乎治之也是以天下之民性不溢而德不遷爲民上者喜怒乎而賞罰出焉因天下之自治而無爲治之勞故民易從而法不撓也後世君天下者失其性世長民之要而専以賞罰爲事上有儒墨角史之是非下有桁楊桎梏之物制然後爲政者不勝其勞而民亦無所措手足矣猶且以仁義聖知爲足以得天下之情尊之惜之家傳國效而非悟其爲撓民之具此南華所以類絶棄之也悟如所言則天下之所寄託淵雷之所發見者有在於是國政不至於滑擾人心不至於癰壞從容無爲而任萬物之吹噓鼓舞又何暇治天下哉次設崔瞿之問以發老聃之肯明乎爲治

者罪在攖人心此桁楊桎梏之所自來而絶跡之所以爲利者也故黄帝問道於空同告以抱神正形清靜長生之要身爲本家國次之未有身治而國亂者也今之君天下者能力行廣成之言則三代之治不難復見天地官陰陽皆在吾無爲中此所以爲在宥之道鴻蒙告雲將以墮體黜聰守根不離所以爲治身之道也其篇末歷敘君臣禮法殆無遺論及天道人道之分在有爲無爲之別相去雖若不侔根於其心見於事業一也特以表君臣之分正其所當爲者耳太上云公乃王王乃天天乃道

莊子外篇第四卷終

莊子卷第五　叅元朱得之傍註并通義

附錢塘褚伯秀義海纂微
雲谷王潼錄校刊

外篇

天地第十二

天地雖大，其化均也；萬物雖多，其治一也；人卒雖衆，其主君也。君原於德而成於天，故曰玄古之君天下，无爲也，天德而已矣。以道觀言而天下之君正，以道觀分而君臣之義明，以道觀能而天下之官治，以道汎觀而萬物之應備。故通於天地者，德也；行於萬物者，道也；上治人者，事也；能有所藝者，技也。技兼於事，事兼於義，義兼於德，德兼於道，道兼於天。故曰古之畜天下者，无欲而天下足，无爲而萬物化，淵靜而百姓定。記曰：通於一而萬事畢，無心得而鬼神服。

【通義】此篇論君道也。化均，即含萬物所受而言。其主，君也，言人心本知是非從違舜界之義。蓋天下之君皆本之吾心自然愛敬順從之機而立者，即出言善則天下從，可見君道乃人心之固有者。玄者，玄理、玄德、玄聖，凡造極者皆可名玄。義即藝，就事曰藝，就心曰養。以位而服人，以能而善器，亦止爲事與技耳。道德也，必其器足以協用，治由於慊心，是乃本於道德而合於天然之物理也。一者生生之本也，通於一則萬感皆此一矣，又何有於事？非曰萬事不過一理以貫通之也。無心得，無慾也，猶日不計功不謀利。蓋鬼神情狀無慾無求，我能無慾無求，則與鬼神合德，彼豈不服哉。

【義海】天地至大，人物至衆，其化其治，不知其幾，而主之者君。則夫君之應世，豈偶然哉。原於德，故物不能離；成於天，而人自歸往。其道微妙，強名曰玄。是以古之君天下者無爲，而德合自然，所以可久可大。其出言作命，莫不聽從。以道觀言而言合乎道，則君無不正；以道觀分而分合乎道，則義無不明；以道觀能而能合乎道，則官無不治；以道汎觀而物合乎道，則應無不備。由是知天下事物苟離乎道，未有能自立者。通於天地者德，以德與天地合也；行於萬物者道，以道通乎物也。凡以治人爲上，縱意乎刑政賞罰，皆事而已，況以藝能而入於技，其去道德益遠矣。古之善畜天下者無他，無欲而天下自足，無爲而萬物自化，心如淵水之靜，撓之而不濁也，民惡得而不定哉。又舉古書有云：通於一，萬事畢。此老君西昇告尹喜之言。無心得而鬼神服，即易所謂天且弗違，而況於人乎，況於鬼神乎。

夫子曰：夫道，覆載萬物者也，洋洋乎大哉！君子不可以不刳心焉。无爲爲之之謂天，无爲言之之謂德，愛人利物之謂仁，不同同之之謂大，行不崖異之謂寬，有萬不同之謂富。故執德之謂紀，德成之謂立，循於道之謂備，不以物挫志之謂完。君子明於此十者，則韜乎其事心之大也，沛乎其爲萬物逝也。若然者，藏金於山，藏珠於淵，不利貨財，不近富貴，不樂壽，不哀夭，不榮通，不醜窮，不拘一世之利，以爲己私分，不以王天下爲己處顯。顯則明，萬物一府，死生同狀。何利顯之有

通義 此中上節言道不可離之意，觀後篇問老聃者則此夫子亦孔子也。刳心者道十德無欵則萬象森然往來無異矣。呼而應問而答皆無爲言之之謂性靈內蘊而不顯曰韜包括宇宙而不遺曰大事心者敬奉天君而不違也沛者浩瀚而無復也爲萬物逝者爲

萬物之所歸順也金珠之藏各安其所也顯則明三字衍文強爲之解顯承十德完者言能如此則此中明白洞達無一毫形骸故能見萬物一府云云事心之義知其非頭上安頭之疵正與上文刳心上節無心之旨相貫斯得矣

義海 天地非能覆載，所以覆載者道也。聖人非能爲行言，所以爲言者道也。洋洋乎大哉，謂道無不在，然非刳心使虛，則無以容道，室虛而後生白也。天道無爲，爲以自然，人能以無爲而爲，則合乎天道，以無言而言，則謂之天德。施之於外，則愛利之無方，謂之物不同而視若一，則所有者大，行不異物，非寬而何？萬物不齊，吾悉有之，可謂富矣。執德猶有所恃，德成則不待乎持，由有紀而後能立也。順於道而大備，物孰能挫其志哉。信明斯理，則此心足以韜藏萬事，與物偕往，事物無極，吾與之無極，是謂與化爲人，斯能化人矣。至使

金珠無用藏於山淵貨財富貴皆爲外物則壽夭窮通又孰得而患之不以一世之利爲己私志利也不以王天下爲處顯志名也然所顯者在明乎萬物一府死生同狀耳萬物一府則無彼我之分死生同狀則無去來之累此刳心之極致焉郭氏從顯則明爲句後來諸解多因之似與下文不貫無隱范先生連下文爲句義長今從之

夫子曰：夫道，淵乎其居也，漻乎其清也。金石不得无以鳴。故金石有聲，不考不鳴。萬物孰能定之。夫王德之人，素逝而恥通於事，立之本原而知通於神。故其德廣，其心之出，有物採之。故形非道不生，生非德不明。存形窮生，

立德明道，非王德者耶？蕩蕩乎！忽然出，勃然動，而萬物從之乎！此謂王德之人。視乎冥冥，聽乎無聲。冥冥之中，獨見曉焉；無聲之中，獨聞和焉。故深之又深，而能物焉；神之又神，而能精焉。故其與萬物接也，至无而供其求，時騁而要其宿，大小長短修遠。

通義 夫子亦孔子道本虛無體物不遺欲見其極則淵乎無底欲窺其形則澄然無滓然即金石非道不具有聲之性可以見無物之不體也至於金石雖有聲非人考擊則聲不發是人之考金石亦道之所體也觀此則萬物之能天乎人乎彼乎此乎不可定也夫體

道者王德之人也素其位而行素逝也不頋乎其外恥通於事也惟立於性天之機而無一塵之攖所以虛靈與鬼神無閒故其德與天地同流凡其有應而出之者必有物以感之非無感而先應也由是覩之萬物之形非道不生其生非德不明如金石之鳴德也金石無聲孰知其爲金石考金石之德也人不考焉孰見人之能又孰見金石之德所以王德者務存其形盡有生之常分以終其天年惟立德如上篇天德仁大寬富以明其道而已人之仰之蕩蕩乎出亦無心動亦無心而天下莫不從之一乎字見王德者無心於萬物之從而物自從之耳猶曰聖人作而萬物覩也其平居之存存者惟內觀乎寘寘而獨見海日之升內聽乎無聲而獨聞鑿和之鳴是以不可測而功則著不可泯而跡則微故與物接也本無而應不窮虛不屈動愈出也時肆而有所歸從心所欲不踰矩也大小長短

近遠無適不宜也末句是吟語不結而結王德非位也如孔子爲七十子之誠服者也

義海 道之淵乎漻乎天也金石有聲亦天也感之而動人也考之而鳴亦人也天人相因寓物而見以喻王德之人素朴而性恥通於事非不能也待扣而應耳立之本原猶金石之爲器知通於人猶聲之在考擊也然有聲聲者存乎其中其德豈不廣大哉心因物擽而出即感而遂通之義蓋能存守此形斯能盡其生之理能立已德斯能明道之自然見充養其在我者則其出動也物安得不從之乎至於寘寘見曉無聲聞和則其視聽有非常人所及者故深而能物則物不遠道神而能精則精不離神至無而供其求虛而不屈動而愈出也時騁而要其宿逝曰遠遠曰反之義結以大小長短修遠六字乃作文奇筆言舉不逃乎此也修遠當是近遠慮齋之論得之

黃帝遊乎赤水之北。登乎崑崙之丘。而南望還歸。遺其玄珠。使知索之而不得。使離朱索之而不得。使喫（口懈反）詬索之而不得也。乃使象罔。象罔得之。黃帝曰。異哉。象罔乃可以得之乎

通義 此段擬象顯真最爲易見山海經所紀赤水極南崑崙四海之中最高今曰其北猶在八埏之內也曰登丘則趨高矣文曰南望還歸則趨高好明不知止之喻所以失玄珠也玄者幽深莫測不可色象之名珠者體圓而光轉動不滯深藏淵海之寶釋氏謂黍米以擬此性靈也其曰知者思惟也離朱者見也喫詬者言也三者皆足以蔽真性象罔無形無影是所謂無已也無已即得矣得無所得也知明言皆曰索之而象罔不以索贅謹嚴哉莊文也

義海 世之求道者往往以知識聰明言辯爲務而喪失其本真邪悟有所謂無知之知無見之見不言之言乃所以無不知無不見無不言也珠喻心之圓明玄謂心之妙用惟當養之以晦然後用之無窮今乃向明而求此所以遺之也使三者索之不得皆以有心故若夫象罔則形亦無矣心何有哉乃可以得玄珠而起黃帝之歎是珠也人皆有之耀古騰今輝天爍地靜則凝聚動則分散心淵塵汩而障其光明性海濤翻而失其位置一身不能自照何暇燭物哉黃帝始以聰明知識爲足以得珠而不知其爲賊珠也及使象罔而得之蓋欲人屏其聰明知識復還性海之淵澄則玄珠不求而自見矣篤信者當知

堯之師曰許由。許由之師曰齧缺。齧缺之師曰王倪。王倪之師曰被衣。堯問於許由曰：齧缺可以配天乎？吾藉王倪以要之。許由曰：殆哉圾（岌）乎天下。齧缺之爲人也。聰明叡知。給（供應）數以敏。其性過人。而又乃以人受天。彼審乎禁過。而不知過之所由生。與之配天乎？彼且乘人而無天。方且本身而異形。方且尊知而火馳。方且爲緒使。方且爲物絯。方且四顧而物應。方且應眾宜。方且與物化而未始

有恒。夫何足以配天乎。雖然。有族有祖。可以爲眾父。而不可以爲眾父父。治亂之率也。北面之禍也。南面之賊也

【通義】此由借師以明君道而教堯者。其所短者非不足也。隱然言其不屑也。以人受天。法天行政也。審乎禁過。有不善未嘗不知。不知過之所由生。無將迎也。乘人而無天。率性而忘天也。本身異形。出於非人入於非人也。尊知火馳。尊德性而無停機。惻隱常存。視物猶己。是以爲事所使。爲物所絯。見而民莫不敬。體物而不遺。物各付物而忘我。己上形容歸宿只見可以爲眾父而不可以爲眾父父也。眾父有形之始也。眾父父天也。不能與天爲一。必於人之優劣有分別也。眾人不能及。則臣必賢其鈇君必賢其踈。如此不爲君道臣道之禍害乎。此正教堯意。謂堯能如此。則不必要缺也。堯之如天如日如雲如神。蕩蕩難名者。蓋有得於此也。篇內事無與於被衣者。而序見被衣。豈以被衣忘言忘能能使天下兼忘之乎。抑亦論齧缺即所以論被衣乎。不然冗也

【義海】由謂齧缺聰明睿知。其性過人。是論其才。而不言其道。以人受天。謂尚有爲而求合於無爲。是審乎禁過而不知過之所由生也。若與之天下。彼且乘有爲之迹以臨民。使天下失其自然之性矣。本身而異形。所瞻楚越也。尊知而火馳。機謀急速也。爲緒使則役於事。爲物絯則礙於物。四顧而物應。物未能忘我也。方且應眾宜。我未能忘物也。與物化則逐物而遷。未始有常。則失其本然之我。夫何足以配天乎。雖然有族有祖。謂齧缺之學亦有宗有君。眾嘗聞道者也。可爲眾父。特不可爲父父耳。眾父父則玄之又玄之謂。爲其不

可爲眾父父。故以有爲治天下。適所以亂之。爲君爲臣。俱不免乎禍賊而已。此言用知之不足以治天下也。若夫齧缺爲許由之師。而由不許其配天何耶。蓋配天乃外王之學。而四子所傳者內聖之道。出則爲帝王師。入則爲眾父父。彼何以天下爲哉。故由不須齧缺之所長而示其短。使不爲蟻慕之羶而得以全其高。是爲尊師之至。衛道之切也。學者當以心求之。朱曰內聖外王不可分離

堯觀乎華。華封人曰：嘻。聖人。請祝聖人。使聖人壽。堯曰：辭。使聖人富。堯曰：辭。使聖人多男子。堯曰：辭。封人曰：壽富多男子。人之所欲也。女獨不欲。何耶。堯曰：多男子則多懼。富則多

事，壽則多辱。是三者，非所以養德也，故辭。封
人曰：始也我以女爲聖人耶，今然君子也。天
生萬民，必受之職。多男子而受之職，則何懼
之有？富而使人分之，則何事之有？夫聖人鶉
居而鷇食，鳥行而无彰。天下有道，則與物
皆昌；天下無道，則修德就閒。千歲厭世，去而
上僊，乘彼白雲，至于帝鄉。三患莫至，身常無
殃，則何辱之有？封人去之，堯隨之，曰：請問。封
人曰：退已。

通義 此亦後世之言，欲破受累之情，故示善
處之法。觀其辭，則富與多子非所以祝天子
者，然而堯之無欲，亦因以見之矣。聖人成德
之極，君子好學之當。堯請問，封人曰退已，此
與接輿趨避、荷蓧丈人至則行矣、伊川不得
與同舟者言，蓋一機也。不可優堯而劣封人。
義海 大哉堯之爲君，仁昭而義立，德博而化
廣。天下既治，遊觀乎鄉，彼封人者亦隱淪以
樂堯之道，三祝聖人，取天下之至美歸以報
上，以爲道之可獻者也。而堯則例辭之，知非
所以養德也。封人中而言之，爲道之贊，及概
其九男二女，事舜於畎畝之中，富有四海而
不與，上壽百九十八而徂落，巍巍蕩蕩，超乎
三患之外矣。封人之論，冥合於堯之迹，則亦
堯之徒也。然其如天如神、如日如雲之極致，
豈封人所可測哉。無彰，當是無言迹也。

堯治天下，伯成子高立爲諸侯。堯授舜，舜授
禹，伯成子高辭爲諸侯而耕。禹往見之，則耕
在野。禹趨就下風，立而問焉，曰：昔堯治天下，
吾子立爲諸侯。堯授舜，舜授予，而吾子辭爲
諸侯而耕，敢問其故何也？子高曰：昔堯治天
下，不賞而民勸，不罰而民畏。今子賞罰而民
且不仁，德自此衰，刑自此立，後世之亂自此
始矣。夫子闔行耶？無落吾事。俋俋（直立反）乎耕
而不顧。

通義 聖知作法，而巧僞生於法，以致世降風
移。聖智者將欲何爲？因時之制，要在因其良
心而順導之，庶幾反朴還淳之方歟。再考伯
成子高歷堯舜禹三朝，年歲不但二百矣。
義海 已上經旨顯明，無待贅釋。

泰初有無，無有無名。一之所起，有一而未形。
物得以生，謂之德；未形者有分，且然无間，謂
之命；留動而生物，物成生理，謂之形；形體保
神，各有儀則，謂之性。性修反德，德至同於初。
同乃虛，虛乃大。合喙鳴，喙鳴合，與天地爲合。
其合緡緡，若愚若昏，是謂玄德，同乎大順。
通義 此以無形之氣發端，示人當復其初也。
形體保神，天能之必具也；性修反德，人道之

當然也造化之始冥冥漠漠無也何所有乎何所名乎萬有生於一無此無乃一之所起一雖起而未露正萬物所得以生之本虛靈之發也此無雖未形露而其幾則燦然之宂已具於中而有不得已者活潑無情無勉強無怠慢無一息之停是天所付物所受之命其運動不已適然一晋則成物之生理也物既成矣形神合矣則生生之所成為我之形於是百骸所事皆有法則所以保護此形是天能也故謂之性慎獨曰修外歸曰反性得其脩而能復其未形之德造於極致則與太初本來之無渾然不二其虛其大無塵可棲無物不容如此而有言皆天機之自然合於鳥鳴之機矣其聲既合於鳥音則與天地合德矣其合於天地者緡緡然如水之流如絲之積不息不騷豈非玄同之德而順達宇宙哉自有一而未形至各有儀則謂之性言一起於無而成萬之故自性修反德至大順言萬法歸於一無也此惟全赤子之心者知之

義海 一氣未兆無迹無稱及稱泰初有無而已不可得以名言是為未形之一而一之所自起也一立則有名矣萬物得一以生各居自然之德造化分靈降秀實肇於斯而為人物之本雖形狀未覩而氣之清濁所鍾已有分際人得之而為人物得之而為物是也且然猶斷斷不齊萬物羣生種類不齊而元氣流行殊無間隙此之謂天所命而物受之以為命者也凡此皆造化密運莫窺其迹惟聖人通化能以理測之至於晋動而生物物成生理謂之形然後人物動植昭然可覩世俗以此為始而不知其來遠矣物物各有生理惟神主之能保其神儀則自備蓋有是物必有是則皆已性之所發見有生之所以立也性本不假乎修今謂修者不失其儀則全天之所與而復乎向之得以生之德德至則同乎泰初是又反流歸源以人合天者也同乃虛則還於本無虛乃大無物足以喻大亦強名耳喙鳴即觳音之義鳥喙之鳴出於無心無心之言合於喙鳴則喙鳴亦與之合天地之無心若應亦若是而已矣夫人與天地為合非有心有為可致坐忘而自合故緡緡若皆猶子母氣應啐啄同時不知所以然而然此德至同於泰初之良驗也若是則其德玄同無天人物我天下至順莫大於此

夫子問於老聃曰。有人治道若相放。可不可。然不然。辯者有言曰。離堅白若縣寓。若是則可謂聖人乎。老聃曰。是胥易技係。勞形怵心者也。執留之狗成思。猨狙之便。自山林

來。丘。予告若。而所不能聞。與而所不能言。凡有首有趾。无心无耳者衆。有形者與无形无狀而皆存者盡无。其動止也。其死生也。其廢起也。此又非其所以也。有治在人。忘乎物。忘乎天。其名為忘己。忘己之人。是之謂入於天

通義 仲尼以為放古為治因革不背如辯者分析堅白同異昭然不隱是猶用人謀也故老聃謂以技能相易但拘係其心徒使之勞且怵焉如執狸之狗以能而成繫縛之患猨狙便捷雖深居山林亦為人所計取也人所不能聞不能言即下文无形无狀者反其問之可聞可言也故又數具形骸而非於神者衆世皆然形神相依相成者職世而罕見識

以此人隨所遇而安之而其中之所存者在非過之所能限是以所務因於人情而其順物則忘天忘已則非人所及也故曰入於天

義海 今有人焉若相效先王之治道立法度以律衆與教化以導民法度不近乎人情教化不循乎理可天下之不可然天下之不然所謂離堅白若縣寓者也若是者可比聖人乎蓋譏當時尚楊墨以爲治而自比聖人者老聃曰是猶胥徒在固以相易以技相係而勞形怵心無異獵犬被縛猨狙出林皆以能而召患此諭鄙之之極也余告若所不能聞與而所不能言直指道之微妙難名處以啓其衆有首有趾謂凡頂天立地之人無心無耳謂不能思道不能聞道者徃徃皆是也有形者人无形无狀而皆存者道也盡無則至於俱忘前所謂不能思不能聞者可見矣其動止死生廢起特人事之代謝若認而有之

以爲治在人而已何凡以入天乎備能忘物則天與已不期忘而自忘是之謂入於天言道合自然無容人爲也此章與應帝王篇楊子居見老聃問答相類但結語有優劣耳

將閭葂見季徹曰魯君謂葂也曰請受教辭不獲命既已告矣未知中否請嘗薦試陳之吾謂魯君曰必服恭儉拔出公忠之屬而無阿私偏黨民孰敢不輯季徹局局然笑曰若夫子之言於帝王之德猶螳蜋之怒臂以當車軼則必不勝任矣且若是則其自爲處危其觀臺多物將徃投迹者衆將閭葂覤覤許逆反然驚曰葂也汒若於夫子之所言矣雖然願先生之言其風也季徹曰大聖之治天下也搖蕩民心使之成教易俗舉滅其賊心而皆進其獨志若性之自爲而民不知其所由然若然者豈兄堯舜之教民溟涬然弟之哉欲同乎德而心居矣

口義 拔迹因其標榜之迹而拔除也言其風動於此被於彼之謂兄者讓之也弟者後之也溟涬無志而上下之意欲同乎德所欲不踰矩也如此則上下心安矣

義海 有爲而化物者其用勞無爲而自化者其齊博拔公忠危臺觀此有爲而化者滅賊

心進獨志無爲而化也搖蕩猶鼓舞鼓舞民心使之成教易俗順導之而勿攖此化之始也滅賊心而進獨志則因病施藥化之中也至於若性之自爲而民不知其所由然化之終也堯舜之治民不過此而奚必爭之爲兄溟涬然弟之哉溟涬無分別貌如此則是欲同乎堯舜之德而心有所著矣凡此皆所以拂有爲之治掃堯舜之迹而歸乎絕聖棄知之意云

子貢南遊於楚反於晉過漢陰見一丈人方將爲圃畦鑿隧而入井抱甕而出灌搰搰然用力甚多而見功寡子貢曰有械於此一日浸百畦用力甚寡而見功多夫子不欲乎爲

圃者卬而視之曰奈何曰鑿木爲機後重
前輕挈水若抽數如泆湯其名爲槔爲圃
者忿然作色而笑曰吾聞之吾師有機械者
必有機事有機事者必有機心機心存於胷
中則純白不備純白不備則神生不定神生
不定者道之所不載也吾非不知羞而不爲
也子貢瞞然慙俯而不對有間爲圃者
曰子奚爲者耶曰孔丘之徒也爲圃者曰子
非夫博學以擬聖於于以蓋衆獨弦哀歌以

賣名聲於天下者乎汝方將忘汝神氣墮汝
形骸而庶幾乎而身之不能治而何暇治天
下乎子往矣無乏吾事子貢卑陬失色頊頊
然不自得行三十里而後愈其弟子曰向之
人何爲者耶夫子何故見之變容失色終日
不自反耶曰始吾以爲天下一人耳不知復
有夫人也吾聞之夫子事求可功求成用力
少見功多者聖人之道今徒不然執道者德
全德全者形全形全者神全神全者聖人之

道也託生與民並行而不知其所之汒乎淳
備哉功利機巧必忘夫人之心若夫人者非
其志不之非其心不爲雖以天下譽之得其
所謂謷然不顧以天下非之失其所謂儻然
不受天下之非譽無益損焉是謂全德之人
哉我之謂風波之民反於魯以告孔子孔子
曰彼假修渾沌氏之術者也識其一不知其
二治其內而不治其外夫明白入素無爲復
朴體性抱神以遊世俗之間者汝將固驚耶

且渾沌氏之術予與汝何足以識之哉

通義　忘汝神氣三句言心放於機事不知精
神之所在怠惰其四肢將近乎一身不能保
也不自得若失已也不自反不復常也風波
搖蕩於世故而不定也假非真也識其一不
知其二滯於一不通於萬也治其內不治其
外守其心不屑於物也即其見一二分內外
偏蔽矣不通於二不屑於物不明白矣是以
知其非真修也渾沌之道明白入素無爲復
朴體性抱神不離世俗而已若此人者離世
絕俗汝乃爲之寳驚駭耶且渾沌之世用渾
沌之道今非其時矣何用理會其術哉夫子
貢昔之所聞者修德之指也事求可可欲之
善也善以爲質而要於信以成之此正通於
一萬事畢者也不亦用力少見功多乎惜乎
子貢之用其知不於動而未形之幾而獸於
機械猶幸漢陰丈人之一斥折衷於尼父也

【義海】含勞就逸人之常情聲名功利亦人所欲而世有棄至易而從至難甘藜藿而安陸沉者豈土木其身心而至是耶蓋見道篤而自知明立志堅凝有以勝之久則安安則化矣此漢陰丈人所以恥機械而甘抱甕身畎畝而目雲霄也卒使善辯者不能回其心易其操古長沮桀溺之徒與此雖本於氣稟高潔亦積學涵養之功何謂學師其勝已者何謂養充其在我者而已

諄芒將東之大壑適遇苑風於東海之濱苑風曰子將奚之曰將之大壑曰奚為焉曰夫大壑之為物也注焉而不滿酌焉而不竭吾將遊焉苑風曰夫子無意于橫目之民乎願

聞聖治諄芒曰聖治乎官施而不失其宜拔舉而不失其能畢見其情事而行其所為行言自為而天下化手撓顧指四方之民莫不俱至此之謂聖治願聞德人曰德人者居無思行無慮不藏是非美惡四海之內共利之之謂悅共給之之謂安怊乎若嬰兒之失其母也儻乎若行而失其道也財用有餘而不知其所自來飲食取足而不知其所從此謂德人之容願聞神人曰上神乘光與形滅

亡此謂照曠致命盡情天地樂而萬事銷亡萬物復情此之謂混冥

【口義】諄芒苑風大壑皆莊子擬名擬景以發胷中之蘊者芒猶茫也多言而出於滉茫無心之言也風出於苑有限之用也橫目惟人之目橫生於面造名如此亦其察庶物之密也聖治乎一問即乎字見其有不足之意聖治修政也德人修德也神人率性忘修也上神乘光神騰出於日月之上故曰乘光雖有身寔無身也故曰與形滅亡率乎天性而不矯揉其情其樂即天地之無事蓋樂者安而無累天人之本性天地樂言胷次與天地為一其樂即天地之樂也是以事泯其跡物復其情此之謂混冥不曰神人而曰混冥混冥即神也謂不可以形骸觀也

【義海】諄芒將之大壑蓋厭世溷濁故恭其注酌不形而欲遊焉苑風疑其無意於民遂問聖治答以官施拔舉得宜蓋能則在位者稱職遺逸者得升政事之間畢見其人情物理而得以行其所當為行者言者皆出於自為而無矯揉之弊以誠格物天下惡有不化者哉手撓顧指遠民皆至則近者可知此聖人之治效也繼問德人答以居無思行無慮動靜無心美惡自泯四海之民有未得其所者皆願利給悅安之則修之天下其德普矣若嬰兒失母行而失道皆視民如傷之意財用有餘儉則容給飲食取足充腸而已不知其所從來言未嘗著意於財食而自供其用蓋本於利給天下之所致也此德人之容儀見於外而可覩者而非其實所謂實則有不容形矣又問神人答以上神乘光所謂遂於大明之上是已與形滅亡所謂入於窈冥之門是已此言神人出陽入陰變化莫測也上神

神之至極乘光淩虛躡景之義蓋非虛則不能發光非曠則不能容照也必至於己之命斯能盡天下之情天地之樂擬之民心可見天視天聽亦猶是也萬事銷亡本於良無爲而已使萬物各復其本情是謂混冥混冥則我亦忘矣況於物乎論神人而結以混冥此又明其所以神也

門無鬼與赤張滿稽觀於武王之師。赤張滿稽曰：不及有虞氏乎，故離此患也。門無鬼曰：天下均治而有虞氏治之耶？其亂而後治之與？赤張滿稽曰：天下均治之爲願，而何計以有虞氏爲！有虞氏之藥瘍也，禿而施髢，病而求醫。孝子操藥以修慈父，其色燋然，聖人羞之。至德之世，不尚賢，不使能；上如標枝，民如野鹿；端正而不知以爲義，相愛而不知以爲仁，實而不知以爲忠，當而不知以爲信，蠢動而相使，不以爲賜。是故行而無迹，事而無傳。孝子不諛其親，忠臣不諂其君，臣子之盛也。親之所言而然，所行而善，則世俗謂之不肖子；君之所言而然，所行而善，則世俗謂之不肖臣。而未知此其必然耶？世俗之所謂然

而然之，所謂善而善之，則不謂之道諛之人也。然則俗故嚴於親而尊於君耶？謂己道人，則勃然作色；謂己諛人，則怫然作色。而終身道人也，終身諛人也，合譬飾辭聚衆也，是終始本末不相坐。垂衣裳，設采色，動容貌，以媚一世，而不自謂道諛；與夫人之爲徒，通是非，而不自謂衆人，愚之至也。知其愚者，非大愚也；知其惑者，非大惑也。大惑者，終身不解；大愚者，終身不靈。三人行而一人惑，所適者猶可致也，惑者少也；二人惑則勞而不至，惑者勝也。而今也以天下惑，予雖有祈嚮，不可得也。不亦悲乎！大聲不入於里耳，折楊皇荂，則嗑然而笑。是故高言不止於衆人之心，至言不出，俗言勝也。以二缶鐘惑，而所適不得矣。而今也以天下惑，予雖有祈嚮，其庸可得耶！知其不可得也而強之，又一惑也，故莫若釋之而不推。不推，誰其比憂！

通義 標枝不自知其高野鹿惟自親其類相使不以爲賜相役相助不以爲惠自端正至

此五句皆形容悶悶醇醇無名利爾我之意悲者悲至德之世不可復道說之風不可息也折楊皇荂比俗言也缶鍾謂解皆謂俚之談應上文二人惑余謂不應重出前言所嚮不得指至德之世後言所嚮不得指道說之風比二人又進一層蓋以瓦缶之聲爲鍾聲其惑甚矣況以二缶而亂一鍾何適而可得哉正俗言勝至言之喻明者更詳之釋之而不排則誰爲可比誰爲可憂蓋亦張滿稽起方人之問故門無鬼以至德之世進其所見至此盡滌其有見之垢也

此節天下不治然後有治之之名堯子不肖然後有禪舜之舉蓋有揖遜於其前必有征伐於其後者亦猶有瘍而後有藥有禿而後施髢有病而後有醫也夫孝子修藥此分內事而聖人羞之者謂不若父無病之爲愈也況以征伐而求治者乎故引至德之世以明末俗之澆漓覬人去彼而取此也以其不尚賢不使能故能如標枝如野鹿標枝樹杪之枝居高而不知其爲尊也端正應是相正者下文可見此四不知乃所以同歸於道俱化於兼忘之域仁義忠信特世人分別之迹耳蠢動指淳朴之民相使而不以爲賜有助而無責望之心也行而無迹即鳥行無章事而無傳則所過者化此其所以爲至德之世與善君親之言行則俗謂之不肖善世俗之言行而不謂諂諛俗非嚴於親尊於君也蓋臣節主忠子道主孝不當以諂諛市其君父也至於待世俗則所然所善不稽其實未免爲導諛而已惡其名而爲其實終身由之而弗悟飾辭聚衆以相誇然卒至於害道敗德若鄉原之所爲是其始終本末謬戾若此不相坐猶云不相安也彼乃垂衣裳設采動容以媚世而不自謂導諛非愚而何知愚惑者非愚惑言其猶可化至於不解不靈聖人亦無如

之何矣三人行至不可得也言世之惑皆與非一人所能同大聲不入里俗言勝也發明前意二人垂踵惑而行所適猶不得況天下皆惑乎雖有求至其可得耶知不可得而強之又增其惑不若舍之而不問夫復何憂哉此真人見其不可救而自歎自解之辭

厲之人夜半生子。遽取火而視之。汲汲然唯恐其似己也。百年之木。破爲犧樽。青黃而文之。所斷在溝中。比犧樽於溝中之斷。則美惡有間矣。其於失性一也。跖與曾史。行義有間矣。然其失性均也。且夫失性有五。一曰五色亂目。使目不明。二曰五聲亂耳。使耳不聰。三曰五臭薰鼻。困惾中顙。四曰五味濁口。使口厲爽。五曰趣舍滑心。使性飛揚。此五者。皆生之害也。而楊墨乃始離跂自以爲得。非吾所謂得也。夫得者困。可以爲得乎。則鳩鴞之在於籠也。亦可以爲得矣。且夫趣舍聲色以柴其內。皮弁鷸冠。搢笏紳修以約其外。內支楹於柴柵。外重纆繳。睆睆然在纆繳之中。而自以爲得。則是罪人交臂歷指。而虎豹在於囊檻。亦可以爲得矣。

通論此篇言有盡而意無窮善學者當得意於言外厲人之恐非其好惡良心乃纏縛之念取舍汩心失其無知無識順帝則之本性故以大木所遇貴賤不同均於失性纔之餘義不

矣

韻海 結以厲人生子取火視之言醒者猶不瀕子之似已則迷者豈無向善之心亦上之人有以覺悟之其本然之天固未嘗不在也經云開天者德生開人者賊生可不謹歟

褚氏總論是篇首論天地大化人物衆多在君天下者汎觀以道直行以德無爲無欲官治分明蓋以不同同之物莫得而異也大莫大於天地尊莫尊於道德聖人道兼覆載故得而並稱焉或問有聖人而無天地何以爲聖人余謂有天地而無聖人亦何以爲天地然則天地聖人相因而不可無者也故南華以天地明君德此所以

章

統天地御萬物而君天下之道也人見其應物多方疑其聖知聰明絕人遠甚而不知刳心無爲之所致也是以有君天下之德者立本原以正其在我則天地不期合而合人物不期化而化視乎無形聽乎無聲玄感奇應有不止乎此者故黃帝遺玄珠而象罔得之帝堯要齧缺而許由危之謂道不可以心求不可以聰明得也華封請三祝聖人使之分富授職千歲上僊則何累之有伯成子高辭諸侯而耕于野以見德衰刑立賢人退藏法密於前患鍾於後亂自此始矣故舉泰初有無無名究物生之本性命之所自來德同於初物將自化彼可不可然不然服恭儉拔公忠者抑又外用其心矣漢陰之恥用機械武王之師拯民一則抱朴守真一則以撥濟義出師處動靜時有不同皆不離乎道而已若夫厲人之恐子似已大惑者終身不靈殘楳

爲樽消心蕩性德不足以存生矧天下何凡此皆以困爲得若楊墨之苦棕離爲音也至此之鳴鳩虎豹則非唯薄之而惡之亦甚矣昔孟子闢楊墨以明聖道世世稱之以爲功不在禹下余於南華亦云

天道第十三

天道運而無所積故萬物成帝道運而無所積故天下歸聖道運而無所積故海內服明於天通於聖六通四辟於帝王之德者其自爲也昧然無不靜者矣聖人之靜也非曰靜也善故靜也萬物無足以鐃心者故靜

也水靜則明燭鬚眉平中準大匠取法焉水靜猶明而況精神聖人之心靜乎天地之鑒也萬物之鏡也夫虛靜恬淡寂漠無爲者天地之平而道德之至故帝王聖人休焉休則虛虛則實實者倫矣虛則靜靜則動動則得矣靜則無爲無爲也則任事者責矣無爲則俞俞俞俞者憂患不能處年壽長矣夫虛靜恬淡寂漠無爲者萬物之本也明此以南鄉堯之爲君也明此以北面舜之爲臣也以此

處上帝王天子之德也以此處下玄聖素王
之道也以此退居而閒游江海山林之士服
以此進爲而撫世則功大名顯而天下一也
靜而聖動而王無爲也而尊樸素而天下莫
能與之爭美夫明白於天地之德者此之謂
大本大宗與天和者也所以均調天下與人
和者也與人和者謂之人樂與天和者謂之
天樂莊子曰吾師乎吾師乎齏萬物而不爲
戾澤及萬世而不爲仁長於上古而不爲壽

覆載天地刻雕衆形而不爲巧此之謂天樂
故曰知天樂者其生也天行其死也物化靜
而與陰同德動而與陽同波故知天樂者無
天怨無人非無物累無鬼責故曰其動也天
其靜也地一心定而王天下其鬼不祟
其魂不疲一心定而萬物服言以虛靜推於
天地通於萬物此之謂天樂天樂者聖人之
心以畜天下也夫帝王之德以天地爲宗以
道德爲主以無爲爲常無爲也則用天下而

有餘有爲也則爲天下用而不足故古之人
貴夫無爲也上無爲也下亦無爲也是下與
上同德下與上同德則不臣下有爲也上亦
有爲也是上與下同道上與下同道則不主
上必無爲而用天下下必有爲爲天下用此
不易之道也故古之王天下者知雖落天地
不自慮也辯雖彫萬物不自說也能雖窮海
內不自爲也天不產而萬物化地不長而萬
物育帝王無爲而天下功故曰莫神於天莫

富於地莫大於帝王故曰帝王之德配天地
此乘天地馳萬物而用人羣之道也本在於
上末在於下要在於主詳在於臣三軍五兵
之運德之末也賞罰利害五刑之辟教之末
也禮法度數刑名比詳治之末也鐘鼓之音
羽毛之容樂之末也哭泣衰絰隆殺之服哀
之末也此五末者須精神之運心術之動然
後從之者也末學者古人有之而非所以先
也君先而臣從父先而子從兄先而弟從長

先而少從。男先而女從。夫先而婦從。夫尊卑先後。天地之行也。故聖人取象焉。天尊地卑。神明之位也。春夏先。秋冬後。四時之序也。萬物化作。萌區有狀。盛衰之殺。變化之流也。夫天地至神而有尊卑先後之序。而況人道乎。宗廟尚親。朝廷尚尊。鄉黨尚齒。行事尚賢。大道之序也。語道而非其序者。非其道也。語道而非其道者。安取道。是故古之明大道者。先明天而道德次之。道德已明而仁義次之。仁

義已明而分守次之。分守已明而形名次之。形名已明而因任次之。因任已明而原省次之。原省已明而是非次之。是非已明而賞罰次之。賞罰已明而愚知處宜。貴賤履位。仁賢不肖襲情。必分其能。必由其名。以此事上。以此畜下。以此治物。以此修身。知謀不用。必歸其天。此之謂太平。治之至也。故書曰。有形有名。形名者。古人有之。而非所以先也。古之語大道者。五變而形名可舉。九變而賞罰可言

也。驟而語形名。不知其本也。驟而語賞罰。不知其始也。倒道而言。迕道而說者。人之所治也。安能治人。驟而語形名賞罰。此有知治之具。非知治之道。可用於天下。不足以用天下。此之謂辯士。一曲之人也。禮法數度形名比詳。古人有之。此下之所以事上。非上之所以畜下也。昔者舜問於堯曰。天王之用心何如。堯曰。吾不敖無告。不廢窮民。苦死者。嘉孺子。而哀婦人。此吾所以用心已。舜曰。美則美

也。而未大也。堯曰。然則何如。舜曰。天德而出寧。日月照而四時行。若晝夜之有經。雲行而雨施矣。堯曰。膠膠擾擾乎。子。天之合也。我。人之合也。夫天地者。古之所大也。而黃帝堯舜之所共美也。故古之王天下者。奚爲哉。天地而已矣

道義　以靜虛立意靜爲本然然時論善故靜一言足蔽天人不二之義水之明與平以靜也惟明惟平故燭物而人取法焉中準循射榘設中之中器也虛靜恬淡寂漠無爲從靜中生出其言休則虛虛則實實則倫者言修德而復於無爲者止息於恬淡寂漠之天則

本體純陽如乾而無一脉虛也流行變化蕩感從此而應無間可容髮實也流行感應任無髮可間則其先後抑揚親疏尊卑物各付物莫不得其條理矣又曰虛則靜靜則動動則得者言廓然無感寂然如鏡靜也本體虛明設有所感不得已而應之是動也其應出於無心不失本靜之體內不失已外不失人故曰動則得也憂患不能處世之憂患不能沾悲於其身也猶曰聖人不避憂患而憂患不近聖人也盤萬物而不爲戾二句即殺之而不怨利之而不庸和者合也天樂者和之所生也波者不之揚起者也因感而生同波喜怒哀樂無情也無天可怨無人可非無物可累無鬼可責皆言體道之功非效驗也先舜問答天合人合二句猶孔子願從而後之意人合乃所以爲天天者主意人者工夫若讀者當會而通之

天道言天則地在其中言聖則人在其中帝則兼三才而運化故六通四闢而德行乎內所以治人化物上爲皇下爲王者是也其自爲則入而治治已反流歸源明道若昧無有不靜者矣凡人之靜必靜之而乃靜聖人之靜豈以靜爲善而靜哉物無足以鐃心故耳言其本靜非使然也水靜則明明則平大匠取法亦言其自然明平可鑑可準以況人之精神靜極而明天地萬物莫逃其鑒一身之貴何以加此而昧者役役不知止憊不知息以至澌盡而莫救可不哀耶夫欲求所以完精神之道不越乎虛靜恬淡寂漠無爲而天地之平道德之至亦豈外乎此哉故物理於此而由當聖人於此而休息雖萬緣擾擾而不生其心然恍惚有物至理存焉物不終靜動斯得矣任事者責則我無爲憂患去而年壽長得其本而操之故也若是則爲君爲臣無不合道進爲退處皆得其宜此聖道法天運而

無積之故也道之在人靜則爲聖動則爲王皆以無爲而尊樸素而美猶天地之德何嘗有爲何嘗文采而陰陽四時無所不爲日月山川無非文明乎此理明則天下之大本大宗立矣所謂本宗即內聖外王之道與天和者也用以均調天下則與人和人樂天樂皆出於和其名雖異所以爲樂則一猶聖王內外之分而道本無殊也盤物不爲戾澤世不爲仁忘乎善惡也至於忘壽忘巧則非時所攝非能所係南華之所師者師此而已生爲天行自然運動死爲物化動必有極如是則動靜合乎天道無天怨人非無物累鬼責文明其所以樂也其動也天其靜也地即同德同波之義一心定而無爲天下歸往無鬼責故鬼不祟無物累故魂不疲行無愧乎幽顯物何爲而不服此無他以虛極靜篤之理體於天地通於萬物而已聖人之心所以養天下者亦豈外乎此哉夫以天地爲宗道德爲

主者豈有他哉以無爲爲常而已無爲已難能況常而不變者乎此古人所以貴也無爲有爲上下之所以分反是則君不主而臣非臣矣知不自慮辯不自說能不自爲無爲之本也天不産而物化地不長而物育帝王無爲而天下功此無爲之效也日神日富而大及以包之此常德所以配天地而乘之馳萬物用人羣特其餘事本要末詳自然之理自三軍五兵至隆殺之服雖五事之末而必由於精神心術之運則古人所不廢也但非所先耳若夫君臣父子夫婦之先後猶天尊地卑之不可易而聖人取象焉神明之位上下不紊四時之序先後有倫萬物化生萌區有狀而物之盛衰變化見矣此天地之序而人所取法者也宗廟朝廷鄉黨行事莫不有序而道在其中語道而非序何取於道哉故自先明天而道德次之至仁賢不肖襲情皆因之而不可無必分其能以稽效必由其道以

考實事上者下治物修身之要莫越乎此知誅不凡歸於自然此太平之至治也後引書曰至者天下也蓋演上文餘意云天德者無爲之化出寧者無爲而爲日月照四時行皆自然運動而爲之者故晝夜有常而無差忒雲行雨施品物流形君天下者所以體之以立德而民莫不歸而弘之以化物而物莫不從也乾於言下有省始悟日前所爲膠膠擾擾天合之與人合相去遠矣以是觀之堯舜之德若有役光而結以黃帝堯舜之所共美則又混然無分此南華立言抑揚闔闢之妙學者熟味當自得之

孔子西藏書於周室。子路謀曰：由聞周之徵藏史有老聃者，免而歸居。夫子欲藏書，則試往因焉。孔子曰：善。往見老聃，而老聃不許。於是繙十二經以說老聃。中其說，曰：大謾，願聞其要。孔子曰：要在仁義。老聃曰：請問仁義人之性耶？孔子曰：然。君子不仁則不成，不義則不生。仁義真人之性也，又將奚爲矣？老聃曰：請問何謂仁義？孔子曰：中心物愷，兼愛無私，此仁義之情也。老聃曰：意，幾乎後言！夫兼愛不亦迂乎！無私焉乃私也。夫子若欲使天下無失其牧乎？則天地固有常矣，日月固有明矣，星辰固有列矣，禽獸固有羣矣，樹木固

莊子　浩然齋　道義卷五

有立矣。夫子亦放德而行，循道而趨，已至矣，又何偈偈（居謁反）乎揭仁義，若擊鼓而求亡子焉？意，夫子亂人之性也。

【[illegible]】此章大意篇中屢見無煩多訓但記孔李相見之因耳其相聞必久故有相規相正之言後篇則漸相同相許也藏書周室可見正周之禮樂與春秋爲天子之賞罰也十二經春秋是也中其說半其言也後言猶贅言非緊要切實之言可緩者也各親其親天性也兼愛則作意而恩求名故曰迂意求無私意即私也放德猶曰開懷放心順性而行邵康節謂掉臂行是也擊鼓求子失其子而求已非人道之常擊鼓而求張皇勞苦貽笑於人耳且以驚動世俗正倡仁義以亂人性之喻

【義海】孔子爲見世衰道微欲以所述之書藏於周之藏室以俟後世聖人蓋不得已而託空言以垂世立教其志亦切矣老聃不許者謂道既不行於當世徒存糟粕其能有濟乎十二經說者不一陸氏音義舊註詩書禮樂易春秋六經加六緯爲十二經一說易上下經與十翼又云春秋十二公其經孔子所作者也此說近似要之引喻之言借以通意不必深泥其迹中其說謂當其言但謾而非要耳孔子曰要在仁義此治世之道所當先者老聃謂非人之性則還淳反本有道德存焉孔子答以中心物愷陸氏音義物一作勿今從之中字宜音去聲則不中心亦不恕矣故兼愛而無私此仁義之情也聃曰危乎不及之言所以譏乎道也以其無私故成其私若使天下無失其養則天地日星禽獸草木莫不各遂其性各當其宜人之放德修道亦若是而已矣又何必用力於仁義若擊鼓以求

莊子　浩然齋　道義卷五

占子終無可得之理也

士成綺見老子而問曰吾聞夫子聖人也吾固不辭遠道而來願見百舍重趼而不敢息今吾觀子非聖人也鼠壤有餘蔬而棄妹不仁也生熟不盡於前而積斂無崖老子漠然不應士成綺明日復見曰昔者吾有刺於子今吾心正卻矣何故也老子曰夫巧知神聖之人吾自以為脫焉昔者子呼我牛也而謂之牛呼我馬也而謂之馬苟有其實人

與之名而弗受再受其殃吾服也恒服吾非以服有服士成綺鴈行避影履行遂進而問修身若何老子曰而容崖然而目衝然而顙頯然而口闞然而狀義然似繫馬而止也動而持發也機察而審知巧而覩於泰凡以為信邊竟有人焉其名為竊

通義 此與老聃死秦失弔之一章皆在言外見老子為人所愛敬此言饋遺之多也食蔬之餘棄於鼠壤暗處是不愛物也食品生者熟者見在已用不盡而又收積不已是貪也漠然不應不可與言也服猶行也謂吾所行者乃人性之常道非以舊嘗有此格式而行之者猶舜由仁義行非行仁義也繫馬而止言坐馳也動而持舉動莫非矜持也發也機察而審言動莫非機察之心而且精密猶曰刻核太至也皆用其知巧自以為得故不覺顯露其驕泰之狀凡此皆由於衒表之不誠此等人雖在壙野無禮法無知識之地亦名為竊蓋以不盜物而盜俏也此見是非之心人皆有之爾獨不自知乎去此而後可以語修身也

補義 成綺見鼠壤餘蔬而疑老子非聖蓋謂聖人於物無棄取蔬之本而棄其末是不惜物近於不仁下文云生熟不盡於前言食物滿前狼戾也昔人入訪友將至所居見溪流菜葉遂不往亦此意是乃以世眼窺聖人故以不應應之卻音隙訓虛悟昔識刺之非也老子謂知巧神聖吾已脫去呼馬呼牛聽之而已汝先以聖期我已非知我者況又以非

聖責我何異牛馬妄名吾無損焉吾服也常服二句四服字解者不一按此即拳拳服膺之服言其能擇能守也謂吾服膺聖道常常如是非以擇守為事而有所服也履當是徒履不躡跟也其行匆遽故若此崖則不平衝則奔突顙則高亢口闞則欲言而未出狀義則剛介而自矜此所謂似繫馬而止也動而持非自然而靜發也機非自然而動持之發之則有心有迹矣察而審以察為明也知巧而覩泰擭心見於驕色也凡俗以余言為不信請觀不由正道之人名為盜竊之行蓋痛鍼成綺之失老子曰以下乃誨之之辭

老子曰夫道於大不終於小不遺故萬物備廣廣乎其無不容也淵乎其不可測也形德仁義神之末也非至人孰能定之夫至人有

世不亦大乎。而不足以為之累。天下奮棅而不與之偕。審乎無假而不與利遷。極物之真。能守其本。故外天地。遺萬物。而神未嘗有所困也。通乎道。合乎德。退仁義。賓禮樂。至人之心。有所定矣。世之所貴道者書也。書不過語。語有貴也。語之所貴者意也。意有所隨。意之所隨者。不可以言傳也。而世因貴言傳書。世雖貴之哉。猶不足貴也。為其貴非其貴也。故視而可見者。形與色也。聽而可聞者。名與

聲也。悲夫。世人以形色名聲。為足以得彼之情。夫形色名聲。果不足以得彼之情。則知者不言。言者不知。而世豈識之哉

通義 此亦後人托為莊文以敷演道德經之語。即末二句可見。大不終小不遺。猶言莫載莫破。大小指物也。形德仁義言道本不可見。顯露於德而為仁義。故曰神之末。奮棅起而把握事物也。審乎無假。言其心惟精察乎性真之無待假借者。是以雖遇順利亦不貪逐。其應物雖極盡其情。亦惟自守其本真。即知雄守雌之意。世之所貴者書一段。讀書者可以深省。其末曰知者不言。虛靈之體不言也。言者不知。形聲非虛靈之體也。世皆逐形聲而忘形聲之所自。故曰世豈識之哉。尚冀人之內觀而識其本來之神也。此與道德經語同意。觀彼此上下文。當自知之

通義 夫道超乎形數。不可以大小論。故廣無不容。淵不可測。及乎有形有德有仁有義。皆神化之末。惟至人能定其本耳。至人者有天下而無累。天下奮棅而不與之偕。言物雖動而我自靜也。審乎真道。利莫能遷。窮物之理而守其本。故天地可外。萬物可遺。其神足以勝之矣。何所困哉。惟能通道合德。則仁義自退。禮樂自賓。至人心有所定。故足以定天下之心也

桓公讀書於堂上。輪扁斲輪於堂下。釋椎鑿而上。問桓公曰。敢問公之所讀為何言邪。公曰。聖人之言也。曰。聖人在乎。公曰。已死矣。曰。

然則君之所讀者。古人之糟魄已夫。桓公曰。寡人讀書。輪人安得議乎。有說則可。無說則死。輪扁曰。臣也以臣之事觀之。斲輪。徐則甘而不固。疾則苦而不入。不徐不疾。得之於手而應於心。口不能言。有數存焉於其間。臣不能以喻臣之子。臣之子亦不能受之於臣。是以行年七十而老斲輪。古之人與其不可傳也死矣。然則君之所讀者。古人之糟魄已夫

通義 此承上章貴言傳書之弊而指明之也。書者言也。致用之方。存乎獨覺。不能自言。況

可傳乎故曰古之人與其不可傳者死矣夫
木理之堅脆運斤之重輕前𨚫不察乎後舉
其疾徐甘苦之節惟自知自用而已豈能措
言豈能傳人邪即此而觀知古人之不可傳
者在我則糟魄乃我殘醨之所出也得意忘
言古人可不死矣修已者將何所從事乎
[illegible]跡者殘之所出而跡非殘也書者道之
所表而書非道也昔者因書而明道述者舍
道以求書故桓公溺於陳言輪扁得夫以進
以粗論精即事明理無適而非道也斲輪語
者選材施工所以任重致遠而推行於天下
即懷道抱德而欲有以濟世之譬也其運斤
之妙得心應乎雖父子不能相傳則方圓長
短之數疾徐甘苦之節一不得之於自然有不
容以言盡者矣況神鬼神帝生天生地之道
其可以書盡乎扁之老於斲輪豈揣揣於推
鑿之間而勞觔苦骨爲哉蓋因道進技以天
合天得其所以爲輪用力少而見功多故終

身由之而弗舍也推是理以達於書宜無難
矣桓公滯跡遺心遂謂聖人已死偏也得以
盡其辭而救其失夫聖賢所學者道道所傳者
心苟得其心則知有不死者存此道可以坐
進又豈在読読乎紙上之糟粕邪此有以見
聖賢不得已而立言傳書尚華借此以杜世
人泥像執文之弊學者信能見月忘指而復
吾混成之天則同視挾冊諸生不直一笑此
係大意與庖丁解牛章相類但末後欠桓公
領悟語耳留此一語以惠後人必有承當者

褚氏總論是篇以天道命名特標其首次
以帝道聖道玄聖素王之事業以道德爲
主無爲之常此乘天地馭萬物而用人羣
之道也中敘德教禮樂仁義分守形名賞
罰治世之具無不畢備然皆不離乎人道
之常何也蓋善天道者必本乎人能盡人
道者可配乎天天人混融本末一致廣無
不容淵不可測又安知天之非人人之非

天乎至論五變而形名可舉九變而賞罰
可言此萬世不易之理所以立人極贊天
道者也若夫天德而出寧日月照而四時
行若晝夜之有經雲行而雨施矣則天自
已出炳靈獨化地道人道其有不從者乎
夫修治具以明治道古今之通論然有用
之而治或用之而亂者以不知本末先後
之序君臣詳要之宜故也世謂南華立言
多尚無爲而畧治具觀是篇所陳禮樂政
教究極精微有非諸子所可及者要在出
於天理之自然假人以行之耳信明乎自
然之理則可以由治具而通治道使君臣
父子鳥獸草木皆得其宜天下擊壤謳歌
不知帝力謂之無爲可也至若孔子欲藏
書而繙經以說成綺問修身而其容崖然
是皆狥人而忘天所以老聃弗許也惟至
人知仁義爲道之末禮樂爲道之賓能天
能人極真守本而神未嘗有所困故雖有

世而不足爲之累也終以遺書得意糟魄
陳言而寓之於輪扁蓋恐學者狥跡遺心
舍本趨末則去道愈遠但當究夫聖人有
不亡者存則學者當自絕學而入傳者當
得無傳之傳而天地聖人之心
見矣何以古人之糟粕爲哉

天運第十四

天其運乎。地其處乎。日月其爭於所乎。孰主
張是。孰維綱是。孰居無事推而行是。意者其
有機緘而不得已邪。意者其運轉而不能自〔勢〕
止邪。雲者爲雨乎。雨者爲雲乎。孰隆施是。孰
居無事淫樂而勸是。風起北〔無 宜作〕方。一西一

東。有或作在，今擬作下上彷徨，孰噓吸是，孰居無事而披拂是？敢問何故。巫咸袑曰：來！吾語女。天有六極五常，帝王順之則治，逆之則凶。九洛之事，治成德備，監照下土，天下戴之，此謂上皇。

通義 此猶屈原之天問，欲人反觀而知天機之在我也。易傳曰：復其見天地之心。故問以知天，答以知人，天依於人也。六極只是十二支，五常只是十干，合陰陽而言也。寅至卯而木極，巳至午而火極之類，十二辰皆有盡處，故曰極。五氣順布，自有不易之度，常猶經也。不當指人倫，餘說尤與天道不貫。此言天運不爽，君子當尊奉其消息盈虛而不違也。

華士　浩然齋　通義卷五　三十九

義證 天運。地處。日往月來，人所共知也。然所以運、處、往、來，人則莫知也。是孰主張綱維之者？意其有機緘運轉而不能自止邪？蓋謂天地亦物也，虛空中之至大者耳。物之運動，必有使然者。第人居兩間，而不自知，猶磨蟻之俱旋而弗覺也。雲爲雨而興邪，雨爲雲而作邪，與夫風氣之東西上下，孰隆施而噓吸之邪？已上皆發問之辭，而逸其舉問之人，或以爲莊文變體，不可以常法拘也。六極五常，解者不一，以洪範六極五福釋之，爲當。順之則治，逆之則凶，即彝倫敘斁之分也。九疇洛書之事。是以帝王由此理而行，則治成德備，允照六合，而天下戴之，以致民淳物阜，於樂太平。上古三皇之治，無以加之也。按此答語，似乎不應所問，考其歸趣，義自脗合。治道躋乎上皇，則君民各安其自然之分，人事盡而天理可推，則其運處往來之機，不言而喻，是所以答之之道也。有上，碧虛照張氏校本作在。

上，陳詳道註亦然。

商太宰蕩問仁於莊子。莊子曰：虎狼，仁也。曰：何謂也？莊子曰：父子相親，何爲不仁？曰：請問至仁。莊子曰：至仁無親。太宰曰：蕩聞之，無親則不愛，不愛則不孝，謂至仁不孝，可乎？莊子曰：不然。夫至仁尚矣，孝固不足以言之。此非過孝之言也，不及孝之言也。夫南行者至於郢，北面而不見冥山，是何也？則去之遠也。故曰：以敬孝易，以愛孝難；以愛孝易，而忘親難；

華士　浩然齋　通義卷五　四十

忘親易，使親忘我難；使親忘我易，兼忘天下難；兼忘天下易，使天下兼忘我難。夫德遺堯舜而不爲也，利澤施於萬世，天下莫知也，豈直太息而言仁孝乎哉！夫孝悌仁義，忠信貞廉，此皆自勉以役其德者也，不足多也。故曰至貴，國爵并焉；至富，國財并焉；至願，名譽并焉。是以道不渝。

通義 大道之常，太虛無朕，有仁可名，有孝可見，皆有心有跡，已爲道之一變，故曰自勉以役其德也。過孝云者，包括之謂，不能盡仁，則事其親必有所不足，故曰不及也。忘者，不係念也人子能情如赤子不貽親憂親自忘我矣天下熙熙莫知帝力天下忘我矣至貴至富至願乃天之與我者性焉而已虛靈不昧萬有從出豈不貴且富哉內重而外自輕故爵財名譽忘之若棄孟子曰君子有三樂而王天下不與存焉是也莊子不倪於仁之問乃啓以道之常必也德遺堯舜而不爲利施萬世而物不知而後仁孝泯矣

義海 虎狼至惡以父子相親而可以稱仁此世俗以親愛爲仁者也故真人因其問而矯言之太宰疑其非仁遂問至仁答以至仁無親大哉斯言惜乎太宰不能領會終以親愛爲仁而又歸仁於孝不悟至仁之可弁孝固不足以言之謂之不及也宜矣南行而不見冥山皆親愛之遠於仁也敬孝主於貌愛孝本於心忘親則事親以適無所難矣使親忘我則不貽親念行無迹矣兼忘天下則與之俱化天下忘我則化亦冥矣猶春風時雨長

育萬物而不恃其恩此仁孝之至也故德遺堯舜而不爲其塵垢粃糠足以陶鑄堯舜也利澤萬世功蓋天下而不知其自己也如是則豈待歎美而言仁孝哉蓋謂得其體則用不在言矣世以孝悌仁義忠信貞廉八者爲美德徒自困耳學而造乎道德則至貴至富至願足矣回視爵財名譽之可弁除猶以道德無爲而視夫八者之自役也此道亘古窮今未嘗有所變此所以爲至貴至富而人所至願者也

北門成問於黃帝曰帝張咸池之樂於洞庭之野吾始聞之懼復聞之怠卒聞之而惑蕩（狀惑）蕩默默乃不自得帝曰女殆其然哉吾奏之以人徵之（一作徵）以天行之以禮義建之以太清夫

至樂者先應之以人事順之以天理（生成次第）行之以五德應之以自然然後調理四時太和萬物（春秋冬夏皆有次序）四時迭起萬物循生一盛一衰文武倫經一清一濁陰陽調和流光其聲蟄蟲始作吾驚之以雷霆其卒無尾其始無首一死一生一僨一起所常無窮而一（堵）不可待女故懼也吾又奏之以陰陽之和燭之以日月之明其聲能短能長能柔能剛變化齊一不主故常在谷滿谷在阬滿阬塗郤守神以物爲量其聲

揮綽其名高明是故鬼神守其幽日月星辰行其紀吾止之於有窮流之於無止予欲慮之而不能知也望之而不能見也逐之而不能及也儻然立於四虛之道倚於槁梧而吟目知（神）窮乎所欲見力屈乎所欲逐吾既不及已夫形充空虛乃至委蛇女委蛇故怠吾又奏之以無怠之聲調之以自然之命故若混逐叢生林樂而無形布揮而不曳幽昏而無聲動於無方居於窈冥或謂之死或謂之生

或謂之實。或謂之榮。行流散徙，不主常聲。世
疑之，稽於聖人。聖也者，達於情而遂於命也。
天機不張而五官皆備，此之謂天樂，無言而
心說。故有焱（必遙反）氏為之頌曰：聽之不聞其
聲，視之不見其形，充滿天地，苞裹六極。女欲
聽之而無接焉，而故惑也。樂也者，始於懼，懼
故祟。吾又次之以怠，怠故遁。卒之於惑，惑故
愚，愚故道，道可載而與之俱也。

通義　樂由人心生者，人和而後天地之和應，
此樂之本也。故乾坤八風以樂而宜，咸池之

樂非後世所得聞。韶舞無傳，僅存於齊，況上
古乎。此殆方外天民或有聞其言而傳之者，
非予挽世還淳之志不得。慰又惜古德之不
作，故書此以寄無窮之心。懼惕如曉曰懼，非
恐怖也；心形坦蕩曰怠，非惰慢也；恍惚無稽
曰惑，非疑二也。懼怠惑非一時所感，蓋黃帝
進德之階，歸宿於愚。其曰愚故道，所以示道
不在知識也。不自得，忘其心知也。汝殆其然
翼而詳之之辭，猶曰汝乃能如此聽哉。其間
精義非余淺陋所能及，不敢臆說。此篇論樂
全不及器，正調鐘鼓之
音、羽毛之容，樂之末也。

發海　南華論道而舉黃帝張樂於洞庭之野，
蓋謂化物之速無過於道，感人之切無過於
樂。然求至音於噴寂之中，非樂道者不能也。
凡人聞道之初，胸中交戰，則妳懼也。少焉戰
勝，則似怠矣。及乎情識漸泯，懼怠俱釋，然後
造乎和樂，復乎無知，此入道之序也。竊詳本

章三奏之義，與齊物論三籟相參。奏之以人，
行以禮義，始乎有作也。徵之以天，建以太清，
漸近自然也。四時迭起，萬物循生，陰陽調和，
流光其聲，而不離乎文武經綸、盛衰清濁之和，
間此樂之初奏乎人籟也。次奏以陰陽之和，
燭以日月之明，其聲能短能長，能柔能剛，清
谷滿阬，以物為量，即所謂地籟也。終奏以無
怠之聲，調以自然之命，充滿宇宙，苞裹六極，
法天行之律，而自然無聞矣。至是則達情遂
命，而視聽不以耳目，非形非聲而有形形聲聲
聲者存，此天籟之妙也。故若混逐叢生，萬竅
怒呺也；林樂而無形，即所以怒呺者，求之而
不可得也；布揮而不曳，厲風濟也；幽昏而無
聲，眾竅為虛，動於無方，居於窈冥，則入於不
測之神，故生死實榮散徙無常，此凡人所疑
而聖人之所考據也。天機不張，墮體黜聰也。
五官皆備，存而不用也。至於無言而心悅，非
天樂而何？禮云大樂與天地同和，人之道性

未有不自和樂而得者。樂臻於和而天地應，
非人不能成也。故此章借樂以喻道，使學者
知形氣交和，至音潛暢，無聲聞和，初不在乎
金石絲竹之繁奏也。末舉有焱氏之頌，明至
道至音有非視聽所能接，是以卒之於惑，惑
故愚，此猶顏子不可及之愚。凡聞知識一時
都泯，故道可載而與之俱也。是樂也，豈非凡
制音，具先天至樂，至和充滿天地，絲竹莫容，
豈夜常聞，解使師襄惕而瞽曠驚，土偶歌而
木人舞，然則咸池之妙，豈在乎音聲律呂之
間哉？吾聽者當不以耳而以心，不以心而以
氣，則以虛合虛，聽於無聽，所樂者天，其樂全
矣。太上云：樂與餌，過客止，聲潛之下，必有聞
達而作者。吾將與之論樂焉。太和當作泰和。
儻然當是倘然，惝恍自失貌。焱氏，一
本作焱，恐氏蓋太古無常帝王之號。

孔子西遊於衛，顏淵問師金曰：以夫子之行

爲奚如。師金曰。惜乎。而夫子其窮哉。顏淵曰。何也。師金曰。夫芻狗之未陳也。盛以篋衍。巾以文繡。尸祝齊戒以將之。及其已陳也。行者踐其首脊。蘇者取而爨之而已。將復取而盛以篋衍。巾以文繡。遊居寢臥其下。彼不得夢必且數眯（音美）焉。今而夫子亦取先王已陳芻狗。取弟子遊居寢臥其下。故伐樹於宋。削迹於衛。窮於商周。是非其夢邪。圍於陳蔡之間。七日不火食。死生相與鄰。是非其眯邪。

夫水行莫如用舟。而陸行莫如用車。以舟之可行於水也而求推之於陸。則沒世不行尋常。古今。非水陸與。周魯非舟車與。今蘄行周於魯。是猶推舟於陸也。勞而無功。身必有殃。彼未知夫無方之傳。應物而不窮者也。且子獨不見夫桔槔者乎。引之則俯。舍之則仰。彼人之所引。非引人也。故俯仰而不得罪於人。故夫三皇五帝之禮義法度。不矜於同而矜於治。故譬三皇五帝之禮義法度。其猶柤梨橘柚邪。其味相反。而皆可於口。故禮義法度者。應時而變者也。今取猨狙而衣以周公之服。彼必齕齧挽裂。盡去而後慊。觀古今之異。猶猨狙之異乎周公也。故西施病心而矉其里（下一作）。其里之醜人見而美之。歸亦捧心而矉其里。（一作干）其里之富人見之。堅閉門而不出。貧人見之。挈妻子而去之走。彼知美矉。而不知矉之所以美。惜乎。而夫子其窮哉

通義　此篇六層設論大意只是因時制宜自量材力而已其文理次第秩然可尋眯重於夢蔽漸深也蘇爨芻狗夢眯自息下乃釋其故以見芻狗之當爨不可依棲也舟車言隨時桔槔言隨人柤梨言當可此泛論也猨狙強以不欲言不能知人里矉效跡失意言不能自知此直指孔子以實其取窮之故

劉評　芻狗所以致敬也祭已而棄之則然與法度所以適時也而執迹則弊至此師金所說夫子而提其窮於商周之夢解其圍於陳蔡之眯也而猶遑遑然覬復古於今行周於魯無異盪舟而求利涉之功宜其應物輒窮而至於死生相與鄰也倘能如桔槔之俯仰無心橘柚之甘酸可口則奚必強猨狙以周公之服責里婦以西施之美哉無方之傳言古傳此道無有定方在任治道者相時施政使民宜之而已易曰窮則變變則通其師金之謂歟取弟子是聚弟子眯音米物入眼爲病於此說之不通陸氏音義載司馬云眯也

音一玦切成法師疏直作
歷見其中怪也其論爲當

孔子行年五十有一而不聞道乃南之沛見老聃老聃曰子來乎吾聞子北方之賢者也子亦得道乎孔子曰未得也老子曰子惡乎求之哉曰吾求之於度數五年而未得也老子曰子又惡乎求之哉曰吾求之於陰陽十有二年而未得老子曰然使道而可獻則人莫不獻之於其君使道而可進則人莫不進之於其親使道而可以告人則人莫不告其

兄弟使道而可以與人則人莫不與其子孫然而不可者無他也中無主而不止外無正而不行由中出者不受於外聖人不出由外入者無主於中聖人不隱名公器也不可多取仁義先王之蘧廬也止可以一宿而不可以久處覯而多責古之至人假道於仁託宿於義以遊逍遙之虛食於苟簡之田立於不貸之圃逍遙無爲也苟簡易養也不貸無出也古者謂是采真之遊以富爲是者不能讓

祿以顯爲是者不能讓名親權者不能與人柄操之則慄舍之則悲而一無所鑒以闚其所不休者是天之戮民也怨恩取與諫教生殺八者正之器也惟循大變無所湮者爲能用之故曰正者正也其心以爲不然者天門弗開矣

通義 此後四篇見孔子入道之漸中無主云云言志不專則道不凝外無法則事不達正猶政聖人不強聒不自私蓋以常人之情有成心者不能虛受能受善者其中必虛虛則無往而非契道之地矣此言孔子志非其志中不能虛所以道不凝也覯而多責一句上

下疑有缺文意言久處仁義則標榜成迹有可見則趨名趨利者皆因之而起責望之心也蔬食曲肱飯糗茹草苟簡也無所鑒以闚不休畧無懲創而役役於所務迷而不返也術大變則苦心志勞筋骨等意無所湮卽動心忍性增益不能意用之川八政也末二句諷孔子言凡人聞此而不信者其天德有蔽也不受於外無主於中何由而可得道乎

義海 度數之學可以律歷者也陰陽之學可以氣候推也道之爲體不關律歷不涉氣候所以於此求之而未得惟無心而任化者不期合而與之合非求索所可得也使道而可獻至莫不與其子孫言道不可以有心傳不可以私意得也中無主謂內無其質故道不舍止外無正謂世無師匠故道不流行若匠人之於匠石則中有主外有正故能成其妙斷況至道授受之微神交心契於性德杳冥者乎夫聖人以道覺民猶天降甘露未嘗擇

地然非瑣瑛之器不能容受此不受於外無主於中之謂也名多取則毀至而害生仁義久處則迹見而多責至人所以假託之而無滯迹故世間憂患無由及也以逍遙故無爲以苟簡故易養以不貸故無出則雖物逃乎前夫亦何事之有是謂采真之遊言不容一毫私僞於其間如天之運出乎自然而生生化化未嘗息此人之所以貴道之所以神也而世俗皆以富顯權三者爲是而不讓操慄舍悲將無復逍遙之日矣此之謂不休而一無所見以燭之是天刑之不可解也怨恩等八者正之器惟正人能用不失宜如喜怒哀樂雖聖人不能盡無在乎中節耳循大變而無所湮謂富貴不淫貧賤不移威武不屈者是已己正而後器正器正斯可以正物其心以爲不然則是泰宇不虛何足以論道天門猶心之虛明心法如眼豈容有物哉

孔子見老聃而語仁義。老聃曰。夫播穅眯目。則天地四方易位矣。蚊虻噆子盍反膚。則通昔夕同不寐矣。夫仁義憯然。乃憤吾心。亂莫大焉。吾子使天下無失其朴。吾子亦放風而動。揔德而立矣。又奚傑然若負建鼓而求亡子者前路邪。夫鵠不日浴而白。烏不日黔而黑。黑白之朴。不足以爲辯。名譽之觀。不足以爲廣。泉涸。魚相與處於陸。相呴以濕。相濡以沫。不若相忘於江湖

【總論】此言屢見不復詳凡動情者不論小大皆足以亂自然之性負鼓求子不論得不得殊非父子相安之常道鵠烏白黑不由浴黔以喻自然之質無取於好惡毀譽者令人與然今世以呴濡爲事者病在不能忘我雖善亦僞矣況自多乎

【[illegible]】孔子見老聃而語仁義無異道堯舜於戲晉人之前故聃以播穅眯目蚊虻噆膚喻仁義之憒心蓋借是以鍼世人之膏肓使天下各得其渾然之真則化物也動之以風治身也玄德不失矣必傑然自標仁義之名以爲道之極致若建鼓以求亡子無由得之也夫鵠烏之質不待浴黔而白黑之質亦不必辯雖在衆人知之審矣至道博大不可名言今乃求之於仁義之譽何足以爲廣哉猶涸魚之相濡沫非不親愛視江湖相忘之樂爲何如然今世以濡沫儆愛爲仁而不知聖人不仁爲仁之至也

孔子見老聃歸。不自得也三日不談。弟子問曰。夫子見老聃。亦云見而不合也亦將何規哉。孔子曰。吾乃今於是乎見龍。龍合而成體。散而成章。乘乎雲氣。而養乎陰陽。予口張而不能嗋。予又何規老聃哉。子貢曰。然則人固有尸居而龍見。雷聲而淵默。發動如天地者乎。賜亦可得而觀乎。遂以孔子聲見老聃。老聃方將倨堂倨堂二字相稱一讀而應。微曰。予年運而往矣。子將何以戒我乎。子貢曰。夫三王五帝之治天下不同。其係聲名一也。而先

生獨以爲非聖人。如何哉。老聃曰。小子少進。子何以謂不同。對曰。堯授舜。舜授禹。禹用力。而湯用兵。文王順紂而不敢逆。武王逆紂而不肯順。故曰不同。老聃曰。小子少進。余語女三王五帝之治天下。黃帝之治天下。使民心一。民有其親死不哭而民不非也。堯之治天下。使民心親。民有爲其親殺其殺而民不非也。舜之治天下。使民心競。民孕婦十月生子。子生五月而能言。不至乎孩而始誰。則

人始有夭矣。禹之治天下。使民心變。人有心而兵有順。殺盜非殺人。自爲種而天下耳。是以天下大駭。儒墨皆起。其作始有倫。而今乎婦女何言哉。余語女。三皇五帝之治天下。名曰治之。而亂莫甚焉。三皇之知。上悖日月之明。下睽山川之精。中墮四時之施。其知憯於蠣蠆之尾。鮮規之獸。莫得安其性命之情者。而猶自以爲聖人。不可恥乎。其無恥也。子貢蹵蹵然立不安

殺其殺凡其親所不厚者也下益待以無伏非以喪服爲言也自爲種而天下而字本於字傳錄之誤也言自立一種方法於天下非天生人道之所同也作始有倫而今乎婦女言其立法之初亦自有條理但法久弊生相緣成俗至於今則皆以順爲正莫非姦婦之道矣蓋丈夫者綱常之主苟無自立之志而惟順從於人則婦女而已曰婦而又曰女女尤不能自立也或訓婦其女禽獸之行此豈聖賢所忍言天下古今亦豈有此俗哉

孔子見老聃歸而不談目擊道存不容聲矣龍之成體成章乘乎雲氣養乎陰陽則動靜不失其時德澤足以及物而神化不測者也故古論聖人神人者皆以龍爲喻非夫子不能形容聃之德非聃不足以當夫子之喻然二聖人者皆人倫之至顯仁藏用更相發明無容優劣於其間也尸居龍見則寘寘而見晄淵默雷聲則聞於無聲發動如天地

陰陽同運也此子貢贊仰老聃之德所以顯見之老聃方將倨坐於堂獶然入寂寂而常應應出微聆之間也子貢謂三王五帝之治不同皆係名聲於天下自使心一以致使民心競則知世道愈降人心日虧矣親死不哭殺其親服此猶禮文之畧未甚害事也十月生子五月能言則受化速而民始夭有心欲順人自爲種而天下駭矣原其作始未嘗無倫而卒未嘗有倫以其求治太過不度物情强天下之從己是乃亂之招也復何言哉夫三王之知離性未達然猶悖日月墮山川而憯於蠣蠆之尾使蟲獸不安其性命之情則其名聲可知況後世任情識而恣知巧者乎是豈足以語夫治國不以知之福哉

孔子謂老聃曰。丘治詩書禮樂易春秋。六經。自以爲久矣。孰知其故矣。以奸者七十二君。

諭先王之道，而明周召之迹，一君無所鉤用。甚矣夫！人之難說也，道之難明邪！老子曰：幸矣，子之不遇治世之君也。夫六經，先王之陳迹也，豈其所以迹哉！今子之所言，猶迹也。夫迹，履之所出，而迹豈履哉！夫白鶂之相視，眸子不運而風化；蟲，雄鳴於上風，雌應於下風而風化。類自為雌雄，故風化。性不可易，命不可變，時不可止，道不可壅。苟得於道，無自而不可；失焉者，無自而可。孔子不出三月，復見曰：丘得之矣。烏鵲孺，魚傅沫，細要者化，有弟而兄啼。久矣夫丘不與化為人！不與化為人，安能化人？老子曰：可，丘得之矣。

通義　知迹之非履，則經不足恃矣；知言之非道，則內省當豁然矣。物生相感，性不盡同，亦猶人性剛柔昏明，不可以禮法易；窮通壽夭，不可以知術變。如時運流行，不能挽而止也。大道不當起是非以成執滯也，順自然者無性不違，不然道斯壅矣。烏鵲與魚與無腰之蟲，生生不已，生乃有相妨之怨，不若三物順性命而無我也。此句正起丘之為人，不能與造化為徒，而役役於時日，見相妨而然，其不鉤用之意，安能化人？言有我則形骸角立，豈能使人相忘於道化邪？前章見孔之許老，此見老之許孔，二聖之心，二聖者自知之。

通義　鶂之相視，蟲鳴之相應，皆以類自為雌雄，故風化。是所謂兩情相搏而神遇之，陰陽相求，自然之理。故性命不可易，時道不可壅。亦烏鵲乳至有弟而兄啼四句，作讀難通，然究其義，化理甚博。蓋胎卵濕化，備見其中，而人弗察耳。夫天地盈虛之理、造化消長之機，雖默運於無形，悉由四生發見。四生之中，人為之主；億兆之中，聖人為主。聖人者與化為人，知化則知天矣。故是篇終於論化，自非宇天地府萬物而獨運乎亭毒之表，安能化人哉！太上云：我無為而民自化。觀夫鶂蟲之風化，烏鵲之孚乳，魚之傅沫，細要之祝子，皆出乎自然之性，咸以專定之功。此感彼應，不可致詰，故謂之化。人為最靈，其化又有妙於此者，亦不越乎自然之理。專定之功耳，故中庸云：唯天下至誠為能化，以孔子之聖，猶齋心三月而後得聞，則大化之妙，豈容輕易哉！

褚氏總論：本篇以天運地處啓論端，設問日月風雲流行之故，答以六極五常三皇之治，體天運而行德教，故無為而化民樂。自然次論至仁無親，至貴屛爵，行其無事，亦法天運之義也。至於論洞庭之張樂，明大道之淵微，奏以陰陽，行以禮義，天人相因，立極之本也。調理四時，泰和萬物，寒暑協序，生化之原也。動無方而居窈冥，天機倏而五官備，則隨物潛藏，觸處發見，不可以形拘，蓋盡而天遊，所到無非至和，希夷所存，無非至樂也。若無治道，此已陳之芻狗，法度猶相反之柤梨，猨狙裂周公之衣，醜婦效西施之笑，此明夫政治貴乎適宜，烹鮮在於不撓。為人上者信能體道法天，與化同運，節以鼓舞，時其濡澤，長養而熟成之，民惡有不化者哉！仲尼見老子，嘆其猶龍，則以人合天，未至於俱化，治問淵而之妙，遂棄六經陳迹，而究其所以迹，不出三月與化爲人，則迹同乎人，而體合乎天矣。易曰：天行健，此其所以爲運；精氣爲物，遊魂爲變，此其所以化也。歟吁！一陶能作萬器，無有一器能作陶者，以其非形，然後能形形；以其非物，然後能物物。天地聖人之德，亦若是而已矣。

莊子外篇第五卷終

莊子卷第六　恭元朱得之傍註并通義

附錢塘褚伯秀義海纂微
雲谷王潼錄校刊

外篇

刻意第十五

刻意尚行，離世異俗，高論怨誹，爲亢而已矣。此山谷之士，非世之人，枯槁赴淵者之所好也。語仁義忠信，恭儉推讓，爲修而已矣。此平世之士，教誨之人，遊居學者之所好也。語大功，立大名，禮君臣，正上下，爲治而已矣。此朝廷之士，尊主彊國之人，致功并兼者之所好也。就藪澤，處閒曠，釣魚閒處，無爲而已矣。此江海之士，避世之人，閒暇者之所好也。吹呴呼吸，吐故納新，熊經鳥申，爲壽而已矣。此道引之士，養形之人，彭祖壽考者之所好也。若夫不刻意而高，無仁義而修，無功名而治，無江海而閒，不道引而壽，無不忘也，無不有也，澹然無極，而衆美從之。此天地之道，聖人之德也。故曰：夫恬惔寂漠，虛無無爲，此天地之平。而道德之質也。故曰。聖人休休焉則平易矣。平易則恬惔矣。平易恬惔。則憂患不能入。邪氣不能襲。故其德全而神不虧。故曰。聖人之生也天行。其死也物化。靜而與陰同德。動而與陽同波。不爲福先。不爲禍始。感而後應。迫而後動。不得已而後起。去知與故。循天之理。故無天災。無物累。無人非。無鬼責。其生若浮。其死若休。不思慮。不豫謀。光矣而不燿。信矣而不期。其寢不夢。其覺無憂。其神純粹。其

魂不罷。虛無恬惔。乃合天德。故曰悲樂者德之邪。喜怒者道之過。好惡者德之失。故心不憂樂。德之至也。一而不變。靜之至也。無所於忤。虛之至也。不與物交。淡之至也。無所於逆。粹之至也。故曰。形勞而不休則弊。精用而不已則勞。勞則竭。水之性。不雜則清。莫動則平。鬱閉而不流。亦不能清。天德之象也。故曰。純粹而不雜。靜一而不變。淡而無爲。動而以天行。此養神之道也。夫有干越之劍者。柙而藏

之。不敢用也。寶之至也。精神四達並流。無所不極。上際於天。下蟠於地。化育萬物。不可爲象。其名爲同帝。純素之道。惟神是守。守而勿失。與神爲一。一之精通。合于天倫。野語有之曰。衆人重利。廉士重名。賢士尚志。聖人貴精。故素也者。謂其無所與雜也。純也者。謂其不虧其神也。能體純素。謂之真人

通義 此章大意是貴精養神誠哉學莊之學者擬而爲之也善讀者因言可以知人

浩然 休休和樂貌故平易恬惔憂邪莫干以其德全而神不虧也天行言一氣之運物化

言一氣之散即同德同波之謂福先猶不可爲況禍乎感而應迫而動言不得已而應物其應出於無心雖爲而實無爲也去知與故則無知無事循天之理則順乎自然天災既無物累自免人非不及鬼責何來故能生浮死休思慮謀絕若美玉之含德天時之有經也寢不夢則覺無憂神純粹則魂何勞是謂虛無恬惔乃合自然之德心譬則鵠也情譬則矢也衆矢趍一鵠鵠能無中乎今人立乎彀中而不思爲避鏑計欲其德全而神不虧也難矣養神之道貴在無爲故喻水之淸平寂而常照及其動也法天行之健而蟠際乎兩間實本於不雜不變無爲而已此照而常寂也精用則勞勞所以貴乎鬱閉不能流所以貴乎動然於非靜非動不即不離之間而妙道存焉其爲貴也豈但干越之所寶而已哉同帝則與天爲一天即神也故其精通合乎天理至此夫不可以天道人道分矣在

引野語爲證歸於貴德而結以能體純
素體之則俱化矣非眞人孰能與於此
褚氏總論是篇以刻意命題謂刻琢其意
違世矯俗者節獨任爲天下所不能爲而
說人之從已無異乎穿井絡馬失其自然
知長德消氏始難治矣故南華歷敘古人
立志各異若夷齊之爲亢孔孟之爲修伊
傅之爲治巢許之爲閒老彭之爲壽以跡
觀之似亦不能無偏然而不失爲聖者以
其有爲而不累於有無爲而不溺於無時
非之可否爲身之利用而已是以貴夫虛
無無爲乎易恬惔天行物化同德同波知
故不罣動合天理則災累非責何從而至
死生謀慮何由而滑哉夫如是故靜虛恬
粹與物無忤卒歸於養神之功而申以柙
蕆干越之驗與之於身輕重爲何如其去
取灼然可見而世人猶昏迷若此故其立
論始於非刻意尚行之習而終於能體純

素謂之眞人則知刻尚者之爲假也明矣
蓋養生以純素爲本純素以守神爲先至
於神氣爲一則道之大本既立又何必區
區於其末而以刻意尚行爲哉南華所以
言此者蓋欲矯當時學者之僞習俾安其
性命之自然復乎道德之純素而已矣

繕性第十六

繕性於俗俗學以求復其初滑欲於俗思
以求致其明謂之蔽蒙之民古之治道者以
恬養知生而無以知爲也謂之以知養恬知
與恬交相養而和理出其性夫德和也道理
也德無不容仁也道無不理義也義明而物

親也中純實而反乎情樂也信行容體而
順乎文禮也禮樂偏行則天下亂矣彼正而
蒙已德德則不冒冒則物必失其性也古之
人在混芒之中與一世而得澹漠焉當是時
也陰陽和靜鬼神不擾四時得節萬物不傷
羣生不夭人雖有知無所用之此之謂至一
當是時也莫之爲而常自然逮德下衰及燧
人伏戲始爲天下是故順而不一德又下衰
及神農黃帝始爲天下是故安而不順德又

下衰及唐虞始爲天下興治化之流澆淳
散朴離道以善險德以行然後去性而從於
心心與心識知而不足以定天下然後附之
以文益之以博文滅質博溺心然後民始惑
亂無以反其性情而復其初由是觀之世喪
道矣道喪世矣世與道交相喪也道之人何
由興乎世世亦何由興乎道哉道無以興乎
世世無以興乎道雖聖人不在山林之中其
德隱矣隱故不自隱古之所謂隱士者非伏

其身而弗見也，非閉其言而不出也，非藏其知而不發也，時命大謬也。當時命而大行乎天下，則反一無迹；不當時命而大窮乎天下，則深根寧極而待：此存身之道也。古之存身者，不以辯飾知，不以知窮天下，不以知窮德，危然處其所而反其性，已又何爲哉！道固不小行，德固不小識。小識傷德，小行傷道。故曰：正己而已矣。樂全之謂得志。古之所謂得志者，非軒冕之謂也，謂其無以益其樂而已矣。

今之所謂得志者，軒冕之謂也。軒冕在身，非性命也，物之儻來，寄也。寄之，其來不可圉，其去不可止。故不爲軒冕肆志，不爲窮約趨俗，其樂彼與此同，故無憂而已矣。今寄去則不樂，由是觀之，雖樂，未嘗不荒也。故曰：喪己於物，失性於俗者，謂之倒置之民。

通義　此章原後世失其天性至於名實紕謬之故，是開俗學偏蔽，開其蔽而莫挽其趨。柰何隨時順應，要於不失己而已。繕性於俗，束於教也；生而無以知爲者，生其心而無所住也。彼正而蒙己德者，守格式而昧其真心，則不足以庇物；強欲爲天下庇，則萬物皆失其性矣。順而不一者，其心欲順，便自不一；不一故不安，不安必不順。治流忘本，是生法度也。心與心識，上下彼此，以心識相角，卒至於亂，時之不可止也。反一無跡，守其真淳，與民相志於無事也。深根潛龍，在淵寧極，萬籟俱寂。智窮天下，以知巧壓服人心；知窮德，以己之所明者推極於言行之間，求無滲漏，是有心造作，非率性之自然也。此章肆氣體裁，皆類東漢，蓋因莊子少仁義而取禮樂，故原仁義禮樂之初，起於良心，而徇名失本者之基亂也。君子思不出其位，無所待也。今曰深根寧極而待，即此一待，有爲而爲，非天德，非王道矣。根不深，寧不極矣，杳冥之幾，聖狂攸判，豈莊子之心哉！

纂註　諸解並以俗學立說，陳碧虛照張君房校本，學上無俗字，其義簡明。言性本自然，不假修學，今之學者貴乎日益以夷世，學是治性於俗也，而猶如苦進學以求復性於博而

無憂，真愈失矣。貪著愛憎，沉迷不反，是滑於俗也；而猶深思曲慮，以求致其清明，知竭精勞，清愈遠矣。凡人非天縱之資，固不可以無學。學者所以涵養性天，發其慧照，以古人之成績印我心之同然，期於還淳復本而已，非開人鑿竅以益其知見，增其雜毒之謂也。夫人性無有不善，亦不能無欲，率性以道，則欲出於正，如飢食渴飲，寒衣倦息之類；滯性於俗，則欲出於邪，食必珍飫，衣必華，息必縱，是也。欲入乎邪，則性失乎善，溺於流俗，貴遠乎道矣。道以恬淡爲貴，俗以華競爲先，學非其學，思非其思，人心道心之所以分，上善大惡之所以立也。惟絕學無思，乃可復性初而致清明。柰何外學以雜之，妄思以障之，是以學日益而真日損，思日煩而道日疎，此真人之所哀也。若夫全然天性，而不爲俗所滯者，本初不期復而復，正性之欲而不爲俗所滑者，清明不期致而致，惟道集虛故也。舊云

學而不思則罔思而不學則殆是學與思並
聖賢資之以進修而南華不取何邪蓋賢者
以內學爲學近思爲思聖人以絕學爲學無
思爲思所以異乎世俗多聞博識之學也由
內學而至於絕學由近思而至於無思聖賢
之能事畢矣恬主靜知主動靜生潤動生炎
炎潤得中而和理出焉和者德之極理者事
之宜二者皆吾性中物非由外鑠也世人知
恬不能交養動靜所以或偏利害相摩生火
焚和而真性尉矣惟知道者動靜不越乎道
應物而不藏存恬以養知知生而不用又所
以養恬性極乎和事盡其理而天地之和應
矣此修身以及天下之明驗也後教仁義忠
禮樂忠守詐邪註成蹟皆當是中治道至於
尚禮樂則愈下矣所以亂繼之禮樂非能亂
世而繼之者不能無亂勢使然也若能由禮
樂而踏乎仁義由仁義以歸乎道德斯爲彌
禍亂而致隆平之術也㪅原夫鬼神守其政

萬物遂其性至於人有知而不用非在混茫
而得澹漠能如是乎此之謂至一言上古君
德真淳民心無二也逮德下衰有逆之者故
以順天下爲心則離乎至一矣有撓之者故
以安天下爲心則忤其真性矣下至唐虞興
治化以散淳朴離道德而爲善行則去性愈
遠以心識心用知不足附以文博是猶抱薪
而止火也已之性情猶不能自得其如天下
何南華論唐虞之世已離道若此蓋上古淳
質猶嬰兒之未孩矣則能言笑喜怒由茲已
降喜怒哀樂交乎中姦詐機險形於外競其
還淳復朴不亦難乎今欲澄源而清流故以
伏戲燧人倒在德衰之列則其所期望者蹟
民於太古之上而有德無位惜哉詳夫世道
交喪之語意甚可悲真人超出世界固未必
以一已之遇不遇介懷此特爲世道而言亦
悲人之悲耳究其極致又有足以解人之悲
者能於言下以至理燭破則處窮如通視毀

如成其得失果何如哉古之隱士知時命之
謬而安之故德隱身不隱雖處亂世而卯光
同塵害其能及今之隱士窠身避地名隨迹
彰不安其所安有行推而召禦者反一無迹
則明道若昧深根寧極則良賈若虛所謂隱
時隱顯能龍能蛇則此身何往而不存此道
何特而不可哉文中子天隱人隱之說蓋原
於此辯知者識身之具故存身者不取焉大
下之德歸於玄默無知而已蘧言獨立不離
羣處其所謂靜定於此足以反其自然之性
何必他求哉小行小識形客所見者小故爲
道德之累大人者正已而物正則至樂全而
本志得惟其性命足重於內是以軒冕可輕
於外儻來暫去付之無心若寄去而愛者寄
來則必樂樂必荒矣已因物而喪性因俗而
失則冠履倒施欲化天下之民也難矣行身
當是存身
危當是巖

褚氏總論是篇主意謂人無超軼絕塵之
見而苟狗世緣漸失其本皆繕性滑欲於
俗者也雖未爲顯惡而妨道爲尤甚況又
益之以外學亂之以妄思而欲復初致明
是猶適郢而北其轅也真人又慮學者惟
其虛無渺莽無所致力設爲恬知交養之
論使人易入焉夫人處世間酬機應變不
能忘知知用則害恬要在審酌其宜處之
以道事來則知見事去則恬存久久調熟
二者俱化精神魂魄融爲至和符性命於
希夷歸道德之根本由是而充之與一世
之人處混茫而得澹漠雖有知而無所用
則其爲化也博矣柰何政失淳和俗趨浮
薄離道險德滅質溺心至於世道交喪而
不可復也然後有山林之聖人深根寧極
以期旦暮之遇存身所以存道也寄之去
其間尚何以知辯爲而其
[illegible]

非耳此聖賢處亂以自全之道也南華心事亦槩見於此云

秋水第十七

秋水時至。百川灌河。涇流之大。兩涘（音俟）渚崖之間。不辯牛馬。於是焉河伯欣然自喜。以天下之美爲盡在已。順流而東行至於北海。東面而視不見水端。於是焉河伯始旋其面目。望洋向若而歎曰。野語有之曰。聞道百以爲莫已若者。我之謂也。且夫我嘗聞少仲尼之聞而輕伯夷之義者。始吾弗信。今我睹子之

難窮也。吾非至於子之門。則殆矣。吾長見笑於大方之家。北海若曰。井鼃不可以語於海者。拘於虛也。夏蟲不可以語於冰者。篤於時也。曲士不可以語於道者。束於教也。今爾出於崖涘。觀於大海。乃知爾醜。爾將可與語大理矣。天下之水。莫大於海。萬川歸之。不知何時止而不盈。尾閭泄之。不知何時已而不虛。春秋不變。水旱不知。此其過江河之流。不可爲量數。而吾未嘗以此自多者。自以比形於

天地而受氣於陰陽。吾在於天地之間。猶小石小木之在大山也。方存乎見少。又奚以自多。計四海之在天地之間也。不似礨空之在大澤乎。計中國之在海內。不似稊米之在太倉乎。號物之數謂之萬。人處一焉。人卒九州。穀食之所生。舟車之所通。人處一焉。此其比萬物也。不似豪末之在於馬體乎。五帝之所連。三王之所爭。仁人之所憂。任士之所勞。盡此矣。伯夷辭之以爲名。仲尼語之以

爲博。此其自多也。不似爾向之自多於水乎。河伯曰。然則吾大天地而小豪末可乎。北海若曰。否。夫物量無窮。時無止。分無常。終始無故。是故大知觀於遠近。故小而不寡。大而不多。知量無窮。證曏今故。故遙而不悶。掇而不跂。知時無止。察乎盈虛。故得而不喜。失而不憂。知分之無常也。明乎坦塗。故生而不說。死而不禍。知終始之不可故也。計人之所知。不若其所不知。其生之時。不若未生之時。以其

至小求窮其至大之域，是故迷亂而不能自得也。由此觀之，又何以知毫末之足以定至細之倪，又何以知天地之足以窮至大之域。河伯曰：世之議者皆曰：至精無形，至大不可圍。是信情乎？北海若曰：夫自細視大者不盡，自大視細者不明。夫精，小之微也；垺（音孚，又音裒），大之殷也；故異便，此勢之有也。夫精粗者，期於有形者也；無形者，數之所不能分也；不可圍者，數之所不能窮也。可以言論者，物之粗也；可以意致者，物之精也；言之所不能論，意之所不能察致者，不期精粗焉。是故大人之行，不出乎害人，不多仁恩；動不爲利，不賤門隸；貨財弗爭，不多辭讓；事焉不借人，不多食乎力，不賤貪汙；行殊乎俗，不多辟異；爲在從衆，不賤佞諂；世之爵祿不足以爲勸，戮耻不足以爲辱；知是非之不可爲分，細大之不可爲倪。聞曰：道人不聞，至德不得，大人無己，約分之至也。河伯曰：若物之外，若物之內，惡

至而倪貴賤？惡至而倪小大？北海若曰：以道觀之，物無貴賤；以物觀之，自貴而相賤；以俗觀之，貴賤不在己。以差觀之，因其所大而大之，則萬物莫不大；因其所小而小之，則萬物莫不小；知天地之爲稊米也，知豪末之爲丘山也，則差數覩矣。以功觀之，因其所有而有之，則萬物莫不有；因其所無而無之，則萬物莫不無；知東西之相反而不可以相無，則功分定矣。以趣觀之，因其所然而然之，則萬物莫不然；因其所非而非之，則萬物莫不非；知堯桀之自然而相非，則趣操覩矣。昔者堯舜讓而帝，之噲讓而絕；湯武爭而王，白公爭而滅。由此觀之，爭讓之禮，堯桀之行，貴賤有時，未可以爲常也。梁麗可以衝城而不可以窒穴，言殊器也；騏驥驊騮一日而馳千里，捕鼠不如狸狌，言殊技也；鴟鵂夜撮蚤，察豪末，晝出瞋目而不見丘山，言殊性也。故曰：蓋師是而無非，師治而無亂乎？是未明天地之理、萬

物之情者也。是猶師天而無地，師陰而無陽，其不可行明矣。然且語而不舍，非愚則誣也。帝皇殊禪，三代殊繼。差其時，逆其俗者，謂之篡夫；當其時，順其俗者，謂之義之徒。默默乎河伯！女惡知貴賤之門，小大之家！河伯曰：然則我何爲乎？何不爲乎？吾辭受趣舍，吾終柰何？北海若曰：以道觀之，何貴何賤，是謂反衍；無拘而志，與道大蹇。何少何多，是謂謝施；無一而行，與道參差。嚴乎若國之有君，其無私

德；繇繇乎若祭之有社，其無私福；泛泛乎其若四方之無窮，其無所畛域。兼懷萬物，其孰承翼？是謂無方。萬物一齊，孰短孰長？道無終始，物有死生，不恃其成。一虛一滿，不位乎其形。年不可舉，時不可止。消息盈虛，終則有始。是所以語大義之方，論萬物之理也。物之生也，若驟若馳，無動而不變，無時而不移。何爲乎？何不爲乎？夫固將自化。河伯曰：然則何貴於道邪？北海若曰：知道者必達於理，達於理

者必明於權，明於權者不以物害己。至德者火弗能熱，水弗能溺，寒暑弗能害，禽獸弗能賊。非謂其薄之也，言察乎安危，寧於禍福，謹於去就，莫之能害也。故曰：天在內，人在外，德在乎天。知夫人之行，本乎天，位乎得，蹢躅而屈伸，反要而語極。曰：何謂天？何謂人？北海若曰：牛馬四足，是謂天；落馬首，穿牛鼻，是謂人。故曰：無以人滅天，無以故滅命，無以得殉名。謹守而勿失，是謂反其真。

通義 此承上章小識小行之意而明其病下道德也。大率倣首篇鯤鵬之論而枝葉加繁。中間自細視大一段意亦插到可語大理，即下文大義之方、萬物之理，就此結攝，豈能滋莊者哉。遂而不悶二句，外物不動於心也。之論流在戰國時辯口之者，則非孟子同時矣。北海若曰以道觀之一段，去莊不遠。反衍，倫曰反復，凡物有餘則復廻也。殘乎若有君一段，與仲弓問仁章意相似。不位形，形日衰而不定居也。年不舉，時不可預論也。位乎得，無以得殉名，二得字強解亦可通，但不若德字爲平易耳。謹守而勿失，雖承上三句，何能反真？即此一言，斷非莊子所措辭。餘義皆明，不贅。

義海 觀於海者難爲水，遊於聖人之門者難爲言。故秋至而河伯欣然，東至海則望洋而嘆焉。怪乎海若者，引井蛙夏蟲之喻，繼形容北海之大不可量，然計四海之在天地中

國之在四海實帝焉體一毫末則安知天地之外不有大於天地者乎故是篇借河海問答以明小大多少之分與鵬鷃鵬鳩之論相類文體機軸變換愈奇海若首答大意在止士求於數欲有以祛其自多之謬使爲大方之歸而已矣辨論極致詳于後人能知夫物量時分之無常又何終始小大多寡之足覗哉明今古之不停則此理自可見矣盈詘歷時之久按謂推移之速不悶無厭其所生也不跂無求益其生也修短定分安之而已人固不能無生不能無知而經云不若無知不若未生者蓋爲世人不務真知而求妄知不務全生而求益生及有限而追無窮忘素分而希分外在己之利害不能自明何以定物理細大之倪域哉不若無知王倪對齧缺之問是也不若未生髑髏不願人間之勞是也然既生既知矣將何以自免曰能以無生爲生不知爲知則於吾生何累於知何有哉自

細視大至於不盡而止非大止於此也自大視細至於不明而止非細而無形也精者細之極垺者大之殷小大雖殊皆有形有數故有成壞精至於無形大至於不可圍則非形可定非數可分故無成壞也夫物之粗者可以言論精者可以意致超乎精粗則言意所不能及也言意不能及形數不能分者其惟道乎故大人以利物爲先而不以仁恩自多不爲利動而不賤趨利之人此下皆述大人之行異乎世俗以至佞諂亦不賤之則君子小人聽其兩行是非小大不足爲辨又何辭位戮恥之足爲勸懲哉由是知大人虛己而道德自歸非越分而求也夫道德至貴也求之分內而足則亦至易也今世人乃棄內而求外舍易而趨難不亦惑乎物無貴賤已物兼忘也自貴而相賤彼此未忘也貴賤不在已忘己任物也因大而大因小而小即物所宜也以至功趣之有無知非相反而不可以

是無與時物理人情於斯可見矣殺乎識之遠者貴之行貴賤有時而未可以爲常猶梁麗之異用騏驥之異技鴟鵂之異性不可一槩論也若師治而無亂師是而無非昧乎天地萬物之理者不然之論禪讓爭奪因其時而已汝又多言也終使言之皆論其迹耳又惡知貴賤小大之所從出哉欲知貴賤小大之所從出者當於未始有物求之河伯未明天理物情則曾有所辭所取以辭受趣舍爲問海若告以世間所謂貴賤少多是其一反衍一謝一施耳若拘志而一行與道大蹇矣若君之於民無私德若社之於人無私福明道之無方而兼懷萬物也物之死生乃形化之一變非道之終始也故成毀無常處之惟一不以形名爲定而守之惟虛其去不可止其來不可禦因物盈虛之理如斯而已矣物生若驟其遷不息任其自化無容爲不爲於其間況辭受趣舍乎此言應物貴乎無心

則死生不足爲累也自篇首至此凡六問答如風驅遠浪漸近漸激至是而雪濤噴薄使人應接不暇須臾澄靜則波光萬頃一碧洞天人之息偽還真中藏虛湛者類於此夫至德之士由人以明天因性以達理察安危謹去就物孰能害之然亦未嘗恃此而傲世天在內所以立體人在外所以應用德在乎天則合乎神而無方不測者也體天居德則屈伸從世反要語極則非失其真若然處己處人之道盡矣此河伯心冥體會而無所復問焉今學者自信不及羣疑窒心與河伯同病者不少儻能於海若言下豁然有省如雲開見日則昭昭靈靈求諸己而足何假他問哉

夔憐蚿。音賢蚿憐蛇。蛇憐風。風憐目。目憐心。夔謂蚿曰。吾以一足跉[illegible]反踔敕角反而行。予無如矣今子之使衆足獨奈何蚿曰不然予不見夫唾者乎噴則大者如珠小者如霧雜而下者不可勝數也今予動吾天機而不知其所以然蚿謂蛇曰吾以衆足行而不及子之無足何也蛇曰夫天機之所動何可易邪吾安用足哉蛇謂風曰予動吾脊脅而行則有似也今子蓬蓬然起於北海蓬蓬然入於南海而似無有何也風曰然予蓬蓬然起於北海而入於南海也然而指我則勝我蹈我蹈也䲡作亦勝我雖然夫折大木蜚大屋者惟我能也故以衆小不勝爲大勝也爲大勝者惟聖人能之

通義 此言天機之在萬物各有自然之分非歆羨畔援所能與又解河海之校量也與大夔人憐之義相近彼言索位此言願外故有勝負相形亦與莊意相左夔無角一足而行紀在山海經目力乘虛高則天象遠則山林一舉目而見勝於風矣心則轉盼之閒而再撫四海其出其入絕無蔭臭此勝於目中論道之者心目歸諸聖人也目猶囿於形心則非形所囿矣不疾而速不行而至無可形容故不言且欲人致思於此得其無所校量者而成大勝也

題解 河伯海若問答既畢南華又自立說以衍前意言夔蚿蛇以足之少多有無相憐是著於體也心與目之以內外勞逸相憐是著於用也皆物之妄情耳惟風有體有礙而實無體乃能成大勝有用則動化萬物無用則遂蓬入海蓋噓吸其間造化之運而已蹄聖人屈伸從世體用兼資止處兩全終不失道人見其小不勝而輕易之及積而爲大勝則不止乎拔木蜚屋而已豈有心於勝物哉天機所動自然而然視彼河伯海若貴賤少多大小精粗之論亦如其類之以妄情相憐而不悟物物皆具自然之理無容憎愛於其間也夫形數之少多行止之遲速各安其自然則莫不足乎道此聖人處世所以無往而不適也或疑後文細述相憐之義主風而止憐目憐心之旨遺而不論疑獨結以有心有目然後有所憐其說得之

孔子遊於匡宋人圍之數匝而弦歌不惙子路入見曰何夫子之娛也孔子曰來吾語女我諱窮久矣而不免命也求通久矣而不得時也當堯舜而天下無窮人非知得也當桀紂而天下無通人非知失也時勢適然夫水行不避蛟龍者漁父之勇也陸行不避兕虎者獵夫之勇也白刃交於前視死若生者烈士之勇也教子路也知窮之有命知通之有時臨大難而不懼者聖人之勇也由處矣吾命有所制

矣。無幾何。將甲者進。辭曰。以爲陽虎也。故圍之。今非也。請辭而退。

通義 此言入軍不被甲兵以實秋水篇前知安危等意。而聚之以時命。以見君子之所守也。匡衛邑。去宋甚遠。疑宋即匡。君子於貧賤不以其道得之。則安處而不去。知命有所制也。故曰由處矣。䆄其安於所遇也。

義海 此章明死生有命。窮通有時。故君子不立巖牆之下。亦不求生以害人。臨大難而不懼。知命有所制。則盡人事於平日。安天命於此時而已。蓋內得其至富至貴者。則外之窮通利害不足以動其心。卒致將甲者知非。請辭而退。脅以見人不勝天。而以弱制強之驗也。非聖人燭理之微。自知之明。何以與此。

公孫龍問於魏牟曰。龍少學先生之道。長而明仁義之行。合同異。離堅白。然不然。可不可。困百家之知。窮衆口之辯。吾自以爲至達已。今吾聞莊子之言。汒焉異之。不知論之不及與。知之弗若與。今吾無所開吾喙。敢問其方。公子牟隱機大息。仰天而笑曰。子獨不聞夫埳（音坎）井之鼃乎。謂東海之鱉曰。吾樂與。吾跳梁乎井幹之上。入休乎缺甃之崖。赴水則接腋持頤。蹶泥則沒足滅跗。還虷（音寒）蟹與科斗。莫吾能若也。且夫擅一壑之水。而跨跱埳井之樂。此亦至矣。夫子奚不時來入觀乎。東海之鱉左足未入。而右膝已縶矣。於是逡巡而卻。告之海曰。夫千里之遠。不足以舉其大。千仞之高。不足以極其深。禹之時。十年九潦。而水弗爲加益。湯之時。八年七旱。而崖不爲加損。夫不爲頃久推移。不以多少進退者。此亦東海之大樂也。於是埳井之鼃聞之。適適然驚。規規然自失也。且夫知不知是非之竟。而

猶欲觀於莊子之言。是猶使蚉負山。商蚷馳河也。必不勝任矣。且夫知不知論極妙之言。而自適一時之利者。是非埳井之鼃與。且彼方跐黃泉而登大皇。無南無北。奭然四解。淪於不測。無東無西。始於玄冥。反於大通。子乃規規然而求之以察。索之以辯。是直用管闚天。用錐指地也。不亦小乎。子往矣。且子獨不聞夫壽陵餘子之學行於邯鄲與。未得國能。又失其故行矣。直匍匐而歸耳。今子不去。將

忘子之故，失子之業。公孫龍口呿巨劫反而不合，舌舉而不下，乃逸而走。

通義 魏牟、公孫龍皆列子籍中，與此不同，蓋二子皆當時辨士，互有得失，故紀載若此，列在莊前。或者牟、龍二子學有消長，故此優牟而劣龍歟。此章大意只是形容莊子之書不易讀，非得莊子之心不能讀也，亦以中明小行小識之傷道德者。以愚論之，莊子必不自衒若此，豈猶二戴之禮，出於衆人之所記，故多摭入附會者乎。邯鄲之行，瀾步麗容，動人觀而起人欽者，國能猶曰國是，言其行動之態，優於一國也。失故步而匍匐者，要擩學成人之威儀，則勞而至困，力不能支，是以匍匐而志衆也。

義海 公孫龍，趙之辨士，能合同異，離堅白，困百家，窮衆口，及聞莊子之言，而茫然失措，蓋

逐外學而志本真者，其患常若此，故牟以井鼃海鱉所見不同，使知是非之所起，妙論之所存，斯可以登天徹泉，奭然四達，始於玄冥，契虛合無，而反於大通，與道爲一也。今徒以區區口辨而欲窮莊子之道，無異壽陵餘子學行於邯鄲，直匍匐而歸耳。

莊子釣於濮水。楚王使大夫二人往先焉。曰。願以竟內累矣。莊子持竿不顧。曰。吾聞楚有神龜。死已三千歲矣。王巾笥而藏之廟堂之上。此龜者。寧其死爲留骨而貴乎。寧其生而曳尾於塗中乎。二大夫曰。寧生而曳尾塗中。莊子曰。往矣。吾將曳尾於塗中。

知適性之爲真，則名器非所負矣。

義海 莊子辭召，以神龜爲喻，義甚真切。蓋賢才之士，爲國排難圖治，實有補焉，而成功也集，身或不免，猶龜能靈於人也。昔陶隱居畫二牛以答詔，一拘牽於鞭繩，一優游於水草，亦此意。

惠子相梁。莊子往見之。或謂惠子曰。莊子來。欲代子相。於是惠子恐。搜於國中。三日三夜。莊子往見之。曰。南方有鳥。其名鵷鶵。子知之乎。夫鵷鶵發於南海而飛於北海。非梧桐不止。非練實不食。非醴泉不飲。於是鴟得腐鼠。

鵷鶵過之。仰而視之曰。嚇。今子欲以子之梁國而嚇我邪。

通義 此二子相識之因，後漸交密，是以有過墓之悲。

義海 鴟得腐鼠而嚇鵷鶵，又何足以知練實醴泉之味、碧梧高潔之棲哉。

莊子與惠子遊於濠梁之上。莊子曰。儵魚出遊從容。是魚樂也。惠子曰。子非魚。安知魚之樂。莊子曰。子非我。安知我不知魚之樂。惠子曰。我非子。固不知子矣。子固非魚也。子之不知魚之樂。全矣。莊子曰。請循其本。子曰女安

知魚樂云者，既已知吾知之而問我，我知之
濠上也。在濠之上，陸也，人樂於陸；在濠之下，水也，魚樂於水。我在濠上之樂，知魚在下之樂，各適其適，皆是性

【通義】游濠梁，正天機活潑，中心無累時也。見
魚而契其性，本無可言。惠子逐言起識，遂生
辨詰，循本者撥點物游未言之時，胸次自適，
故曰知之濠上也，不在濠上，不知魚樂見庄
本問驢鳴天機
觸於無心者

【辨說】明已性者，可以通物，故天下無遁情耶。
已附者無以知人，故在物多滯迹。莊子之知
魚以性會之也，惠子不知莊以形問之也耶。
讀此章莫不喜惠子之雄辨，挽南華之舌若
不足攻。暨聞循本一言，而五車之學無所容
喙，則惠子之本可知矣。經中往往力救惠子
之失，未有若此二字之切至者，蓋使之反求
而循其性本，通乎物理之同然，則彼我無間

莊子　浩然齋　通義卷六　三十四　次

於天，情動寂皆歸於至理矣。待入水而後知
魚哉？再詳經文，謂莊子不知魚之樂全矣，全
猶必也，猶言全然不知魚樂之意，碧虛以鯈
全名鯈，似失本旨，今擬名循本，章處協經意。

【褚氏總論】是篇以秋水命題，設河伯海若
問答，喻細大精粗之理，明道物功趣之觀，
各本自然，無貴無賤，成敗得失，時適然耳。
溺殷辨難，卒歸於無以人滅天，無以故滅
命，則求之性分之內，而足是謂反其真。材
非言論意察所可及也。次論夔蚿蛇風之
相憐，喻人以才知短長爲愧，而弗悟天
機之不可易，小不勝之爲大勝也。信明此
理，則物各足其分，何所憐哉？無所憐則無
所慕，故企羨之情息，分別之意消，所爲要
極也。次孔子遊匡，而臨難不懼，知命由造
物，非匡人所得制也。若爲橫逆沮屈，何以
見聖人之勇？井鼃、海鱉，即前河伯海若之
義，亦歸於達理明權，物莫能害，謂世俗沉
溺所見，陋而雖知有聖賢在前，欲企羨
倚餘子學，行反失故步，蓋以所短而矜所
長，減分而求，非徒無益也。至論神龜寧曳
尾於塗中，鵷鶵豈嚇腐鼠，皆數時之
濠梁，傷道之不行也。終以莊惠濠梁之論
言物我之性本同，以形問而不機知天會
之以性，則其樂彼與此同，即人之所安，而
知魚之樂固無足怪，而競言辨之，未忘性
命之本者，猶爲可怪矣。此語非獨箴惠子
之膏肓，所以警世之學先生之言而嬡姝
自悅者，無異河伯之自多於
水也，故以結當篇之旨云。

至樂第十八

天下有至樂無有哉？有可以活身者無有哉？
今奚爲奚據？奚避奚處？奚就奚去？奚樂奚惡？

莊子　浩然齋　通義卷六　三十五　次

夫天下之所尊者，富貴壽善也；所樂者，身安、
厚味、美服、好色、音聲也；所下者，貧賤夭惡也；
所苦者，身不得安逸，口不得厚味，形不得美
服，目不得好色，耳不得音聲；若不得者，則大
憂以懼。其爲形也亦愚哉！夫富者，苦身疾作，
多積財而不得盡用，其爲形也亦外矣！夫貴
者，夜以繼日，思慮善否，其爲形也亦疏矣！人
之生也，與憂俱生，壽者惛惛，久憂不死，何之
苦也！其爲形也亦遠矣！烈士爲天下見善矣，

未足以活身。吾未知善之誠善邪。誠不善邪。若以爲善矣。不足活身。以爲不善矣。足以活人。故曰忠諫不聽。蹲循勿爭。故夫子胥爭之以殘其形。（事在哀公後）不爭。名亦不成。誠有善。無有哉。今俗之所爲與其所樂。吾又未知樂之果樂邪。果不樂邪。吾觀夫俗之所樂。舉羣趣者。誙誙（胡耕反）然如將不得已。而皆曰樂者。吾未之樂也。亦未之不樂也。果有樂無有哉。吾以無爲誠樂矣。又俗之所大苦也。故曰至樂無樂。至

譽無譽。天下是非。果未可定也。雖然。無爲可以定是非。至樂活身。惟無爲幾存。請嘗試言之。天無爲。以之淸。地無爲。以之寧。故兩無爲相合。萬物皆化。芒乎芴（音忽）乎。而無從出乎。芴乎芒乎。而無有象乎。萬物職職。皆從無爲殖。故曰。天地無爲也。而無不爲也。人也孰能得無爲哉

[illegible] 此章大意言世俗安其危而利其菑樂其所以亡者。故曰吾以無爲爲眞樂。又世俗之所大苦。末證以天地無爲而結以無不爲也。則其所謂無爲者可識矣

[illegible] 人處幻境之中。難遂者樂。難保者生。故愚猶首歎至樂活身之不可必得。而樂有使人安其素分。無所爲撓。去就於其間。則亦奚樂奚惡哉。天下所樂者富貴壽善厚味荼色。非而倚伏之機莫測。美善不可常有。所下所苦者貧賤夭惡。所求不得也。苟遊乎物物則已。猶可忘何外累之能及。今觀夫富者之苦身疾作。貴者之思慮善否。壽者之久憂不死。皆疏外其形。去道遠矣。列士之不足活身。亦猶是也。故忠諫勿爭。徐有以啓悟之。則君無過舉。臣得盡職。君臣之盛也。若夫子胥因爭以殘形。亦因以成名。誠有善邪。無善邪。觀俗之所樂。果樂邪。不樂邪。吾以無爲樂矣。而世俗以爲大苦。則其向背可知。故必知至樂之無樂。至譽之無譽者。然後安於無爲。始可以定天下之是非矣。夫欲求至樂活身者。惟無爲近之。天地無爲而淸寧。故萬物皆化。人而無爲。物惡得不化哉

莊子妻死。惠子弔之。莊子則方箕踞鼓盆而歌。惠子曰。與人居長子。老身死不哭。亦足矣。又鼓盆而歌。不亦甚乎。莊子曰。不然。是其始死也。我獨何能無槩然。察其始而本無生。非徒無生也。而本無形。非徒無形也。而本無氣。雜乎芒芴之間。變而有氣。氣變而有形。形變而有生。今又變而之死。是相與爲春秋冬夏四時行也。人且偃然寢於巨室。而我噭噭（古吊反）然隨而哭之。自以爲不通乎命。故止也

通議物外逍遙者情定於理應跡無滯固如此莊之言不哭之故也蓋就衆人之常情者而開論之也若莊之胷襟一了便了不必推求其歌者蕩滌其槩然者猶登木之歌倚門之歌也鼓盆登木自滌也倚門滌人也

補注莊子妻死章以世情觀之人所難忘者而處之泰然何也蓋窮其形氣之始悉本於無雜乎芒芴有氣有形形生而情識愛樂無所不有至若親姻借好假合須臾耳惑者認以爲實緣情生愛因愛生貪滋長業緣生死纏縛害形損性一何愚哉眞人痛憫凡迷方便開喻謂天下之物生於無成於有有歸於無此自然之理金石有壞況於人乎須以壽眼觀破世間使無一毫障礙青天白日萬古靈明固已無容憂喜於其間而又鼓盆而歌者寄聲於無情之物所以矯流俗哀號痛泣過用其情之弊若云易悲爲喜則亦不免於偏見耳列子載魏有東門吳者其子死而不哭人問其故曰吾嘗無子無子之時不憂今子死與向無子同吾何憂焉此達人大觀所以異於俗也然則物外儻來不足介懷也宜矣槩字說之不通當是慨然歎也芒芴宜讀恍惚同

莊子　浩然齋　道義卷六　三十八

支離叔與滑介叔。觀於冥伯之丘。崑崙之虛。寓言黃帝之所休。俄而柳生其左肘。其意蹷蹷然惡之。支離叔曰。子惡之乎。滑介叔曰。亡。子何惡。生者。假借也。假之而生。生生者。塵垢也。死生爲晝夜。且吾與子觀化而化及我。我又何惡焉

通義柳者瘤癭之名如鉛贅人面之類蹷然之惡痛惡也子惡之乎惟惡也故曰亡吾何惡假之而生生者塵垢也言此身借太虛之氣會合而有生今柳又生於此生之肘亦如塵垢之集於器物之上耳人生曰觀化今曰化及我者還於化也

義海按柳生左肘其語頗怪諸解畧而不論獨呂註偶與管見同乃爲說云柳者易生之木左肘罕用之臂臂罕用而木易生猶無心無爲者之速化也夫肘動物也柳植物也動植異性形質亦殊動者俄化爲植在常情不能無怪然物受化而不自知故處乎大冶之中者例莫遁焉倘悟吾生之爲假借塵垢則肘也柳也均爲物耳何所容其親踈愛惡哉由是知萬物與我同一化機然非靜極無以見所以滑介叔觀於黃帝之所休而化及之黃帝土德主靜休亦息靜之義靜者化之體動者化之用觀化而化身與化俱者也身與化俱何往而非我此言有情化爲無情者無情亦或化爲有情至樂篇種有幾已下可見皆造物所爲耳行小變而不失大常無適而非樂也

莊子　浩然齋　道義卷六　三十九

莊子之楚。見空髑音獨髏音樓。髐苦堯反然有形。撽以馬捶。因而問之。曰。夫子貪生失理。而爲此乎。將子有亡國之事。斧鉞之誅。而爲此乎。將子有不善之行。愧遺父母妻子之醜。而爲此乎。將子有凍餒之患。而爲此乎。將子之春秋故及此乎。於是語卒。援髑髏枕而卧。夜半髑髏見夢。曰。子之談者似辯士。諸子所言。皆人

生之累也。死則無此矣。子欲聞死之說乎。莊子曰。然。髑髏曰。死無君於上。無臣於下。亦無四時之事。從然以天地爲春秋。雖南面王樂不能過也。莊子不信。曰。吾使司命復生子形。爲子骨肉肌膚。反子父母妻子閭里知識。子欲之乎。髑髏深矉蹙頞曰。吾安能棄南面王樂而復爲人間之勞乎

通義 枕髑髏而臥示死之不足畏也所問五言而謀復其生正人間之勞常情所迷者不能棄所樂而復生枯楊斷滅之見也皆非天機之自然也若然乾坤息矣順世無情免夫

發揮 南華致髑髏五問所謂灼見世情憂患之端據髑髏所答則雖有世患何由及哉覩者往往於此反疑其樂死惡生誤矣蓋見世人貪生惡死營營不息喪失本來之我則此形雖存與死何異故立是論以矯之庶警悟其萬一猶良醫之因病制劑俾彼所以益此其勢不得不然知生之有涯取溫飽而止不多積以資業也知死之爲息則委而順之不忻忻而增戚也如是則生而無勞死而無苦從然以天地爲春秋何往而非南面王樂耶陳碧虛名此章爲兩誤所以破二見之惑其論得之

顏淵東之齊。孔子有憂色。子貢下席而問曰。小子敢問。回東之齊。夫子有憂色。何邪。孔子曰。善哉女問。昔者管子有言。丘甚善之。曰。褚小者不可以懷大。綆短者不可以汲深。夫若是者。以爲命有所成。而形有所適也。夫不可損益。吾恐回與齊侯言堯舜黃帝之道。而重以燧人神農之言。彼將內求於己而不得。不得則惑。人惑則死。且女獨不聞邪。昔者海鳥止於魯郊。魯侯御而觴之于廟。奏九韶以爲樂。具太牢以爲膳。鳥乃眩視憂悲。不敢食一臠。里轉反 不敢飲一杯。三日而死。此以己養養鳥也。非以鳥養養鳥也。夫以鳥養養鳥者。宜

栖之深林。遊之壇陸。浮之江湖。食之鰌鰷。隨行列而止。委蛇而處。彼惟人言之惡聞。奚以夫譊譊爲乎。咸池九韶之樂。張之洞庭之野。鳥聞之而飛。獸聞之而走。魚聞之而下入。人卒聞之。相與還而觀之。魚處水而生。人處水而死。彼必相與異。其好惡異故也。故先聖不一其能。不同其事。名止於實。義設於適。是之謂條達而福持。

通義 此言世無大受之人使帝皇之道不能明亦所謂不是知音不與彈也

【通義】小不可懷大綸命有所成而形有所適
得之於造物無容益損於其間今迺與其反
言先王之道將不契其素心則惑以爲反復
其言矣故繼以海鳥之喻對大牢而不敢享
閉韶樂而增憂此以己養養鳥失其本性終
於不飲食而死耳後又申言以鳥養養鳥之
意使求其所適而合其性情則物我之養皆
得是以聖人不一其能順物性之自然也不
同其事度人事之可否也故名止於實而不
浮義設於適而不過此條理之所以暢達多
福之所以
扶持也

列子行食於道從見百歲髑髏攓蓬而指之
曰惟予與汝知而未嘗死未嘗生也若果養
乎予果歡乎種有幾得水則爲㡭得水土之

際則爲鼃蠙之衣生於陵屯則爲陵舄陵舄得鬱
棲則爲烏足烏足之根爲蠐螬其葉爲胡蝶
胡蝶胥也化而爲蟲生於竈下其狀若脫其
名爲鴝掇鴝掇千日爲鳥其名爲乾餘骨乾
餘骨之沫爲斯彌斯彌爲食醯頤輅生乎食
醯黃軦音況生乎九猷瞀芮生乎腐蠸音權一音歡
羊奚比乎不箰息尹反久竹生青寧青寧生程
程生馬馬生人人又反入於機萬物皆出於
機皆入於機

【通義】生機不息無所不爲入於機自有而無
也出於機自無而有也此舉一端以見之也
膚齋謂鼃者水上塵垢初生苔而未成者謂
蠙之衣苔近岸則厚故曰衣馬與人本是草
却不明言此其
升奇處是也

【義海】此章自種有幾至馬生人許見列子南
華舉其畧其文夫動化生植之理耳目不可
偏及非知性者不盡其故也蓋探論物類
變化之不常以明人世生死去來之不足怪
但知有不化者存足矣按經文所載雖未悉
通姑以文義考之當從二醯字爲句次九猷
腐蠸次羊奚至青寧爲一句參諸音義亦然
成法師疏乃從頤輅黃軦瞀芮爲句恐非經
意陳碧虛照張君房校本作斯彌爲食醯食
醯生乎頤輅頤輅生乎黃軦黃軦生乎九猷
九猷生乎瞀芮瞀芮生腐蠸腐蠸生乎羊奚
羊奚比乎不箰久竹生青寧云云此則排句

整齊第加衍太繁文無變體非南華文法也
續考列子註引爾雅熊虎配豹山海經南山
多貘豹郭璞註豹之白者貘程
是貘之別名貘文豹之別名也
此篇楷氏不爲總論意其指無不明也郎
其以至樂名篇首唱無爲繼以死不必哀
疾不足惡耳意死者不願生則以有爲之
累明矣孔之憂顏蓋見有爲之徒勞不若
順物守己之不援未引列子乞食一段以
見物化之無窮智慮不能測終於無爲而
後已
也

莊子外篇第六卷終

莊子卷第七　參元朱得之傍註并通義

附錢塘褚伯秀義海纂微

雲谷王潼錄校刊

雜篇

達生第十九

達生之情者，不務生之所無以為；達命之情者，不務知之所無柰何。養形必先之物，物有餘而形不養者有之矣；有生必先無離形，形不離而生亡者有之矣。生之來不能卻，其去不能止。悲夫！世之人以為養形足以存生，而養形果不足以存生，則世奚足為哉！雖不足為而不可不為者，其為不免矣。夫欲免為形者，莫如棄世。棄世則無累，無累則正平，正平則與彼更生，更生則幾矣。事奚足棄而生奚足遺？棄事則形不勞，遺生則精不虧。夫形全精復，與天為一。天地者，萬物之父母也。合則成體，散則成始。形精不虧，是謂能移。精而又精，反以相天。

通義　生之來去不可卻止，言氣機之往來有一定之命，所謂循是出入，不得已而然者。正平者，心體虛明，必正必平，功造正平，則形神湛寂，如光而照，是更生也。更生則所存者淮幾，惟神而應跡，不撓事與生，不必遺棄而自無累矣。心不逐事，即無累形，精不虧，四句足養生之義。形損而全，精耗而復，則反本還元，去散就完，是能移也。工夫如此不息，日新日精，漸躋純氣之守，命本百年，今可倍蓰，非惟不失其天年，且又加於定稟，此命在我不在天之意，是謂反以相天也。

義海　許由高隱而辭禪，知生之所無以為也。夫子阨陳而絃歌，知知之無所柰何也。儻不安其生而益之，物有餘而形不養矣；不安其知而從之，形不離而生亡矣。生之來不能卻，養以致之也；其去不可止，過養以傷之也。世之人以為養形足以存生，是知養之為養，而養形果不足以存生，蓋不明其所以養而養，非其養也。生不足為，以其因養而亡也。然有不可不為者，若饑食渴飲之類，其為也不免，以有有世有為耳。故欲免為形累，莫如棄世。有世而遺之，何累之有？正平，謂視物如一，而與世俗之生道不同，故曰更生。更生則近於道矣。事不足棄，我能轉物也；生不足遺，我亦忘之也。然而形全精復，則本於棄事遺生，由相以致精也。與天為一，斯其極致，與夫世間萬物皆稟天地之氣，合則為物之體，出而有也；散則復還天地之始，歸於無也。形全精復，則能通化，故潛天而天，潛地而地，在人為人，過物為物也。精而又精，謂純亦不已。反以相天，則歸乎受氣之初，造化所不能役，此幽造生以造乎忘生之妙也為世。為形義亦相類，互具文耳。

子列子問關尹曰：至人潛行不窒，蹈火不熱，行乎萬物之上而不慄。請問何以至於此？關尹曰是純氣之守也非知巧果敢之列居予語女凡有貌象聲色者皆物也物何以相遠夫奚足以至乎先是色而已則物之造乎不形而止乎無所化夫得是而窮之者物焉得而止焉彼將處乎不淫之度而藏乎無端之紀遊乎萬物之所終始壹其性養其氣合其德以通乎物之所造夫若是者其天守全其神無郤物奚自入焉夫醉者之墜車雖疾不死骨節與人同而犯害與人異其神全也乘

亦不知也墜亦不知也死生驚懼不入乎其胸中是故遻物而不慴彼得全於酒而猶若是而況得全於天乎聖人藏於天故莫之能傷也復讐者不折鏌干雖有忮心者不怨飄瓦是以天下均平故無攻戰之亂無殺戮之刑者由此道也不開人之天而開天之天開天者德生開人者賊生不厭其天不忽於人民幾乎以其真

測義 此列子以所知者設問荅以自決亦以關道也潛行於水也造乎不形無始也止乎無所化無終也不滯其天不自滿也不忽於人不輩事也物焉得而止言過化存神者外物不滯其太虛之體也餘義皆明

義海 列子得風仙之道故其問若此以純氣之守一語盡之蓋人獸草木虛空金石有情無情不離乎氣人則得氣之純仙則能守此純氣而抱神以靜故其動也物莫能窒火莫能熱危莫能慄也夫貌象聲色物無相遠又奚足以相先舉不離乎形色而已然則所謂先者物之不形乃物之所自形物之無化乃物之所自化則萬物之終始可見矣得是理而窮之物焉得而制焉故將處乎一所受之分藏乎日新之紀而遊乎物之至極一情發氣與天合德通乎物之所造則超乎形色之表矣其形可忘其神無間物奚自入其舍哉次論醉者全於酒聖人藏乎天故莫之能傷也鏌干飄瓦喻無心無情雖觸人而人不怨況

不觸人乎人能若是天下均平戰爭殺戮何自而有故天性人知在乎所開而德賊分焉學者慎諸物焉得而止焉止字說之不通郭註云至極者非所制也當是制字聲近而訛耳讀者詳之

仲尼適楚出於林中見痀僂者承蜩猶掇之也仲尼曰子巧乎有道邪曰我有道也五六月累丸二而不墜則失者錙銖累三而不墜則失者十一累五而不墜猶掇之也吾處身也若厥株拘吾執臂也若槁木之枝雖天地之大萬物之多而唯蜩翼之知吾不反不側

不以萬物易蜩之翼，何爲而不得。孔子顧謂弟子曰：用志不分，乃凝於神，其痀僂丈人之謂乎。

通義　此即事以演老子之言，以見孔之信老也。承蜩，持竿粘蜩也。累丸於竿首，自二至五而不墜，言練習之熟，神凝而物定也。厥株槁枝，言其形之不援。不反不側，言其心之不搖。

顏淵問仲尼曰：吾嘗濟乎觴深之淵，津人操舟若神。吾問焉，曰：操舟可學邪？曰：可。善遊者數能。若乃夫沒人，則未嘗見舟而便操之也。吾問焉而不吾告，敢問何謂也？仲尼曰：善遊

者數能，忘水也。若乃夫沒人之未嘗見舟而便操之也，彼視淵若陵，視舟之覆猶其車卻也。覆卻萬方陳乎前而不得入其舍，惡往而不暇。以瓦注者巧，以鉤注者憚，以黃金注者殙。其巧一也，而有所矜，則重外也。凡外重者內拙。

通義　此與上章言習熟若性成，此則言外重者雖習不能熟，尤見志之不可分也。

田開之見周威公，威公曰：吾聞祝腎學生，吾子與祝腎遊，亦何聞焉？田開之曰：開之操拔篲以侍門庭，亦何聞於夫子。威公曰：田子無讓，寡人願聞之。開之曰：聞之夫子曰：善養生者若牧羊然，視其後者而鞭之。威公曰：何謂也？田開之曰：魯有單豹者，巖居而水飲，不與民共利，行年七十而猶有嬰兒之色，不幸遇餓虎，餓虎殺而食之。有張毅者，高門縣簿，無不走也，行年四十而有內熱之病以死。豹養其內而虎食其外，毅養其外而病攻其內，此二子者，皆不鞭其後者也。仲尼曰：無入而藏，

無出而陽，柴立其中央，三者若得，其名必極。夫畏塗者，十殺一人，則父子兄弟相戒也，必盛卒徒而後敢出焉，不亦知乎。人之所取畏者，衽席之上，飲食之間，而不知爲之戒者，過也。祝宗人玄端以臨牢筴，說彘曰：汝奚惡死？吾將三月豢音患汝，十日戒，三日齋，藉白茅，加汝肩尻乎彫俎之上，則汝爲之乎？爲彘謀曰：不如食以糠糟而錯之牢筴之中。自爲謀，則苟生有軒冕之尊，死得於腞直轉反楯之上、聚

僂之中。則爲之。爲彘謀則去之。自爲謀則取之所異彘者。何也

【通義】懈後勉其所不足也入而藏有心晦也豹似之出而陽有心顯也殺似之柴立木偶也中央隨時顯晦不以顯晦成跡也畏塗之喻日用之謹也牢彘之喻名利之謹也夫是之謂達生

【通論】已上四章大意相類病僂承蜩用志不分似發明前章純氣之守淵人操舟若神即精義入神之謂也牧羊鞭後則示養生之規祝宗說彘則警軒冕之惑是皆所以破世人之昏迷歸達生之妙旨經旨坦明不復贅釋拔箏上蒲末切李氏舊註云把也腐齋口義同振拔之拔拔箏掃帚也諸解果而不論無隱范先生云拔讀同拂拂箏皆服役者所執

解義通而音訓未明詳玩字形參之以理而得其說拔當是帔傳寫小差監韻拔音拂與翣同全羽也亦侍者所執腞楯陸氏音義云字當作篆輴畫輴車所以載柩聚當作菆才官切僂當作蔞力九切謂殯於菆塗蔞翣之中也而舊傳經文用字若此續考禮記檀弓篇天子之殯菆塗龍輴以椁又云設蔞翣蔞同柳菆也聚木蓋椁而塗之龍輴則篆畫龍文也經意蓋謂取富貴者之死以易彘之生彘猶不爲之豈有人而不如彘乎

桓公田於澤。管仲御。見鬼焉。公撫管仲之手曰。仲父何見。對曰。臣無所見。公反。誒（呼該反）詒（吐代反）爲病。數日不出。齊士有皇子告敖者。曰。公則自傷。鬼惡能傷公。夫忿滀之氣。散而不反。則爲不足。上而不下。則使人善怒。下而不上。則使人善忘。不上不下。中身當心。則爲病。桓公曰。然則有鬼乎。曰。有。沈有履。竈有髻。戶內之煩壤。雷車處之。東北方之下者。倍阿鮭蠪躍之。西北方之下者。則泆陽處之。水有罔象。丘有峷。山有夔。野有彷徨。澤有委蛇。公曰。請問委蛇之狀何如。皇子曰。委蛇。其大如轂。其長如轅。紫衣而朱冠。其爲物也。惡聞雷車之聲。則捧其首而立。見之者殆乎霸。桓公

辴（敕引反）然而笑曰。此寡人之所見者也。於是正衣冠與之坐。不終日而不知病之去也

【通義】疑妖而病聞霸而愈固常人之情或謂鬼之有無盡由心造此則迂儒執一之見達幽明之故者知鬼神之情狀易曰載鬼一車伯有爲鬼禍盈福謙謂無鬼神可乎此見桓公之霸有命存焉幾故先見或曰霸以得仲得仲亦命也尸蟲出戶亦命也

【發揮】桓公因疑而致疾則非藥所可痊告敖以妄而止妄迷不藥而成效則知鬼之有無由心之起滅而心有好惡又人之妄情也明矣妄情去則好惡得其真本心明則起滅不由彼令人逐妄喪真皆見鬼而成疾者也然則孰知治之善哉告敖之言曰公則自傷鬼惡能傷公斯爲治病之良劑與蓋戮死出而心病除弓影去而疑病愈之類也信能澄心

游覽虛白內融一塵不留萬境莫擾則鬼何
由而見病何由而入哉攝所載鬼名似涉怪
誕然孔子家語亦有夔罔象之說左傳新鬼
大故鬼小史記禹池君獻璧之事則恐不爲
無有也但陰陽各得其所兩不相
傷足矣經云天下有道其鬼不神

紀消子爲王養鬭雞十日而問雞已乎曰未
也方虛憍而恃氣十日又問曰未也猶應嚮
景十日又問曰未也猶疾視而盛氣十日又
問曰幾矣雞雖有鳴者已無變矣望之似木
雞矣其德全矣異雞無敢應者反走矣

【通義】此即雞以狀進德脩業者之始終也具
英質者初焉自大無所角而誇既知養矣時

或逐於聞見養漸深矣神定氣充不畏外感
養既久矣則外感不辭而中存坦寂已忘其
機物忘其類不動
如偶動則物從也

【義應】虛憍而恃氣暴其氣以求敵也猶應嚮
景有所逐而忘內也疾視而盛氣內充而發
見有意於勝物也望之似木雞則內融而外
化遺物而獨立異雞無敢應見者反走矣此
明養氣以全神神全而感者之效也人而舉
道至於形如槁木則氣與神不待養而自全
鬼神猶爲之欽服況同類乎古之人所以不
爭而善勝者以此雞已乎說不通按列子本
文作雞可鬭已
乎莊文脫略耳

孔子觀於呂梁縣水三十仞流沫四十里黿
鼉魚鱉之所不能游也見一丈夫游之以爲
有苦而欲死也使弟子並流而拯之數百步
而出被髮行歌而游於塘下孔子從而問焉
曰吾以子爲鬼察子則人也請問蹈水有道
乎曰亡吾有道吾始乎故長乎性成乎命與
齊俱入與汨偕出從水之道而不爲私焉
此吾所以蹈之也孔子曰何謂始乎故長乎
性成乎命曰吾生於陵而安於陵故也長於
水而安於水性也不知吾所以然而然命也

【通義】此與前操舟大旨畧同雖言入水不溺
之故實指素患難行乎患難未嘗不自得也

【義應】呂梁丈人蹈水行歌其妙在乎從水之
道而不爲私所以水不能害也人之處世能
從人之道而不爲私人亦無害之者矣推是
理以交物安往而不全哉始乎故則因習而
成長乎性習久成自然也成乎命則與水相
忘不知所以然而然是謂得全於天者也按
此章即同無忤者履物而不傷之
意斯言也其爲涉世之標準與

梓慶削木爲鐻鐻成見者驚猶鬼神魯侯見
而問焉曰子何術以爲焉對曰臣工人何術
之有雖然有一焉臣將爲鐻未嘗敢以耗氣
也必齊以靜心齊三日而不敢懷慶賞爵祿
齊五日不敢懷非譽巧拙齊七日輒然忘吾

有四枝形體也。當是時也無公朝。其巧專而
外骨消。然後入山林。觀天性。形軀至矣然後
成。見鐻然後加手焉。不然則已。則以天合天
器之所以疑神者。其是與

通義 此言因材而篤各成其天任責者非純
心斂神亦不足以盡物之性也鐻者簨簴之
端刻爲禽獸形者梓人小藝猶以無外慕志
形體不役於物乃能施其工欲成天下之材
者可
知矣

義海 未嘗耗氣則神全矣又齊以靜心是謂
養神氣之道故見於用也其巧專而外滑消
觀夫木材天性合鐻形者然後加手則用力
少而見功多此器之所以疑神也然而以天

合天之妙不可以言盡惟窮神知化斯足以
與焉人而能不爲慶賞爵祿非譽之所移則
凡所舉措何往
而非凝於神耶

東野稷以御見莊公。進退中繩。左右旋中規。
莊公以爲文弗過也。使之鉤百而反。顔闔遇
之。入見曰。稷之馬將敗。公密而不應。少焉果
敗而反。公曰。子何以知之。曰。其馬力竭矣。而
猶求焉。故曰敗

通義 君子不竭人之歡不盡人之情以全交
也至於自用勞神理勢必敗況馳騖於外者
形神俱勞乎此言竭媚君之才
以從君欲者失己傷物類如此

通義 詩云執轡如組兩驂如舞可以證文弗
過之義織組者總紕於此。而成文於彼。喻善
御者執轡於上。而馬調於下也。鉤百謂圓旋
而不止故知其必敗力竭而猶求則非惟馬
敗而人亦勞只公密而不言惡其沮志也少
頃而驗斯表先見之明然於危已無濟矣世
之聽忠而不能用
者其失亦若此

工倕旋而蓋規矩。指與物化。而不以心稽。故
其靈臺一而不桎。忘足。屨之適也。忘要。帶之
適也。知忘是非。心之適也。不內變。不外從。事
會之適也。始乎適而未嘗不適者。忘適之適
也

通義 此言忘之爲德以見無爲之境倕旋而
蓋規矩指與物化者爲方圓但以手轉不須
用規矩故曰蓋由其手指與方圓相忘是以
不必疑其無式而後稽考其中度否也故其
靈臺一而不桎故字應在句盡猶言職此之
故也忘足忘要知忘是非起下會適句會者
合也心與所學相融如時習而悅四體不言
而喻之意始乎適而未嘗不適初尚有適之
情至於無往不適則所謂適
者亦忘之矣此之謂真適

義海 工倕旋而蓋規矩諸解中呂說明當所
論蓋字尤有理鬳齋於蓋字頗費辭而後論
精到合二家之長斯爲盡善經意不過謂達
生之人心通物理而物與之合非區區求合
於物故其巧妙其功深徜徉於世而未嘗不
適是爲忘適之適蓋人處世間能與物通則
無往而
非適矣

有孫休者。踵門而詫子扁慶子曰。休居鄉不見謂不修。臨難不見謂不勇。然而田原不遇歲。事君不遇世。賓於鄉里。逐於州部。則胡罪乎天哉。休惡遇此命也。扁子曰。子獨不聞夫至人之自行邪。忘其肝膽。遺其耳目。芒然彷徨乎塵垢之外。逍遥乎無事之業。是謂爲而不恃。長而不宰。今汝飾知以驚愚。修身以明汙。昭昭乎若揭日月而行也。汝得全而形軀。具而九竅。無中道夭於聾盲跛蹇。而比於人

數。亦幸矣。又何暇乎天之怨哉。子往矣。孫子出。扁子入坐有間。仰天而歎。弟子問曰。先生何爲歎乎。扁子曰。向者休來。吾告之以至人之德。吾恐其驚而遂至於惑也。弟子曰。不然。孫子之所言是邪。先生之所言非邪。非固不能惑是。孫子所言非邪。先生所言是邪。彼固惑而來矣。又奚罪焉。扁子曰。不然。昔者有鳥止於魯郊。魯君說之。爲具太牢以饗之。奏九韶以樂之。鳥乃始憂悲眩視。不敢飲食。此之

謂以己養養鳥也。若夫以鳥養養鳥者。宜棲之深林。浮之江湖。食之以委蛇。則平陸而已矣。今休款啓寡聞之民也。吾告以至人之德。譬之若載鼷以車馬。樂鴳(音晏)以鐘鼓也。彼又惡能無驚乎哉

通義 此亦明小行小識不足與聞乎大道。以表失言之可悔也。孫休志在要譽。非誠自修者。不遇而怨。小人之尤矣。慶子語此至人之德。豈亦聞見自信未臻身有之域乎。明汙者自潔以明他汙也。驚者訝所聞之異。遂至惑於趨向而廢業。是以仰天而歎也。不然者知教當因材。不可躐等也。款啓者隨件開諭。漸次引掖也。養鳥之諭義見前篇末。繳中復設

載鼷樂鴳二諭。亦是文字中引氣充神之一技。

義海 樂天知命。故不憂。窮理盡性。夫何疑。若休之所云。其於天命理性之說。大有逕庭矣。故扁子告以至人之行。忘肝膽則內屏。遺耳目則外靜。然後彷徨乎塵垢之外。凡人世有爲有迹。皆塵垢也。能離乎此。則行住坐臥莫非無事之業。所謂世出世間矣。何爲可恃。何莫長可宰耶。今汝飾知脩身。昭若日月以攖世間之禍患。得全形無夭。亦幸矣。何暇乎天之怨哉。此所以深警其迷而使之知復也。海鳥之諭。文意顯明。

褚氏總論 是篇首論生者人之所重。或過養而傷生。命在天而莫違。或以故而滅命。儻違於斯二者。則能保其生而安乎命。是爲深根固蔕長生久視之道也。故凡生之所無以爲者。己之命之所無柰何者。達之知其非所當務。而吾有純全之天。不可須

史離也請觀醉者之墜車離者之於鐵干
則亦何所容心哉承蜩操舟以明積習而
造妙牧羊畏途在乎鞭後而戒危說祝脩
貪爵者不如見鬼顯不能寘妄者多惑此
後設喻不一皆所以申達生之止可謂詳
且切矣夫人生所養自有定分不爲求之
而得弗求而失也人之患有出非虞不爲
幸而可逃智而可免也在乎修人事以順
天理求其無愧而已壽夭禍福非所汲汲
也至若岩谷清修廟堂事業內而養生外
而治人亦不過美人倫與教化同歸乎道
德之理而已然的知生爲可重而能警惕
乎衽席飲食之間者幾何人哉必也望之
而似木雞御而不竭其力斯達乎生理而
庶幾乎至人之行矣結以魯郊之鳥聞鍾
鼓憂悲蓋外失其養則內傷其性苟知所
以養之則知所以全之要在達已之生推
以利物之生與物同適忘適而無不適矣

通義 此篇首言達生可以相天後至人潛
行不窒至篇末皆紀事實以證生之不可
不達
也

山木第二十

莊子行於山中。見大木。枝葉盛茂。伐木者止
其旁而不取也。問其故。曰。無所可用。莊子曰。
此木以不材得終其天年。莊子出於山。舍於
故人之家。故人喜。命豎子殺鴈而烹之。豎子
請曰。其一能鳴。其一不能鳴。請奚殺。主人曰。
殺不能鳴者。明日弟子問於莊子曰。昨日山
中之木。以不材得終其天年。今主人之鴈。以
不材死。先生將何處。莊子笑曰。周將處夫材
與不材之間。材與不材之間。似之而非也。故
未免乎累。若夫乘道德而浮遊者。則不然。无
譽无訾。一龍一蛇。與時俱化。而无肯專爲。一
上一下。以和爲量。浮遊乎萬物之祖。物物而
不物於物。則胡可得而累邪。此神農黃帝之
法則也。若夫萬物之情。人倫之傳。則不然。合
則離。成則毀。廉則挫。尊則議。有爲則虧。賢則
謀。不肖則欺。胡可得而必乎哉。悲夫。弟子志
之。其唯道德之鄉乎

[illegible] 笑而曰將處於材不材之間此莊子工
夫間斷時間難而遂言詮也出口即有覺故
隨曰似之而非也自指其言似可免累而實
非免累之道以其猶有材不材之可見也惟
不以免累爲心一任道德而卷舒無我其據
應之有累無累非所與論也夫抵物以資用
而受啟天也非人所能庸心也命定於木用
必以材命定於禽廢必以不材其所取於世
者生質定之矣惟無可用之具則木不召伐
鴈不召烹尚何材不材之足論哉試觀天道
之循環得失不
可以心思必也

[illegible] 爲聖賢者無不因學而成學聖賢者往
往徇迹成弊唯得心遺迹斯無弊矣木以不

材而生以不材而死此可見之迹也然其所以生所以死豈專在乎材與不材亦有係乎所遇焉故其人將處乎材與不材之間猶以爲未免乎累而欲脫去之特未知所遇者如何耳能否係乎材所遇係乎命或謂材屬人而命屬天則截然二途矣蓋材亦出於天而成之在人命全之在人而有係乎天所遇則天人相因之迹而美惡之所以著也故材不材之間賢者之事超三者而無累則入乎聖矣是以必至於游乎萬物之祖物物而不物於物然後材之所不能役命之所不能物也故聖人不貴材罕言命鄉字舊無他音今疑從去聲

與向同

市南宜僚見魯侯。魯侯有憂色。市南子曰：君有憂色，何也？魯侯曰：吾學先王之道，修先君之業；吾敬鬼尊賢，親而行之，無須臾離居，然不免於患，吾是以憂。市南子曰：君之除患之術淺矣。夫豐狐文豹，棲於山林，伏於巖穴，靜也；夜行晝居，戒也；雖饑渴隱約，猶且胥疏於江湖之上而求食焉，定也；然且不免於罔羅機辟之患，是何罪之有哉？其皮爲之災也。今魯國獨非君之皮邪？吾願君刳形去皮，灑心去欲，而遊於无人之野。南越有邑焉，名爲建德之國。其民愚而朴，少私而寡欲；知作而不

知藏，與而不求其報；不知義之所適，不知禮之所將；猖狂妄行，而蹈乎大方；其生可樂，其死可葬。吾願君去國捐俗，與道相輔而行。君曰：彼其道遠而險，又有江山，我無舟車，奈何？市南子曰：君无形倨，无留居，以爲君車。君曰：彼其道幽遠而无人，吾誰與爲鄰？吾無糧，我無食，安得而至焉？市南子曰：少君之費，寡君之欲，雖無糧而乃足。君其涉於江而浮於海，望之而不見其崖，愈往而不知其所窮。送君者皆自崖而反，君自此遠矣！故有人者累，見有於人者憂。故堯非有人，非見有於人也。吾願去君之累，除君之憂，而獨與道遊於大莫之國。方舟而濟於河，有虛船來觸舟，雖有惼心之人不怒；有一人在其上，則呼張歙之；一呼而不聞，於是三呼邪，則必以惡聲隨之。向也不怒而今也怒，向也虛而今也實。人能虛己以遊世，其孰能害之！

通義　居塵出塵此章之大旨中間舉名舉相皆指吾固有者寓言以寄意也送者自崖而

反猶老子語南榮趎以俗來者衆之意有人
若我役物也有於人者物役我也二者皆非
爲已之道若堯不以已役物亦不爲物所役
則何累何憂大莫之國結前建德而後取喻
以無心爲歸而文氣便自悠長三呼邪之上
當疊三呼二字此譬喻盡人情學者當知道
不遠人
者如此
長海 孤豹栖伏隱約猶不免於患皮之爲災
也今魯國君位無異乎文皮之賈禍信能刳
形則外皮自去洒心則內欲自除超然遠俗
是遊無人之野矣到此恐侯渺茫無捄又設
建德之國以誘之作不知藏見在而足與不
求報施不爲恩又安知義理之所適將哉所
以恣行而不離乎大道也可樂可葬言安生
安死去國捐俗則舍其係累與道相輔川歸
於無爲若是者可以至於建德之國矣魯侯
未悟又慮道遠而無舟車告以但能無以君

侯自尊仍無戀此國位以是爲舟則可往矣
又慮幽遠無鄰無糧爲至故凡著物滯有者
畏墮於虛其悲常若此又告以少費寡欲無
糧乃足君其泛乎道德之海而無崖無窮送
君者愉爵位嗜欲乎日相從諳熟者一旦棄
去而遊乎無窮則向之相從者望崖而不可
逆遂與之日遠矣夫有人見有於人皆不免
憂累雖能若堯之蕩蕩無名斯可免悲願君
去累除憂而獨與道遊於大莫之國莫即無
也蓋由無人之野斯造建德之國遊大莫則
德亦忘矣即逍遙遊所謂無何有之鄉是也
虛船觸舟備見前解無須臾離居然不免於
患舊從居爲句諸解多因之
今定從離爲句居屬下文
北宮奢爲衛靈公賦斂以爲鍾。爲壇乎郭門
之外。三月而成上下之縣。王子慶忌見而問
焉。曰子何術之設。奢曰。一之間。無敢設也。奢
聞之既雕既琢復歸於朴。侗乎其無識。儻乎
其怠疑。萃乎芒乎其送往而迎來。來者勿禁。
往者勿止。從其彊梁隨其曲傳。因而自窮。故
朝夕賦斂而毫毛不挫。而況有大塗者乎
鬳齋 爲壇於郭門之外來者弗禁多寡弗議
也往者弗止無亦弗怪也蓋謂喻意於民而
聽民之自願是以令不煩而事易集也一之
間無敢設也者誠心爲國專一而不用智巧
況有大塗云者言抱大道以御事
則一而不設又豈特此小成哉
碧虛 金石奉天之器應律呂調陰陽國所當
備者而賦斂於民以爲之則宜難成也今乃

三月而成上下之懸鐘上下各六所謂編鐘
是也推其成之速故問何術之設而致是答
以唯知純一是守無敢有所設也既彫既琢
始於有爲復歸於朴終乎無爲所以至於無
識而若怠若疑也萃乎芒乎送往迎來若奢
殆之過前也來者勿禁隨其曲附也往者勿
止從其強梁也因其自窮使各盡其情而已
吾能止此而上下二懸猶足以不擾而辦況
懷大道於身者乎蓋其識辯也此言以道處
物者無往而不從容執物而障道無往而不
係累賦斂以成事後世爲國者所不免有道
存乎其間則事成而民不害也所謂有道者
何守一復
朴而已矣
孔子圍於陳蔡之間。七日不火食。大公任往
弔之曰。子幾死乎。曰然。子惡死。曰然。任曰。子

嘗言不死之道。東海有鳥焉，名曰意怠。其爲鳥也，翂翂音紛翐翐音族，而似無能；引援而飛，迫脅而棲；進不敢爲前，退不敢爲後；食不敢先嘗，必取其緒。是故其行列不斥，而外人卒不得害，是以免於患。直木先伐，甘井先竭。子其意者飾知以驚愚，修身以明汙，昭昭乎如揭日月而行，故不免也。昔吾聞之大成之人曰：自伐者無功，功成者墮，名成者虧。孰能去功與名，而還與衆人？道流而不明居，得德誤行而

不名明誤處；純純常常，乃比於狂；削迹捐勢，不爲功名。是故无責於人，人亦无責焉。至人不聞，子何猶收喜哉？孔子曰：善哉。辭其交遊，去其弟子，逃於大澤；衣裘褐，食杼栗；入獸不亂群，入鳥不亂行。鳥獸不惡，而況人乎？

【通義】凡序仲尼深造者，必極其精純，則知凡言其未至者，皆其早歲求道發憤之時也。觀論語從心一章可見。孔子曰善哉以下，非孔子實事，蓋設言以見意，所謂重言也。

【讀海】道流而不明居，得行而不名處，二句停勻分讀，義自顯然。郭氏乃於明字下著註，故後來解者不越此論。唯呂氏疑偶二字從居從處爲句，蓋得當是德，名應是明，疑與上文[illegible]惝言道德流行無往不在，但不欲自顯其迹。德以取伐竭耳。純常比狂，彼此無責，故能入獸不亂群，入鳥不亂行。此孔子服膺大成之言而洗心藏密之效也。故標示後世以爲規戒焉。

孔子問子桑雽音户曰：吾再逐於魯，伐樹於宋，削迹於衛，窮於商周，圍於陳蔡之間。吾犯此數患，親交益疏，徒友益散，何與？子桑雽曰：子獨不聞假人之亡與？林回棄千金之璧，負赤子而趨。或曰：爲其布與？赤子之布寡矣；爲其累與？赤子之累多矣。棄千金之璧，負赤子而

趨，何也？林回曰：彼以利合，此以天屬也。夫以利合者，迫窮禍患害相棄也；以天屬者，迫窮禍患害相收也。夫相收之與相棄亦遠矣。且君子之交淡若水，小人之交甘若醴。君子淡以親，小人甘以絶。彼无故以合者，則无故以離。孔子曰：敬聞命矣。徐行翔佯而歸，絶學捐書，弟子无挹於前，其愛益加進。異日，桑雽又曰：舜之將死，真泠誤禹曰：汝戒之哉！形莫若緣，情莫若率。緣則不離，率則不勞。不離不勞，

求文以待形。不求文以待形。固不待物
林回林木遺回祿也赤子沛寡不知火
怖也故曰寡利合天屬一段誠足以開
外誘之蔽無損於前不修世俗之證也真冷
乃其令之誤不求文以待形固不待物足乎
已無待於外也孔子之
固皆有待於物之故
綱領天屬相收出乎自然無故而合也利合
相親出乎使然有故而合也以夫子之友徒
比林回之赤子則有故無故可見淡親非絕
又爲世道言之此相收相棄之所以分也
夫子既悟歸而絕學以至於無爲捐書而究
其所以弟子無損遜之禮而相忘於前其愛
益加進則去飾任真皆天屬也奚獨父子而
後爲至親耶形緣而不離則已常存情率而
不勞則性常適所謂我者得矣
又何待乎證文何資乎外物哉

莊子衣大布而補之。正緳（賢節反）係履而過魏
王。魏王曰。何先生之憊邪。莊子曰。貧也。非憊
也。士有道德不能行。憊也。衣弊履穿。貧也。非
憊也。此所謂非遭時也。王獨不見夫騰猿乎。
其得柟梓豫章也。攬蔓其枝而生長其間。雖
羿逢蒙不能眄睨也。及其得柘棘枳枸之間
也。危行側視。振動悼慄。此筋骨非有加急而
不柔也。處勢不便。未足以逞（何庭可逞）其能也。今處昏
上亂相之間。而欲无憊。奚可得邪。此比干之

見剖心。徵也夫
此段夫托爲南華之言使南華而言此
何以爲南華況原憲子貢之言已盡之矣此
後重出况以比干剖心爲徵尤見紕謬魏王
聞言而不色動其賢矣哉此章殆莊子而褻
魏王者乎正緳帶中結也
係履履敝而以繩約之也
綱領外利祿而守志曰貧無所守而氣餒曰
憊貧者士之常憊者士之喪故南華於一字
之間必正其名所以欲充其實也勝後之喻
夫豈得已意在柟柞柘棘之分以形容其不
遭時耳觀南華所對可謂確乎其尚志者矣
吁士抱道而不遇賞音何代而非魏王耶然
心廣體胖足以勝之
則亦何貧憊之有

孔子窮於陳蔡之間。七日不火食。左據槁木。
右擊槁枝。而歌猋氏之風。有其具而無其數。
有其聲而无宮角。木聲與人聲犁然有當於
人之心。顏回端拱。還目而窺之。仲尼恐其廣
已而造大也。愛已而造哀也。曰。回。无受天損
易。無受人益難。无始而非卒也。人與天一也。
夫今之歌者其誰乎。回曰。敢問无受天損易。
仲尼曰。飢渴寒暑。窮桎不行。天地之行也。運
物之泄也。言與之偕逝之謂也。爲人臣者不
敢去之。執臣之道猶若是。而况乎所以待天

乎何謂无受人益難仲尼曰始用四達爵祿並至而不窮物之所利乃非己也吾命有在外者也君子不爲盜賢人不爲竊吾若取之何哉故曰鳥莫知於鷾鴯目之所不宜處不給視雖落其實棄之而走其畏人也而襲諸人間社稷存焉爾何謂無始而非卒仲尼曰化其萬化而不知其禪之者焉知其所終焉知其所始正而待之而已耳何謂人與天一邪仲尼曰有人天也有天亦天也人之不能

有天性也聖人晏然體逝而終矣

通義 橘木橘枝非樂器也有其具無其數有聲無音而又能當於人心此正形容孔子聲律身度之意餘義皆明惟無受天損易無受人益難與論語貧而無怨難富而無驕易意似相反彼示人以處貧富之功者蓋曰富者不可誇作事之易貧者不可苦日給之難而此則以理勢論受於外者之物也

纂游 橘木橘枝皆無情之物歌焱氏風傷今思古也廣己而造大猶云張皇其事愛己而造哀鍾情憂戚也夫天損之來安之則易人益之至辭去則難孔子嘗謂貧而無怨難富而無驕易南華反立說語意尤奇而於理無悖此所以度越諸子也蓋貧無怨難指俗而言無受天損易爲學道者而言若顏子簞瓢自樂無受天損易也王子搜登車仰呼無受

人益難也蓋天益損之來安之在我不以損爲損此所以爲易人益之至制之有尊不可辭卻此所以爲難然禍福倚伏勢若循環是以達人視損如益處窮如通故不逐不移死生莫奪也信知無始而非卒則何損之能損哉天人之理互相因乘今之歌者亦非我也造物使之耳夫物受天地運化不啻人臣之從君命雖抱道在躬者不受其損也四達並至命在外者得之有道非竊取也則人益之來君子亦有時乎受之矣鷾鴯畏人襲人間以猶處世全身之知其顧窠巢而不去猶人守社稷而不可離也天地之化物不覺其變人當以天合天安時任化爵祿窮通非所懷也人而不能有天曾鷾鴯之不若也運物碧虛照江南古藏本作運化於義爲優在當是室本經多通用

莊周游乎雕陵之樊覩一異鵲自南方來者

翼廣七尺目大運寸感周之顙而集於栗林莊周曰此何鳥哉翼殷不逝目大不覩蹇裳躩步執彈而留之覩一蟬方得美蔭而忘其身螳螂執翳而搏之見得而忘其形異鵲從而利之見利而忘其真莊周怵然曰噫物固相累二類相召也捐彈而反走虞人逐而誶之雖遂反莊周反入三月不庭藺且從而問之夫子何爲頃間甚不庭乎莊周曰吾守形而忘身觀於濁水而迷於清淵且吾聞諸夫子

曰。入其俗從其俗。今吾遊於雕陵而忘吾身。異鵲感吾顙遊於栗林而忘真，栗林虞人以吾為戮。吾所以不庭也

通義 感周之顙忘機而物不避也此何鳥也則逐外矣噫捐彈而走即自覺也三月不庭自省也此言饑渴之害為心害也心害而身殉矣逐而誶之故曰以吾為戮

陽子之宋。宿於逆旅。逆旅人有妾二人。其一人美。其一人惡。惡者貴而美者賤。陽子問其故。逆旅小子對曰。其美者自美。吾不知其美也。其惡者自惡。吾不知其惡也。陽子曰。弟子記之。行賢而去自賢之行。安往而不愛哉

通義 自美則有所恃而不修於行自惡則常抱歉而樂勤於事行賢有功於人也汝惟不矜天下莫與汝爭能汝惟不伐天下莫與汝爭功

義海 存自賢之行則美者人猶惡之況於惡乎去自賢之行則惡者人猶愛之況於美乎美惡由乎形愛惡由乎心貴賤由乎命形一定而不易命有時而窮通心則隨物而變故其愛惡也無常至於彼自美惡而吾不知其美惡則心與物忘同乎溟涬然後可以化物矣彼能去賢此能忘賢是謂不尚賢所以使民不爭歸於自化無為之治莫大於斯故用以結山木之論

褚氏總論是篇以山木命題即大樗櫟社之義皆以不材得終天年又以鴈不能鳴而見殺相對立論則南華之於世諦鵲之亦然矣夫木以擁腫全生理固然也而物之評天窮通各係乎命分所遇不可例以不材而幸免也材與不材俱為著迹中間一路猶涉消詭以其似是而非故未免乎累必欲離三者而獨立乘道德以浮遊與物同波與時俱化超物欲而無累夫文皮而無災則違德大莫之國不在遠求而自至矣若虛船之觸舟不怒賦斂而毫毛不挫皆以無心符物物亦無心應之至論陳蔡之厄不若鷾鴯之知螳螂鵲不知挾彈乘之此皆逐於物而忘其真故不免乎累也林回棄璧甘負赤子而逃帝舜命禹貴形緣而情率則知尊天爵不待外物矣衣大布而過魏王攀槁枝而歌焱氏明處貧而非憊知天損之易安則人益之來處之必有道矣結以行賢而去自賢之行是超乎材與不材之間而一真自如者也故

真人不悖諄復期學者更進竿頭一步云

田子方第二十一

田子方侍坐於魏文侯。數稱谿工。文侯曰。谿工。子之師邪。子方曰。非也。無擇之里人也。稱道數當。故無擇稱之。文侯曰。然則子無師邪。子方曰。有。曰。子之師誰邪。子方曰。東郭順子。文侯曰。然則夫子何故未嘗稱之。子方曰。其為人也真。人貌而天。虛緣而葆真。清而容物。物無道。正容以悟之。使人之意也消。無擇何

足以稱之。子方出。文侯儻然終日不言。召前立臣而語之曰。遠矣全德之君子。始吾以聖知之言。仁義之行為至矣。吾聞子方之師。吾形解而不欲動。口鉗而不欲言。吾所學者。直土梗耳。夫魏真為我累耳。

【通證】數稱者，因文侯之造詣與之相近也。稱道數當，論大道而得情也。為人真者，言行率真，無一毫造作也。葆真者，發其天賦之性，不雜以人為也。上真見於外，下真守於中者。意消無道之意，忘也。上言物，下言人，惟無道也，故曰物；惟其消也，故曰人。此以善養人也。

【義海】名所以彰德，外學也；內學則以為累。德故凡學道之人，為世所稱者，皆未能無迹，非德之全。若東郭順子，其徒猶未嘗稱之，世人又安能窺其萬一。特因文侯之問，遂言大累其為人也，人貌而天，謂外同光塵而內不離其自然之得。虛緣則無為也，而能混迹以保真；清則忤俗也，而能恢爽以容物。正容以悟人，此為容之之道，使人意消，則德薄而化。容之在我，其化在彼。此人所難能者，而順子能之，非唯不待乎稱揚，而亦不可得而稱揚也。聖知之言，仁義之行，修其外者耳。子方之師之德，足以使人內化。文侯聞風而悟，在於形解口鉗，亦可謂速化者矣。悟所學為土梗，則知絕學為全真；悟魏為身累，則知志位之可又使人意消之良驗也。又況於親炙規誨者乎。

溫伯雪子適齊。舍於魯。魯人有請見之者。溫伯雪子曰。不可。吾聞中國之君子。明乎禮義。

而陋於知人心。吾不欲見也。至於齊。反舍於魯。是人也又請見。溫伯雪子曰。往也蘄見我。今也又蘄見我。是必有以振我也。出而見客。入而歎。明日見客。又入而歎。其僕曰。每見之客也。必入而歎。何邪。曰。吾固告子矣。中國之民。明乎禮義而陋乎知人心。昔之見我者。進退一成規。一成矩。從容一若龍。一若虎。其諫我也似子。其道我也似父。是以歎也。仲尼見之而不言。子路曰。吾子欲見溫伯雪子久矣。見之而不言。何邪。仲尼曰。若夫人者。目擊而道存矣。亦不可以容聲矣。

【通證】此見魯人久習於儀文，務於聞見，而孔子獨出乎流俗也。規矩，禮法也。龍虎，文章也。諫似子，道似父，自賢而好為人師也。魯國一儒，與此互發。語而條貫，默而道存，孔子也。

【義海】言所以在意，得意而言可忘；禮所以接誠，誠至而禮可薄。故聖人教人務脩實而文非所尚也。則夫進退從容，諫我道我者，形謙成光，去道愈遠，謂之陋乎知人心也，宜矣。昔常有請見文中子，子三見而不言，恭恭若不足。與出，謂門人曰：夫子得志於朝廷，有不言之教，不發之嚴矣。是亦庶乎目擊道存之義云。

顏淵問於仲尼曰。夫子步亦步。夫子趨亦趨。

夫子馳亦馳，夫子奔逸絶塵，而回瞠若
乎後矣。夫子曰：回，何謂邪？曰：夫子步亦步也，
夫子言亦言也；夫子趨亦趨也，夫子辯亦辯
也；夫子馳亦馳也，夫子言道，回亦言道也；及
奔逸絶塵，而回瞠若乎後者，夫子不言而信，
不比而周，無器而民蹈乎前，而不知所以然
而已矣。仲尼曰：惡，可不察與！夫哀莫大於心
死，而人死亦次之。日出東方而入於西極，萬
物莫不比方，有目有趾者，待是而後成功，是

出則存，是入則亡。萬物亦然，有待也而死，有
待也而生。吾一受其成形，而不化以待盡，效
物而動，日夜無隙，而不知其所終，熏然其成
形，知命不能規乎其前，丘以是日徂。吾終身
與女交一臂而失之，可不哀與！女殆著乎吾
所以著也。彼已盡矣，而女求之以爲有，是求
馬於唐肆也。吾服女也甚忘，女服吾也亦甚
忘。雖然，女奚患焉！雖忘乎故吾，吾有不忘者
存。

【通義】此紀孔顔之授受也。步趨馳刑行言辯
道行也，由緩入急爲學，而做於形跡，見於事
功，所以瞠若而覺夫子奔逸絶塵也。此形容
仰鑽瞻忽，末由之意，回之做於形跡，心死於
物也。故使之反觀心之所在，又即天運與人
事相符而不息者，以日爲準，以起萬物之於
虛靈亦莫不然。太虛之靈熏烝和煦，充滿宇
宙，生生化化，莫非此所成，此所謂命也。知幾
者知此命有定，惟素位而行，不能計乎將來。
丘以此之故，所以此生與日俱隮，而不敢將
迹也。人苟相親以形，而失此天性，其不可哀
乎！汝之所學，皆可見者，不知此過而道已化，
汝乃以爲有象而求之，是求無以有也。唐
壁之屋，肆市也，鬻馬者於此，而粲既鬻則散
而無馬矣。此虛室也，乃復求馬，不亦謬哉！服
醒而衣之也，吾之語汝者，語過而忘其所語
矣；汝之聽我者，聽過而忘其所以聽，斯則虛
靈之體也。至此，汝無謂無無栖箔而生慮，此雖

文

忘其知而湛一無知者，千世而不變也。
此所謂物有待而生，死日夜無隙者。

【義海】孔子奔逸絶塵，而回瞠若乎後，即楊子
所謂顔苦孔之卓也。聖人之心湛如止水，物
來斯燭，潜應所感，是謂與物爲春，日夜無隙
者也。若其心死，則枯槁絶物，滯於頑空，沈淪
幽寂，莫使復陽，故哀莫大焉。既心死而不復
陽，則人死亦隨之矣。日有出入，以喻物有死
生。有目當是有首，天地篇有首有趾無心無
耳者衆，有首有趾，謂凡戴天履地之人是指
造化中物之存亡係於造化之出入，所謂有
待者也。日徂則與化俱往，吾與汝共處一生，
之中若交臂而過，頃刻失之，可不哀與！汝殆
見乎吾所以見，特窺其陳迹，已化而汝求之，
以爲有，是求馬於唐肆也。唐肆，蕭齋說爲近，
又疑當時闤闠有此名，如京師馬竹樊樓之
類，要亦不必深究。吾服汝也甚忘，謂吾思汝
之前事已俱化矣，汝之思吾亦然。此古今聖

賢愚知所共非可以計力免但當委順之知有不亡者存見矣籍觀此章問答極於出入死生造化推遷之理先儒所未發明群弟子所不可得聞者也蓋顏子優入聖域故夫子以此告之再詳交臂而失一語有以見拳拳於道義之間情均天屬德意藹然夫化機之不可停猶生之不可常也然而知有不忘則大者常存非化所從去來見在無得而間之前所云者特世之逝耳豈足以窮聖賢之蘊哉

孔子見老聃。老聃新沐，方將被髮而乾，慹然似非人。孔子便而待之。少焉見，曰：丘也眩與？其信然與？向者先生形體掘若槁木，似遺物離人而立於獨也。老聃曰：吾遊於物之初。孔

子曰：何謂邪？曰：心困焉而不能知，口辟焉而不能言，嘗爲女議乎其將。至陰肅肅，至陽赫赫。肅肅出乎天，赫赫發乎地。兩者交通成和而物生焉，或爲之紀而莫見其形。消息滿虛，一晦一明，日攺月化，日有所爲，而莫見其功。生有所乎萌，死有所乎歸，始終相反乎无端，而莫知乎其所窮。非是也，且孰爲之宗？孔子曰：請問遊是。老聃曰：夫得是，至美至樂也。得至美而遊乎至樂，謂之至人。孔子曰：願聞其

方。曰：草食之獸，不疾易藪；水生之蟲，不疾易淵。行小變而不失其大常也，喜怒哀樂不入於胷次。夫天下也者，萬物之所一也。得其所一而同焉，則四支百體將爲塵垢，而死生終始將爲晝夜，而莫之能滑，而況得喪禍福之所介乎！棄隸者若棄泥塗，知身貴於隸也。貴在於我而不失於變。且萬化而未始有極也，夫孰足以患心！已爲道者解乎此。孔子曰：夫子德配天地，而猶假至言以修心，古之君子，

孰能脫焉？老聃曰：不然。夫水之於汋也，无爲而才自然矣。至人之於德也，不修而物不能離焉。若天之自高，地之自厚，日月之自明，夫何修焉！孔子出，以告顏回曰：丘之於道也，其猶醯雞與！微夫子之發吾覆也，吾不知天地之大全也。

通義　李孔之授受莫此爲精吾師乎吾事乎議乎其將句其者指人性之原天地之根柢也將者自無而有將然未然之謂蓋以性之體不可言其幾略有可言者陰陽互感而萬物之生無窮其幾不可見不可窮而實爲萬物之王遊是者心盤桓於無朕無方也願聞

其趨向之方，得其所一而已。貴者至美至樂者也，得至美至樂則死生禍福與所隸之事皆不足以累心矣。已爲道者解乎此，言神明之合全體，是道而無我者，惟解乎此而已。恆至言以修心，指前不能知、不能言，爲至言，伏於中以默自修，不忘於修也。老子猶然，孰能忘修乎？不然者，謂修而至於無修，非不修也。醯雞醇甕中之蠛蠓也，包覆於甕中，自安於小，不見其大也。道莫大於自然。

【義海】物初者，無名天地之始，即太極也。肅肅出天，赫赫出地，即太極動而生陽，動極而靜，靜而生陰，靜極復動，循環無端，似有物爲之紀而莫見其形，即所謂上知造物無物，不知有物之造也。明夫物初，則知已之初以至天地之初亦若是而已，得是至美而游乎至樂，斯爲人道之至也。夫物之所生有萌，有歸人之生死，不可深究，小變謂生死，大常不衰也。

不衰者，一靈之本，靜而曰性，含虛空而有餘，動而曰心，入塵垢無不達，斯理者涉變而通，知常曰明，其存也如月在水，其化也如風行空，何易水易藪之足慮哉？天下者萬物之所同，則四肢百體豈吾獨有？知隸賤可棄，而身貴常存，則何得喪禍福之能滑？夫水之於濟，性自然也，聃至人之德無假修爲，而物自歸之。天職生覆，地職形載，主教化者聖人之職，斯其所以爲大全也。與此章要旨在生萌死歸，而先聖於此多不明言，欲人反而求之，元其真見之實，然後不爲死生轉移，且人處生死之間，上知下愚無得免者，生圖厚養，死圖厚塟，比比皆然，罔知所萌所歸之何如也。夫欲知其所歸，必當究其所萌，乍開此言，若茫然無致力處，研窮經意，互有發明，南華亦嘗有云：察其始也本無生，非徒無生而又無形，無氣，雜乎芒忽之間，變而有氣，氣變而有形，有生，生又變而之死，是相與爲四時也。又云

善吾生者，所以善吾死，則先聖不言之秘，其人已詳言之，人患不求耳。是道也可以心會而不可以言盡，即禪家究竟父母未生已前，風火既散已後，雖因師指而入，終爲直須自悟，所謂說破即不中是也，學者勉之。

莊子見魯哀公。哀公曰：魯多儒士，少爲先生方者。莊子曰：魯少儒。哀公曰：舉魯國而儒服，何謂少乎？莊子曰：周聞之，儒者冠圜冠者知天時，履方屨者知地形，緩佩玦者事至而斷。君子有其道者未必爲其服也，爲其服者未必知其道也。公固以爲不然，何不號於中國

曰：無此道而爲此服者，其罪死。於是哀公號之五日，而魯國無敢儒服者，獨有一丈夫儒服而立乎公門。公即召而問以國事，千轉萬變而不窮。莊子曰：以魯國而儒者一人耳，可謂多乎？

【通義】此見當時信莊孔爲真儒也。前胠篋中謂陳成子傳世十二，享有齊國，此言見哀公，與陳恒同時矣。計其辭將幾何乎？余故謂外篇雜篇多後人所擬而附會之者。

【義海】南華以世間卓犖之才而居溷濁之世，時人無足與語，然以發胸中之奇，遂上論皇王，中談孔老，下至楊墨、桀跖，悉評議而無遺，其於察言行之實，判心迹之微，不啻明鏡之

焬秋毫也或謂所談多譏孔子徒觀其言而不究其意耳是章結以舉魯國儒服而儒者一人余謂尊孔子者莫若南華也請觀東坡莊子祠堂記庶表余言之不妄云

百里奚爵禄不入於心。故飯牛而牛肥。使秦穆公忘其賤與之政也。有虞氏死生不入於心。故足以動人。

【通義】惟思盡職惟恐瘝曠何爵可計何禄可辭故飯牛而牛肥撫國而國裕正易地皆然之謂無求在平時心也盡職在當事業也

宋元君將畫圖。衆史皆至。受揖而立。舐筆和墨在外者半。有一史後至者。儃儃（吐但反）然不趨。受揖不立。因之舍。公使人視之。則解衣般礴臝。君曰。可矣。是真畫者也。

【通義】舐筆和墨矜能逞技於目前不趨不立神營景色於圖外是故謂之真畫若元君者亦可謂知鑒別矣受揖不立領畫圖之意遂返舍也即舐筆和墨四字決非涂書壁經之將所作也

【義海】爵禄無心而飯牛故穆公與之政工技不矜而樂礴故元君知其畫之真心虛則物附足者內閒故也今世之從事才技者汲汲然恐人之不知而用才者則惟外飾是取宜其得之不精也

文王觀於臧。見一丈夫釣。而其釣莫釣。非持其釣有釣者也。常釣也。文王欲舉而授之政。而恐大臣父兄之弗安也。欲終而釋之。而不忍百姓之無天也。於是旦而屬之大（讀大）夫曰。昔者寡人夢見良人黑色而頿（而占反）乘駁馬而偏朱蹄。號曰。寓而政於臧丈人。庶幾乎民有瘳乎。諸大夫蹴然曰。先君王也。文王曰。然。則卜之。諸大夫曰。先君之命王。其無它。又何卜焉。遂迎臧丈人而授之政。典法無更。偏令無出。三年。文王觀於國。則列士壞植散群。長

官者不成德。斔（音庾）斛不敢入於四竟。列士壞植散群。則尚同也。長官者不成德。則同務也。斔斛不敢入於四竟。則諸侯無二心也。文王於是焉以爲大師。北門而問曰。政可以及天下乎。臧丈人昧然而不應。泛然而辭。朝令而夜遁。終身無聞。顏淵問於仲尼曰。文王其猶未邪。又何以夢爲乎。仲尼曰。默。女無言。夫文王盡之也。而又何論刺焉。彼直以循斯須也。

【通義】此非知德之言也文王用臧仲尼苟斯須雖鄙夫猶羞爲之何以爲文王仲尼

【纂海】褒植說者不一，司馬註云：行列也。散群言不養徒衆。一說植者疆界頭造壘以作諫士，故成疏云諫士之館也。無隱范先生云：植者邊境植木以爲界，如榆關柳塞之類，蒙植散群則撤戍罷兵，儻封泥一，此尚同之俗也。緒考司馬子長樂毅上燕王書云：薊丘之植植於汶篁。徐廣註謂燕之疆界移於汶水，竹田則篁植以爲界之物也。按此則范講爲可。餘義備見諸解。

列御寇爲伯昏無人射，引之盈貫，措杯水其肘上，發之，適矢復沓，方矢復寓。當是時，猶象人也。伯昏無人曰：是射之射，非不射之射也。當與之登高山，履危石，臨百仞之淵，若能射乎？於是無人遂登高山，履危石，臨百仞之淵，背逡巡，足二分垂在外，揖御寇而進之。御寇伏地，汗流至踵。伯昏無人曰：夫至人者，上闚青天，下潛黃泉，揮斥八極，神氣不變。今汝怵然有恂目之志，爾於中也殆矣夫！

【補義】事見列子，此亦述之者，御寇自表若此，可見道無終窮，學之不可以自滿也。

【纂海】此章明技藝而神耗，賭窮以道而通藝者，不懼當發矢寄寓而如象人，可謂盡射之藝矣。及登山臨淵則怵汗而不能立，況欲射乎？此伯昏所以示不射之射，特寓道於藝，非以是爲極至也。然亦揮斥八極之漸，與習捲神之道者，請觀諸此。或以御寇著書而自耻

莊子　通義卷七　三十九

若是何耶？蓋抑已所以尊師，所以尊道也，與學射羿之弓者不伴矣。無隱范先生講宗呂註，然証郭氏小失，云：方矢猶方舟之義，並也。謂並執之矢已寓於弦，非寓杯水於肘上也。其論爲當。

肩吾問於孫叔敖曰：子三爲令尹而不榮華，三去之而无憂色。吾始也疑子，今視子之鼻間栩栩然，子之用心獨奈何？孫叔敖曰：吾何以過人哉！吾以其來不可卻也，其去不可止也，吾以爲得失之非我也，而無憂色而已矣。我何以過人哉！且不知其在彼乎？其在我乎？其在彼邪？亡乎我；在我邪？亡乎彼。方將躊躇，方將四顧，何暇至乎人貴人賤哉！仲尼聞之曰：古之真人，知者不得說，美人不得濫，盜人不得劫，伏戲黃帝不得友。死生亦大矣，而无變乎己，況爵祿乎！若然者，其神經乎大山而无介，入乎淵泉而不濡，處卑細而不憊，充滿天地，既以與人，己愈有。

【闡義】此章只是敷演老子既以與人己愈有一句義，亦散見於前趙孟之與奪人己之得失，一無可以入心者，彼指人非指造物也。

莊子　通義卷七　四十

義海中心閑豫故鼻間栩栩然息深而動從知爵祿之來不可卻去不可止以爲得失之非我而無憂色此其所以過人也不知其在造物乎其在我乎以爲在我則無造物以爲造物則無我彼我兼忘得失何憂哉躊躇四顧言其自得何暇至於人貴人賤則所樂在內其視三仕三已若遊塵之過前此言安命者忘貴賤輕利者忘爵祿也故仲尼以比古之真人真人者死生無變於己以其浩然之氣充塞天地故推以利人其用無極南華寓言於孫叔敖所以爲可仕可止之鑑而於內樂無益損焉斯可與之論道矣

楚王與凡君坐。少焉。楚王左右曰(衆本)(戚淪)凡亡者三。凡君曰。凡之亡也。不足以喪吾存。夫凡之亡不足以喪吾存。則楚之存。不足以存存。由是觀之。則凡未始亡。而楚未始存也

通義此亦實上章得失非我之義而指點却明爽楚王與凡君坐王心猶未亡凡也左右三曰凡亡欲王不禮乎凡君也楚不禮之楚先亡矣故曰不足以存存

纂海凡君不以國亡係念而能存己之存知身之重於國也楚王以國存自矜而忘己之所存者已亡以國爲重於己也己重於國則雖亡而無傷國重於己則國雖存而己亡無濟矣是知君子所當存者在乎道德而不在國位而況區區得喪下於國位者乎

褚氏總論是篇立論始於子方之師人貌而天隱德潛而不耀有不容稱者遂足以使文侯悟所學之非真知魏國之爲累所謂善揚師德一言悟主者矣何患乎己之不立道之不行邪仲尼見溫伯雪子目擊道存則啓廸之機不在乎諄諄訓詁之間

顏子數迴逸絕塵瞠乎在後則大化密移盍求諸交臂易失之際老氏遊乎物初而孔子識其離人獨立具眼相逆造妙若此而猶有問不幾於贅乎然非因機闡理則無以惠後學故詳及於陰陽成和生物之與由其萌以究其歸使人人知天地之大全而忘形骸之小變是亦聖人弘道濟物之盛心也哀公謂魯多儒則以衣冠取人莊子稽其行實故得以少之及其號於國而獨存仲尼有以見真道之不磨僞學之易泯衡鑑昭昭其可欺邪文王舉臧丈人政波而夜遁則知有心爲治者任賢惟急應物無心者功成弗居君臣之道至是極矣所以示萬世之標準也至若伯昏以射觀列御寇叔敖三已而無憂色此又論至命之士離人入天與化爲一揮斥八極死生無變者也學道必至此地庶爲楸則不然皆外殉而中殆者耳終以楚王凡君身國存亡之喻明物我內外之分可謂知輕重矣

知北遊第二十二

知。北遊於玄水之上。登隱弅(音紛)之丘。而適遭無爲謂焉。知謂无爲謂曰。予欲有問乎若(汝)。何思何慮則知道。何處何服則安道。何從何道則得道。三問而无爲謂不答也。非不答。不知答也。知不得問。反於白水之南。登狐闋之上。而睹狂屈焉。知以之(此)言也問乎狂屈。狂屈曰。唉。予知之。將語若(汝)。中欲言而忘其所欲言。知

不得問反於帝宮見黃帝而問焉黃帝曰无
思无慮始知道无處无服始安道无從无道
始得道知問黃帝曰我與若知之彼與彼不 汝
知也其孰是邪黃帝曰彼无爲謂真是也狂
屈似之我與汝終不近也夫知者不言言者
不知故聖人行不言之教道不可致德不可
至仁可爲也義可虧也禮相僞也故曰失道
而後德失德而後仁失仁而後義失義而後
禮禮者道之華而亂之首也故曰爲道者日

損損之又損之以至於无爲无爲而无不爲
也今已爲物也欲復歸根不亦難乎其易也
其唯大人乎生也死之徒死也生之始孰知
其紀人之生氣之聚也聚則爲生散則爲死
若死生爲徒吾又何患故萬物一也是其所
美者爲神奇其所惡者爲臭腐臭腐復化爲
神奇神奇復化爲臭腐故曰通天下一氣耳
聖人故貴一知謂黃帝曰吾問无爲謂无爲
謂不應我非不我應不知應我也吾問狂屈

狂屈中欲告我而不我告非不我告中欲告
而忘之也今予問乎若若知之奚故不近黃 汝
帝曰彼其真是也以其不知也此其似之也
以其忘之也予與若終不近也以其知之也 汝
曰其 付餘理也
狂屈聞之以黃帝爲知言
補註此章人名地名皆擬爲之者大旨形容
直趣頓悟之得亦敷演老子知者不言本意
十歸狂屈而不與無爲謂終於無言也無爲
者不知答守虛而不逐問乃所以爲答也狂
屈忘所欲言方逐問而即還守虛也皆所以
形知者之外求也黃帝之答落言詮矣雖其
知無妄得皆本於無而聽者終入於有
是故不近也自此至篇末數章頗精純

補註知北遊於玄水猶多識之士欲求歸本
源隱弅之丘謂未能全隱其知猶有以示人
也无爲謂則不復以知言故問而不知答反
乎白水之南又向明以求之狐闋則疑心已
空狂屈以爲狂而全者也欲言而忘明其
不可得而言反於帝宮則求諸內黃帝居中
之主有知不得不應遂告以知道安道得道
之要在乎無思無處無從而已真是則得其
實似之次焉不近則遠於道矣知言之相反
若此宜吾夫子之於人聽言而觀行不言之
教以身率之無待於言也夫道降而爲德仁
義禮猶人生而知知而能能而役役則爲物
所物欲復歸根也難矣唯大人則能物物所
以易也死生者一氣之聚散神奇臭腐交相
化成亦以人之所美所惡言之且聖人貴一
一則混然無間何分乎神奇臭腐哉唯知死
生爲徒者可以語此知謂黃帝
曰已下重衍前文義不待釋

天地有大美而不言。四時有明法而不議。萬物有成理而不說。聖人者。原天地之美而達萬物之理。是故至人无為。大聖不作。觀於天地之謂也。今彼神明至精。與彼百化。物已死生方圓。莫知其根也。扁然而萬物自古以固存。六合為巨。未離其內。秋豪為小。待之成體。天下莫不沈浮。終身不故。陰陽四時。運行各得其序。惛然若亡而存。油然不形而神。萬物畜而不知。此之謂本根。可以觀於天矣

通義 此旨已散見於前。辭無隱與扁然者去去不已之意。係以固存。蓋日生死相代。往過來續之物。自古如此。由於造物之精常如此。而無去來也。觀天法天之自然也

義海 此段南華自立說。亦接前章死為死言之意。首三句即是天何言哉。四時行焉。百物生焉。聖人體天地而育萬物。豈直塊然無為不作。如木偶哉。蓋為出於無為。作本於不作。若天時之運行。地氣之發育。不越乎自然而已。合天地之神明至精。與物變化。榮枯形狀。昭昭可觀。而莫知其為之者。此所謂根也。扁然而萬物。即萬物芸芸之義。自古固存。道不渝也。故大彌六合。細入秋毫。與物同波而日新。陰陽俱運而有序。若亡而存。恍惚有物也。不形而神。冥冥見曉也。萬物莫不生育於斯。而不知此為本根。所謂本根者。亦豈他求哉。反求諸吾身。得其所以生我者。是以知其根而守之不離。是謂歸根。歸根曰靜。靜曰復命

學道至此始可進又玄一步。故曰可以觀於天矣。今陳碧虛照散人劉得一本合彼參之。上文於義為優

齧缺問道乎被衣。被衣曰。若正汝形。一汝視。天和將至。攝汝知。一汝度。神將來舍。德將為汝美。道將為汝居。汝瞳焉如新生之犢。而无求其故。言未卒。齧缺睡寐。被衣大說。行歌而去之。曰。形若槁骸。心若死灰。真其實知。不以故自持。媒媒晦晦。無心而不可與謀。彼何人哉

通義 此與孔子見老聃新沐意同。睡寐非昏然不覺此也。心冥意棄。形神俱化也。正形四體安舒也。一視明目而反觀無他見也。天和猶曰太和元氣全也。攝知收斂覺性也。一度氣止不紊也。神自已神明也。如此德潤身。道為廣居矣。若造於此。則瞳然定。何所似乎。殆猶犢雖視而無意乎。師言未竟。而弟子忘機。言者聽者同此洗心之功也。鬳齋謂此二人好手手中呈好手。紅心心裏中紅心。彼忘聽。此忘言。疑其人而非人也。故曰彼何人哉

舜問乎丞曰。道可得而有乎。曰。汝身非汝有也。汝何得有夫道。舜曰。吾身非吾有也。孰有之哉。曰。是天地之委形也。生非汝有。是天地之委和也。性命非汝有。是天地之委順也。孫

子非汝有，是天地之委蛻也。故行不知所往，處不知所持，食不知所味。天地之彊陽氣也，又胡可得而有耶！

通義 忘形骸、泯知識者而後可以語乎此。此紀古昔君臣之爲師友相與者如此。既知爲氣，則其聚散無常，成人成物皆適然耳，胡可得而有耶？

義海 丞，或云舜師，諸解並詳，及續考碧虛子音義註云：古者帝王有四輔，左輔右弼，前疑後丞，蓋官名也。此說明當。夫道本無形，因物而見，身非我有，以神而靈，天地委形，有成必毀，所謂吾者暫寄焉耳。曰生曰性亦然，則子孫之爲委蛻又可知矣。故其行處飲食一皆任之自然，天地之和氣流行，生育萬物，此榮彼謝，彼死此生，皆道之運化無極，而物之受命無窮者也，汝惡得而獨有之？蓋明天地造化無私，以破世人執有其身、憐子愛孫之惑，惑破始可愛身以入道矣。此南華真切爲人脫韁解鏁之要訣。

孔子問於老聃曰：「今日晏閒，敢問至道。」老聃曰：「汝齊戒，疏瀹而心，澡雪而精神，掊擊而知。夫道，窅然難言哉！將爲汝言其崖畧。夫昭昭生於冥冥，有倫生於無形，精神生於道，形本生於精，而萬物以形相生。故九竅者胎生，八竅者卵生。其來無迹，其往無崖，无門无房，四達之皇皇也。邀於此者，四枝彊，思慮恂達，耳目聰明，其用心不勞，其應物無方。天不得此不高，地不得此不廣，日月不得此不行，萬物不得此不昌，此其道與！且夫博之不必知，辯之不必慧，聖人以斷之矣。若夫益之而不加益，損之而不加損者，聖人之所保也。淵淵乎其若海，魏魏乎其終則復始也。運量萬物而不匱，此其道與！中國有人焉，非陰非陽，處於天地之間，直且爲人，將反於宗。自本觀之，生者，喑醷物也。雖有壽夭，相去幾何？須

喑音陰 醷於異反

史之說也，奚足以爲堯桀之是非！果蓏有理，人倫雖難，所以相齒。聖人遭之而不違，過之而不守。調而應之，德也；偶而應之，道也。帝之所興，王之所起也。人生天地之間，若白駒之過郤，忽然而已。注然勃然，莫不出焉；油然漻然，莫不入焉。已化而生，又化而死，生物哀之，人類悲之。解其天弢，墮其天袠，紛乎宛乎，魂魄將往，乃身從之，乃大歸乎！不形之形，形之不形，是人之所同知也，非將至之所務

弢敕刀反

也此衆人之所同論也。彼至則不論。論則不至。明見无值。辨不若默。道不可聞。聞不若塞。此之謂大得。全天

【解】此章問答詞旨皆明確果欲有理一句不類蓋舉微物以例其餘所以起下文也天弢天袠猶曰天刑蓋以人之非於桎梏如去矣之在弢袠亦天限之使不能出也將至道者無言無聞令有言有聞非將至之所務也必復其無知無爲不思不議而後可謂之至道此章不若前沐章精粹

【[illegible]】昭昭生於冥冥至形本生於精明天下之有生於無也萬物以形相生一生二二生三之義來往無門而四達皇皇无非門也思慮恂達而耳目聰明无非用也天地萬物莫不由斯則道之爲用大矣世人徒以區區博辯爲知悲而欲求合乎大道聖人以斷棄之矣此章首所以先令掊擊知慮而後告之必至於世間益損所不能加則淵淵巍巍終始萬物運量萬物而不匱離球象形而非巧也物往資焉而不匱至無而供其求也此其所以爲道歟中國有人非陰非陽言有無死生不得以係之直且爲人人有人之形而無人之皆將反於宗將乎物物之謂也人生乃一氣之結聚雖壽夭不同等之須臾奚足以分堯桀之是非觀夫果蓏雖微種類滋榮各有條理人倫之貴賤高下相齒亦然是以聖人遇則順之不忤物性過則忘之不介已懷曰調曰偶皆德物之妙用而不離乎道德之問世帝王之所興起人民之所依傾者也夫物之出幾入機亦其常理而世人不免乎悲哀求離乎自然之弢袠也若以理燭破則弢袠自解魂往身從乃大歸耳何足哀邪不形之形

小而生也形之不形入而死也是人之所知非將至而難明之事衆所同論也然理至則忘言可言則未至故辯不若默聞不若塞若塞若默此謂大得則辯之與聞失可知矣還皇萬物而不遺皐虛照散人劉得一本作不匱義長

東郭子問於莊子曰。所謂道。惡乎在。莊子曰。无所不在。東郭子曰。期而後可。莊子曰。在螻蟻。曰。何其下邪。曰。在稊稗。曰。何其愈下邪。曰。在瓦甓。曰。何其愈甚邪。曰。在屎溺。東郭子不應。莊子曰。夫子之問也。固不及質。（言名）正獲之問（錯綜句）於監市履豨也。每下愈況。（倒用句）汝唯莫必。无乎逃物。至道若是。大言亦然。周徧咸。三者異名同實。其指一也。嘗相與遊乎无何有之宮。同合而論。无所終窮乎。嘗相與无爲乎。澹而靜乎。漠而清乎。調而閒乎。寥已吾志。无往焉而不知其所至。去而來不知其所止。吾已往來焉而不知其所。彷徨乎馮閎。大知入焉而不知其所窮。物物者與物无際。而物有際者。所謂物際者也。不際之際。際之不際者也。謂盈虛衰殺。彼爲盈虛非盈虛。彼爲衰殺非衰殺。

爲本末非本末。彼爲積散非積散也

〔鬳齋〕道無往而不在問不及本正猶司市之官問監市以物之市價而及於屠宰之流雖曰至下亦市價之所在也惟無固必揀擇之心何往而非至道且如今人之言曰周曰徧曰咸三者雖異名而實則一指也若無固必而游乎太虛視萬爲一而論之則無跡無爲一性澹漠清靜調適於其間而已如此則寂寥無感者吾志也無所往無所至泯然常住萬物之來去無窮而吾之應不留逍遙天擴通明無際際矣蓋生物者非物也何有所際惟物則有際試觀天象盈虛衰殺本末積散跡也有際者也而所以盈虛衰殺本末積散者則道也豈有際乎豈謂尨雜之類非道乎此亦申上章之意也

〔義海〕道之在天下猶水之在地中而其體性周徧法界此云道在尨襍稊稗指其至下者

言之觸類而通則知徧一切處何物不具此道但人品不同見有差別聖人見道不見物凡人見物不見道蓋因物以障之非道有存亡也今所問固陋不及道之真質反不若履豕者得其豕肥之要也汝若謂道之逃乎物下之物則不能周徧咸具矣混三者而遊於無何有之鄉安有所窮極邪所謂澹靜漠清調閒者終歸於寂寥而已吾志無往焉而不知其所至謂神遊八極舉意即到以至不知所止不知終窮皆形容此道用之無盡物物者道也與物無際道生萬物之謂也而物有際者謂物各有限量是所謂際也道何有際哉不際之際道散而爲物也際之不際物全而歸道也道散爲物則易全從源趨流出乎自然也物全歸道則難反流還源出於使然也若悟夫爲盈虛者非盈虛爲積散者非積散則安知使然之極不歸於自然者乎

〔經〕妸荷甘與神農同學於老龍吉。神農隱几闔戶晝瞑。妸荷甘日中奓（音奢）戶而入曰。老龍死矣。神農隱几擁杖而起。嚗（音剝）然放杖而笑曰。天。知予僻陋慢訑。故棄予而死。已矣夫子无所發予之狂言而死矣夫。弇堈弔聞之。曰。夫體道者。天下之君子所繫焉。今於道秋豪之端。萬分未得處一焉。而猶知藏其狂言而死。又況夫體道者乎。視之无形。聽之无聲。於人之論者謂之冥冥。所以論道而非道也。於是

泰清問乎无窮曰。子知道乎。无窮曰。吾不知。又問乎无爲。无爲曰。吾知道。曰。子之知道。亦有數乎。曰。有。曰。其數若何。无爲曰。吾知道之可以貴可以賤可以約可以散。此吾所以知道之數也。泰清以之言也問乎无始。曰。若是則无窮之弗知。與无爲之知。孰是而孰非乎。无始曰。不知深矣。知之淺矣。弗知內矣。知之外矣。於是泰清中而歎曰。弗知乃知乎。知乃不知乎。孰知不知之知。无始曰。道不可聞。聞

而非也。道不可見，見而非也。道不可言，言而非也。知形形之不形乎。道不當名。无始曰：有問道而應之者，不知道也。雖問道者，亦未聞道。道无問，問无應。无問問之，是問窮也。无應應之，是无內也。以无內待問窮，若是者，外不觀乎宇宙，內不知乎大初，是以不過乎崑崙，不游乎大虛。

通義 道不可言，不得已而有言，言即狂妄也。天非吐老龍，猶今人忽聞異事，訝之而呼天也。夫子，君子之稱，唐虞之世尚無之，況又古乎。於是者，猶言是即也。因此而知上古之論問也。泰清、無窮、無爲、無始，皆擬名寓言也。

義海 此章明道至大，不可以問答，盡聖賢於此，沒身而已。人處萬世之中，不啻豪末之在馬體。其於道也，亦然，故老龍死而神農擁嘆。弇堈弔所謂體道者，正指老龍能隱而顯之耳。世人以視聽莫及爲合道之冥，冥非知道也，特見道之無而未能無無也。泰清問無窮，無窮不知也。又問無爲，無爲知道之數而已。乃問無始，無始定知與不知之淺深內外，即篇首黃帝云不知真是，忘者次之，知之終不近也。於是泰清中而歎曰：孰知不知之知，謂不必求知而有自然合道處，無始乃悟道之不可以聞見言也。形形之不形，猶云生生者不生，則道不可得而名也，故問者應者皆未聞道。聞則不問，亦不應矣。道無問而強問，[illegible]因問而窮，道無應而強應，是無主於內，[illegible]足以知至大至先至高至廣者哉。中而數[illegible]

卬，不過義當是卬，卬詩瞻卬昊天，與仰同，傳寫之誤耳

光曜問乎无有曰：夫子有乎，其无有乎？光曜不得問，而孰視其狀貌，窅然空然，終日視之而不見，聽之而不聞，搏之而不得也。光曜曰：至矣，其孰能至此乎！予能有无矣，而未能无无也。及爲无有矣，何從至此哉！

通義 及爲無有矣，此有字指上文予能有無之有，字謂無其所有，所能也。

義海 光曜喻學道而有所見，心華發明之初。無不則損而至於無爲，宜其不得問而窅然空然，視聽搏之不可得也。光曜始悟而歎其道之至，何所修爲而至於此乎，猶河伯見海若，望洋而歎也。予能有無，謂知萬法皆空，故獨明此道，然猶坐於無，未造重玄之域。今汝得而無有，何從而至此哉！重歎羨其不可及也。

大馬之捶鉤者，年八十矣，而不失豪芒。大馬曰：子巧與？有道與？曰：臣有守也。臣之年二十而好捶鉤，於物无視也，非鉤无察也。是用之者，假不用者也以長得其用，而況乎无不用者乎！物孰不資焉。

通義 大馬，或曰大司馬之屬，有鍛鉤者，老精於藝，與庖丁解牛義同，心純而已。

義海 捶鉤之於物無事，不用世間之用，能無有之謂也。非鉤無察，精其在我之用，能有無

謂此至於無不用則無無之謂與天下之生於有有生於無有無互顯故物孰不資無之爲物窅然空然最難形狀而道妙所至神之運實資於此世人執著於有不知從無而生還歸於無耳故真人多以此立論破世人之執見明萬物之始終信能靜而求之忘而契之萬有俱空一真獨露始知用假不用而長得其用非虛言也

冉求問於仲尼曰。未有天地可知邪。仲尼曰。可。古猶今也。冉求失問而退。明日復見曰。昔者吾問未有天地可知乎。夫子曰可。古猶今也。昔者吾昭然。今日吾昧然。敢問何謂也。仲尼曰。昔之昭然也。神者先受之。今之昧然也。

且又爲不神者求邪。無古無今。無始無終。未有子孫而有子孫可乎。冉求未對。仲尼曰。已矣。至此精神有忘一刀兩段未應矣。不以生生死。不以死死生。死生有待邪。皆有所一體。有先天地生者物邪。物物者非物。物出不得先物也。句猶其有物也。猶其有物也。無已。聖人之愛人也終無已者。亦乃取於是者也

【補說】如此問如此疑如此答點鐵成金之訣也惜乎冉求不足以與此也

【義海】冉求此問有疾雷破山之勢夫子等閒一答使之失問而退聖賢之分量可知蓋未

也雖亦夫子之堂所習無過世學則其聞見不越乎耳目之間未有天地之先豈能逆知哉宜其怪而有問也夫人之一身法天象地未有天地之先吾身之本來是也知吾身之本來則知天地之先知天地之先亦以有天地之後推之耳聖人者執古以御今則必能推今以明古豈止百世可知哉夫天地乃空中之細物物中之至大者有形生於無形終亦必歸於藥但人居短景目不及見猶夏虫之不知氷耳神者先受之知其神而神也又且爲不神者求不知不神之所以神也昔昭然者汝用知識而求其所謂神是神者先受之今昧然者聞道而忘其知識是不神之中有神存焉汝又何必更求耶蓋使之反照心源得無所得不昭不昧無古無今則死生不得以係之矣不以生生死不以死死生謂其獨也非有所待也猶向息非今息前焰非後焰之義復提起問端云有先天地生者物邪

言獨有道居天地之先物無先天地生者物物者非物道生天地萬物不可以物名之有物出涉乎形器使不得爲無物由其有物故也由其有物則從一生萬林林總總日接乎前能卓然獨立不爲所惑者鮮矣是知人物無窮由於造化之無窮故聖人仁愛之心及物亦無窮然均不免散淳朴爲澆漓太古無爲之治不可得而復也夫欲還太古無爲之治其惟善求已之先天者與經文猶字疑當作由

顏淵問乎仲尼曰。回嘗聞諸夫子曰。无有所將。无有所迎。回敢問其遊。仲尼曰。古之人外過化而內不化。存神今之人內化忘已而外不化。逐物與物化者。一不化者也。安化安不化。安與之相靡。必

與之莫多。狶韋氏之囿，黃帝之圃，有虞氏之宮，湯武之室。君子之人，若儒墨者師，故以是非相整也，而況今之人乎。聖人處物不傷物。不傷物者，物亦不能傷也。唯無所傷者，爲能與人相將迎。山林與，皋壤與，使我欣欣然而樂與。樂未畢也，哀又繼之。哀樂之來，吾不能禦，其去弗能止。悲夫，世人直爲物逆旅耳。夫知遇而不知所不遇，知能能而不能所不能。無知無能者，固人之所不免也。夫務免乎人之所不免者，豈不亦悲哉。至言去言，至爲去爲。齊知之所知，則淺矣。

通義 無將迎而湛湛於中，此真遊也。古人過化而存神，囿圃宮室以漸而隘，聖人處物以下，言游於無將迎之方。遇猶悟也，適然有見，故曰遇。不遇，迷而不見也。能，其材之所能藝也。不忘其所能，則蔽其本體而不見者，終於不能矣，是不能所不能也。大抵有所不知，有所不能，固人之常也。求多知多能以免無知無能者，有限光陰，有限足力，有限心思，而求欲免此，是役役終身，徒敝精神，而卒歸於無知無能也，不亦可悲乎。此非顏子所宜問。

義海 外化者柔以和光，內不化者介以立德。內化者心隨物遷，外不化者矜持矯俗。世之人不化其所當化，而化其所不當化，此古今澆淳之所以別，君子小人之所以分也。聖人

十直以治天下，與物化也；真以治身，一不化也。誠能真以治身，則推之天下特餘事耳。將無內外之可辨，化與不化同歸於化矣。故安然與之相順，而必無過舉也。囿圃宮室，言聖人之所安，後世游之者益少而日狹其居。所尚者儒墨之師，猶不免是非分競以相整傷，況今之人其能處物無傷而與相將迎乎。無怍其棄囿圃宮室群居之樂，而爲山林皋壤獨善之情，樂極必哀。消壓市者慕山林之清，樂山林者無不厭之理，蓋性情容移與化同運，不自覺此身爲哀樂之旅舍也。外物篇云：大林丘山之善於人也，與此同。遇謂物接於神者，不遇則遺物離人，見猶不見也。能謂施爲廢當者，不能則如愚守朴，絕學無爲也。人豈不以物之去來爲哀樂，不悟吾身亦暫寄耳，況所遇所能，又吾身之暫寄者哉。唯無知乃真知，無能乃真能，是人所固有而不免者。今棄其固有而反務乎多知多能，若心勞形役役以至於弊，此真人之所哀也。凡人固不能無言無爲，但無心於言爲之間，則言爲之界自去，斯爲至言至爲也。若齊限以爲知，則淺陋不近道矣。君子之人，當是古之人三字。

褚氏總論：是篇以知立題，知者有爲有言之所自也。北游則趨其本方，有還源之意。玄水至妙而存淳物之功，有心於爲道之譬。無爲無謂，則寘於道矣，故三問而不知答，不知乃真知也。黃帝答之愈明，其如道愈不近何。是故聖人離形去智，隳體黜聰，無爲而萬物成，不言而天下化。知道不可得而有，身不可得而私，物之有生於無，通天下一氣耳。神奇臭腐之交化，陰陽嘖醨而自生，勃然出，滲然入，衆人所同也。與物化，一不化，聖人之所獨也。死生任化，張衰自隨，則居化而任化，無化無不化，忘化而化化，安化安不化哉。每況愈下，故道在无窺，用假不用，故工乎捶鉤。以今日而知天

地之先不居則不去也無將迎而通內外之化履物而不傷也由是知不困窮而靜者無所不靜化不因物而樂者無所不樂非化所能遷非累所能侵可以一日爲百年可以百年爲一日則安知今日之所寓非壺中之天地哉靖觀世人之爲物遁族往往以所遇所能而殘生傷性無異沉檻就爐騰馥須臾而形巳燼矣莫若不遇不能之全其真也太上云不言之教無爲之益天下希及之故南華以至言去言至爲去爲終知北篇之旨云

莊子卷第七終

莊子卷第八　釆元朱得之傍註并通義

附錢塘褚伯秀義海纂微

雲谷王澮錄校刊

雜篇

庚桑楚第二十三 此篇數流曼衍固非老子之言亦非莊所述也

老聃之役有庚桑楚者。偏得老聃之道。以北居畏壘之山。其臣之畫然知者去之。其妾之挈然仁者遠之。擁腫之與居。鞅掌之爲使。居三年。畏壘大穰。畏壘之民相與言曰。庚桑子之始來。吾灑然異之。今吾日計之而不足。歲計之而有餘。庶幾其聖人乎。子胡不相與尸而祝之。社而稷之乎。庚桑子聞之。南面而不釋然。弟子異之。庚桑子曰。弟子何異於予。夫春氣發而百草生。正得秋而萬寶成。夫春與秋。豈无得而然哉。天道已行矣。吾聞至人。尸居環堵之室。而百姓猖狂不知所如往。今以畏壘之細民。而竊竊焉欲俎豆予于賢人之間。我其杓四么反之人邪。吾是以不釋於老聃之言。弟子曰。不然。夫尋常之溝。巨魚无所還

其體而鯢鰌爲之制步仞之丘陵巨獸无所
隱其軀而蘖狐爲之祥且夫尊賢授能先善
與利自古堯舜以然而況畏壘之民乎夫子
亦聽矣庚桑子曰小子來夫函車之獸介而
離山則不免于罔罟之患吞舟之魚碭而失
水則蟻能苦之故鳥獸不厭高魚鼈不厭深
夫全其形生之人藏其身也不厭深眇而已
矣且夫二子者又何足以稱揚哉是其於辯
也將妄鑿垣墻而殖蓬蒿也簡髮而櫛數米

而炊竊竊乎又何足以濟世哉舉賢則民相
軋任知則民相盜之數物者不足以厚民民
之於利甚勤子有殺父臣有殺君正晝爲盜
日中穴阫吾語汝大亂之本必生于堯舜
之間其末存乎千世之後千世之後其必有
人與人相食者也南榮趎蹵然正坐曰若
趎之年者已長矣將惡乎托業以及此言邪
庚桑子曰全汝形抱汝生无使汝思慮營營
若此三年則可以及此言也南榮趎曰目之

與形吾不知其異也而盲者不能自見耳之
與形吾不知其異也而聾者不能自聞心之
與形吾不知其異也而狂者不能自得形
之與形亦辟矣而物或間之邪欲相求而不
能相得今謂趎曰全汝形抱汝生勿使汝思
慮營營趎勉聞道達耳矣庚桑子曰辭盡矣
曰奔蜂不能化藿蠋越雞不能伏鵠卵魯雞
固能矣雞之與雞其德非不同也有能與不
能者其才固有巨小也今吾才小不足以化

子子胡不南見老子南榮趎贏糧七日七夜
至老子之所老子曰子自楚之所來乎南榮
趎曰唯老子曰子何與人偕來之衆也南榮
趎懼然顧其後老子曰子不知吾所謂乎南
榮趎俯而慚仰而歎曰今者吾忘吾答因失
吾問老子曰何謂也南榮趎曰不知乎人謂
我朱愚知乎反愁我軀不仁則害人仁則反
愁我身不義則傷彼義則反愁我已我安逃
此而可此三言者趎之所患也願因楚而問

之老子曰向吾見若眉睫之間吾因以得汝
矣今汝又言而信之若規規然若喪父母揭
竿而求諸海也汝亡人哉惘惘乎汝欲反汝
情性而無由入可憐哉南榮趎請入就舍召
其所好去其所惡十日自愁復見老子老子
曰汝自洒濯孰哉鬱鬱乎然而其中津津乎
猶其惡也夫外韄者不可繁而捉將内揵
内韄者不可繆而捉將外揵外内韄者道
德不能持而況放道而行者乎南榮趎曰里

人有病里人問之病者能言其病然其病病
者猶未病也若趎之問大道譬猶飲藥以加
病也趎願聞衛生之經而已矣老子曰衛生
之經能抱一乎能勿失乎能無卜筮而知吉
凶乎能止乎能已乎能舍諸人而求諸己乎
能翛然乎能侗然乎能兒子乎兒子終日嗥
而嗌不嗄和之至也終日握而手不掜
共其德也終日視而目不瞚偏不在外
也行不知所之居不知所為與物委蛇而同

其波是衛生之經已南榮趎曰然則是至人
之德已乎曰非也是乃所謂冰解凍釋者夫
至人者相與交食乎地而交樂乎天不以人
物利害相攖不相與為怪不相與為謀不相
與為事翛然而往侗然而來是謂衛生之經
已曰然則是至乎曰未也吾固告汝曰能兒
子乎兒子動不知所為行不知所之身若槁
木之枝而心若死灰若是者禍亦不至福亦
不來禍福无有惡有人災也宇泰定者發乎

天光發乎天光者人見其人人有修者乃
今有恒有恒者人舍之天助之人之所舍謂
之天民天之所助謂之天子學者學其所不
能學也行者行其所不能行也辯者辯其所
不能辯也知止乎其所不能知至矣若有不
即是者天鈞敗之備物以將形藏不虞以生
心敬中以達彼若是而萬惡至者皆天也而
非人也不足以滑成不可内於靈臺靈臺者
有持而不知其所持而不可持者也不見其

誠己而發每發而不當業入而不舍每更爲
失爲不善乎顯明之中者人得而誅之爲不
善乎幽間之中者鬼得而誅之明乎人明
乎鬼者然後能獨行券內者行乎无名券外
者志乎期費行乎无名者唯庸有光志乎期
費者唯賈人也人見其跂猶之魁然與物窮
者物入焉與物且者其身之不能容焉能容
人不能容人者无親无親者盡人兵莫憯于
志鏌鋣爲下寇莫大於陰陽无所逃於天地

之間非陰陽賊之心則使之也道通其分也
其成也毀也所惡乎分者其分也以備所以
惡乎備者其有以備故出而不反見其鬼出
而得是謂得死滅而有實鬼之一也以有形
者象无形者而定矣出无本入无竅有實而
无乎處有長而无乎本剽有所出而无竅者
有實有實而无乎處者宇也有長而无本剽
者宙也有乎生有乎死有乎出有乎入入出
而无見其形是謂天門天門者无有也萬物

出乎无有有不能以有爲有必出乎无有而
无有一无有聖人藏乎是古之人其知有所
至矣惡乎至有以爲未始有物者至矣盡矣
弗可以加矣其次以爲有物矣將以生爲喪
也以死爲反也是以分已其次曰始无有既
而有生生俄而死以无有爲首以生爲體以
死爲尻孰知有无死生之一守者吾與之爲
友是三者雖異公族也昭景也著戴也甲氏
也著封也非一也有生黬烏感反也披然曰移

是嘗言移是非所言也雖然不可知者也臘
者之有膍音毗胲古來反可散而不可散也觀室
者周於寢廟又適其偃焉爲是舉移是請嘗
言移是是以生爲本以知爲師因以乘是非
果有名實因以己爲質使人以爲己節因以
死償節若然者以用爲知以不用爲愚以徹
爲名以窮爲辱移是今之人也是蜩與鷽鳩
同於同也蹍市人之足則辭以放驁兄則以
嫗大親則已矣故曰至禮有不人至義不物

至知不謀。至仁無親。至信辟金。徹志之勃。解
心之謬。去德之累。達道之塞。貴富顯嚴名利。
六者勃志也。容動色理氣意。六者謬心也。惡
欲喜怒哀樂。六者累德也。去就取與知能。六
者塞道也。此四六者不盪胸中。則正。正則靜。
靜則明。明則虛。虛則无爲而无不爲也。道者。
德之欽也。生者。德之光也。性者。生之質也。性
之動。謂之爲。爲之僞。謂之失。知者接也。知者
謨也。知者之所不知。猶睨也。動以不得已之

謂德。動无非我之謂治。名相反而實相順也。
羿工乎中微。而拙乎使人無己譽。聖人工乎
天而拙乎人。夫工乎天而俍乎人者。唯全
人能之。唯蟲能蟲。唯蟲能天。全人惡天。惡人
之天而況吾天乎。人乎。一雀適羿。羿必得之。
威也。以天下爲之籠。則雀无所逃。是故湯以
胞人籠伊尹。秦穆公以五羊之皮籠百里奚。
是故非以其所好籠之而可得者。无有也。介
者移畫。非譽也。胥靡登高而不懼。遺

死生也。夫復謵不餽而忘人。忘人。因以爲天
人矣。故敬之而不喜。侮之而不怒者。唯同乎
天和者爲然。出怒不怒。則怒出於不怒矣。出
爲无爲。則爲出於无爲矣。欲靜。則平氣。欲神。
則順心。有爲也欲當。則緣於不得已。不得已
之類。聖人之道

伆曰邪子汎論也後曰南榮趎舉好學者以發老子之機也思慮者心也又欲使之無營營將心挺心此正求而不得之故營營趎之病也挺不盡言以趎執心不一不虛若與指破益增其障故使往見老子猶着才之五十三叁也道遠日久此意漸覺故老子皆

來之衆一斷而臚衣冤消所以忘答失問也忘答失問者多者死而一者生有知者死而無知者生欲答欲問者死而覺失覺忘者生也知仁義失已失人之憂皆功利識情也韄攻韄也外障於事本以才能自居若以繁多而揵之其病必將盡閉其天德故曰將內揵內障於理本以見識自安若更以繆纆者而繆之其病必將盡棄其事而枯寂故曰將外揵若其有一障者雖以天性之良自然之道振厲之而不能攻況挈其順道無心而行乎飲藥加病趎自悟多聞爲病而後問以益其所聞因聞生見也然則至人之德已乎一問是將往於所聞不察乎衛生則道德在矣故曰非也掃其成心也水凝於寒曰冰物困於寒曰凍今也少喣春和解汝往見之冰釋汝受見所縛之凍而已又曰然則是至乎又將往也故掃之曰未也若果非果未則告之當有不同者今前後無異而即趎之問辭知

其爲拂塵也天光明則日月不明素問之言
也言陰崖覆盆日月不能照幾微杳冥之地
良知所獨明是吾之天光明則日月不足爲
明也宇泰定也靈臺湛一無微可隱高明配
天衆人視之以爲人之有修於恒德者是其
不取於世獨得乎天矣學行辯皆於自然者
而安身此則得乎天之道也不然喪其天矣
苟能盡性體物以範圍其形骸蘊真純者不
將不迎惟靈靈者不眛篤恭以達於天下則
無往而不吉也靈臺六句言存神之功至於
化而不自知或乃每更頻復必有其危券內
者求合乎天則券外者求合於多聞合天則
闇然而日章合多聞必如貨殖而後可聞見
日多良心日喪至於無親是其忍心甚於鎖
鄉盜氣甚於陰陽以其分別多也道本合萬
而爲一各以分而足不分不脩也今不然是
爲物所迷也故曰見鬼以有形者象無形者
而定矣是衛生之要訣也有實而無乎處神

無方也無方故同於宇有長而無本標易無
體也無體故同於宙上下四方之無際古往
今來之無盡此吾之性也生死出入自有矣
而無形可見是謂天門惟一無而已萬有本
於此不直曰無而必曰無有者萬象皆有也
本於無蓋曰無其有也雖曰無而亦無所謂
無者此千古聖人安身立命之所繼天立極
者在是衆人有有無生死之分猶公族分姓
臘祭剖牲與爲室有寢廟理一而分殊者也
苟各是其是則在我在彼去來不定故曰移
是故今之有蜩鳩之笑鵬鵬之小蜩鳩也學
之市人無心蹍他人之足則自罪以驚而謝
之蹍凡之足則陪笑而已蹍父母之足彼此
無言所以無心而率真乃爲至德此惟去四
六之蕩胷中者而已嬰兒之視出於無意曰
覞應感而謀生是知者之所知也其謀之所
自生與應之所以出則非知者所知矣正猶
嬰兒視而不知其視之所出也故凡動以應

物出於不得已而能知其由於我則德之無
知治之有覺實非二也不得已而有爲天亦
人人亦天循飛者動植各率其性物也亦天
也不可分別所惡於知者分別天人也羿雀
之喻言雀有好故爲羿所得起下文羿奚乖
介首二喻言忘美也全人不得已而有爲是
無所好而忘己者惟爲己反覆自習不以誇
於人不誇於人則忘人矣忘己忘人非無形
骸者而何敬侮二句狀其爲天人也下又原
其不受於外由其不動於中此衛生之真常
道德之部會非至
聖其孰能與於此

音義 庚桑太史公作亢桑一作亢倉諸子中
之一家也唐朝冊號洞靈真君經其經云庚
桑子居羽山之巔畏壘指其形之似朴豈然
擘然皆顯示貌爲仁智而不解撓則不仁不
智者疾之而忠至擁也摰與推鈍者居彼此
無心風淳俗阜久而民樂其化願推尊之曰

計不足歲計有餘積絲成帛之義庚桑以爲
不知已恐民歸附而爲已累也夫春生秋成
天道自運聖世之民何知帝力今乃陳列于
於賢人之間我雖不自賢而猶爲彼所尚是
立的於此以召矢不吉肯爲此乎然則庚桑
之居畏壘福光未容不能使人兼忘莫若列
子居鄭爲淵而混融無迹也弟子謂尊賢先
善堯舜遺法畏壘舉而行之未爲失云答以
至人藏身不厭深毋猶九淵之龍蟄而後能
神也夫堯舜繼統作君功成治備莫非由仁
義而行若無可訓者南華主於老氏絕仁棄
義之說也欲揚道德而抑仁義必指堯舜爲
首意在拔本塞源拂塵洗跡不得不爾觀者
當求其主意無惑於緒言可也故謂子雖引
以爲辯猶植蒿取蕪織簡髮徒自勞何足以
濟世且仁知數物世之所尊以爲可以致治
儻死道以經之但狗其迹將見奸弊橫生豈
止乎相軋相盜而已俗既梟薄竊爲利謀則

臣子之分有所不安言父之命所不畏敖倫悖理將无不爲矣其桑不受畏壘之祝是桑病於未形而先固其本也世患何由而及哉進問至人藏身不露深眇遂隱於何託業而可踐及此言庚桑謂以全形而勿損抱生而勿離忘思絕慮功周千日要後可矣若前所云尊賢先善皆勞思而爲之損形離生之本也趎猶未悟乃述中心之疑謂目與形本同而言者不能自見耳與心之於物亦然蓋者不自聞從者不自得即連狀曰豈猶形骸有雖盲哉知亦有之今趎非形有聾盲正坐知之聾盲所以費庚桑點化形開即覺也我形彼形但開而應物本無所蔽及物入而爲三所謂我言反爲客矣相求而不能相得猶孔門云夫子之言性與天道不可得而聞相求而相得則子知我而我知魚矣今雖承師訓總問達耳未能心悟於庚桑至此无所抗其巧遂使趎有道而求速化將無不解之惑

矣於此有以見庚桑之德不責人之難化反撿己之不足所以廣師門之樂育弟子於成材者也何與人偕來之象一語勘辯甚力此楚老爲人真切滾若內無真見聞此鮮不使疑禪宗諸老慣用此機趎於言下忘答失問遂以第二機談之及其懼消撕釋陳述三條號免世累老子告以汝如孩童失親而揭竿求海言汝之至愚不能保全而致喪失乃欲爲仁義以索之於無涯世事之中愈求愈遠身雖存與古無異矣惘惘無歸窺欲反性情而無由入則是迷能思復聖人不棄所以憐而進之信能超三言而無累斯爲反性情之道也與朱愚難通碧虛云江南古藏本作株遇取形若擨株之義請入就舍願留而受業於門召好去惡則不能忘情於善惡之間又不知所好之果善所惡之果不善邪自愁一本作自愁又作愁自俱未通審詳經義猶書云自怨自艾之義退處旬日怨艾日前爲

學不九見道不明今雖遇聖師至難闇鏡至於洗心復見可謂有志而能自新矣老子謂汝洗濯孰哉鬱鬱乎勇進於學充乎頗然其中津津形見於外猶有未除之惡此又勉進向上一步而成其自新之志也內揵即六根之盤固外揵即六塵之染著揵則關閉防閑以嚴其界限之意諸解多從捉爲讀使獨從繁從繆絕句有理內外二揵人之通患在中有主者善持之則情不流而性可復心不撓而道可進矣趎猶未悟引聖人有病猶能言已病而不能醫恐不可以深進大道願聞衛生之經而已能抱一則心不二不務得則必無失無卜筮知吉凶止去而心鑑明也知至則能止造志則能已舍人求己內足而不假乎物也能兒子乎此誠切喻使人皆可以求諸己而復本來之天其嗥握視之所以異於成人者內韞沖和而無心於外故也衛生之經何以加此列子載陳大夫使魯稱吾國

有亢倉子者得老聃之道魯侯使上卿厚禮而致之則知庚桑之道與老子無異故其推仁愛物善誘樂育之心唯恐其不至也是篇首庚桑子曰凡四南榮趎問者三泊趎往見老子老子曰者八其諄諄誨導不忍棄人於失道之域蓋可見矣夫真性如水虛明澄湛非有非無及爲物欲蔽結如水凍而成冰冰至清而結冰不清神至靈而結形不靈開道悟理則冰解凍釋清靈何損焉人患弗反求耳交食乎地耕鑿供給也交樂乎天鈞陶太和也若然則人物利害何由及怪謀事爲何所用往來安得而不適生經安得而不衛學道造此固已至矣而猶曰未也悽諾其至又復引兒子之辭以告此師家作用轉換人耳目處分明兩手分付要人力量承當蓋人之性質本柔自與物接客氣承之相牙相齟皆吾敵矣信能專氣致柔而至於還淳反朴粹如嬰兒又何禍福之能及翻覆答問至此辭

窮理盡亦無所施力矣奈何懸之哉道力微卒無須會一語惜哉身者神之宅神安宅泰猶主鎮靜而家和平君無爲而國寧諸也泰然而定則行住坐臥無非定不在乎堅窮強執似繫焉而止也人光即己之靈明內發外見如鑑無隱人見其同乎人而實與天爲徒矣若能修此乃合有常之德德有常則功弃天道外視若愚世人忽而舍之天則愛而助之以其心合天德故也天民則德超乎人光而不耀天子則體天立極推得及人即所謂以此處上夫子帝王之德以此處下玄聖素王之道也凡此皆君子所當學當行之事世人多務學人之所能而失己之良能唯志於道者學人所不能學學不學是也行人所不能行行無徵迹是也辯人所不能辯不言之辯是也信能造此則是知人之所不知是爲知之至若舍此而求進乎道則敗其自然之鈞無以陶成己德何望乎發天光而得天助

哉人而知萬化生乎身備物之大者則能順乎生理矣藏猶深造生心謂應物深造無思之地而物來斯應應以死心敬在中而自達彼身修而物化之謂至此猶有無妄之災安之而已不足以滑吾成全之性靈臺偷心之虛敞高明外物之至鑑而不留納于其中則枉而不靈矣持謂主宰之者知其不可持故以不持持之不誠己則非敬中發不當則無以達彼皆有爲之失也業謂世間有爲之事不逃乎惡則歸於善爲善者常少爲惡者常多是以莫逃人鬼之誅因果相緣而無已以道觀照善惡二業善猶爲幻況於惡乎然而爲惡者心常有歉夢寐猶不自安生死之際焉能弗怖非鬼神伐之心實使之也爲善有心希求福報妄念一萌真性已失物得以誘之故善惡二業有一於胷中愈爲而愈失又安知所以持靈臺之道哉惟通乎幽顯之情者乃可獨行乎天地間俯仰而無愧也凡人

務內者貴實故行乎無名而進德若偷務外者貴華故志乎求用而矜能自衒惟能用光歸明斯可常也賈人求售則非深藏若虛者此言無常之人重外輕內人見其跂立不安而自謂卓然碩大也與物窮者言盡物之情入旣歸也與物齒齬則彼我角立身不能容安能容人與我之大賢向所不容我之不賢人將拒我義同不能容人則孤立而無與身外皆他人耳忘異而求戕生不齊陰陽之寇原其所由心爲之賊大哉心乎善惡所出禍福之樞也苟不得其持之之要則物欲攖之流於不誠不當人非鬼責之莫逃雖天地之大而片體一節將無所寄矣是以君子謹所出幽洞舊音聞詳上文顯明之義則此當是幽闇傳寫失筆道本乎一其體混成遁生萬物其體分矣然則萬物之成乃大道之毀也所以惡乎分者以萬物分稟道氣無不備足聖人應物繁而道愈分撲散而難復也所以

惡乎備者爲人不能忘物以契道資生之物愈備而衛生之道愈疏物有餘而形不養者有之矣夫道之通乎萬物猶水之通乎百川道無心於通物物不得不稟乎道水無心於通川川不得不納乎水道通物而後生成之德著川通水然後運載之功成然則其分也亦豈惡乎分其備也亦豈惡夫備哉此與齊物論其分也成也其成也毀也萬物無成與毀復通爲一義同出而不反謂定道逐物見其動之死地是者指此道謂出生而得此道則入死亦以道免得死謂得其所死與善吾生者所以善吾死相類世人毀滅其真性認物以爲實形雖存而與死無二所謂行尸是也唯能以有形象無形則身心俱空物何能動出非無本也而人莫知其所從入非無竅也而人莫知其所歸信能身心俱空則虛而靜收而照物來必鑑一毫莫欺況已之所萌所歸乎實謂其性長謂性所自來真性隨處

發見而無定所在眼曰見在耳曰聞是也性
所自來窄形分化莫知終始長於上古而不
爲老是也有所出而無本者有長言出生亦
莫究其根但與化流行而已有入而無竅者
有實言入死亦莫見其門但一真不昧而已
呂氏補句義甚明當以無乎處者爲宇則所
居而安以無本剽者爲宙則所適而得宇宙
何能不容人物人物亦何能離宇宙哉爲物
生死出入必有主張綱維之者亦莫見其形
是之謂天門以物所出入強名曰門亦實無
有也若執於無有猶不免乎有併無有亦無
之乃造真空之妙而萬物萬理具焉聖人藏
乎無有故能無所不有也剽同標末也票質
爲人既形而下欲復乎未始有物不亦難乎
夫有物皆幻也心存則存心亡則亡我心不
萌寂寥獨立謂之未始有物可也儻造乎此
則雖有生死亦寄焉耳古之得道者能之次
則有物而有死生之分然能以生爲喪以死

爲反則與常人處生死流者異矣又次曰無
有死生之分首體尻焉三者雖異亦同出乎
道猶楚之公族而有昭屈景三姓之別蓋謂
貴賤遊行而封建制度之不一喻人知識日
增而嗜欲滋廣也黬者釜底結墨似形非形
而生於形者也人寄形而有生亦猶黬耳俄
而披散則所謂我者又移而之他不可定言
其有無故試言之喻夫臘祭之有膍胲備牲
體以薦神則不可散祭畢分胙則爲可散徹
寢廟則肅然起敬適偃廁則不無褻慢有此
皆可移之是也經文請嘗言移是五字詳文
義合在上五句前不可知者也之下觀郭註
可證人之自是以其有生生則有知知爲之
師二者相承而不已果執以爲名實因以爲
已質則不可變矣謂不能照破幻塵而認虛
爲實至於以名實爲已節而以死償之皆由
自是其是以致此弊舉世循習莫悟其非無
異鶡鳩之同於榆枋之適而不知有鵬程九

爲聖也蹍足以親疏而分敖驁則世俗之所
謂禮者相偽而已矣庸敬在兄斯須之敬在
鄉人大親則不喻而愛敬常在脫慢蹍足無
所復問故禮義知仁之至者皆不資於有物
有爲而自造其極此出乎天理自然而不用
擬議而行者合轍也至於徹志解心去累達
塞則由乎人爲文下一等繼以四六者不盡
於中以示入道之要由正而靜所以應天下
之動自明而虛所以容天下之實則與前所
謂至禮至義者無間而同歸乎道矣德者物
之欽道又德之欽則其尊可知生者德之光
德者生之光人而無德奚以生爲物得以生
之謂德是也性者生之質形體保神各有儀
則謂之性是也性之動謂之爲則知無爲者
其性未嘗動爲之偽謂之失則知有爲者其
爲未嘗真也之任知者與接爲構相與爲謀
惟恐接之不徧知之不博以自苦其形神而
弗悟知之所不知者乃其所以知猶睨者之

所不睨乃其所以睨即本經云踐者恃其所
不踐而後善博也故凡應物處事必不得已
而動則出於性之自爲而無失矣此皆與世
之名相反而實相順老子云正言若反此有
道所以異於俗而能處物不傷也非不工乎
射人安得而譽之聖人不止乎治百姓安得
而歸之然而物歸則已累彼工則此拙此必
至之理工天而拙人猶之可也若工人而拙
天則純乎人欲累將若之何此工天俍人所
以爲全而免乎幽顯之患夫卵生濕化翾飛
跂行蟲能蟲也烏鵲鴝友蛛網蜣丸蟲能天
也人之能人能天亦可類推矣全人惡天惡
之分別以爲天非惡自然之天也況肯自分
天乎人乎必也藏人於天混而一之所以爲
全德而免世間之累也是雀適羿羿以威得
之威之得物未若無心得物之衆若以天下
爲籠所得豈止乎一雀惟有所好然後可籠
淡然無欲彼惡得而籠哉介兀之不顧飾胥

徒之不懼死皆以刑戮之餘人所不齒而已亦無意乎生全無可奈何姑安之耳而於脫謂之久中心無所愧懼能忘人所不忘因而入於自然此言處惡之久安而化也況本乎自然而能天能人者其脫塵獨悟詎可量哉區區外貌之被侮何足以介浩然之德何乎天和即人之能天者出怒不怒則所過者化出爲無爲則事成無迹聖人非絕無喜怒絕無作爲也特不因細故以發不爲已私而動一志養氣以乘事物之機怒所當怒爲所當爲一以百姓之心爲心有所勸善懲惡亦猶不怒不爲也氣平而靜心順而神感而後應迫而後動其有不當者乎

經文不餽難釋作不愧是

褚氏總論庚桑之於老子具體而微然其示至者猶有所立卓爾意居畏壘而民稱其德乃聖賢利物之常至於衆心欣感欲推而尊之則愛利之迹著物交而情生是

以南榮趎所見亦由畏壘也庚桑恐已德不足以化遂使往見其師將有以轉移其心而警發之是爲换手接人使之的信無疑然後至言可入故其入門一勘棒喝不旅問答但表是爲撒手懸崖命根斷處幾何而一過耶惜乎南榮趎不能直下承當而受衍支離鋪陳張許老子指其病源而痛鍼之乃退舍自然灑濯復見亦可謂善受教而能自新矣故其再接也乘機直指盡去津津之惡徐有以發藥之趎自授受道器淺但願聞衛生之經即道之方老聃在人耳老子誨以抱一求已還嬰順物衛生之經緊見乎此問結至極又復歸結於能見子乎言有宗事有君也次論泰宇發乎天光靈臺不知所持謂虚室而生白不必以有心有爲汲汲求也務外務内之謬志悖鎮鄉之謬又使學者知輕重而加究擇焉無有生死存先後而同一體寢廟偃

廟勢貴賤而各有宜蓋欲無有生之本無被移是之妄見至敘貴富欲惡之勃志繆心則知志欲一而心欲靡凡涉物累而障靈明者不可不絕而遂之所以全吾天而復乎道也臘具脫胲而可散不常於工中微而指乎蔽舉此皆解執滯之凡見郭虛玄之化推混天人工拙而超乎物我是非忘賢舉嫩侮而造乎不爲不怒靜則平氣養浩存不撓也動則順心好和而惡奸也如是則澹然獨與神明居定乎一而應無方矣此庚桑所得老聃心傳之與君顏子之於尼父有不可容聲者南華繼絕學於百年之後猶孟氏聞而知之操踐至極成功一也故舉以爲天下式

徐無鬼第二十四

徐無鬼因女商見魏武侯。武侯勞之曰。先生

病矣。苦於山林之勞。故乃肯見於寡人。徐無鬼曰。我則勞於君。君有何勞於我。君將盈耆欲長好惡。則性命之情病矣。君將黜耆欲掔好惡。則耳目病矣。我將勞君。君有何勞於我。武侯超然不對。少焉。徐無鬼曰。嘗語君。吾相狗也。下之質。執飽而止。是狸德也。中之質。若視日。上之質。若亡其一。吾相狗。又不若吾相馬也。吾相馬。直者中繩。曲者中鉤。方者中矩。圓者中規。是國馬也。而未若天下馬也。天

下馬有成材。若卹若佚若喪其一。若是者超
軼絕塵不知其所。武侯大說而笑。徐無鬼出。
女商曰先生獨何以說吾君乎。吾所以說吾
君者橫說之則以詩書禮樂從說之則以金
板六弢奉事而大有功者不可爲數。而吾君
未嘗啓齒。今先生何以說吾君使吾君說若
此乎。徐無鬼曰吾直告之吾相狗馬耳。女商
曰若是乎。曰不聞夫越之流人乎。去國數日。
見其所知而喜。去國旬月。見所嘗見於國中

者喜。及期年也見似人者而喜矣。不亦去人
滋久思人滋深乎。夫逃虛空者。藜藋柱乎鼪
鼬之逕。踉位其空。聞人足音跫然而
喜矣。而況乎昆弟親戚之謦欬其側者乎。久
矣夫莫以眞人之言謦欬吾君之側乎。

通義 使武侯知道一之爲上是勞君之道也
武侯悅於精一之爲本則自處與用人皆有
省也故大笑而寧靜爲上躁率爲下此眞
人之言意也臣之告君以輕妙則君之所得
越而無容告君以容下則君之心欲淨而得
徐此無鬼之所自許武侯之所作聞而喜也
有匡孫之責
者宜究心焉

集解 狗馬常畜也所能不過勞盃代步雖善
相而得其眞亦未爲絕技武侯聞之大悅何
邪蓋諸說者必因其所好而籠之則其言易
入猶王好戰而以戰喻也請玩天下馬有成
材一語超軼絕塵之姿可想像而得伯樂九
方皋之技至是亦無遺鑑矣視日亡一猶可
形容于於卹佚喪一之善述其難寫之狀非
若國馬之可以規矩鉤繩喻也一者物始萌
兆若亡若喪猶云恍惚有无之間不可指定
其形質唯其啓之有道所以得武侯之心其
效速於詩書禮樂也後引去國者不免悽思
以喻失性者亦必求復有人來機以發之何
異逃空虛之地而聞人足音跫然久矣夫以
下乃歎惜無人以至誠之理感悟武侯之心
故使之聞相狗馬而悅儻有賢臣近輔以道
德微言漸化而啓融之吾知其良心善性如
水之回淵沛乎其莫禦也是以凡有洗心向
善者君子不拒焉或疑無鬼賢士也見武侯

而突然語狗馬似無意義蓋武侯素驕慢故
忠良之臣莫進眞人之言莫聞無鬼求見欲
有以救正之而侯以常士待遂中言吾見狗
馬所能相其優劣而爲去取君之見士豈不
能鑑其賢而加禮敬邪此又言外之意云

徐無鬼見武侯。武侯曰。先生居山林。食芧栗。
厭葱韭。以賓寡人久矣。夫今老邪。其欲干酒
肉之味邪。其寡人亦有社稷之福邪。徐無鬼
曰。无鬼生於貧賤。未嘗敢飲食君之酒肉。將
來勞君也。君曰。何哉。奚勞寡人。曰。勞君之神
與形。武侯曰。何謂邪。徐无鬼曰。天地之養也

一登高不可以爲長居下不可以爲短君獨爲萬乘之主以苦一國之民以養耳目鼻口夫神者不自許也夫神者好和而惡姦夫姦病也故勞之唯君所病之何也武侯曰欲見先生久矣吾欲愛民而爲義偃兵其可乎徐无鬼曰不可愛民害民之始也爲義偃兵造兵之本也君自此爲之則殆不成凡成美惡器也君雖爲仁義幾且僞哉形固造形成固有伐變固外戰君亦必無盛鶴列於麗譙之

間无徒驥於錙壇之宮無藏逆於得无以巧勝人无以謀勝人无以戰勝人无殺人之士民兼人之土地以養吾私與吾神者其戰不知孰善勝之惡乎在君若勿已矣脩胸中之誠以應天地之情而勿攖夫民死已脫矣君將惡乎用夫偃兵哉

通義　登高非長居下非短適也莫嫌不可自異以成驕謟之失害始兵本用知成脩必至於兵害也苟不知脩必危殆而志不成蓋凡有心成可美之事乃聚惡之因故曰惡器也以仁義爲心而有所爲是有爲而爲其幾微之[redacted]爲而已是以有形之心而造有形跡之

非設一有成必自誇許中存愛亂外與物角是在宮壇之內愛敬之地而畜兵以圖其欲也外得土地內耗神氣勝負安在哉以伐之見其若釋此一念復其真純以近天休則兵不求偃而民免塗炭矣

通義　無鬼再見武侯豈爲身謀而術進用哉欲有以匡救其失而免民於難也武侯乃云厭葱韭而干酒肉其尊已薄人甚矣無鬼不爲勢屈直云勞君之神與形則非特貌之亦且哀之武侯循未之省遂平日湛於聲利嘗欲不暇形神之顧所以問告蒞然無鬼又陳天地之養也一以槩其自尊之心其要在神者好和而惡姦一語神則已之真而武侯以爲義偃兵爲問失義而後思爲義因窮兵而後思偃兵還反其常豈真情哉夫恩害相生理之必至无爲任真庶可全也凡事成而美者皆爲惡器謂迹之著見愛民偃兵迹之尤

者者也我以此心感彼以此心應謂之形造形形成必召伐動與物逆斯外戰矣況列兵陣盛騎卒夸耀於世覬天下之歸已得之不順於理皆藏逆也天所忌者順逆其能久乎巧勝則事物之間無非機知謀勝則圖度浸人而害物漸深至於戰勝則殺人兼地焚燎國害莫甚焉昔山於積累致然似之網莫逃而身亦與之俱燼矣故當自微而謹過之今乃藉君臨之勢恣無窮之欲以養吾私與君神者較之其戰不知孰善勝惡乎在請武侯自度之君若未明養神之道但修誠以應天地而勿攖即是順天地之養而見其與已爲一則君民熙熙至和潛暢物無疵癘人無夭傷何在乎區區求偃兵哉

黃帝將見大隗乎具茨之山方明爲御昌寓驂乘張若謵朋前馬昆閽滑稽後車至於襄

城之野。七聖皆迷。无所問塗。適遇牧馬童子。問塗焉。曰。若知具茨之山乎。曰。然。若知大隗之所存乎。曰。然。黃帝曰。異哉小童。非徒知具茨之山。又知大隗之所存。請問爲天下。小童曰。夫爲天下者。亦若此而已矣。又奚事焉。予少而自遊於六合之內。予適有瞀病。有長者教予曰。若乘日之車而遊於襄城之野。今予病少痊。予又且復遊於六合之外。夫爲天下。亦若此而已。予又奚事焉。黃帝曰。夫爲天下

者。則誠非吾子之事。雖然。請問爲天下。小童辭。黃帝又問。小童曰。夫爲天下者。亦奚以異乎牧馬者哉。亦去其害馬者而已矣。黃帝再拜稽首。稱天師而退。

道義　此承上章勿攖民意而揭黃帝爲非又擬人名地名皆寓言以闡無爲之意害馬者能害馬之事物與牧羊鞭後意稍不同天師者純乎天而可師也

義海　黃帝見大隗於具茨猶堯見四子於姑射蓋神交氣合不可以形相求黃帝轄以六臣者喻六識未泯則猶以知見能解爲聖雖欲之乎大隗而中道不免於迷大隗混成喻道之體具茨全璞喻道之用襄城之野則郛郭猶存非洞庭廣莫之比蓋未歷廓洞達暢

于無垠非性癖之以求道者與之道同而一精明之主亦眛眛然無所向矣然猶能問途於牧馬童子亦庶幾焉牧馬童子喻守心之神猶禪家牧牛之譬然而牧者何物牧之者誰耶知慧能反六情無與於牧之去害馬者爲天下亦若是言其本無與治民如牧羊鞭後同瞀病目昏日力所及不過六合之內拘於形器而不能獨無外斯爲病也猶牧之去其病者爲能乘天光而上達則遊襄城之野何迷之有今病少痊而遊六合之外則無形器之拘而猶知有六合內外之分所以未云全愈而爲少痊也童子不過以自然爲師而能若是故黃帝稱天師而退此章寓言以明學之難者多中道而畫當于諸心君而力主之乘天光而上達超形器而逍遙具茨之山不待問途而可至矣

知士无思慮之變則不樂。辯士无談說之序

則不樂。察士无淩誶之事則不樂。皆囿於物者也。招世之士興朝。中民之士榮官。筋力之士矜難。勇敢之士奮患。兵革之士樂戰。枯槁之士宿名。法律之士廣治。禮樂之士敬容。仁義之士貴際。農夫无草萊之事則不比。商賈无市井之事則不比。庶人有旦暮之業則勸。百工有器械之巧則壯。錢財不積則貪者憂。權勢不尤則夸者悲。勢物之徒樂變。遭時有所用。不能無爲也。此皆順比於歲。不物於易

者也。馳其形性，潛之萬物。終身不反。悲夫

通義 此章評世燭情與憐而極擬也。固於物者三，身居事外用智者也；順比於時者十，文五，身居事內用力者也。其間貴際以上稱士者七，漁知與九農夫以下者五，則農工商賈與勢利全用力者也。不物於易，不爲物之能變易者也。物而能易，則形雖物而能神矣。不物於易，言前諸藝情狀皆如物之有方有所，不爲能變易之物也，猶言物於不易。此言物以天能自許，安於此不達於彼，自成一物，失其神也。

通義 此章起論突兀，疑前有闕文，不可復考其詳。智辯察士之所樂，乃學道之所悲，何皆馳若此，是各爲其能所固而不得自由者也。招世，謂舉善推賢以來天下之士，故可與起朝廷。中民，猶云宜民，固當榮以官爵。彼叙諸士農廢有工趨向之不同，各執一偏，但以得用爲樂，而忘其勞苦失性之爲悲，然而不能變通，用各有極，極則姦僞生而患害作矣。當其處無用也，常以有用爲心，思所以設施注措，志念未嘗暫息；遭時有用，則志滿意得，作法逞能之不暇，又安望其無爲哉。貪者不積則憂，夸者不充則悲，亦不越前意，是皆安其所不安者也。所以猶春秋冬夏之統溫涼寒暑，雖順比於歲，而各得其偏，不物於易，寒冷不可施之於夏，暑令不可施之於冬。不物於易，猶云不易於物，錯綜其文耳。惟至人心同太虛，而身偕四時之氣，所以能易物而不易於物也。

莊子曰。射者非前期而中。謂之善射。天下皆羿也。可乎。惠子曰。可。莊子曰。天下非有公是也。而各是其所是。天下皆堯也。可乎。惠子曰。可。莊子曰。然則儒墨楊秉四。與夫子爲五。果孰是邪。或者若魯遽者邪。其弟子曰。我得夫子之道矣。吾能冬爨鼎而夏造冰矣。魯遽曰。是直以陽召陽。以陰召陰。非吾所謂道也。吾示子乎吾道。於是乎爲之調瑟。廢一於堂。廢一於室。鼓宮宮動。鼓角角動。音律同矣。夫或改調一弦。於五音无當也。鼓之。二十五弦皆動。未始異於聲。而音之君已。且若是者邪。惠子曰。今夫儒墨楊秉。且方與我以辯。相拂以辭。相鎮以聲。而未始吾非也。則奚若矣。莊子曰。齊人蹢子於宋者。其命閽也不以完。其求鈃鍾也以束縛。其求唐子也而未始出域。有遺類矣。夫楚人寄而蹢閽者。夜半於无人之時。而與舟人鬬。未始離於岑。而足以造於怨也

通義 此發好智者之蔽而覺之也。蓋上章固於物之類。冬爨鼎，不用火也；夏造冰，不畏暑也。陽召陽，陰召陰，冬有伏陽，夏有伏陰也。廢或訓置，余以爲發之誤。五音無當，改調而發亂也。二十五音皆動，聲響雜然，而宮商之所主則無可見，故曰未始異於聲而音君已甦。

成文謂之音也此應天下非有公是句置適子於闔不求究求亡子而不出域求鈃鍾則束縛而愛之此皆就所見而有失偏者故曰有遺類楚人寄而蹢閽者蓋諭已開其蔽而五子反以爲怨也

義海 皆羿皆堯之論莊子力鐵惠子自是之病故舉魯遽與弟子所較優劣召陽召陰即是以同應同耳及改調一弦於此而彼衆絃皆變聲不同故不應也五音皆聲而音則有所主是爲音之君在乎善聽者別之耳故鼓宮宮動鼓角角動以類相推未爲特異也五子之各是一偏而非公猶宮止於宮角止於角而不能相通也惠子猶未悟以已能超出四子而未始吾非則吾之所是真是矣莊子遂引齊人軋子重鍾失恩背理而亦自以爲是至於楚人寄閽而闘不自知非則三轉語矣於此有以見莊子愛友惠子之篤事詳後章經意可知聲猶木也音以喻棟梁榱桷音之君喻良匠之手所以成棟梁榱桷者皆不可以相無也

莊子送葬過惠子之墓顧謂從者曰郢人堊鳥路反慢其鼻端若蠅翼使匠石斲之匠石運斤成風聽而斲之盡堊而鼻不傷郢人立不失容宋元君聞之召匠石曰嘗試爲寡人爲之匠石曰臣則嘗能斲之雖然臣之質死久矣自夫子之死也吾无以爲質矣吾无與言之矣

此見莊子愛惠子之真心正意只結二句言有盡而意無窮文哉質猶本也地也

義海 莊子抱道高堅非時俗可探其淵大抵論端無由而發僅一惠子可與言時得伸其汗漫無涯之說以豁暢胸中之奇較道鳴文亦或在是及惠子沒過墓而憶之顧從者而與言其感慨可知夫匠石之斲天下敏手也然非郢人能立則亦無所施工臣之質死久矣故我運斤無失而彼能忘形以聽斲者一豈易得哉莊子之失惠子亦然吾無以爲質語頗難釋審詳經意所言臣之質死久矣必須得殉死之人不怖不動乃可施斲今惠子既亡此斲雖在而無以對是無質也謂世無知音能相激發者無與言之矣有以見傷悼友生之切惠子平生時有機刺之言南華每盡忠竭力而救正之雖不逃辯給之名而所務者清談雅論免墮當時縱横詭詐之習是亦尚友之力也故南華於其後猶致意焉

聽而斲之據郭註云瞑目恣手是也

管仲有病桓公問之曰仲父之病病矣可不諱云至於大病則寡人惡乎屬國而可管仲曰公誰欲與公曰鮑叔牙曰不可其爲人絜廉善士也其於不己若者不比之又一聞人之過終身不忘使之治國上且鉤乎君下且逆乎民其得罪於君也將弗久矣公曰然則孰可對曰勿已則隰朋可其爲人也上忘而下畔愧不若黃帝而哀不己若者以德分人

謂之聖。以財分人謂之賢。以賢臨人。未有得人者也。以賢下人。未有不得人者也。其於國有不聞也。其於家有不見也。勿已則隰朋可

【通義】此章義明不比之不與之並立也鉤吾束縛也逆民强逼也上忘而下叛忘君之勢不親乎民也以德分人猶曰教人以善也國家有不聞見能包荒也此見管仲之知人

【芳洲】管仲病桓公問而曰可不謂云列文作可不諱云爲當惡乎屬國仲可以叔牙對而乃審所欲與公以叔牙爲言仲知其賢而才不足以治亂處其執中無權鉤君逆民乃斷以不可蓋不以與己善而私其舉使之不勝任而得罪於君也勿已則隰朋可言使可耳上忘而下畔按列子作不叛張湛註居上而自忘不憂下之離散也足以証非文誤逸古

文畔通作叛援此方論隰朋之德似不可以背叛言者若從邊畔說文不通宜從列文下不叛爲正於國有不聞於家有不見言其爲政寬恕不衒聰明以爲苛察善下而能得人知其可以屬國蓋與其以知治國作法害民寧若寬厚得衆而相安於無事此仲知人能任所以成覇齊之功忠於君而愛於友義實兩得也

吳王浮于江。登乎狙之山。衆狙見之。恂然棄而走。逃於深蓁。有一狙焉。委蛇攫抓。見巧乎王。王射之。敏給搏捷矢。王命相者趨射之。狙執死。王顧謂其友顔不疑曰。之狙也。伐其巧恃其便以敖予。以至此殛也。戒之哉。嗟乎。无以汝色驕人哉。顔不疑歸而師董梧。以鋤其色。去樂。辭顯。三年而國人稱之

【通義】耿諭明惟鋤其色去其驕人之色如巫開草萊之用力與去樂辭顯皆言其勇也

【人海】狙之與人異類也得深山茂林而生長其間唯人聲之惡聞況見其身耶然則覩吳王而攫搔見巧是其速死之徵故不免乎射而尤能搏接捷矢可謂敏給也已王怒其過巧趨射之則左右莫非彀中寧無中乎其執樹而死也亦宜王於此悟夫微物之速禍出群之招患也因戒其友顔不疑無以色驕人不疑歸而鋤色去樂辭顯非勇於進善時克循耶循閱三年而後國人稱之蓋修爲在乎不倦千日而後成功若爲惡則不崇朝而殺身有餘地矣可不戒哉

南伯子綦隱几而坐。仰天而噓。顔成子入見曰。夫子物之尤也。形固可使若槁骸。心固可使若死灰乎。曰。吾嘗居山穴之中矣。當是時也。田禾一覩我。而齊國之衆三賀之。我必先之。彼故知之。我必賣之。彼故鬻之。若我而不有之。彼惡得而知之。若我而不賣之。彼惡得而鬻之。嗟乎。我悲人之自喪者。吾又悲夫悲人者。吾又悲夫悲人之悲者。其後而日遠矣

【通義】田禾即田和齊君也此章大意見前惟後三悲乃見昨非而今是故曰其後日遠也

不自悲而悲人，由其不自
憮而憮人也。今則自憮矣。
【評注】此即齊物論首南郭子綦故顏成入見
問端，亦同隱几靜極之際，仰天而吁，則其機
已動，故乘而問之。尤謂物之最靈，今乃灰槁
若此，子綦因往事以對。田禾、齊君聞子綦之
賢，入山一顧，而齊國三賀，其得賢共理可以
治也。我有則彼知，我賣故彼鬻，言不能自晦
而招來聲名，名至則身累，貨重者患生，非自
喪而何？是爲悲也。吾悲自喪者，跡近而易見；
吾又悲夫悲人者，則漸深而歸於自悲；又悲
夫悲人之悲者，則忖之無可奈何，以不悲悲
之，而聽天籟之自鳴，自己然後世間之憂累
日遠，故能形槁心灰若此也。信知慢才而隱，
古今所難，惟能脫世網，鴻冥
高舉者，斯可以始終之耳。

仲尼之楚，楚王觴之，孫叔敖執爵而立，市南

莊子　通義卷八　三十二　何明

宜僚受酒而祭，曰：古之人乎，於此言已。曰：丘
也聞不言之言矣，未之嘗言，於此乎言之。市
南宜僚弄丸而兩家之難解，孫叔敖甘寢秉
羽而郢人投兵。丘願有喙三尺。彼之謂不道
之道，此之謂不言之辯。故德總乎道之所一，
而言休乎知之所不知，至矣。道之所一者，德
不能同也；知之所不能知者，辯不能舉也。名
若儒墨而凶矣。故海不辭東流，大之至也。聖
人并包天地，澤及天下，而不知其誰氏。是故

生無爵，死無謚，實不聚，名不立，此之謂大人。
狗不以善吠爲良，人不以善言爲賢，而況爲
大乎！夫爲大不足以爲大，而況爲德乎！夫大
備矣，莫若天地，然奚求焉，而大備矣。知大備
者，無求，無失，無棄，不以物易己也。反己而不
窮，循古而不摩，大人之誠。
【評注】誠之動物，不待言也。弄丸秉羽，此不言
之言，解難投兵，是物動於誠也。即執爵受酒
二人往事，以見德不在虛言也。竊意此章言
大言一言誠，蓋一者誠之不貳，大者誠之無
外。意實諷楚之君臣不當狃於功利富強，故
舉二臣之善，以起其信道之心，以明己之不

莊子　通義卷八　三十三　何明

言之言也。狗吠二句正破其求言之意，反己
循古二句見大人之所以備，隱然自許，以勸
人也。結句冷散，言
大言誠一在其中。
【評注】弄丸於掌，轉運無窮，應用之機在乎方
寸，以喻世事萬變，莫匪由人，達士觀之，等如
游戲。然宜僚，楚之智勇士也，司馬子綦謂若
得之，可以敵五百人，則其才可知。隱居市南，
適意於此，視天下事無足爲者矣。彼白公欲
將謀不軌，而覬其相成之，何不知己之甚！宜
弄丸而弗顧也。此雖戲事，而能阻白公作亂，
不成，子西免禍，是二家難解也。孫叔敖三仕
三已而無喜愠，則其量未易測也。閑寢閒嘯，
秉孫扇而清談，皆能使敵國投兵而退，此所
謂不戰而屈人者也。是爲不道之道，不言之
辯。有口難以形容，夫子願有喙三尺方可議
論，此事非實有三尺喙也。道之所一，乃萬物
之祖，德自歸之；知所不知，乃道之真，非言可

狀故德不能同，辯不能舉也。蓋聖人言辯者名在是，亦無所施其辯矣。聖人海量并包天地，澤及天下而不有其功，故謂不立名實，與忘是以能如天地之大備而不在乎有言有爲也。大備故於物無求，無求故於道無失，無失故於人無棄，能含今而常猶古，通物而不失己，若本乎誠而已。誠則實行之者見物焉有不化者哉。無求不當是無求乎爲之。下文不率一作不樂爲富。

子綦有八子，陳諸前，召九方歅曰（音因）：「爲我相吾子，孰爲祥。」九方歅曰：「梱也爲祥。」子綦瞿然喜曰：「奚若？」曰：「梱也將與國君同食以終其身。」子綦索然出涕曰：「吾子何爲以至於是極也？」

九方歅曰：「夫與國君同食，澤及三族，而況於父母乎？今夫子聞之而泣，是禦福也。子則祥矣，父則不祥。」子綦曰：「歅，汝何足以識之，而梱祥邪？盡於酒肉，入於鼻口矣，而何足以知其所自來？吾未嘗爲牧而牂生於奧，未嘗好田而鶉生於宎，若勿怪，何邪？吾所與吾子遊者，遊於天地。吾與之邀樂於天，吾與之邀食於地。吾不與之爲事，不與之爲謀，不與之爲怪。吾與之乘天地之誠而不以物與之相攖，吾與之一委蛇而不與之爲事所宜。今也然有世俗之償焉。凡有怪徵者，必有怪行。殆乎！非我與吾子之罪，幾天與之也。吾是以泣也。」无幾何而使梱之於燕，盜得之於道，全而鬻之則難，不若刖之則易，於是刖而鬻之於齊，適當渠公之街，然身食肉而終。

【通義】此推邀樂於天邀食於地無求於世大意。術之謂祥，道之不祥也，意外禍福如此。【義證】九方歅以術而知人，子綦以理而占事。術相者知食肉之祥而避其刖，理占者知分外之福而安於常然，則關乎定命，人力奚移。安知術之不逋乎理，理之不包乎術，又何祥不祥之權。請觀塞翁之馬與邛之鹿，其得失果何如哉。知命者聽之而已。今子綦未嘗牧田而羊鶉忽生，莫知其所自來，亦惑得不怪。且我與吾子樂天之道，食地之利，不從事詭與之謀，而與之乘天地之正，故於物無攖，於事無適，一任乎自然之道，而乃謂將與國君同食，此世俗之所非吾志也。無怪行而有此怪徵，幾天與之。既知其天與，又何以泣？蓋至人獨理之微，慮事之深，知福之盛必出於禍之極，未有無因而至者，是以不免乎泣也。無幾何而下，其述禍福倚伏之機，相者謂與國君同食，後乃食於渠公之街。音義註：渠公齊之富室。爲術正以此與刖而論，則相術未爲全驗，不若理占之近道而无所稱倖也。

齧缺遇許由，曰：「子將奚之？」曰：「將逃堯。」曰：「奚謂邪？」曰：「夫堯，畜畜然仁，吾恐其爲天下笑。後世

其人與人相食與夫民不難聚也愛之則親
和之則至譽之則勸致其所惡則散愛利出
乎仁義捐仁義者寡利仁義者衆夫仁義之
行唯且無誠且假夫禽貪者器是以一人
之斷制利天下譬之猶一覕也夫堯知
賢人之利天下也而不知其賊天下也夫唯
外乎賢者知之矣有暖姝者有濡需者有卷
婁者所謂暖姝者學一先生之言則暖暖姝
姝而私自說也自以爲足矣而未知未始有

物也是以謂暖姝者也濡需者豕蝨是也擇
疏鬣自以爲廣宮大囿奎蹏曲隈乳間股腳
自以爲安室利處不知屠者之一旦鼓臂布
草操煙火而已與豕俱焦也此以域進此以
域退此其所謂濡需者也卷婁者舜也羊肉
不慕蟻蟻慕羊肉羊肉羶也舜有羶行百姓
悅之故三徙成都至鄧之虛而十有萬家堯
聞舜之賢而舉之童土之地曰冀得其來之澤
舜舉乎童土之地年齒長矣聰明衰矣而不

利休歸所謂卷婁者也是以神人惡衆至衆
至則不比不比則不利也故无所甚親无所
甚疏抱德煬和以順天下此謂真人於蟻棄
知於魚得計於羊棄意以目視目以耳聽耳
以心復心若然者其平也水其直也繩
其變也循古之真人以天待之不以人入天
古之真人得之也生失之也死得之也死失
之也生藥也其實菫也桔梗也雞癕也豕零
也是時爲帝者也何可勝言句踐也以甲楯

三千棲於會稽唯種也能知亡之所以存
唯種也不知其身之所以愁故曰鴟目有
所適鶴脛有所節解之也悲故曰風之過河
也有損焉日之過河也有損焉請只風與日
相與守河而河以爲未始其攖也恃源而往
者也故水之守土也審影之守人也審
物之守物也審故目之於明也殆耳之於聰
也殆心之於殉也殆凡能其於府也殆殆之
成也不給改禍之長也茲萃其反也緣功其

果也待久而人以爲已實不亦悲乎故有亡
國戮民无已不知問是也故足之於地也踐
雖踐恃其所不蹍而後善博也人之知也少
雖少恃其所不知而後知天之所謂也知大
一知大陰知大目知大均知大方知大信知
大定至矣大一通之大陰解之大目視之大
均緣之大方體之大信稽之大定持之盡有
天循有照冥有樞始有彼則其解之也似不
解之者其知之也似不知之也不知而後知

之其問之也不可以有崖而不可以无崖頡
滑有實古今不代而不可以虧則可不謂有
大揚搉乎闔不亦問是已奚惑然爲以不
惑解惑復於不惑是尚大不惑

通義 此山之逃蓋所以洗堯之跡而成其無名
之德且以救後世化跡跡免患忘其仁義之爲
利而率性以行之是乃所謂誠也貪者竊
竊利仁義而自誇者衆也一覩盡斬也言貪
貪者藏其天性也暖姝濡需卷婁亦莊子自
況之名又從自解只言德不可以有跡名不
可居也蟻至微而猶依柔而未能忘知忘意其
人故其微且柔者以自居而棄其巧與意一
如魚之悠悠於水而忘水以爲自得也目耳
心物各付物不起私智一身自足若然者其

平水也其直繩也其與動以經世也循此無
知無意乎直之道而行此其待已待人惟天
而已不以人爲而入於其間也得之也生四
何惜以死生得失泯然一視爲解亦通然玩
其言蓋曰古之所謂真人得此無知無爲之
道乃謂之生一息失此無知無爲之道乃謂
之死原其初之入道也得此者無知無爲如
死人然失此者逆行開巧千營百搆自以爲
生也不知死生得失之於人也其實不過如
羣之互相騶其觝呈以成一時之用於本性
無所加損也至如植之於何踐明於人而間
於已亦猶鴟之目不明於晝鶴之脛不能自
短皆役於所長不能化其物者也櫛風日有
損於水在河可見而水不自以爲損源之長
也物守物承上二句言理定於一無容私智
而耳耳心之殆者以能自用也原夫殆之成
以不改苟不及時而亟改則禍之長也於此
而聚矣免禍而思反必因於修省之功修省

而有成必待於久於是而脫禍乃遂以爲真
其恩不可憐哉世之亡其國戮其軀相尋而
無已由其不知審此自然無爲之道故也意
非堯舜所爲涉跡也足踐之博不盡地之度
以譬知識之少必資於無知之天太乙造化
未分也通之者於此而流行不窮也太陰極
靜也解之者靜極而不染塵也大目天聰明
也視之者無所不照也大均天分也人物所
稟各有定量不外形而爲神是緣之也大方
天地形體也渾然一體故曰體之大信真實
之情自可内考無疑可決也此一定之理總
持萬物而無外者人能盡此道便是天命循
此不已則吉凶禍福炳於幾先是謂真人也
此非知巧所能與其實之中自有執其樞者
故萬物之始以有彼也彼指造化言既及此
則其解不解知不知不敢自許皆有天知問
者亦不知其崖涘也此道之在天下無方無
體無臭無聲不可執持而又不可謂之無從

古至今未嘗或變萬物資生未嘗或窮此造
化所以大有發揚綜取於世者古人者亦惟
開於此而法之而已又何必暖姝濡需卷婁
以自惑哉誠能以此不惑辭其所惑而後於
不惑亦庶乎從來不惑者矣此吾所以有望
於兆而逃之也卽此章觀之此篇有脫有譌
如器作暖妹作暖姝其平作其羊亡之存
作亡之有未之字土作宇上点計宜後而先
羊意絶直水平今日其羊也經得非誤乎故
凡艱險字句必傳寫之不謹也讀者詳之
義證齧缺許由皆能貴其真以治身而無以
爲天下者也觀其所論亦非拙於治庖者顧
尊卑之間不可越遊方內外有勞逸有跡無
跡之分耳夫仁義五帝之道不可輕皆但後
世行之不至者往往認迹爲筏愈失其真旣
離性而任情則仁義不出於安行利心存於
中不免繼以僞似之而非是誠足以害道故
老莊氏還淳復本之學皆辭而闢之若夫至

莊子　通義卷八　四十

仁夫義滿天育地配道德以立人極者又何
闢之有仁義至於堯已爲漉薄許由恐其爲
天下笑蓋寮形而知影所以欲逃去之而免
乎後患也凡治天下當無爲而自化倘孜孜
爲欲以愛惡之力有不及不免繼之以僞僞
出而患害横生矣爲人上者信能以百姓之
心爲心雖不行仁義而與之暗合不然則譬
夫貪貧之人而假之緡弋罾羅之器其害物
之甚是以一人之斷制欲以利天下猶於瞥
見之頃求盡天下萬物之情徒知尚賢之爲
利不知其爲後世害也雖外乎賢者知之必
起出一頭地然後能識破也後序暖姝卷婁
濡需以證前義條行煩詳諸解亦倚神人惡
衆至連下二句言民之歸棄堯之舉舜而衆
心悅服皆理之自然非比而利之故無親無
疏而以德順天下此真人以其緒餘應世之
驗也蟻魚羊三評皆以喻舜有羶行而發並
言甚奇當先蟻次羊後結以魚不爲羶之所

化蟻棄知也不著羶行以動人羊棄意也知
是以上下各安其分無恭聖尚賢之跡猶魚
不厭水而相忘於江湖豈非得計哉夫然後
以目視目不眩於色以耳聽耳而不惑於聲
以心復心而不役於知則天下之目可一耳
可同心可盡矣故其平如繩爲天下法其應
於變亡循理之自然無利物之私無忤物之
患何憂乎天下之不自化而有心爲治以治
之耶衆人以名利爲役衆孤以忝身爲役進
退猶成敗也以天待人其意灼然謂以天理
爲主而人事應之人入天者以人事爲主而
天理悖矣次古之真人四字只應是故字上
文有此誤並重出言或得此道而生失此道
而死理之常也或得此道而死失此道而生
又出於人事之變如頰夫距喜之類皆藥中
之烏喙豕苓隨病施用主治則爲君佐使則
爲臣適當其時非有常也種之忠於謀國拙
於全身舊隨目斷歷各有所適強其所不能

莊子　通義卷八　四十二

則悲矣又喻風日過河不能無損損而不覺
恃其有源然則得失利害之攖人心人能無
損乎欲補之者道爲之源凡事物之來能不
納於靈府則吾源壯矣事物之起伏不啻盎
盎之過前又何所攖拂哉水之守土理相資
而實無心影之守形則所自出而不能相無
者物之守物各生其心雖相守之密而互生
互剋或然或流有若外籥所云者則不能無
所矣況以耳目心知之所徇爲能殆成而不
給咲其禍長也固宜夫欲反元歸本當致功
於敗過待久而決成世人乃以聰明心知爲
已實此真人之所惆亡國戮民禍之大者其
端實起於耳目之所徇貴在謹遏其源耳足
踐之地不若所不踐之廣心知之事不若所
不知之多不知其所知所踐而以無用爲用
然後可以知天矣天道難湛不容擬議故無
所措知於其間止乎其所不知斯真知矣要
在日損之功人欲既盡天理見矣自大一大

陰至大信皆因知天而後知首以大一通之道實萬理通生成物稟陰陽而結形遇陰則縮化全於無而歸於無也大目視物所不視大均順物使自平大方以無方為體大信稽之大以不期終以大定持之所以應天下之動而已常無為也盡有天則極物之自然循有照則順理之自明冥中有樞寂而常運始由乎彼和而不唱也以不辭辭天下之紛以不知知天道之秘又何所施其詰問而考其有崖無崖哉由是言之雖頡頏滑稽而有實理存焉古今不易各盡其分而不可謂有大揚搉乎漢書揚搉古今揚舉也搉引也舉而引之陳其趣也世人胡不問是而恃其妄知之懷哉盖夫自已之天又安足以知乾元之所謂始心天無照有惑以障之故以不惑解惑復於不惑是尚大不惑惑者妄情之偽不惑者本來之真本來之真我之自然者猶知尊尚之則非大不惑也若真造不惑之地有何不惑之可尚亦何惑之可解哉

褚氏總論有道之主不以國位而驕人有道之士必以節義而匡君武侯雖強悍難入而無鬼說之有其道言良駿以啓其心燕則君之於臣不可不具眼也遂能始作終合而救其虐民奉己之過蓋人之良心善性無茂盡之理猶去國者見似人而喜也及其再見然後納忠逆耳以警其失好和而惡好盡修身之要修誠應天地盡為國之道得聞斯語社稷之福也何在乎為義以宜民偃兵而求治哉黃帝見大隗而七聖皆迷喻人之六識俱昏而心君不能獨明循知問塗於牧馬童子則不遠復故至人求之寓言明君欲見大道當絕聖棄知求諸守心之神而去其為吾害者則大隗不求而自至矣豈若武侯者虐國民以養耳目至於神者不自許然後求大為義

假矣哉推其後世君臣不答所尚非一道有諸士趨向之不同潛恒性而逐萬物無後望其歸根與與道日遠矣若儒墨楊秉惠者各執一偏自以為道蓋於是然其言論意機所觸亦有賴以發明道妙者猶郢人聽斲足以成匠石之巧也又喻有隱明之才然後足以收管仲之思終不以施救私愛而易之也猶以微人而速堯人以忘色而致痛此所以警世俗之驕慢也又豈若厭心搞形者之累日遠乎彼乘羽者之雖可解乎九方歅知相狗而不言其刖許由畏堯仁欲逃而去之此皆覩微而知幾外賢而廢利者也董梗毀零時為帝以喻人之移化猶日河木相樱以喻化之移人物之亦物固審矣終不免於移移則殆矣惟知足恃不踐心恃不知者則盡已夫以燭物之失已為惑則可解天下之惑矣

則陽第二十五

則陽遊於楚。夷節言之於王。王未之見。夷節歸。彭陽見王果。王果曰。夫子何不譚（談）我於王。王果曰。我不若公閱休。彭陽曰。公閱休奚為者邪。曰。冬則擉（音捉）鼈于江。夏則休乎山樊。有過而問者。曰。此予宅也。夫夷節已不能。而況我乎。吾又不若夷節。夫夷節之為人也。无德而有知（絕句）不自許（如字）。以之神其交。（去聲）固顛冥乎富貴之地。非相助以德。相助消也。夫凍者假衣於春。

暍者反冬乎冷風。夫楚王之爲人也，形尊而嚴。其於罪也，无赦如虎。非佞人正德，其孰能撓焉。故聖人其窮也，使家人忘其貧；其達也，使王公忘爵禄而化卑；其於物也，與之爲娛矣；其於人也，樂道之通而保己焉。故或不言而飲人以和，與人並立而使人化，父子之宜彼其乎歸居，而一閒其所施。其於人心者，若是其遠也。故曰待公閲休。聖人達綢繆，周盡一體矣，而不知其然，性也。復命揺作而以天

爲師，人則從而命之也。憂乎知，而所行恒无幾時，其有止也若之何！生而美者，人與之鑑，不告則不知其美於人也。若知之，若不知之，若聞之，若不聞之，其可喜也終无已，人之好之亦无已，性也。聖人之愛人也，人與之名，不告則不知其愛人也。若知之，若不知之，若聞之，若不聞之，其愛人也終无已，人之安之亦无已，性也。舊國舊都，望之暢然。雖使丘陵草木之緍，入之者十九，猶之暢然，況見見聞聞

者也，以十仞之臺縣衆閒者也。冉相氏得其環中以隨成，與物无終无始无幾无時。日與物化者，一不化者也，闔嘗舍之！夫師天而不得師天，與物皆殉，其以爲事也若之何？夫聖人未始有天，未始有人，未始有始，未始有物，與世偕行而不替，所行之備而不洫，其合之也若之何？湯得其司御門尹登恒爲之傅之，從師而不囿，得其隨成，爲之司其名，之名嬴法，得其兩見。仲尼之盡慮，爲之傅之。容成氏

曰：除日无歲，无内无外。

通義 則陽姓彭名陽，字則陽。公閲休宅於獨隴山，樂無求於世也。夷節本無德而有知，不自知其疵，以此爲良法，而交於上下，是迷亂於富貴而損德之友也。聖人其窮以下，言公閲休之爲人也。樂道之通而保己，成物而不失己也。彼其乎歸居而一閒其所施，言彼之所爲，惟安居守己，而時或一有所施，莫不如父子之相愛，非有心於施也。聖人應時，精密曲全，而不自知其故者，性之也。在聖人，惟復其所稟之命，而恍惚作爲，以法天道之自然。不知所謂聖也，人自名之曰聖人耳。大抵人生之憂患，皆生於知，及考其所行，終身亦不多成就，況乎時有止而不能行者，若之何而務知以自役也。美鑑言妍者，不自知其妍，以況聖不自聖者。舊國舊都，此喻得復其性者之自慊也。見見聞聞，謂見聞其聞見之主匡

指性也冊相氏古聖人也得道應世隨物曲成不用智者是以與物相爲終始幾微天眹皆歸於無知日與萬物遷化者以其所存之一未嘗化也此即過化存神之旨闔嘗舍之者曉彭陽何不舍其貪競之習以師天之自然乎夫有心師天而不得其自然之道雖師天與師物無異如之何其可以應事聖人之喪忘天忘人忘始終忘萬物與非偕行而不息悲萬事而不留豈有心日如之何擬於合天也湯得尹而師之得意忘言而不爲法縛性隨物曲成之爲主是湯尹得善治之名一見也已落有爲又仲尼又竭慮以求爲人傳是所見也豈若容成氏過一日除一日不知有歲隨感而應不知有内外乎

夷節王果言夷節之好進不能爲公閱休之行而二人者皆楚王所愛重也今則陽以榮進爲心故求薦於夷節夷節弱於德彊於知不知内有神者可尊而外迷於富貴非以德

相助徒取消爍耳猶假衣於春何足以救凍反風乎冬何足以救暍違而背理求之無益也夫神者好和而惡姦人性本善無有不可至於神者有德於已而信之篤然後能自許今夷節貪競若此是不自許以知神也況楚王嚴暴非夫奸佞之人及德之正者不足以撓動之蓋行之善惡不越乎此二途了何不捨惡趨善從閱休以進庶乎可久也故聖人已下敘閱休之德足以化物而一出於無爲至若不言而飲人以和並立而使人化非聖人不能也綢繆謂世累糾纏不得自在皆始於有我與物爲敵故也惟聖人能以道達之使周盡物理歸於一體而不知其然蓋以性會之而不以物我生心何所不同哉故於靜默之際而有動作者存則知動作之中不離復命之道一動一靜互爲其根是知陰陽無消盡之理此皆以自然爲師非出有心而自有主之者至於大而化之之域人則從而命

之以爲聖非聖人自聖也亦大德必得其名之義世人乃愛乎知之不足而所行亙無幾時其有止也謂欲以智爲名而驅馳不息將若之何哉猶人因鑑而知美不告則不知鑑之照人無已人之喜鑑亦無已聖人愛人而人與之名亦然故其愛之安之也亦無已皆出於自然各安其宜而已矣人之真性渾全久而内蔽者外爲聞見所移浸遠其内猶去國都之猶漂寓他鄉遇明師啓發之安有望故都而不暢然者雖陵木緡合十失其九猶爲之欣喜況見所自見聞所自聞出於性之本然如高臺縣衆人之中無所不覩也昔冉相氏得虛通之道其爲治也隨物而成其性與之無終始則忘其化之大者無幾則忘其化之小者小大久近混而一之只今見在又何執著日與物化者前焔非後焔一不化者今吾即故吾何嘗舍離哉夫無心自然而有心殉物則不然矣其爲事也若之何而可濟

耶聖人忘天忘人所以能天能人忘始忘物所以能始能物與世偕行而不替順物而已無虧也所行之偕而不濫周物而无過舉也動合於道若之何而能若此也湯得三臣爲之傳師其道之無爲而不爲政術所由盡賢臣之政術所以圍天下而育萬民其致君尊安者道而已技能無與焉此又在乎君之用舍而治亂禍福之機見矣湯得隨物順成之道爲之司其治天下之名功成於三人而名歸於湯此若皆剩法耳非湯之真也得其兩見謂君臣相資而成治道其論若見於世也故仲尼盡慮於其後以治世之法雖不與湯同時是亦爲之傳也曆家積日而成歲帝王積知而爲聖湯非三人爲傳無以成其治道非三臣開創於前仲尼亦不能獨成於後猶内外之不可相無也及其道成德備澤流無垠皞皞熙熙民忘帝力則聖治亦與之俱化除日無歲之義也又何内外之分哉經文入

之難釋疑只是合乎連上文續之

魏瑩與田侯牟約，田侯牟背之。魏瑩怒，將德人刺之。犀首聞而恥之，曰：君爲萬乘之君也，而以匹夫從讎。衍請受甲二十萬，爲君攻之。虜其人民，係其牛馬，使其君內熱發於背，然後拔其國。忌也出走，然後抶其背，折其脊。季子聞而恥之，曰：築十仞之城，城者既十仞矣，則又壞之，此胥靡之所苦也。今兵不起七年矣，此王之基也。衍，亂人，不可聽也。華子聞而醜之，曰：善言伐齊者，亂人也；善言勿伐者，亦亂人也；謂伐之與不伐亂人也者，又亂人也。君曰：然則若何？曰：君求其道而已矣。惠子明之，而見戴晉人。戴晉人曰：有所謂蝸者，君知之乎？曰：然。有國於蝸之左角者曰觸氏，有國於蝸之右角者曰蠻氏，時相與爭地而戰，伏尸數萬，逐北旬有五日而後反。君曰：噫！其虛言與？曰：臣請爲君實之。君以意在四方上下有窮乎？君曰：无窮。曰：知遊心於无窮，而反在

通達之國，若存若亡乎？君曰：然。曰：通達之中有魏，於魏中有梁，於梁中有王。王與蠻氏有辯乎？君曰：无辯。客出而君惝然若有亡也。客出，惠子見。君曰：客，大人也，聖人不足以當之。惠子曰：夫吹管也，猶有嗃也；吹劍首者，吷而已矣。堯舜之人所譽也，道堯舜於戴晉人之前，譬猶一吷也。

通義 伐齊爲亂事，非道也；將伐亦亂，無道以止其事也；謂二說爲亂，未有以釋君心之怒，則事之亂未已也。末言君求其道而不見其說，啓其深思也。惠施子知此意，故以戴晉人見於魏君，君竟惝然自失，善列君也。吹劍之吷，將聲而無聲也。此言季子尚仁義之弊，犀首不足論矣。兵寢七年，兩非仁義以易好戰之偏，君而聞道，則知足知恥，畏天畏義，內重外輕，道大物小，凡從人之忽遠約之怒，方將自反自責，何假爲匹夫從仇與兵結怨之事乎？又況視土爲豪末而動心於形骸之間哉？即此觀惠子，蓋深於莊子之道者，故莊子重惜之，過墓而與思也。

義海 犀首，武士官號，時公孫衍爲此官，欲請兵攻齊，虜民拔國，恃強輕敵，國亂人也。季子謂兵久不起，爲王之基，志在安民靖國，何爲而謂其亂人耶？蓋莊子欲仲復說，故以此抗動魏君之心，作其切問而復告之，奇哉！君求其道之一語，謂前犀首所言非其道，季子欲止之而無其道，若謂二者皆非，未有以處之之道，終不免爲亂人而已。惠子請見戴晉人

何明

是求之有道也蝸角二國以喻齊魏二國所爭者甚微吹管有聲喻衆人之譽堯舜道堯舜於晉人之前猶吹劍無聲論伐國於華子之前亦猶是也

孔子之楚，舍於蟻丘之漿。其鄰有夫妻臣妾登極者。子路曰：是稯稯何爲者邪？仲尼曰：是聖人僕也。是自埋於民，自藏於畔。其聲銷，其志無窮，其口雖言，其心未嘗言，方且與世違而心不屑與之俱。是陸沈者也，是其市南宜僚邪？子路請往召之。孔子曰：已矣！彼知丘之著於己也，知丘之適楚也，以丘爲必使楚王

之召己也，彼且以丘爲佞人也。夫若然者，其於佞人也羞聞其言，而況親見其身乎！而何以爲存？子路往視之，其室虛矣。

通義 此章惟陸沈之義或謂沈不在水而在陸以喻大隱余謂說世皆空萬物沈寂也

義海 古者風俗淳厚民至老死不相往來各安其素分內足而無求於外故也今夫子遑遑[illegible]欲以仁義化天下使之屈折禮樂而失佚偷之性彼隱德潛耀之君子宜其從而之高隱唯恐去之之不速也然而聖人愛人無已不得已之窮達皆以拯濟天下爲心與彼陸沈獨善者不可同日而語夫子知其爲聖人僕役而未升堂奧是亦逃名求志者必市南熊宜僚也聖人知人之審若此子路欲召之而夫子知其必不至各從所好也其室虛即語云使子路反見之至則行矣

長梧封人問子牢曰：君爲政焉勿鹵莽，治民焉勿滅裂。昔予爲禾，耕而鹵莽之，則其實亦鹵莽而報予；芸而滅裂之，其實亦滅裂而報予。予來年變齊，深其耕而熟耰之，其禾繁以滋，予終年厭飧。莊子聞之曰：今人之治其形，理其心，多有似封人之所謂，遁其天，離其性，滅其情，亡其神，以衆爲故。鹵莽其性者，欲惡之孽爲性，萑葦蒹葭始萌，以扶吾形，尋擢

吾性，並潰漏發，不擇所出，漂疽疥癰，內熱溲膏是也。

通義 粗鹵草莽棄滅決裂不盡治苗之方變齊即深耕熟耰也

義海 鹵莽之人不盡耕耘之齊量故其實亦鹵莽今變昔日之齊量而盡其功力是以禾繁而厭飧以此爲治形理心之喻可謂切當人心天性皆不越乎自然惟其逃自然所以離真性以至滅情志神而不悟皆溺於衆人所爲故也欲惡之害性無異萑葦之害苗蒹葭即萑葦之初生始則扶苗同長終則過盛而害苗欲惡技性而失真則形軀潰漏所向成疾必至澌盡而後已此治形鹵莽之報也可不戒哉

柏矩學於老聃，曰：請之天下遊。老聃曰：已矣！

天下猶是也。又請之。老聃曰。汝將何始。曰。始於齊。至齊見辜人焉。推而強之。解朝服而幕之。號天而哭之曰。子乎子乎。天下有大菑。子獨先離之。曰。莫為盜。莫為殺人。榮辱立。然後覩所病。貨財聚。然後覩所爭。今立人之所病。聚人之所爭。窮困人之身。使无休時。欲无至此。得乎。古之君人者。以得為在民。以失為在己。以正為在民。以枉為在己。故一形（物誤）有失其形者。退而自責。今則不然。匿為物而愚不識。大為難而罪不敢。重為任而罰不勝。遠其塗而誅不至。民之力竭。則以偽繼之。日出多偽。士民安取不偽。夫力不足則偽。知不足則欺。財不足則盜。盜竊之行。於誰責而可乎

【通義】立人之病聚人之爭原其罪之所由來在乎上也又思古聖責己而不求諸人以數今之不然末言於誰責而可乎意極婉切

【義海】柏矩請之天下遊夫子欲乘桴浮海之意至齊見罪人殺死在道則當時諸侯政化可知幕朝服而哭哀矜之至也世間凍餓疾厄縲紲喪憂皆謂之災而性命慘傷莫大於戮死汝獨何為先罹之莫為盜乎莫為殺人乎何為而至此極耶又得非榮辱貨財之召

莊子 浩然齋 通義卷八 十二 夏

何而至是乎立人所病聚人所爭其來久矣禍其可免乎此語有幾及時政之意次敘古之君天下者心存愛育惟恐一夫之不得其所所以治成而化洽今則不然已下直指時政之失言之者無罪聞之足以戒也結以於誰責而可乎又有嗟歎不足之意覬有位君子反躬而加察焉信能節己之養而去病絕爭民化其德而刑措不用豈不盡善盡美哉

一形當是一物傳寫之誤

蘧伯玉行年六十而六十化。未嘗不始於是（不猶）之而卒詘之以非也。未知今之所謂是之非五十九非也。萬物有乎生而莫見其根。有乎出而莫見其門。人皆尊其知之所知。而莫知恃其知之所不知而後知。可不謂大疑乎。已乎已乎。且无所逃。此所謂然與。然乎

【通義】改昔初新謂之變舊盡新成謂之化萬物之出生必有所自但人不能見是其不可知者衆人不知求於此非大疑而何末云然與然乎即前未知今之所謂是之非五十九非意此一轉自警自省之功與欲寡過而未能意相發

【義海】明有所易謂之變暗有所易謂之化行年六十而六十化謂人處世間其形容知識能解事為彼造物暗易而不知未嘗不始是而卒非也及乎耳順之年更事既久庶乎是非可定物理可明然猶未知今之所謂是非五十九年之非也此言物變無窮事變無窮人心之變亦無窮三者交相化而古今成焉得失著焉事融理定是非乃審然猶未知後

莊子 浩然齋 通義卷八 十三 夏

世之公論何如也人閱人而成世事更事而
成化若蚊虻野馬之過前不知其幾而吾之
存寶真常者固未嘗變也人而知此死生不
足以動其心矣物之生死出入有機有門而
人不見者皆知尊其所知以爲已能而不知
恃其所不知而後能知信能知其所不知則
萬物之根門可闚矣其生死出入理之常然
化與不化與之俱化則亦何惑之有蓋人之
所知所能特其不知不能中萬分之一耳聖
人亦不能盡夫知能又豈能逃乎物化哉雖
然吾所言以爲是者亦未知其信然否也凡
聖賢論化皆有不敢指定之辭乃其不可致
詰之妙此
所以爲化

仲尼問於大史大弢。伯常騫。狶韋。曰。夫衛靈公飲酒湛樂。不聽國家之政。田獵畢弋。不應

諸侯之際。其所以爲靈公者。何邪。大弢曰。是因是也。伯常騫曰。夫靈公有妻三人。同濫而浴。史鰌奉御而進所。搏幣而扶翼。其慢若彼之甚也。見賢人若此其肅也。是其所以爲靈公也。狶韋曰。夫靈公也。死。卜葬於故墓。不吉。卜葬於沙丘而吉。掘之數仞。得石槨焉。洗而視之。有銘焉。曰不馮其子。靈公奪而里之。夫靈公之爲靈也久矣。之二人何足以識之

通義 諡法不勤成名曰靈。謂不自勤勉以成其德。綵生而近死之義。二人之答大義已明。今
既名既定於前則其德之善惡亦有莫之
爲而爲者可知也堯舜所以有朱均而曰天
之曆數在爾躬舜亦以命禹竊意天不生朱
均則堯舜徹是天下而天下之爲公器者不
可見也不然何以堯舜而有朱均皆餘而有
舜禹此性之立命命之顯性之幾微一淺也

通義 靈之爲諡可善可惡故夫子問於三人
大弢答云惟如此所以如此則靈爲無道之
諡明矣伯常騫曰公與三妻同浴無禮甚
焉及賢臣奉御而進使人搏幣扶翼而出之
肅謂奉御衣物於人欲熾然之中天理一
毫之善未至全泯則其謂之靈義可以言善
矣狶韋曰公卜葬而得石槨之銘昭然靈公
之字與符千載其所謂靈久矣彼二人何足
以知之哉同處父之擇牀公生城其非前定
至於名諡亦豈偶然但當盡人事以應天理
其是非美惡則係乎生前之所爲在人不可
不謹諡法始於周公以一字示褒貶亦嚴矣

不勤成名曰靈古之人不善終者有靈若厲
之號至於違議大概善惡兩忘去來見在等
無滯跡無爵無諡儵然順化使人無得以議
其善否豈不泯成盡美哉三人各一答首言
其不道次言其敬賢後言天理一定以
跡論之不無優劣卒不逃天理之定耶

少知問於大公調曰。何謂丘里之言。大公調曰。丘里者。合十姓百名而以爲風俗也。合異以爲同。散同以爲異。今指馬之百體而不得馬。而馬係於前者。立其百體而謂之馬也。是故丘山積卑而爲高。江河合水而爲大。大人合并而爲公。是以自外入者。有主而不執。由

中出者有正而不距四時殊氣天不賜故歲成五官殊職君不私故國治文武大人不賜故德備萬物殊理道不私故无名无名故无爲无爲而无不爲時有終始世有變化禍福淳淳至有所拂者而有所宜自殉殊面有所正者有所差比於太澤百材皆度觀乎大山木石同壇此之謂丘里之言少知曰然則謂之道足乎大公調曰不然今計物之數不止於萬而期曰萬物者以數之多者號而讀之

也是故天地者形之大者也陰陽者氣之大者也道者爲之公因其大以號而讀之則可也已有之矣乃將得比哉則若以斯辯譬猶狗馬其不及遠矣少知曰四方之內六合之裏萬物之所生惡起大公調曰陰陽相照相蓋相治四時相代相生相殺欲惡去就於是橋起雌雄片合於是庸有安危相易禍福相生緩急相摩聚散以成此名實之可紀精之可志也隨序之相理橋運之相使窮則反終

則始此物之所有言之所盡知之所至極物而已覩道之人不隨其所廢不原其所起此議之所止少知曰季真之莫爲接子之或使二家之議孰正於其情孰徧於其理大公調曰雞鳴狗吠是人之所知雖有大知不能以言讀其所自化又不能以意其所將爲斯而析之精至於无倫大至於不可圍或之使莫之爲未免於物而終以爲過或使則實莫爲則虛有名有實是物之居无名无實在物之

虛可言可意言而愈疏未生不可忌已死不可徂死生非遠也理不可覩或之使莫之爲疑之所假吾觀之本其往无窮吾求之末其來无止无窮无止言之无也與物同理或使莫爲言之本也與物終始道不可有有不可无道之爲名所假而行或使莫爲在物一曲夫胡爲於大方言而足則終日言而盡道言而不足則終日言而盡物道物之極言默不足以載非言非默議其有極

【闕誤】此擬名闡義寓言也少與大對知與公對詶者謂與於其間不可有知不能無知惟復其本覺之性而不參以思慮之營營是則所謂公而謂也此篇七百餘字只是闡明此義以見人之於世本不必知亦有不能知者如赤子熙熙視而無意於視聞而無意於聞悲喜而無意於悲喜而視聽喜怒之良能又孰能知其所自來乎通篇文義平實無庸詶解惟其間字句稍與他書不同者略爲一通聚井爲丘聚丘爲里其言一里之公也自外入者有主而不執凡人天性不迷則內有一主矣故聞見自外而入者可否有辨自無執一之偏天性不迷則中心正矣故其思慮由中而出合於人情自無拒拂猶四時殊氣不自知功云云也已有之矣乃將得比哉言本無名今已名之曰大道丘里之言豈足以盡之橋起者兩崖相拱駕虛可通爲橋亦無中生有之喻雞鳴犬吠之不同猶莫爲或使之二說而天下大同莫有異於此聲者大知者聞之亦莫知其意也自此言之小大不可盡也彼二子莫爲或使之說未免因物而見而未盡夫道之不滯於物也故曰終以爲過曰虛曰實曰疑皆就莫爲或使言意而推見其病終不足以盡死言死名之妙故曰胡爲於大方大抵立言虛者無與於實用所見迂者終入於無稽此非知幾者不識

【義海】凡一丘一里之間必有年德之尊者考衆情而立論猶所謂月旦評及各有里諺流傳以記其風土事物是爲丘里之言合異以爲同也共出丘里而有少長賢愚貧富得失之不齊同而異也天下之大起於丘里道之大其於事物散同而爲異猶指馬之百體合異以爲同立百體以爲馬也言之則有合散寘之則歸混同理有至極不可容聲矣丘山積卑江河合水大人合公亦不外乎此理蓋能合丘里而得宜則合天下之物亦猶是也

在乎公之一字而已道總云公乃王王則天下之所歸安往得辭哉故自外入者學也君子之學主乎道則物無不通由中出者思也君子之思正乎理則物無所距猶四時殊氣而成歲五官殊職而成治總歸乎大人之德備以闡大道之無私又惡可得而名焉無名故無爲無爲而無不爲此理之必至然而時有變遷禍有倚伏有以所拂而宜者有以所正而差者皆由自殉已情故不免於殊而瞽大澤之百材合而爲匠石之用異而同也太山之木石散而爲天下之用同而異也若寘理而歸於道復何同異之辯哉夫道之爲名不足以盡物各以其大者言之耳形之大者天地統之氣之大者陰陽統之道又以統天地陰陽其大詎可量耶然既有道之名則不可與無名比所以至人之道行乎無名故天下莫得而名也是章同齊物論之談有無生死此則頗觀治道者溯出丘里之言一段立說愈奇製名寓意謂至公而能和天下則不可知者所當請問也天有陰陽四時人有欲惡去就物有雌雄判合橋起憑虛而起康有用是而有言事或無因而有因皆出於天人萬物之交化而本於道之緒餘安危至聚散八者又自前而生其迹愈粗人數人據紀述無道於是隨次序以相理而君臣父子之義明憑虛運以相使而窮始反終之機著故其言之所至極物而止此治世之事方內之論也若夫方外觀道之士則不隨物所廢不原物所起首尾既忘中亦不立然則何所容其擬議哉季真接子當時有此二家之論各執一偏猶楊墨之爲我兼愛以其不合乎道故以雞鳴犬吠鄙之人皆知其鳴吠而不知所以鳴吠則於二子又安能知其所自化哉以此理析之凡至小極大或使莫爲皆不離於物莫免乎患或使有由然則實也莫爲離虛有名則實係之未得爲全無也皆之語道者

謂四何謂有無非有非無亦有亦無離此是道含東西南北中也請觀夫四時之往日星之奔運天行健而不息海噓吸而有信莫之爲耶或使之耶然則有爲之者有使之者鳴吹爲風氣所使生死爲大塊所使四時日月天海皆有真宰司之但爲於無爲使於無使耳人之生死去來不可阻此理近在身中而不可覩其義亦然觀其本而往者無窮觀其末而來者無止則知受役造化者往古來古而不息非獨我也何可勝言與物同此理而已若泥於或使莫爲則有言有名之所自起與物終始而無已也道不可有有之則滯而不通何由造虛玄之妙道處有無之間而不著於有無假有無以行無所往而非道若季真接子者各殉一曲豈可達乎大方言而足者得道之精言一也而有道物之分若究其極物之虛即道也言默皆不足以載超乎言默之表斯爲道之極議也與

褚氏總論是篇自則陽王果起論稱山樊隱德以鎮市朝奔競之風有以見至人善達物之網繆使之歸乎恬暢是謂飲人以和而使人化也裨益治道多矣以其愛民無已故民愛之安之亦無已蓋以道濟物出乎性情之真民安有不化之者世人徇外殉物失已日遠舊都望之暢然則未至茂盡猶思所以來復苟能見所自見聞所自聞其欣悅當何如人之治身猶治國也天君正而五官理國君正而群輔賢非獨以利一時尤足以與日後之化如湯得三臣傳於前而有夫子繼其後若四時之成歲功又何內天外人之辨哉次因魏齊敗盟而舉兵遂以觸蠻爲喻以砭當時好戰之君明所習之蔽陋所爭之不足爭也孔子舍蟻丘識有論之可羞封人論禾爲未志欲惡之爲孽此皆示應世理身之要至於栢矩數辜人以失爲在已以正物也蘧

瑗德隨年化持知所不知用物之知也此文論治民化物之方靈公之爲靈定差於未然則凡所爲者不得不爲道物有定算託之於人耳若夫丘里之言合散同異焉非百體立體得名大人合衆以爲公爲物殊情而道條備大澤之百材大山之木石或同出而異用或異産而同歸不滅乎形氣之分化而至理盡矣結以季真接子虛實皆爲執滯未免與物循環而已故必超乎言默之表心融而立無得之域則道物之擬議化焉斯知可道可言之非真常而非言非默之可載道也明矣

莊子卷第八　終

莊子卷第九　參元朱得之傍註并通義

附錢塘褚伯秀義海纂微

雲谷王潼錄校刊

雜篇

外物第二十六

外物不可必。故龍逢誅。比干戮。箕子狂。惡來死。桀紂亡。人主莫不欲其臣之忠。而忠未必信。故伍員流於江。萇弘死于蜀。藏其血三年而化爲碧。人親莫不欲其子之孝。而孝未必愛。故孝已憂而曾參悲。木與木相摩則然。金與火相守則流。陰陽錯行。則天地大絯。於是乎有雷有霆。水中有火。乃焚大槐。有甚憂兩陷而無所逃。螴（音陳）蜳（音惇）不得成。心若縣於天地之間。慰暋沈屯。利害相摩。生火甚多。衆人焚和。月固不勝火。於是乎有僓（音頹）然而道盡。（天作泯）

通義　萇弘被放歸蜀刳腸而死蜀人以匱盛其血三年而化碧玉晉元帝托運根不至而殺其臣其血逆柱而上齊以明月之讖殺斛律光其血在地去之不滅此亦史所明載不可謂之無者孝已殷高宗之子見逐於後母曾參事其父小杖則受大杖則走皆爲忠孝人之所貴而或害其身是外物之不可必也世非無中生有猶物情相感而生此天機也人排兩端之

見而不能脫然自省者必懷憂不能自安心中如焚月比良心火比私欲

通義　外重者內輕物得則已失世間利名毀譽成敗得失非性命所有者皆外物也而俗認以爲真殉而忘反以至殺身而非悟何邪蓋漢晉所尚非利則名而毀譽榮辱亦隨之有識者知利之爲汙不屑就焉則慕名以自高名之美者無過忠孝以其能致君親於無過有足以樹國家與教化故也上古風淳君如標枝民如野鹿則安有犯顏逆鱗之舉亦豈有刀鋸鼎鑊之威哉爲臣不幸而遇君悖理枉殺即陰陽錯行雷霆交發之時也爲子不幸而遇父昏君逐流離而後忠孝見焉爲子不幸而遇嚚父而後孝聞焉槐色正黃喻性中和木之爲物鑽之得水鑽之得火陰陽之性具焉木中有火陽伏陰位至於焚槐則過亢矣和能不傷乎譬人身由陰陽而生抱沖和而立或得以寇之者物爲之累

而氣動於中喜怒并出陰陽交勝沖和日損客邪乘入無根之本其能久乎所謂外而非君親內而修身養命皆不外乎憂患心慘迫而志不成若縣係於天地之間無求解脫處慰暋字難釋或借從音義順明昏於思慮沈屯於昧欲言者物之重所以利害交戰生火內攻沖和焚燒而患生焉夫陰陽之氣運於太虛而無形其舒慘之機則隨人喜怒感召而發吁人亦至靈矣可不自愛重乎又譬以月之明雖大而耐多盈火出於天理也火之明雖小而烈然之益烈由於人爲也天道惡盈其耐也易復人爲好盛其盛也易衰月不勝火人欲盛而天理滅之譬也月盈而缺則有常度耐而復盈明何損焉火之熾也燎原燭天及其薪盡灰土而已世有臣子盡道而遭困厄乃所以成忠孝之名而虐之者自速於盡則是身不勝暴虐之焚而理實勝之矣吁忠

孝之名成，臣子之不幸也。道德經云：六親不和有孝子，國家昏亂有忠臣。然則何以處之？曰：僨然而道盡，僨然而道盡，己忘而物化之謂也。己忘物化，又安有生火焚和之患哉？

莊周家貧，故往貸粟於監河侯。監河侯曰：諾。我將得邑金，將貸子三百金，可乎？莊周忿然作色曰：周昨來，有中道而呼者。周顧視車轍中有鮒魚焉。周問之曰：鮒魚來！子何為者邪？對曰：我東海之波臣也。君豈有斗升之水而活我哉？周曰：諾。我且南遊吳越之王（土誤），激西江之水而迎子，可乎？鮒魚忿然作色曰：吾失

我常與，我無所處。吾得斗升之水然活耳。君乃言此，曾不如早索我於枯魚之肆。

通義　此後世傳聞其事而擬為之，若有不足於莊子之往貸者。且不能知監河侯之平昔，非定其交而後求之道也。其曰忿然作色，尤非莊周之常。其為擬附無疑也。讀者詳之。

義海　監河說，先作魏文侯。呼，舊音去聲，義當是呼字去聲，數也。鮒，鯽魚。波臣，舊註波蕩之臣。吳越之王，頗難釋，諸解畧之。獨碧虛云：吳越水聚之地，王猶江海為百谷王。張君房較本，遊下加說字，去聲，其論亦未通。詳義考文祖，得其意。王字元應是土，誤加上畫耳。說頗簡明，大意謂人處道中，如魚在水，不可須臾離。失道於身，欲假之於外，類望監河侯之邑金，何足以濟目前之急。

任公子為大鉤巨緇，五十犗（音界）以為餌，蹲乎會稽，投竿東海，旦旦而釣，期年不得魚。已而大魚食之，牽巨鉤，錎沒而下，騖揚而奮鬐，白波若山，海水震蕩，聲侔鬼神，憚赫千里。任公子得若魚，離而腊之，自制河以東，蒼梧已北，莫不厭若魚者。已而後世輇（音詮）才諷說之徒，皆驚而相告也。夫揭竿累（綸），趣灌瀆，守鯢鮒，其於得大魚難矣。飾小說以干縣令，其於大達亦遠矣。是以未嘗聞任氏之風俗，其不可與

經於世亦遠矣。

通義　此承上節，雖求而無必得之意，自不忿；雖得而無專利之心，故不驕。莊子與監河侯二子之病，胥況之矣。

義海　大鉤巨緇，喻所操者太，則其得必豐。累當作縲，綸也。風下俗字為冗出，於誤筆。此言人之守道久而見功，不可責朝夕之效。及乎涵養成就，見之設施，澤及萬物，豈止制河東蒼梧之北而已哉。鮒魚下忿然作色四字誤重出。縣，平聲，高名令聞之說為優。

儒以詩禮發冢。大儒臚傳曰：東方作矣，事之何若？小儒曰：未解裙襦，口中有珠。詩固有之曰：青青之麥，生於陵陂，生不布施，死何含珠。

爲按其鬢，壓其顪，儒以金椎控其頤，徐別其頰，無傷口中珠。

詩禮，孔氏趨庭之訓也，以爲起家，下文全不相關，況藉誦習以取富貴，非所謂儒也，亦非周時之事也。以爲發冢，謂盜死者之珠，正竊聖人緒餘以自多者比也。下文陵陂口中珠，與冢字相應。大儒首倡者也。自上語下曰臚，自下語上曰句。其誦詩之意，以含珠者爲非，盜珠者爲是，謂按其鬢以下，大儒語儒之言也。無傷珠者，戒之無叛古訓也。

詩禮之於天下，所以正治道而防其流，與法並行，使人有所與立也。聖人世不常有，故其爲慮也深，思有以盡華天下之弊，出於禮，軼於法，合於禮而法可除，聖人之心本無而已。柰何季世薄俗，有資其跡以爲姦者，至於發冢而不恤，則非獨害及生民，死者亦不安於泉下。其流弊可勝道哉。而猶舉詩書以諷世，可謂爲所不當爲，用所不當用也。南華憫世真切，而無所效其力，遂旁譬曲喻以致意焉。至若曾號多儒，及覈其實而儒者一人，則此章非無爲而言。蓋欲誅其心而正其教，使之爲詩禮所當爲，盡儒行所當盡，又將以示時俗厚葬之戒，起後世淳樸之風。一經舉而衆目張，於治道豈小補哉。

老萊子之弟子出薪，遇仲尼，反以告曰：有人於彼，修上而趨下，末僂而後耳，視若營四海，不知其誰氏之子。老萊子曰：是丘也。召而來。仲尼至。曰：丘，去汝躬矜與汝容知，斯爲君子矣。仲尼揖而退，蹙然改容而問曰：業可得進乎？老萊子曰：夫不忍一世之傷，而驁萬世之患，抑固窶邪？亡其略弗及邪？惠以歡爲驁，終身之醜，中民之行進焉耳，相引以名，相結以隱。與其譽堯而非桀，不如兩忘而閉其所譽。反無非傷也，動無非邪也。聖人躊躇以興事，以每成功。柰何哉其載焉終矜爾。

修上趨下，上長下短也。末僂後耳，身恭知動，容不見耳也。躬矜，言矜馳之態，指上末僂容毛會說話也。抑固窶邪，指上視營四海，猶今言眉窮之道邪。亦忘其簡略之性，是以弗及邪。凡以惠及人，必以得人之歡爲自足，是中民可

愧之行，知進而不知退，不過相推引以虛譽相結納，以隱秘之計而已，終不若毀譽之兩忘，其機惟在忘譽。譽忘則毀忘矣。反此而營心於毀譽者，動必從邪，是以動無不傷也。聖人躊躇應感，不得已而後起事，有成功。柰何終身擔負，矜馳之勢而不悔也。

何似聖人之心？形容夫子狀貌見於三語，未聞史仇璋狀文中子之語相類，而其師已知之。聖賢心通神會若此。躬矜謂全身是誇耀容，驕色知多謀，皆足以召患，故令去之。驁一作驁，爲優言不忍一時之患，爲仁義以救之，後世殉迹成弊，驁而不止也。抑固窮窶，輕於用世邪。或無謀而慮弗及此邪。何歡於爲惠之心，形見於外而不可掩邪。蓋譏夫子遑遑遊歷，徒自困其形神，是馳騖終身之醜，庶民之行進於此耳。進則相引以名，退則相結以隱。譽堯非桀由此而生，若兩忘非譽，其桀

奚辯哉反謂反前所言不能兩忘者則愛惡存焉與物皆傷也動內無定見善惡毀者則隨物趣舍於行為邪也是聖人待時而動徐以興事每有成功奈何自負其能終不免於矜也夫子之與老萊猶出為莊而隱為由南華寓言以警世之不知時而強為以要譽者耳非實貶之也

宋元君夜半而夢人被髮闚阿門曰予自宰路之淵予為清江使河伯之所漁者余且得予元君覺使人占之曰此神龜也君曰漁者有余且乎左右曰有君曰令余且會朝明日余且朝君曰漁何得對曰且之網得白龜焉

其圓五尺君曰獻若之龜龜至君再欲殺之再欲活之心疑卜之曰殺龜以卜吉乃刳龜七十二鑽而無遺筴仲尼曰神龜能見夢於元君而不能避余且之網知能七十二鑽而無遺筴不能避刳腸之患如是則知有所困神有所不及也雖有至知萬人謀之魚不畏網而畏鵜鶘去小知而大知明去善而自善矣嬰兒生無石師而能言與能言者處也

[illegible]此章知有所困神有所不及是正論猶用心自苦去所長則無不善矣未言嬰兒能

言甚言習之不可不慎言外見忠臣義士不恤其身而惟以啓迪其君上為任不欲輕廢於小人而甘死於知己所謂盡其才而不吝也其能其不能皆天也患非有心之可避能非有心之可逞也去小知去一事之知則心體虛明而全體天光不為物蔽是以大知明無不照也

[illegible]宰路淵名神龜所居為清江神使河伯之所則以知而見役乘由清入濁所以不免乎患猶能見夢於元君則其神靈未泯也龜陰陽而介色白應陽其圓五尺配五行也卜殺龜而吉明兆不為已私雖不利於己而能著靈於人也七十二鑽而無遺筴言其材美上符天候然而入網莫避刳腸不免者其神其知有時而窮皆不足恃若不為清江使而曳尾於塗中以全無知之知不神之神斯為至知至神矣又何網罟之憂哉此章與史記龜策傳相類但彼作漁者豫且即此人是故有至知者慮眾人之謀得以勝之而不敢全恃眾知之謀無異鵜鶘之於魚非若網之無心而不可避也欲避患者當去自己小聰之知而取眾謀以為知則大明而周物是以去己善而天下之善歸之如嬰兒與能言者處久而與化不知所以然而然也

惠子謂莊子曰子言無用莊子曰知無用而始可與言用矣夫地非不廣且大也人之所用容足耳然則廁足而墊之致黃泉人尚有用乎惠子曰無用莊子曰然則無用之為用也亦明矣莊子曰人有能遊且得不遊乎人

而不能遊，且得遊乎。夫流遁之志，決絕之行，噫，其非至知厚德之任與。覆墜而不反，火馳而不顧。雖相與爲君臣，時也。易世而無以相賤。故曰至人不留行焉。夫尊古而卑今，學者之流也。且以狶韋氏之流觀今之世，夫孰能不波。唯至人乃能遊於世而不僻，順人而不失己。彼教不學，承意不彼。目徹爲明，耳徹爲聰，鼻徹爲顫，口徹爲甘，心徹爲知，知徹爲德。凡道不欲壅，壅則哽，哽而不止則跈，跈則衆害生。物之有知者恃息，其不殷，非天之罪。天之穿之，日夜無降，人則顧塞其竇。胞有重閬，心有天遊。室無空虛，則婦姑勃谿；心無天遊，則六鑿相攘。大林丘山之善於人也，亦神者不勝。德溢乎名，名溢乎暴，謀稽乎誸，知出乎爭，柴生乎守，官事果乎衆宜。春雨日時，草木怒生，銚鎒於是乎始修，草木之到植者過半，而不知其然。靜然可以補病，眥搣可以休老，寧可以止遽。雖然，若是，勞者之務也，

非佚者之所未嘗過而問焉。聖人之所以駴天下，神人未嘗過而問焉；賢人所以駴世，聖人未嘗過而問焉；君子所以駴國，賢人未嘗過而問焉；小人所以合時，君子未嘗過而問焉。演門有親死者，亦善毀爵爲官師，其黨人毀而死者半。堯與許由天下，許由逃之；湯與務光，務光怒之；紀他聞之，帥弟子而踆於窾水，諸侯弔之，三年，申徒狄因以踣河。筌者所以在魚，得魚而忘筌；蹄者所以在兔，得兔而忘蹄；言者所以在意，得意而忘言。吾安得夫忘言之人而與之言哉。

【通義】惠子問意在言，莊子答意在無用。故即地之見用於人者尺寸，其爲廣大者無補。其廣大者尚可謂人人尺寸而用之，而其深厚者之爲用，斷然人不見之矣。然非深厚則不能廣大，非深厚則不能載萬物，是無用之爲用，不可一息一方之缺焉者。言外見吾言之意包含博厚，在世事中若不屑屑於用，而生天生地，[illegible]帝者非此意無以立極，固非徒以言也。惠子不能窮詰以盡其辯，故非了。復申言反覆，而歎得意忘言者之不易得也。游者，超然無方之名。能游者逍遙物外，無物不資，所謂至人游於世而不僻，心有天游也。不能游者，甘焚溺以隨流俗，塞竇隘室，自殘相伐。有用無用可知矣。流遁之志，互相賊害。

小人求用得志於一時世變而無據矣不習
行行無所往也役教於我亦承其意順人也
下輕信從亦不棄忽不失已也惟五官通明
是非了然不同尊古卑今之流蕩哽於道行
則直是而生害也今有知者莫不恃其氣息
之往來設有呼吸不繼必至於死非天之罪
乃我之不善養其天之息貫串於有知之形
體日夜無隙而人顧以一塞自用塞其不竅
之竅矣身內之道習心中之天游涸室窄而
婦姑不相容正眼耳鼻舌口意交相擾攘豈
天之罪哉觀今之愛山林者不具精神不厭
役役之勞是以見虛曠而喜山林有用無用
乎勞神者有用無用乎大抵德以好名而失
名以自暴而植該急語也循躁人之辭多謀
必多言爭起於智巧者呆蠢不動之象此象
生於有所持守不變者職守之事不過取決
於一事之宜而已此皆世謂之有用果有用
乎至若春雨生物鋤耨芟鋤各率其職不見

莊子 浩然齋 通義卷九 十一 邪

庶毀得喪之與謂之有用乎無用乎靜然三
句淡然守是黙守之慢收心變質之方然亦不
能無意是以有勞而非佚者之所問神不淵
渫理不問賢賢不問學學不問衆道不同不
相爲識用不同也善毀善居喪孝也毀而至
於死棄其得辟也過怒清也跋於木蹄於河
豢得吊之名也效跡之弊如此謂之有用可
乎故求魚兔者用筌蹄而忘筌蹄聽言者不
得其發言之意而謂其
言爲無用也不亦謬哉
【義海】游者逍遙自適於無用之地以全己之
天用也達道之士能之能之者不得不遊不
能游者不可強也蓋謂時俗逐物而流遁者
多矣則又爲決絕之行刻厲矯亢而不自適者
則視人世如鼎鑊陷穽至於負石自沉抱木
備死者有之何與乎逍遙游哉故皆非至知
厚德者之所因任頻多煩覆奔馳於名利以
求慰其心雖一時有君臣之分若易此一世

利無以相貴矣唯道爲天下貴偉道則無以
求臣於世也故至人聽物流行而不留與之
同遊乎天地之一氣耳古往今來乃其常理
豈能轉物則可視今猶古豈貴耳賤目爲有
尊卑分别哉且以上古觀今之世雖不爲波
蕩之人心忘古今遊世而不爲僻異之行順
人不失已以衆心爲心而我心得矣是故反
今戒古何尊何卑仲尼答冉求以古猶今也
即此意是以人來學者因彼性而教之不學
其所不能求彼意而順之不以從與也如
是則古今物我同遊一天雖相後千萬年相
去千萬里相處千萬人無異今豈同席於漆
園夫子之門而樂黃帝老聃之道也此言至
人德世非唯能自遊於道又能與物同遊於
以貫百王於一道參萬世而成純者也耳目
鼻口心能通而無係者皆由於知徹爲德所
致苟無德以貫之則五者俱塞閉窮哽塞物
欲陷戕爲害多矣夫生物之有息所以通一

莊子 浩然齋 通義卷九 十二 倫

身之氣交天地之和昇降而滋榮之故經久
不衰當老益壯今養生家正主此論但不能
培養其源而又有所作爲以壅閼之則非虛
天地元氣流通之道元氣貫穿萬物無時休
取其有衰殺者人自以六物反塞其實耳動
物恃乎息植物恃乎氣皆其所倚以爲命者
也胞有重閬謂此身從空而有身內又
有重閬以含蓄精液天遊謂心中能虛則無
往不適也室不虛則婦姑勃奚心不虛則六
鑿攘奪吾室與心有主之者外物安得而撓
物哉大林丘山之善於人以平日所見嶮阨
忽親虛曠之境心必喜之此乃神不勝物反
爲所勝山林皋壤使我欣欣樂未畢也哀又
繼之大化密移理之必至唯至人不役於物而
樂故不因化而哀往我真能轉物故也然則
物之善人也豈真善人之樂物也豈真樂哉
蓋外有慕則內輕重於彼則輕此矣夫名公
器不可多取故名之出爲德之失有名而累

之。又名之失也。二者俱失，急思所以爲謀則知出而爭。與此衆害生之驗，及有能守之，又滿在柴柴，音恣，塞而無變，執一已之私，若官非則務在衆宜，衆宜謂前六者皆徹而無私，則其德聰息，徹思慮與天下共，否則皆欲紛起，如春雨日時，草木怒生，而不可遏。蓋器於是乎始修，言治之不足。草木雖拔，得雨而生，時使之然，人莫知也。人之命在息，而使之降而不旋，則所以扶衛而補續之者，豈無其道哉。要在知其持而已。此又南華示養生之秘旨，學者宜深思之。顛同癲，跧同跟。補病休老止遽，皆勞損於前而後求復，非佚者之事，故過而弗問。神人之於聖人，聖人之於賢，賢之於君子，亦若是。儀求合於時，則去君子遠矣。皆以大觀小，其德量有以包含之，而不復問，不使自化，則等而上之可致及也。故凡物之在外者，聖人以不必必之，然後涉世而無患。所以三救聖人設化，雖不同，而其言未嘗固些□不過問人心資治道，同歸於善而止耳。駴同駭，德充符「惡駭天下」，崔本作駴。演門善毀瘠，人慕之，遂忘死；許由逃堯，申徒慕之，蹈踣河，是皆認迹以爲真，併已之真失之而無異。指荃蹄而求魚兎，何惑之甚邪。故南華思忘言之人而與之言，忘而意可得矣。

褚氏總論：是篇首論內外之輕重，以明物我之親疎。在外者係乎物，故不可必；在內者由乎我，求則得之。而世多務外求，求而不得，怨尤至矣。故建言以破其惑。夫忠孝立身之常行，猶不能必君親之知，以在內求其外故也，況以外求外者乎。由是知性命之內無非道，皆之則全性命；外無非物，必之者失。唯憒然無爲，閒與道合，斯可進乎兩陷也。莊子貸粟而中繳魚之喻，則惑物在及時；任公亦釣而鄙小說之非，則明道當存大。儒者徵詩習禮，乃或發冢取珠，其物學未必不正，及爲物欲所遷，則用禁

傚化，有所不極，及不若下愚不學者之猶有忌憚而安乎定分也。是皆源乎上之人以聖知治民之過，人則姦民之雄者僞聖知而竊之矣。後寓言於老萊、仲尼，以非堯兩忘其患自息，即我無爲而民自化之意。白龜能見夢而不能避網，則神不自神，而不知有不神之神。蓋喻恃知以揄患，不若忘知之無患也。次以知無用而始可以言用，其莊互相發明，至論人有能遊，許遊心於炎遊在內也。前皆寓言，此稱莊子曰，正當篇本旨，使學者超外物之累，進虛通之域，神徹意適，無所不之，則道幾矣。世皆危下，往往遊所不當遊，至於火馳覆墜而不顧，雖聖人復出，求如之何。間有樂於遊者，不過以江海爲閒，山林爲善，而放蕩終身，斯此遊世而僻者，不免務外而已。縱又蒔以身貫六徹，則道不欲壅，有如待息，則人當貴虛室，虛白生，無往而非天遊，故勞者之務，佚者不問，猶君子賢聖之有差等也。至於演門因毀而致爵，申徒逃海而蹈河，皆由上貴卓絕之行，是以下立潔修之名，本欲礪世興教，而不知傷生害俗也。故舉以爲後世鑑。夫以行觀言，亦外物也。然而非指無以見月，故立言君子不憚於諄諄，在學者善求其要而已矣。

寓言第二十七

寓言十九，重言十七，巵言日出，和以天倪。寓言十九，藉外論之。親父不爲其子媒。親父譽之，不若非其父者也。非吾罪也，人之罪也。與己同則應，不與己同則反，同於己爲是之，異

於已爲非之重言十七所以已言也是爲耆
艾年先矣而無經緯本末以期年耆者是非
先也人而無以先人無人道也人而無人道
是之謂陳人危言日出和以天倪因以曼衍
所以窮年不言則齊齊與言不齊言與齊不
齊也故曰無言言無言終身言未嘗言終身
未嘗不言何服
不言有自也而可有自也而不可有自也而
然有自也而不然惡乎然然於然惡乎不然
不然於不然惡乎可可於可惡乎不可不可

於不可物固有所然物固有所可無物不然
無物不可非卮言日出和以天倪孰得其久
萬物皆種也以不同形相禪始卒若環莫得
其倫是謂天均天均者天倪也

通義 寓重卮三言大意起信歸於忘言而止
自訓巳明茲復淺近爲之説寓言者如逐臣
思君托於棄婦或托於異類如邶之谷風周
之鴟鴞本籍少知大公調之類是也重言者
引先哲緒言爲重以申巳意猶孔子法語之
言本籍羲黄孔顔之事是也卮言者按所好
以破其固蔽然後盡所見以要於中正如相
狗馬説劍之類是也借重先輩本以德信於
人設使齒雖先而性昏昧徒以年爲長者不
足爲先輩也無人道者不能成巳成物以盡

父師之德者不言則齊謂不形諸言則事物
各安其所理無不齊今三言出於不得巳然
巳有言與理之本齊者不能爲一故道貴無
言苟其所言皆指無言之機則言不言無所
異矣蓋天下之物其異同各有所本不可以
疑而是非之也是以卮言順物不起乖戾以
傷其天機之微不然何可以久於道而成其
成物之志哉末又原萬物並育無始無終亦
莫知其故乃天運之自然均平者正天機微
渺而不容測者雖欲言之惡得而言之故孔
子曰予欲無言必
仰天運以明之也

通義 寓重十居九七之論爲優則出胷臆而
言者無幾蓋謂世俗之人中無所主輕重隨
人故從權立言乘機化導俾從信而入陶成
善心其愛世愛民亦切矣卮言解者不一夫
卮之所承水猶言之載道道固非言所能盡水
亦非卮所能盡遂謂道不藉言水不藉卮不

可也故其言日出而不窮人亦聽之不厭非
若寓言重言之有所去取也蓋能和以自然
之分則可以合天下之心而我無心何同異
是非之辯哉又不爲子婢一語足以盡寓言
之旨我所以藉外論之者爲彼難信故也其
同異在言而應反見諸迹不若無言之混成
而人莫我異無言之混成又不若無心之言
能化物而無近也重言亦出於已言經緯論
其才言本末明所學此又有當勵學者之意
卮言無窮而能和以自然之分優游曼衍以
終天年何世累之能及又隨其迹云凡天
下事物之理不言則齊與道爲一齊語言猶
無與有超與妙異理惡得而齊雖超有無而
實粗妙皆漸大亦也故曰無言此又明夫未
嘗言未嘗不言之妙悟而化之不滯有言無
言之達言天下風聲影從也夫言之有可有
然出於窈然罔可非無不然無不可矣此卮
言所以備包寓重而無遺故言滿天下無口

過也未經末篇自敘有云以卮言爲曼衍以重言爲眞以寓言爲廣則知是經所言洸洋宏深千變萬化不越此三條而已然而絕迹易無行地難不言易言無瑕讁難消聲立北三言所以免乎瑕讁也夫以言免瑕讁猶未若忘言而無瑕讁忘言有而無之非不言之偏執也忘言極議夫子之欲無言近之世間萬物同出乎幾而稟形有異相代無窮循言之同出乎心而立論有異辭說無極聖人迥而不自唱應彼而言非我言也故若環無端莫究其極我則和以是非而休乎自然之分而已是亦進言之意云

莊子謂惠子曰孔子行年六十而六十化始時所是卒而非之未知今之所謂是之非五十九非也惠子曰孔子勤志服知也莊子曰

孔子謝之矣而其未之嘗言孔子云夫受才乎大本復靈以生鳴而當律言而當法利義陳乎前而好惡是非直服人之口而已矣使人乃以心服而不敢蘁立定天下之定已乎已乎吾且不得及彼乎

通義 此承上章無言之指以見其尊信孔子者今是而昨非日新之覺也勤志好學而不息服知周旋於覺性而不離蓋倣論語吾十有五不知而作等章而爲此品題也謝之言脫化其志與知而無事於勤服也未嘗言其謝孔子云者猶曰孔子之所以爲孔子也大受才以下雖若泛論正指孔子之所謝者才性之所具大本萬物之所同出猶曰根本復靈以生謂形生神發之後不爲物欲牽引復其天賦之靈覺而居於世出聲爲鳴成文爲言聲協天地之和言爲人物之表應感不謬此但可以服人之口豈能使人心服不敢對立以定天下不易之理乎言外見孔子無言而服人心舉世莫敢並天下不易之道於孔子而定也已乎已乎者不敢望也猶顏子然夫子超軼絕塵而回尚若乎後之意蓋逆也迎而立也

長游 人生隨年而化賢愚所不免者內而知慮日增外而形貌日改得失利害之相攻是非成毀之變易凡幻塵泡影倏起倏滅於前者皆化也夫子行年六十而六十化則生道日新不滯陳迹其居化與人同而受化與人異黃帝書宇宙在乎手萬化生乎身信哉夫六十歲爲天地校幹之一周人生上壽之中半頃再既久是非可定矣然猶未知今之所

是之非五十九非也請原其由悲在於吾苟未至無我猶未必六十歲之後爲眞是故蘧伯玉亦有五十九之歎勤志謂積學服知謂任能夫子謝去所學所能久矣默進此道而人不知耳人皆受才性於造物必能復其已喪之生道乃可長久以至充之以學問美之以德業鳴當律言當法猶云聲爲律身爲度此皆由靈而出人道可謂大備矣及其義利陳乎前而以已之好惡爲是非直服人之口而已世之學者往往皆然今夫子乃使人以心服而不敢蘁從無隱范先生點句立定天下之定言其化之速也已乎不得及彼乎乃莊子歎服夫子之辭

曾子再仕而心再化曰吾及親仕三釜而心樂後仕三千鍾不洎吾心悲弟子問於仲尼

曰若參者可謂無所縣其罪乎曰既已縣矣
夫無所縣者可以無哀乎彼視三釜三千鍾
如鸛雀蚊虻相過乎前也
通義 充養而樂無匱乏之憂無親之悲無永
歎之樂是曰再化縣係累也學以無累爲善
有累大道之罪也可謂無所縣其罪者謂其
豈可以無所係累許之乎疑而問之也孔子
言既見祿見親不可謂無累矣若無係累者
知親死之還大化哀亦忘矣況祿之厚薄又
何足以動心
義證 古人學優則仕志在澤民祿以代耕期
於仰事俯育而已豈若季世之仕者倖祿之
外從利取蔽極耳目口體之養未嘗過親庭
而問焉者有之曾子三釜及親而心樂三千

鍾不洎而心悲其悲樂係親之存亡非係祿
之厚薄也然而心不免於再化門人所以有
問夫子謂參於二者之間不能無所係累親
之存亡思固不免祿之厚薄不必存僕可也
若無所係者又豈有哀乎彼視鍾釜猶蚊虻
耳曾子之孝行著乎萬世仕祿三千鍾則所
未聞南華寓言亦責備賢者之意所以勉人
以孝行爲重仕祿爲輕親之待不待祿之及
不及一付於分
又何所係累哉
顏成子游謂東郭子綦曰自吾聞子之言一
年而野二年而從三年而通四年而物五年
而來六年而鬼入七年而天成八年而不知
死不知生九年而大妙生有爲死也勸公以

其死也有自也而生陽也無自也而果然乎
惡乎其所適惡乎其所不適天有歷數地有
人據吾惡乎求之莫知其所終若之何其無
命也莫知其所始若之何其有命也有以相
應也若之何其無鬼邪無以相應也若之何
其有鬼邪
通義 野從通在應感上見尚未蹄根物來鬼
入在存主處見外感可無言矣天成不知死
生則合內外大妙則忘內外矣此猶列子之
九淵必入其室者言之而後能真切欲惟以
意宮爲之通以俟深造者取焉野質朴從順
世通彼此不疑物心神凝宗卓然如有也來

精神生意依依日親所謂厥修乃來也鬼入
者恍惚不可爲象來者入於其中而不出所
謂存神也天成天然也就無造作也鬼入尚
有形神之分天成則渾然無內外之可見不
知死生形神俱忘心如太虛也大妙者混天
地萬物無內無外不容思不容言也生有爲
以下皆言大妙之意疑而不決之辭以見不
能思議也生有爲死也勸公以其死也十一
字中間有脫誤界爲強解九年之序隨資稟
以爲久速非定律也生有爲死言即物殊觀
生矣而有爲死者風雨霜露措物鋸端無非
至教天之不教甚公無物不死也死果有自
乎即生之木於陽動陽非有我之物也適聚
而爲存豈真有所自乎雖如此言果能盡其
蘊乎今觀氣之在太虛何所適何所不適稽
諸天則有律數考諸地則有人跡以爲據人
之可知者此耳然其不測無端者不可盡也
吾於何而求之終始不可知似無命也而又

有命也歷盈益謙變盈流謙禍盈福謙相
不與有鬼神矣而或有未盡然者又若無鬼
神者此道之所以爲大妙而我之所徘者如
此命言禀受之物鬼言人爲之應命常也鬼
變也

義海 人生隨俗凋喪日失一日學道者損之
又損所以求復其朴野謂漸還質朴從謂順
人不失已通則徹理物則志我來謂人歸之
鬼入見理造乎恍惚天成合乎自然不知死
生則無去無來九年大妙則極數造微神化
莫測矣能以無爲爲宗乃可登假乎此而世
俗耽於有爲日趨死地斷之以公者以其死
由乎私也碧虛照張君房校本以其下有私
字絕句私謂貴愛其生奉養過度本求益已
損莫甚焉故今去之歸乎公道也死者因生
爲有自生者從無而始爲無自生而無私則
亦無死天不能殺地不能埋汝果能若是乎

由是知無以生爲者賢於貴生又惡論其適
不適邪天有歷數可推不泰地有人據可考
治亂乎又何從他求哉夫自二儀分判幾千
萬年生育而不知其終非命何以立禪物而
不知其死命從何而立歷數人據有禍福之
當應豈無鬼神之天道有時而難諶人事
有時而無準則又疑其無鬼神也此言造化
精密難窺所以謂造化但當盡人事以俟之
故向上之學使人反究自已天地之始終一
身靈物之隱顯盡性而至於命則鬼而極乎
神在乎力行心契斯功躋
大妙亦何待乎九年哉

衆罔兩問於景曰：若向也俯而今也仰，向也
括而今也被髮，向也坐而今也起，向也行而
今也止，何也？景曰：搜搜也，奚稍問也！予有而
不知其所以。予，蜩甲也，蛇蛻也，似之而非也。
火與日，吾屯也；陰與夜，吾代也。彼吾所以有
待邪？而況乎以有待者乎！彼來則我與之來，
彼往則我與之往，彼強陽則我與之強陽。強
陽者，又何以有問乎？

通義 此承上章生死出於陽氣而不測故復
寓言以明之搜搜若隱若顯之狀指罔兩也
奚稍問者本無問何忽然畧問及此也予雖
有而不自知意者其猶蜩甲蜩蛇乎蜩蟬此
形甲蛇比影而甲蛇有質影則可見而不可
執故曰似之而非也屯也而爲有代而爲無此
影之待於明暗而又待於形者形之生待於
造化而其動靜亦待造化而然也形影不相

離皆不能自有強陽者健而無息之稱萬物
若雖曰待之而有無而亦適然不可知又何
問
哉

義海 凡天下之物有形必有影人所共知而
影外微陰曰罔兩人多不察焉蓋因影之蒙
罔而依附彷彿於其間其陰參差疊出故云
衆罔兩罔兩之於形猶七情之於心心不官
而七情縱則反受其攻影不明而罔兩多則
反遺其問然而影之所待豈罔兩可知心之
所宾豈七情可立哉此論物理相生有若罔
待而或有或無非□非待以譬形生之始思
慮之端亦猶是也義極精妙昔賢所未發夫
影生於形形非日火則莫見有若相因也日火
雖光非形則無影本於獨化也影之於形行
止不離一身之主視者其動靜有無必有主
宰世人日用不知則罔兩之問無足怪也齊
物論云若有真宰而不得其朕正明此義莊

謂真宰者即獨化之主萬物萬形賴之以生育運動而因待有無之所從出也信能反而求之怳惚之間而見曉聞和則獨化之理明因兩之疑釋矣強陽謂人稟造化之氣運動形體而榑運外物者其聚則有其散則寄真寄焉耳儻知獨化之主則真我長存彼之聚散無足問也況景外微陰乎

陽子居南之沛。老聃西遊於秦。邀於郊。至於梁而遇老子。老子中道仰天而歎曰。始以汝為可教。今不可也。陽子居不答。至舍。進盥漱巾櫛。脫屨戶外。膝行而前曰。向者弟子欲請不可教夫子。夫子行不閒。是以不敢。今閒矣。請問其

故。老子曰。汝[illegible]不止而睢睢盱盱。而誰與居。大白若辱。盛德若不足。陽子蹵然變容曰。敬聞命矣。其往也。舍者迎將送。其家公執席。妻執巾櫛。舍者避席。煬者避竈。其反也。舍者與之爭席矣

通義 往也自賢故人敬之睢盱矜衒之貌聞教而歸人忘之以其知不足故樂與同居也

義海 睢盱自異人誰肯與汝居邪夫行潔白者人將汙之故韜晦而若辱德盛大者人將虧之故涵養若不足此全身之道也今汝反此所以為不可教子居聞告蹵然不安容為之變則其心改悔可知故其往也逆旅主人迎將於其家絕句公執席妻執巾櫛言室家通敬之避席避竈則衆皆駭異及其反也舍者爭席則矯飾去而真實存使人忘外敬之

俱逝也古之人所以入獸不亂群入鳥不亂行者以此

褚氏總論是篇以寓言標題南華老仙淡水不濕腳之意自發立言既多恐後人狗迹成弊故隨步隨掃其迹其寓言重言皆不得已而藉外論之卮言如水在卮有防而不失則其出也由中故日出而不無同異是非各當其分言出於無言亦猶不言也其然其可則物情之去取耳惡知其為固然固可邪是以必至於不言則濟也吁世衰道微人莫已信不得行志當世猶說垂訓方來又慮無以必後人之知故寓於所重以取信焉使人由寓以究其真從微而躋乎妙其成功一也至論夫子之迹隨年化始是卒非當身之是不可常也況欲必信於後世乎曾子之再仕再化心不免乎有係而哀樂形焉無問乎為親為祿也若夫聞言而悟有若子遊一年而野王於

大妙則心日虛而道日集所謂寓重卮言者皆在過化之域矣次論命鬼之有無形影之因待皆明造化不可致詰之妙人能充其造化所與而莫之天關則吾身之天地不可測之靈物亦猶是也結以睢盱矜傲人誰與居閱命而反舍者爭席則耳聆心悟在片言之頃孰謂載道而示後世無得魚忘筌者哉予嘗閱東坡蘇文公莊子祠堂記謂寓言篇末當連列御寇篇首而不取讓王盜跖說劍漁父四篇且二篇合一義或可通而四篇遺黜無乃太甚意其所病者讓王條列繁而意重複盜跖詆孔子若太過說劍類從橫之談漁父幾詆聖之語此所以不為坡翁所取也然祠堂記中謂莊子之言皆實予而文不予陽擠而陰助之則亦燭其立言救弊之本心矣又何以粗迹為嫌竊考讓王等四篇載之內外部若有間然其指歸不失大本蓋言者

不無精粗之分抑揚之異或門人補續不得其淳所以置諸雜部之末自可意會無煩多議以俟後疑

讓王第二十八

堯以天下讓許由許由不受又讓於子州支父子州支父曰以我爲天子猶之可也雖然我適有幽憂之病方且治之未暇治天下也夫天下至重也而不以害其生又況他物乎唯無以天下爲者可以託天下也舜讓天下於子州支伯子州支伯曰予適有幽憂之病方且治之未暇治天下也故天下大器也而不以易生此有道者之所以異乎俗者也舜以天下讓善卷善卷曰余立於宇宙之中冬日衣皮毛夏日衣葛絺春耕種形足以勞動秋收斂身足以休食日出而作日入而息逍遙於天地之閒而心意自得吾何以天下爲哉悲夫子之不知余也遂不受於是去而入深山莫知其處舜以天下讓其友石戶之農石戶之農曰捲捲（音權）乎后之爲人葆力之士也以舜之

德爲未至也於是夫負妻戴攜子以入於海終身不反也大王亶父居邠狄人攻之事之以皮帛而不受事之以犬馬而不受事之以珠玉而不受狄人之所求者土地也大王亶父曰與人之兄居而殺其弟與人之父居而殺其子吾不忍也子皆勉居矣爲吾臣與爲狄人臣奚以異且吾聞之不以所用養害所養因杖筴而去之民相連而從之遂成國於岐山之下夫大王亶父可謂能尊生矣能尊生者雖貴富不以養傷身雖貧賤不以利累形今世之人居高官尊爵者皆重失之見利輕亡其身豈不惑哉越人三世弒其君王子搜患之逃乎丹穴而越國無君求王子搜不得從之丹穴王子搜不肯出越人薰之以艾乘以王輿王子搜援綏登車仰天而呼曰君乎君乎獨不可以舍我乎王子搜非惡爲君也惡爲君之患也若王子搜者可謂不以國傷生矣此固越人之所欲得爲君也韓魏相

與爭侵地。子華子見昭僖侯，有憂色。子華子曰：今使天下書銘於君之前，書之言曰：左手攫之則右手廢，右手攫之則左手廢，然而攫之者必有天下。君能攫之乎？昭僖侯曰：寡人不攫也。子華子曰：甚善！自是觀之，兩臂重於天下也，身亦重於兩臂。韓之輕於天下亦遠矣，今之所爭者其輕於韓又遠。君固愁身傷生以憂戚不得也。僖侯曰：善哉！教寡人者衆矣，未嘗得聞此言也。子華子可謂知輕重矣。魯

君聞顏闔得道之人也，使人以幣先焉。顏闔守陋閭，苴布之衣而自飯牛。魯君之使者至，顏闔自對之。使者曰：此顏闔之家與？顏闔對曰：此闔之家也。使者致幣。顏闔對曰：恐聽者謬而遺使者罪，不若審之。使者還反審之，復來求之，則不得已。故若顏闔者，真惡富貴也。故曰：道之真以治身，其緒餘以爲國家，其土苴以治天下。由此觀之，帝王之功，聖人之餘事也，非所以完身養生也。今世俗之君子多

危身棄生以殉物，豈不悲哉！凡聖人之動作也，必察其所以之與其所以爲。今且有人於此，以隨侯之珠彈千仞之雀，世必笑之。是何也？則其所用者重而所要者輕也。夫生者，豈特隨侯之重哉！

【注】此歷舉先哲内重外輕之德業，亦各斷其情，曰不以天下害生，曰不以易生，曰尊生，曰不以傷生，曰養生，皆所以申愛生之旨也。故末結以生豈隨珠之重哉。其間魯君幣聘，使者聽詔而還審，世俗之見也，以其居陋閭，衣苴布，事飯牛，疑不足以應君聘也。

【衍義】天生聖人，所以續道統，明人倫，育萬物，贊天地也。君位之存無不與焉，然謳歌獄訟

之所歸，有不可得而辭者，亦一時寄託焉耳。雖君萬乘之尊，四海之富，而土階茅茨，惡衣非食，不知其勢之重、位之極也。蓋由得之非心，所以處之非榮，故其辭讓易如脫屣。夫物莫大於天下，能以天下讓，無物足爭矣。其賀中所存，詎可量邪？至若與之天下而不受，亦豈中無主者所能爲？堯舜太王之德業，固不待讚揚，而諸子之高節，非莊子不能盡見。徐考其辭讓之語，大意不過卑物尊生，輕外重内，以樂聖人之道，而惡爲君之患也。且與之天下，古人猶不肯受，況肯效後世矜詐恃力，悖理越分而妄求者哉？幽憂之病，按呂氏春秋引此章，高誘註云：幽，隱也。詩云"如有隱憂"是也。謂方憂身之未治，何暇治天下爲？此所以興乎俗也。太王之避狄而不恐害民，王子搜逃民而恐其害民，恐害民則能愛民，恐害已則能愛民，此越人所以欲得爲君，以其德者也。若夫上德不德，民無能名，則不可得而

實是超出一等矣南華雖不盡言其意亦在於此詳後章經旨可見榮闔之心真惡富貴者也出世俗所見萬萬矣皆乎不溷忧以辭乃失誠於使者似亦猶斷淳德使者既造其家又見其人而不能力攻之乃從其辭而反審無乃過淳矣乎夫難進易退君子之常養愈久而植愈深於闔固不容多讓然曾從消心求賢幾何而一遇幸遇之又交臂而失不得與君之共理大業以濟界乎實由乎使不使之過故申言以爲戒且天下功業宜莫大於帝王此脩以爲餘事則所謂聖人之真者豈常流所可窺測耶所以之所以爲即語云所由所安也今世本恐聽者誤多者字其以治身治當是持尺聖人之動作聖字爲冗脩疾之重當是琛此章全見呂氏春秋不韋去莊子非遠必得其真

子列子窮，容貌有饑色。客有言之於鄭子陽者曰：列禦寇，蓋有道之士也，居君之國而窮，君無乃爲不好士乎？鄭子陽即令官遺之粟。子列子見使者，再拜而辭。使者去，子列子入，其妻望之而拊心曰：妾聞爲有道者之妻子，皆得佚樂。今有饑色，君過而遺先生食，先生不受，豈不命邪？子列子笑謂之曰：君非自知我也，以人之言而遺我粟，至其罪我也，又且以人之言，此吾所以不受也。其卒，民果作難而殺子陽。

通論令官遺粟傲也傲則猶虎之德也因人言而遺我粟因人言而罪我淺言之以答其之疑也即其以得佚爲歸且不足以知列子之所存也末句非莊文非列意詐效也

釋義子陽相鄭殺人物之權以重輕一國者也有賢在野而不知可乎因人言其有道而遺之粟則亦遇賢而能敬也列子以爲因人之言而遺我恐知不因人言而罪我邪故辭而不受此君子觀微而知著見始而知來也其妻拊心有言乃世俗鄙見泥謂有道者之妻子而爲此哉夫至人之所爲雖其妻子猶不能盡識況他人乎此言被褐懷玉之士未易知知之又當致之有道斯可以盡人才而得其用漁父篇云下人不親不得其真信哉

楚昭王失國，屠羊說走而從於昭王。昭王反國，將賞從者，及屠羊說。屠羊說曰：大王失國，說失屠羊；大王反國，說亦反屠羊。臣之爵祿已復矣，又何賞之言？王曰：強之。屠羊說曰：大王失國，非臣之罪，故不敢伏其誅；大王反國，非臣之功，故不敢當其賞。王曰：見之。屠羊說曰：楚國之法，必有重賞大功而後得見。今臣之知不足以存國，而勇不足以死寇。吳軍入郢，說畏難而避寇，非故隨大王也。今大王欲廢法毀約而見說，此非臣之所以聞天下也。王謂司馬子綦曰：屠羊說居處卑賤而陳義甚高。子綦爲我延之以三旌之位。屠羊說曰。夫三旌之位。吾知其貴於屠羊之肆也。萬鍾之祿。吾知其富於屠羊之利也。然豈可以貪爵祿。而使吾君有妄施之名乎。說不敢當。願復反吾屠羊之肆。遂不受也

【道義】君而失國不君可想矣其得反國幸也以反國而賞從行尚變之基終非知過進德之志故說辭而不受即其三辭之言則昭王君道可知此真良士也真君子也安於其分不易業趨榮君子又何學焉

【義海】昭王賞說示復國而推恩說之辭賞安義分而不濫蓋王失國而不能伏其誅則王復國而不敢當其賞理亦宜然世之無功叨賞者多則以安命辭祿者爲創見王命見之而其行而欲識其人說以爲不可踐約而見遂終辭焉不使君有妄施之名其不欺如此上君子之所難能也而屠羊說優爲之使舉國臣人化說之德而克肖焉何患世道之不交相興乎

原憲居魯。環堵之室。茨以生草。蓬户不完。桑以爲樞。而甕牖二室。褐以爲塞。上漏下濕。匡坐而弦。子貢乘大馬。中紺而表素。軒車不容巷。往見原憲。原憲華冠縰履。杖藜而應門。子貢曰。嘻。先生何病。原憲應之曰。憲聞之。無財

謂之貧。學而不能行謂之病。今憲貧也。非病也。子貢逡巡而有愧色。原憲笑曰。夫希世而行。比周而友。學以爲人。教以爲己。仁義之慝。輿馬之飾。憲不忍爲也。曾子居衛。縕袍無表。顔色腫噲。手足胼胝。三日不舉火。十年不製衣。冠而纓絶。捉衿而肘見。納屨而踵決。曳縰而歌商頌。聲滿天地。若出金石。天子不得臣。諸侯不得友。故養志者忘形。養形者忘利。致道者忘心矣。孔子謂顔回曰。回。來。家貧居卑。胡不仕乎。顔回對曰。不願仕。回有郭外之田五十畝。足以給飦粥。郭内之田十畝。足以爲絲麻。鼓琴足以自娱。所學夫子之道者。足以自樂也。回不願仕。孔子愀然變容曰。善哉回之意。丘聞之。知足者不以利自累也。審自得者。失之而不懼。行修於内者。無位而不怍。丘誦之久矣。今於回而後見之。是丘之得也

【道義】此章三引見孔門敦學者自得於良貴天爵不外慕也子貢之逡巡足以爲鄙吝之逡巡愧色良心未泯道義猶存也

[通義]所寓安貧弦誦學而能行雖居深巷蓬門如坐廟堂之上。仁義禮樂不離其身次之子貢榮居相位是顯宰之職亦有能任駕而額亦見其友誼未忘然問其何病則不知心之非同學於聖人之門而所見若是故寓歷分貧病以告之自希世而行主與焉之誚乃學者之大病子貢身坐膏育而不自知頼憲痛鍼力砭誠友中之師也曾子腫噲胼胝衿絶肘見其貧可知然而養志忘形歌若金石浩然之氣充塞天地萬乘之君不得而友況欲臣之乎顔子知足樂道無位不作簞夫了之步得夫子之心而一無所作爲簞瓢自樂豈紆未懷金可比哉夫三子者皆孔門高弟親受聖傳所造有精粗故所樂者深淺若子貢之游說列國榮官殖貨以駭動世俗則所樂與二子不侔矣故南華舉以爲戒

中山公子牟謂瞻子曰。身在江海之上。心居

魏闕之下。奈何。瞻子曰。重生。重生則利輕。中山公子牟曰。雖知之。未能勝也。瞻子曰。不能自勝。則從神無惡乎。不能自勝而強不從者。此之謂重傷。重傷之人無壽類矣。魏牟萬乘之公子也。其隱巖穴也。難爲於布衣之士。雖未至乎道。可謂有其意矣

[通義]上章言素貧賤之自得此言素富貴者有超乎富貴之志依稀乎顔闔而陋子貢矣無惡乎言不可縱不自勝也重傷者知不自勝已不順神是有傷也強於抑過是加傷也隱處巖穴雖爽素者亦不易安況恭養素厚者故曰雖與能自勝未同亦知內外之辨矣

[通義]象魏觀闕國君之門淮南子作魏闕台訓同許慎註夫子之兩觀也不能自勝則從謂從順性情不強抑閼或遽神爲何謂從心神所適也夫學道者當損情去欲志尚清虛此乃云從其性情使之神和意暢是無惡乎不能自勝也又云強閼而不從此之謂重傷則是使人任情從樂以爲道有類列子載管夷吾所謂養生之道肆之而弗閼者也原其本意蓋謂公子牟生於富貴而欲隱巖穴實爲難能若過閼其情恐傷其性故寬以誘之進進不已成功一也南華取此以爲富貴學道者之勸庶不至望崖而反若夷吾者以俗國強兵爲事宜其立論之偏又非牟比矣蓋子所言固不可爲學道者之法譬名醫療疾必審人而處方期於瘳而已

孔子窮於陳蔡之間。七日不火食。藜羹不糝。

顔色甚憊。而弦歌於室。顔回擇菜。子路子貢相與言曰。夫子再逐於魯。削迹於衛。伐樹於宋。窮於商周。圍於陳蔡。殺夫子者無罪。藉夫子者無禁。弦歌鼓琴。未嘗絶音。君子之無恥也若此乎。顔回無以應。入告孔子。孔子推琴喟然而歎曰。由與賜。細人也。召而來。吾語之。子路子貢入。子路曰。如此者。可謂窮矣。孔子曰。是何言也。君子通於道之謂通。窮於道之謂窮。今丘抱仁義之道。以遭亂世之患。其

何窮之爲。故內省而不窮於道。臨難而不失其德。天寒既至。霜雪既降。吾是以知松柏之茂也。陳蔡之隘。於丘其幸乎。孔子削然反琴而弦歌。子路抗(跟魚乙反)然執干而舞。子貢曰。吾不知天之高也。地之下也。古之得道者。窮亦樂。通亦樂。所樂非窮通也。道德(或作得)於此。則窮通爲寒暑風雨之序矣。故許由娛於潁陽。而共伯得乎丘首

【通義】藜羹不糝。有菜無米也。於丘其幸乎。危古之難。人生不可試習以自考。今得遇此厄。則常言死生無變於己者。我得身親見之。其卓然與大化爲徒者。不成空言矣。貧賤憂戚玉汝於成。非幸乎

此亦承上章意

【義海】子路子貢所言者。夫子之迹。顏子知夫子之心。所以忘言也。窮通在道。則世間得失無所益損焉。不窮於道。則不失於德。又何患難之能移。歲寒而知松柏。臨難乃見聖人。此所以爲幸。夫子援琴而弦歌。一安於命。而不損其樂。子路執干而舞。悟理而心悅。不知手舞足蹈也。子貢曰數句。讚夫子之道大難窮。道德於此。德當是得。許由共伯之自樂亦以得此道故也。丘首。山名。碧虛照江南古藏本松柏之茂也下有桓公得之莒文公得之晉越王得之會稽三句。故其註云云。又共伯下有志字。窮於商周。商說之不通。諸解遺而不論。獨鬳齋及之

舜以天下讓其友北人無擇。北人無擇曰。異哉后之爲人也。居於畎畝之中。而遊堯之門。不若是而已。又欲以其辱行漫我。吾羞見之。因自投清泠之淵。湯將伐桀。因卞隨而謀。卞隨曰。非吾事也。湯曰。孰可。曰。吾不知也。湯又因瞀光而謀。瞀光曰。非吾事也。湯曰。孰可。曰。吾不知也。湯曰。伊尹何如。曰。強力忍垢。吾不知其他。湯遂與伊尹謀伐桀。剋之。以讓卞隨。卞隨辭曰。后之伐桀也謀乎我。必以我爲賊也。勝桀而讓我。必以我爲貪也。吾生乎亂世。而無道之人。再來漫我以其辱行。吾不忍數聞也。乃自投椆(一作洞)水而死。湯又讓瞀光曰。知者謀之。武者遂之。仁者居之。古之道也。吾子胡不立乎。瞀光辭曰。廢上。非義也。殺民。非仁也。人犯其難。我享其利。非廉也。吾聞之曰。非其義者。不受其祿。無道之世。不踐其土。況尊我乎。吾不忍久見也。乃負石而自沈於廬水。昔周之興。有士二人。處於孤竹。曰伯夷叔

齊二人相謂曰吾聞西方有人似有道者試往觀焉至於岐陽武王聞之使叔旦往見之與之盟曰加富二等就官一列血牲而埋之二人相視而笑曰嘻異哉此非吾所謂道昔者神農之有天下也時祀盡敬而不祈喜其於人也忠信盡治而無求焉樂與政爲政樂與治爲治不以人之壞自成也不以人之卑自高也不以遭時自利也今周見殷之亂而遽爲政上謀而下行貨阻兵而保威割牲而

盟以爲信揚行以說衆殺伐以要利是推亂以易暴也吾聞古之士遭治世不避其任遇亂世不爲苟存今天下闇周德衰其並乎周以塗吾身也不如避之以潔吾行二子北至於首陽之山遂餓而死焉若伯夷叔齊者其於富貴也苟可得已則必不賴高節戾行獨樂其志不事於世此二士之節也

通義 此與前子州支父支伯善卷太王亶父王子搜之逃位子華子論隨珠彈雀章大意相同彼言愛生此言避邪愛生者所欲有甚於生避邪者所惡有甚於死也末於夷齊論

其苟可得已則必不然可見無擇卞隨瞀光之自沉皆得已者所謂是皆已甚也

餘論 舜與無擇友也必知其可任故讓以天下爲無擇者不受則已或逃而去之何至自投清泠邪蓋指舜之居畎畝而遊堯門以爲辱行則其立志可見何舜之不知心所期僉下也湯將伐桀有爲方銳卞隨瞀光無爲者也而湯因之以謀是猶適越而北其轅也後得伊尹成伐桀之功歸而讓卞隨隨非特不受而已又恥其見汙而投椆水洎讓瞀光瞀光數其非仁非義非廉之倖道卒不受其祿不踐其土而負石自沉此二子者皆高節厲行剛介不回自古有死又奚恤焉故南華舉此以激厲頹俗云竊詳本章大意舜禪之事雖不見他書以得之於讓而施之讓盡善盡美人無間言若湯之讓恐非其本心無以逃天下之議卞隨瞀光稠水廬水之事蓋言其避之極存而勿論可也夷齊桑君往觀於岐

陽蓋慕周之德化願爲聖人氓共樂無爲之化迺已武王使叔旦與盟而誘以爵祿豈二士之志哉故舉神農之世以證今日之非時祀不祈福社願郊祫盡敬以報神非有所覬望也則治國以無爲爲可知與政爲政無私於已與治爲治不擾亂之不壞人以自成不卑人以自高不以遭時自利則視人猶已物得其平今周見殷之亂而急於修政幸彼之危而圖之行貨保威悅衆要利無異推亂以易暴也時闇德衰與之並世恐污吾身不若避之北至首陽而甘餓死焉夫餓死及身患也節行之斯心患也心患推之至於月刑犯義流毒無窮身患終於一已而有足以障頹波與教化者故民到于今稱之而孔子許之以仁二子亦求仁得仁而無怨也今天下闇周德衰涷帚虛照江南古藏本所謂以德衰以周滅之也

褚氏總論本篇藏讓王高節自堯舜許由善卷至於王子搜皆重道尊生不以富貴累其心視天下如弊屣者也子華顏闔介頗公子牟之徒葆真守約不以利祿易其操視富貴如浮雲者也其間魏牟較諸聖賢若不足然以閑之公子能舍王位之尊就巖穴之隱亦良難矣故其長風餘波之所彼貪婪有國有位者重道尊生之心清淨無為之教所以立玄聖素王之業所以著也世之忘己殉物者才臨利害一毫必爭在王位而能讓可謂天下之盛舉矣夫懷道抱德而為人之所寄托者或不願有國去而入山海有之何無擇隨光之徒遂王自沉而喪不貲之軀耶蓋士不得中道而循介特立者不能無弊是以貪甚者求之無厭必至於篡逆讓者避之無所至自沉而後已此非特明其不受又見其不欲之極以暴白於後世亦慕名之過雖聖人中庸無弊讓受合宜隱顯隨時從容中道堯舜之事是也伯夷叔齊讓國而逃於首陽食薇蕨而終則非故為矯亢要名後世者此實以世間德衰不容並立志在出塵高舉抱道獨全雖死奚恤若夫為君而讓則其迹顯未為君而避則其迹隱退讓之志本同惟其時而已矣

莊子　浩然齋　道義卷九　三十九　章

盜跖第二十九

孔子與柳下季為友。柳下季之弟名曰盜跖。盜跖從卒九千人。横行天下。侵暴諸侯。穴室樞戶。驅人牛馬。取人婦女。貪得忘親。不顧父母兄弟。不祭先祖。所過之邑。大國守城。小國入保。萬民苦之。孔子謂柳下季曰。夫為人父者。必能詔其子。為人兄者。必能教其弟。若父不能詔其子。兄不[illegible]其弟。則無貴父子兄弟之親矣。今先生。世之才士也。弟為盜跖。為天下害而弗能教也。丘竊為先生羞之。丘請為先生往說之。柳下季曰。先生言。為人父者必能詔其子。為人兄者必能教其弟。若子不聽父之詔。弟不受兄之教。雖今先生之辯。將奈之何哉。且跖之為人也。心如涌泉。意如飄風。強足以拒敵。辯足以飾非。順其心則喜。逆其心則怒。易辱人以言。先生必無往。孔子不聽。顏回為馭。子貢為右。往見盜跖。盜跖乃方休卒徒大山之陽。膾人肝而餔之。孔子下車而前。見謁者曰。魯人孔丘。聞將軍高義。敬再拜謁者。謁者入通。盜跖聞之大怒。目如明星。髮上指冠。曰。此夫魯國之巧偽人孔丘非邪。為我告之。爾作言造語。妄稱文武。冠枝木之冠。帶死牛之脅。多辭謬說。不耕而食。不織而

莊子　浩然齋　道義卷九　四十　章

衣搖脣鼓舌擅生是非以迷天下之主使天
下學士不反其本妄作孝弟而徼倖於封侯
富貴者也子之罪大極重疾走歸不然我將
以子肝益晝餔之膳孔子復通曰丘得幸於
季願望履幕下謁者復通盜跖曰使來前孔
子趨而進避席反走再拜盜跖盜跖大怒兩
展其足案劍瞋目聲如乳虎曰丘來前若所
言順吾意則生逆吾心則死孔子曰丘聞之
凡天下有三德生而長大美好無雙少長貴

賤見而皆說之此上德也知維天地能辯諸
物此中德也勇悍果敢聚衆率兵此下德也
凡人有此一德者足以南面稱孤矣今將軍
兼此三者身長八尺二寸面目有光脣如激
丹齒如齊貝音中黃鍾而名曰盜跖丘竊爲
將軍恥不取焉將軍有意聽臣臣請南使吳
越北使齊魯東使宋衛西使晉楚使爲將軍
造大城數百里立數十萬戶之邑尊將軍爲
諸侯與天下更始罷兵休卒收養昆弟共祭

先祖此聖人才士之行而天下之願也盜跖
大怒曰丘來前夫可規以利而可諫以言者
皆愚陋恒民之謂耳今長大美好人見而說
之者此吾父母之遺德也丘雖不吾譽吾獨
不自知邪且吾聞之好面譽人者亦好背而
毀之今丘告我以大城衆民是欲規我以利
而恒民畜我也安可長久也城之大者莫大
乎天下矣堯舜有天下子孫無置錐之地湯
武立爲天子而後世絕滅非以其利太故邪

且吾聞之古者禽獸多而人民少於是民皆
巢居以避之晝拾橡栗暮栖木上故命之曰
有巢氏之民古者民不知衣服夏多積薪冬
則煬之故命之曰知生之民神農之世臥則
居居起則于于民知其母不知其父與麋鹿
共處耕而食織而衣無有相害之心此至德
之隆也然而黃帝不能致德與蚩尤戰於涿
鹿之野流血百里堯舜作立羣臣湯放其主
武王殺紂自是之後以強陵弱以衆暴寡湯

武以來皆亂人之徒也今子修文武之道掌天下之辯以教後世縫衣淺帶矯言僞行以迷惑天下之主而欲求富貴焉盜莫大於子天下何故不謂子爲盜丘而乃謂我爲盜跖子以甘辭說子路而使之從使子路去其危冠解其長劍而受教於子天下皆曰孔丘能止暴禁非其卒之也子路欲殺衛君而事不成菹於衛東門之上是子教之不至也子自謂才士聖人邪則再逐於魯削迹於衛窮於

莊子　浩然齋　道藏卷九　四十三

齊圍於陳蔡不容身於天下子教子路菹此患上無以爲身下無以爲人子之道豈足貴邪世之所高莫若黃帝黃帝尚不能全德而戰涿鹿之野流血百里堯不慈舜不孝禹偏枯湯放其主武王伐紂文王拘羑里此六子者世之所高也孰論之皆以利惑其眞而強反其情性其行乃甚可羞也世之所謂賢士伯夷叔齊辭孤竹之君而餓死於首陽之山骨肉不葬鮑焦飾行非世抱木而死申徒狄

諫而不聽負石自投於河爲魚鼈所食介子推至忠也自割其股以食文公文公後背之子推怒而去抱木而燔死尾生與女子期於梁下女子不來水至不去抱梁柱而死此四者無異於磔竹客反犬流豕操瓢而乞者皆離名輕死不念本養壽命者也世之所謂忠臣者莫若王子比干伍子胥子胥沈江比干剖心此二子者世謂忠臣也然卒爲天下笑自上觀之至于子胥比干皆不足貴也丘之所

莊子　浩然齋　道藏卷九　四十四　章

以說我者若告我以鬼事則我不能知也若告我以人事者不過此矣皆吾所聞知也今吾告子以人之情目欲視色耳欲聽聲口欲察味志氣欲盈人上壽百歲中壽八十下壽六十除病瘦死喪憂患其中開口而笑者一月之中不過四五日而已矣天與地無窮人死者有時操有時之具而託於無窮之間忽然無異騏驥之馳過隙也不能說其志意養其壽命者皆非通道者也丘之所言皆吾之

所棄也。亟去。走歸。無復言之。子之道。狂狂汲
汲。詐巧虛僞事也。非可以全真也。奚足論哉。
孔子再拜。趨走出門。上車執轡三失。目芒然
無見。色若死灰。據軾低頭。不能出氣。歸到魯
東門外。適遇柳下季。柳下季曰。今者闕然數
日不見。車馬有行色。得微往見跖邪。孔子仰
天而歎曰。然。柳下季曰。跖得無逆汝意若前
乎。孔子曰。然。丘所謂無病而自灸也。疾走料
虎頭。編虎須。幾不免虎口哉

通義　此反上章之意。形容自暴自棄者之情
狀。非棄天命聖言而縱欲敗度者。所謂小人
之中庸也。謂武爲後世滅絕。決非先秦之文
矣。孰肯三失。目芒然無見。色若死灰。據軾低
頭。不能出氣。絕不類莊周口
氣。亦不知孔子之爲孔子也

義海　父不能詔子。兄不能教弟。此人倫之不
幸也。橫行天下。侵暴無厭。此生民之不幸也
夫子以道德仁義化天下。莫不雲合景從。而
獨不得行於跖。又遭其困辱焉。此聖人之不
幸也。然而夫子猶日月。適與惡臘交經。暫爲
沴氣侵薄。會何傷乎。經意蓋謂非借夫善惡
之極。以爲對形迹之著。以爲言則無以盡其
辭。而明其意。此聖狂之所以辯也。夫子有陳
三德以其冢下者。箴之與。說趙文王三劍。莊
同。詳跖之所言雖出於強辯。其間亦自有理
不可盡以人廢言。然皆觀其迹而未得其心
所以有是不齊之論。此章辭雄氣逸。如洪源

奔逸不可壅遏。使人難以著語。故郭氏於三
章之下。畧述大意。而義自明。觀者毋以辭害
意。一樞戶。義當是樞。若夠切。伐木之櫱。取嫩
木皮以爲冠。從夜。撻腹之衣。大抉褂衣也。張
其尸曰磔。流烹也
雖名。當是利名

子張問於滿苟得曰。盍不爲行。無行則不信。
不信則不任。不任則不利。故觀之名。計之利。
而義真是也。若棄名利。反之於心。則夫士之
爲行。不可一日不爲乎。滿苟得曰。無恥者富。
多信者顯。夫名利之大者。幾在無恥而信。故
觀之名。計之利。而信真是也。若棄名利。反之

於心。則夫士之爲行。抱其天乎。子張曰。昔者
桀紂貴爲天子。富有天下。今謂臧聚曰。汝
行如桀紂。則有怍色。有不服之心者。小人所
賤也。仲尼墨翟。窮爲匹夫。今謂宰相曰。子行
如仲尼墨翟。則變容易色。稱不足者。士誠貴
也。故勢爲天子。未必貴也。窮爲匹夫。未必賤
也。貴賤之分。在行之美惡。滿苟得曰。小盜者
拘。大盜者爲諸侯。諸侯之門。義士存焉。昔者
桓公小白。殺兄入嫂。而管仲爲臣。田成子常

殺君竊國而孔子受幣論則賤之行則下之則是言行之情悖戰胷中也不亦拂乎故書曰孰惡孰美成者爲首不成者爲尾子張曰子不爲行即將疏戚無倫貴賤無義長幼無序五紀六位將何以爲別乎滿苟得曰堯殺長子舜流母弟疏戚有倫乎湯放桀武王殺紂貴賤有義乎王季爲適周公殺兄長幼有序乎儒者僞辭墨者兼愛五紀六位將有別乎且子正爲名我正爲利名利之實不順於

理不監於道吾日與子訟於無約曰小人殉財君子殉名其所以變其情易其性則異矣乃至於棄其所爲而殉其所不爲則一也故曰無爲小人反殉而天無爲君子從天之理若枉若直相爲天極面觀四方與時消息若是若非執而圓機獨成而意與道徘徊無轉而行無成而義將失而所爲無赴而富無殉而成將棄而天比干剖心子胥抉眼忠之禍也直躬證父尾生溺死信之患也鮑子立乾

勝子不自理廉之害也孔子不見母匡子不見父義之失也此上世之所傳下世之所語以爲士者正其言必其行故服其殃離其患也

通義 此亦上章之意而以無約折衷之也擬名滿苟得言滿其苟得之心他不恤也無約者以至無至約爲指的也小人殉財以下擬爲無約之言匡子不見父謂上世之所傳決非孔子同時矣其曰殉天從天相爲天極將棄而天不過與時消息執圓機徘徊於道而枉直是非任其自適而已

[illegible] 行者義之著見信任與利又行之驗也義由中出行見乎外則信任與利皆從外來

故考名利而義眞是也若不以名利爲言而反求諸心士之行義不可一日不爲也蓋謂行義士所當爲名利之儻來不必計此子張之論也多言以求信於人富顯之所自出無恥者以此爲是若不以名利爲意而反求諸心則爲行者獨抱其天而不通乎人也此苟得之論于張孔子之徒苟得乃跡之徒其相反也至論臧獲恥稱桀紂卿相不敢當孔墨則行可貴也小盜拘而大盜爲諸侯則利可樂也此又引古聖賢以證其各有所偏不能無弊二子之論不決故苟得爭與訟於無約小人殉財至章末皆無約之詞謂二子皆殉一偏未爲合道莫若心忘善惡一無所殉聽其自然無君子小人之分各得其性情之正亦何有枉直中外是非之辯哉此獨成其眞而不資於物所以與道徘徊而不失也若轉移自然之行求成爲義之名反瘞於富利以聖有成皆棄滅其天理而陷溺於物欲者

也比干剖心以下條指其僞殉之失不免於
患而爲士者猶取正其言求必其行驗殃懼
患而不悟
也悲夫
無足問於知和曰人卒未有不興名就利者
彼富則人歸之歸則下之下則貴之夫見下
貴者所以長生安體樂意之道也今子獨無
意焉知不足邪意知而力不能行邪故爲推
正不忘邪知和曰今夫此人以爲與己同時
而生同鄉而處者以爲夫絕俗過世之士焉
是專無主正所以覽古今之時是非之分也

與俗化世去至重棄至尊以爲其所爲也此
其所以論長生安體樂意之道不亦遠乎慘
怛之疾恬愉之安不監於體怵惕之恐欣懽
之喜不監於心知爲爲而不知所以爲是以
貴爲天子富有天下而不免於患也無足曰
夫富之於人無所不利窮美究埶至人之所
不得逮聖人之所不能及俠人之勇力而以
爲威強秉人之知謀以爲明察因人之德以
爲賢良非享國而嚴若君父且夫聲色滋味

權勢之於人心不待學而樂之體不待象而
安之夫欲惡避就固不待師此人之性也天
下雖非我孰能辭之知和曰知者之爲故動
以百姓不違其度是以足而不爭無以爲故
不求不足故求之爭四處而不自以爲貪有
餘故辭之棄天下而不自以爲廉廉貪之實
非以迫外也反監之度勢爲天子而不以貴
驕人富有天下而不以財戲人計其患慮其
反以爲害於性故辭而不受也非以要名譽

也堯舜爲帝而雍非仁天下也不以美害生
也善卷許由得帝而不受非虛辭讓也不以
事害己此皆就其利辭其害而天下稱賢焉
則可以有之彼非以興名譽也無足曰必持
其名苦體絕甘約養以持生則亦久病長阨
而不死者也知和曰平爲福有餘爲害者物
莫不然而財其甚者也今富人耳營鍾鼓筦
籥之聲口嗛於芻豢醪醴之味以感其意遺
忘其業可謂亂矣侅溺於馮氣若負重行而

上也。可謂苦矣。貪財而取慰，貪權而取竭，靜
居則溺，體澤則馮，可謂疾矣。爲欲富就利，故
滿若堵耳而不知避，且馮而不捨，可謂辱矣。
財積而無用，服膺而不舍，滿心戚醮，求益而
不止，可謂憂矣。內則疑刦請之賊，外則畏寇
盜之害，內周樓疏，外不敢獨行，可謂畏矣。此
六者，天下之至害也，皆遺忘而不知察，及其
患至，求盡性竭財，單以反一日之無故而不
可得也。故觀之名則不見，求之利則不得，繚

意絕體而爭，此不亦惑乎

【通義】此破盜跖、滿苟得之意，撥名無足知和
而復結以觀之名、求之利之爲惑也。言世無
足爲之事，惟知和
之以天倪是也。

【義海】無足就於利，故以富者安體樂意之事
爲言，人而得富，以處世養身，無所不利也。知
和雜於爭，故動不違度，足而不求，計患慮反，
知利之不足恃，而買患速禍也，故辭而不受，
非以要譽也，譽自歸之耳。無足又議恃名苦
體無異病瘐而偷生，知和告以平爲福，有餘
爲害，適天下之至論，無足亦爲之心服矣。此
後至篇終，備言富者之所爲，其心術機謀不
逃乎達人之鑒，然皆無益於身，終不免爲大
盜積守而已。及其患至，知非也已晚，石崇臨
東市歎曰：奴輩利吾財。是也。南華述此，開之
者足以戒云。後合該奇，後非常驚，合憑墳富

下，適也。然同焦樓疏，皆屬繚繞其
意，謂深思決絕其體，謂忘生也。

楷氏總論按盜跖所言，強辯飾非，抑揚已
至矣。卒使聖賢通論亦爲之屈，此天下累
惡之尤者也。或者議其訾聖，不與出於後
人附會，理蓋不然。夫孔子之仁，盜跖之桀，
固不待辯而明。設爲是論者，蓋欲彰夫子
聖道之至，容德之大也。然則夫子之所以
聖，又豈跖所能知？以行察行，以心灼心，宜
其立論若是。此姑道跖之知夫子者耳。夫
子之聖，使跖盡得而知，則跖非跖矣。故夫
子雖受抑而名愈尊，跖雖自揚而惡愈著，
則天下之公是非，未嘗泯也。被辭演義，誥
解班班，無以相出，竊詳言外微旨，蓋有所
寓，而讀者罔究，例以訾聖爲疵，使至理未
伸於千載之下，孰爲之辯正？云經意本以
譏當時國君卿相，恃富貴，擅生殺，而不可
以理化伏，孔子復生，亦不免其侮辱，故此

盜跖而以孔子自喻，次設子張問滿苟得。
滿而務苟得，故所答亦無異乎跖，此皆以
辯勝人，不悟夫喪真背理而違乎道也。繼
以無足問知和，志在與名就利，以安體樂
意爲先，是亦苟得之徒，故知和告以富者
貴其積而能散，惠衆周物，貧人倚之以爲
命，而免轉徙填壑之憂。昔陶朱公善理產
業，致富則散之鄉鄰，凡三散而三徙，又避
其爲害之名也。今富者溺於聲色，嗜好而
求益不止，多積若堵而憂畏滿懷，利愈重
而害愈深，旬竭金谷之覆轍可鑒，庶不若
耕鑿自給者，可以養生盡年而無累也。凡
此皆所以痛鍼世俗之膏肓，緊顯聖賢之
教。思學者信能遺其迹而究其所以言，融
名利之私心，歸道德之大本，無爲清淨之
化，足以仁壽八荒，豈止康濟一身而已。於
此足以見南華術道弘化拔時
潤俗之心，與孔孟無殊轍矣。

卷九終

莊子卷第十　參元朱得之傍註并通義

附錢塘褚伯秀義海纂微
雲谷王潼錄校刊

雜篇

說劒第三十

昔趙文王喜劒。劒士夾門而客三千餘人。日夜相擊於前。死傷者歲百餘人。好之不厭。如是三年。國衰。諸侯謀之。太子悝患之。募左右曰。孰能說王之意止劒士者。賜之千金。左右曰。莊子當能。太子乃使人以千金奉莊子。莊

子弗受。與使者俱往見太子。曰。太子何以教周。賜周千金。太子曰。聞夫子明聖。謹奉千金以幣從者。夫子弗受。悝尚何敢言。莊子曰。聞太子所欲用周者。欲絕王之喜好也。使臣上說大王而逆王意。下不當太子。則身刑而死。周尚安所事金乎。使臣上說大王。下當太子。趙國何求而不得也。太子曰。然。吾王所見劒士。皆蓬頭突鬢垂冠。曼胡之纓。短後之衣。瞋目而語難。王乃說之。今夫子必儒服而見王。

事必大逆。莊子曰。請治劒服。治劒服三日。乃見太子。太子乃與見王。王脫白刃待之。莊子入殿門不趨。見王不拜。王曰。子欲何以教寡人。使太子先。曰。臣聞大王喜劒。故以劒見王。王曰。子之劒何能禁制。曰。臣之劒。十步一人。千里不留行。王大說之。曰。天下無敵矣。莊子曰。夫為劒者。示之以虛。開之以利。後之以發。先之以至。願得試之。王曰。夫子休。就舍待命。令設戲。請夫子。王乃校劒士七日。死傷者六

十餘人。得五六人。使奉劒於殿下。乃召莊子。王曰。今日試使士敦劒。莊子曰。望之久矣。王曰。夫子所御杖。長短何如。曰。臣之所奉皆可。然臣有三劒。唯王所用。請先言而後試。王曰。願聞三劒。曰。有天子劒。有諸侯劒。有庶人劒。王曰。天子之劒何如。曰。天子之劒。以燕谿石城為鋒。齊岱為鍔。晉魏為脊。周宋為鐔。韓魏為鋏。包以四夷。裹以四時。繞以渤海。帶以常山。制以五行。論以刑德。開以陰陽。持以春夏。

行以秋冬。此劍。直之無前。舉之無上。案之無下。運之無旁。上決浮雲。下絕地紀。此劍一用。匡諸侯。天下服矣。此天子之劍也。文王芒然自失。曰。諸侯之劍何如。曰。諸侯之劍。以知勇士爲鋒。以清廉士爲鍔。以賢良士爲脊。以忠勝士爲鐔。以豪傑士爲鋏。此劍。直之亦無前。舉之亦無上。案之亦無下。運之亦無旁。上法圓天以順三光。下法方地以順四時。中和民意以安四鄉。此劍一用。如雷霆之震也。四封

之內。無不賓服而聽從君命者矣。此諸侯之劍也。王曰。庶人之劍何如。曰。庶人之劍。蓬頭突鬢垂冠。曼胡之纓。短後之衣。瞋目而語難。相擊於前。上斬頸領。下決肝肺。此庶人之劍。無異於鬬雞。一旦命已絕矣。無所用於國事。今大王有天子之位。而好庶人之劍。臣竊爲大王薄之。王乃牽而上殿。宰人上食。王三環之。莊子曰。大王安坐定氣。劍事已畢奏矣。於是文王不出宮三月。劍士皆服斃其處也

【總論】此章始終敘事。而議論在其中。讀之可見君人者。好尚雖微。而風聲奔走。未必有封侯之賞。能使殊死者相挨於前。而後至者不反。上下相矜。未嘗不曰予智也。智乎愚乎。不待超世忘形之智而後知者。而顧甘心焉。世道若此。謂之何哉。趙王聞竟起敬起信。非外飾也。幸得證文有以哉。示康開利。後發先至。人皆信其爲劍術之真訣。而不知爲匡救之良法。立言者善藏用乎此。稱王君曰毀。非戰國時之名也。餘義皆明

【[illegible]】南華立言。明道高越九天。深窮九地。闢闔造化。鬼神莫測。及其引事物以爲喻。則不出乎人間世之談。而玄機妙義隱然于中。有足以覺人心救時弊者。說劍一篇。辭雄旨微。鏗鏘千載。豈浪鳴哉。漢書司馬氏在趙者。以傳劍論顯。則劍術其來尚矣。故漆園借此以發胸中之奇。或者泥於形似。遂認爲說客縱橫之論。經意一失。指夜光爲魚目者有之。伯

秀不揆淺陋。竊考南華所以言之旨。中爲說云。趙國以喻一身。文王喜劍。心牽於利欲之昏也。太子悝。忠之猶志有所覺。而不能制心之失。求莊子止王所好。喻推理以勝之也。所陳三劍。言其理有優劣。具眼決擇。去等見矣。十步一人。言其鋒莫當。千里不留行。言其用挑速。養神之全者似之。天子以濟國爲固。諸侯以賢士爲脊。庶人特匹夫之勇耳。以趙王之尊而好庶人之劍。是昧德性之至貴。逐物欲之至卑。日夜相擊於前。又惡保其無損。鬬雞之喻。卑之甚也。欲有以救其失而復其初。非繩以至理不可。及其理勝欲消。所存者正性。則椒毒化爲神器。亦無所事乎心矣。此由失以求復。不免艱難而得之。是謂勉強而行成功一也。所云天子諸侯庶人三劍之等殊。喻禀性之厚薄。趨向之高下。而成功有優劣也。古之君天下。神武而不殺者。皆得此劍以神其用。豈直太阿干將比哉。於是趙王就食

而不能發禮義怳心窮桀有不足羨者使工安坐定氣劍事已畢奏矣言心以動靜性由靜得得性者復吾本來之真亦由無所得也趙王不出宮三月則能守之以靜養之以虛成性存存而不變矣劍士皆服斃其處以喻即時心死盡工技者去知技者息回視所謂神器亦與之俱化又何有天子庶人之別哉從太子之請而辭其幣與魯仲連存邯鄲而不受千金義同卒能止趙王之戲好而安其國茲又寓治道於其中而不廢也蓋南華痛惻世人耽於物欲失性而不自知故創爲是論以明復性者在乎中有所主防欲如讐心猿有覺即推理以勝之不待乎劍士夾門日夜相擊然後求夫善說者以止之也寓道於技以立言而解者往往以外象求合使正大之理爲之久湮併陷至言於辯者之囿可爲太息茲因鑽研至極遂悟反流歸源庶衍立言本意云于玄於是經得其心髓雄文與論

與之並駕爭驅獨此篇不著一語使人深造而自得之也恐或者於此乎致疑故不得不辯之也

漁父第三十一

孔子遊乎緇帷之林。休坐乎杏壇之上。弟子讀書。孔子弦歌鼓琴。奏曲未半。有漁父者下船而來。須眉交白。被髮揄袂。行原以上。距陸而止。左手據膝。右手持頤以聽。曲終。而招子貢子路。二人俱對。客指孔子曰。彼何爲者也。子路對曰。魯之君子也。客問其族。子路對曰。族孔氏。客曰。孔氏者何治也。子路未應。子貢對曰。孔氏者性服忠信。身行仁義。飾禮樂。選人倫。上以忠於世主。下以化於齊民。將以利天下。此孔氏之所治也。又問曰。有土之君與。子貢曰。非也。侯王之佐與。子貢曰。非也。客乃笑而還行。言曰。仁則仁矣。恐不免其身。苦心勞形以危其真。嗚呼。遠哉其分於道也。子貢還報孔子。孔子推琴而起曰。其聖人與。乃下求之。至於澤畔。方將杖拏而引其船。顧見孔

子。還鄉而立。孔子反走。再拜而進。客曰。子將何求。孔子曰。曩者先生有緒言而去。丘不肖。未知所謂。竊待於下風。幸聞咳唾之音。以卒相丘也。客曰。嘻。甚矣子之好學也。孔子再拜而起曰。丘少而修學。以至於今六十九歲矣。無所得聞至教。敢不虛心。客曰。同類相從。同聲相應。固天之理也。吾請釋吾之所有而經子之所以。子之所以者。人事也。天子諸侯大夫庶人。此四者自正。治之美也。四者離位而

亂莫大焉。官治其職。人憂其事。乃無所陵。故田荒室露。衣食不足。徵賦不屬。妻妾不和。長少無序。庶人之憂也。能不勝任。官事不治。行不淸白。羣下荒怠。功美不有。爵祿不持。大夫之憂也。廷無忠臣。國家昏亂。工技不巧。貢職不美。春秋後倫。不順天子。諸侯之憂也。陰陽不和。寒暑不時。以傷庶物。諸侯暴亂。擅相攘伐。以殘民人。禮樂不節。財用窮匱。人倫不飭。百姓淫亂。天子有司之憂也。今子既上無君侯有司之勢。而下無大臣職事之官。而擅飾禮樂。選人倫。以化齊民。不泰多事乎。且人有八疵。事有四患。不可不察也。非其事而事之謂之總。莫之顧而進之謂之佞。希意道言謂之諂。不擇是非而言謂之諛。好言人之惡謂之讒。析交離親謂之賊。稱譽詐僞以敗惡人謂之慝。不擇善否。兩容頰適。偷拔其所欲謂之險。此八疵者。外以亂人。內以傷身。君子不友。明君不臣。所謂四患者。好經大事。變更易

莊子　浩然齋　適義卷十　七

常。以挂功名謂之叨。專知擅事。侵人自用謂之貪。見過不更。聞諫愈甚謂之很。人同於己則可。不同於己。雖善不善謂之矜。此四患也。能去八疵。無行四患。而始可教已。孔子愀然而歎。再拜而起曰。丘再逐於魯。削迹於衛。伐樹於宋。圍於陳蔡。丘不知所失。而離此四謗者。何也。客悽然變容曰。甚矣子之難悟也。人有長影惡迹而去之走者。舉足愈數。而迹愈多。走愈疾而影不離身。自以爲尚遲。疾走不休。絕力而死。不知處陰以休影。處靜以息迹。愚亦甚矣。子審仁義之間。察同異之際。觀動靜之變。適受與之度。理好惡之情。和喜怒之節。而幾於不免矣。謹修而身。愼守其眞。還以物與人。則無所累矣。今不修之身而求之人。不亦外乎。孔子愀然曰。請問何謂眞。客曰。眞者。精誠之至也。不精不誠。不能動人。故強哭者雖悲不哀。強怒者雖嚴不威。強親者雖笑不和。眞悲無聲而哀。眞怒未發而威。眞親未

莊子　浩然齋　適義卷十　八

笑而和。眞在內者。神動於外。是所以貴眞也。其用於人理也。事親則慈孝。事君則忠貞。飲酒則歡樂。處喪則悲哀。忠貞以功爲主。飲酒以樂爲主。處喪以哀爲主。事親以適爲主。功成之美。無一其迹矣。事親以適。不論所以矣。飲酒以樂。不選其具矣。處喪以哀。無問其禮矣。禮者。世俗之所爲也。眞者。所以受於天也。自然不可易也。故聖人法天貴眞。不拘於俗。愚者反此。不能法天而恤於人。不知貴眞。祿

祿而受變於俗。故不足。惜哉子之早湛於僞。而晚聞大道也。孔子又再拜而起曰。今者丘得遇也。若天幸然。先生不羞而比之服役。而身教之。敢問舍所在。請因受業而卒學大道。客曰。吾聞之。可與往者。與之至於妙道。不可與往者。不知其道。愼勿與之。身乃無咎。子勉之。吾去子矣。吾去子矣。乃刺船而去。延緣葦間。顏淵還車。子路授綏。孔子不顧。待水波定不聞拏音而後敢乘。子路旁車而問曰。由得

爲役久矣。未嘗見夫子遇人如此其威也。萬乘之主。千乘之君。見夫子。未嘗不分庭伉禮。夫子猶有倨傲之容。今漁父杖拏逆立。而夫子曲要磬折。再拜而應。得無太甚乎。門人皆怪夫子矣。漁父何以得此乎。孔子伏軾而歎曰。甚矣由之難化也。湛於禮義有閒矣。而樸鄙之心。至今未去。進。吾語汝。夫遇長不敬。失禮也。見賢不尊。不仁也。彼非至仁。不能下人。下人不精。不得其眞。故長傷身。惜哉。不仁之

於人也。禍莫大焉。而由獨擅之。且道者萬物之所由也。庶物失之者死。得之者生。爲事逆之則敗。順之則成。故道之所在。聖人尊之。今漁父之於道。可謂有矣。吾敢不敬乎

通義　此言安分守眞之爲貴。八疵四患。以孔子好學老而不倦。猶且不免。况其下乎。禮者世俗之所爲。眞者所以受於天也。二語故足以辨世儒之學。孰知禮者天然之物。則非止於器數也。此曰世俗之所爲。則指後世習於儀文之弊。正孟子所謂非禮之禮也。

義海　漁父或謂范蠡偏所五湖。屈原澤畔所遇者。竊謂亦不必泥其人。但隱德藏輝。潛身湖海。若太公望、嚴子陵、張志和、陸龜蒙之徒。其間有佚姓名與隱者。豈得而盡考。編帷言

林木茂密暗如帷幄因以爲名南華寓言於漁父孔子問答與楚狂接輿歌而過孔子意同蓋孔子爲人心切則經世迹者所以人得而擬議故漁父告之以去疵遠患修身守真而還以物與人夫名亦物也造物者所惡過分則忌之真者在已之良貴外物不足比人而不知貴真則中無所主碌碌而受變於俗也宜矣及强哭强怒二節甚精當事親則慈孝以下一段大有益於治道有以見漁父亦非獨善其身者用舍有時耳孔子聞言而悟願棄所學而卒受教蓋治世有爲者聞無爲之益不得不宗焉刺船而去示過化而無留迹待水波定不聞拏音而後敢乘則一形至言心悅誠服其人雖往敬猶存也凡漁父所言明世俗之疵孔子者不過如此特其行世之迹耳唯南華得夫子之心指其迹而非之則所謂真者可默契矣世人多病是經訾孔子余謂南華之於孔子獨得其所以尊之邪

寔正言若反蓋謂是也

列御寇第三十二

列御寇之齊中道而反遇伯昏瞀人伯昏瞀人曰奚方而反曰吾驚焉曰惡乎驚曰吾嘗食於十餐而五餐先饋伯昏瞀人曰若是則汝何爲驚已曰夫內誠不解形諜成光以外鎭人心使人輕乎貴老而𩐋其所患夫餐人特爲食羹之貨多餘之贏其爲利也薄其爲權也輕而猶若食而況於萬乘之主乎身勞於國而知盡於事彼將任我以事而效我以功吾是以驚伯昏瞀人曰善哉觀乎汝處已人將保汝矣無幾何而往則戶外之屨滿矣伯昏瞀人北面而立敦杖蹙之乎頤立有閒不言而出賓者以告列子列子提屨跣而走暨乎門曰先生既來曾不發藥乎曰已矣吾固告汝曰人將保汝果保汝矣非汝能使人保汝而汝不能使人無保汝也而焉用之感豫出異也必且有感搖而本才又無謂也與

汝遊者又莫汝告也彼所小言盡人毒也莫覺莫悟何相孰也巧者勞而知者憂無能者無所求飽食而遨遊汎若不繫之舟虛而遨遊者也

通義　五餐先饋敬而不待沽也列子自反亦誠之功未化露於詞氣之間是以英華服人使彼忘其老者貴者而獨敬於我也夫齎餐之人利薄權輕而猶以餐表敬適齎見君不爲其所任凡求任用必責效則彼之身勞知盡者我得代之其驚悲也爲何如汝處已言汝若只如此而不求更進則人將愛護而從汝矣感豫出異言人感而悅由我出之不同於常人耳外既不實內必搖其性人方以客豫又焉能知我性之搖動而告我耶汝之余

子又莫汝若言日必偏敍是皆戕性之毒藥逆而不悟又何能相譏何而辨其是非也哉

是莊子述舊聞者非他人所撰也

【總論】此章全見列子止於何相孰也其間有三兩字不同南華添巧者以下數句總結前義愈精彩如光弼之將子儀軍也按列子居鄭圃四十年人無識者則此五漿先饋當在居鄭之前然見饋漿而驚其幾人徵己亦微矣户外屨滿則是不能韜晦人爭趨而依附之汝焉用此感恍之道出異以動人耶凡有以感人者必先搖其本性彼方從而化之又何說也我若無心鬼神莫能測況於人乎汝之朋友又莫與告徒以巧佞入人而汝莫覺悟何相孰習熟若此古文熟與孰同爭任巧知以勞以憂無肯安於無能者此無能猶云無爲也無爲故無求飽食以遨遊汎若舟之不繫亦虛而已矣碧虛照列子本文作無

莊子十一　浩然齋　通義卷十一　十三

多餘之贅

鄭人緩也呻吟裘氏之地祇三年而緩爲儒河潤九里澤及三族使其弟墨儒墨相與辯其父助翟十年而緩自殺其父夢之曰使而子爲墨者予也闔胡嘗視其良既爲秋柏之實矣夫造物者之報人也不報其人而報其人之天彼故使彼夫人以己爲有以異於人以賤其親齊人之井飲者相捽也故曰今之世皆緩也自是有德者以不知也而況有道

若乎古者謂之遁天之刑聖人安其所安不安其所不安衆人安其所不安不安其所安

【總論】此節中間有缺文闔胡嘗視其良既爲秋柏之實諸解無意味愚謂緩父之夢父心之明也謂父何不見其成弟之善如時之秋如柏之實成其材開其生意而乃蔑弟以致我死乎死十年而怨宿不忘其爲儒也可知矣莊子引此而斷之以爲今世皆緩先原天之報人不以其能以其心能者天之所使也緩以成弟之功過於人而遽懟其親以夢相校猶齊人雖剛於氣其相爭者以醉非以性今人皆以能相勝是故皆緩也有一德者不如此而況有道自稱儒者乎秋比緩柏實比弟上彼指天下彼指弟夫人指緩井飲言酒所安言性不安言能大意以才能自多猶醉於酒者骨肉傷殘不知其非且至於自殞其

莊子十一　浩然齋　通義卷十一　十四

愚可悲也言闔文言胡懟之至也

【發揮】人各有正性得之於天而不可移緩之爲儒翟之爲墨皆天性本有假學以成之耳儒師堯舜墨師大禹皆學於聖人儒主中庸墨則流於兼愛過猶不及故聖門不取焉當時儒墨並行皆足以致貴顯緩乃自謂已能爲儒又能使弟爲墨以此自多二教指趣不同遂相與辯其父不能檃之以理而偏助翟爲緩者當順處而徐悟之天性無不復之理何遽至怨父而自殺其所損亦多矣餘憤未消猶見夢於父謂何不試視已冢上其精靈已化爲楸柏之實實猶質也言其質與不變眞性猶存莊子於是斷之曰造物之報人也不報其人而報其人之天報猶復天言性也緩之化爲異物不復其形而能見夢以自陳其性未嘗滅也彼故使彼緒上文言人形非久性必有歸一念所在不可泯也緩以怨

質而汎性循不滅而化爲堅貞之木然則蕣生之得理盡矣道果順化而復物者其眞性歸當如何哉鄰人之爲楸柏語之以怪按若父之生鄧林則亦或有之蓋有情無情生化何條衆不離乎形器之變夫人處其中而不自知所以與之俱化若知有所謂無形而不變者則不受物化而能化物矣夫人以己爲有至皆綫也所以責世儒之陋所見若是何堅其通三才而理萬物有德者以不知言綫所以失道爲有知而分別耳渾然不知所以全其天也遁天之刑訓解不下詳下文所安所不安即其謎或析爲別章遂至經意不貫言綫遁逃自然之理而棄背父子兄弟之天是不安其所安愁憤而自之於刑戮是安其所不安也南華以遁天之刑一語結綴之公案所以爲後世不安天理而狠愎自戕者之戒云

莊子　浩然齋　通義卷十　十五

莊子曰。知道易。勿言難。知而不言。所以之天也。知而言之。所以之人也。古之人天而不人。朱泙漫學屠龍於支離益。單千金之家。三年技成而無所用其巧。聖人以必不必。故無兵。衆人以不必必之。故多兵。順於兵。故行有求。兵。恃之則亡。小夫之知。不離苞苴竿牘。敝精神乎蹇淺。而欲兼濟道物。太一形虛。若是者。迷惑于宇宙。形累不知太初。彼至人者。歸精神乎無始。而甘冥乎無何有之鄉。水流乎無形。發泄乎太清。悲哉乎汝爲。知在豪毛。而不知太寧。

通義 此亦似有缺文強爲之通知而不言猶屠龍之技無所用巧也其志之常存者以爲事屠於天不可必此理之必然故雖不用亦不然不言也衆人以不可必之天而期必於一己之私故多爭言兵者舉爭之大者以爲言也苟習於爭而成其情欲之所往則化有行必出於機心熟於爭而不足畏犯刑宥如飲食恃此而行必至於亡理也勢也此必之識不過貨與言之胥胥耳其神蹇淺涵而欲兼通乎道之玄物之故以達於太一之虛不能矣何也小人者迷於身世不知太初之不容言也觀至人之如彼則小人所爲不亦可悼哉故曰悲哉乎知爲太寧者心神本寧無我之前是太寧也後於物而不寧物去而寧夜而後可以見太寧

莊子　浩然齋　通義卷十　十六

通義 知道而言知之事也知道忘言聖之事也聖則天矣知者言道猶足以弘教誨人未爲深失也世有淺學謏聞而矜衒自足者口雖不言而形色已言又何足以知古人契合天理之妙哉屠龍諸解多所題與經意不侔雖古註得其旨碧虛以無益名章亦失之今擬易名忘妙章倂述管見云人從學求道猶入海求龍然而見龍者少見而能屠者又幾何人蓋以喻學道之難而見道能忘爲尤難也始於求龍而得見則知吾身有無窮之變化終於得龍而能屠則明吾道有不形之至神龍非尸居莫見當求諸恍惚杳冥之間屠非刀刃所加故超乎聲肯綮之外窮神極妙豈桑林之舞所能形容哉單千金之家即是空諸所有至於千日功成而無所用巧則一以神遇能解俱忘不知龍爲何物屠者何

人也椰宗有云龍牙山中龍一見便心息卽此初只工夫竊詳居龍四句文絕奇而語甚簡義與庖丁大章並驅彼章末則猶存用此則體寘而用亦忘所以爲至聖人以必不必有者亦無之衆人以不必必無者強欲有之也兵謂者欲交戰於中者其有無亦在人而已凡順於兵者欲行有求之志不悟恃之而至於亡小知從事遺問以敝精神八亦自兵也何望乎志存兼濟以穿天下之物理窮太一以形天下之虛太一數之始萬物自此離無入有以形相禪生生化化而不息者也衆人述惑乎宇宙蓋以今之形累而不知太初之本無至人則歸精神於無始卽太初無何有之鄉是也水爲五行之首可見而不可執有形而又無形故形降則流潤乎萬物氣騰則發泄乎太清隨陰陽而運成造化之功者有在於是世人則役知於細微而不知有太寧之道同天運而不息太寧卽真性之未動

此心之萌物感而應卽天一之生水發泄乎太清之謂也

宋人有曹商者。爲宋王使秦。其往也得車數乘。王說之。益車百乘。反於宋。見莊子。曰。夫處窮閭阨巷。困窘織屨。槁項黃馘者。商之所短也。一悟萬乘之主。而從車百乘者。商之所長也。莊子曰。秦王有病。召醫。破癰潰痤者。得車一乘。舐痔者。得車五乘。所治愈下。得車愈多。子豈治其痔邪。何得車之多也。子行矣

通義 曹商以偶然之得自驕小人也今部之過甚殆非莊子之氣宇也

通義 曹商以車自傲南華以道自尊車隊肆而遺臭無窮道尊萬世而流芳不毀人之趨向可不謹耶

魯哀公問於顏闔曰。吾以仲尼爲貞幹。國其有瘳乎。曰。殆哉圾乎。仲尼方且飾羽而畫。從事華辭。以支爲旨。忍性以視民。而不知不信。受乎心。宰乎神。夫何足以上民。彼宜汝與。予頤與。誤而可矣。今使民離實學僞。非所以視民也。爲後世慮。不若休之。難治也。施於人而不忘。非天布也。商賈不齒。雖以士齒之。神者

弗齒。爲外刑者。金與木也。爲內刑者。動與過也。宵人之離外刑者。金木訊之。離內刑者。陰陽食之。夫免乎外內之刑者。唯真人能之

通義 受乎心宰乎神言其心安於僞而不信者反爲神之主猶久假不歸惡知非有之意彼宜汝與言其與汝相得否予與也欲與養之歟不知而失誤養之則可矣若以爲貞幹而養之使民離真實而學虛僞非所以爲治也彼以難行之事施於人而不忘豈自然之常經哉商取以爲言也商賈交易僞着僞而不取惟學僞之士或一取之而中心之誠然者亦弗取也宵人猶曰夜行卽爲盜者畏人之見故曰宵人此比飾僞之內歉者陰陽食之胷中冰炭足以耗其血氣非真人孰能免乎此色厲內荏猶穿窬之盜正謂此也顏闔

嘗遊與聘令出而言若
此亦亢倉子之徒歟
義海哀公欲以仲尼爲佐觀其國政有疾是病而求醫也求之切者望必重故問於顏淵以印其心闔遂歷陳特賢之莽尚之無益徒使殉迷生姦民愈難治仲尼時賢之著者借以立論飾以羽毛加之彩畫險從非浮華之辭支離而不究本源矯揉其詐以示民而不知其不信已而生姦以應之也物至則以心受之心受物則神主之內不虛而外紛擾與民同爭何足以上民闔又反問彼仲尼果有益於汝與汝能自順養其民與誤應是悟汝當於此皆悟可也如上所言皆使人辭實學僞非所以示勸於世不若勿爲之愈民之難治以其知多實由爲民上者有以啓之若此所爲肩商賈之不可與士齒雖一時以事齒之如社祭鄉飲之類其神亦不屑與之俱言其趨向不同賢不肖所以分也彼學僞之肯

莊子　浩然齋　通義卷十　十九

人宜其莫逃內外之刑矣肯人謂宜行而無知見雖處白日猶長夜也渠作如此解爾考動謂心念始差過則見諸行事過形而不可掩所以金木訊之陰陽食之食猶寇也眞人德純素而無爲何內外刑之能及

孔子曰凡人心險於山川難於知天天猶有春秋冬夏旦暮之期人者厚貌深情故有貌愿而益有長若不肖有順懁懁而達有堅而縵有緩而釬故其就義若渴者其去義若熱故君子遠使之而觀其忠近使之而觀其敬煩使之而觀其能卒然問焉而觀其知急與之期而觀其信委之以財而觀其仁告之以危而觀其節醉之以酒而觀其則雜之以處而觀其色九徵至不肖人得矣正考父一命而傴再命而僂三命而俯循牆而走孰敢不軌如而夫者一命而呂鉅再命而於車上儛今許稱丈夫三命而名諸父孰協唐許賊莫大乎德有心而心有睫及其有睫也而內視內視而敗矣凶德有五中德爲首何謂中德中德也者有以自好也而吡匹尔反其所不爲者也窮有八

莊子　浩然齋　通義卷十　二十

極達有三必形有六府美髯長大壯麗勇敢八者俱過人也因以是窮緣循偃佒於丈反困畏不若人三者俱通達知慧外通勇動多怨仁義多責達生之情者傀達於知者肖達大命者隨達小命者遭

通義此非體道者之言也而誣孔子寃哉以言不言愁人皆宰齋之類九徵皆設詐以爲心者李充之卜相彼但即平素無心之應以爲據君子以爲不若見垣一方人者之明而況於匪人無將無迎明察燭微者乎亦非莊子之言也通篇只成就一箇機變之巧

義海天有寒暑晴雨之變可以度數測也地有山川淵谷之險可以梯航濟也人心方寸

其變其險不可測不可濟者何耶人心稱存舍亡出入無時是爲難知難見者然有所羅而形見焉蓋貌察辭亦可得其六七但文之以深厚則此不免乎徵試其心正者形於動作無非正其心邪者形於動作無非邪雖巧爲矯飾終有不可得而掩者此君子小人所以分也其要在上之人欲不逾矩乎易近民則天下之心猶一心也天下之俗猶一家也何慮其難知何憂其難化哉自貌愿至若熱言其內外相反自遠使之至雜之處試其所守之節以九徵而得賢不肖之情洞若矣然而已亦勞只不若當事物之來示之以處而徐觀其眼目定動如見肺肝況又吉而信之安可逃於衡鑒正考父孔子十代祖宋大夫也此段猶是哀公與顔闔問答晏衍餘意蓋謂聖賢處世不以窮達累其心三命而循牆以達爲懼也三命而名諸父以達而驕也皆不免寵辱驚心安足以協唐堯許由之高致

哉堯之黄屋非心由之不肯越俎出處雖殊其心一也故用以結前章之義後又論世俗自好之弊而不知窮達之由命也爲德而有心則分別生而不惠不廣矣又役心而有見即慮煩而内不靜矣惠不廣則害德内不靜則害心故爲賊之大内視謂忖度其所欲爲經營布置如在目前規擬其必成而敗亡繼之矣釋氏說五種眼惟天眼肉眼在面慧法佛眼皆在心彼心眼顯成德之效此心眼成敗德之原不戒乎敗孰臻乎成二家之論相爲表裏凶德有五視聽言貌思之不由乎正者心主中而爲首因有以自好謂人莫我及而訾毁之根敗德之始加以四凶從之何惡非爲哉人能自中德而反之復猶未達轉凶爲吉在人力行何如耳八極三必亦奇正相生循環之理猶人身府藏應陰陽之盈虚消長而不自知也知慧所以養德而用於外通於非則勇動而多怨仁義所以廣惠而博濟

爲難哉不周而招貴達生者傀然悟解達知者消然忘知大命隨而任之小命安於所遇賢人君子所以窮通皆樂而世患莫及者以此

有見宋王者，錫車十乘，以其十乘驕穉莊子。莊子曰：河上有家貧恃緯蕭而食者，其子沒於淵，得千金之珠。其父謂其子曰：取石來鍛之。夫千金之珠，必在九重之淵而驪龍頷下。子能得珠者，必遭其睡也。使驪龍而寤，子尚

楊升庵

奚微之有哉。今宋國之深，非直九重之淵也；宋王之猛，非直驪龍也。子能得車者，必遭其

睡也。使宋王而寤，子爲齏粉矣。

【闕誤】此校穉瑈之穉大意頗同亦非莊子語也

【義海】緯蕭作葦蕭言採薪以給食碧虛本從之其子沒淵泅戲得珠非所望也故亦不足爲奇而驪龍之睡寤曾弗介意父欲取石鍛試則有心矣且謂驪龍若寤將有粉身之禍幸一生於萬死淵其可復入哉此喻奪人所欲者禍必重發職彼無心而得之僥倖不可再也奚微之有或疑微下逸嘑字理蓋不然此四字是奇筆鬳齋說爲當

或聘於莊子。莊子應其使曰：子見夫犧牛乎？衣以文繡，食以芻菽，及其牽而入於太廟，雖欲爲孤犢，其可得乎？

郭註 功成不居乃免後患然有居之道非惟功
成之後可行也當立功之始先有忘功忘利
一段工夫則雖立功而不自見其功乃能不
居惟道於不得已而後動斯得矣伊尹三聘
而後出復政厥辟而退居自老莊內外疵轍
之辯亦明矣乎當其安於畎畝之中由是以
樂堯舜之道其亦見有位之為累也不得已
應聘而出亦因夏之昏德非天生人立君之
意也故其言曰天
之生斯民云云
長註 犧牛之喻與龜
曳尾塗中義同不釋

莊子將死，弟子欲厚葬之。莊子曰：吾以天地
為棺槨，日月為連璧，星辰為珠璣，萬物為齎
送。吾葬具豈不備邪？何以加此。弟子曰：吾恐

烏鳶之食夫子也。莊子曰：在上為烏鳶食，在
下為螻蟻食，奪彼與此，何其偏也。以不平平，
其平也不平；以不徵徵，其徵也不徵。明者唯
為之使，神者徵之。夫明之不勝神也久矣，而
愚者恃其所見入於人，其功外也，不亦悲乎！

通義 或謂此為當世厚葬而發竊惟識之蓋
義非聖哲之為心大抵只是洗滌拂除其有
為之心耳小則有民之命厚葬費財莫非奪
民心而傷其命者違親之人故不屑於厚葬
在人子之於親則亦隨
其力與分不敢過也
私淑 古者因山為墳不封不樹上無通臭下
不及泉務藏形而已則棺衾之朴素葬具之

簡約可知後世習尚滋侈璧玉珠璣生前受
用已為過矣用之以飾棺則明器之繁夥埋
隧之雄廣固不待言蓋由據奪侍貴厚享於
前則送終之禮勢不容薄歷觀古之厚葬如
虎丘驪山者自以為固可千萬年終不免為
大盜發耳今南華弟子欲厚葬其師是亦人
心所當盡然循蹈俗習故故假以天地為棺
槨達哉斯言古所未道湯王孫裸葬之說劉
伯倫荷鍤之意皆自此發夫既委形於地則
烏鳶螻蟻何以自免曰吾之生也蓋本於無
而外蚤蝨內變蟯蛔皆因我而有及其死
也猶蜩甲蛇蛻委之而往神則無不之也又
何烏鳶螻蟻之足慮哉明謂形之可見者必
藉形中不可見者主之欲動而動欲止而止
其中有信即此所謂徵也不平者形形有貧
富壽夭之殊神之在人則一以神觀物無有
不平以形觀物則不平矣徵者叩之而應感
之則通若以不信親物物亦不信之矣形本

何

無徵取徵於神以外求徵於內內重而外輕
也若以內求徵於外則其徵也不徵其徵也
不徵則其平也不平矣明者為使動用有限
神者徵之靜體無極故曰明不勝神也真人
立是論非唯矯時俗厚葬之弊抑使後世學
者所重在內而不在外所養在神而不在形
乎徵之由已出神明之晢相須也信能造此
則與天為一日星參光棺槨而珠璧之非過
論也

褚氏總論 南華沖虛二真人應期弘教濟
世清寧遺訓流芳千古蒙惠二經旨趣互
相發揮蓋不可以優劣論然本經首載列
子御風猶有所待而後篇引用不一或譏
以漆園之才縱橫馳騁自出環奇何不可
者而乃必蹈沖虛之轍邪愚嘗致思其所
以云凡有德者必有言言所以述行也行
同而言異者無之造極玄談古今一致直

言由於正說反說皆所以明道也南華樂道前賢之善舉其全章以寓己意者十有六其寘海章列文甚畧非子特詳焉故每章歸結別特見出藍之青精彩倍越非子得列文而愈富列文藉莊子而愈彰所謂御風有待猶以迹觀後取立言微妙則以心契心編末猶以樂寇名篇明所舉之不隱歸趣之合轍也然而當篇所載列文無幾疑為郭氏删易也始乎饋漿之事戒其出異惑人未幾而戶外屨滿能使人無保也次以緩翟爭憤死化為楸柏遁自然而之刑戮造物者報其人之天也知道不言如天之運知而言之其機淺矣是以屠龍技成無所用巧用巧不足以效屠龍甘舐痔者得車愈多不多不足以莅其舐痔皆所以警學徒而鍼時病也至於賴損幹以扶國不若休之悟動過之刑心當加謹只九徵用而不肖得三命至而恭慢分八極

三必之不常一珠九淵而僅得又以瞻處世應物之多端貪名逐利之召患也儻能因其有形反究夫未始有物則人間世之累可免矣舍犧牛而為孤犢亦在人篤信而力行之耳篇末結以莊子死示幻形不足戀凡物必有終也門人慮烏鳶之食猶以世眼觀唯至人忘形任化無于奪之或偷體神用明顯乎徵之不謬此其所以離人入天而登假乎道也歟

天下第三十三 此篇乃本經之後序序其祖老而不同於諸子之故

天下之治方術者多矣。皆以其有為不可加矣。古之所謂道術者果惡乎哉。曰。無乎不在。曰。神何由降。明何由出。聖有所生。王有所成。皆原於一。不離於宗。謂之天人。不離於精。謂之神人。不離於真。謂之至人。以天為宗。以德為本。以道為門。兆於變化。謂之聖人。以仁為恩。以義為理。以禮為行。以樂為和。熏然慈仁。謂之君子。以法為分。以名為表。以參為驗。以稽為決。其數一二三四是也。百官以此相齒。以事為常。以衣食為主。蕃息畜藏。老弱孤寡為意。皆有以養。民之理也。古之人其備乎。配神明。醇天地。育萬物。和天下。澤及百姓。明於

本數。係於末度。六通四辟。小大精粗。其運無乎不在。其明而在歷數者。舊法。世傳之史。尚多有之。其在於詩書禮樂者。鄒魯之士。搢紳先生多能明之。詩以道志。書以道事。禮以道行。樂以道和。易以道陰陽。春秋以道名分。其數散於天下。而設於中國者。百家之學。時或稱而道之。天下大亂。賢聖不明。道德不一。天下多得一察焉以自好。譬如耳目鼻口。皆有所明。不能相通。猶百家眾技也。皆有所長。

時有所用。雖然，不該不徧，一曲之士也。判天地之美，析萬物之理，察古人之全，寡能備於天地之美，稱神明之容。是故內聖外王之道，闇而不明，鬱而不發，天下之人各爲其所欲焉以自爲方。悲夫，百家往而不反，必不合矣。後世之學者，不幸不見天地之純，古人之大體，道術將爲天下裂。不侈於後世，不靡於萬物，不暉於度數，以繩墨自矯而備世之急，古之道術有在於是者。墨翟、禽滑釐聞其風而

說之。爲之大過，已之大順。作爲非樂，命之曰節用；生不歌，死無服。墨子汜愛兼利而非鬬，其道不怒；又好學而博，不異，不與先生同，毀古之禮樂。黃帝有咸池，堯有大章，舜有大韶，禹有大夏，湯有大濩，文王有辟雍之樂，武王周公作武。古之喪禮，貴賤有儀，上下有等，天子棺槨七重，諸侯五重，大夫三重，士再重。今墨子獨生不歌，死不服，桐棺三寸而無槨，以爲法式。以此教人，恐不愛人；以此自行，固不

愛己。未敗墨子道，雖然，歌而非歌，哭而非哭，樂而非樂，是果類乎？其生也勤，其死也薄，其道大觳；使人憂，使人悲，其行難爲也，恐其不可以爲聖人之道，反天下之心，天下不堪。墨子雖獨能任，奈天下何！離於天下，其去王也遠矣。墨子稱道曰：昔者禹之湮洪水，決江河而通四夷九州也，名山三百，支山三千，小者無數。禹親自操橐耜而九雜天下之川；腓無胈，脛無毛，沐甚風，櫛疾雨，置萬國。禹大聖也，

而形勞天下也如此。使後世之墨者，多以裘褐爲衣，以跂蹻爲服，日夜不休，以自苦爲極，曰：不能如此，非禹之道也，不足謂墨。相里勤之弟子，五侯之徒，南方之墨者苦獲、已齒、鄧陵子之屬，俱誦墨經，而倍譎不同，相謂別墨；以堅白同異之辯相訾，以觭偶不仵之辭相應；以巨子爲聖人，皆願爲之尸，冀得爲其後世，至今不決。墨翟、禽滑釐之意則是，其行則非也。將使後世之墨者，必自苦以腓無胈

脛無毛相進而已矣亂之上也治之下也雖然墨子真天下之好也將求之不得也雖枯槁不舍也才士也夫不累於俗不飾於物不苟於人不忮於衆願天下之安寧以活民命人我之養畢足而止以此白心古之道術有在於是者宋鈃尹文聞其風而悅之作爲華山之冠以自表接萬物以別宥爲始語心之容命之曰心之行以聏合驩以調海內請欲置之以爲主見侮不辱救民之鬭禁攻寢兵救世之戰以此周行天下上說下教雖天下不取強聒而不舍者也故曰上下見厭而強也雖然其爲人太多其自爲太少曰請欲固置五升之飯足矣先生恐不得飽弟子雖饑不忘天下日夜不休曰我必得活哉圖傲乎救世之士哉曰君子不爲苛察不以身假物以爲無益於天下者用之不如已也以禁攻寢兵爲外以情欲寡淺爲內其小大精粗其行適至是而止公而不當易而無私決

然無主趣物而不兩不顧於慮不謀於知於物無擇與之俱往古之道術有在於是者彭蒙田駢慎到聞其風而悅之齊萬物以爲首曰天能覆之而不能載之地能載之而不能覆之大道能包之而不能辯之知萬物皆有所可有所不可故曰選則不徧教則不至道則無遺者矣是故慎到棄知去已而緣不得已泠汰於物以爲道理曰知不知將薄知而後鄰傷之者也謑髁無任而笑天下之尚賢也縱脫無行而非天下之大聖椎拍輐斷與物宛轉舍是與非苟可以免不師知慮不知前後魏然而已矣推而後行曳而後往若飄風之還若羽之旋若磨石之隧全而無非動靜無過未嘗有罪是何故夫無知之物無建已之患無用知之累動靜不離於理是以終身無譽故曰至於若無知之物而已無用賢聖夫塊不失道豪傑相與笑之曰慎到之道非生人之行而至死人之理適得

怪焉。田駢亦然。學於彭蒙，得不教焉。彭蒙之師曰：古之道人，至於莫之是，莫之非而已矣。其風窢（域）然，惡可而言。常反人，不見觀，而不免於魭（五管反）斷。其所謂道非道，而所言之韙不免於非。彭蒙、田駢、慎到不知道。雖然，槩乎皆嘗有聞者也。以本爲精，以物爲粗，以有積爲不足，澹然獨與神明居。古之道術有在於是者，關尹、老聃聞其風而悅之。建之以常無有，主之以太一，以濡弱謙下爲表，以空虚不

莊子 浩然齋 道藏卷十 三十二 何

毀萬物爲實。關尹曰：在己無居，形物自著。其動若水，其靜若鏡，其應若響。芴乎若亡，寂乎若清。同焉者和，得焉者失。未嘗先人而常隨人。老聃曰：知其雄，守其雌，爲天下谿。知其白，守其辱，爲天下谷。人皆取先，己獨取後，曰受天下之垢。人皆取實，己獨取虚，無藏也故有餘，巋然而有餘。其行身也，徐而不費，無爲也而笑巧。人皆求福，己獨曲全，曰苟免於咎。以深爲根，以約爲紀，曰堅則毀矣，銳則挫矣。常

寬容於物，不削於人，可謂至極。關尹、老聃乎，古之博大眞人哉。芴漠無形，變化無常。死與生與，天地並與，神明往與。芒乎何之，忽乎何適。萬物畢羅，莫足以歸。古之道術有在於是者，莊周聞其風而悅之。以謬悠之説，荒唐之言，無端崖之辭，時恣縱而不儻，不以觭見之也。以天下爲沈濁，不可與莊語。以巵言爲曼衍，以重言爲眞，以寓言爲廣。獨與天地精神往來，而不敖倪於萬物。不譴是非，以與世俗

莊子 浩然齋 道藏卷十 三十三 炅

處。其書雖瓌瑋，而連犿無傷也。其辭雖參差，而諔詭可觀。彼其充實不可以已。上與造物者遊，而下與外死生無終始者爲友。其於本也，弘大而辟，深閎而肆。其於宗也，可謂稠適而上遂矣。雖然，其應於化而解於物也，其理不竭，其來不蛻，芒乎昧乎，未之盡者。惠施多方，其書五車，其道舛駁，其言也不中。厤物之意，曰：至大無外，謂之大一；至小無内，謂之小一。無厚不可積也，其大千里。天與地卑，

山與澤平。日方中方睨。物方生方死。大同而與小同異。此之謂小同異。萬物畢同畢異。此之謂大同異。南方無窮而有窮。今日適越而昔來。連環可解也。我知天下之中央。燕之北越之南是也。氾愛萬物。天地一體也。惠施以此爲大觀於天下。而曉辯者。天下之辯者相與樂之。卵有毛。雞三足。郢有天下。犬可以爲羊。馬有卵。丁子有尾。火不熱。山出口。輪不蹍地。目不見。指不至。至不絕。龜長於蛇。矩不方。

規不可以爲圓。鑿不圍枘。飛鳥之景未嘗動也。鏃矢之疾。而有不行不止之時。狗非犬。黃馬驪牛三。白狗黑。孤駒未嘗有母。一尺之棰。日取其半。萬世不竭。辯者以此與惠施相應。終身無窮。桓團公孫龍辯者之徒。飾人之心。易人之意。能勝人之口。不能服人之心。辯者之囿也。惠施日以其知與之人辯。特與天下之辯者爲怪。此其柢也。然惠施之口談。自以爲最賢。曰天地其壯乎。施存雄而無術。南方有倚人焉。曰黃繚。問天地所以不墜不陷。風雨雷霆之故。惠施不辭而應。不慮而對。徧爲萬物說。說而不休。多而無已。猶以爲寡。益之以怪。以反人爲實。而欲以勝人爲名。是以與衆不適也。弱於德。強於物。其塗隩矣。由天地之道。觀惠施之能。其猶一蚉一蝱之勞者也。其於物也何庸。夫充一尚可。曰愈貴道。幾矣。惠施不能以此自寧。散於萬物而不厭。卒以善辯爲名。惜乎惠施之才。駘蕩而不得。逐

萬物而不反。是窮響以聲。形與影競走也。悲夫

通義　此以天下名篇。雖取篇首二字。實則該括萬物之義。余直以爲南華經之後序。出於學莊之學者。非莊子作也。開口曰方術。曰有爲。正是斷案。謂其非堯舜孔孟之道。所尚者無爲也。其文分七節。首節又自分五段。古之所謂道術者。至謂之君子。言道之在人有此階級。立標準也。以仁爲恩。至養民之理。言就人事中修道也。古之人。至無乎不在。言至人合天者。其明而在。至稱而道之。指儒者之效跡也。故曰鄒魯之士。搢紳先生。多能明之。意亦有不足者。天下大亂。至爲天下裂。言百家衆技之亂人性也。此下至第七節。條理分明。自二至六。皆稱道術。聞風第七。獨無此語。聞其爲非道術。而古無此風也。先關尹而次老

明從前至此歸宿於老聃從偏而全也次莊周學有所承也初言聖王原於神明之一不離於宗及論老子則曰主之以太一論莊子則曰其於宗也調適而上達明其爲內聖外王之道也皆非一離宗矣信其爲序者從前序列見諸子皆非大道之全惟此籍則繼老子立言爲訓與惠施之徒不同亦非墨翟諸子所可並欲學者知所辨也郭子玄謂其書雖不經而爲百家之冠蓋取諸此術言方一偏也術言道無方也昭然在史籍儒紳百家者皆道德不一莫非裂道之因也察古人之全言一曲者用心偏智窺測神聖之全體不能冥會是以鮮能備美稱容也非樂節用墨子書中之篇名言墨子作此書欲天下之人生不歌而非樂死無殯殮之服而節用不近人情去王道遠也以別宥爲始言其惟以在宥爲心故凡遇物有過必別尋一路可宥之方或不得已而不宥非物心也語者心之容

莊子　浩然齋　道義卷十　三十五　頁

也故曰心之行合驩以下言身之行我必得活圖傲乎救世之士言自苦者非欲久生之故亦以警夫托名救世而自利之人耳無主無因必也泠汰於物清泠潔淨無物可拖之謂知不知將薄知而後鄰傷之者言若求知其不知以良知爲薄故外來者得以蔽其明是以欲言不言欲行不行於事無所任而笑人之非也惡可而言無是非之可言既窮如小魚之斷死人之驗也謂其不知道又曰聚乎有開執已見不知道之無方不體以能加人不以智累已其聚聞者如此而已知白乎辱道黑與榮互言也博大真人其與明詩書傳歷數道故與者何如也莫足以歸無物可者也不倚非適然也本者宗之根宗者木之幹雖然以下言其書應天地之化超於物表而出之不窮源源之來不煩剝損深遠無窮猶曰書不盡言言不盡意也惠施之多方六斷其外駁不中不必釋矣虛齋之辨十得六

七今參互而釋之明其妄也其所著書錯互卑之多歷故其所談事物之意不過於一之中又分大小以見同中之異異中之同耳無厚薄也積則厚矣千里之大無厚之積也天氣下降則亦卑矣澤氣通於山則山澤平矣睨側視也日方中側而視之則非中矣萬物方發生而其種必前日之死若萬物之大不出小者之積雖謂之小而合之可以爲大則無同無異矣南方海也本無窮而謂之方則必有窮獨言南者天傾西北而游之居南者逵於三方也雖未至乎越而知有越之名[illegible]後來則是今日方往而亦可以爲昔來矣而環相連雖不可解環各自圓燕北越南固非天下之中而燕越之人但知有燕越則其國中亦爲天地之中也大觀獨高也相與樂之者其說浸廣也毛之在卵雖未可見其性已具卵有毛矣雞本二足必有運而行之者是爲三矣楚都於郢而自爲王亦與得天下同

莊子　浩然齋　道義卷十　三十六　郊

矣犬羊胎卵之名因於人立變而更之亦無不可蝦蟆是人謂之丁子其始也科斗既有尾則謂丁子有尾亦可水寒火熱亦人名之容俗儕輩非山有口乎行繞着地則不可轉足不踐地乎目見而後指可至然目不可至而指不能見則是其至者目與指不可得而分絕也竅長合止如此謂之長於蛇亦可矩方規圓納鑿之論皆指其情不定於體也鳥飛影隨身動影不動矣鏃之去雖疾其在弦也訓謂之止其射侯則謂之行離弦而未至射侯未中則是不行不止之時狗犬一物也名既可更則黃馬驪牛羊白狗黑物與色皆無定名也名以孤駒非有母矣不可言孤又言嘗有母也一尺之捶折而爲二今日用此五十明日用彼五十雖旋轉萬世不盡可也凡此以上又皆學惠子者推廣其說與惠子相應終其身強辨而不已此惠施日以其知與人之辨者特其聰明說多異於人此其徒

能以口舌勝人自爲名譽是以不和不適也盡其一人之財充不甚害乃以爲最貴之道術之於人其日歲也宜矣在惠子且不能自安況厭派於衆情乎此惠子迷而不反其才可惜也馳放也聲響形影不知本之喻也

總注此篇首論當時學者各殉己能以有所施用爲不可加而不知無爲自然之妙理所以達乎道然則古之道術果惡乎在曰無乎不在後人自爲其方有以間之圖與宋殊而流爲方術矣夫道術者所以神明而行治政原風教而通物情使由之不知歸於自化上古聖君所以端拱無爲而[illegible]天民之阜也其神明之所降出則由事感磁應雖爲非爲聖生王成斷又神明施化之徵自不離於宗至謂之聖人所以成乎天則聖者之事而神至在其中自以仁爲恩至謂之君子所以成乎人則王者之事由道而見於治故以內外

言之次敘法名數度詩書禮樂皆先王致治之具待其人而後行者也道可配神明則可醇天地德可育萬物則能和天下本數即所謂一自一以往皆末也聖之所生以一爲本王之所成因二以濟本末相須而治道備矣古者聖王之爲治也密其憂民也深非唯求理於一時直欲爲法於萬世自道志至名分皆聖人致治之迹也有治亂者爲聖賢之指不明道德之歸不一學者徒貴己陳之芻狗治莫致而妖異與焉各得一端而自以爲大全無異指蹄涔爲東海也天地之大美非道不能備神明之形容非德不能稱彼自爲其方者詎能造於是乎結卒數語言意激切有以見南華用心猶夫子特嘆之歎有爲不可加爲下當是爲宇欲焉應是欲爲不侈靡於萬物不暉耀於禮儀勤謹節儉以備世人之急此禹之行見於世者墨翟滑釐聞風而悅遂至爲之太過而勤苦難行體之太枯而枯

摘無類所爲非樂節用以教天下生不歌死不服即非樂節用之見於行者也汎愛兼以非利非鬭所以不怒亦不失爲賢厚也好學務博觀人同己則心猶好勝未能忘己至於毀古之禮樂則非獨悖乎聖與亦拂天下哀樂之情殆民以難從人己俱不愛矣由是知墨子之道終於歌不可行於天下後世也當歌不歌當哭不哭其於人情不類矣生勤死薄苦觳憂悲逆物情而人不堪其去王道遠矣墨子又稱大禹治水之功勤勞若此使後世學墨者必以善苦爲極而欲力挾其教殊不知禹當洪水之變父殛而功不成是又變中之變遂刻苦損軀罔成厥緒非可以爲常也以處變之迹施之於常無異病已而餓矣徒增索痛不智孰甚焉相里勤之徒又稱別墨爭相訾辯推其業成者爲聖人巨子猶儒家云碩儒皆稽其後至今不決此自是一段言當時墨學之中又有分別墨翟禽滑釐再

續前詁其爲人之意則是教人自苦則非所致亂則凡首致治則下術也然而墨子真往所好天下莫及卒以立教於當時固非聖人之道亦可謂才士也夫昔孟子闢楊墨以爲非聖人之道峻辭而力拒之若不共戴天者有以見衛道之切南華又詳述墨氏之行事與其源流中言其疵弊而不廢其所長可謂公論而存恕議不及楊氏意存其中矣墨學大禹楊學老聃皆出聖人之門有所偏耳猶師商同學於夫子有過有不及此楊墨之非孳也故學不可不謹不累不飾則心虛而守素不苟不伎則務誠而和樂以此化俗接物普願安全既身不過享則不妄求多積自貽患害是爲長安寧之道以此立教於天下明白本心而無隱情宋尹聞風而悅繼行其道華山之冠以表行之方正均平其接物以別善類宥恩蒙爲本則必不趨乎惡亦足以厚風俗興教化但行之有弊不若聖人之大全而

可久也心之容猶云手容足容言其動止皆
象心之行言其注措設施大槩以本心之善
見諸行事和調海內不鬬不怒晉安足務而
止此語有惠而不知爲政之意寓其中欲置
以爲主願奪承其教也耐辱救鬬寢兵止戰
皆守柔不爭之義強聒強見必欲人聽從其
說請五升之飯見其自爲太少寧已饑而不
忘天下見其爲人太多日夜不休至於羸極
而歎曰我必得活哉言我勞苦以救人造物
必能活我也今世之苦行頭陀道者勤儉於
已而周悉爲人頗似之但不學無聞其弊及
達矣圖傚乎此句頗難釋諸解唯郭注近之
此乃南華歎息之辭圖傚猶謀蹤也言其非
廣不切事情二子欲以一己之力濟天下之
衆而不度其難行也不務昔察是謂善有不
借物以榮身無益於天下者已之是謂善別
也外行則禁攻寢兵使人各足而無爭內行
則寡淺情欲律已不貪而無患事理雖有大

小精粗要其所行至於是而極言其不能跡
聖人堂奧所以止於墨學而已此段論當時
墨家之弊其間語有主賓宜審詳之能不黨
則無私若決而不以己見爲主使天下物趣
皆歸于一不慮不謀與物俱往三子聞風而
悅以其道同故也其立教以齊萬物爲首物
本不齊齊之者道天地物之至大尚無全功
況他物乎道包之而不辯此所以齊也萬物
有可有不可選之教之愈不啻會之以道則
無遺矣故慎到棄知而若愚去己而任物不
得已而應雖爲非爲也澄己之源以清冷沙
汰萬物物無不從者矣其知者出於不知若
但薄其知猶近於傷性必至於無知乃全也
謑髁不任事故笑天下尚賢以爲治者失句
配上文義自明白椎拍輐斷即後文紀
斷謂刑戮罪人言雖任法用刑而與物情宛
轉周浹公平而當理也合世俗之所謂是非
而究極乎事理之實則可以無患苟免是其

謫辟不師知則忘前後之慮塊然若枯槁推
曳而後動其動也如風還羽磨無心於動故
無過夫無知之物不立己不用知動靜無心
自與理合譽既無矣毀亦何存故不慕聖賢
之名以塊然無知爲得道而不知有感通潛
化之理所以豪傑笑怪以爲死人無與也田
學於彭但任物性自然學以扶植之而不矯
其本故云得不教焉謂學至於莫之是非而
已言出如風過錢然無心於是非之辯豈可
復論其所以哉是以常反人之情不聚觀於
天下衆觀與危共觀臺相類然猶不免任法
施刑無法則又難治矣其所謂道者非道故
所言雖當亦不免爲人所非三子皆未知道
其學嘗有聞於時不可全泯也詳南華所論
則彭蒙田慎之學又優於苦獲已齒之徒故
列於後與關尹老聃差近焉道爲生物之本
精微莫覩物爲道之緒餘粗質具陳世人務
積物以爲養愈積而愈不足虛空曠邈神明

所舍并包廣納無毀無成雖天下萬物富有
亦安能勝虛空之無人能澹然無欲則體合
太虛而與神明居矣身外無積胸中有餘此
關尹老聃之所優爲也萬物之有生於無而
人之妄情例着於有能究常無固難常無其
有爲尤難欲建立於常無有之地非主以太
一不可太一者有一而未形即天地之先人
之性初也能造是則知夫未始有物故以濡
弱謙下爲表表謂見諸行事故與物處而不
立敵我虛空而不毀萬物不毀謂存而勿論
蓋以己忘物而自化何待毀物而爲無物之
淵前則實也虛之在我耳在己無居形物自
著亦此意水動鏡靜谷應皆喻無心自然之
爲若亡不可得而有也若清不可得而撓也
同而混之則和執而有之則失是以不先而
隨終身無患知雄守雌見剛而思柔知白守
黑處明而尚晦溪谷喻善下而衆流歸之受
天下之垢有容德乃大無藏故有餘虛而不

屈動而愈出也如是則嶄然立乎萬物之上無一物介吾心無一物非吾有矣其行不疾而常自足心樂無爲不美世巧人皆求全人之禍已獨以曲全爲福苟免於咎福莫大焉深根謂内固約紀謂約所以免堅毁而銳挫也寬而容物則不削人肥已可知矣此皆聖人立身處物之極致而博大眞人之規迹也按道德經知白守黑非文小異無形無常言道無物而神化死與生往與言人任化而無極芒乎至以歸言忘適者無往而非適以謬悠之言恣縱而不苟猶云猖狂妄行而蹈大方不使物見已之觭介言混俗而不失道也以天下不可與莊正之語故立卮重寓言以致意焉獨與天地精神往來則離人入天放曠八極不傲倪於萬物不譴人之是非故處世而應物而無件立言雖瑰瑋而與世順從無所傷也其辭參差不齊即所謂荒謬諔詭可觀即所謂瓌瑋也其中充實而見諸外也如此與造物遊與無終始者友是即與天地精神往來不可形容其妙也其本弘大深閎猶云以深爲根其宗謂適上遂猶云以天爲宗應化謂出生解物謂入死言人處造化之中爲化機所運其理不可窮詰其來不可脱免芒昧無盡此其所以爲造化也信能冥心於芒昧之際而得其所以運化者則可與天地精神往來無愧乎稟靈爲人矣此段南華首於論化次則自述其所言所行後又歸結於化明已能窮神知化所以横說竪說無非道

也○於此卷擬莊者十八九出莊意十不及一二

莊子第十卷終

補氏後序自撰

莆田艾軒先生網山工部侍郎文簡林光字謙之一傳爲網山林公亦之字學可再傳爲樂軒陳公藻字元潔諸有文集行於世再傳爲鬳齋先生艾軒之嫡派也予三四家有所受序曰南華老經首尾内外雜以寓言重言卮言之語故内篇外篇之指決積不可以大經言之詮者求諸莊子學雜陽梯漢出俚俗假託而淵雷而發也示於戒如擬厚別人間世之旨而悟之者居我無違雖程郭氏刪薙其文字事其仍其舊至於未嘗刻了意通術不免於乃爲稿向無偏未有久而言棄老不讀者修録其究指歸其意分章鑿於乃理一儒墨三家取三明治四論德足讀之以叔莊至論千古今之術備乎考至以第明古學生於是時初至三之先爲查學者以三家之旨者於以評查經高義至雄辯而關至竹藪尖

後人不知其全書思一讀其窺豹斑於卷
至道施多方以求覓其要子厚乃於龍雜
親王之后絕者録精要寥寥校於腦膜
曾本年得於丙午春本邑西鄉重陰危先
生處索輯得講序數之義將徹底窮得同
學又先經精確能多此為表後一閱未變者
之意義為發明序說有出於前人解見之
表至登其室須並象少游神以相讀之乃見所
法暴其此論為何如耶謝不敏已開並要

莊子 後序 二

讀曰南華經有云嫉說論性之道為下者宜
於吾說能悟特再請明訓之理然而今
日無精求悟者以此為南華讀之乎取閑以
為升駁而申之之旨因名為自至大重而至
了悟一致此重子之之言維三之至第無不取
研乃其學者而發其應之義時留後修務
以論性而發揮之每執一至而此其者而察
認為莊子語愈增戰謬不究至其源而為
郭氏之此不明之要能本自得無有好高

之士為候性語取其道學以真思想真見
以求合至說理並即補其學案以辨理所
最重處為精了日而精怪異失真訓而通
後人宗海寧陳而從人宗學謹之學見有差
等須逐語近以傳本先為成之真要得就在
直指內裡吾由達南華自至一閱雖多方正
車不過一務了古語之精學不如求得至我
得思其同並為圖纂集語約凡七載華集
蒸性辨會如望於程係年宜注讀語之在前

三

詳之乎南華者似之鑒說於上也祈為時同學
南北諸君存以語或可闡述吾見質正諸
深覺呼了得辭應之宇宙用者之順發入學
通內外篤究了人轉至洞方無風中釋經取
語不之爭顯人以和與人無言爭交人化其所施
江浙宿儒諸君至全宗後類述聊讀語深
意之因於其未得後來者本道源取自在
咸豐庚午春學弟林梧伯秀謹識

莊子通義十卷 兩江總督採進本

明朱得之撰得之有宵練匣已著錄此書以爲莊子之書命辭跌宕設喻險奇人多謂其荒唐謬悠不知異者辭也不異者道也故爲作通義并加旁註以詳釋之先是宋咸淳間錢塘道士褚伯秀嘗作義海纂微未行於世王漸錄其遺稿以授得之得之因附刻於每段之下先列通義次及義海前有得之自序案伯秀義海纂微採掇詳博今原本尚存已著於錄得之所解議論陳因殊無可採至於評論文格動至連篇累牘尤冗蔓無謂矣